시각과 현대성

시각과 현대성

주은우 지음

시각과 현대성

지은이 | 주은우
펴낸이 | 한기철
편집인 | 이리라
편집 | 신소영, 이소영, 이여진, 전미현

2003년 2월 10일 1판 1쇄 펴냄
2017년 7월 10일 1판 6쇄 펴냄

펴낸곳 | 한나래출판사
등록 | 1991. 2. 25. 제22-80호
주소 | 서울시 마포구 토정로 222, 한국출판콘텐츠센터 309호
전화 | 02) 738-5637 · 팩스 | 02) 363-5637 · e-mail | hannarae91@naver.com
www.hannarae.net

© 주은우 2003
KDC: 331.5 | DDC: 302
ISBN: 978-89-5566-013-5 93330

차례

일러두기

· 한글 표기를 원칙으로 하되, 필요에 따라 외국어와 한자를 병기하였다.
· 한글 맞춤법은 '한글 맞춤법' 및 '표준어 규정'(1988), '표준어 모음'(1990)을 적용하였으나 혼란이 있는 경우는 출판사의 원칙을 따랐다.
· 외국어의 우리말 표기는 개정된 '외래어 표기법'(1986)을 원칙으로 하되, 그 중 일부는 현지 발음에 따랐다.
· 사용된 기호는 다음과 같다.
　책이름: ≪　　≫
　논문, 그림 등: <　　>

우리는 날마다 수많은 이미지들과 갖가지 시각 매체들에 둘러싸여 살아
간다. 자본주의 사회에서 사람들의 욕망을 부추기는 광고 이미지들의 폭
증은 어찌 보면 당연하기까지 한 일이고, 영화나 텔레비전, 비디오와 같
은 영상 매체들이 일상 생활의 자연스러운 환경이 되었음은 새삼 말할
필요도 없다. 선명한 화질과 박진감 넘치는 사운드로 무장한 DVD와 고
화질 텔레비전 방송을 둘러싼 논쟁과 선전에서 알 수 있듯이 이 영상
테크놀로지는 날로 눈부신 발전을 보여 준다. 그뿐인가? 사무실 책상 위
에는 인터넷과 연결되고 멀티미디어화한 컴퓨터 모니터가 반짝이고 작
업장과 매장에는 폐쇄 회로 카메라가 두리번거린다. 이미지와 시각 매체
가 오락과 소비 공간뿐 아니라 가정의 안방이나 거실과 같은 휴식 공간,
나아가 우리의 일터까지 점령한 지는 오래되었고 이것은 이제 그리 주
의를 끌 만한 사실도 아니다.

이런 환경 속에서 사람들도 덩달아 끊임없이 보고 보여 주는 춤사
위를 벌인다. 끝없이 무언가 볼거리를 찾는 우리의 탐욕스러운 눈은 자
연스럽게 자기 자신을 볼거리로 다듬고 전시하는 몸짓을 자아낸다. 이러
한 시선의 교차에는 확실히 정신 분석학에서 말하는 어떤 욕망이 결부
되어 있다. 또한 관음증과 노출증이 교차하는 이 상황은 합리적 계산에

의해 수행되는 전략적 행위들의 교차일 수도 있다. 사회학에서 말하는 자아 표현과 인상 관리는 영상 문화 / 소비 문화의 시대에는 거의 강박적으로 수행하거나 수행하도록 내몰리는 행위 양태이자 심성 구조가 되었다. 하지만 강박적이라는 표현으로써 보는 행위를 욕망하고 보여지는 행위를 욕망하는 이런 시선의 교차가 거북한 무엇이라는 뉘앙스를 부여할 필요는 없다. 그것은 또한 자연스럽게 내면화되고 체화되어 있는 것이기도 하기 때문이다. 30~40년 전에 찍은 빛 바랜 사진 속에 딱딱하게 굳은 모습으로 붙박여 있는 우리 자신의 어린 시절 모습이나 우리 부모님 세대와 달리 카메라 앞에 너무나 자연스럽게 포즈를 취할 수 있는 요즘의 어린 아이들에서 알 수 있듯이, 그런 시선의 동학은 이제 우리의 '자연'의 일부가 되었고 우리의 몸 그 자체에 새겨져 있다.

하지만 아무리 자연스러운 환경이 되었다곤 하지만, 일상 생활에서 우리가 가끔씩 조우하게 되는 어떤 균열의 경험들은 우리의 문화적 조건과 관련하여 여러 가지 의문을 품게 만든다. 이를테면, 케이블 방송과 위성 방송 시대에 텔레비전 채널은 엄청나게 늘어났지만, 그와 비례하여 정작 텔레비전에 볼 만한 것이 없다는 불평 역시 늘어난다. 그렇다면 내가 보는 것은 나의 의지와 선호에 따라 내가 자유롭게 선택하는 것이라기보다는, 선택할 볼거리들 자체가 이미 배열되어 있고 나의 선택 이전에 볼 수 있는 것과 볼 수 없는 것이 미리 구분되어 있는 것은 아닐까? 취업을 위한 면접 시험에 대비해서 고가의 '명품'을 장만해 몸을 치장할 뿐만 아니라 남에게 좋은 인상을 주기 위해 코를 높이거나 없는 쌍꺼풀을 만든다. 왜 외모가 중시되는 것일까? 타인의 시선에 자신을 맞추는 것이든 그것을 적극적으로 이용하는 것이든, 왜 사람들은 그 타인의 시선을 의식해서 자기 자신의 신체까지 변형하는 수고를 감수하는 것일까? 사진이나 영화에서 볼 때는 굉장히 아름답고 멋지게 보였는데, 기껏 그곳을 찾아가 직접 눈으로 보고 신체로 경험했을 때는 실망하거나 무언가 잘못되었다고 생각하는 경우도 적지 않다. 왜 카메라의 시선을 통과한 이미지가 내가 직접 보고 경험하는 현실보다 더 그럴듯하다고 느껴지는 경우가 생기는 것일까? 내가 나의 눈을 통해 수행하는 이 '본다'는 행위 자체도 나 바깥의 이미지나 시각 매체 및 그와 결부된 어떤 사회적 힘들에 의해 일정한 방식으로 유도되거나 구조화되는 것은 아닐까?

이 책 ≪시각과 현대성≫은 이런 의문들의 일부에 답하고자 하는 하나의 시도이다. 이를 위해 나는 이 책에서 특히 '본다'는 것의 문제에 파고들었다. 보는 것과 보여지는 것, 이미지와 시각 매체 등을 둘러싼 현재의 상황이 위에서 기술한 것과 같다면, 약간의 사회 과학적이거나 인문학적인 감수성이 있는 사람이라면 '본다'는 것 자체가 자연적이고 생리적인 지각 과정이 아니라 사회적이고 문화적이며 따라서 역사적으로 구조화되거나 조건지어진 행위가 아닐까 하는 질문을 제기해 보는 것은 당연한 일이다. 이 질문에 대한 답을 찾아보고자, 이 책에서 나는 정신분석학과 몇 가지 사회 과학 이론들에 기대고 역사학, 미학, 영화 연구 등에서 나온 성과들을 활용하여 '현대성의 시각 체제 *the scopic regime of modernity*'란 것의 구조와 변동 과정을 해명하려 하였다. 르네상스와 계몽주의에서 그 기점을 잡아 볼 수 있는 서구 현대성의 문명은 시각의 영역에서도 역시 합리성과 주체성의 원리에 적합한 방식으로 '볼 수 있는 대상들'을 배치하고 그것들의 보는 과정을 조직하는 일정한 '보는 방식'을 구성해 낸다. 한 마디로 현대성의 시각 체제는 시각 공간을 합리적으로 조직하고 그 속에서 보는 사람을 데카르트적인 코기토에 상응하는 시각적 주체로 구성해 내는, 사회적이고 역사적으로 생산/재생산되는 시각장이라고 할 수 있다. 이런 구조의 시각장과 보는 방식은 원근법에서 그 전형을 발견할 수 있다. 이런 관점에서 나는 이 책에서 먼저 시각적 주체, 즉 '보는 주체'의 구성 과정과 시각 체제를 분석할 수 있는 이론적 틀을 구성한 다음, 선 원근법의 구조를 합리성과 주체 구성이란 면에서 분석하고, 그것이 어떻게 17세기 이래 현대성의 인식론적, 경제적, 정치적 조건과 상응하는가를 규명하려 하였으며, 마지막으로 19세기 후반에서 20세기로 넘어가는 세기 전환기의 거대한 격동 속에서 선 원근법에 기초한 시각 체제가 어떻게 변동을 겪었는가 또 그 변동 속에서 어떻게 그 기본 구조를 보존하였는가 하는 것을 추적하였다.

결국 이런 작업을 통해 나는 현대 영상 문화의 조건과 그 속에서 구조화되는 특정한 시각의 문제를 그 뿌리에서부터 파헤쳐 보려 한 것이다. 물론 시각은 인간의 가장 중요하면서도 기본적인 감각의 하나이며, 인간이 이미지를 만들고 보는 것에 매혹되며 보여지고 과시하는 것에 몰두한 것은 이미 선사시대에서부터 시작되어 줄곧 계속되어온 일이다. 그러나 시각 과정의 이런 보편성이 그 역사적 전개 과정에서 구별해 낼 수 있는 특수한 종별성을 부정하는 것은 아니다. 오히려 현대적인 보는 방식이 가진 특성과 새로움을 시각의 보편성 속에 묻어 버리는 역사적 일반화의 시도는 라캉주의 정신 분석 이론가 지젝이 말하듯이 어떤 외상적 만남을 회피하려는 시도일 수도 있다. "인간은 항상 이미지에 매료되어 왔다(그러므로 새삼스런 일이 아니다)"는 식의 이런 회피 양식은 다른 영역에서도 흔히 볼 수 있는데, 예를 들면 "소비는 항상 있어 왔다"라거나 "언제 학교 폭력이 없었던 적이 있었더냐," "정치가들이 언제 부패하지 않았던 적이 있더냐"하는 식이다. 이런 것은 현재의 조건이 갖는 특이성의 많은 부분을 의도하든 않든 비껴가게 마련이다. 덧붙이자면, 모든 것을 단순히 정도의 문제로만 환원시키려는 태도에 대해서도 우리는 최근 10여 년 간 그토록 조롱받아 왔던 '양질 전화의 법칙'에 대해 다시 진지하게 생각해 볼 필요가 있을 것이다.

역으로, 바로 동일한 이유에서 이 책에서의 작업이 21세기로 접어든 우리의 현실과 관련하여 앞에서 제기했던 질문들에 모두 답해 줄 수 있는 것도 역시 아니다. 유례 없는 규모의 시공간 압축과 실질적인 지구화 및 가파르게 발전하는 테크놀로지들에 의한 새로운 시각적 조건 속에서 현대성의 시각 체제의 기본 골격이 연속되는 지점과 변화 또는 단절되는 지점들을 짚어 보아야 할 것이다. 이 책은 이를 위한 발판을 다지는 작업의 시작일 뿐이다. 마찬가지로 이 책의 연구 대상이 서구 현대성 및 서구에서 발명된 원근법에 집중하고 있다는 점에서 서구가 아닌 우리 자신의 시각 조건에 대한 완전한 해답은 될 수 없다는 점 또한 분명하다. 그러나 우리 역시 맹목적인 서구적 현대화의 길을 걸어 왔고 현재 그 속도를 더해가고 있으며, 우리 사회 역시 합리성과 주체성의 원리를 축으로 하는 현대성의 문화를 추종하고 전일화해 왔다는 점에서 서구 현대성의 해부는 우리 사회와 문화 자체에 대한 해부이기도 하며 그 기초를 이룬다는 사실을 지적해야 할 것이다. 우물가에서 숭늉을 찾을 수는 없는 노릇이며, 아쉽지만 이 책은 더 진전되어야 할 일련의 작업들의 시작일 뿐이라는 말을 다시 반복할 수밖에 없다.

이 책에서의 작업은 학문적인 차원에서는 지금까지 이야기한 역사적이고 사회학적인 문제 의식에 의해 추동되었지만, 보는 것에 대한 나의 개인적인 관심 역시 지속적이고 중요한 추동력이었음을 덧붙여야겠다. 언제부터인지 모르겠지만 어린 시절부터 지속된 의문에는 이런 것이 있었다. '야한' 사진이나 그림을 보면 죄를 짓는 것 같은데도 기회만 생기면 왜 자꾸 보게 되는 걸까? 그렇다고 내가 생각이 깊다거나 조숙했던 것도 아닌데, 이런 의문은 사춘기 남학생들이라면 거의 모두 품었을 법한 의문이기 때문이다. 하여간에 이런 소박한 의문이 보는 것이란 무엇인가에 대한 관심의 출발점 가운데 하나를 이룬다. 이것은 성과 욕망과 시각의 관계에 관한 문제로서, 이 책에서 그 해답이 완전히 주어지지는 않는 사안이다. 하지만 국민학교 — 요즘은 초등학교라 불리는 — 고학년 시절부터 시작된 영화에 대한 흥미와 관심은 이 책에서도 상당 정도 다루고 있는 또 다른 추동력이다.

늘 영화를 보는 것만을 즐기던 나는 대학원에 진학하면서부터 영화에 사회 과학적으로 접근해 보고자 하는 욕구가 생겼다. 물론 그렇다고 해도 역시 영화를 공부하는 것보다는 그냥 보고 즐기는 것이 더 좋기는 마찬가지였으며 지금도 그렇고 앞으로도 그럴 것이다. 더구나 당시에는 이런 욕구를 제대로 실현할 길을 찾기란 실질적으로 불가능에 가까웠다. 그럼에도 불구하고 이런 욕구가 작용해서였는지, 시대 상황에 따른 긴급한 요구 때문에 국가, 계급, 노동이 사회 과학의 모든 주제인 것처럼 받아들여졌던 1980년대 중후반의 상황에서도 나는 부지불식간에 가급적 문화와 관련될 수 있는 주제를 선택하게 되었고, 그 결과 국가의 이데올로기적 기능에 관한 석사 학위 논문을 작성하게 되었다.

1990년대 박사 과정에서 나는 보다 본격적으로 문화 연구 혹은 문화 사회학 분야에 연구를 집중할 수 있게 되었다. 게다가 이 책에서도 등장하는 크리스티앙 메츠나 보드리, 히스 등 구조주의와 기호학, 정신분석학 및 알튀세르 마르크스주의에 의거한 1970년대 영화 이론가들의 저서들을 접하면서 자본주의 사회에서 생산되는 주류 영화에서의 카메라 시점과 원근법의 연관성을 알게 되었고, 여기에 현대 / 탈현대 논쟁이 전해 준 풍부한 이론적 자양분들은 현대성에 대한 비판적 해부라는 관점에서 시각 문화를 연구할 수 있는 길을 열어 주었다. 이런 진전 혹은 변화가 가능했던 것은 1990년대 사회 과학계에서 이론적 자원과 연구 영역이 다양화되었던 전반적 분위기에 힘입고 있는데, 이는 1987년을 전환점으로 한 우리 사회의 일정한 정치적 민주화 및 급격한 사회 문화적 변화와 떼어 놓고 생각하기 어려울 것이다.

방향을 잡기가 여전히 쉽지는 않았지만, 서울대 도서관에서 에저튼의 1976년도 논문을 우연히 발견하였고, 그러고도 상당한 시일이 흐른 뒤에 마틴 제이의 1993년도 저작을 구함으로써(이 논문과 저작은 이 책의 참고 문헌에 실려 있다) 어느 정도 현대성의 지배적인 시각 양식에 대한 분석틀을 세우고 그것을 이데올로기 비판적인 영화 이론과 연관시킬 수 있었다. 그 결과가 1994년 겨울에 <사회 비평>에 발표된 "근대적 시각과 주체"라는 글로써, 이 책에서 수행된 연구를 본격적으로 가동시킨 실질적인 첫 작업을 이룬다. 그러나 그 뒤로도 이 연구는 많은 시간을 요구했는데, 그것은 서구에서도 현대성의 시각 또는 시각과 현대성의 관계를 해명하는 연구들이 1980년대 후반부터 본격적으로 이루어졌을 뿐만 아니라 내가 그 연구 성과들을 바로 이 시기부터 많이 구해 볼 수 있었기에 그것들을 섭렵하고 내 나름대로 정리하고 분석하는 데 시간이 필요했기 때문이다. 결국, 현명한 사상가들이 이미 설파했듯이 인간이란 제기할 수 있는 문제만을 제기하는 법이고, 그 누구도 앞선 자들에 대한 부채로부터 자유로울 수 없는 법이다.

어쨌든 나는 현대성과 시각 — 또는 시각의 사회성과 역사성 및 정치성을 강조해 시각성 *visuality* — 의 관계라는 문제를 다룬 수많은 연구 결과들과 그것들이 함축하고 있는 바를 나 자신의 관점과 문제 의식에 입각해서 체계적으로 정리하고, 그 각각의 조각들을 내가 세운 틀과 체계적 도식상에서 필요하거나 적합한 자리들에 배치하여 그 의미를 명확히 하면서 서로간의 연관 관계를 확립하려고 노력하였다. 그 결과가 1998년 8월 서울대학교 사회학과 대학원에 <현대성의 시각 체제에 대한 연구 — 원근법과 주체의 시각적 구성을 중심으로>라는 제목으로 제출되었던 박사 학위 논문이며, 이 책은 이 학위 논문을 단행본으로 출간하기에 적합하도록 다듬은 것이다. 삭제한 부분과 새로 덧붙인 약간의 세부적인 사항들 및 추가된 도판들 외에 크게 달라진 내용은 없다. 그동안 진척되었거나 앞으로 진척될 새로운 연구 성과는 별도의 결과물로 내놓을 것이다. 현대성의 시각 체제의 기본 구조에 대해서는 어느 정도 답을 구했다고 생각한다. 하지만 이 주제는 지속적인 더 많은 연구를 요구한다. 이 책의 말미에 제시한 몇 가지 연구 과제는 이 주제와 관련해 앞으로 계속해서 '시각의 사회학'을 지향한 연구를 수행해가겠다는 나의 나 자신에 대한 약속이다. 당연히 그것들은 이 책에서의 작업에 관심을 가지는 독자들에 대한 약속이기도 하다.

나는 이 책에서 이루어진 작업을 원래 더 일찍 출간하려 하였으나 여러 가지 사정으로 인해 상당한 시일이 흐른 지금에야 책의 형태로 세상에 내놓는다. 여기에는 어떤 커뮤니케이션의 실패, 그리고 2년 반 동안 내가 미국에 체류했던 개인적 사정 등이 큰 몫을 했다. 이 책의 출간을 기꺼이 맡아 주신 한기철 사장님과 이리라 편집장님 및 책을 만드느라 수고해 주신 한나래 출판사 여러분들께 감사드린다.

이 책이 학위 논문의 형태로 처음 세상에 나오는 과정을 지도해 주신 서울대 사회학과의 한상진, 김일철, 김진균 선생님, 서울대 언론정보학과의 박명진 선생님, 경희대 영어학부의 도정일 선생님께 다시 한 번

15

감사의 말씀을 올린다. 한상진 선생님은 나의 이론적 도정을 줄곧 지켜 봐 주셨고, 이번 겨울에 정년을 맞으신 김진균 선생님은 늘 그러시듯 후학들보다도 더 진취적인 기상으로 영상 사회학 과목을 개발하시면서 나의 작업에 계속적인 격려를 아끼지 않으셨다. 이 책의 내용의 일부는 몇몇 학술 대회에서 발표할 기회가 있었는데, 그 때 귀중한 논평을 제공해 주셨던 인하대 정치학과의 서규환 선생님, 한국예술종합학교 영상원의 김소영 선생님께도 감사드린다. 그리고 특히 문화와사회연구회 동료들의 지속적인 학문적 관심과 도움에 감사하며, 아울러 서울대학교 사회학과 대학원의 선후배 동료들에게도 감사의 말씀을 전한다.

그리고 낳아 주시고 길러 주신 나의 어머니께 사랑과 감사의 말씀을 올린다. 항상 믿어 주고 보살펴 주시는 장인, 장모님의 은혜에도 감사의 말씀을 올린다. 그리고 무엇보다 이 자리에서 내가 박사 학위를 받고 난 1년 뒤에 돌아가신 나의 아버지를 추억하고 싶다. 죽은 이는 산 사람의 가슴 속에 항상 같이 한다는 말이 무엇을 의미하는지, 이 아둔한 인간은 아버지가 돌아가시고 난 그제서야 깨달았다.

마지막으로, 나의 사랑하는 연인이자 내 글의 가장 날카로운 비평가이고 삶의 동지인 아내와 사랑하는 내 아들과 딸에게 감사한다. 삶의 고단함은 그들이 있음으로 해서 견딜 수 있는 것이 되는 것이리라.

2003년 1월
주은우

서론: 시각의 사회학을 향하여

1. '본다'는 것의 문제

인간의 시각視覺, 즉 '본다'는 것은 흔히 말이나 문자보다 앞서면서 개인이 자기 바깥의 세계와 관계 맺게 해 주는 중립적이고 생리적인 지각의 통로로만 생각되기 쉽다. "백문百聞이 불여일견不如一見"이라거나 "보는 것이 믿는 것이다 Seeing is believing"라는 말처럼, 시각은 그 직접성을 통하여 바깥 세계의 진실을 곧바로 포착할 수 있는 능력이 있는 것으로 전제되기도 한다. 그러나 이것은 그리 간단 명료하거나 자명한 사실만은 아니다. 예를 들면, 우리는 어떤 경치를 바라볼 때 "한폭의 그림 같다"라고 말하는 경우도 많은데, 이것은 대상 세계에 대한 우리의 시지각 자체가 이미 우리에게 사회적으로 주어진 어떤 그림 또는 이미지의 영향을 받으며, 직접적인 시지각에 앞서 그러한 것들을 준거로 삼는다는 사실을 암시해 준다.

그러므로 본다는 것과 관련하여 첫 번째로, 시각은 자연스럽고 생리적인 것에 머무는 것이 아니라 사회적이고 역사적인 것이기도 하다는 문제를 제기할 수 있다. 말하자면 인간의 보는 행위는 신체 기관으로서의 눈이 수행하는 시지각 이상의 것으로서, 그가 속한 사회의 문화적 내용들에 의해 매개되는 것이고, 이에 따라 특정한 시대 특정한 사회는 사람들이 일상 생활 속에서 세계를 바라보는 일정한 '보는 방식 way of seeing'을 규정한다. 따라서, 시각 또는 보는 방식이란 항상 역사적으로 형성된 것이며, 사회적으로 공유되고 학습되는 것이란 측면도 가지고 있다.

20세기 심리학의 여러 이론들은 이미 어떤 형상이나 형태를 눈을 통해 지각하는 것은 그것을 있는 그대로 감각하는 수동적인 과정이 아니라 항상 일정한 심리 작용이 개입하고 매개하는 것, 따라서 능동적인 심적 과정이 포함되어 있는 것임을 밝혀 왔다. 나아가 이 능동적인 심적 과정은 사회적으로 학습된 관념이나 선입견의 영향을 받는 것이다. 예컨대, 심리학자 제임스 깁슨은 시각 세계와 시각장을 구분하고 있다(Gibson,

1950: 3장). 깁슨의 용어법에 있어 '시각 세계 *the visual world*'란 끊임없이 움직이는 우리의 두 눈과 머리의 운동에 따르는 시지각의 세계인데, 여기서 우리는 익숙한 대상들의 형태와 위치를 3차원적으로 지각한다. 말하자면 원은 원으로, 다면체는 다면체로, 대상들을 우리가 알고 있는 바대로 지각할 수 있는 것이다. 반면에 '시각장 *the visual field*'은 예컨대, 고정된 하나의 눈만으로 대상 세계를 볼 때 전개되는데, 이 경우 대상들은 일상적으로 경험하는 익숙한 모습과는 다르게 나타난다. 눈에 비치는 시야의 가장자리는 왜곡되어, 예를 들면 원은 타원으로 나타날 것이다. 일상적인 '시각 세계'에서 시지각이 다른 감각들과 결합되어 '깊이 있는 형상들 *depth shapes*'을 창출하는 데 비해 '시각장'에서 시지각은 깊이를 결여한 '투사된 형상들 *projected shapes*'을 창출하는 것이다. 우리의 일상적인 시지각의 세계는 깁슨이 말하는 '시각 세계'이다. 따라서 일상적인 시각은 다른 감각들과 더불어 함께 작용하는 공감각적인 것이며, 여기에는 우리에게 익숙한 대상을 익숙한 그대로 지각할 수 있게 해 주는, 대상 세계에 대한 사회적으로 학습된 관념이 개입하게 된다. 따라서 일상의 시각은 엄격하게 자연적인 것이 아니라 문화적 매개 작용이 개입하는 것임을 알 수 있다.[1]

따라서 우리는 우리들이 사물을 보는 시각은 무엇을 알고 있는가 또는 무엇을 믿고 있는가에 의해 깊은 영향을 받고 있다는 것, 우리가 보는 것은 선택이며 이 선택 행위에 따라 우리가 보는 것은 우리가 이해할 수 있는 범위 안에 포함된다는 것, 그럼으로써 시각은 우리가 현실이라고 부르는 것을 구성한다는 것 등을 받아들일 수 있다(Berger, J., 1972: 24~6). 따라서 시각적 경험은 직접적이고 보편적인 것이라기보다는 항상 우리의 지식과 믿음에 의해 매개되며 타자들과의 관계 속에서 이루어지는 사회적·역사적인 것이라고 할 수 있다. 사회학은 이 사실을 자주 지적해 왔다. 예를 들어, 볼드리지는 문화를 인지적 문화, 심미적 문화,

---

1. 마르크스 바르토프스키 Marx Wartofsky 는 극단적으로 어떤 생리적인 해석도 배제하면서 모든 시각 경험은 문화적인 것일 뿐이라는 급진적인 문화적 독해를 제시하기도 한다(Jay, 1993: 4~5 참조).

규범적 문화로 나누면서, 문화는 우리가 세상을 보고 해석하는 일반적인 시각視角뿐 아니라 생리적인 것으로 믿어지는 시각視覺에도 영향을 미친다는 점을 적시하고 있다(Baldridge, 1982). 그에 따르면, 문화에 의한 사회적 실체의 정의는 학습된 것이고, 그것은 곧 개인들이 대상을 "보는 방법을 배운 것과 같다"(같은 책: 69).

두 번째로, 사회 문화적으로 매개된다는 점에서 '본다'는 것, 시각視覺 자체도 개인을 일정한 방식으로 주체로 구성하는 사회적 과정과 결부되어 있다는 문제를 제기할 수 있다. 개인이 세계를 보는 방식은 사회적이고 역사적으로 주조되는 것이고, 따라서 그러한 방식으로 세계를 보는 개인은 가시적 세계 속에서 보이는 대상들과 특정한 방식으로 관계를 맺게 된다. 이러한 방식으로 시각은 개인을 가시적 세계 속에 일정하게 위치지음으로써 그를 시각적 주체로 구성한다. 주체란 인간 개인의 삶의 조건을 구성하는 다양한 현실적 관계들 속에서 그가 차지하는 위치에 의해 규정되는 것이기 때문이다.

가시적 세계 속에서 주체 위치란 주체가 가시적 대상들을 바라보는 위치이다. 이 위치를 '시점 the point of view'으로 정의할 수 있는데, 시각이 사회 문화적으로 매개되고 주조된다는 것은 특정한 시점이 개인에게 할당되고 이 시점에서 가시적 대상들과 관계 맺음으로써 개인이 '보는 주체 the seeing subject'로 구성된다는 것을 의미한다. 이렇게 보는 행위가 사회적이고 역사적인 것이며 가시적인 세계 속에서 '보는 주체'를 구성한다면, 우리는 시각의 정치학까지도 제기할 수 있다. 만일 이데올로기를 "개인들의 실재 존재 조건, 그들이 살고 있는 실재 관계들에 대한 개인들의 상상적 관계의 표상(재현)"(Althusser, 1971a)으로 이해한다면, 시각 또는 보는 방식과 한 사회의 이데올로기 간의 관계를 쉽게 설정해 볼 수 있는 것이다(Nichols, 1981). 즉, 특정한 시대 특정한 사회의 지배적이고 당연시된 '보는 방식'은 그 시대 그 사회의 지배적인 이데올로기와 내밀한 관계를 갖는다. 그리고 이데올로기가 특정한 방식으로 개인을 주체로 호명하듯이, 보는 방식 역시 특정한 방식으로 주체를 구성한다. 세계 속에서 개인의 위치를 확립한다는 것은 곧 그를 주체로 호명하는 것이기 때문이다. 따라서 한 사회에서 당연시되고 자연스러운 것으로 제시되는 보는 방식은 곧 권력 관계, 지배 관계와 결부된 것이기도 하다.

그러므로 '보는 방식'을 문제삼는 것은 한편으로 사회 구조의 해명을 목표로 삼는 사회학의 전통적인 과제 수행을 풍부하게 해 줄 수 있다. 예를 들어, 하나의 사회 구조를 이념 구조와 행위 구조 그리고 실재 구조로 이루어진 것으로 파악하고 전자에서 후자의 방향으로 향하는 이념적 통제와 후자에서 전자의 방향으로 향하는 현실적 통제의 상호 작용에 의해 존속/발전하는 것으로 생각할 수 있다면(김일철, 1986: 60~80), 문화 및 이데올로기와 결부된 '보는 방식'의 해명은 이념 구조와 행위 구조 간의 관계의 복합성을 조명하는 데 일조할 수 있으며, 또한 '보는 방식'이 문화 및 이데올로기와의 연관에 의해 지배 관계와도 연결된다는 점에서 실재 구조에서 발원하는 현실적 통제의 복합성도 조명해 줄 수 있기 때문이다.

또, '보는 방식'의 해명은 다른 한편으로 문화 연구를 풍부하게 해 줄 수 있다. 문화의 의미는 다양하지만, 갈수록 강조되듯이 문화를 기호와 상징을 가지고 의미를 생산하는 실천, 즉 '의미화 실천 *signifying practices*'으로 정의한다면(Williams, 1983: 87~93; Bocock, 1992: 231~4), '보는 방식'은 시각적 차원에서 이루어지는 의미화 실천의 중요한 부분을 차지하기 때문이다. 의미화 실천으로서 문화는 이념 구조와 행위 구조를 포괄할 것이므로 이 차원은 사회 구조의 해명과도 연결된다. 더욱이 일정하게 주체를 구성한다는 점에서 '보는 방식'의 해명은 문화 연구에서 더욱 중요해진다. 의미화의 실천은 그 실천의 담당자인 듯 나타나는 주체의 문제를 상정하지 않을 수 없기 때문이다(Silverman, 1983; Coward & Ellis, 1977). 의미화 실천에 의한 주체 구성 문제는 시각적 차원에서도 일찍이 커뮤니케이션 연구에서 주목됨으로써 텍스트의 의미 구성뿐만 아니라 수용자 문제에 초점을 맞추는 연구 경향을 형성하기도 하였다. 이러한 맥락에서 이미지 해독의 차원뿐 아니라 '보는 방식' 자체를 부각시키는 것은 시각 텍스트와 수용자의 관계를 해명하는 이러한 연구들에도 일조하게 될 것이다.

1) 현대성의 '보는 방식'과 원근법

이러한 문제 의식을 토대로 서구 사회에서 발원하여 현재 전세계 다양한 사회들의 기본적인 틀을 형성하고 있는 현대성 *modernity* 의 문화에서 일상 생활을 영위하는 개인들이 세계와 대상을 '보는 방식'을 규정하는 특정한 시각, 그러나 당연시되고 '자연스러운' 것으로 상정되는 시각의 구조를 해명하고 그 변동을 추적하려 한다.

본다는 것이 사회 문화적으로 규정되며, 따라서 한 사회에서 자연스러운 것으로 통용되는 보는 방식이 형성되고 제공된다는 점, 이 사회적인 보는 방식이 일정하게 주체를 구성한다는 점을 이해하기 위해 여기서는 '시각 체제 *the scopic regime*'라는 개념을 상정한다. 프랑스의 영화학자 메츠(Metz, 1982)가 처음 제시한 이 개념은 영화를 관람하는 행위가 영화관이라는 물질적이고 제도적인 배치에 의해 구조화되며 관람자를 주체로 구성한다는 것을 암시한다. 이렇게 시각의 장[2]이 개인 바깥의 힘과 배치에 의해 구조화됨을 지적한다는 점에서 '시각 체제' 개념은 전체 사회로 확장되어 시각의 사회적 성격과 주체 구성 기능을 포착하는 데 적용될 수 있다. 이와 더불어, 특정한 시각 체제를 구성하는 '보는 방식 (들)' 역시 사회적인 것이란 점에서 '시각 양식'이란 말로 개념화할 수 있다고 생각된다. 말하자면 '시각 양식'이란 역사적 · 문화적으로 형성되어 개인들의 시각을 일정하게 규정하는 사회적인 '보는 방식'이다.

그렇다면 사회적 수준에서 시각 체제란 다수의 시각 양식들이 교차하는 가운데 특정한 시각 양식이 지배력을 행사하는, 시각 양식들의 불균등 발전한 복합체로 볼 수 있다. 이 시각 체제는 말의 영역에서 담론 구성체들의 복합체의 그것들과 유사한 지위와 기능을 시각의 장에서 점유하고 행사한다. 마치 담론의 질서가 인간에 선행하여 말할 수 있는 것과 말할 수 없는 것을 미리 규정하고 그것을 통해서 권력이 작동하듯이,

---

2. *the field of vision* 또는 *visual field* 등으로 표기될 수 있는데, 이하에서 사용되는 '시각의 장'의 의미는 반드시 깁슨의 '시각장'과 모든 면에서 엄격하게 일치되는 것은 아니다.

시각 체제는 우리에게 볼 수 있는 것과 그것을 보는 방식을 미리 규정해 주며, 이를 통해 권력과 이데올로기는 말의 영역뿐만 아니라 이미지와 시각적 재현들의 영역에서도 지배력을 행사할 수 있다. 그리고 담론의 질서가 말하는 주체를 구성하듯이, 이 시각 체제는 다양한 물질적·제도적 실천들을 통해 그 효과를 발휘하며 그 속에서 특정한 방식으로 '보는 주체,' 즉 시각적 주체를 구성한다.

따라서, 현대성의 문화에서 받아들여지는 '보는 방식'을 고찰하는 이 책에서는 현대성의 시각 체제를 다루는 것이다. 즉, 서구 현대성에서 당연하고 자연스러운 것으로 상정되는 지배적인 시각 양식은 어떤 성격을 가지고 있으며, 그 속에서 구성되는 시각적 주체는 어떤 모습을 갖추는가, 그리고 이 현대성의 지배적인 시각 양식은 어떻게 변동해 왔는가 하는 것이 우리의 관심사다.

앞으로 살펴 볼 것처럼, 현대성의 시각 문화에서 지배적인 시각 양식은 원근법(遠近法, *perspective*)으로 정의될 수 있다. 말하자면, 15세기 르네상스 이탈리아에서 창안된 원근법이 이후 현대성의 시각 체제가 기초하는 지배적인 시각 양식을 형성해 온 것이다. 원근법은 2차원적인 평면에 3차원적인 공간의 깊이를 정확하게 묘사하기 위해 고안된 재현 양식인데, 이것은 그림을 그리는 방식에만 한정되는 것이 아니라 대상 세계를 보는 방식 역시 규정하였다. 이 원근법은 입체적인 대상이 거리가 멀어짐에 따라 크기가 작아지는 현상과 우리가 기찻길이나 일직선으로 뻗은 도로에서 볼 수 있는 것처럼 평행선이 무한히 멀어지면서 마치 한 점으로 수렴되는 듯이 나타나는 현상을 기하학적 비례의 원리에 입각하여 재현함으로써 시각의 공간을 합리화하였다. 이 기하학에 입각한 시각 공간의 합리화는 공간의 깊이를 구축함으로써 재현 영역에서 리얼리즘을 고양시켰다. 다른 한편, 이 원근법은 하나의 시점을 설정하고 그것을 중심으로 시각 공간을 합리화함으로써, 보는 방식 자체를 합리화하는 동시에 가시적 세계의 중심이 되는 주체를 정의한다. 원근법에서 평행선이 수렴되는 듯이 나타나는 가상의 한 점이 소실점 *the vanishing point* 인데, 현대성의 원근법적 시각 양식은 대체로 그림의 중심, 나아가서는 시각장의 중심에 상정되는 이 소실점과 보는 사람의 눈의 시점을 일치시킴으로써 보는 사람을 시각장을 통어하는 주체로 구성하는 것이다.[3]

따라서, 현대성을 합리성과 주체성의 원리로 압축하여 정의한다면 우리는 이 현대성의 원리는 시각의 영역에서도 관철된다는 것을 알 수 있으며, 그것은 원근법이라는 시각 양식에 의해 이루어졌다는 것을 알 수 있다. 말하자면 현대성의 시각 체제는 원근법이라는 합리화된 시각 양식이 지배하는 시각장이며, 이 시각 양식에 의해 규정되는 주체는 데카르트의 코기토와 마찬가지로 시각의 장에서 자기 의지적이며 대상 세계와 거리를 둔 채 통제력을 행사하는(또는 그렇다고 믿게 되는) 세계의 중심이고 초월적인 주체이다.

2) 주체의 시각적 구성과 라캉의 정신 분석학

시각視覺은 사회 문화적으로 매개되면서 주체를 구성하는 과정임을 조명하고, 이러한 문제 의식 아래 현대성의 시각 체제가 갖추고 있는 성격을 해명하기 위하여 그 이론적 자원을 일차적으로 라캉의 정신 분석학에서 구하고자 한다. 라캉을 기본적인 이론적 자원으로 삼는 이유는 그의 이론이 인간은 처음부터 주체인 것이 아니라 자기 바깥에 선행하는 구조적 힘에 의해 주체로 구성된다는 점을 정치하게 설명하고 있을 뿐만 아니라 시각장의 사회적 성격과 그 속에서 보는 주체의 형성을 설명해 줄 수 있는 라캉 나름의 시각 이론을 제공해 주기 때문이다. 시각의 복합적인 성격과 문화의 개입은 지각의 문제를 다루는 심리학과 그것에 기초한 연구들에서도 이미 강조되었지만, 이러한 연구들에서 지각하는 인간 주체 자체에 대해서는 충분한 검토가 이루어지지 않은 측면이 있

---

3. 원근법의 이러한 성격은 특히 1980~90년대 시각에 대한 인문 사회 과학의 간학제적 연구가 활성화되면서(서론의 다음 절을 참조하라) 다양한 방식으로 지적되고 있다. 예를 들면, Jay, 1988, 1993; Jenks, 1995a; Romanyshyn, 1989, 1993; 주은우, 1994b 등을 참조하라.

다. 말하자면 시지각의 주체 자신이 외부의 구조적 힘에 의해 구성되는 차원은 분석의 수준으로 올라오지 못하는 감이 있다는 것이다. 라캉의 시각 이론은 바로 이 차원에서 시각의 문제를 검토할 수 있게 해 준다.

물론, 정신 분석학의 역사에서 라캉이 지닌 특이성은 "무의식은 언어처럼 구조화되어 있다"[4]는 그의 명제에 의해 압축적으로 표현되듯이 그가 언어학의 발전에 기대어 프로이트를 지속적으로 다시 쓰면서 정신 분석학을 재구성한다는 점에 있다. 라캉에 있어서 주체는 언어의 질서 속에서 구성된다. 인간은 라캉이 상징계 *the Symbolic* 라고 부르는 이 기표 *signifier* 들의 사슬 속으로 들어감으로써, 의미화되지 못하는 영역인 실재계 *the Real* 로 떨어지는 자신의 진정한 존재로부터 소외되는 동시에 주체로 구성된다. 그렇지만 무의식의 언어적 구조를 강조함에도 불구하고, 환영적인 세계임과 동시에 이미지들로 이루어진 상상계 *the Imaginary* 개념에서도 알 수 있듯이 라캉의 이론에서는 이미지 및 시각 역시 지속적으로 중요한 역할을 하고 있다.[5] 특히, 주체가 최초로 자신의 통일된 총체적 존재감을 획득하는 에고 *ego* 의 형성 과정에서 이미지와 시각의 역할은 결정적이며, 에고가 형성되는 이미지와의 동일시 과정은 인간 존재가 상징계로 진입하고 난 이후에도 계속된다는 점에서 이미지와 시각의 역할은 주체의 전체 개인사를 관통한다고 할 수 있다.

---

4. 널리 알려져 있다시피, 라캉은 로만 야콥슨의 <언어의 두 양상과 실어증의 두 유형>(Jakobson, 1989: 92~116)을 인용하여 응축과 전위라는 무의식의 메커니즘에 각각 은유와 환유라는 언어 메커니즘을 대응시키고 후자를 무의식의 구조 원칙으로 제시한다. 말하자면, 증상은 은유이고 욕망은 환유이다(Lacan, *Écrits*: 175). 따라서 라캉은 본능 이론에 기초한 정신 분석학의 생물학적 결정론에 자신을 대립시킨다. "…… 정신 분석 경험이 무의식에서 발견하는 것은 언어의 전체 구조이다. 따라서 처음부터 나는 지성인들에게 무의식이 단지 본능의 자리라는 관념은 재고되어야만 할 것이라고 경고해 왔다"(같은 책: 147).

5. 사립은 라캉의 이론이 발전되는 과정에서 서로 중첩되는 두 시기를 나누면서, 라캉은 주로 1936~53년의 시기에는 인간이 타자들과 관계하는 방식이 종종 그를 '사로잡는' 이미지에 의해 결정된다는 사고를 강조하고, 두 번째 시기인 1948~60년에는 주로 언어에 관심을 두며 이는 사회적 관계의 윤리에 대한 관심의 증대를 가져온다고 말한다(Sarup, 1994: 97~8). 그러나 강조점의 이동에도 불구하고 이미지와 시각에 대한 라캉의 관심은 그의 전 저작에서 지속되고 있다고 보아야 할 것이다. 특히 1964년 2월에서 3월에 걸쳐 "'대상 소문자 *a*(*Objet Petit a*)'로서의 응시에 대하여"란 제목으로 행해진 그의 세미나(Lacan, *Four Concepts*: 65~119)는 이러한 측면을 단적으로 보여 준다.

사실, 정신 분석학이 전체적으로 언어를 더 강조한다 할지라도6 정신 분석학에서 이미지와 시각이 낯선 것은 아니다. 프로이트가 창간한 정신 분석 학회지의 제목 자체가 ＜이마고 Imago＞7였을 뿐만 아니라, 그가 무의식에 접근하는 '왕도'로 보았던 꿈은 온갖 심적인 이미지들을 이용하여 이른바 '꿈의 작업'을 수행한다. 더구나 라캉이 지적하듯이(Lacan, Seminar I : 74; Four Concepts: 45),8 프로이트는 ≪꿈의 해석≫의 7장 '꿈 과정의 심리학'에서 무의식의 과정이 이루어지는 정신적 장치 the mental apparatus 를 해부학적으로 이해하는 것을 부정하면서 '복합 현미경이나 사진기' 또는 망원경과 같은 광학 장치에 비유하고 있다. 프로이트에 따르면 하나의 체계를 이루는 이 정신적 장치는 "망원경 속의 다양한 렌즈 체계들이 순서대로 서로를 뒤따라 배열되어 있는 것과 동일한 방식으로" 이루어져 있을 것으로 생각할 수 있다(Freud, 1953: 536~7). 물론 이러한 유비는 정신적 작용의 복잡성을 분해하고 이해하려는 목적에 제한되는 것이지만, 그럼에도 불구하고 정신 분석학의 사유에서 시각적인 것들이 중요한 역할을 하고 있음을 보여 주기도 한다. 실제로 정신 분석 이론의 많은 주요 개념들은

---

6. 정신 분석적 실천은 무엇보다도 '담론 치료 talking cure'이며, 프로이트는 그의 스승이었던 살페트리에르 병원의 장 마르탱 샤르코 Jean Martin Charcot 가 히스테리 환자들의 임상 치료에서 동원했던 시각적인 방법('극장화된 계단식 원형 강당'과 사진 촬영 스튜디오)과 거리를 두고 정화법을 거쳐 자유 연상법으로 넘어갔다. 이론적으로도 프로이트는 꿈이나 말 실수, 농담 등의 구어적 해석을 중심에 둔다. 데리다(Derrida, 1978)는 프로이트가 심적 과정에 대한 광학적 메타포에서 필사적 scriptual 메타포('신비한 편지지철 mystic writing pad')로 이행한다고 지적한다. 그에 따르면 프로이트는 우리에게 '글쓰기의 장면'을 상연한다. 하지만 유아의 절시증을 다루거나 오이디푸스 전설 분석에서처럼 '눈멈'을 거세의 함축과 연결하는 데서 알 수 있듯이, 프로이트의 정신 분석학이 시각의 역할을 전적으로 배제하는 것은 아니다.

7. '이마고'는 주체가 타자들을 이해하고 관계 맺는 방식의 방향을 결정하는 무의식적이고 원형적인 형상 figure 이다. 이 이마고는 가족이라는 환경 내에서 형성되는 최초의 관계들(판타지화된 관계일 수도 있다)에 기초하여 형성된다. 콤플렉스 complex 개념과 분리되기 힘든 이마고는 주체가 자신의 정체성을 형성하고 타자들과 관계 맺는 방식의 기초인 것이다(Laplanche & Pontalis, 1973: 211 참조).

8. 이 책에서 라캉의 저작을 인용하는 경우에는 다음과 같이 표기한다. 자세한 서지 사항은 참고 문헌을 보라.

Écrits / Écrits: A Selection.

Four Concepts / The Four Fundamental Concepts of Psycho-Analysis.

Seminar I / The Seminar of Jacques Lacan, Book I .

Seminar II / The Seminar of Jacques Lacan, Book II.

이미지나 시선처럼 특수한 시각적 위상을 보유하고 있거나 시각적 경험들(거세 공포, 거울 단계), 일종의 기호 제작(응축과 전위), 또는 우리가 시각화하기 쉬운 개념들(젖가슴, 성기)에 준거한다(Bal & Bryson, 1995: 64).

더욱이 라캉에 있어선 이미지나 시각이 단순한 유비적 차원이나 개념들의 위상 문제라는 수준을 넘어선다. 그의 이론에서 이미지와 시각은 주체가 구성되는 과정의 기저층을 이룬다고 볼 수 있다. 언어적 질서, 기표들의 그물망 속에서 형성되는 주체는 그 근본적인 차원에서는 또한 시각적으로 구성되는 것이기도 하며, 그 출발점이 되는 것은 앞에서 말했듯이 에고가 형성되고 이후 주체 구성의 원형적 모습을 보여 주는 거울 단계 *the mirror stage* 이다. 거울 단계는 에고와 이미지, 주체성과 시각성의 깊숙한 연루를 분명하게 드러내 보여 준다. 더구나 시각을 매개로 한 에고 형성의 과정은 앞으로 살펴보게 될 것처럼 상상계의 차원에만 머무는 것이 아니라 상징계가 개입한다는 점에서 사회적인 과정이기도 하다. 언어의 질서인 상징계는 상징(특히 '법')을 매개로 가동되는 상호 주관적 연결망이기 때문이다.

더구나 1964년 '눈과 응시 *gaze* 의 분열'에 관한 라캉의 세미나에서는 1930~40년대에 다듬어진 거울 단계론에서보다 시각적 차원에서 주체가 형성되는 무의식적 과정의 사회적 성격이 보다 더 분명해지고 있다. 주체의 시각적 구성 과정은 이제 기표들의 그물망이라는 상징적 질서의 지배 하에서 파악되고 있기 때문이며, 따라서 이제 시각장을 규정하는 것은 이미지의 상상적 작용보다는 차라리 기표로 이해되기 때문이다. 바로 이러한 측면 때문에 눈과 응시의 분열과 교차 대구적인 상호 얽힘을 조명하는 이 세미나는 현대의 반시각 중심적 *antiocularcentric* 사유와 담론에 지대한 영향을 미쳤을 뿐만 아니라(Jay, 1993: 357) 시각적 영역에 대한 최근의 관심들이 많이 의지하는 이론적 지주의 하나가 되고 있다.9

---

9. 이러한 측면에 대해서는 Brennan & Jay (eds.), 1996을 보라. 영화 이론에서도 라캉의 거울 단계론에 의지하던 데서 눈과 응시의 분열론을 강조하는 방향으로 이동하는 경향을 볼 수 있는데, 이러한 면에 대해서는 Copjec, 1994: 2장; Rose, 1986: 7, 8장 등을 참조하라.

물론 이 단계에서 라캉의 강조점은 거울 단계론에서 초점을 맞추던 상상계 / 상징계의 접합이라는 축으로부터 상징계 / 실재계의 접합이라는 축으로 이동하고 있다. 그러나 라캉 자신은 에고의 형성과 공격성을 시각적 측면에서 이해하려는 최초의 시도들을 결코 명시적으로 폐기한 적이 없으며(Jay, 1996: 9), 오히려 이 '눈과 응시' 세미나에서 거울적 동일시와 그것이 수반하는 에고 형성 및 그 부정적 함의들에 대한 탐색이 지속적으로 반향되고 있음을 곳곳에서 탐지할 수 있다(Berressem, 1995: 176). 따라서 우리는 라캉의 거울 단계론과 눈과 응시의 분열론을 주체의 시각적 구성이란 측면에서 연속적인 것으로 파악할 수 있다. 즉, 눈과 응시의 분열 세미나는 주체가 상징계로 들어간 이후에도 상상계가 그것이 수반하는 모든 문제점들과 함께 여전히 작동하고 있음을 제시하는 것이며(Jay, 1993: 357), 이러한 점에서 거울 단계론에서 상상계와 상징계의 상호 얽힘을 통해서 암시되던 시각과 주체 구성의 사회적 성격이 이 세미나에서 더 명시화되고 확장되는 것으로 이해할 수 있을 것이다.

하지만 라캉의 이론은 초역사적인 범주들로 이루어져 있다고 흔히 지적된다. 이러한 측면에서 라캉의 시각 이론을 현대성의 시각 체제에 대한 연구에 그대로 적용하기에는 한계가 있다. 그러나 이 책이 라캉의 시각 이론에 의지하는 목적은 주체가 시각적으로 구성되는 측면에 대해 그가 제시하는 설명을 이론적 자원으로 활용하는 데 있으며, 라캉의 시각 이론이 시각과 주체 구성에 대한 사회적 차원을 내포하고 있다는 점에서 그의 이론이 가진 초역사적 성격이 근본적인 한계로 작용하는 것은 아니다. 여기서는 라캉의 이론에 내포된 이 사회적 차원을 조명하고, 그의 관점과 연결시킬 수 있는 다른 이론들의 도움을 받아 이 차원을 더 확대시키려 한다. 이렇게 시각장의 역사적 가변성과 권력 관계와의 연루를 조명할 수 있는 이론적 자원을 마련하는 것은 시각 체제 개념을 다듬어 내는 작업을 통해 시도될 것이다.

2. '현대성'과 '시각'

1) 시각과 현대의 문화적 조건

현대와 탈현대의 논쟁은 현대성의 사회적 조건에 대한 보다 전면적이고 근본적인 반성을 촉구하였다. 이것이 우리 시대를 현대로 규정하느냐 탈현대로 규정하느냐 하는 문제보다도 이 논쟁이 제기한 보다 생산적인 과제라 할 것이다. 이러한 면에서 현대와 탈현대의 논쟁은 비판과 성찰로 규정될 수도 있는 현대성의 논리 그 자체를 오히려 급진화시킨 효과를 갖는다. 이러한 맥락에서 이 글은 현대성의 문화적 조건에 대한 자기 성찰의 일환으로서 보는 것 *seeing* 의 문제, 시각의 문제를 하나 더 상정하는 것이다.

현대성의 성찰이라는 다양한 의제들에 시각의 문제를 상정하는 이유는 수많은 시각 매체가 발달하고 영상 문화가 폭증하는 이 시대의 문화적 현실에 근거한다. 적어도 1960년대 이후, 그리고 기 드보르의 ≪스펙터클의 사회≫(Debord, 1996[1967])의 출간 이후 현대 사회에서 시각 문화가 인간의 경험을 구조화하는 중심 범주가 되었음을 부정하는 이는 드물며, 이러한 문제 의식은 최근의 "영화적 사회론"(Denzin, 1995)으로까지 이어지고 있다. 최근 포스트모더니즘 문화(론)가 기초하고 있는 사회적 조건 역시 이러한 상황과 무관하지 않다. 탈현대주의 문제가 사회학에서 중요성을 가지는 이유 가운데 하나는 그것이 문화의 영역이 무엇보다 중요해졌음을 제기하기 때문이라고 볼 수 있다(Featherstone, 1988: 204). 예컨대, 다니엘 벨은 현대의 문화가 사회로부터 분리되어 자립할 뿐 아니라 오히려 문화가 우세해져 사회 변동을 주도하게 되었다고 본다(Bell, 1990). 프레드릭 제임슨은 반대로 문화는 후기 자본주의 논리에 의해 그 반자주성마저 파괴되었다고 보지만, 그 결과 오히려 문화의 영역이 사회 전체로 확산됨으로써 사회 생활의 전 영역이 최초로 '문화적'

이 되었다고 지적한다(Jameson, 1988). "일상 생활의 미학화"(Featherstone, 1991: 5장)라는 규정에서도 알 수 있듯이, 이제 문화는 일상성과 개인의 경험 구조를 조건짓는 일차적인 요인이며, 현대 사회에서의 그것은 갈수록 영상 문화가 주도하고 있는 실정이다. 리오타르의 담론 *discourse* 과 형상 *figure* 의 구분을 원용하자면, 사회학적으로 볼 때 포스트모더니즘은 담론에 기초한 의미 작용의 체제에서 형상에 기초한 의미 작용 체제로의 변화에 근거한다고도 말할 수 있다(Lash, 1989: 7장).

시각 매체의 발달과 영상 문화의 폭발적인 성장, 그리고 그 사회적 의미는 이미 1950~60년대부터 주목받아 왔다. 서구의 많은 사회학자들이 고도 소비 사회의 외양 중심의 문화 경험(Bell, 1990)과 그로 인한 인성 구조의 형성에는 미디어, 특히 시각 매체의 영향이 절대적임을 거론한 바 있다(Riesman, 1978; Lasch, 1989). 이러한 영상 문화의 지배적 경향은 포드주의의 확립과 대도시의 발전에 기초하여 노동자 계급까지도 포괄한 본격 대중 문화가 발전하기 시작한 것과 궤를 같이 하여 발전되어 온 것으로 볼 수 있다. 이미 반세기 전에 호르크하이머와 아도르노는 대중 기만과 신화로 전락한 계몽주의의 한 화신인 문화 산업의 중요한 구성 요소로서 영화에 주목한 바 있고(Horkheimer & Adorno, 1995), 현대인의 일상 생활이 기호와 이미지들로 포획되었다는 것은 오늘날 공통적으로 제기되는 주장이 되었다(Lefebvre, 1990; de Certeau, 1984; Baudrillard, 1991). 따라서 현대 사회의 성격을 이해하기 위해서는 이렇게 우리의 일상성을 조직하고 정체성을 형성하는 데 큰 역할을 하는 영상 문화의 현란함을 이해하고 비판적으로 성찰할 필요가 있으며, 이 점에서 현재의 문화적 조건을 알기 위해 그것의 체계가 확립된 뿌리로 돌아가 보는 것도 필요한 작업이다.

더구나 이러한 모든 문제는 바로 우리의 문제이다. 오늘날 현대성의 논리에서 벗어나 있을 수 있는 사회는 아무 데도 없으며, 이것은 개별 사회의 문화적 조건 역시 마찬가지다. 비서구 사회들에서 현대화는 서구 사회의 논리에 입각한 사회적 조건들의 조직화였으며, 문화의 영역도 예외는 아니었다. 오늘날 문화적 제국주의론은 미디어 제국주의의 좁은 문제틀에서 벗어나 현대성의 확산이라는 문제틀에서 재구조화되어야 한다는 주장(Tomlinson, 1991)은 이러한 사정을 반영한다. 지난 시대 '근대화'의 구호가 입증하듯이 서구 현대성 문명의 궤적을 좇아 저돌적으로 앞만 보고 돌진해 온 한국 사회 역시 현대성의 제반 결과로부터 면제될 수 없는 것이다. 따라서 현대성의 다양한 측면들 가운데 그 문화적 구조와 동학 역시 우리 자신의 문제로서 성찰해 보아야 할 필요성이 있다.

더욱이, 폭증하는 영상 문화와 시각 체험이 일상 생활을 감싸고 개인들의 정체성을 형성하는 현대 사회의 문화적 조건은 우리 사회에서 1980년대 중반 이후 더욱 현실적인 것이 되었다(주은우, 1994a, 1996). 1년에 수백 편의 영화가 개봉되고 할리우드 영화 산업의 직배 공세로 인해 메이저급 영화들이 미국 본토와 동시에 상영되는 영화관, 1980년대 컬러 텔레비전 방송의 개시와 1990년대 위성과 케이블의 다채널 방송 환경, 그리고 급속도로 확장된 비디오 시장, 대충 어림잡아도 이러한 것들이 1980년대 이전 영상 문화 소비 수준과 비교가 안 될 정도로 달라져 버린 지금 우리의 영상 문화가 위치한 현주소이다. 어떻게 보면, 문화 영역에서의 현대화의 신속함은 정치나 경제 영역보다 훨씬 더 앞선다고 할 수 있다. 예컨대, 포스트모더니즘의 경제적 조건을 유연적 축적 체제로 정의하는 입장(Harvey, 1989a, 1989b)을 따른다고 할 때, 우리 학계에서 포스트모더니즘 논쟁이 활발히 일어났던 1990년대 초반의 시점에서 보아 생산의 측면에서 우리 사회의 경제적 조건은 아직 그것과 거리가 있다고 주장할 수 있었다 하더라도, 이미 그 때부터 광고나 텔레비전 프로그램(강명구, 1993) 또는 컴퓨터 게임(박명진, 1993b) 등 나날이 새로워지는 시각 문화의 모습은 이미 충분히 포스트모더니즘적인 양상들을 보여 준다고 진단되고 있었다. 내가 보는 것이 아니라 '봄을 당했다'는 표현(김성기, 1996: 296)이 실감날 정도로 현재 우리 문화의 현 주소는 넘쳐나는 이미지와 현기증나는 시각적 경험으로 충만하다. 그러므로 현대성의 시각 문화에 대한 성찰은 우리 자신에 대한 성찰로 이어진다.

2) 시각적 전회?

1990년대 또는 1980년대 후반부터 사회 과학과 철학 및 예술사, 그리고 정신 분석학 등 다양한 인문 사회 과학 영역들 간의 다채로운 학제 간 연구를 통해서 시각 또는 그것의 사회성과 역사성을 강조하는 '시각성 *visuality*'의 문제, 특히 현대성의 '보는 방식'의 문제에 대한 심층적인 연구들이 이루어지고 있다. 이것은 이미지와 시각 문화의 폭증 및 그것이 도시적 일상 생활의 환경을 형성하는 측면을 조명하던 1950~60년대 연구들을 계승하면서도 새로운 패러다임에 의거하여 그런 연구들을 심화하는 것이라 할 수 있는데, 일각에서는 이를 두고 20세기 인문 사회 과학을 틀 지었던 '언어학적 전회 *the linguistic turn*'에 비견하여 "그림적 전회 *the pictorial turn*"(Mitchell, 1994) 또는 "시각적 전회 *the visual turn*"(Brennan, 1996)라고 부를 정도이다.

주지하다시피 철학자 리처드 로티는 철학사를 새로운 문제들이 출현하고 낡은 것들이 사라지는 일련의 '전회'들로 특징짓는다. 그에 따르면, 고대와 중세 철학이 사물 *things* 에 관심을 가졌고 17세기에서 19세기에 이르는 철학은 관념 *ideas* 의 문제에 전념한 데 비해 현 시대의 철학적 장면은 말 *words* 에 초점을 맞추고 있다(Rorty, 1979: 263). 이 마지막 현 단계가 로티가 말하는 '언어학적 전회'에 해당하는 것이며, 이것은 현재의 여타 인문 과학 및 문화 연구에 지대한 반향을 불러일으키고 있다.

이 은유에 의지하여 미첼은 '그림적 전회'를 제기한다. 그는 로티가 말하는 '언어학적 전회'에 비견할 만한 변화가 철학과 인문 과학 및 문화의 영역에서 복잡한 변형을 야기한다고 주장한다(Mitchell, 1994: 11~34). 일각에서 우리 시대 문화를 이해하는 일종의 패러다임 변동으로까지 보기도 하는 이 시각적 경험 및 보는 방식에 대한 새로운 매혹은 시각과 이미지 및 형상적인 것에 대하여 언어학적 모델로 환원되지 않는 독자적인 분석을 수행할 것을 요구하며, 이에 따라 '텍스트 독해'의 모델이 '관객성 *spectatorship*'과 '시각성'의 모델로 대체되는 경향을 보여 준다. 따라서 이

전회는 텍스트성의 타자로서의 시각적 무의식을 복귀시키는 것이기도 하다. 하지만 이러한 새로운 경향들은 그 자체가 다른 한편으로는 오히려 언어학적 전회의 가르침을 반영하고 있기도 한데, 이 '그림적 전회'는 시각성의 '구성된' 특질에 주목하고 그것에 대한 역사적·문화적 해석의 다양한 시도들을 낳고 있기 때문이다(Jay, 1996: 3). 시각적 경험에의 이 새로운 주목들이 과연 패러다임 전환에 비유할 만한 변화를 가져왔느냐 여부를 판단하는 것은 아직 시기 상조지만, 어쨌든 이전에 비해서 훨씬 더 심화된 문제 의식 아래 시각의 사회적 성격을 파헤치는 연구들이 봇물처럼 쏟아지는 것이 현재의 추세임에는 틀림없는 것 같다.10

특히, 현대 / 탈현대 논쟁의 여진 속에 본격적으로 현대성과 시각, 시각의 사회성을 다루는 연구들이 나오기 시작한 상징적 전기의 하나로서는 1987년 다이아 예술 재단(Dia Art Foundation)의 후원 아래 시각 예술에 대한 비판적 접근을 주제로 6주에 걸쳐 열렸던 토론회를 들 수 있다. 이 토론회의 결과는 할 포스터가 편집한 책으로 출간되었는데(Foster ed., 1988), 서로 차별적인 문제 의식과 방법론을 통해 현대성의 시각 체제가 지닌 다양한 측면들을 드러내고 있는 참여자들의 공통적인 문제 의식은 현대적 시각 모델의 전제專制에 대한 비판이며, 포스터는 이러한 작업이 시각의 역사적 성격을 강조함으로써 시각의 정치적 무의식과 시각 형성의 고고학에 관심을 기울이는 것이라고 말하고 있다(Foster, 1988: xiii).11

---

10. 이러한 경향에 대해서는 Fyfe & Law (eds.), 1988; Levin (ed.), 1993; Taylor (ed.), 1994; Jenks (ed.), 1995; Charney & Schwartz (eds.), 1995; Brennan & Jay (eds.), 1996 등을 참조하라. 시기적으로는 많이 앞서지만 Berger, J., 1972도 거론할 수 있다. 1970년대 초 영국 BBC 방송 프로그램에 기초한 이 책은 엄격한 학술적 형식을 갖추고 있지는 않지만 이미지들의 복제 환경, 여성 신체의 재현 방식, 소유의 표상, 광고 이미지 등 다양한 영역들을 다루면서 시각의 사회성 및 현대성 문제에 대한 관심이 촉발되는 데 일조하였다.

11. 이 토론회에 참여한 학자들은 각자 독자적인 연구서를 출간하여 현대성의 시각 문제에 대한 연구를 심화시키고 있다. 마틴 제이는 현대성의 시각 체제를 '데카르트적 원근법 체제 the Cartesian Perspectivalism'로 파악한다(Jay, 1988). 그러나 그는 시각의 합리화와 데카르트적 주체가 결합된 구조를 자세하게 분석하기보다는 이 현대의 시각 체제가 탈현대주의까지 이어지는 20세기 프랑스 사상가들에 의해 비판받는 지성사 연구에 집중한다(Jay, 1993). 크레리는 19세기 말 20세기 초에 발전된 새로운 시각 기술들, 특히 카메라가 일반적인 통념과 달리 원근법의 카메라 옵스큐라와 단절적인 관계에 있다고 주장하며, 19세기 생리학과

우리의 논의와 관련하여 특히, 시각에 대한 최근의 관심들이 철학적 차원에서 현대성을 '시각의 헤게모니'로 규정하고(Levin ed., 1993b), 현대성의 폭력성과 일면적 억압성을 맹렬히 비판해 온 많은 사상가들이 현대성을 '시각 중심주의 ocularcentrism'라는 측면에서 비판하는(Jay, 1993) 추세를 지적해야 할 필요가 있다. 이들이 주장하는 것은 서구 현대의 이성 중심주의가 주체와 객체, 마음과 신체, 이성과 비이성의 이분법과 전자들의 특권화에 의거하여 객체와 신체와 비이성을 관찰과 통제의 대상으로 삼음으로써 지배와 억압의 사회적 결과를 초래해 온 것이 시각을 특권화하는 서구 현대성의 전통과도 연결되어 있다는 것이다. 말하자면 도구적 합리성의 부정적인 결과들은 현대성의 전통에서는 시각의 영역에서도 관철되고 있다는 문제 제기인데, 이러한 점에서도 현대성의 원리와 그 사회적 조건을 반성하는 작업은 얼핏 보기에는 너무나 자연스럽고 당연하여 문제를 제기할 필요조차 없어 보이는 시각, 보는 것의 문제로까지 확대되어야 할 필요가 있다.

또한 시각의 사회성과 역사성에 대한 최근의 연구들이 정신 분석학에 이론적으로 많이 의지한다는 점도 언급해야겠다. 특히 주목받고 있는 것이 라캉의 '눈과 응시의 분열' 이론인데, 이것은 라캉이 비교적 초기에 제시한 '거울 단계'론보다 그것이 시각의 사회적 성격을 조명하는 데 더 적합하다고 판단한 데서 연유하는 것으로 보인다. 이 책 역시 이러한 이론적 추세와 무관하지 않다. 그러나 이 책에서는 라캉을 이론적 자원으로 활용함에 있어 거울 단계론과 눈과 응시의 분열론을 연속적인 것으로 파악할 것이다. 라캉의 이론은 많은 사람들이 의지하고 있는 바이기는 하지만, 그러나 라캉의 이론에 의지한다고 하여 이들의 작업이 단일

푸코의 작업을 수용하여 시각 체제의 변화를 계보학적으로 연구한다(Crary, 1988, 1992). 이 두 사람에 비해 크라우스, 브라이슨, 로즈는 라캉의 정신 분석학을 통해서 현대성의 시각 구조를 해명하려 시도하고 있다. 크라우스는 시각적 무의식을 해명하고 모더니즘의 예술적 실천들이 시각적 무의식의 균열 구조를 드러내는 측면에 관심을 두고 있고(Krauss, 1988, 1994), 예술사가 브라이슨은 라캉의 응시 이론을 끌어들이고 예술사의 검토를 통해 그것을 역사화·사회화하려 하며(Bryson, 1983, 1988), 로즈는 시각과 성性이 서로 미늘 달리는 imbricated 방식에 연구의 초점을 맞춘다(Rose, 1986, 1988).

한 면모를 보여 주는 것은 아니며, 어디에 초점을 맞추느냐 하는 것과 라캉의 초기 동일시 이론과 후기 응시 이론 간에 어떤 관계를 설정하느냐에 따라 다양한 결론을 도출하고 있다(Jay, 1996).

3) 사회학과 시각의 문제

현대성의 시각 체제 또는 시각 일반에 대한 사회학적 연구는 아직까지 그리 많은 편은 아니다. 현대성의 기획이 시각적인 것을 일차적 소통 매체로 격상시키고 시각의 헤게모니를 보편화해 왔음에도 불구하고, 정작 현대성의 담론인 사회학은 시각에 대하여 소홀해 왔다고 판단할 수 있다(Jenks, 1995a: 2).

그러나 사회학이 처음부터 그랬던 것은 아닌 듯하다. 우연의 일치인지 모르지만, 역사적으로 현대의 지배적인 시각 매체의 하나인 사진과 사회학은 시간적으로나 공간적으로나 탄생 지점을 공유한다.12 다게르가 발명한 사진술이 프랑스 과학 아카데미에서 검증을 받고 프랑스 정부가 이를 구입하여 국유 재산으로 선포한 1839년(Rouillé, 1992: 31~2)에 같은 프랑스 땅에서 사회학은 오귀스트 콩트에 의해 세례식을 치루었다(Timasheff & Theodorson, 1985: 22). 뿐만 아니라 초기의 사회학과 사회 과학 일반은 대도시의 성장과 결부된 서구 현대 사회의 형성과 사회 개혁 요구를 고리로 하여 시각 매체와 강한 연계성을 맺고 있었다. 예컨대, 미국에서 사회 과학의 출발은 사회적 쟁점을 다룬 일련의 사진 작업에 의해 강하게 추동되었다. 제이콥 A. 리스Jacob A. Riis는 1890년대 뉴욕의 빈민가를 사진으로 찍었고, 훈련받은 사회학도이기도 했던 루이스 W. 하인 Lewis W. Hine은 1907~18년 사이 아동 노동의 현장을 고발하는 사진 작업으로 새로운 노동법이 통과되는 데 기여하기도 하였다(Chaplin, 1994: 198).

그럼에도 불구하고 사회학의 전통에서 시각적인 것 또는 시각적 재

---

12. 나는 이 사실을 엘리자베스 채플린의 지적(Chaplin, 1994: 198)으로 새삼스럽게 다시 깨닫게 되었다.

현은 연구 대상의 측면에서도 방법론적인 측면에서도 주변적인 것으로 머물러 왔다. 이것은 인류학의 전통과 대조적이다. 인류학은 일찍부터 사진을 객관적 증거로 간주하여 현장 조사에 활용하였고, 실증주의에서 벗어난 학자들에 의해 사진의 정치적·사회적 구성에 대한 문제 제기가 이루어지면서부터는 사진적 기록의 본성에 대한 탐구까지 활성화되었으며, 이러한 전통은 오늘날 '영상 인류학'이라는 큰 흐름을 형성하기까지 하였다(Collier & Collier, 1986; Chaplin, 1994: 199∼212). 이에 비해 사회학에서 시각적인 것은 주변적인 것으로 밀려났다. 대표적인 예로, 이것은 사진 작업에 고무되었던 미국의 사회학이 20세기 들어와 보여 준 궤적에서 상징적으로 확인할 수 있다. <미국 사회학 회지 American Journal of Sociology>는 초창기에는 사회 개혁에 대한 요구와 맞물려 많은 사진을 수록하였으나, 1914년 실증주의 사회학자 앨비언 스몰 Albion Small 이 편집장을 맡으면서부터 인과 분석과 높은 수준의 일반화 및 통계학적 보고를 선호하는 그의 편집 지침에 따라 사진을 수록하지 않는 경향을 띠게 되었다(Chaplin, 1994: 198). 현실에 대한 객관적 기록으로 여겨지던 사진이 실증주의에 의해 외면당한 이러한 역사는 방법론적 차원에서나 연구 대상이라는 차원에서나 시각적인 것이 사회학에서 주변화되어 온 측면을 상징적으로 보여 준다.

파이페와 로는 사회학에서의 시각적 차원의 주변화 문제를 다룬 바 있다(Fyfe & Law, 1988a: 3∼6). 그들에 따르면, 사회학의 언어들에는 구조, 토대와 상부 구조, 철창 iron cage, 관계망 등 시각적 은유가 풍부함에도 불구하고 사회학에서 시각은 주변화되어 왔다. 그것은 첫째, 방법론적으로 통일성이 결여되어, 자연 과학과 달리 시각적 데이터를 처리하는 합의된 방법이 부재한 점, 둘째로 이론적인 통일성이 부재하는 사회학 이론들의 다양성, 셋째로 생물학과 심리학에 반대하는 반환원론적 전통으로 인해 신체가 사회학에서 제거됨으로써 지각과 재현에 대한 분석이 주변화된 점 등에 기인한다고 이들은 분석한다.

그렇지만 사회학에서도 시각적 재현과 사회적 분석이 일정한 연계를 맺어 온 흐름을 살펴볼 수는 있다. 엘리자베스 채플린은 그 관계 변화를 검토하고 있다(Chaplin, 1994). 전통적으로 이미지와 시각 예술은 사회학적인 분석 대상이라는 위치를 차지한다. 예술사에 대한 하우저의 지식 사회학적 연구(Hauser, 1974, 1980)와 자넷 월프의 예술 사회학(Wolff, 1986) 등이 여기에 해당하는데, 전통적으로 사회학의 주요 부문의 지위를 차지하는 것으로 보기는 어렵다. 그 다음 단계는 사진이나 그림 등 시각적 재현들을 분석의 설명력을 높여 주는 자료나 보조 수단으로 활용하는 것이었는데, 여기에는 영상 인류학이나 광고 이미지들에 반영된 사회적 성차를 분석한 고프만의 작업이 대표적이다(Goffman, 1979). 마지막으로 최근에는 텍스트와 시각적 재현이 융합되는 모습을 보여 주는 바, 여기서는 인쇄된 활자체나 책의 레이아웃까지도 사회학적 설명과의 유기적 관계 속에 전략적으로 배치된다.

하지만 이러한 모습을 살펴볼 수 있음에도 불구하고, 파이페와 로 그리고 채플린의 공통적인 문제 의식은 사회학에서 시각에 대한 연구는 주변적인 위치에 머물러 왔다는 것이다.[13] 이러한 측면에서 시각이 사회적으로 매개되는 차원과 현대성의 시각 체제에 대한 연구는 현대성의 담론인 사회학이 시각적인 것에 대하여 더욱 관심을 기울이는 데 조그만 기여를 하는 것이기도 하다.[14]

---

13. 한편, 이러한 전통에 대한 반성과 함께, 1981년에 국제 시각 사회학회(the International Visual Sociology Association)가 설립되었다. 이에 대해서는 Chaplin, 1994: 222~3을 참조하라.

14. 사회학에서 시각적인 것을 연구 대상으로 삼는 활발한 연구의 흐름은 이데올로기 분석의 측면에서 미디어 연구와 연계된 최근의 경향에서 상대적으로 두드러져 보인다. 하지만 이러한 연구는 커뮤니케이션학을 중심으로 이루어졌고 사회학의 중심적인 흐름은 이 연구들과 연계를 활발하게 맺지 못한 경향이 있다. 스튜어트 홀을 필두로 한 영국의 문화 연구 전통도 다양한 시각 미디어의 의미 작용과 그 이데올로기 효과를 분석하고 대단히 생산적인 결과를 산출해 왔다(Turner, G., 1995 참조). 이 책의 관점에서는 이러한 연구, 즉 기본적으로 언어학적 모델에 기초한 텍스트 분석에 중점을 두는 연구와 더불어 보는 방식 그 자체의 구조와 효과를 연구하는 것이 필요하다고 생각된다. 이 점에서 1970년대 영화 이론의 궤적은 시사하는 바가 크다. 초기에 기호학적 방법론에 입각하여 영화 내러티브의 형식적 구조를 분석하고 유형화하는데 치중했다가(Metz, 1971 / 1991) 뒤에 가서는 정신 분석학을 원용하여 영화 관람 경험의 특이성 및 그것이 관객을 특정한 방식으로 주체로 구성하는 과정을 이론화하려 했던(Metz, 1982) 메츠의 이론적 여정이 상징하듯이, 유럽을 중심으로 전개된 1970년대 영화 이론, 그리고 그 뒤의 페미니즘 영화 이론은 바로 이 보는 것의 문제로 초점을 이동했던 것이다.

3. 원근법과 현대성

이상의 문제 의식과 배경에 입각하여 여기서 생각해 보아야 할 점은 크게 보아 두 가지이다.

하나는 시각視覺 또는 '본다'는 것이 사회적이며 개인을 주체로 구성하는 과정임을 설명해 줄 수 있는 이론적인 틀을 마련하는 것이다. 이 것은 라캉의 시각 이론을 검토하고 보다 사회학화함으로써 사회 역사적인 '시각 체제'를 조명할 수 있는 범주들을 다듬는 작업이 될 것이다.

다른 하나는 이렇게 마련된 이론적 틀을 활용하여 현대성의 특정한 시각 체제와 그것의 지배적인 시각 양식의 성격을 해명하는 것이다. 이 것은 원근법적인 시각 양식의 특성과 그것이 주체를 구성하는 양상을 밝히고, 이 원근법에 기초한 시각 양식이 내장한 사회적 함의를 검토한 다음, 이 시각 양식에 기초한 현대성의 시각 체제가 변동하는 모습을 그리는 작업이 될 것이다.

원근법에 대한 기존 연구들은 대부분 회화사의 차원이나 그림을 보고 감상하는 지각 심리학적 차원에 머물러 있었다. 하지만 최근에는 원근법이 담고 있는 사회적 함의나 주체 구성의 차원을 조명하는 연구들이 나오고 있는데, 이 책은 그러한 성과들을 적극 활용할 것이다. 또한 원근법을 개별 회화의 재현 양식의 차원이나 회화 이미지를 지각하는 개별적인 관람 과정에 한정하는 것이 아니라, 현대 사회의 지배적인 시각 양식의 차원에서 파악할 것이다. 결국 원근법을 중심으로 현대성의 시각 체제를 해명하는 이러한 작업은 시각의 사회적 성격을 해명하는 작업의 하나이다.

여기서 이 책의 범위에 대해 살펴보면 다음과 같다.

먼저, 이 책이 주된 연구 대상으로 삼는 원근법적 시각 양식은 15세기 르네상스 이탈리아에서 창안된 원근법, 보다 정확히 말하자면 '선 원근법 linear perspective'에 기초하는 것이다.

선 원근법은 기하학적 투사의 원리에 근거한 것으로 원근법의 고전적인 형태를 이루며, 건축물의 기하학적 구도를 재현할 때 그 특징이 가장 뚜렷이 나타난다. 앞에서 언급되었듯이 기하학적 원리에 입각하여 시각 공간을 합리화함으로써 평행선들이 소실점으로 수렴되고 이 수렴 현상에 따라 거리가 멀어질수록 대상의 크기가 단축되는 것, 소실점에 의해 하나의 중심적인 시점을 설정함으로써 시각 공간의 중심이 되는 자율적인 시각 주체의 환영을 구축하는 것 등은 선 원근법에서 가장 명백하다. 이 점에서 현대성의 시각 체제를 틀짓는 지배적인 시각 양식은 이 선 원근법에 기초하고 있다.

하지만 원근법에는 선 원근법만 있는 것은 아니다. 원근법에는 풍경화 등에서 색조의 변화를 중심으로 원근을 재현하는 대기 원근법 *aerial perspective*, 직선적인 투사와는 다른 곡선 원근법 *curvilinear perspective* 등 여러 가지 종류가 있고, 르네상스 이후 빛과 어둠의 미세한 유희를 포착하고 재현하는 명암 대조법 *chiaroscuro* 등 다양한 기법이 원근법의 유연함과 풍부함을 더해 준다. 그러나 이 모든 변형에는 고전적인 선 원근법의 원리가 기초로서 작용하고 있다. 화면의 기본적인 구도나 시점의 설정에 있어 선 원근법의 원리는 여전히 그 준거가 되며, 따라서 현대성의 '보는 방식'의 토대는 선 원근법에 두어져 있는 것으로 판단된다. 예컨대, 건축물이나 도시 광장의 기하학적 외양의 묘사가 감소하고 원근법의 사용이 보다 자유로워질 때도 시점의 설정에 있어서 선 원근법의 원리가 여전히 기초로서 작용하고 있음을 볼 수 있다. 따라서 시각 공간의 합리화와 더불어 특히 주체 구성의 시각적 차원을 밝히는 데 목적을 두고 있는 이 책은 현대성의 주된 시각 양식의 선 원근법적 기초에 집중할 것이다. 따라서 여기에서는 용어에 있어서도 연구 대상이 선 원근법의 기본 원리에 기초하고 있는 한, 일일이 한정하지 않고 '원근법'으로 통칭해서 표기할 것이다. 이것은 통상적인 용례와도 일치한다. 일반적으로도 '원근법'이라고 말할 때는 선 원근법에 기초한 것을 일컫는 경우가 주된 것이기 때문이다.[15]

다음으로, 이 책은 동양이나 한국에서의 시각 양식 및 원근법의 전개에 대해서는 다룰 수 없다. 이것은 별도의 집중적인 연구가 요구되는 분야이다.

서구에서도 대체로 이집트나 중세의 시각 예술에서는 원근법을 찾아볼 수 없고 회화의 평면성이 두드러지는 것으로 알려져 있다. 그리스나 로마에서는 기하학적 배열을 찾아볼 수 있으나, 이 경우에도 하나의 중심적인 시점은 결여되어 있다. 마찬가지로 동양의 회화에서도 선 원근법에 기초한 양식을 찾아볼 수 없는 것으로 알려져 있고(Edgerton, 1976), 일본 회화의 평면성과 중국 회화의 관념성이 주로 강조되고 있다. 일본 회화의 건물 묘사에 있어 일종의 기하학적 투사가 이루어지기도 하지만, 하나의 시점을 결여하고 있어 건물의 정면과 상단의 투사 각도가 다르고 평행선이 수렴되지 않으며 인물들이 거리에 상관 없이 같은 크기를 유지하고 있다(Smith, 1995: 9). 중국의 산수화에서는 원근이 먹의 농담으로 표현되며, 풍경이 관념화되고 형상의 기억에 의지하여 재현됨으로써 사실적인 재현과는 거리가 멀다. 특히 서구 원근법에서의 고정된 하나의 시점과 달리 중국화에서는 재현 대상이 되는 경치 속을 '걸어다니는 관찰자'라는 관념에 의거하여 고정된 시점에서 관찰하고 묘사하지 않는다. 이러한 점은 선 원근법의 원리와 대조적으로 '산점투시散點透視'로 요약된다. 즉, 시점이 끊임없이 이동하며 다중적이며 동시적인 것이다(鎭兆復, 1995: 21~53).

마지막으로, 이 책의 범위가 공간적으로 서구에 한정된다면 그 시간

---

15. 대기 원근법은 특히 기본적으로는 선 원근법에 기초한다. 곡선 원근법의 경우에는 소실점이 화면 중심이 아니라 좌우 가장자리에 설정되는 2점 투시도법의 변형으로 볼 수 있고, 리얼리즘적 재현의 공간을 일그러뜨리고 형상을 왜곡시키는 왜상 *anamorphosis*은 선 원근법의 원리를 거꾸로 이용한 것으로 볼 수 있다. 이러한 점에서 선 원근법의 원리는 여전히 그 저변에서 작용하고 있다고 할 수 있다. 하지만 곡선 원근법이나 왜상은 동시에 선 원근법 원리로부터의 일탈이기도 하기 때문에 일반적인 '원근법'이란 표현과 구별하는 것이 통례이다. 다른 한편, '원근법 *perspective*'은 '투시법透視法' 또는 '투시도법'으로 번역되기도 하거나 같이 쓰이기도 한다. '투시법'이라고 할 때는 선 원근법의 기하학적 투사 원리에 초점을 맞추는 경향이 커지며, 기하학적 투사에 의해 그림을 구성할 때 대체로 건물을 묘사하면서 필요한 경우 소실점이 부가되는 것에 따라 1점 투시도법, 2점 투시도법, 3점 투시도법 등을 구별할 수 있다. 이 책은 일반적인 용례를 따라 필요한 경우를 제외하고는 '원근법'으로 표기하였다. 원근법의 다양한 측면과 용어들에 대해서는 Smith, 1995를 참조하라.

적 범위는 15세기 르네상스에서 20세기 전반기까지의 시기에 한정된다는 것을 명시해야겠다.

시각의 사회성과 시각에 의한 주체 구성에 대한 이론적 자원을 검토하는 것을 제외한다면, 이 책의 주된 대상은 원근법에 기초한 시각 양식의 구조와 그 변동 과정이다. 따라서, 이 책은 원근법이 서구 현대성의 지배적인 시각 양식으로 기능하던 시간적 범위만을 다룰 것이다. 이것은 대체로 원근법이 창안된 15세기 르네상스에서 17~8세기 고전적 현대성의 논리가 절정에 달하던 시기, 그리고 모더니즘의 발흥이 웅변해 주듯이 사회 문화적 차원에서 현대성의 고전적인 질서가 위기에 처한 것으로 경험되며 시각의 차원에서도 원근법이 커다란 동요를 겪는 것으로 파악되는 19세기 후반에서 20세기 초와 그 이후 동요의 원인이었던 새로운 시각 경험들이 원근법적으로 코드화되면서 원근법적 시각 양식의 지배적인 지위가 계속 이어지는 시기를 포괄한다. 기존 시각 체제의 동요를 가져온 원인에 원근법적 코드를 부과한 과정과 그 양태는 20세기 지배적인 시각 테크놀로지인 사진과 영화의 궤적에서 대표적으로 확인될 수 있다.

하지만 2차 대전 이후 지배적인 시각 테크놀로지는 사진이나 영화에만 한정되기 어렵다. 게다가 1950~60년대 이후 자본주의 사회의 가정을 장악한 텔레비전이나 그 이후의 비디오, 그리고 컴퓨터의 일반화가 전개한 새로운 영상 문화는 원근법적 시각 양식의 지속이란 관점만으로 이해할 수는 없는 다양한 측면들을 드러내 보인다. 물론 문화적 지배라는 견지에서 텔레비전을 그 이전 시대 시각 테크놀로지의 계승자로 파악할 수도 있으나, 다른 한편으로는 기술적 측면에서 텔레비전을 비롯한 전자 매체들은 기계적 논리의 매체들과 근본적으로 성격이 다르며 기존의 선형적인 시간 구조와 사고 구조를 파괴한다는 점 또는 현실과 이미지의 경계를 흐린다는 점 등이 주장된다. 또 이러한 주장에 기초하여 나아가서는 텔레비전이나 비디오, 컴퓨터 등 전자 논리의 시각 테크놀로지들은 고전적인 주체의 종말 또는 새로운 주체의 등장을 가능케 한다는 주장까지 강력하게 제기되고 있다. 컴퓨터 네트워크에 의한 가상 현실의 구축까지 감안한다면, 이러한 주장과 논의들은 모두 원근법적 시각 양식과 그것에 의한 시각적 주체의 구성 조건을 허물어뜨리는 측면들을 지적하고 있는 셈이다.[16] 이러한 이유들로 인해서 20세기 후반기는 이 책과는 다른 별도의 연구가 요구되는 시기이다. 전자 테크놀로지에 의해 구축되는 새로운 시각적 환경은 원근법이 지배하던 그 이전 시기의 환경과의 연속과 불연속의 관점에서 보다 집중적으로 다루어야 할 것이다. 그러므로 이 시기는 일단 이 책의 범위에서 제외될 것이다.

보론

원근법과 조선 후기 회화

앞에서 서술한 것처럼 선 원근법의 체계적인 적용은 근(현)대 이전 동양의 회화에서는 찾아보기 어려우며, 동양 회화의 구성과 시점의 설정 방식은 원근법의 그것과 다르다. 그럼에도 불구하고 서구와의 교류에 의해 원근법 회화가 소개됨으로써 동양의 회화에서도 그 영향이 나타나는 것을 찾아볼 수 있다. 선 원근법 회화가 변형되면서 중심 시점이 결여된 상황에서도 일종의 기하학적 투사가 나타나는 것을 볼 수 있는 것이다.[17] 한국의 경우 이러한 측면에서 흥미로운 시기는 17~8세기이다. 이 시기 조선 회화에서는 유례 없을 정도로 사실주의 정신이 만개하였다. 이 사실주의 정신은 중국의 관념적 화풍에서 벗어나 조선의 개성적 독창성을 찾으려는 주체적인 문예 의식에 의한 것이며, 정치에서 소외된 일부 사대부 계층의 현실 비판적 성향 및 실학파에 의한 서구 문물에 대한 관심과 현실에 대한 '실사구시實事求是'적 접근과도 맥이 닿아 있다.

---

16. 이상의 주장들과 관련된 문헌들로서 몇 가지만 언급하자면, McLuhan, 1990; Debray, 1994; Baudrillard, 1992; Deleuze, 1995b: 189~203; Turkle, 1995; Rushkoff, 1997 등을 참조할 수 있다.

17. 서구의 그림이 중국에 유입되면서 동일한 테마가 중국 나름의 방식으로 변형된 양식으로 묘사되는 것에 대해서는 Edgerton, 1985를 참조하라.

17~8세기 조선 회화에서 사실 묘사력이 발전한 것은 중국 회화의 관념성에서 탈피하여 눈으로 직접 보는 우리 나라의 자연을 그대로 묘사하려는 진경산수화眞景山水畵, 민중의 생활상을 묘사하는 풍속화, 얼굴의 세부 묘사가 치밀해지고 복장의 선이 부드러워지며 음영 표현이 두드러지는 초상화, 사실성과 역동성이 고조되는 동물화 등에서 확인할 수 있다(이태호, 1996). 이 시기에는 전대의 전통 화풍을 계승할 뿐만 아니라 중국의 남종화풍이 새로 부상함과 동시에 당시 소개되기 시작하던 서양화풍에 대해서도 입체감이나 원근법 등 사실적 묘사 기법의 장점을 수용하려는 태도로 접근하였다(안휘준, 1980: 211~86 참조). 이에 따라 진경산수화에 간혹 등장하는 가옥 묘사에서도 입체화법과 시점에 따른 원근 변화에 민감한 묘사가 나타나고, 풍속화의 인물들도 위에서 내려다 본 부감俯瞰 시점에 따라 역동적이고 입체적으로 배치되며, 초상화에서 인물이 앉은 의자나 바닥의 묘사 역시 기하학적 투사에 입각한 것들이 발견된다(이태호, 1996: 2~4장).

한편, 이론적 차원에서 서양화풍과 원근법의 수용에서 특히 주목되는 것은 실학파를 중심으로 한 지식인 계층의 회화론이다. 선비 화가 윤두서(尹斗緖, 1668~1715)는 그림과 회화론에서 실학적 측면이 관찰될 수 있다고 자주 거론되기도 하는데, 그는 '실득實得'의 태도에 입각하여 전대에서 당대에 이르는 조선 화가들을 평하면서 사실주의적 조형관을 전개하였다. <자화상>의 입체 화법에서 감지되듯이 정확한 관찰과 사생을 통해 대상의 진의를 파악하려는 윤두서의 사실주의적 회화관은 전통적으로 내려오는 중국의 사진寫眞, 전신傳神 개념을 서구적인 묘사 방법에 적용한 것일 수도 있다는 추측을 낳기도 한다(같은 책: 370~96).

윤두서와 친교가 두터웠고 서학에도 관심이 많았던 실학자 이익(李瀷, 1681~1763)은 서양 회화에도 관심이 커서 원근법, 입체감, 명암법 등 새로운 조형관을 가지고 있었고, 그의 ≪성호사설星湖僿說≫에는 조선 후기 서양화의 유입과 그 경향 및 화법과 감상법까지 기술한 것을 볼 수 있다. 특히 이익은 청나라에서 발간된 천주교 신부 마테오 리치의 ≪기하원본幾何原本≫ 서문에서 그 이론적 근거를 발견한 원근법적 원리를 ≪성호사설≫에 서술하기도 하였다(박용숙, 1990: 395~6).[18]

이러한 사실주의적 조형관은 윤두서의 외증손이기도 했던 정약용(丁若鏞, 1762~1836)의 회화론에서 정립되었다. 정약용은 한때 융성했던 사실주의가 쇠퇴하기 시작하던 당대 화단을 두고 "뜻을 그린다며 형상 묘사를 무시한다 畵意不畵形"고 비판하였다. 더구나 그림과 글씨에 대한 그의 사실주의적 조형관이 전개되는 ≪여유당전서與猶堂全書≫에서는 서구 화가들이 원근법 회화를 그릴 때 즐겨 이용했던 카메라 옵스큐라 camera obscura 를 연상케 하는 볼록 렌즈를 이용한 실험 등 과학적 창작 방법이 제시되어 있는 등, 그의 사실주의적 회화론이 명확하게 개진되어 있다(이태호, 1996: 397~424).[19]

조선 후기 회화에서 볼 수 있는 이러한 사실주의 경향은 18세기에 절정에 도달하였다. 이렇게 본다면, 조선 후기에 원근법을 중심으로 한 서양화풍이 우리의 주체적 입장에서 수용될 가능성이 있었다고 추측해 볼 수도 있다. 그러나 이러한 주체적 수용이 사회적 수준에서 주된 시각 양식으로 확립될 수 있었는지는 의문의 여지가 있다. 원근법을 비롯한 서양화에 대한 관심은 상층 지식인 문화에 국한되어 있었기 때문이다. 예를 들어, 민화에서는 사실주의적이고 입체적인 묘사를 찾아보기 어렵다(박용숙, 1990: 396). 또 서양화에 적극적 관심을 보이고 사실주의 정신을 구현한 집단도 중인층 중심의 화가들이거나 국정에서 소외된 사대부들이

---

18. "평면 위에 그림을 그리되 그 크기와 모양을 잘 조절하면 작게 그려도 눈에는 크게 보이며, 가까운 것도 눈에는 멀리 보이고, 원을 그려도 눈에는 구로 보이게 할 수 있다. 또한 그림의 들어간 곳과 나온 곳을 표현할 수도 있으며 방안의 어둠과 밝음까지 표현할 수 있다." ≪성호사설≫(권 4)의 <萬物門 '畵像拗突(화상요돌)'>; 박용숙, 1990: 395~6에서 재인용.

19. 정약용이 볼록 렌즈를 실험하여 기술한 것은 ≪여유당전서≫의 <칠실관화설漆室觀畵設>에 보이는데, "칠을 한 방에서 그림을 본다"는 제목에서도 알 수 있듯이 카메라 옵스큐라의 원리(이 책의 2장에서 거론된다)와 흡사하다. 그 내용을 약술하면 다음과 같다. "어둡게 한 깜깜한 방에 구멍을 뚫어 볼록 렌즈 한 쌍을 설치하고 수 척의 거리에 흰 장막을 드리우면 렌즈를 통해 집 주변의 대나무와 수목, 꽃, 바위, 건물들이 도치되어 실물과 똑같이 비친다. 색깔과 형태가 실물 그대로인 영상은 세세한 부분까지도 또렷하여 고개지顧愷之나 육탐미陸探微의 솜씨로도 표현할 수 없는 천하의 기관奇觀이다. 이제 한 오라기라도 틀림없는 그림을 그리려면 이것 외에 더 좋은 방법이 있겠는가"(이태호, 1996: 407에서 재인용).

주축을 이루었다. 더구나 조선 회화에서 사실주의 경향은 19세기에 이르면 사대부 계층의 보수화와 더불어 쇠퇴하게 된다(이태호, 앞의 책). 그리하여 일제의 식민지 통치하에서 한국의 미술계는 서구의 화풍을 주체적 입장에서의 검토 없이 그대로 수입하게 되었다는 진단이 나오기도 한다.

이러한 이유 때문에 이 책에서는 한국에서의 원근법적 시각 양식의 확립 과정은 직접적인 연구 대상으로 삼을 수가 없다고 판단하였다. 우선, 17~8세기 사실주의 회화에서 엿보이는 서양화풍의 주체적인 수용 과정은 별도의 치밀한 연구가 필요한 부분이기 때문이다. 다음으로, 식민지하에서 서구의 시각 양식이 수용된 과정이 주체적 검토가 미약한 과정이었다면 이 때 수용된 시각 양식의 근본적인 성격은 서구의 그것을 검토함으로써 그 근본적인 특징을 파악할 수 있기 때문이다. 마지막으로, 식민지 통치하에서 그리고 그 이후 서구의 재현 양식과 시각 양식이 수용된 과정이 만일 조선 후기 사실주의 흐름과 일정한 연속성을 가지고 있으며 따라서 주체적인 수용이라는 측면이 있다 하더라도, 이것 역시 정확한 연구와 평가를 위해서는 17~8세기 시각 예술 영역에 대한 연구를 전제하는 것이므로 이 책의 범위를 벗어나는 영역이다.

1장 시각과 주체 구성

여기서는 주체가 구성되는 과정의 시각적 차원을 설명해 줄 수 있고 이 주체의 시각적 구성 과정이 사회적인 것임을 밝혀 줄 수 있는 이론적 자원들을 검토한다. 먼저, 보는 것이 눈이라는 감각 기관에 의해서만 수행되는 직접적인 생리적 과정에만 머무는 것이 아닌, 그 이상의 것임을 시지각에 대한 기존의 몇 가지 입장들을 중심으로 살펴보고, 이러한 점을 주체 구성과 연관시키기 위해 라캉의 이론을 검토한다. 라캉의 이론을 통해 시각장의 구조화가 상징적이고 사회적인 논리의 규제를 받는다는 것과 그 과정에서 시각의 담지자가 처음부터 자율적인 주체인 것이 아니라 '보는 주체'로 '구성된다'는 것을 설명할 수 있게 될 것이다. 이를 토대로 시각의 사회적 구성성을 포착하기 위한 시각 체제 개념을 다듬어 보고, 시각의 영역과 시각 이외의 영역이 맺는 관계, 특히 담론에 의해 이루어지는 의미화 작용의 매개에 의해 시각장과 사회적 논리가 관계 맺는 양상을 고찰하는 것으로 논의가 전개될 것이다.

1. 시지각의 복합성

시각이 타고난 감각이며 밝기와 크기 및 형태는 보는 사람 그 누구에 의해서나 직접 포착되는 특질이라고 주장하는 생득설 *nativism* 을 제외한다면, 고전적인 시지각 이론으로는 경험주의 *empiricist theory* 와 게슈탈트 심리학 *Gestalt psychology* 을 들 수 있다(Hochberg, 1972).[1] 생득설은 17~8세기에 성장한 경험주의로 곧 빠지게 되었다(Andrew, 1984: 25).

존 로크 John Locke 이후 경험주의 이론에 따르면, 형태의 지각은 자극이 일으키는 기나긴 경험의 산물로 간주된다. 수년간에 걸쳐 형성되고 다른 감각들 및 신체 운동에 의해 보충된 연관들이 자극의 밝기와 크기에 기초하여 시각장에서의 분포, 부피, 요소들의 상호 의존성을 구성하는 데 기여한다. 이러한 식으로 해서 망막의 자극은 완전히 형태를 갖춘 이미지들로 귀결된다(같은 책: 25~6). 1884년에 개진된 설리 Sully 의 견해에 따르면 지각은 복합적인 행위로서, 감각 인상들이 구별되고 난 후 마음이 재생된 감각 작용들에 의해 그것을 보충함으로써 통합된 지각 표상 *percept*, 즉 특정한 지역에 있는 대상에 대해 직접적인 포착으로 나타나는 대상 포착을 생산한다(같은 책: 26). 여기서도 알 수 있듯이, 경험주의에서 이미 일상적인 시지각은 다른 감각들과 결합된 공감각적인 것이며, 대상에 대한 직접적인 포착이 아니라 경험과 기억에 의해 형성되는 복합적인 과정이라는 것이 지적되고 있다.

이러한 경험주의 이론에 따르면, 시각적인 감각 인상들만으로는 하나의 장면, 공간 속의 형상을 지각할 수 없다. 시각적 경험은 상이한 색채들(빛, 그림자, 색조)의 감각들과 이미지들(또는 감각들의 기억들)로 구성된다. 그러나 공간적 특징과 관련되지 않은 시각적 경험이란 존재하지 않는데, 위치와 거리 및 방향 등 공간과 관련된 것은 비시각적인 것으로서 촉각적 – 운동 감각적 *tactual-kinesthetic* 관념 또는 자료다. 우리의 과거 경

---

1. 여기에서 인용한 호흐버그 자신은 이 두 가지 이론적 입장에 대하여 비판적이다.

험은 이 자료들을 시각적인 깊이감의 단서 *depth cue* 등과 연관시키도록 가르쳐 준다. 말하자면 시각적 공간과 그 속에 있는 대상들에 대한 지각은 시각적 감각들의 특정한 패턴과 특정한 촉각적 – 운동 감각적 기억들 간에 형성되는 학습된 연관들의 결과인 것이다(Hochberg, 1972: 50~1). 이렇게 본다면, 19세기까지 심리학을 지배한 이 경험주의 이론은 결국 지각이란 분리되고 원자화된 감각 자료들(색채와 촉각적 – 운동 감각적 자료들)이 시공간 속에서 연상의 법칙에 의해 유사성과 인접성에 따라 연관된 집합체에 불과하다고 보는 것이다. 예를 들어, 이러한 주장은 19세기 에른스트 마흐 Ernst Mach 의 주장과도 상통하는 것이다(Cassirer, 1979: 285~6).

20세기에 등장한 게슈탈트 심리학은 경험주의의 이러한 설명을 의문시하고 도전하였다. 게슈탈트 심리학은 형태의 지각에 심적인 과정이 작용한다는 것을 강조하기 때문에 시지각의 복합성을 조명하는 측면에서는 생득설과 달리 경험주의와 맥을 같이한다고 볼 수도 있지만, 시지각적 경험을 개별적이고 분리될 수 있는 감각들로 구성되는 것으로 보지 않고 그것들이 부분이 되어 형상의 윤곽과 배치가 형성되는 '장 *field* 이론'을 제시한다. 게슈탈트 이론은 폰 에렌펠즈 von Ehrenfels, 베르트하이머 Wertheimer, 쾰러 Köhler, 코퍼만 Kopfermann, 뷜러 Bühler, 코프카 Koffka 등의 실험과 이론화에 의해 발전되었고, 휴고 뮌스터베르크 Hugo Münsterberg 와 루돌프 아른하임 Rudolf Arnheim 에 의해 영화와 미술 등 시각 예술의 지각 과정에 적용되었다.[2]

게슈탈트 심리학은 에렌펠즈가 경험주의의 관점과는 달리 광학적이고 공간적인 형상이 상이한 장소에서나 상이한 크기로 제시되더라도 같은 비례로 제시된다면 동일하게 지각된다는 사실을 거론함으로써 출발하였다. 즉, 멜로디나 형상은 그 요소들이 변하더라도 동일하게 남는다. 따라서, 지각 경험은 단순히 그 요소들의 총합이나 집합체로만 간주할

---

2. 뮌스터베르크에 의해 게슈탈트 심리학이 영화 이론에 적용된 것에 대해서는 Andrew, 1988: 1장, 아른하임의 영화 이론에 대해서는 Arnheim, 1990; Andrew, 1988: 2장, 아른하임이 게슈탈트 심리학을 이용해 시각 예술 일반의 지각 과정을 설명한 것으로는 Arnheim, 1995를 보라.

수 없는 것이다(같은 책: 286).[3] 그러므로 게슈탈트 심리학에 의하면, 우리는 어떤 대상을 볼 때 그것의 전체 모습을 보려고 하며, 이 전체는 부분들의 총합 이상의 것으로서 총체적 성격을 가진다. 이 전체적인 대상이 게슈탈트이다. 즉, 게슈탈트란 배경과 구별되면서 지각의 대상을 형성하는 통일적 구조를 갖춘 형태이다. 게슈탈트에 대한 지각이 이루어지는 장은 형상 *figure* / 배경 *ground* 의 구조로 이해할 수 있다. E. 루빈 E. Rubin 에 따르면 주어진 패턴에서 에워싸인 표면은 형상이 되려 하고 에워싸고 있는 표면은 배경이 되려 한다. 여기에서 면적이 작은 것과 질감 있는 대상이, 그리고 오목한 것보다는 볼록한 것 등이 형상이 되려 하는 경향을 띤다(Arnheim, 1995: 229~34). 이렇게 지각의 대상이 되는 형태의 전체는 전체와 부분 사이, 또 부분들 사이에 유기적이고 역동적인 관계를 가지며, 이것이 형태의 독특한 패턴을 산출한다.[4]

게슈탈트 심리학은 대상의 형태를 지각하는 과정에서 인간의 마음과 물리적 대상 사이에 어떤 동형성이 있는 것으로 주장한다. 게슈탈트 심리학에 따르면, 눈의 망막 위에 떨어지는 각각의 빛 자극의 패턴은 두뇌 속에서 인과 관계의 장으로 조직되는 과정을 생산하며, 이 과정은 자극 분포상의 변화에 따라 변화한다. 그러므로 개별 감각들은 어떤 지점에서의 자극에 의해 결정되는 것이 아니라 보는 자의 두뇌 장 *brain fields* 이 그 패턴에 반응하여 스스로를 조직하는 방식에 달려 있다. 그리고 일반적으로 두뇌 장들은 스스로를 가장 단순한 방식으로, 즉 가장 경제적인 방식으로 조직한다(Hochberg, 1972: 51~2). 이렇게 게슈탈트 이론은 지각에 있어서 마음의 능동적인 작용을 강조하게 된다. 그렇지만 심적 과정과 대상 간의 패턴상의 동형성을 주장하기 때문에 경험과 학습의 중요성을 폄하하게 되어 역설적으로 생득설과 연결되는 측면 역시 가지고 있다. 결국 어떤 형태들(기본적으로 기하학적인 형태들)은 눈의 생리와 두뇌의 신경 배열에 내재

---

3. 이 지각의 항상성 *perceptual constancy* 문제는 게슈탈트 심리학 이전에 19세기 심리학자와 생리학자들이 매달렸던 문제이기도 했다(Cassirer, 1979: 286~9).

4. 게슈탈트 심리학의 여러 법칙들에 대해서는 Arnheim, 1995를 참조하라.

적이며 그 속에 구조화되어 있다. 따라서 우리는 자극이 이 패턴들을 가동시키면 특정한 패턴들을 볼 수밖에 없다. 이렇게 게슈탈트 심리학의 실험적 방법들은 소박한 주체 개념을 전제하거나, 경험되는 주체에게서 문화적으로 형성되는 선입견을 제거하는 것이다(Andrew, 1984: 26).

게슈탈트 이론은 그 반대자들마저도 이 이론이 미학의 영역을 풍부하게 만드는 데 기여했음을 인정했고 그 이론을 시각 예술 일반에 적용하려는 아른하임의 야심찬 기획이 계속되었음에도 불구하고(Arnheim, 1990, 1995), 1950년대부터는 그 지배력을 서서히 잃어가기 시작했다. 그러나 연관주의 *connectionism* 나 기능주의 *functionalism* 같은 최근의 이론들에도 게슈탈트 심리학의 반향은 여전히 남아 있다. 이 이론들은 불변의 구조나 게슈탈트의 신화는 거부하지만, '장'이나 '형상 / 배경'과 같은 관념들은 유지하고 있기 때문이다. 시각 체계의 신경 − 물리적인 조립체에 기초한 지각적 성향이 존재한다 하더라도, 이것이 항상 같은 방식으로 작동하고 같은 결과를 생산한다는 주장은 이제 어리석은 것으로 받아들여진다. 이에 따라 기능주의는 보는 행위를 주어진 순간 유기체의 상황에 따라 달라지는 의도적 행위로 간주한다. 기능주의자들은 시각의 맥락 *context* 과 그 맥락 속에서 시각 체계의 작동을 기술하려 할 것이며, 본다는 것은 행동과 지향의 필요에 기초한 일련의 기술 *skill* 로 이해된다. 이렇게 하여 기능주의는 탐색 *searching*, 재인 *recognizing*, 응시 *gazing* 등의 행위들을 자연적인 것이자 경험 속에서 획득되는 것이라고 이해함으로써 생득설과 경험주의를 효과적으로 혼합하고 있다(Andrew, 1984: 27).

최근의 심리학자들은 시각에 대한, 엄격하게 신경학적인 연구는 피하고 있다. 신경학적인 것은 지각의 여러 측면 가운데 하나에 불과하다. 따라서 오늘날 대부분의 심리학자들은 시각과, 보다 크게는 지각을 경험과 학습을 경유하여 사회 문화적 요인이 개입하는 것으로 파악하는 입장에 대해 크게 이견을 표시하지 않는 것 같다. 시각 과정에 사회 문화적 차원이 작용하는 측면은 이미 예술적 지각과 재현에 관심을 기울인 언어 철학자들에 의해 조명되어 온 것이기도 하다. 예를 들어, 넬슨 굿

맨은 여러 가지 재현의 유형들에 자동적으로 따르는 일차적인 실재 세계란 존재하지 않는다고 주장하며, 이미지와 우리의 현실 경험을 매개하는 관계 유형들을 검토한다(Goodman, 1969). 그것들은 지시, 외시, 유사, 표현, 예증, 묘사, 재현, 의미화, 모방, 복제(재생) 등이다.[5] 어쨌든 언어 및 문화와 지각의 연계를 설정하게 되면, 일상의 시지각에서 감각과 지각의 차이를 거론할 수 있게 된다.

앤드루가 정리하는 바에 따르면(Andrew, 1984: 28~9), 감각 *sensation* 은 자연적으로 다가오는 것으로서 진동이 신경 말단들을 자극할 때 일어난다. 감각과 최초로 만날 때 형태와 색채, 크기 및 밝기에 의해 구별될 수 있도록 유기체가 감각들을 조직하는 법을 배우려면 얼마간의 시간이 걸리지만, 일단 이 기술이 습득되면 보편적으로 그리고 진전되지 않고 적용된다. 예컨대, 유아는 처음에 사각형과 삼각형을 구별할 수 없을지도 모르지만 두 살 정도 되면 여섯 살 난 아이만큼이나 잘 구별할 수 있다는 것이다. 반면, 상황을 구성하는 대상들과 사건들을 구별하는 능력을 지각 *perception* 으로 본다면, 지각에는 학습이 포함된다. 즉, 학습은 특정한 문화적 세계를 정교화하는 것과 관련되는 한, 지각과도 관련되는 것이다. 따라서 감각과 구별되는 지각은 코드화된다. 예컨대, 에스키모인들은 눈雪에 대하여 17개 정도의 용어를 갖고 있는데, 이것은 그들이 그만큼 눈과 관련된 많은 단계들을 식별할 수 있기 때문이다. 그러므로 학습은 감각을 지각 표상으로 변형하는 것과 관련된 것이 아니라 시각적 삶의 연속성을 성취하도록 지각 표상들을 조정하는 것과 관련이 있다. 그리고 보는 법을 배운다는 것은 지각적 요소들 자체를 수용하는 것이라기보다는 이 요소들 간의 연관을 획득하는 것을 의미한다(같은 책: 32). 따라서 모든 지각이 문화적으로 특정하고 가변적인 것은 아니라 하더라도, 지각 및 시각이 결코 자의적인 것이 아니라는 것은 분명하다. 말하

---

5. 넬슨 굿맨의 재현 이론과 리얼리즘론에 대해서는 Mitchell, 1994: 11장을 참조하라. 다른 한편 막스 블랙은 재현 예술과 그 지각에 있어서 '정보' 개념의 이용이 야기하는 여러 쟁점에 대하여 검토하고 있다 (Black, 1972).

자면, 시각은 우리의 경험, 언어, 다른 감각들, 그리고 지각 장치를 포함하고 있는 기술인 것이다(같은 책: 29).

이렇게 지각 일반과 시각이 언어와 관련되고, 학습을 포함하고 있다는 점에서 현실 구성에 종사하는 코드화와 연계된다면, 시각에 사회 문화적인 매개가 작용한다는 것이 보다 분명해질 수 있다. 이 점에서 자연적 지각의 자동적인 측면에 대립되는 것으로서 예술적 환영의 관습적인 본성을 지속적으로 주장해 온 사람이 곰브리치(Gombrich, 1989)이다. 곰브리치에 따르면 지각하는 행위는 기대하는 것, 비교하는 것과 연관된다. 따라서 이미지의 인지 가능성은 시각적 기대와 연관되어 있으며, 이미지를 읽는 것은 하나의 조준에서 출발한 눈이 훑어 나가는 *scanning* 가운데 불확실성을 좁히고 정합적인 전체를 찾는 과정이다. 기대와 연관된 지각은 따라서 관습과 연결되어 있다(같은 책: 9장). 시지각은 숙달된 시계열적이고 의도적인 행위를 포함한다는 호흐버그의 주장 등(Hochberg, 1972)은 이러한 곰브리치의 견해를 뒷받침한다.6

곰브리치는 인간이 만든 모든 재현들의 힘은 실제 지각과의 관계에서가 아니라 현실의 이미지로 읽힐 수 있게 된 부호들의 체계를 배치함으로써 얻어진다고 주장한다. 예술가가 이미지를 구성하고 관람자가 그것을 해독하는 것은 이 배치를 구축하고 읽는 것이다. 이 배치가 곰브리치가 말하는 '도식 *schemata*'이며, 재현은 모사가 아니라 관습적인 도식에 따른 구성이다. 도식은 내면화되어야 한다. 이미지가 현실의 재현으로 통할 수 있는 것은 이 도식에 의거해서이다. 최초의 도식은 눈과 시각적 무작위성이 만나는 가운데 지각의 궤도 속에서 형성되는데, 정합적인 시각장을 산출할 때까지 도식 형성 과정은 그 범위와 정교화 정도를 확대한다. 곰브리치의 도식은 대체로 역사적인 성격을 가지고 있는 것으로 보이며, 그는 예술가의 작업을 새로운 요구의 압력하에 이미지 제작의 전통적인 도식적 관습을 점진적으로 수정 변형하는 것으로 특징짓고 있다(Gombrich, 1989: 1~2장).

---

6. 호흐버그의 주장이 곰브리치의 견해와 수렴되는 측면은 호흐버그의 글이 실린 책의 서문과 같은 책에 실린 곰브리치의 후기를 참조하라.

게슈탈트 심리학 이후 시지각과 언어의 연관성에 대한 주장, 기능주의를 비롯한 심리학의 이론적 반응, 시각 예술에서 재현적 환영의 관습적 성격을 개진하는 곰브리치의 입장 등을 통해 시지각이 자연적인 감각적 과정에 그치는 것이 아니라 사회 문화적 요소들이 매개하는 가운데 형성되는 과정이라는 점이 분명해진다. 그러나 시각이 주체를 구성하는 측면까지 검토하려는 이 책의 목적에 비추어보면 여전히 미흡하다고 할 수 있다. 물론, 사회화 이론이 자아와 사회의 상호 작용 속에서 정체성이 형성된다는 것을 보여 줌으로써 안과 밖의 가교를 놓는 가운데 주체를 탈중심화하고 주체가 자신 바깥의 사회 문화적 힘에 의해 구성된다는 것을 알려 주는 효과를 낳는 것과 마찬가지로(Hall, 1992: 275~7) 시지각이 학습에 의해 사회 문화적 요소들 및 언어와 연계된다는 것을 밝히는 것이 이미 주체 역시 그러한 연계 속에서 구성된다는 점을 일정하게 내포하고 있다고 할 수 있다. 그렇다 하더라도, 시각 및 이미지와 재현에 대한 심리학적 접근들은 아직 주체가 그렇게 구성되는 과정과 메커니즘 자체는 다루지 않으며 나아가서는 주체의 자명성을 그대로 전제하는 경향이 있는 것이다. 이러한 점은 곰브리치의 도식론이 결국 객관적 현실 또는 진실한 세계가 존재한다고 전제하는 입장이 되는 데서도 엿볼 수 있다(Bryson, 1983: 33). 이것은 가용한 축적된 지식들에 의해 현실 자체가 구성된다는 지식 사회학적 입장(Berger & Luckman, 1989)과도 구별되는데, 점진적인 수정 변화를 통해 궁극적으로 도달하게 될 객관적이고 진실한 세계는 주체와 명확하게 경계지어져 있는 것이고, 사정이 이러하다면 주체가 세계와의 연관 속에 구성되는 과정은 사유의 범위 안에 들어오기 힘든 것이다.[7]

이러한 면에서 마지막으로 메를로퐁티의 현상학적 접근을 살펴볼 필요가 있는데, 그것은 그의 이론이 시각 세계에서 자율적인 주체의 자명성을 해체하는 면모를 담고 있기 때문이다. 메를로퐁티에 따르면 지각

---

7. 곰브리치의 입장이 재현과 회화의 물질적 실천의 차원을 망각하게 되며, 객관적 현실을 반영할 수 있다고 보고 거기에 도달하는 것을 예술적 진보로 상정하는 전통적인 입장으로 떨어진다는 비판에 대해서는 Bryson, 1983: 2장을 참조하라.

이란 대상에서 나오는 자극과 정합적인 의식 간의 교환이 아니라 오히려 신체와 물질적 세계 간의 교환이다(Andrew, 1984: 34).

　≪지각의 현상학≫이 출간된 직후 <지각의 기본성과 그 철학적 제 귀결>이라는 제목으로 행한 1946년의 강연에서 이미 메를로퐁티는 우리의 가시적 세계에는 대상의 보이지 않는 면이 나름의 방식으로 현존하고 있으며, 대상의 가시적 측면들과 비가시적 측면들이 함께 나에게 주어져 있는 것은 지적 종합을 통해서가 아니라 지각이 새겨져 있는 신체의 몸짓에 의해 수행되는 일종의 실천적 종합을 통해서라고 말하였다(Merleau-Ponty, 1983: 58). 이러한 면에서 <간접적인 언어와 침묵의 목소리>(1952)에서 그가 보여 주려 애쓰는 것처럼, 가시적인 세계를 드러내는 화가의 표현 행위는 '침묵의 목소리'로써 '발생하고 있는 의미'를 표현하려는 행위이다. 화가는 실재하는 사물들을 정확히 재현하려는 것이 아니라 그의 시선과 그의 시선을 간청하는 사물들 간의 만남을 회복하려 하며, 그리하여 세계와 연속선상에 있는 신체의 표현적 몸짓, 지각의 흔적을 화폭에 남긴다(같은 책: 107~84).

　메를로퐁티가 생전에 출판한 마지막 논문 <눈과 마음>(1961)에서 시각은 보이는 것과 보이지 않는 것의 교차 대구 속에서, 자율적인 사유의 자아가 수행하는 도구적 기능이 아니라 세계와 불가분한 관계에 있는 신체에 혼융되어 있고 따라서 보는 동시에 보여지는 것으로 파악된다. 메를로퐁티에 따르면, 시각과 운동이 상호 융합되어 작용하는 신체는 가시적 세계의 일부인 동시에 그 세계와 차이가 있는 것이기도 하며, 이러한 중첩 현상 때문에 시각은 사고의 조작인 것으로 생각할 수 없다. 신체는 그 자체가 가시적인 것이며, 이 가시적인 신체에 의해 가시적인 세계에 잠겨 있기 때문에 보는 사람은 자신이 본 것을 마음대로 조작하는 것이 아니라 단지 그것에 접근할 뿐이며 자기 자신을 세계에 열어 놓고 있는 것이다. 따라서 신체의 첫 번째 역설은 '보는 동시에 보여지는 것'이라는 사실이다. 즉, 신체는 자신이 무엇인가를 보고 있음을 본다. 그러므로 신체는 사유와 같은 투명한 자아가 아니라 혼동을 통한 자아이며 나르시시즘의 자아이고 사물 속에 갇힌 자아이다(같은 책: 290~1). 이것은 신체의 두 번째 역설을 낳는 바, 그 자체가 가시적인 동시에 가동적인 신체는 많은 사물들 가운데 한 사물로서 세계의 직물 속에 갇혀 있는 동시에 그 신체는 스스로를 움직이며 보는 신체이므로 자신을 중심으로 사방에 있는 사물들을 붙잡아 놓고 있다는 것이다. 즉, 사물들은 신체 자체의 부가물이거나 연장이며 그 속은 신체의 살로 되어 있다(세계의 살). 이러한 이율 배반은 곧 시각은 "사물들 가운데서…… 일어나거나 혹은 그 속에 갇혀 있음"을 말하는 것이다(같은 책: 292). 이 때문에 사물들의 외면적 가시성은 내밀한 가시성에 의해 신체 속에서 반복되며, 이것은 바로 본다는 것이 곧 '거리를 두고 떨어져 소유하는 것'이라는 데 기인하는 역설적이고 수수께끼 같은 '시각의 광기 madness of vision'이다(같은 책: 297). 메를로퐁티에 의하면 회화는 바로 이러한 시각의 방식을 가시적으로 만든다. 빛과 조명, 음영과 반사, 색 등을 탐구하는 회화는 가시적인 대상이 가시적인 대상이 되게 하는 것, 즉 범속한 시각이 비가시적인 것으로 믿고 있는 것에다 가시적 존재를 부여해 놓은 것이다(같은 책: 297~9).

이러한 사유의 도정을 경유하여 메를로퐁티의 사후 저작 ≪보이는 것과 보이지 않는 것≫(1964)은 다음과 같은 것들을 말해 준다(Melville, 1996: 108~9). 첫째, 시각은 세계 속에서 일어나며, 우리가 단순히 세계를 보기만 하는 것이 아니라 세계 역시 스스로를 우리에게 보여 준다. 우리를 통해 세계는 가시성으로 다가오며, 본다는 것은 단순히 우리 자신의 의지적 행위가 아니다. 둘째, 우리는 세계가 자신을 보거나 보여 주는 장소이다. 우리는 세계와 연속적이기 때문이다. 셋째, 따라서 필요한 것은 우리의 세계에 속해 있는데도 세계로부터 우리가 시각적으로 분리된 것으로 표명되는 방식과 어떻게 해서 우리가 세계를 대상들로서 소유하는 것으로 표명되는가 하는 것을 사유하는 일이다. 시각은 세계와 우리의 연속성이 자신을 감추는 장소이며, 바로 이 망각이 사유의 자아의 투명성 그 심장부에 존재하는 것이다.

이러한 점들 때문에 예컨대, 라캉은 메를로퐁티가 현상학의 한계 자체도 넘어선다고 본다(Lacan, *Four Concepts*: 81). 메를로퐁티는 시각장에서 주체의 특권을 해체하고, 회화에서부터 시작하여 "눈과 마음의 관계를 전복"하게 된다는 것이다(같은 책: 110). 그러나 동시에 라캉은 메를로퐁티가 여전히 현상학의 한계를 충분히 넘어서지는 못했으며, 주체에 대한 새로운 성찰로 나아가는 도중에 멈추었다고 평가한다. 그 이유는 메를로퐁티가 몰두한 것이 직관의 원천으로 귀환하고 모든 반성에 선행하는 것으로 돌아가 '세계의 살'로부터 시각 자체가 출현하는 방식을 복구하는 것이었으며(같은 책: 81~2), 이 시원적인 시각으로부터 보는 자로서의 '나'가 출현해 나온다는 점에서 데카르트적 주체에 대한 탈특권화에도 불구하고 그 거울상이 여전히 존재하기 때문이다. 즉, 메를로퐁티에게 신체는 주체 세계와 대상 세계가 항구적으로 일치하는 통일되고 교란되지 않는 장소이며, 세계의 살 내부에 육화된 주체가 정확히 맞아떨어지는 곳이다(Bryson, 1988: 110). 결국 마음의 특권과 사유의 투명성으로서의 주체가 폐기되고 세계와의 대립이 아니라 연속성 속에 파악된다 하더라도, 또는 오히려 그 때문에 세계와의 조화를 보증하고 세계를 지각할 수 있는 중심으로서의 신체적 주체는 여전히 남는 것이다.[8]

이상에서 알 수 있듯이, 심리학을 비롯하여 시각에 대한 기존의 접근들이 시지각 과정이 사회 문화적 요인들과의 상호 작용 또는 세계와의 교환 속에 이루어지는 것임을 밝혔고 그럼으로써 그것이 자연적이고 생리적인 과정에 국한되는 것이 아님을 분명히 했음을 알 수 있다. 그러나 동시에 이 다양한 접근들이 여전히 주체의 자명성을 전제하는 경향이 있거나 사회 문화적으로 매개되는 시각 작용에 의해 주체가 구성되는 측면은 충분히 조명하지 못한다는 것 역시 알 수 있다. 바로 이 측면을 해명하기 위해서 라캉의 이론을 검토할 필요가 있다.

---

8. 메를로퐁티의 《보이는 것과 보이지 않는 것》은 라캉의 '눈과 응시의 분열' 세미나에 많은 영향을 끼쳤다. 그러나 이러한 이유들 때문에 라캉은 메를로퐁티를 끌어들이는 데 일정하게 제한을 두며, 《보이는 것과 보이지 않는 것》 때문에 메를로퐁티의 현상학적 기획에 대하여 그가 예전에 설정했던 거리를 폐기하거나 판단을 수정하는 것이 아님을 분명히 한다. 자크 알랭 밀레르의 질문에 대한 답변을 보라(Lacan, *Four Concepts*: 119).

2. 라캉과 주체의 시각적 구성

주체 구성의 시각적 차원과 그것의 사회적 성격을 살펴보기 위해 라캉을 검토한다고 해서 이것이 라캉의 정신 분석학을 시각적인 이론으로 환원하고자 하는 것은 아니다. 라캉이 주체의 형성과 정신계의 무의식적 과정을 해명할 때, 방점은 분명히 언어의 차원에 가 있다. 여기서의 검토가 목표하는 것은 라캉의 이론에서 시각적 차원을 조명해 주는 일정한 측면들을 검토함으로써 이 연구가 기초할 이론적 자원을 얻는 데 한정된다.

1) 이미지와 동일시

(1) 에고의 형성과 이미지의 이중성

라캉이 말하는 거울 단계는 에고와 이미지, 주체성과 시각성의 깊숙한 연루를 분명하게 드러내 보여 준다(Lacan, *Écrits*: 1~7). 유아의 행태에서 관찰되는 거울 단계는 "주체가 자기 신체의 **시각적** 게슈탈트와 스스로를 기원적으로 동일시하는 감정적 역동성을 표명"[9]하기 때문이다(같은 책: 18~9). 이 거울 단계의 경험에 기초하는 상상계는 유아와 어머니 간의 무매개적인 이자적 관계 및 자신의 이미지와의 나르시시즘적 동일시로 특징지어진다. 따라서 상상계*the Imaginary*는 근원적 결핍으로 특징지어지는 주체가 오인에 기초하여 자신의 통일성을 취득하고 타자들과 일정한 관계를 수립하는 환영적*illusory* 세계이면서, 또한 무엇보다도 이미지*image*와 시각적인 것의 등록소라는 두 가지 성격을 갖는다(Lacan, *Seminar Ⅰ*: 116). 그러므로 상상계에서의 심적인 과정과 그 역동성은 주체의 이후의 역사에서 시각이 수행하는 역할과 그 중요성을 단적으로 보여 준다. 또한, 전형적인 거울 단계의 경험은 생후 6개월에서 시작하여 대략 18개월 때까지 지속되지만,

---

9. 이 인용문에서 강조는 라캉이 한 것이 아니라 나 자신이 한 것이다.

거울 단계는 단순히 개인 발달의 한 단계에 그치지 않고 주체가 에고의 원상(原像, *Urbild*)인 자신의 이미지와 맺는 몇 가지 관계들을 보여 주기 때문에 '나'가 형성되는 모습을 범례적으로 보여 주는 기능을 하기도 한다 (Lacan, *Écrits*: 2; *Seminar* I: 74). 그러므로 거울 단계의 중요성은 주체성 형성의 원형적 모델을 제공한다는 점과 그 과정에서 시각적인 것이 수행하는 구성적 역할을 밝혀 준다는 두 가지 점에 있다.

거울 단계의 경험은 인간 존재가 최초로 자신의 통일적 전체성을 획득하는 과정이다. 생후 6개월 무렵의 어린아이는 거울 속의 이미지를 보고 자기 신체의 총체성을 가정할 수 있게 되고 점차 자신을 하나의 통일체로 인식하게 된다. 이제 아이는 거울 속에 자신의 신체가 움직이는 모습을 비추고 놀면서 자기의 신체 이미지를 자신이 통제한다는 데서 강한 기쁨을 나타낸다(Sarup, 1994: 130; Lemaire, 1994: 259). 이 자기 신체에 대한 통어력 *mastery* 은 침팬지의 경우와는 달리 인간 아이의 경우에는 실제 거울이 치워져도 계속 유지될 수 있다(*Écrits*: 1). 이렇게 하여 자기 신체가 조각조각 해체되어 있다는 환상, 즉 파편화된 신체 *the fragmented body* 의 고뇌[10]에 사로잡혀 있던 아이는 자신의 거울 이미지를 통해 자신의 신체를 하나의 통일된 전체로 인식하고 또 자신이 그것에 대한 통어력을 행사할 수 있다고 생각할 수 있게 된다.

거울 속의 자기 이미지와 만날 때 아이의 의기양양한 환호와 쾌활함은 '주체성을 포함하는 인지 현상'이다(같은 책: 18). 즉, 이미지에 사로잡힐 때 같은 종의 한 성원으로서만 규정됨으로써 사실상 개체가 소멸되는 동물과 달리 인간은 이미지와의 특정한 관계 속에서 하나의 개체로서의 삶을 시작한다(*Seminar* I: 145; Silverman, 1996: 41~2). 이렇게 타자와 구별되는 개체로서의 삶을 출발시키기 때문에 인간의 경우에는 이미

---

10. 아이는 자신의 성감대를 각인하는 최초의 체험들을 거치면서도 생후 6개월까지는 자신의 신체를 하나의 통일된 전체로 인식하지 못한다고 한다. 쾌락이 경험되는 각 순간에 신체의 각 부분들은 충동이 배출되고 쾌락이 감지되는 어떤 표면으로 인지되지만, 그 각각이 모두 하나의 신체에 속한다는 것은 아직 감지되지 못하고 신체는 그 위를 얼기설기 흘러가는 충동의 흐름으로서만 인식된다(배은경, 1993: 90~1).

지와 관계 맺는 것이 에고가 형성되는 모태이다.

거울 단계의 이러한 경험은 '동일시 *identification*'란 말로 압축된다. 동일시란 "주체가 하나의 이미지를 취할 때 주체 안에서 일어나는 변형"이고(*Écrits*: 2), 이 내적인 변형이 곧 에고의 형성이다. 그리고 이 동일시는 그 대상이 자기 자신의 이미지이기 때문에 '나르시시즘적'이다. 즉, 이미 확립되어 있는 에고가 자기를 사랑하는 것이 나르시시즘인 것이 아니라, 거꾸로 나르시시즘이 에고가 구성되는 출발점이며 기초이다(Rose, 1986: 171). 또, 이렇게 동일시의 대상이 되는 거울 속의 자기 신체 이미지는 '이상적 에고 *ideal ego*'의 지위를 갖는다(*Écrits*: 2). 그것은 거울 이미지는 아이가 결핍하고 있는 일관성과 통일성을 갖추고 있다는 점에서 하나의 이상적인 이미지이며, 또 주체가 상징계로 진입하고 난 이후에도 계속되는 (이차적) 동일시들의 대상인 '에고 – 이상 *ego-ideal*'의 원천이 되기 때문이다(같은 곳). 그러므로 거울 단계는 이미지, 동일시, 정체성(*identity*. 즉, 동일시를 통한 동일성) 간에 확립되는 상호 의존의 초점인 것이다.

그러나 거울 단계에서 에고가 형성되는 것은 역설적으로 오인 *méconnaissance*의 과정이다. 그 첫 번째 이유는 거울 이미지와의 동일시는 실제의 자기가 아니라 자신의 이미지에 불과한 것을 자기 자신으로 생각하는 것이기 때문이다. 아이는 거울에 비친 이미지, 즉 '자기가 아닌' 하나의 허구적 구성물을 자기 자신으로 인지하는 것이며, 바로 이 때문에 거울 단계에서는 최초로 에고가 형성되고 정체성의 변증법이 개시됨에도 불구하고 주체가 타자와 자신을 근본적으로 구별하지 못하는 역설적 상황이 발생한다. 즉, 아이는 자신과 어머니를 구별하지 못하며, 정상적인 '타동적 이행 현상 *transitivism*'이 보여 주듯이 또래의 다른 아이와 자신을 구별하지 못하는 것이다(같은 책: 19). 두 번째 이유는 이 단계에서 아이가 획득한 자기 신체의 통일성과 그것에 대한 통어력 역시 환영적이기 때문이다. 거울 단계에서 획득하는 신체의 통일성 자체도 자기 자신이 아닌 이미지와의 동일시에 기초한 것이므로 환영적 통일성에 불과하다. 그리고 이 신체의 기능적 통일성은 정신적 차원에서 예기된 *anticipated* 것일 뿐이다(같은 책:

18). 그러므로 아이가 현실에서는 아직 달성되지 못한 자기 신체에 대한 통어력을 확보한 것으로 생각하고 환영적으로 그것을 누린다는 점에서 이것은 오인이다. 그러므로 거울 단계에서의 오인은 타자를 타자 아닌 것으로 오인하는 것(즉, 자신이 아닌 것을 자신으로 인지하는 것)과 주체가 자신을 통일적이고 전체성을 가진 것으로 오인하는 것이라는 두 가지 오인을 포함한다(배은경, 1993: 94).

이러한 오인의 구조 때문에 상상계 및 그 기초를 이루는 동일시는 '상상적'인 동시에 '환영적'이다. 에고는 허구이며, 그것도 '오인'에 기초하여 만들어지는 허구이기 때문이다. 그러므로 거울 단계는 양가적이다 (Lemaire, 1994: 260). 그것은 인간 주체가 기능적 총체성을 획득하는 최초의 단계이며, 이 단계에서 아이가 자신의 신체를 총체적으로 재현할 수 있게 해 주는 이상적 통일성, '유익한' 이마고를 만난다는 점에서 긍정적이지만, 동시에 주체가 형성되는 허구적 경로를 보여 준다는 점에서 부정적이기 때문이다. 에고의 형성을 가능케 하는 이미지는 에고를 사회적으로 결정되기 이전에 하나의 허구적 방향으로 위치지으며, 따라서 주체는 자신의 존재와 결코 직접 만날 수 없고 오직 '점근선적으로만' 재결합할 뿐이다(*Écrits*: 2). 결국 주체의 존재는 포착될 수 없는 실재계의 영역에 속하게 되며, 에고는 이미 소외의 경로를 따라 형성되는 것이다. 이 때문에 라캉에게 거울 단계는 주체에게 자신의 존재로부터 스스로를 "소외시키는 정체성 *an alienating identity*이라는 갑주甲冑를 취하도록 촉진되는 드라마"로 요약되는 것이다(같은 책: 4).

이상과 같이, 에고가 형성되는 자기 신체 이미지와의 나르시시즘적 동일시는 인간 주체성의 근원적 차원이 시각적인 것에 있음을 보여 준다. 거울 단계는 인간 신체의 전체적 형태를 '보는 것 *sight* 만으로도' 주체에게 자기 신체에 대한 상상적이고 조숙한 통어력이 부여됨을 보여 주며, 따라서 인간이 자신을 '보는' 경험은 자신에 대해 성찰하는 경험을 처음으로 갖는 기원적 모험이기 때문이다(*Seminar* I : 79). 또, 그 본다는 시각 과정의 대상은 이미지, 자기 신체의 이미지이기 때문이다.

그런데 이 에고가 오인에 기초한 허구가 되고 주체를 자신의 존재로부터 소외시키는 이유 역시 주체가 이미지에 의해 사로잡힘으로써 에고가 시각적으로 형성된다는 데 있다. 그러므로 오인의 근본적인 이유는 이미지 자체에 있다. 이미지는 주체의 바깥에 있는 것이기 때문이다. 하지만 이 오인의 구조와 그 원인인 이미지는 단순히 부정적인 것으로 기각될 수 있는 것이 아니다. 오인의 과정을 통과해야만 주체는 타자와 구별되는 하나의 개체로서 자기 정체성의 역동적 모험을 시작할 수 있기 때문이다. 즉, 오인의 원천으로서의 이미지는 주체의 소외를 야기하지만, 그것이 없다면 주체 역시 불가능하다. 그러므로 동일시를 야기하는 이미지의 성격은 양가적이다.

이것은 주체의 신체 이미지가 이중적인 성격을 갖는 것이기 때문이다. 한편으로, 통일적 전체로서의 나의 신체를 재현하는 게슈탈트, 이 원상은 실제의 나가 아니다. 그것은 거울에 비친 허상에 불과할 뿐만 아니라, 나와 크기가 다르고 내 몸짓과 운동을 대칭적으로 반사시켜 보여 준다(내가 오른손을 들면 거울 속의 내 모습은 자신의 왼손을 든다)는 두 가지 면에서 항상 나의 외부에 있는 것이기 때문이다(*Écrits*: 2). 그러므로 에고를 정초하는 이미지는 허구성과 외부성으로 특징지어지며, 이것이 오인이 야기되는 근본적인 이유이다. 그러나 다른 한편, 이 이미지와의 동일시를 통해서 인간 주체는 동물과 달리 자기 종에 용해되지 않고 하나의 개체로서 개별적인 정체성을 형성하기 시작할 수 있다. 에고의 이 '나에 속하는 *belong-to-me*' 측면은 거울 속 이미지가 비록 오인의 원천인 허상일지라도 '나 자신의' 이미지라는 사실에 뿌리를 둔다. 그러므로 아이가 그 속에서 최초로 자신을 발견하는 이미지의 '타자성 *otherness*'과 '동일성 *sameness*'이 동시에 강조되어야 한다. 거울 단계는 인간 주체가 자신이 아닌 것과 자신을 동일시하는 오인을 보여 주기도 하지만, 거울을 바라볼 때 그 주체가 보는 것은 또한 자기 자신의 이미지이기도 하다. 바로 이 이미지가 동일시가 일어나는 한계 또는 경계를 구성한다(Silverman, 1996: 10~1).

거울 이미지의 이러한 이중성을 보여 주기 위해 라캉은 거울과 꽃

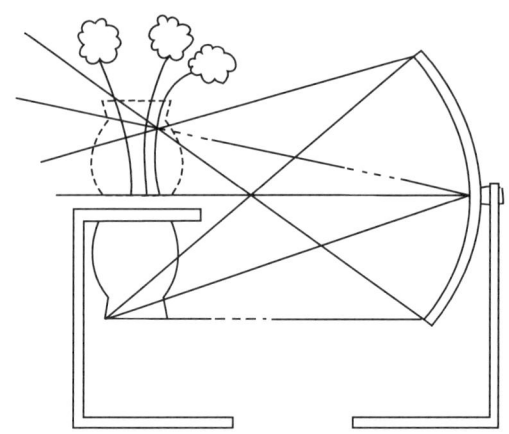

그림 1. 라캉의 뒤집힌 꽃병 실험

출처: Rose, 1986: 178

병을 동원한 실험을 원용한다(*Seminar* I : 77~9).

　실험 상황을 보자. 커다란 곡면 거울을 설치하고 그 앞에 속이 비어 있는 상자를 놓은 다음, 상자 위에는 꽃다발을 놓고 상자 속에는 꽃병을 상자 속 천정에 거꾸로 매단다. 눈은 그림의 왼쪽에 위치하여 곡면 거울을 본다. 이 때 우리의 눈에 보이지 않는 상자 속의 꽃병은 곡면 거울의 표면에 반사되어, 우리는 실제 꽃병은 보지 못하지만 거울 속에서 꽃다발을 담고 있는 꽃병이라는 상상적 형상을 보게 된다(그림 1).[11]

　먼저, 이 실험은 거울 이미지가 에고의 한계를 구성하는 면을 보여준다. 라캉이 이 실험을 이론적으로 전유할 때 거울에 비친 상상적 꽃병은 나르시시즘적인 상상적 동일시의 대상이 되는 신체의 이미지를 표상하며, 에고의 형성에 있어서 이 신체의 이미지는 '그릇container'에 비유된다. 이 신체의 이미지는 주체에게 에고에 속한 것과 그렇지 않은 것을

---

11. 라캉이 거론하는 이 실험은 "물리학이 즐거운 재밋거리*fun* 였던 시절에 행해지곤 했던" 고전적인 실험을 변형한 것이다. 원래의 실험 상황은 상자 위에 꽃병을 놓고 상자 속 천정에 꽃다발을 뒤집어서 매다는 것이다. 곡면 거울에 맺히는 상은 마찬가지로 꽃을 담고 있는 꽃병이라는 형상이다. *Seminar* I : 77~8을 참조하라.

위치시킬 수 있도록 허용하는 최초의 형태를 부여함으로써, 거울에 비친 꽃병이 이미지이면서 꽃다발을 담는 그릇으로서 나타나는 것처럼 동일시의 자리로 허용될 수 있는 것과 그렇지 않은 것을 특정화하면서, 허용될 수 있는 것들을 포함하고 그렇지 않은 것들을 배제하는 역할을 한다(*Seminar I*: 79). 이렇게 거울 이미지는 에고의 한계 또는 경계로서의 역할을 수행하는 것이다.

신체 이미지가 에고의 경계로서 기능하기 때문에, 이 신체 이미지와의 동일시는 곧 주체가 자기 바깥의 세계와 일정한 관계를 확립하는 것이 된다. 즉, 에고의 형성은 동시에 자기 바깥의 대상 세계와의 관계 설정인 것이다. 이렇게 에고를 형성시켜 개별성의 삶을 개시시키는 동시에 주위 세계와의 관계를 확립하게 해 준다는 점에서 거울 이미지는 '가시적 세계의 문턱'이다(*Écrits*: 3~4).

다른 한편, 이 실험은 가시적 세계의 문턱인 이미지 자체가 또한 주체를 자신의 진정한 존재로부터 멀어지게 하는 소외를 야기한다는 점 역시 보여 준다. 실험에서 상상적 세계와 실재적 세계가 심적 경제 *the psychical economy* 속에서 서로 뒤얽혀 있음을 알 수 있다. 우리가 볼 수 있는 것은 거울에 비친 상상적인 꽃병일 뿐이고, 상자 속에 있어서 직접 볼 수 없는 실제의 꽃병은 우리가 직접 도달할 수 없는 실재계에 속한다(*Seminar I*: 78). 따라서 에고의 경계가 되는 이미지가 주체의 소외를 야기한다. 이것은 그 이미지가 주체 '자신의 이미지'이면서도 주체 '자신이 아니다'는 이미지의 이중성에서 비롯된다. 이 후자의 측면, 즉 이미지의 타자성으로 인해 이미지와의 나르시시즘적 동일시는 리비도적 대상 선택 *object-choice* 및 공격성이라는 서로 상관된 기능을 촉발한다(*Écrits*: 8~29).

라캉에게서 주체의 구성 과정의 기초에는 시각적 차원이 있을 뿐 아니라 이 시각적 구성 과정이 사회적인 성격을 띠게 된다는 것까지 확인하려면 이 공격성을 검토해야 한다. 바로 이 공격성 때문에 이미지와의 동일시의 상상적 세계에 상징계의 규정이 들어오는 계기가 마련됨으로써 동일시 과정이 사회적 논리에 의해 규제되기 때문이다.

앞에서 언급한 것처럼 주체가 대상과 맺는 관계에서는 주체 자신의 이미지가 규정적인 역할을 하므로, 거울 단계는 주체의 자기 이미지에 기초한 "나르시시즘적 대상 선택"(Freud, 1957a)을 보여 준다. 말하자면 상상적 동일시에서 선택되는 대상은 궁극적으로 자기 이미지에 기초하고 있으며, 에고의 복제이다. 주체의 신체 이미지는 주체가 대상들 속에서 지각하는 모든 통일성의 원칙이며, 대상 관계는 항상 에고의 틀, 나르시시즘적 틀에 종속된다(Seminar I: 174; II: 166~7). 그러나 이 나르시시즘적 동일시의 틀에 따른 리비도적 대상 선택은 주체가 자신을 소외시키고 잠재적으로는 자신과 대립하는 이미지를 통해서 자신을 인지한다는 역설에 의해 공격성과 연결된다. 이미지는 에고 형성의 원상으로서 유익한 것이면서도 주체를 소외시킨다는 점에서 주체에게는 위험한 것이고 불안을 유발하기도 하기 때문이다. 따라서 이제 원상적 이미지와의 나르시시즘적 동일시가 아무런 균열 없는 완벽한 것일 수 없으며, 거울 단계에서의 동일시의 경험이 반드시 즐거운 것일 수만은 없다는 새로운 사실이 함축된다(Copjec, 1994: 37).

이상적인 이미지가 불안을 자아내는 이유는 그것이 주체에게 주체 자신의 결핍을 환기시킬 수 있기 때문이다. 이것은 근본적으로는 신체적 기능들의 조직화와 성장에서 야기되는 주체 내부의 긴장에 기인한다. 신체 이미지와의 동일시를 통해 획득되는 자신의 통일적 신체에 대한 통어력은 실제 성장사에서 아이가 도달한 자기 신체의 물리적 통어력에 비해 조숙한 것으로서 정신적 차원에서 예기된 것이기 때문에 자연적 성숙은 자아란 것이 거울과 함께 이루어진 환영이라는 사실을 폭로하는 잠재적 위협이 될 수 있으며, 통일성의 이미지와의 관계에서 체험된 불일치는 파편화된 신체의 판타지를 투사시켜 되불러낼 수도 있다. 이상적인 이미지가 불안을 자아내고 공격성을 유발하는 근본 이유는 여기에 있다. 그것은 주체 자신이 통일성을 결핍하고 있음을 환기시키는 것이다(Seminar II: 50; Gallop, 1985: 78~84). 따라서 정상적인 '타동적 이행 현상'을 보여주는 거울 단계의 아이들이 타자들(예컨대, 자기 또래의 다른 아이들)과 대면할 때 두드리고 때리는 행위나 '어머니의 젖가슴에 매달린 동생(이제는 자신이 누릴 수 없는 어머니와의 결합)을 창백하게 질린 채 찢어발길 듯이 노려보고 있는 아이'에게서 볼 수 있듯이, 완전함의 이미지 앞에서 도출되는 부러움과 그로 인한 공격성이라는 에고의 편집증적 구조가 주체의 전 역사를 지배하는 것이다(*Écrits*: 20; *Four Concepts*: 116).[12]

이상적 이미지와 대면하여 좌절하는 이러한 경험은 동물과 달리 인간에게 특유한 것이다. 그러나 역시 동물과는 달리 인간의 경우 바로 이 불일치와 좌절이 상상적 관계에 상징계가 개입하는 통로를 연다. 라캉 자신의 표현에 따르자면, "인간 존재는 자기 자신의 이미지와 특별한…… 소외적인 긴장의 관계를 갖는다. 그것이…… 상징적 질서의 가능성이 들어오는 곳이다"(*Seminar II*: 322~3).

(2) 동일시 과정의 사회적 규제

따라서 거울 단계의 경험에 기초한 상상계 자체는 그 구조상 상징계가 개입할 통로를 내장하고 있고, 상상계와 상징계는 필연적으로 서로 얽히게 된다. 나르시시즘이라는 상상적 관계 안에 존재하는 이미지와 신체 경험 간의 간극에 따른 좌절과 불안에 의해 유발되는 공격성은 상상적 세계 속에서는 제어될 수 없으며 오직 상징적 질서에 의해서만 통제될 수 있기 때문에 이 간극이 상징적 질서가 들어오는 접점을 마련하는 것이다. 상상적 관계 속에 상징적 질서가 개입하는 것은 나르시시즘적 동일시가 오이디푸스 콤플렉스의 기능과 변증법적인 관계를 맺게 됨을 뜻한다.

오이디푸스 콤플렉스의 기능은 주체의 리비도를 진정시키고(리비도적 정상화) 주체를 법에 복종시키는 것(문화적 정상화)이다. 나르시시즘적 구조와 공격적 긴장은 항상적으로 남아 있지만,[13] 이제 어머니와의 행복한

---

12. 이상적 이미지에 대한 동일시와 공격성 간의 연계는 유명한 여배우를 공격한 에메의 사례와 자신들을 고용한 주인 모녀를 살해한 빠뼁 자매의 쌍둥이 광증 사례 등 여성 편집증 환자를 분석한 라캉의 초기 작업에서 연원한다. 이 사례들에 대한 개관으로는 Sarup, 1994: 51~4, 98~101을 참조하라.

관계에 대한 방해자로서의 아버지와의 관계뿐 아니라 경쟁 상대인 형제들과의 관계 역시 아버지의 법에 의해 순치된다. 즉, 오이디푸스적 동일시란 일차적인 주관적 개인화를 구성하는 공격성을 주체가 초월하는 이차적 동일시이며(*Écrits*: 22~3), 이 동일시의 대상이 에고-이상이다. 따라서 리비도적 정상화와 문화적 정상화라는 두 가지 기능은 아버지의 이마고에 결박된 에고-이상에 의해 수행된다. 그러므로 오이디푸스 콤플렉스에 의한 정상화, 이미지와의 상상적 동일시와 상징적 질서의 관계 문제는 일차적 동일시와 이차적 동일시, 이상적 에고와 에고-이상의 관계 문제가 된다.

프로이트에 따르면, 유아의 에고가 향유했던 자기애의 표적은 유아기 이후에는 이상적 에고에 두어진다. 그러나 성장하면서 타자들의 경고와 자신의 비판적 판단력에 의해 더 이상 나르시시즘적인 완벽성을 보유할 수 없을 때, 그는 에고-이상이라는 새로운 형태 속에서 그것을 회복하려 한다. 그가 자신 앞에 자신의 이상으로서 투사하는 이 에고-이상은 잃어버린 어린 시절의 나르시시즘에 대한 대체물이다(Freud, 1957a: 94). 나르시시즘적 대상 선택 유형과 연관하여 보자면, "(a) 현재 그 자신이 그러한 것(즉, 그 자신), (b) 과거에 그 자신이 그러했던 것, (c) 그 자신이 그렇게 되고 싶어하는 것, (d) 한때 그 자신의 일부였던 그 누구"라는 네 가지의 나르시시즘적 대상 유형들(같은 글: 90) 가운데 이상적 에고는 (b)에, 에고-이상은 (c)에 해당한다. 그러므로 이상적 에고는 주체가 동일시하는 투사된 이미지이며 거울 단계의 상상적 사로잡힘에 비견되는 반면에, 에고-이상은 사회 문화적 질서의 한계 내에서 주체가 자신의 나

---

13. 라캉의 표현을 빌리면, "어떤 봉납의 관념도 그 구조로부터 이타주의를 생산할 수는 없었"던 것이다(*Écrits*: 24). 오이디푸스적 동일시의 원형은 프로이트의 《토템과 타부》에서 찾아볼 수 있는 부친적 토템과의 동일시이다. 부친 살해 후 형제들 간의 경쟁과 갈등을 무화하는 참여의 욕구가 이 동일시의 기초인데, 부친적 토템과의 동일시에 대한 프로이트 자신의 묘사 역시 희생 제의에서 성찬식에 이르기까지("토템은 아버지를 대치한 최초의 형식이었을 것이고, 신은 아버지가 인간의 모습을 되찾은 후대의 형식이다.") '먹는다'는 행위, 식인적 메타포가 지배하고 있다(Freud, 1995: 특히 211~2 참조). 흡수·동화 메타포에 기초한 동일시의 나르시시즘 구조는 이차적 동일시에서도 계속되는 것이다.

르시시즘을 재획득할 수 있기 위해 필요한 새로운 속성들이 투자된 이미지가 귀환하는 이차적인 내사 *introjection* 이다(Rose, 1986: 177). 그러므로 에고-이상은 상징적 차원에 있다. "에고-이상의 요구는 법의 요구들의 총체성 내에 그 자리를 차지하기 때문이다"(*Seminar I*: 134).

결국 이 두 에고에 대한 주체의 관계는 두 가지 나르시시즘적 관계이다. 라캉은 이 두 개의 나르시시즘을 설명하기 위해 다시 시각적 실험에 의존한다. 그는 심적 장치가 광학 장치에 비견될 수 있음을 상기시키면서 한 단계 더 진전된 뒤집힌 꽃병 실험을 거론하는데(같은 책: 123~5), 이제 거울은 곡면 거울과 새로 설치된 평면 거울, 두 개가 된다(그림 2).

눈은 곡면 거울과 대상(상자 속의 꽃병 및 상자 위의 꽃다발) 사이에 위치하며, 앞의 실험에서와는 달리 이제는 곡면 거울을 등진 채 맞은 편의 평면 거울을 본다(그림 왼쪽 위의 S 부분이 눈의 위치이다). 평면 거울 속에서 보게 되는 것은, 곡면 거울에 비치는 꽃다발을 담고 있는 꽃병이라는 실제 이미지 *real image* 가 존재하는 지점과 대칭되는 지점에 맺히는 가상적 이미지 *virtual image* 이다. 평면 거울에 비치는 이 가상적 이미지의 모습은 그림의 오른쪽에 꽃다발을 담고 있는 꽃병의 모습으로 제시되어 있다.

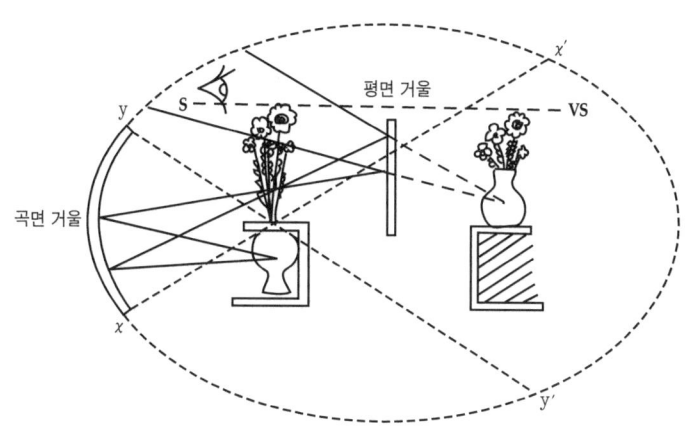

그림 2. 두 개의 거울을 가진 실험의 도식

출처: *Seminar I*: 124, 139

이 실제 이미지와 가상적 이미지에 이론적으로 상응하는 것이 두 개의 나르시시즘이다.

일차적 나르시시즘은 곡면 거울상에 나타나는 실제 이미지와 연관된다. 주체의 통일성을 형성하는 이 이미지가 이상적 에고에 해당되는 것이다. 이차적 나르시시즘은 평면 거울상의 가상적 이미지와 연관되는데, 그 근본적인 패턴은 타자에 대한 관계이다. 인간에게 타자는 또 다른 에고이며 에고 – 이상과 얼마간 혼합되어 있고, 따라서 에고 – 이상과의 동일시인 이차적 나르시시즘의 동일시는 타자와의 동일시이기 때문이다. 실험에서 주체는 곡면 거울상의 이미지와 상자 속의 꽃병 모두를 볼 수 없고, 꽃병(실제 대상)의 반영(실제 이미지)의 반영(가상적 이미지)을 본다. 이것은 주체는 타자와, 다시 말해 에고 – 이상과 관계되어 있는 반영 속에서 자신의 존재를 본다는 것을 의미하며, 따라서 이 실험은 이상적 에고뿐 아니라 에고 – 이상 역시 주체의 소외를 야기시킨다는 것을 보여 준다(같은 책: 126).

라캉에 따르면 이 실험의 도식은 거울 단계의 매우 간단한 해명이다 (같은 책: 125). 따라서 이상적 에고와 에고 – 이상은 이제 거울 단계의 두 가지 계기가 되고 있다(Rose, 1986: 178). 이것은 이 두 나르시시즘이 공시적으로 작용하고 있는 것으로서 진화론적인 발달의 선후 단계를 이루는 것이 아니라 구조적 메커니즘의 문제임을 말해 준다(*Seminar I* : 128). 분명히 거울 단계에서 형성되는 이상적 에고는 개인의 주체성 발달이 시작되는 계기를 이루며 에고 – 이상은 주체가 상징계와 관련을 맺은 가운데 일어나는 동일시의 대상이다. 하지만 라캉이 여기서 말하고자 하는 것은 주체의 전 역사에서 지속되는 이미지와의 상상적 관계에는 항상 상징적 질서가 개입해 있다는 것이다. 그리고 이것은 에고의 구조화 *structuration*, 주체성의 상상적 구조화의 문제이다. 다시 말해 에고의 구조 자체가 상상계와 상징계의 접합으로 이루어져 있다(같은 책: 137). 물론 이 두 가지 계가 얽혀 있는 에고의 구조가 형성되는 것은 구체적으로는 개인의 발달 과정 속에서이지만, 에고의 발달 과정은 단순히 상상계에서 상징계로의 이행이라기보다는 처음부터 이 두 가지 질서가 접합된 구조가 형성되는 과정이다. 이 실험은 이 접합 구조에서 상상적 관계에 상징적 관계가 작용하는 통로가 에고-이상임을 보여 준다.

먼저, 실험에서 에고-이상과의 상징적 동일시의 동학을 확인할 수 있다. 주체는 곡면 거울의 가장자리에, 그 거울을 등진 채 위치하므로 곡면 거울과 그 속의 실제 이미지를 볼 수 없지만, 평면 거울 속에서 가상적 이미지로서 나타나는 그 실제 이미지를 본다. 평면 거울 속에서 보이는 가상적 이미지는 주체에게는 실제 대상의 이미지와 등가적이다. 따라서 주체는 가상적 이미지를 통해서 곡면 거울상의 실제 이미지를 보는 것이며, 이것은 주체가 평면 거울의 가상적 이미지를 보는 것이 평면 거울 너머에 주체와 대칭되는 지점에 위치한 가상적 주체(그림의 VS; *the virtual subject*)가 곡면 거울상의 실제 이미지를 보는 것과 같다는 것을 뜻한다(같은 책: 139~40). 따라서 가상적 주체는 실제 이미지를 보기 위해 거울의 허구를 통해 나의 대체물이 되는 존재이다(이 가상적 주체는 평면 거울에 비친 주체 자신의 이미지, 그의 눈의 이미지이기도 하다). 즉, '나'라는 주체는 실제 이미지를 보려면 가상적 주체의 시점을 취해야 하고, 이 두 시점('나'라는 주체의 시점과 가상적 주체의 시점)은 동일하다. 바로 이 가상적 주체가 에고-이상이다. 가상적 주체는 근본적으로 우리 자신의 형태이며(주체의 '눈의 반영') 또한 이미지이다(거울 너머에는 아무것도 없다). 그것은 우리 자신에 다름 아닌 타자, 즉 에고-이상의 이미지인 것이다. 그러므로 에고-이상은 주체가 취하는 이 가상적 시점이며, 이 가상적 시점에서 이루어지는 동일시가 상징적 동일시이다(Žižek, 1991: 11).

다음으로, 에고-이상의 이 가상적 시점은 상징계가 개입하는 지점이며 따라서 이미지와의 동일시는 사회적으로 규제된다는 것을 확인할 수 있다. 실험에서 이미지가 지각되려면 "관찰자는 거울의 바깥으로 향한 만곡의 일종의 연속선 내부에 있으면서 곡면 거울의 축에서 그리 멀리 벗어나 있지 않아야" 하며(*Seminar I*: 143), 이것은 주체의 위치와 거울, 특히 평면 거울의 기울기에 달려 있다(너무 가장자리에 있으면 이미지를 보지 못할 것이고, 선명한 이미지를 보느냐 덜 선명한 이미지를 보느냐 하는 것은 거울의 기울기에 의존한다. 같은 책: 140). 그런데 평면 거울은 가상적 주체, 즉 에고 – 이상의 시점이 위치하는 곳이다. 이 평면 거울의 기울기는 직접적으로 "타자의 목소리에 의해 지배된다"(같은 책: 140). 결국 "보는 존재로서의 주체의 위치를 규정하는 것은 상징적 관계이다. 상상계의 완벽성, 완전함, 접근성의 더하고 덜한 정도를 결정하는 것은 발화發話, 상징적 관계이다"(같은 책: 141). 따라서 인간 주체의 상상적인 나르시시즘적 동일시의 시각적 구조는 사회적으로 규정되는 것이다. 상징적 연결은 법에 의해 중개되는 서로에 대한 관계이고 그 속에서의 위치이기 때문이다. 그러므로 "상상계와 상징계는 두 개의 외적인 실체나 수준으로서 단순히 대립될 수 없다. 상상계 자체 내부에, 상상계가 상징계에 갈고리 걸려 있는 _hooked_ 이중적 반영의 지점이 항상 존재한다"(Žižek, 1991: 10). 이 이중적 반영의 지점이 주체와 가상적 주체가 이중화되는 동시에 동일시되는 에고 – 이상의 지점이다. 따라서 에고 – 이상의 시점이 상징계가 개입하는 통로이며 그것과의 동일시는 상징적 동일시이다. 주체가 자신의 이상적 에고의 이미지를 보려면 이 시점을 취해야 한다. 말하자면, 이미지와의 동일시는 상징계의 규제를 받는 것이다. 그러므로 이 실험에서 인간 주체가 자신의 에고 이미지를 보려면 상징계가 규정하는 시점을 취해야 한다는 것, 주체의 시각적 구성이 그 시초부터 그리고 그 상상적 차원에서부터 이미 사회적 규정을 받는다는 것을 확인할 수 있다.[14]

이렇게 동일시 과정이 상징계의 개입에 의해 사회적으로 규제된다는 것은 동일시의 동학 내부적으로는 이상적 에고와의 상상적 동일시를 에고 – 이상과의 상징적 동일시가 규제하고 인도한다는 것을 의미한다. 이것은 상징계의 질서 속으로 들어간 주체의 정체성이 전개되는 역동적

---

14. 라캉은 이러한 사실을 앞에서 거론했던 첫 번째 실험(그림 1)에서도 분명히 한다. 이 실험에서 라캉은 눈 _the eye_ 이 특정한 위치에, 실험의 광학적 구도가 이루는 '원뿔 내부에 _inside the cone_' 있어야만 한다는 조건을 달고 있다(_Seminar_ Ⅰ: 80). 라캉에 따르면, 이 눈은 주체의 상징계이다. "상상계와 실재계의 관계에서…… 모든 것은 주체의 위치에 달려 있"으며, 이 "주체의 위치는…… 본질적으로 상징적 세계 속에서의 장소…… 에 의해 특징지어"지기 때문이다(같은 책).

인 과정에서 더욱 뚜렷하다.

거울 단계의 상상적 동일시에 의해 형성된 이상적 에고는 상징계로 진입한 주체가 계속되는 동일시들의 변증법 속에서 정체성을 형성하는 데 동원하는 이미지들의 원천으로 작용한다. 그 이유는 무엇보다도 거울 단계가 언어의 질서로 편입됨으로써 자신의 존재와 분열되고 결핍으로 정의되는 주체가 끊임없이 소급하여 자신의 통일성을 찾는 총체성의 기원적 모형이기 때문이다(도정일, 1990: 172).

오이디푸스 단계를 매개로 상징계로 진입하면서 이 총체성과 통합은 와해되며, 인간은 기표들의 사슬 속에서 의미망을 일시적으로 고정시키는 '정박점'(the anchoring point = 고정점 le point de capiton) 역할을 하는 하나의 기표(주인 기표)의 자리를 차지함으로써 주체가 되지만, 기표가 다른 기표와의 관계에서 끊임없는 환유의 운동 속에 의미가 고정될 수 없고 자신의 기의와 만나지 못하기 때문에[15] 인간 주체 역시 고정되지 못하며 자신의 진정한 존재와 만나지 못한다.[16] 그러므로 언어적 질서인 상징계로의 진입은 곧 소외이다. 주체의 존재는 의미의 그물망으로 포섭되지 않는 잔여의 영역인 실재계에 속하며 도달될 수 없다. 결국 기의 없는 기표, 즉 순수 기표로서의 주체의 진실은 무無에 불과한 것이 된다(Žižek, 1997).

바로 이 때문에 일시적인 정박점이 되는 기표의 자리에서 주체가 구성되는 상징적 동일시(Žižek, 1991: 1장), 즉 이차적 동일시는 상상적인 일차적 동일시의 대상인 이상적 에고에서 자신의 원천을 찾는다. 그것이

---

15. 라캉은 기표와 기의의 관계를 자연적이거나 필연적인 것이 아니라 자의적인 것으로 규정한 소쉬르의 기호 개념을 급진시킨다. 이에 따라 라캉에게 있어 기표는 결코 기의와 만나지 못한다. 라캉의 기표 공식 가운데 하나는 기표를 뜻하는 대문자 S와 기의를 뜻하는 소문자 s 사이에 결코 넘을 수 없는 빗장 bar 이 가로질러져 있는 것이다(S와 s는 함께 분수 모양을 이루고 있다).

16. 언어 구조 속에서 주체는 발화 행위의 주체와 발화된 언표의 주체 사이에서 분열된다. 기표로서의 '나'(즉, 언표의 주체)는 지금 말하고 있는 주체의 존재(즉, 발화 행위의 주체)를 지시 designate 는 하지만 의미화 signify 하지는 못하기 때문이다(Écrits: 298). 이 주체의 분열은 언어의 질서 속으로 편입됨으로써 주체에게 자신의 의미의 세계가 창출되지만, 이로써 동시에 주체 자신의 존재는 그에게서 사라진다는 주체의 소외를 뜻하는 것이다(Four Concepts: 209~13).

주체가 소급적으로 되돌아가 자신의 잃어버린 통일성을 발견하는 자리가 되기 때문이다. 그러므로 언어의 질서 속에 편입된 이후에도 주체는 이미지를 필요로 하며, 주체성이 시각적으로 구성되는 과정, 즉 이미지와의 상상적 동일시는 계속된다. 이미지 없는 주체성이란 존재하지 않으며, 이미지와 결부된 이상화는 절대 필요한 심적인 기능인 것이다. 이때 거울 이미지는 주체가 언어 속으로 들어감으로써 상실한 무언가를 보유한 것으로 재현되기 때문에 상징계에서의 이차적 동일시들의 원천이 된다. 이러한 측면에서 거울 단계는 단순히 결핍의 개시에 '선행하는' 것이라기보다는 보상적인 역할을 하는 것이고, 상징계에서도 이미지는 욕망의 축으로서 기능한다. 물론 이 이미지는 여전히 환영적인 허상이다. 그것은 주체가 자신이 근본적으로 '무'임을 알지 못하게 방해하고 막기 때문이다(Silverman, 1996: 44~5).[17]

이렇게 이미지와의 상상적 동일시가 원천이 되는 가운데 상징계의 질서 속에서도 동일시의 동학은 계속된다. 그런데 이 동일시의 동학은 상징계의 규제 아래 이루어지는 것이다. 우선, 상상계 자체가 이미 그 속에서 야기되는 공격성으로 인해 상징계의 개입을 초래하는 구조를 내장하고 있기 때문에 이미지들의 세계는 상징계의 논리에 의해 지배되고 사회적 틀에 의해 규정된다. 상상계와 상징계는 모두 단 하나의 법, 즉 상징계의 법에 의해 지배되고 그 봉인이 찍혀 있으며, 이 상징적 질서란 기표의 질서 또는 언어의 질서와 '형식적으로' 동등한 질서의 형태를 갖추고 있는 인간적 질서와 규범이다(Althusser, 1971b: 210~4). 다음으로, 상징계에서 계속되는 동일시들의 동학은 큰타자 *the Other*[18]의 담론 속에서

---

17. 거울 단계에서의 총체성의 경험 자체가 벌써, 주체가 오이디푸스 콤플렉스라는 매듭을 경유하자마자 끝나는 "이미 운이 정해진 행복의 짧은 순간"(Gallop, 1985: 85)에 불과할 뿐이다. 또는, 더 나아가서 거울 단계에서 형성된 통일된 모습의 에고 자체가 오인에 기초한 허구라는 점에서 거울 단계에서의 이 총체성의 경험은 인간 서사를 개시시키는 "애초에 부재했던 기원"이라고까지 할 수 있다(도정일, 1990 참조).

18. 대문자로 표기되는 큰타자 *the Other*는 상징계 자체, 상징적 질서로서의 현실 *reality* 자체이다. 이것을 큰타자로 표기하는 이유는 상징계가 법에 의해 매개되는 타자들과의 상호 주관적 연결망이기 때문이다. 따라서 타자들이 일반화된 것으로 볼 수도 있을 텐데, 물론 여기서 결정적인 역할을 하는 것은 유아기 때의 부모, 특히 아버지(의 자리)이다. 라캉에게서 특이한 것은 이 큰타자로서의 상징계는 타자들과의 상

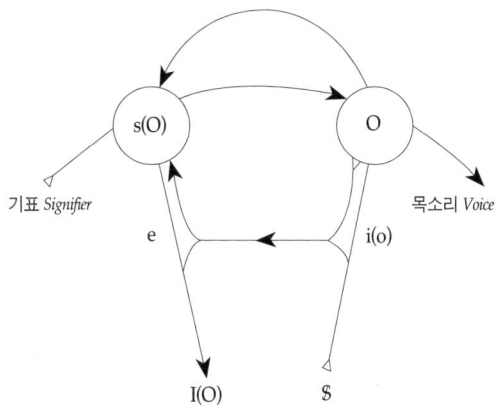

기표 *Signifier*

목소리 *Voice*

그림 3. 리캉의 욕망의 그래프 II

이루어지기 때문에, 이제 상상적 동일시의 관계는 인간 주체의 리비도적 정상화 및 문화적 정상화의 자리로서의 상징적 질서의 지배를 받는다. 이것을 잘 보여 주는 것이 리캉이 제시하는 네 개의 욕망의 그래프들, 특히 두 번째의 그래프이다(*Écrits*: 306). 그 그래프에는 기표의 사슬을 누비고 나오면서 주체를 소외시키는 가운데 주인 기표와의 동일시에 의해 에고 – 이상을 형성하는 '끊기지 않은 선 *trait unaire*'에 이상적 에고를 형성하는 거울 단계적 동일시의 선이 종속되어 있고, 거기에 의존하고 있음을 보여 준다(*Écrits*: 306~8; *Žižek*, 1989: 102~5).[19]

호 주관적 연결망이라 하더라도 상징, 특히 법에 의해 매개되는 삼각형적인 구조를 갖는 것이라는 점, 따라서 큰타자는 구체적인 인격이 아니라 비인격적인 구조라는 점이다. 큰타자는 주체에 선행하고 그의 바깥에 있으며 말하는 존재로서 주체가 종속되는 비인격적인 언어의 질서이다. 주체의 담론은 항상 큰타자의 장소에서 일어나는, 큰타자의 담론이며, 또 주체의 욕망은 항상 타자의 욕망이라는 점에서 궁극적으로 큰타자의 욕망이다. 반면에 소문자로 표기되는 타자 *other*는 법에 의해 매개되는 가운데 상호 주관적으로 연결되는 타자, 다시 말해 주체가 대면하는 상대, 즉 다른 주체로서의 타자이다. 그런데, 이러한 구분이 칼로 무 자르듯이 항상 명확하게 이루어질 수 있는 것만은 아닌 측면도 있다. 지젝은 리캉적인 큰타자 개념의 애매성(즉, 양의성)을 지적하기도 하는데, 그에 따르면 리캉의 큰타자는 '그 꿰뚫어 볼 수 없는 모호성속에 있는 또 다른 주체'인 동시에 내가 다른 주체들을 만나는 중립적인 장, 바로 그 '상징적 구조'이기도 하다(*Žižek*, 1993: 69).

이상적 에고가 형성되는 동일시가 이미지와의 상상적 동일시인 반면에, 에고 – 이상을 형성하는 동일시는 상상적 동일시에 기초하면서도 기본적으로는 기표와의 상징적 동일시이다. 에고 – 이상은 기호론적 과정에서는 정박점과 등가를 이루기 때문이다. 에고 – 이상이 형성되는 과정은 다른 기표들에게 주체를 표상해 주는 기표들 가운데서 하나의 기표가 텅 빈 '주인 기표'(다른 모든 기표들이 주체를 표상해 주는 기표)로서 출현하는 과정이기도 하다(Žižek, 1991: 16~31). 주인 기표라는 이 순수 기표(기의 없는 기표)와의 동일시에 의해 분열된 주체가 형성되며, 이 주체의 분열을 가려 주고 그의 자율적 통일성의 환영을 마련해 주는 것이 이 동일시에서 형성되는 에고 – 이상이다.

큰타자의 장소를 메꾸는 이 주인 기표와의 동일시, 다시 말해 에고 – 이상을 형성하는 상징적 동일시는 이미지와의 동일시에 머무는 것이 아니라 두 개의 거울 실험에서도 엿볼 수 있듯이 가상적 시점, '우리가 관찰되고 있는 장소'와의 동일시이다. 그것은 사회적으로 정상화된 이상적 장소에 대한 동일시이며, 따라서 개인이 자율적 인격이 되는 이 상징적 동일시는 상상적 동일시와 달리 유사성의 수준에 머무르지 않고 우리의 유사성을 회피하는 지점에서 타자와의 동일시를 가능케 한다. 물론 에고 – 이상이 이상적 에고에 원천을 두는 한 그것은 이미지의 차원을 배제하지 않으며 그 기능은 이상적 에고의 수준에 기초를 두고 있다. 하지만 상징적 질서 속에서 그것은 그 너머의 차원에서, 내가 관찰되고 있는 지점에서 형성되는 것이다. 즉, 상상적 동일시가 주체 자신을 매혹하는 이미지, 자신과 유사한 타자의 이미지와의 동일시라면, 상징적 동일시는 이미지에 한정되지 않고 상징적 질서 속의 이상화된 지점, 내가 관찰되고 있는 위치와 이루어지는 동일시이다. 따라서 에고 – 이상을 형성

---

19. 그래프에서 상상적 동일시는 상상적 에고 e와 그것의 상상적 타자 i(o)를 연결하는 축 또는 벡터로 표시되어 있고, 상징적 동일시는 주체의 벡터의 결과로서, 에고 – 이상을 형성하는 끊기지 않은 선의 끝자락 I(O)로 표시되어 있다. 그래프에서 소급적 방향으로 $(주체) – O(큰타자, 고정점의 자리) – s(O)(큰타자의 기능(함수)으로서의 기의) – I(O)를 잇는 주체의 벡터가 e-i(o) 벡터를 자신의 아래에 두고 에워싸고 있음을, 혹은 품고 있음을 볼 수 있다. 그래프의 이 부분은 라캉의 그래프 III과 IV에서도 그대로 유지된다.

하는 상징적 동일시는 나를 바라보는 큰타자의 응시에 맞추어 나를 보는 동일시이다. 그리고 이 에고—이상의 끊기지 않은 선이 이상적 에고를 지탱하는 한, 이상적 에고는 항상 에고—이상에 종속된다. 라캉의 두 개의 거울 실험에서의 가상적 시점이 에고—이상의 자리이고 이상적 에고의 이미지를 보려면 이 자리의 시점과 동일시해야 하는 데서도 분명하듯이, 상징적 동일시가 상상적 형태와 이미지를 지배하는 것이다. 상징적 동일시의 지배 아래 이루어지는 상상적 동일시와 상징적 동일시의 이러한 상호 작용이 주체가 사회적—상징적 장 속으로 통합되는 메커니즘을 구성한다. 그러므로 동일시는, 상상적 동일시마저도, 항상 '큰타자 속의 어떤 응시를 대리한' 동일시인 것이다.[20]

2) 눈과 응시의 분열

(1) 응시와 시각장의 구조화

동일시 이론을 검토함으로써 주체가 구성되는 과정의 근저에는 시각적 차원이 존재하며, 이것은 사회적으로 규정받게 되는 것임을 확인하였다. 그런데 라캉의 '눈과 응시의 분열' 세미나에서는 시각장 자체의 문제가 부상하고 주체의 시각적 구성 문제가 상징계 / 실재계의 접합 구조 속에서 다루어진다. 근본적으로는 여기서도 주체의 구성은 큰타자의 응시하에서 이루어지는 동일시에 기초하는 것으로 이해될 수 있기 때문에 거울 단계 및 동일시 이론과의 연속성을 찾아볼 수 있다.

응시 세미나에서 라캉이 말하고자 하는 것은, 마치 인간이 자신에 선행하여 존재하는 기표들의 질서 속으로 들어가 정박점으로서의 주인 기표와의 동일시를 통해 상징적 위임을 부여받은 '말하는 주체'로 구성되는 동시에 기표들의 그물망에 의해 의미화되지 못하는 자신의 존재로부터 소외되어 상징계와 실재계 사이에서 분열된 주체로 구성되듯이, 시

---

20. 상상적 동일시와 상징적 동일시, 이상적 에고와 에고—이상 간의 이러한 차이에 대해서는 Žižek, 1989: 105~10; Sarup, 1994: 155~6을 참조하라.

각의 장 *the field of vision* 에서도 보여지는 것들이 주체에 앞서 존재하며 '보는 주체'는 그 속에서 끊임없이 분열을 겪는다는 것이다. 이 가시성의 장들을 구조화하는 중심이 라캉이 말하는 응시(*regard; the Gaze*)이며, 보는 주체의 분열을 일컫는 것이 바로 '눈과 응시의 분열'이다.

주체의 분열이 지각되는 곳은 의미화의 사슬이 파열되는 곳이다. 따라서 상징계와 주체의 분리가 인지되는 이 곳은 곧 주체가 실재계와 만나는 장소로서 충동이 표명되는 장소, 의미의 한계이다. 주체는 이 곳에서 자신의 욕망의 원인, 즉 대상 소문자 *a*(*objet petit a*)[21]를 재발견한다. 시각장에서의 이 장소가 바로 응시이다. 그러므로 응시는 시각의 장에서 주체가 맞닥뜨리는 자신의 눈의 한계, 시각의 한계이며 시각장에서의 대상 (소문자) *a*이다.

먼저 대상 *a*의 논리에 대해 살펴보자. 주체가 기표들의 그물망 속에서 구성되는 것은 두 가지 작용에 의해서다(Lacan, 1995: 268~75). 그 하나는 기표의 자리를 차지함으로써 주체가 구성되는 동시에 자신의 존재와 기원적으로 분할되는 소외 *alienation* 이고, 다른 하나는 기표들 속에서 주체가 자신을 조달하는 방식으로서 욕망의 환유 속의 통과라고 말할 수 있는 분리 *separation* 이다. 이 중에서 분리는 주체가 발생되는 과정을 닫는 작용이다. 기표들의 사슬 속에서 주체는 결핍으로서의 자신을 채우려 하는데, 이 채움 *fill-up* 은 역설적으로 자신의 한 부분을 자신과 분리함으로써 이루어진다(이러한 의미에서 분리는 소외의 귀환을 표상한다). 분리된 이 부분적 대상이 주체의 욕망의 원인으로써 기능하는 대상 *a*이다. 주체는 이 대상이 자신의 결핍을 채워 줄 것으로 기대(오인)하고 끝없이 욕망의 환유의 궤적을 따라가게 되는 것이다. 즉, 대상 *a*는 "주체가 자신을 구성하기 위하여 기관으로서 스스로를 분리해 온 어떤 것"이며, 결핍의 상징으로서 봉사한다(*Four Concepts*: 103).

이러한 이유 때문에 욕망의 원인이자 의미의 한계인 이 대상 *a*에

---

21. '*objet petit a*'는 '*objet a*'나 '*petit a*,' 또는 단순히 '*a*'로 표기되기도 한다. 우리 말로는 '대상 소문자 *a*' 또는 '대상 *a*' 정도로 번역하여 표기할 수 있다. 이하에서는 '대상 *a*'로 표기한다.

의해 욕망의 회로가 가동되고 기표들의 의미망이 지탱된다. 대상 *a*를 분리하고 이 대상에 대한 욕망을 매개로 하여 실재계와의 만남에 의한 외상적 경험을 의미망 속으로 흡수하고 통어하려 하는 가운데 상징계가 유지되고 가동되기 때문이다. 그러므로 대상 *a*는 실재계와 상징계가 단락적으로 접속되는 지점이고 통로이다(같은 책: 17~64 참조). 그리고 대상 *a*는 욕망의 원인인 동시에 충동의 대상이라는 점에서도 상징계와 실재계의 결절점이다(Ragland, 1995).

시각의 장에서의 대상 *a*가 응시이다. 응시는 시각에 의해 우리와 사물들 사이에 구성되는 관계에서 미끄러지고, 지나가며, 단계에서 단계로 전달되고 항상 어느 정도 거기에서 빠져 나가는 것으로 정의된다(*Four Concepts*: 73). 이러한 의미에서 응시는 시각의 한계이며, 시각장을 교란하는 얼룩으로서 나타난다. 그러므로 응시는 시각의 장이 주체에 의해 완전히 통어되지 못한다는 것을 일깨워 주며, 이러한 이유에서 시각의 장에서 주체의 결핍을 상징한다(Zupančič, 1996: 34~5).

의미와 욕망의 세계가 주체의 결핍을 상징하는 대상 *a*를 둘러싸고 조직되듯이, 시각의 장 역시 얼룩으로 나타나면서 결핍의 차원을 표시하는 응시를 중심으로 해서 조직된다. 주체의 눈길은 이 대상 *a*를 쫓아 보이는 것들의 미끼 속에 사로잡혀 있다. 이렇게 생각해 볼 수도 있을 것이다. 거리에서 우리가 익히 숙지하고 있는 대상들은 우리의 눈길을 끌지 못한다. 그것들은 스쳐 지나가게 된다. 그러나 이 때 우리가 알지 못하는 것, 한눈에 파악하지 못하는 것이 시야에 들어오면, 그것이 우리의 주목을 끌고 그 때부터 시각장은 그 대상을 중심으로 새롭게 배치된다.[22]

---

22. 즉, 응시라는 이 시각의 한계가 주체의 눈을 유혹하고 가시적인 것들을 배열하며 시각의 장을 구조 짓는다. 그러므로 주체가 욕망의 주체인 한, 이 응시가 주체와의 관계에서 시각장을 구조화하는 욕망의 원인-대상 *a*인 것이다. 그러나 응시가 어떤 실체인 것은 아니다. 라캉이 말하듯이 "보편적인 보는 자*universal seer*를 가정할 필요는 없다"(*Four Concepts*: 74). 곧 보게 되겠지만 응시는 "큰타자의 장에서 나에 의해 상상되는(같은 책: 84)" 것이며, 다만 사물 편에서 오는 빛의 형태로만 주어질 뿐, 대상 *a*이기에 텅 빈 것이기 때문이다. 지젝에 따르면, 응시는 보이는 것의 장을 '구성적으로' 빠져 나가는 것에 몸체를 부여함으로써 보이는 것들의 장의 '악무한'을 틀 짓는 텅 빈 대상이며, 이러한 의미에서 '초한적 *transfinite*'이라고 할 수 있다(Žižek, 1996: 92).

응시의 이러한 성격은 첫째, 보이는 것보다 '보이도록 주어진 것'이 먼저 존재한다는 것을 알려 준다.[23] 얼룩은 바로 이 선 존재를 표지하는 것이다(*Four Concepts*: 74). 얼룩으로서 나타나는 응시는 보이도록 주어진 것, 눈길을 사로잡아 끄는 유혹하는 것으로서 기능하며, 스스로를 의식적이라고 상상하는 시각의 파지력으로부터 달아남으로써 보려는 욕망을 추동한다. 따라서 시각의 장에서도 주체가 자율적으로 보고 가시적 세계를 구성하는 것이 아니라 자신에 앞서 존재하는 보이는 것들의 배열 속에서 '보는 주체'가 된다. 초월적이고 자율적인 에고의 환영, 데카르트적 코기토에 비견될 수 있는 '의식의 시각적 자기 만족'을 표현하는 "자신을 바라보고 있는 자신을 본다*seeing oneself seeing oneself*"에는 응시의 기능을 회피하려는 움직임이 담겨 있다(같은 책: 74).

응시가 알려 주는 두 번째 사실은 세계의 스펙터클 속에서 우리는 바라다보여지는 존재*beings who are looked at* 라는 것이다. 우리를 바라다보여지는 존재로 만드는 것이 바로 응시이다(같은 책: 75). 이렇게 응시의 기능 아래서 우리는 보는 주체가 아니라 보여지는 대상인데, 이것은 주어/주체*subject*가 목적어/대상*object*으로 역전되는 충동의 논리에 비추어 볼 때 쉽게 이해될 수 있다. 응시는 욕망의 원인이므로 시각적 충동의 대상이기도 하다. 충동의 대상은 주체와 자리바꿈을 하며, 절시증적 충동의 경우 "그/녀가 응시한다*S/he gazes*"는 "그것(나 자신이거나 나 자신의 일부인 대상: 성기와 교환된)이 (큰)타자에 의해 응시당한다*It is gazed at by the Other*"로 변하게 될 것이다(Quinet, 1995: 142 참조).[24] 주체라고 생각하는 우리는 오히려 응시의 대상이

---

23. 이것은 라캉이 메를로퐁티의 ≪보이는 것과 보이지 않는 것≫에서 취해 오는 테마이기도 하다. 메를로퐁티의 이 저작은 라캉의 응시 세미나의 한 계기가 되기도 했다. 메를로퐁티에 대해서는 이 장의 1절을 참조하라. 그의 시각론에 대한 라캉의 논의는 *Four Concepts*: 71~2, 80~2를 보라.

24. 프로이트는 문법적으로 충동을 능동태/수동태, 주어/목적어, 그리고 동사의 세 가지 어형(능동형/수동형/재귀형) 등 세 가지 요소로 분해하며, 이 요소들과의 관계에서 충동의 변화에 관해 언급하는 바, 그것은 자신의 대립물로의 역전, 주어(주체)의 자신에게로의 전환이다(Freud, 1957b: 126). 사디즘과 마조히즘은 이 충동의 변화를 잘 보여 주는데, 문법적으로 볼 때 그 어형 변화는 능동형 "그/녀가 고문한다"(사디즘)에서 재귀형 "그/녀가 자신을 고문한다"(사도-마조히즘에서 일어나는 강박증)로, 그리고 수동형 "그/녀가 고문당한다"(마조히즘)에서 정점에 다다르는 것이다. 시각과 관련해서는 도착*perversion*이 이 변화를 잘 보여

된다. 그러므로 자신의 시각의 자율성을 확신하는 의식적 시각의 자기 만족은 오인임이 다시 한 번 확인된다. 보는 것은 우리가 아니라 세계이다. 다시 말해 진실은 "응시가 본다*look*"는 것이며, 나아가서는 "응시가 보여 준다*show*"는 것이다(*Four Concepts*: 75).

나를 바라보는 응시는 상상되는 응시이기도 하다. 라캉은 이러한 응시에 형체를 부여하려는 시도로서 사르트르를 거론한다. 사르트르의 ≪존재와 무≫에서 내가 타자를 볼 때 객체(대상)에 머무는 타자는 그가 나를 바라볼 수 있다는 부단한 가능성에 의해 인간적 실존으로 파악된다(Sartre, 1990, I권: 428 이하). 그런데 타자의 실존과 결부된 응시는 나에 의해 상상되는 응시이며, 이 때문에 비시각적인 현상까지 포함한다. "물론 '가장 흔히' 하나의 시선을 나타내는 것은 두 안구의 나를 향한 집중이다. 그러나 시선은 나뭇가지들이 스치는 경우, 발자국 소리가 들리다가 뚝 그칠 때, 덧창이 빠끔히 열릴 때, 커튼이 가볍게 움직일 때에도 마찬가지로 주어질 것이다. 기습 공격 때에 나뭇가지 밑을 기고 있는 병사들은 두 눈이 아니라 언덕 뒤에 하늘과 맞닿아 부각되는 한 채의 하얀 농가 전체를 '피해야 할 시선'으로 파악한다"(같은 책: 434). 라캉은 여기에 동의한다. 응시는 "보여지는 응시가 아니라 큰타자의 장에서 나에 의해 상상되는 응시다"(*Four Concepts*: 84).[25]

주는데, "그/녀가 외부의 대상을 본다"(절시증), "그/녀가 대상을 포기하고 자신의 신체의 일부분으로 절시증적 충동을 돌린다," "그/녀가 새로운 주체에게 보여진다"(노출증)가 그것이다. 그러나 시각적 충동의 경우 문제는 두 번째 재귀형이 첫 번째 능동형에 이미 앞서 일어난다는 것이다. 절시증적 충동은 자기애적이어서 첫 번째 단계가 시작할 때의 대상은 주체 자신의 신체의 일부, 성기이기 때문이다. 이 대상이 다른 누군가의 신체에 있는 유사한 부분으로 교환되는 것은 이후에 가서이다. 그러므로 시각적 충동의 경우 변화는 "그/녀가 성기를 바라본다 = 자신에 의해 바라다보여지는 성기" ― "그/녀가 외부의 대상을 바라본다"(능동적 절시증) ― "다른 사람에 의해 바라다보여지는 자신 또는 자신의 일부인 대상"(노출증)이 되며, 첫 단계에서의 대상의 측면은 세 번째 단계와 일치한다(시각적 충동의 예비 단계는 능동형과 수동형 대립쌍 모두의 원천이다). 결국 충동의 논리에서는 문장의 주어가 목적어로 대체되는 것에서 확인되듯이 주체가 대상으로 환원된다. Freud, 1957b: 127~30; Quinet, 1995: 141~2를 참조하라.

25. 사르트르에게 있어서 눈과 응시의 현전은 영합 게임적이다. 대상화하는 눈길로서 응시는 나라는 주체와 또 다른 주체로서의 타자 사이의 비호환적인 교환에 기초하고 있기 때문이다. 나는 눈과 응시를 한꺼번에 보지 못한다(Sartre, 1990, I권: 435; II권: 117 등 참조). 라캉이 요약한 바에 따르면 사르트르에게 있어선, 내가 응시 아래 있는 한 나를 바라보는 눈을 보지 못하며 내가 눈을 보면 응시는 사라진다(*Four Concepts*: 84). 라캉은 여기에 동의하지 못한다. 라캉에 따르면, 내가 응시 아래 있을 때 내가 그것을 응

응시의 이러한 성격들을 보여 주는 것이 라캉이 제시하는 자신의 젊은 시절 실제 있었던 경험담인데, 이 이야기는 응시에 의해 구조화되는 시각장이 상징계의 매개에 의해 사회적으로 규정되는 것임을 말해 주기도 한다(*Four Concepts*: 95~6).[26] 20대 초반 시절 라캉은 브리타니 지방의 작은 항구에 머물렀다. 청명한 어느 날 그는 한 어부 가족과 함께 조각배를 타고 바다로 나갔다. 그물을 끌어들일 때를 기다리며 햇빛을 받으며 파도 위를 떠다니는 작은 정어리 통조림 깡통을 발견한 어린 장 Petit-Jean 이 라캉에게 말했다. "저 깡통이 보이세요? 보여요? 하지만 그건 당신을 보지 못하죠! *You see that can? Do you see it? Well, it doesn't see you!*" 어린 장은 이 일을 매우 재미있어 했지만 라캉은 그렇질 못했다. 자신은 왜 재미있어 하지 못할까 곰곰히 생각한 라캉이 제시하는 이유는 다음과 같다. 첫째, 깡통이 라캉을 보지 못한다는 어린 장의 말이 어떤 의미가 있다면 그것은 그 깡통이 라캉 자신을 바라보고 있었기 때문이다. "그것은 빛의 점의 수준에서, 나를 바라보는 모든 것이 위치해 있는 그 점에서 나를 바라보고 있었다"(같은 책: 95). 두 번째 이유는 그 말을 듣는 순간 라캉은 자신이 지상에서 아무것도 아닌 것처럼 보였기 때문이다. 이것은 커다란 어려움을 무릅쓰고 가혹한 자연과 투쟁하면서 생계를 꾸려가는 어부들에게 비치는 라캉 자신의 모습과 마찬가지였다. "간단히

시로서 보지 못한다는 것은 사실이 아니다. 그는 화가들이 응시를 포착하여 왔음을 지적한다.

26. 시각장의 상호 주관적인 사회적 성격과 관련하여 라캉의 이 이야기와 사르트르의 시나리오를 비교할 수 있다. 사르트르의 시나리오, 특히 내가 혼자 있는 공원에 타자가 들어와 내게 시선을 던짐으로써 전망이 역전되고 내 시각장이 와해되는 이야기(Sartre, 1990, Ⅰ권: 429~34), 내가 열쇠 구멍으로 훔쳐보고 있을 때 갑자기 들리는 발자국 소리에 의해 내가 타자를 위한 대상으로 환원되는 동시에 수치심에 의해 역설적으로 無에서 벗어나 내 존재를 의식하게 되는 '나를 놀라게 하는 응시' 이야기(같은 책: 436 이하)는 잘 알려져 있다(앞의 것은 Bryson, 1988: 88~96; Samuels, 1995: 185, 뒤의 것은 Silverman, 1996: 164~7의 검토를 참조). 이렇게 데카르트적인 세계 중심적 주체는 훼손되지만, 사르트르의 시나리오는 라캉의 입장과 다르다. 대상화하는 응시를 타자에게 되돌림으로써 주체 감각은 오히려 더 강화되며(Bryson, 1988: 95~6), 응시와 시각장이 인격화되고 타자는 상징적 추상이 아니라 상상적인 적수로 형상화되기 때문이다(Silverman, 1996: 166~7). 즉, 사르트르의 시각장에서 타자는 큰타자가 아니라 소문자 o의 타자들에 불과하며 상상적인 이자 관계에 머물러 있다(Melville, 1996: 104). 라캉에게 있어 사회적 관계는 주체와 타자를 매개하는 제3항이 있어야 하며, 시각장은 보는 자의 눈과 비인격적인 응시 사이의 비대칭성으로 구조화된다.

말해서, 나는 그 그림에서 빠져 있었다"(같은 책: 96).

라캉의 이 이야기는 '보여짐 *being seen*'에 관한 것이고, 인간적인 '봄 *seeing*'과는 거리가 먼 가시성에 관한 것이다. 통조림 깡통에 반사된 빛의 번쩍거림이 바로 응시이다. 빛이 나를 바라보며, 이 빛에 의해 나의 눈 속에 나에 의해 결코 통어될 수 없는 모호하고 가변적인 시야의 깊이를 끌어들이는 무엇이 채색되며, 이 무엇이 나를 사로잡고 순간마다 나를 유혹하며 풍경을 그 풍경과는 다른 무엇으로 만든다(같은 책: 96). 즉, 빛의 형태로 주어지는 응시가 내 눈을 유혹하고 시각장을 변형시키고 구조짓는다. 그런데 라캉의 이 이야기는 시각장의 이러한 구조화가 사회적인 것임을 알려 준다.

첫째, 앞에서 말했듯이 라캉에게 어린 장의 말이 재미있지 않았던 것은 그 빛의 점에서 깡통이 자신을 바라보고 있음을 알았기 때문이다. 즉, 생명 없는 대상의 세계는 어느 정도 항상 지각하는 자를 되돌아본다 *look back*. 이 기묘하게도 되돌아보는 힘의 원천은 또 다른 인격적인 보는 자의 난입이 아니라 시각장 속에서는 기표의 난입에 의한 것이다. 내가 보는 것은 단순히 빛이 아니라 이해할 수 있는 형태이기 때문이다. 라캉과 어린 장이 본 것은 '깡통에 반사된' 빛이고 그걸 통해 그들은 그것이 깡통임을 알아본다. 그러므로 응시는 기표에 의해 매개되며, 바로 이 기표가 시각장이 상징적 현실, 사회적인 것에 의해 규정되는 통로이다. 게다가 햇빛 속에 떠다니던 그 깡통은 그 지방 "통조림 산업의 증인"이다 (같은 책: 95). 말하자면 떠다니는 것이 어부의 그물에 걸리듯이 빛의 광선들은 의미의 그물망에 붙잡히는 것이다. 그러므로 시각은 사회화된다. 주체와 세계 사이에는 문화적 구성물인 시각성을 형성하고 그것을 매개되지 않은 시지각과는 다른 것으로 만드는 담론들의 총합이 삽입되는 것이다. 말하자면, 망막과 세계 사이에는 기호들의 스크린, 온갖 다중적인 담론들로 구성된 스크린이 삽입된다(Bryson, 1988: 91~2).

또, 라캉이 어린 장과 같은 재미를 공유할 수 없었던 두 번째 이유는 라캉이 자신이 그림에서 빠져 있음을 느꼈기 때문이다. 시각의 어떤 분출은 특정한 거리감과 소외를 가져오는데, 그 순간 라캉이 잃어버린 것은 사회적 연대성이라는 허구이다. 그림에서 빠져 있음을 깨달은 이유는 자신이 가혹한 자연과 맞서 싸우면서 생계를 꾸려가는 그 어부들에게는 이방인에 불과함을 깨달았기 때문이다. 그 순간 그는 지상에서 무에 불과했다. 그러나 이 연대성이라는 허구는 그가 그것이 요구하는 웃음에 합류할 적절한 방법을 찾는다면 다시 긍정될 것이다(Melville, 1996: 105).

그러므로 라캉과 어부들과 정어리 통조림 깡통은 삼각형을 형성하며, 시각의 장은 상징적인 질서에 속한다. 또한, 그래서 이 시각의 장은 상징적인 의미의 그물망에 포섭되지 않는 실재계적 요소인 응시에 의해 구조화된다. 응시는 시각의 '한계'라는 의미에서 의미화되지 못하는 실재계에 속한다. 라캉과 어린 장 및 어부들이 상상적 관계를 형성한다면 통조림 깡통은 상징계적 요소, 기표이다. 따라서 깡통은 실재계적 이면을 가지는 바, 그것이 바로 응시이고 이 이야기에서는 태양 또는 그것의 빛이다. 라캉이나 어린 장(우리 역시 마찬가지다)은 태양의 빛 속에 있지만 그것에 직접 접근하지 못하고 의미 작용을 통한 반사와 굴절을 통해서만 접근할 수 있다. 이러한 의미에서 태양(빛)은 의미화될 수 없는 요소이고, 통조림 깡통은 태양에 대한 표지인 것이다. 라캉이 자신이 그림에서 빠져 있다고 느끼고 소외감을 느낀 이유는 그가 이 통조림 깡통이라는 기표를 중심으로 조직되는 가시성의 상징적 구조를 승인하지 못하기 때문이다(같은 글: 105~7).

이렇게 라캉의 이야기는 시각장은 상징계적인 것이며, 비인간적인 요소에 의해 비대칭적인 관계로 구조화됨을 알려 준다. 응시는 인간적인 것과는 거리가 멀며, 눈과 비대칭적으로 교차된다. 즉, 시각과 가시성은 비대칭적이며, 이 가시성과 사회성은 비인간적인 요소에 기초하고 있다.[27]

---

27. 시각장의 이 상징계적 삼각형 구도와 관련해서 라캉의 <도둑맞은 편지에 대한 세미나>를 참조할 수도 있다(Lacan, 1994). 이 세미나는 주체들 간의 관계의 시각적 성격, 상징계/상상계의 공시성, 보이는 것과 보이지 않는 것에 관한 이야기이기도 하며, 편지의 순환에 의해 반복되는 상호 주관성의 관계는 세 가지 시선의 삼각형 구도이기도 하며, 큰타자의 응시가 포함되어 있다. 여기에 대해서는 Žižek, 1995: 150~1; Melville, 1996: 106을 참조하라.

(2) 시각적 주체의 구성

라캉에 따르면 시각장은 비인격적인 응시를 매개로 세계가 보여 주는 구조이며 우리는 가시적 세계 속에서 바라다보여지는 존재, 응시의 대상이다. 그러나 라캉은 깨어 있는 의식적인 시각에게는 '응시의 생략'이 존재한다고 말한다(*Four Concepts*: 75). 응시는 감추어진 대상이고 인지되기 어려우며, 시각의 장은 대상 *a*가 가장 잘 사라지는 지형이다. 이 때문에 시각의 장에서 주체의 분열은 항상 지각되지 않으며, 바로 이것이 시각장 및 시각적 의식의 만족이 가지는 특징이다(같은 책: 76~8, 105). 이것은 바로 시각적 충동의 표명에 의해 추동되는 주체의 구성 문제와 직결된 문제인데, 이 문제를 설명하는 것이 라캉이 제시하는 3개의 삼각형 도식이다(그림 4).

첫 번째 삼각형 도식은 원근법의 기하학적 광학 구조를 나타낸 것이다. 꼭지점의 기하학적 점이 우리의 눈이 위치하는 곳이고 이 점과 대상을 이미지가 매개하며, 시각은 직선적인 관계로 질서지어진다. 이렇게 눈이 시각장의 중심에 위치하는 이 도식은 시각의 장에서의 에고의 형성을 나타내는 것으로 생각할 수 있다(Conley, 1996: 49). 라캉에 따르면 원근법 연구는 "데카르트적 주체의 제도화와 관계가 있고" 이 데카르트적 주체는 "그 자체가 일종의 기하학적 점, 원근법의 점"이며(*Four Concepts*: 86), 코기토라는 이 데카르트적 주체는 에고 – 이상에 의해 지탱되어 자신이 기표의 사슬에 근본적으로 의존하고 있음을 인지하지 못하는 초월적인 자율적 에고의 환영에 의한 것이기 때문이다(*Écrits*: 307~9).

이 첫 번째 도식에서 주체의 눈은 초월적인 위치에서 세계를 탐색한다(Silverman, 1996: 132). 그러므로 이 첫 번째 삼각형은 눈의 도식이며, "나 자신을 보고 있는 나 자신을 본다*I see myself seeing myself*"라는 시각적 의식 또는 시각적 에고의 논리(*Four Concepts*: 80~1)를 도해한 것으로 볼 수 있다. 하지만 라캉에 따르면 이 도식은 실제로는 시지각이 아니라 가시적 세계의 공간을 지도 그리는 것이기 때문에 시각의 장을 모두 포괄할 수 없다(같은 책: 86~7). 따라서 기하학적 시각은 "그 본질에 있어 시

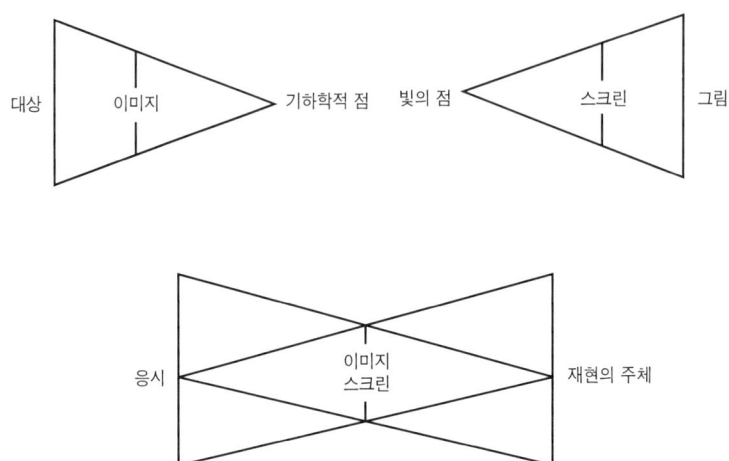

대상　이미지　기하학적 점　빛의 점　스크린　그림

응시　이미지 스크린　재현의 주체

그림 4. 라캉의 세 가지 삼각형 도식

출처: *Four Concepts*: 91, 106

각적인 것이 아닌" 시각이며(같은 책: 94), 시각 자체의 논리를 보여 주지는 못한다. 그 이유는 무엇보다도 주체에 선행하여 시각장을 구조화하면서 주체를 구성하는 응시의 차원이 생략되어 있기 때문이다.[28]

두 번째 삼각형은 바로 이 응시의 차원을 보여 준다. 첫 번째 삼각형을 반전시킨 형태를 취하고 있는 이 도식에서 응시는 삼각형의 꼭지점인 빛의 점에 위치하고, 주체는 그 대변을 이루는 그림의 자리에 위치하며, 이 둘 사이를 스크린이 매개한다. 주체는 응시에 의해 "시각의 장 속에 붙잡혀 있고, 조작되고 있으며, 사로잡혀 있다"(같은 책: 92). 즉, 시각의 장에서 주체는 시각의 장을 통어하는 존재가 아니라 거꾸로 그림 속에 사로잡혀 있는 존재이다.

이 응시의 도식은 라캉의 정어리 통조림 깡통 이야기를 도해하는 것이다. 우선, 이 도식은 빛의 점에서 대상이 항상 주체를 바라보고 있음을 말해 주는 통조림 깡통 이야기에서처럼 주체가 응시에 의해 바라

---

28. 원근법을 전도된 방식으로 이용하는 왜상은 기하학적 시각 차원에서 빠져 달아나는 이 응시의 차원을 가시화해 주는 것이다(*Four Concepts*: 86~9).

보여지는 스펙터클 속의 대상으로 바뀜을 나타낸다(de Bolla, 1996: 68). 스펙터클, 즉 그림은 보이는 것들의 관계망으로서 상상적 질서의 것이며, 주체는 그림 속에, 가시성의 상상적 세계 속에 그 자신이 얼룩으로서 위치지어지고 각인되는 것이다(*Four Concepts*: 97, 107 등 참조). 다음으로, 이 도식은 응시가 나타나고 작용하는 방식을 보여 준다. 통조림 깡통에 반사된 햇빛처럼, 응시는 나를 바라보는 빛으로 나타난다. 라캉의 말을 직접 인용하자면, 응시는 "항상 빛과 불투명성의 유희이다. 그것은 항상 빛의 번뜩임이다"(같은 책: 96).[29] 이상과 같이 응시는 주체에 대해 외재적인 것으로 나타나므로 시각장은 주체의 통어력의 틀에서 벗어난다. 따라서 통조림 깡통 이야기처럼 이 도식은 응시를 인간의 눈으로부터 극적으로 분리시키는 도식이기도 하다(Silverman, 1996: 133; Rose, 1986: 191).

한편, 빛의 점에 위치한 응시에 의해 주체가 그림 속에 각인되는 것은 스크린의 매개를 통해 이루어진다. 이것이 시각의 장에 상징계가 침입하는 모습이다(Silverman, 1996: 133). 정어리 통조림 깡통에서 알 수 있듯이 이 상징계의 개입이 바로 기표의 난입이며, 스크린은 기표들의 장소이다. 스크린의 매개는 응시가 나타나는 모습을 말하는 또 다른 방식이다. 충동이 표명되고 실재계와의 만남이 실현되는 응시는 상징적 질서 속에 있는 우리가 직접 포착할 수 없다. 응시는 직접 보이지 않고 항상 스크린이라는 상징계의 매개를 통해서만 보일 수 있다.[30] 이것이 응시가 우리에게서 항상 달아나는 욕망의 원인 ― 대상, 즉 대상 a가 되는 이유이다.

---

29. 빛의 본성 역시 기하학적 공간의 광학적 구성에서처럼 직선으로 여행하는 것이 아니다. 라캉에 따르면, 빛은 굴절되고 확산되며 흘러넘치고, 주체와 빛의 관계는 항상 애매모호한 것이다(*Four Concepts*: 93~5). 이러한 라캉의 관점은 뉴턴의 관점과 다른 것이며, 오히려 그것은 명암의 대조나 변주 속에서의 강렬화의 운동으로 색채를 파악했던 괴테의 관점(Deleuze, 1986 / 1996: 109~10)에 가깝다. 독일 철학에서 빛은 텅 빈 공간을 가로지르는 직선이 아니라, 항상 어둠과의 유희 속에 분출하면서 다채색의 사물들의 세계를 발생시킨다(Melville, 1996: 110).

30. 우리는 빛을 직접 볼 수 없다. 라캉의 이야기에서도 대상 사물에 반사되는 빛을 볼 뿐이다. 응시는 "나를 눈멀게 할 *scotomized* 정도의 특권을 소유"하고 있다(*Four Concepts*: 84). 빛줄기에 스크린이 삽입됨으로써 대상이 나타나게 해 주는 것을 라캉이 겔브 Gelb 와 골드슈타인 Goldstein 의 실험을 가지고 설명하는 것을 보라(같은 책: 107~8).

다른 한편, 응시가 스크린에 의해 가려진다는 것은 눈에 대한 응시의 승리를 말하는 또 다른 방식이다. 욕망의 원인이 주체로부터 달아나므로 주체는 자기가 보고 싶어하는 것을 보지 못하고 눈은 보여지도록 주어진 것들 가운데 유혹되고 방황하기 때문이다. "눈과 응시의 변증법에는 일치란 없으며 반대로 미끼만이 있다"(같은 책: 102). 시각장에서 욕망의 주체는 시각장을 통어하는 존재가 아니다. 주체는 보여지는 대상이며, 보여지도록 주어진 것들 사이에서 유혹되는 존재이다.

그러나 언어의 질서 속에서 주체가 자신이 기표의 사슬에 의존하고 있음을 인지하지 못하듯이, 시각의 장에서 이러한 사실은 인식되지 않는다. 응시가 사라지기 때문에 오히려 "자신을 보는 자신을 본다"로 표현되는 자율적 에고의 시각적 의식의 환영이 공고하게 유지된다. 따라서 시각장 전체는 기하학적 차원과 응시 차원의 중첩으로 이루어져 있다. 세 번째 삼각형은 이를 나타낸다.

세 번째 삼각형 도식은 앞의 두 삼각형이 중첩된 형태를 취하고 있다(같은 책: 105~6). 이것은 그 자체로 시각장 전체의 도식이다. 한편에는 내가 나 자신을 재현의 주체, 코기토의 나/눈으로 생각할 수 있게 해 주는 시각의 '기하학적 차원'이 있고, 다른 한편에는 응시 아래 내가 나 자신을 그림으로 바꾸는 '응시의 차원'이 있다. 이렇게 눈과 응시의 이분법이 시각장을 지배한다(Zupančič, 1996: 35). 이제 응시와 주체가 직접 마주하며, 그 둘을 매개하는 것은 서로 중첩되어 표기되어 있는 '이미지/스크린'이다. 이렇게 겹쳐진 두 삼각형은 시각장에서 "보이는 것과 보이지 않는 것이 이상한 방식으로 꼬여 있음"을 보여 주는 도식이다(*Four Concepts*: 93).

눈과 응시의 두 차원이 겹쳐져 있다 하더라도, 도식의 강조점은 우선 응시의 차원에 두어져 있다. 즉, 보이지 않는 응시의 차원이 보이는 기하학적 시각의 차원의 저변에서 지배하며, 상상적 질서를 이루는 보이는 것들의 공간적 배열은 실재계에 속하는 보이지 않는 응시를 축으로 구조화된 상징계의 규정을 받는다. 말하자면, 첫 번째 삼각형 도식은 두 번째 삼각형 도식에 의해 한계지어진다(Silverman, 1996: 133). 따라서 도식에서 '재현의 주체'는 고전적인 의미에서 재현'을' 관장하는 주체인 동시에 바로 그 자리에서 그림 속에 있는 재현'의' 주체이다(Rose, 1986: 191).[31]

그러나 이 세 번째 삼각형은 시각장이 응시의 차원에 의해 규정됨에도 불구하고 주체가 자신이 스스로 본다는 환영이 구성됨을 보여 주기도 한다. 응시의 차원에 기하학적 차원이 겹쳐지는 것은 바로 이러한 이유 때문이며, "나 자신을 보는 나 자신을 본다"는 환영은 바로 밑변을 이루는 응시의 차원을 생략함으로써, 즉 그것을 인지하지 못함(오인함)으로써 발생한다. 이 점을 살펴보자.

응시가 식별되고 자신이 그것에 종속되어 있다고 느끼면, 주체는 자신이 "보고 싶어하는 것이 아니라 보고 싶어하지 않는 것을 볼 뿐"이며(*Four Concepts*: 103), 자신이 오히려 보여지는 대상에 불과하다는 것을 깨닫게 될 것이다. 이 때 자신이 자율적인 존재라는 주체의 환영은 파괴될 것이며, 주체 자신이 통어하고 있다고 믿던 시각장은 교란되고 무시무시한 타자성을 띠게 될 것이다(Copjec, 1994: 34~5). 따라서 응시의 현전은 욕망을 생산할 뿐 아니라 불안을 야기하기도 한다. 그렇기 때문에, 응시는 생략되어야 하고 가려져서 보이지 않아야 한다.[32]

응시를 가리는 것이 바로 스크린이다. 앞에서 보았듯이 응시와 주체의 눈을 매개하는 기표들의 자리인 스크린에 의해 응시는 가려지고, 이 달아나는 욕망의 원인에 유혹되어 주체는 그림이라는 가시성 속에 위치지어진다. 그런데, 라캉은 주체가 이 스크린과 능동적으로 유희할 수 있

---

31. 이 도식을 두고 라캉이 응시에 의해 내가 '사진 찍힌다 *photo-graphed*'고 말하는 것은 응시가 주체 바깥에 있음을 더욱 첨예하게 표현한다(*Four Concepts*: 106). 또 이 표현은 응시에 의해 구조화되는 시각장의 상징적 속성을 명확히 하는 것으로 이해될 수 있다. '사진 *photo*'은 기표가 간섭함으로써 응시가 빛과 불투명의 유희 속에 "보석의 애매모호함"으로 나타나는 것을 말해 주며(같은 책: 96), '찍는다 *graph*'는 단어는 라캉의 '욕망의 그래프'를 상기시키기 때문이다(Copjec, 1994: 33~4). '찍는다'란 표현과 관련해서는, 주체에 대한 라캉의 점상적 대상 *punctiform object* 이라는 표현(*Four Concepts*: 83)을 바르트의 '푼크툼(*punctum*; 점)' 개념(Barthes, 1986)과 연관시키고 도해적 인각기 *graphic puncheon* 의 각인을 환기시키는 콘리(Conley, 1996: 48~9)의 논의도 참조하라.

32. 응시가 불안을 야기한다는 것 자체가 그것이 대상 *a*임을 알려 준다. 불안은 대상 *a*의 또 다른 표명 방식이다(Quinet, 1995: 144). 욕망의 원인-대상인 대상 *a*는 결핍의 상징이어서 우리 자신이 '결핍으로서의 존재'임을, 우리가 '무'임을 표지하기 때문이다.

다고 암시한다. 스크린은 주체가 상상적 관계에 능동적으로 개입하는 매개체이기도 한 것이다(*Four Concepts*: 107). 그러므로 스크린은 두 가지를 보여 준다. 하나는 자신의 눈길의 대상에 의해 포획되어 있는 상상적 관계 속에서 수행하는 주체의 능동적 역할이고, 다른 하나는 그 상상적 관계 내에서 욕망의 원인 – 대상은 포착될 수 없는 것이라는 욕망의 역할이다. 즉, 스크린은 이중의 기능을 하는 것이다. 그것은 주체가 자신의 상상적 사로잡힘을 통제하려는 시도 속에서 더불어 유희해야 하는 이미지의 장소로서 기능하며, 동시에 욕망의 원인 – 대상인 응시와 관찰하는 주체 간의 달아나는 관계의 기호로 기능하는 것이다(Rose, 1986: 192).

스크린과 유희함으로써, 보이는 것들과의 상상적 관계 속에서 주체는 자신을 지도 그린다. "그림 속에서 나는 항상 스크린의 형태로서 존재한다"(*Four Concepts*: 97). 결국 스크린은 상징적 질서하에서 욕망의 축에 따라 상상적 동일시가 작동하는 장소이며, 이 세 번째 삼각형은 시각장에서 상징적 질서의 규제 아래서 동일시의 동학이 일어나는 구조를 도해한 것이기도 하다. 그래서 스크린은 이미지와 짝을 이룬 '이미지 / 스크린'으로 표기된다. 즉, 이미지 / 스크린은 거울 이미지에 원천을 둔 동일시의 대상 이미지들과 기표들의 사슬이 수렴되는 장소이다. 여기서 동일시의 매개체가 이제 거울이 아니라 스크린이며, 시각적 동일시가 불가해한 응시에 의존한다는 것은 상징계의 규제를 뜻한다. 즉, 이상적 에고 주위를 맴도는 이미지와의 상상적 동일시는 에고 – 이상을 형성하는 상징적 동일시의 규제를 받으면서, 큰타자의 응시 아래서 이루어진다. 따라서 주체는 단순히 자신의 이미지가 아니라 '자신이 문화적으로 이해될 수 있는 통로가 되는' 이미지들, 말하자면 에고 – 이상의 기준에 부합되어 사회적으로 승인되는 이미지들과 동일시하는 것이다(Silverman, 1996: 18). 그러므로 이미지 / 스크린에서 동일시의 대상으로 동원되는 이미지들은 '타자의 이미지'들이다(Quinet, 1995: 140).[33] 응시의 차원이 밑변으로 억

---

33. 에고 – 이상을 형성하는 동일시의 나르시시즘은 타자와 관련된다는 것을 이 장의 1)의 (2)에서 본 바 있다.

압되고 기하학적 차원만이 현상하여 코기토의 상관물인 "자신을 보는 자신을 본다"는 의식의 환영이 가능해지는 것은 여기에서이다.

상징계의 규제를 받는다는 점에서 세 번째 삼각형의 도식은 또한 동일시의 축이 이미지에서 욕망으로 이동하고 '상상적 관계가 욕망 속으로 반복되어 무너져 들어감'을 설명하는 것이다(Rose, 1986: 193). 이러한 면에서도 겹쳐진 삼각형은 근본적으로 응시의 차원에 의해 한계지어지며, '이미지 / 스크린'에서도 방점은 스크린에 두어진다(라캉은 계속 '스크린'이라고 말한다). 이미지들은 기표들에 의해서 조건지어지는 것이다. 라캉은 응시 세미나에 뒤이어 두 개의 거울 실험(그림 2)을 상기시키면서, 이상적 에고를 형성하는 상상적 동일시 자체가 큰타자의 질서에 의해 규제된다는 것, 주체가 자신의 신체 이미지를 보는 곳 자체가 신체 이미지가 형성되는 곳이 아니라 큰타자의 공간 속에 있음을 강조하고 있다(*Four Concepts*: 144).

그런데, 동일시가 상징계의 규제를 받는다는 것은 앞에서도 보았듯이(이 장의 1)의 (2)) 이제 동일시의 대상이 자신의 신체 이미지나 그것과 유사한 이미지 차원에 머물지 않는다는 것을 의미한다. 두 개의 거울 실험을 상기해 보면, 상징계와 공시화되는 한, 거울 단계에서조차 주체가 동일시하는 이미지는 완전한 총체성을 담지한 신체 이미지가 아니라 그 이미지가 한 번 더 소외된 (가상적인) 이미지이다. 즉, 주체가 상상적 관계에서 큰타자에 의존하는 것은 꽉 찬 정체성을 구성하기 위한 것이 아니라 큰타자의 요구와 동일시되는 자신의 텅 빈 진공 *void* 을 윤곽잡기 위한 것이 된다(Rose, 1986: 188). 이것은 상징계의 질서하에서 동일시의 대상이 자신과 유사한 이미지가 아니라 자신의 진공을 윤곽잡고 채울 것으로 기대되는 상실된 대상, 즉 대상 *a*에 준거함을 의미하게 된다. 타자의 이미지들은 대상 *a*에 의해 교환의 표준으로서 제공되는 한에서, 즉 큰타자의 시점에서 승인될 수 있는 이미지인 한에서 동일시의 대상이 된다. 이 때문에 상징적 질서 아래서 상상적 동일시는 이미지가 나와 총체적으로 유사하지 않더라도 가능하다. 에고를 지탱해 주는 '끊기지 않은 선'과 결부된 독특한 특징에 의해 타자의 이미지와 동일시가 이루어지기 때문이다. 그리고 대상 *a*가 항상 달아나는 욕망의 원인 — 대상인 한, 동일시는 이 대상 *a*의 계열을 따라 반복적으로 이루어진다. 따라서 큰타자의 장에서 동일시는 나와 이미지의 총체적인 유사성의 차원이 아니라 누군가와 공유하는 공동의 질에 대한 지각과 함께 일어나며, 욕망을 지탱하는 자신의 기능에 의해 조건지어진다(같은 책: 183~8).

그러므로 시각적 장에서 타자의 이미지가 동일시의 대상이 되어 응시를 가리는 것 역시 대상 *a*에 상응하는 한에서이다(Quinet, 1995: 140). 이렇게 스크린의 장소에서 대상 *a*에 부합되는 타자의 이미지와 동일시한다는 것은 내 눈을 응시의 위치에 갖다둔다는 것을 의미한다. 다시 말해, 시각장에서 에고의 환영은 대상 *a*인 응시와 내 눈을 일치시킴으로써 지탱되는 것이다. 이것이 시각장에서 대상 *a*에 준거한 동일시, 대상 *a*와의 동일시이다.

이렇게 응시와 눈을 일치시킴으로써 시각장에서 주체의 에고의 환영이 가능해진다. 응시가 누군가가 나를 바라보고 있다는 느낌으로 경험된다면, 나를 바라보고 있는 그 존재가 바로 나에 다름 아니라는 것을 확신할 수 있어야 내가 나 자신의 시각을 통어한다는 에고의 감각이 가능할 것이기 때문이다. 라캉은 두 개의 거울 실험을 환기시키면서 주체는 큰타자의 공간 속에 한 지점에서 자신을 바라봄으로써 자신을 구성하며 에고의 도식을 부여받는다고 말한다(*Four Concepts*: 144). 에고는 큰타자가 응시하는 지점에서 자신을 보는 것, 큰타자의 시점을 자신의 것으로 취함으로써 구성되는 것이다.[34] 따라서 응시와 눈의 일치를 통해 "나는 나 자신을 보는 나 자신을 본다"는 의식의 시각적 만족이 성립된다. 이 의식의 시각적 만족이 가진 이중적인 시선 구조는 이 시각적 의식 또는 시각적 에고가 코기토의 시각적 등가물인 이유를 또한 명확히 해 준다. "내 존재에 대해 생각하는 것이 나라는 사실은 의심할 수 없다"는 방법론적 회의에 의해 존재의 판명함을 확증하는 코기토 역시 "나는 나 자신을 생각하는

---

34. 이것은 바로 상징적 질서 속에서 일어나는 동일시의 구조 그 자체이다(이 장의 1)의 (2)).

나 자신을 생각한다"라는 마찬가지의 이중 반성적 구조를 가지고 있기 때문이다. 시각의 장에서나 언어적 기표들의 장에서나 나의 동일성(정체성)에 관한 추론은 내가 관찰되고 있는 장소에 나 자신을 갖다 둘 수 있어야만, 즉 "(큰)타자가 나를 보는 방식으로 내가 나 자신을 볼" 수 있어야만 가능하다(Zupančič, 1996: 53).[35] 이렇게 라캉적 에고 – 이상과 코기토의 정초는 동일한 구조를 공유한다.

그러나 응시와 눈의 일치는 문자 그대로의 일치가 아니다. 라캉이 말하듯이 "눈과 응시의 변증법에서 일치란 없다"(*Four Concepts*: 102). 그러므로 시각적 에고를 가능케 하는 눈과 응시의 일치란 말 그대로의 일치가 아니라 바로 '응시의 생략'을 의미한다. 시각적 의식에게는 응시의 기능을 회피하려는 움직임이 있고 응시의 생략이 존재하는 것이다. 응시의 위치에 자신을 갖다두려는 눈의 시도가 응시의 생략이 되는 것은 그것이 응시를 매개하는 동시에 가리는 스크린에서 일어날 수밖에 없기 때문이다. 대상 a를 대체할 수 있는 타자의 이미지와의 동일시와 눈과 응시의 일치 / 분리는 스크린에서 수렴된다. 따라서 시각장에서 주체의 에고는 응시를 가리는 타자의 이미지와 동일시하거나 응시와 눈을 일치시킴으로써 구성되며, 이것은 큰타자가 보는 방식을 자신이 취하는 것이라는 점에서 동일하다.[36] 그러므로 이미지 / 스크린은 큰타자의 장에서 상상되는 응시가 야기하고 환기시키는 분열과 결핍을 대체하는 판타지, "자신을 보는 자신을 본다"라는, 데카르트적 코기토의 구조와 결부된 상상적인 판타지로서 기능하는 셈이다(Feldstein, 1995: 169~70).

이상의 논의를 통해 시각장에서 주체가 구성되는 과정, 주체의 에고가 유지되는 과정을 알 수 있었다. 여기서 라캉의 응시 세미나가 상상적 동일시의 메커니즘을 다루었던 그의 거울 단계론과 연속적인 것임을 알

---

35. 이렇게 볼 때, 에고 – 이상이란 "큰타자가 나를 보는 것을 내가 보는 방식"이다(Zupančič, 1996: 53).

36. 원근법을 생각하면 이것은 명확하게 이해된다. 뒤에서 볼 것처럼 원근법 회화에서 응시는 소실점으로 나타나는데, 이 소실점은 텅 빈 공간 속의 가상적인 점으로서, 표시되지 않거나 그것이 있어야 할 자리에 어떤 인물이나 사물이 묘사되어 있어 가려져 있다. 즉, 소실점은 화면에서 직접 묘사되지 않는다.

수 있다. 무엇보다도 시각장에서 주체의 구성 과정의 핵심은 여전히 동일시에 있기 때문이다. 뿐만 아니라 시각장에서의 동일시는 거울 단계적 동일시의 구조를 반향하고 있다.

첫째, 응시의 차원을 생략함으로써 주체의 추락은 지각되지 않고 시각장에 고유한 만족이 이루어지는 것 역시 오인이기 때문이다. 시각의 의식은 자신이 응시에 의존하고 있음을 인지하지 못하며, 눈과 응시의 필연적인 분열은 회피된다. 시각장에서 타자의 이미지와 동일시하는 것과 눈이 응시의 위치에 자리하는 것은 응시의 삼각형의 생략을 가져온다. 따라서 시각장에서 에고의 구도는 보이는 것들의 상상적인 공간적 질서의 구도, 즉 기하학적인 광학의 공간 구성을 나타내는 첫 번째 삼각형의 도식으로만 현상하고 인지되는 것이다.

둘째, 시각장에서의 이 동일시 역시 근본적 수준에서는 나르시시즘이다. 주체가 자신의 잃어버린, 그러나 부재했던 총체성을 욕망함으로써 자신의 통어력을 향수적으로 재전유하려는 시도 속에 동일시의 변증법이 추동되는 것은 마찬가지이기 때문이다. 이상적 에고를 규제하는 에고-이상 역시 그 원래적 형태는 이상적 에고이며, 따라서 에고-이상은 투사되었던 '나 *I*'가 정상화 과정을 거쳐 다시 내사된 '나 *me*'이다. 대상 *a* 역시 주체가 자신의 총체성을 회복시켜 줄 것이라고 오인하는 분리된 대상, 부재했지만 자신의 상실한 시원적 대상을 대리하는 것이다. 이렇게 동일시가 여전히 그 근본적 수준에서는 나르시시즘이란 의미에서 이 도식은 "거울 단계의 개정판"(Copjec, 1994: 32)이라고도 할 수 있다.

셋째, 응시 세미나에는 거울 단계와 연관된 공격성 논의가 반향되고 있다. 눈과 응시는 결코 일치할 수 없으므로 눈과 응시를 일치시키려는 시도는 불가능한 시도이다. 따라서 이상적 이미지 앞에 선 주체의 상황에서처럼 응시와 눈을 일치시키려는 시도는 궁극적으로 좌절을 가져오고 불안을 야기한다. 눈이 응시의 힘을 자신이 차지하려 하면서 가시적 대상들을 얼어붙은 순간 속에 응고시키는 '악한 눈 *the evil eye*'이 되는 것은 이 때문이다. 회화에 대한 라캉의 논의에서 명백해지는 눈의 이 악의적인 힘은 눈이 응시의 위치에 자리하려는 시도에서 야기된다. 운동을 종결시키고 동결시키면서 보이는 것들을 정지시키고 대상으로 삼으려는 이 힘을 라캉은 '파시눔 *fascinum*'이라 불렀다(*Four Concepts*: 114∼8 참조). 이것은 나르시시즘이 이미지를 다루는 방식이 악의적이고 공격적이라는 것을 말해 주며(Copjec, 1994: 34∼7), 시각장에서 나르시시즘적 동일시가 수반하는 공격적 긴장이 지속됨을 말해 준다(Berressem, 1995). 상상적 동일시가 수반하는 공격성은 상징계의 규제하에서도 지속되며, 시각장에서도 이것은 마찬가지인 것이다.37

눈과 응시가 일치될 수 없다는 것은 주체가 큰타자가 자신을 관찰하는 지점에 정확하게 자신을 위치시킬 수 없다는 것을 뜻한다. 따라서 응시와 에고−이상의 조건은 동일하며, 이러한 점에서도 대상 *a*로서의 응시는 큰타자의 응시이다. 응시는 주체의 절멸을 표지하는 점이기 때문에 주체(의 눈)가 정말로 응시가 된다면 주체 자신이 소멸될 뿐이다. 마찬가지로 이상적 에고뿐만 아니라 에고 − 이상 역시 주체를 자신의 존재로부터 소외시키며, 에고 − 이상은 타자와 연관되어 있으므로 주체가 정말로 에고 − 이상이 된다면 자신의 통일된 이미지는 사라질 것이다. 라캉의 거울 실험을 상기한다면, 주체가 큰타자의 자리인 평면 거울에 정확히 자신을 갖다둘 경우 꽃병의 통일적 이미지는 사라지므로 주체는 거울 이미지가 나타나는 공간 속 어딘가에, 두 개의 거울 사이 어딘가에, '꽃들 사이 어딘가에' 위치되어야만 한다. 이러한 점에서 거울 실험은 중첩된 삼각형

---

37. 시각장에서 응시가 불안을 야기하고, 그것에 눈을 일치시키려는 시도가 불가능한 것이며 좌절로 귀결되는 것은 응시가 나를 보지 않기 때문이다. 응시가 보여 주는 것은 내가 보고 싶어하는 것이 아니며, 따라서 큰타자의 응시는 욕망하는 주체에게 아무것도 확증해 주지 않는다. "깡통은 당신을 보지 못하죠"라는 어린 장의 말은 "큰타자는 당신을 보지 못한다"는 진실을 일깨워 주었기 때문에 라캉에게 재미있지 않았던 것이기도 하다(Copjec, 1994: 36). 큰타자의 응시가 아무것도 보지 못하는, 사실상 눈먼 응시라는 것은 포의 <도둑맞은 편지>에서의 왕과 경시 총감의 시선(왕비 및 장관과 함께 있으면서도 왕은 자기 눈앞에서 벌어지는 일, 왕비와 장관 사이에 편지를 두고 일어나는 일을 알지 못하며, 경시 총감은 장관 및 뒤팽과의 관계에서 왕과 동일한 위치를 점한다)이나 히치콕의 영화들에서 곧잘 등장하는 무지한 군중 장면(쫓기는 주인공과 쫓는 악당들을 보고도, 도대체 무슨 일이 일어나고 있는 것인지 상황의 참된 진실을 그들은 알지 못한다)에서 확인할 수 있다(Žižek, 1995: 148∼51; 1997: 243∼4). 큰타자는 보지 못한다는 것(큰타자의 눈먼 응시)은 큰타자는 알지 못한다는 것(무지한 큰타자)과 같은 것이다.

도식을 더 자세하게 해명하는 것이라 할 수도 있다(Zupančič, 1996: 55～6).

그러므로 시각의 장에서 주체의 위치는 눈의 삼각형의 꼭지점(기하학적 점)과 응시의 삼각형의 중간선(스크린) 사이에서 분열되어 있다(Jay, 1993: 365～6). 겹쳐진 삼각형에서 재현의 주체가 기하학적 점의 위치이자 그림의 위치인 것은 이 때문이다. 응시의 위치에 자신을 갖다두려는 주체의 눈은 이미지 / 스크린과 기하학적 점 사이에서 동요한다. "자신을 보는 자신을 본다"는 의식의 환영은 응시의 효과에 불과한 것이며, 이렇게 분열되어 있다는 주체 자신의 진실을 보지 못하거나 보지 않음으로써 가능할 뿐이다.38 에고의 환영이 가능하려면 주체는 자신의 주관적 동일성의 바로 그 핵심에 있는 대상 응시에 대해 눈멀어야 하며, 이러한 이유에서 응시의 차원이 생략되어야 한다는 것은 코기토적 주체의 '존재론적 조건'인 것이다(Zupančič, 1996: 56).

3. 시각장의 사회 역사적 구조화

라캉의 시각 이론을 통하여 시각에 의한 주체의 구성 과정과 그 과정이 사회적으로 규정된다는 것을 이론적으로 이해할 수 있었다. '거울 단계

---

38. 주체는 자신의 에고의 환영과는 달리 자신이 보고 싶어하는 것이 아닌 가시성 내에 위치되며 보고 싶어하는 것을 보지 못하기 때문에 계속해서 보아야 한다. 라캉이 응시의 세미나를 위하여 ≪엘자의 미치광이 Le Fou d'Elsa≫에 나오는 아라공 Aragon 의 <반대 선율(부수 가사) Contre-chant>이라는 시를 인용하는 것은 이 때문이다(Four Concepts: 17, 79). "헛되이 그대의 모습 image 은 나를 만나러 오지만 / 내가 그걸 보여 주기만 하는 자인 그 곳에서 내 속으로 들어오지 못하오 / 나를 향해 돌아서서 그대는 발견할 수 있을 거요 / 나의 응시의 벽에서 그대의 꿈꾸었던 그림자만을. // 나는 거울들처럼 불쌍한 존재라오 / 비추기만 할 뿐 보지는 못하는 거울 말이오 / 내 눈은 그들처럼 비어 있고 그들처럼 깃들어 있소 / 그들을 눈멀게 하는 그대의 부재에 의해." 거칠게 말하자면, 1연은 의식과 나르시시즘의 상상적 질서에 상응한다고 할 수 있다. 주체는 타자 속에서 자신의 이미지만을 헛되이 찾는다. 2연은 그것의 밑변에 있는 응시의 질서와 상징계 / 실재계의 분리·이접의 차원이라 할 수 있다. 주체는 타자의 응시에서 아무것도 보지 못하며, 마찬가지로 (큰)타자의 응시 역시 주체를 보지 않는다(못한다). 사무엘스는 여기서 라캉의 예술 및 응시 이론의 개요를 읽을 뿐만 아니라 라캉에게 있어서의 분석가의 위치까지 읽는다. 분석 상황에서 피분석자에게 답하지 않는 분석가의 위치는 시각장에서 주체의 절멸을 표지하는 응시의 위치와 상응한다(Samuels, 1995 참조).

론'에서 알 수 있듯이 이미지와의 동일시가 주체의 에고를 형성한다는 점에서 주체가 구성되는 과정의 근저에는 시각의 차원이 있으며 거울 단계에서조차 동일시는 상징계가 개입함으로써 사회적 규제를 받게 된다. '눈과 응시의 분열' 세미나에서는 주체가 시각의 장에서 자기 의지적으로 보는 자율적 존재가 아님이 명백해진다. 주체와 시각장의 관계는 상징계의 질서에 의해 매개되며, 시각장의 사회성은 응시라는 비인격적인 요소에 의해 구조화되는 것이기 때문에 주체가 시각적 차원에서 구성되는 것은 자신 바깥에 있는 힘에 의해서이다. 시각적 장에서 에고의 환영은 이러한 진실을 인지하지 못하는 데서 가능할 뿐이다. 또한 '거울 단계론'과 '눈과 응시의 분열 세미나'는 연속적인 것으로 파악된다. 우리의 목적에서 볼 때, 이 둘을 관통하는 테마는 주체와 그 에고의 형성에는 동일시로 요약되는 시각적 차원이 작동하고 있다는 것, 이 동일시는 항상 비인격적인 큰타자의 응시하에서 일어나는, 사회적으로 규제되는 동일시라는 것, 따라서 시각적 주체의 구성은 궁극적으로 사회적으로 제공되는 시점과 사회적으로 승인되는 이미지를 취하는 과정이라는 것 등으로 파악될 수 있기 때문이다.

그러나 라캉의 이론은 초역사적이라는 비판에 항상 시달려 왔다. 라캉의 거울 단계적 동일시 이론뿐 아니라 응시 세미나 역시 초역사적 범주들로 구성되어 있어 시각장의 사회 문화적 차이나 역사적 차이를 설명하는 데 한계가 있다는 지적을 받는다(Silverman, 1996: 133 이하). 하지만 우리가 검토했듯이 라캉에게 있어선 이미지와 가시성의 상상적 세계가 상징계에 의해 규제된다는 것이 분명해진 이상, 라캉이 설명해 준 것들을 시각과 주체 구성의 사회적 성격을 조명하는 이론적 자원으로 삼을 수 있다. 이 장에서는 라캉이 제공해 주는 이론적 자원들을 바탕으로 해서, 시각장의 사회 문화적 차이와 역사적 변동까지 고려할 수 있도록 시각 체제 개념을 구성할 수 있는 가능성을 검토한다.

1) 시각장과 시각 체제

사실, 라캉의 이론을 사회 역사성과 거리가 먼 이론이라고만 치부하는 것은 논란의 여지가 있다. 비록 초역사적인 것으로 보이는 범주들을 이용하고 있음에도 불구하고 정신 분석학은 바로 현대성의 시대, 특히 자신의 "친밀성 *intimacy* 구조"(Giddens, 1996)의 기초를 가부장제에 의존하고 있는 근(현)대 자본주의 사회의 현실 속에서 이루어지는 주체의 형성과 그 심적 경제를 설명하는 측면이 강하기 때문이며, 에고의 환영과 데카르트적 코기토에 근거한 의식적이고 자율적인 주체를 공격하는 라캉의 이론은 현대성에 대한 비판 구조를 내장하고 있기 때문이다.[39] 그렇다 하더라도 라캉의 이론이 초역사적인 듯 보이는 범주들로 구성되어 있다는

39. 이러한 면에서 프로이트와 마르크스의 연관성을 탐구하는 작업은 시사적인데(Goux, 1990), 예컨대, 프로이트의 꿈 분석과 마르크스의 상품 분석은 둘 다 형식(형태 *form*) 분석으로서 상동적이라는 해석(Žižek, 1989: 1장), 또는 프로이트의 부친 살해 가설과 오이디푸스 콤플렉스 이론은 프랑스 대혁명의 국왕 살해와 사회 계약이라는 현대 사회의 정초가 의존하는 외상적 사건의 반향을 담고 있다는 해석(김종엽, 1995) 등이 제시되고 있다. 이렇게 본다면, 정신 분석은 바로 현대성의 심적 구조, 자본주의라는 현실과 대면하는 작업이다. 지젝은 라캉을 이러한 식으로 해석한다. 즉, 라캉적 주체와 그것의 진실은 상징적 위임과 실정적인 특징들의 더미 사이에서 분열되어 있는 텅 빈 진공으로서의 계몽주의의 주체의 현실에 다름 아니며, 자신이 무에 불과하기 때문에 자신의 의미망에 포섭되지 않는 이물異物을 포함해야만 하는 상징적 현실이란 과거의 잔재와 프롤레타리아라는 미래의 위협 양자 모두와 투쟁해야 하는 자본이라는 텅 빈 형식이 지배하는 현실에 다름 아닌 것이다(Žižek, 1997: 4, 5장). 그렇다면 제임슨의 말처럼 실재계는 "역사 그 자체일 뿐이다"(Jameson, 1988: 104). 그것은 상징적으로 구조화된 역사성 *historicity* 이 포섭하지 못하며 기억을 통해 항구되면서 혁명이라는 외상적 사건을 되풀이시키는 역사적 연속체의 중지, 즉 벤야민(Benjamin, 1983a: 343~5)적 의미에서 무역사적인 울혈 *stasis* 로서의 반복이다(Žižek, 1989: 136~45; 1997: 146~9). 이러한 맥락에서, 라캉이 코기토에 반대하며 미국에서 변형된 정신 분석으로서의 에고 심리학을 공격하는 것은 의미심장하다. 이것은 자유 및 자유 기업이라는 부르주아적 이데올로기와 무엇보다도 개인주의가 최고도에 달한 미국적인 생활 양식에 대한 공격이기도 하기 때문이다(≪에크리≫에서 라캉의 이러한 언급들이 나타나는 장소는 자크 알랭 밀레르가 영문판 ≪에크리≫ 말미 색인란에 모아 놓고 있다. *Écrits*: 331). 결국 에고의 편집증적 구조에 대해 라캉이 비판하는 것은 코기토에 기초한 서구 현대성 비판으로 이어질 수 있다. 이에 따라 테레사 브레넌은 서구 현대를 에고의 시대 *the ego's era* 로 규정한다(Brennan, 1993). 말하자면, 도구적 이성(Horkheimer, 1974)이 야기하는 부정적인 제반 결과들의 심장부에는 공격성으로 특징지어지는 에고의 편집증적인 심적 경제가 자리하고 있는 것이다. 라캉을 사회 역사적으로 해석한다면, 그의 문제 의식은 이 에고가 주도한 현대성의 구조와 비판적으로 대면하는 것이다. 밀레르의 다음과 같은 진술은 라캉의 이러한 측면을 요약한다. "라캉이 그 이론을 제공하는 단 하나의 이데올로기가 존재한다. 그것은 '현대적 에고'의 이데올로기, 말하자면 비틀린 심리학이 자유 기업에 봉사하면서 그 상상계를 이론화하는 과학 문명의 편집증적 주체의 이데올로기이다"(*Écrits*: 327).

주장 역시 전적으로 반박되기는 어렵다는 것 또한 사실이며, 이러한 면에서 시각장과 그 속에서 주체가 구성되는 과정을 사회 역사적으로 해명하는 데 어려움을 주는 것도 사실이다. 그러므로 시각과 주체에 대해 라캉이 제공하는 이론적 자원을 보다 사회 역사적인 차원에서 활용하기 위해 여기서 '시각 체제 *the scopic regime*'[40]라는 개념을 제시하고자 한다. '시각 체제'는 원래 프랑스의 영화학자 크리스티앙 메츠(Metz, 1982)가 사용한 용어이다. 그는 영화가 의미 작용하는 메커니즘과 영화 관람 상황이 관객의 욕망을 형성하는 가운데 관객을 주체로 구성하는 메커니즘을 이론화하는 과정에서 이 용어를 등장시킨다.

하지만 라캉의 이론을 보다 사회 역사적인 차원으로 끌어내리려는 우리의 목적에 비추어 볼 때, 먼저 알튀세르를 경유하는 것이 도움이 될 것 같다. 알튀세르는 라캉적 의미에서 상징계가 형식적 틀에 가까운 것이며 그 구체적인 내용은 사회 역사적인 차원에서 결정된다는 점을 적시하고 있기 때문이다. 그는 언어의 법칙과 '형식적으로' 동일한 문화적 질서는 실제의 친족 구조와 일정한 이데올로기적 구성체들을 그 내용으로 삼는다고 본다(Althusser, 1971b: 211). 또한 중요한 것은 그가 이 이데올로기의 작용 방식을 라캉에 의지하여 주체 구성으로 파악하고 있다는 점이다.[41]

앞에서 검토해 온 것처럼, 라캉의 이론에 있어 주체는 큰타자의 응

---

40. 시각의 사회적 구조화를 다루기 위해 사용되곤 하는 '시각 체제'란 용어는 현재 명확한 개념 규정도 이루어지지 않았고 표기도 통일되어 있지 않다. 크리스티앙 메츠(Metz, 1982)와 그에게서 용어를 빌려 오는 마틴 제이(Jay, 1988)는 '*the scopic regime*'으로 표기한다(Jay, 1993). 하지만 '시각 체제'는 '*the visual regime*,' '*the regime of vision*' 등으로 표기되기도 한다(예를 들면, Silverman, 1996: 135; O'Neill, 1995: 190). 라캉이 시각장을 '*the scopic field*'로도 '*the field of vision*'으로도 표기하는 것을 볼 때, 영어 표기의 구분에 특별한 의미는 없는 듯하다. 여기서는 이 용어를 처음 사용한 메츠의 용례와 그것을 적용하여 '현대성의 시각 체제'라는 용어를 명시적으로 사용한 마틴 제이의 용례를 따랐다.

41. 라캉의 이론과 알튀세르의 이론은 세부적으로, 또 입장에 있어 약간 차이가 있다. 하지만 이 문제는 이 책의 범위를 벗어난다. 라캉적 관점에서 알튀세르와의 차이를 거론하는 것으로는 Žižek, 1989, 1997의 곳곳에 산재해 있는 언급들을 참조할 수 있고, 1970년대 이후의 영화 이론가들이 라캉에 비해 알튀세르가 한계가 있다고 생각하게 된 것은 Lapsley & Westlake, 1995: 1~2장을, 알튀세르의 라캉 비판에 대해서는 윤소영, 1995: 192~7을 참조하라.

시라는, 사회적으로 규제되는 시점을 경유하여 에고를 형성하는 동시에 가시적 세계의 사물 및 타자들과 상상적 관계를 맺는다. 주체로 하여금 가시적 대상들과 상상적으로 관계 맺게 해 주는, 사회적으로 규제되는 '보는 방식'은 알튀세르의 이데올로기 개념과도 동형적이다. 알튀세르의 정의에 따르면 이데올로기는 개인들이 자신들의 실제 존재 조건들과 맺는 상상적인 관계를 표상하는 것이다. 그리고 이 "이데올로기는 개인들을 주체로 호명한다"(Althusser, 1971a: 170). 즉, 주체와 그 자명성은 이데올로기의 구성물이고 효과일 뿐이다. 실제 존재 조건에 대한 개인들의 상상적 관계를 표상하는 이데올로기의 호명 *interpellation*은 개인들에게 고정된 자리를 잡아 주고 특정한 사회 과정 내에서의 주체의 지위를 부여한다. 이 과정은 거울 단계와 유사하게 이데올로기의 큰주체 *the Subject*와 주체들 *subjects* 간의 호명과 인정, 종속과 보증의 이중화된 반영 구조를 이룬다. 즉, 개인들의 주체로의 호명, 그리고 그들의 큰주체에의 종속, 또한 주체들과 큰주체의 상호 인정 및 주체들의 서로에 대한 인정과 주체의 자신에 대한 인정, 마지막으로 모든 것이 실제로 그러하며, 주체들이 그대로 인식하고 행동하는 한 모든 것이 잘 될 것이라는 절대적인 보증. 이것은 결국 라캉적인 큰타자에 상응하는 이데올로기의 큰주체에게 주체로 호명되는 개인들이 종속된다는 것을 뜻한다. 주체와 신하라는 이중의 의미를 가진 '*subject*'는 따라서 자유로운 주체이자 종속된 존재이다. 즉, 개인은 큰주체의 명령에 자유롭게 종속되도록 자유로운 주체로 호명되며, 오직 종속에 의해서 그리고 종속을 위해서만 주체들은 존재하게 된다. 다시 말해 주체가 되는 과정은 곧 역설적으로 종속이다(같은 글: 180~3).

그런데 이데올로기는 일차적으로 말로서 나타나기 때문에 담론으로, 또는 담론적 질서와 미늘 달린 *imbricated* 것으로 생각할 수 있는데(Pêcheux, 1982), 알튀세르의 이데올로기 개념 역시 이러한 점에서는 마찬가지이다(Macdonell, 1986: 2장). 이데올로기가 담론과 미늘 달려 있고 상징적 질서의 내용이 되는 한, 주체가 이데올로기의 큰주체에게 종속되는 것은 큰타자의 담론에 종속되는 것과 같다. 이것은 라캉의 첫 번째 욕망의 그래프에서 이미 나타난다(*Écrits*: 303). 라캉은 기표들의 사슬에서 의미가 결정되는 것은 주체의 전前 상징적 의도가 이 사슬 속으로 들어가 후방으로 누벼짜고 나옴으로써 소급적으로 결정된다는 것을 보여 준다. 즉, 개별 기표의 의미는 미리 마련되어 있는 것이 아니라 주체가 기표들의 사슬에 들어가는 지점인 주인 기표, 즉 '정박점(고정점)'에 의해 의미망이 일시 고정될 때에야 결정되는 것이다. 이 점을 이데올로기론적으로 서술하자면, 이데올로기 투쟁은 다양한 이데올로기적 요소들의 담론적 접합으로 이루어지는데(Laclau & Mouffe, 1985), 그 이데올로기적 공간에서는 예컨대, '자유,' '국가,' '정의,' '평화' 등의 기표들이 떠다닌다. 이 부유하는 기표들의 사슬이 어떤 주인 기표에 의해 보완됨으로써, 이 개별 기표들의 의미는 소급적으로 결정된다. 이를테면, '공산주의'라는 기표에 의해 보완될 때 '자유'는 부르주아적인 형식적 자유를 극복함으로써만 유효한 것이 되고 '국가'는 지배 계급의 지배를 보장하는 수단이라는 의미를 띠게 되는 것이다(Žižek, 1989: 102). 이 과정은 곧 개인들이라는 전 상징적 실존체가 주체로 호명되는 과정이기도 하다. 주체가 주인 기표와 동일시하는 것이 에고 − 이상이 형성되는 것이자 큰타자의 담론에 종속되는 것이기 때문이다. 즉, 정박점은 주체가 기표에 꿰매어지는 점이자 어떤 주인 기표의 부름에 의해 개인에게 말을 걸어 개인을 주체로 호명하는 점인 것이다(같은 책: 101).

알튀세르에 따르면 개인을 주체로 호명하는 이데올로기는 이데올로기적 국가 기구들 속에서 실현되고 재생산된다(Althusser, 1971a: 142~57). 알튀세르는 여기에 교회, 학교, 사법 기구, 정당 등 정치 체계, 노동 조합, 언론이나 라디오, 텔레비전과 같은 커뮤니케이션 미디어, 문학이나 예술, 스포츠 등을 포함시키고 있다. 1970년대 이후 프랑스와 영국의 영화 이론가들은 알튀세르의 이러한 이론에 입각하여 영화를 주요한 이데올로기적 국가 기구의 하나로 이해하게 되었다. 영화 역시 특유의 의미화 실천 속에서 관객을 이데올로기적인 주체로 구성한다는 것이다(Lapsley & Westlake, 1995: 1장;

Rodowick, 1994: 3장). 메츠 역시 현대 영화 이론의 이러한 문제 의식을 같이 하고 있다. 처음에 내러티브 구조를 분석함으로써 영화의 의미 작용을 탐구하던 메츠(Metz, 1991[1971])는 영화 관람 상황이 주체를 구성하는 문제로 방향을 돌리면서 라캉의 이론에 의지한다(Metz, 1982). 이렇게 해서, 알튀세르를 경유하여 라캉의 이론은 영화라는 시각 체제에 도입되었다.

메츠에 따르면, '영화의 시각 체제'는 보여지는 대상이 실재하지 않는다는 점에서 연극이나 직접적으로 성애적 목적을 가진 관음증적 활동(예컨대, 스트립쇼)과는 구별되는 관음주의(관음증) *voyeurism* 를 향해 관객의 욕망을 추동한다(Metz, 1982: 61~6). 라캉의 시각 이론을 사회 역사적 차원으로 끌어내리려는 우리의 목적에 메츠의 이론이 유용한 이유는 다음과 같은 세 가지 점에서다.

첫째, 메츠가 말하는 영화의 시각 체제는 영화 관람에 의한 욕망의 활성화가 영화관의 물질적인 배치 구조와 연관된 것임을 함축한다. 그에 따르면 영화의 관음증이 연극보다 더 강력하게 확립되는 것은, 영화관 내에서 전체 관객은 일시적인 집합체를 구성하는 것이 아니라 개인들의 축적일 뿐이라는 점에서 개별 관객은 고독한 상황에 처한다는 것, 스크린상에서 보여지는 대상은 자신의 관객을 근본적으로 모른다는 것, 스크린에 재현되는 공간은 객석의 공간과 분리되어 있다는 것 등의 조건들에 기인한다(같은 책: 64). 이 주체의 고립화와 보이는 대상들과의 분리는 빛과 어둠의 상호 유희 가운데 이루어지는 주체와 가시적인 것들의 배치, 즉 시각장을 구성하는 특정한 배치의 구조라 할 수 있다.

둘째, 메츠는 영화의 시각 체제가 그것을 둘러싼 사회적 차원과 연관되어 있는 것임을 지적한다. 그는 영화를 제도로 이해하는데, 이 영화 제도는 관객과 정신 분석학적 의미에서의 '좋은 대상' 관계를 확립하여 영화를 보려는 자생적인 욕망이 생기도록 하는 '정신적 기계'이자 '영화 산업'이다. 이러한 의미에서 영화는 자본주의와 산업 문명에 특유한 상상계의 테크닉이며 이중적인 기계이다. 즉, 영화는 산업이라는 '외적 기계'이자 관객이 영화를 역사적으로 내면화하고 영화의 소비에 적응하도

록 관객의 심리를 조직해 온 '내적 기계'이다. 이 외적 기계와 내적 기계
는 후자가 전자의 복사라는 점에서 은유적으로 연관되고, 양자가 상보적
이란 점에서 환유적으로 연관된다. 이에 따라 메츠는 정치 경제와 리비
도 경제의 일치, 영화의 재정 메커니즘과 관객 심리 간의 친족성을 제시
하게 된다(같은 책: 3~9). 이렇게 영화와 산업의 연관성을 지적하고 있기
때문에, 메츠의 이론은 시각 체제를 시각의 영역 바깥에 있는 사회적 요
소와의 연관성 속에 이해할 수 있게 해 준다. 또한 이 때문에 시각 체제
개념은 영화 제도를 넘어 전체 사회로 확대되어 적용될 수 있다.

셋째, 무엇보다도 메츠는 영화를 관람하는 가운데 관객이 주체로 구
성됨을 밝히려 하며, 더구나 여기서 그는 근본적으로 라캉의 이론에 의
존하고 있다. 따라서 라캉의 이론적 자원에 기초하여 시각 체제 개념을
구성하려는 시도에 메츠의 이론은 대단히 유용하다.

메츠가 영화를 '상상계의 테크닉'이라 일컬을 때, 이것은 두 가지
의미를 갖는다. 하나는 에드가 모랭 Edgar Morin 이 말하는 것과 같은 의미
로서, 영화는 허구적 내러티브로 구성되며 사진술과 녹음술에 의존하는
'상상적 기표 imaginary signifier'들로 이루어진다는 것이다. 다른 하나는 라
캉적 의미로서, 상상계는 거울 단계의 각인이라는 것인데, 영화의 스크
린은 거울 단계적 동학을 재활성화시키는 또 다른 거울이다(같은 책: 4).
따라서 영화적인 허구는 반쯤 꿈과 같은 심급이며, 관객과 스크린의 관
계는 거울적인 동일시의 관계이다(같은 책: 6). 메츠는 어두운 공간 속에
서의 고독, 매점에서 판매하는 공통적인 종류의 음식물의 섭취, 극장 자
체의 에로틱한 분위기 등과 같은 영화 체험의 전제 조건을 열거하면서
영화를 꿈에 유비하는데(같은 책: 101~42), 이것은 거울 단계적인 상황을
강화한다. 운동 근육 행위가 약화됨으로써 상상력이 강화되고 상상적 기
표의 작용에 몰입하게끔 준비되기 때문이다. 따라서 영화를 보면서 관객
이 주체로 구성되는 메커니즘은 라캉적 의미에서 거울 단계적인 상상적
동일시이다.[42]

그러나 메츠에게 있어서 이 상황은 거울 단계에 그치지 않는다. 영

화에서 상상계란 상징계를 전제하기 때문이다. 이 점에서 영화적 동일시의 상황은 라캉에게선 상상적 동일시가 상징계의 규제를 받는다는 우리의 검토 결과와 상통하며, 이것이 메츠의 이론이 우리의 목표에 한층 더 유용한 이유이다. 말하자면, 스크린을 바라보는 관객이 자신의 이미지와 동일시한다는 것은 배제된다. 우선, 스크린에는 거울에서와는 달리 관객 자신의 신체가 없기 때문이며(이 점에서 스크린은 오히려 화가와 관람자의 신체가 부재하는 회화와 흡사하다), 다음으로는 영화는 이미 상징계에 들어선 주체에게만 의미를 가지기 때문이다. 관객은 이미 거울 단계를 거쳤기 때문에 그 속에서 자신을 인지할 필요없이 대상 세계를 구성할 수 있고, 이러한 이유 때문에 스크린에 자신의 이미지가 부재함에도 동일시가 계속될 수 있다.

그렇다면 관객은 영화 속의 인물 *character* 과 동일시할 것이다. 하지만 메츠는 이것은 영화에서의 이차적 동일시라고 본다. 메츠에 따르면, 영화에서 일차적 동일시의 원천은 관객 자신이다. 관객은 순수한 지각의 행위로서의 자신과 동일시한다. 스크린상에 부재하기 때문에 지각되는 것들에 참여하지 않는 관객은 반대로 모든 것을 지각하는 존재이다. 또 스크린에는 부재하지만 객석에는 현존하는 관객은 지각되는 것들이 지각되려면 반드시 필요한 존재이므로 모든 것을 지각하는 존재이다. 게다가 관객은 자신이 지각하고 있는 것이 상상적인 것임을 알고 있으며, 또 자신이 그것을 지각하고 있다는 사실 역시 알고 있다. 이러한 의미에서 관객은 순수 지각의 존재이다. 그는 지각되는 것들의 가능성의 조건으로서, 일종의 선험적인 주체로서 자신과 동일시한다. 이렇게 '본다'라는 순수 지각 행위로서의 자신과 동일시한다는 것, 그것은 곧 카메라와의 동일시이다. 이것이 영화에서의 일차적 동일시이다. 영화 속의 등장 인물과의 동일시는 이차적 동일시로서 카메라와의 동일시에 그 원천을 둔다.

이러한 메츠의 영화적 동일시 이론이 우리에게 유용한 이유는 그것

---

42. 이하의 메츠의 영화적 동일시에 대한 이론은 Metz, 1982: 42~57을 보라.

이 라캉의 동일시 이론에 관해 우리가 검토한 바와 상응하는 면이 있기 때문이다. 카메라의 운동과 프레임은 영화를 만든 사람의 '시점'을 표현한다. 그러므로 일차적인 영화적 동일시는 카메라의 시점과의 동일시이며, 이러한 면에서 이 동일시는 (큰타자의) 응시와 눈의 일치 또는 상징적 동일시와도 같은 위상을 갖는다.43 이 카메라와의 동일시가 등장 인물과의 동일시에 논리적으로 선행하면서 후자의 원천이 된다는 것은 곧 상징적 동일시의 우위, 큰타자의 응시 아래서의 동일시에 상응한다는 것을 알 수 있다. 이러한 점에서도 라캉에 기초하여 시각 체제를 개념화하려는 시도에 메츠의 이론이 적합할 수 있는 것이다. 또한 그것은 시각 체제에서 근간은 상징계적으로 규정되는 시점과의 동일시, 즉 일정한 '보는 방식'이라는 것도 알 수 있게 해 준다.

이상과 같이, 메츠의 이론은 라캉의 시각장 이론이 가진 추상적 수준을 구체적인 사회 역사적 차원으로 끌어내리는 데 유용하며, 동시에 그에게서 가져오는 시각 체제 개념은 사회 전체 수준으로 확장될 수 있다고 판단된다. 영화라는 특정한 제도 또는 시각 장치에 한정되지 않고 사회적 수준에 적용될 때, '시각 체제'는 주체가 대상 세계와 시각적으로 관계 맺는 특정한 '보는 방식'을 지배적인 보는 방식으로 규정하고, 그럼으로써 보이는 것들과 주체 사이의 상상적 관계를 틀지으며 가시성 내에서 주체의 위치를 특정한 방식으로 자리매김하는 시각장의 사회 역사적으로 결정된 구조를 뜻한다고 할 수 있다. 이 때 '보는 방식' 역시 사회 역사적으로 구성된다(Berger, J., 1972). 이러한 의미에서 그것은 '시각 양식'이라고 말할 수 있을 것이다. 또 보는 방식은 보이는 것들과 주체의 관계를 정립하는 것이란 점에서 시각 양식은 가시적인 것들의 배치와도 관련되어 있다.

따라서 시각의 사회성에 대해 말한다는 것은 바로 이 시각 체제들 사이에 존재하는 차이와 시각 체제 내부에 존재하는 차이들에 대해 말

---

43. '시점'은 상상적 관계에 상징적 질서가 개입하는 통로이다. 곡면 거울과 평면 거울을 이용한 라캉의 실험을 상기하라.

하는 것이다. 시지각의 역사적 테크닉들 간의 차이, 시각의 자료와 그것의 담론적 결정들 간의 차이 등 시각적인 것들 내의 차이는 우리가 보는 방식들 간의 차이, 우리가 볼 수 있고 볼 수 있도록 허용되며 보도록 강요되는 것과 그 방식들의 차이를 뜻하며, 하나의 시각 체제는 이러한 사회적 시각 양식들 가운데 어떤 것을 본질적인 시각으로 만들거나 이 시각 양식들을 시지각의 자연적 위계 속에 질서지으려 한다(Foster, 1988: ix). 간단히 말해서 특정한 시각 양식이 헤게모니를 장악하고 자신의 보는 방식에 따라 보이는 것과 보이지 않는 것을 배치하며 그 가시성의 질서 속에서 특정한 방식으로 주체의 위치를 규정하는 시각장의 사회 역사적 구조, 그것이 시각 체제이다.

시각적 주체의 구성, 보이는 것들과 주체의 관계라는 측면을 중심으로 생각할 때 시각 체제의 기본 구조는 라캉의 응시 이론에서 제시된 시각장의 구조론에 의거하여 개념화될 수 있을 것이다. 그리고 라캉이 제시한 시각장의 모델은 그 추상성을 고려할 때 마르크스의 생산 양식 범주나 알튀세르의 이데올로기 일반 범주의 위상처럼 구체적인 시각 체제들이 작동하는 일반적인 메커니즘을 보여 주는 매트릭스의 지위를 갖는 것으로 간주할 수 있다.

이렇게 하여 시각 체제 개념을 설정할 수 있을 것이다. 시각 체제의 기본적인 형식적 틀은 라캉의 세 번째 삼각형 도식으로 파악할 수 있다. 응시와 주체 및 이들을 매개하는 이미지 / 스크린의 구도는 시각장이 주체 바깥의 비인격적인 요소를 축으로 사회적으로 구조화되고, 시각의 주체는 그 과정에서 구성되는 것임을 보여 주는 동시에 현상적으로는 이 시각의 주체가 자신의 보는 행위와 시각장을 통어하는 듯이 나타남을 보여 주기 때문이다. 이 시각장의 구체적이고 특정한 내용과 구조는 사회 역사적으로 결정되며, 사회 역사적으로 특정한 시각장이 시각 체제이다.

그러면 여기서 시각장이 시각이 아닌 다른 영역들과 연관되는 측면을 살펴보자. 먼저 시각장과 담론의 관계를 거론해야 한다. 시각 체제들 간의 사회 역사적인 차이는 여기에서 기인하기 때문이다. 라캉에게서 명확해졌듯이, 시각장이 사회적 성격을 갖는 이유는 그것이 상징계의 규제를 받는 데 있다. 심리학의 논의에서도 시지각은 경험이나 언어와 연관을 맺는다. 이렇게 시각은 언어와 불가분하게 연결되며, 이미지와 시각의 상상적 질서가 문화적・역사적으로 특정한 양상으로 구성되는 것은 이 때문이다(Bryson, 1988: 106). 언어는 사회마다, 또 역사적으로 다르기 때문에, 만일 시각적 경험이 부분적으로라도 언어적으로 매개된다면 시각적 경험의 보편성을 가정하기가 어려워지는 것이다(Jay, 1993: 9). 그러므로 시각 체제들 간, 시각 양식들 간의 사회 문화적 차이를 형성하고 규제하는 데는 상징계, 즉 언어적 질서의 역할이 크다고 할 수 있다.

시각이 사회적인 것임을 받아들인다면, 나아가 시각의 정치학도 가능하다. 시각이 사회적으로 구성되는 것이라면, 거기에는 사회성의 결을 직조하는 권력 관계가 얽히게 마련이기 때문이다. 이것은 라캉에게서도 마찬가지다. 브라이슨의 지적(Bryson, 1988: 91~2)에 따르면, 라캉은 주체와 세계 사이에 삽입되는 담론들이 아무것에도 매개되지 않은 시지각적 경험과는 다른 문화적 구성물로서의 시각성을 형성하고 정상적인 시각과 일탈적인 시각의 척도를 구성하는 방식을 보여 준다. 브라이슨의 이런 지적이 옳다면, 다음과 같은 그의 또 다른 주장 역시 받아들일 수 있을 것이다. 즉, 우리는 "라캉으로부터 권력이 어떻게 이 시각성을 이용하는가에 대한 분석, 시각성 속에서 작용하는 권력이 자신을 순수 지각 또는 보편적인 시각이라는 신화 속에 위장하고 은폐하는 방식에 대한 분석 또한 이끌어 내야 한다(같은 글: 108)."

시각과 권력이 연관되는 것은 담론 또는 언어적 의미망을 경유해서라고 생각할 수 있다. 시각은 담론과의 연결을 통해 사회 역사성을 띠게되며, 권력은 담론과 미늘 달린 이데올로기를 통해서도 작동하기 때문이다. 알튀세르가 지적했듯이 상징계라는 언어적 질서는 이데올로기를 고리로 해서 구체적인 내용으로 채워지며, 주체화와 종속이 동일한 과정이라는 것을 통해 이데올로기/담론은 권력 관계가 작용하는 통로가 된다. 또한 그것들은 이데올로기의 주체 호명이 생산 관계의 재생산을 보장하는 역할을 한다는 점에서(Althusser, 1971a: 127~33), 경제 체계와의 연관성이 설정되는 통로이기도 하다. 따라서 이데올로기 / 담론은 권력 관계와 경제 체계가 시각의 영역과 연결되는 매개고리이다. 이데올로기는 담론으로 구성된 의미망을 경유해 다양한 전략을 통해 이미지와 시각의 세계에도 각인되기 때문이다(Nichols, 1981, 57~68).

그렇다면 서로 미늘 달린 이데올로기 / 담론이 시각의 장에 들어오는 통로는 무엇인가? 이것은 라캉의 시각장 이론에서 이미 제시되었다. '이미지 / 스크린'이 그것이다. 대상과 주체의 눈, 응시와 재현의 주체를 매개하는 이미지 / 스크린이 시각장에서 주체와 가시적인 것들의 상상적 관계에 상징계가 개입하는 통로였다. 따라서 이미지 / 스크린이 이데올로기와 담론이 시각의 장에 작용하는 통로이며, 그럼으로써 사회 역사적 가변성이 시각장에 들어오는 배관이다(Silverman, 1996: 19, 134). 그렇다면 시각장이 경제 체계 및 권력 관계와 연관되는 통로 역시 이 이미지 / 스크린을 통해서라고 할 수 있을 것이다.

이미지 / 스크린을 사회적이고 역사적인 성격을 가진 것으로 이해한다면, 여기에는 분리되기 어려운 두 가지 차원이 있다. 한 사회에서 주체의 정체성 형성에 동원되고 이용될 수 있는 이미지들의 상영 목록이라는 표상들의 차원과, 주체의 보는 방식을 구조화하는 일련의 역사적인 물질적 · 제도적 실천들로서의 시각 매체 또는 시각 테크놀로지들의 총화라는 차원이 그것이다.

우선, 이미지 / 스크린은 동일시의 대상이 되는 이미지들과 기표들의 사슬이 수렴되는 장소이다. 에고 – 이상의 규제를 받는 주체는 자신이 문화적으로 이해될 수 있게 하는 이미지들과의 동일시적 유희를 통해 자신의 에고의 자율성을 오인한다. 이 오인은 응시에 의존한다. 따라서 이미지 자체가 이미 상징계적으로 규정된 '(자신을) 보는 방식'을 체현하고 있다. 그러므로 주체가 시각적 정체성을 얻는 통로인 이미지들은 주체에게 외재하며 문화적으로 구성되어 있다. 따라서 스크린으로서의 이미지는 문화가 사회적 정체성에 각인되는 성적, 인종적, 계급적 등등의 여러

가지 차이들을 형상화하는 표상들의 목록이자 보고寶庫라고 할 수 있다
(같은 책: 18~9).

　다른 한편, 주체에게 응시가 포착되는 방식을 결정하는 매개의 장소
로서의 이미지 / 스크린을 이미지들로만 보는 것은 불충분하다. 적어도
르네상스 이래 다양한 광학적 장치 optical device 들이 여기에 결정적인 기
여를 해왔기 때문이다(같은 책: 136). 이 기술적 장치들은 표상으로서의 이
미지들이 생산되는 방식을 일정하게 규정해 왔을 뿐만 아니라 그것들의
변화는 주체가 세계를 지각하는 방식에 변화를 가져온다. 즉, 시각 테크
놀로지들은 가시적 세계 속에서 주체의 위치(시점)와 주체가 가시적인 대
상들과 관계 맺는 방식을 결정하는 구체적인 물질적 실천체이다.

　이미지 / 스크린은 이 두 가지 차원이 결합된 것이며, 이것이 하나의
시각 체제 내에서 대상 세계를 바라봄으로써 주체의 위치가 설정되는
방식, 즉 사회적인 시각 양식을 결정한다.

> 이미지 / 스크린은…… 스펙터클로서의 주체와 응시의 관계뿐 아니라 눈으로
> 서의 주체와 응시의 관계에도 사회적이고 역사적인 가변성이 도입되는 도관
> 이다. 이미지 / 스크린은 특정한 사회에게 응시가 정의되는 자리를 표상하며,
> 결과적으로 그 사회의 거주자들이 응시의 효과를 경험하는 방식 및 그 사회
> 의 시각 체제가 가진 특수성의 많은 부분들에 영향을 미친다(Silverman,
> 1996: 135).

　그러면 이제부터 보이는 것들의 배치라 할 수 있는, 사회 역사적으
로 구조화된 시각장과 담론의 관계, 그리고 이미지와 시각 테크놀로지에
대해 살펴보자. 전자에 대해서는 푸코의 도움을 받을 수 있다. 그는 담
론의 질서뿐만 아니라 보이는 것과 보이지 않는 것의 역사적 배치에 대
해서도 많은 것을 제공해 주기 때문이다. 이것은 선별과 배제란 관점에
서 검토될 수 있다. 이미지와 시각 테크놀로지에 대해서는 그것들이 시
각장을 구조화하는 측면 및 사회적 논리에 의해 규정되는 측면을 몇 가
지 거론할 것이다.

2) 가시성의 배치와 담론

시각 체제의 역사적 사회적 성격이란 상징적 질서에 의해 시각장에 사회 역사적으로 특수한 선별과 배제가 작용한다는 것을 뜻하는 것이기도 하다. 라캉의 응시 이론이 알려 주듯이, 보이도록 주어진 것들이 보이는 것들이나 보는 우리에 앞서 존재하는 것이다. 말하자면, 시각 체제는 우리가 볼 수 있는 것과 볼 수 없는 것, 볼 수 있도록 허용된 것과 볼 수 없도록 금지 또는 억압된 것을 우리보다 앞서 미리 배치하고 있다. 이것은 담론의 질서가 말할 수 있는 것과 말할 수 없는 것의 배치로 이루어져 있는 것과 상동적이다.

이 선별과 배제와 관련해서 푸코의 작업을 참조할 수 있다. 권력의 작동 방식과 관련하여 푸코는 담론의 질서에 대해 사유했을 뿐만 아니라 그것과 병행하여 가시성 *visibility* 의 문제를 사유하기도 했기 때문이다. 그는 담론의 장에서 말할 수 있는 것과 없는 것을 규정하고 주체의 위치를 할당함으로써 권력이 작동하는 방식과 상동적인 것을 시각의 장에도 상정한 것 같다. 미크 발에 따르면 푸코는 시각성과 가시성은 담론 구성체들과 같은 것이라 생각했으며(Bal, 1993: 391), 들뢰즈는 푸코에게 있어 역사적 구성체는 자신에게 작용하는 가시적인 것과 언표 가능한 것의 분배를 함축하기 때문에 가시성들의 이론을 잊어버린다면 푸코의 역사 개념을 비롯해서 그의 사유 및 사유 일반에 대한 그의 개념화까지 왜곡하게 된다고까지 말한다(Deleuze, 1995b: 82~5).

이러한 측면에서 '시각 체제'라는 용어는 담론의 장에 통제와 제한을 가하는 권력 / 지식의 복합체에 의해 성립되는 푸코의 '진실 체제 *regime of truth*'에 비견될 수 있다. 진실 체제란 진실을 향한 쟁투가 벌어지고 권력 효과와 연계된 일정한 규칙들에 의해 규제되는 가운데 특정한 지식들이 참이라고 내세워지는 담론적 질서의 체계라 할 수 있다(Foucault, 1980: 132~3). 그렇다면 볼 수 있는 것과 볼 수 없는 것을 분리하면서 가시성의 선별과 배제를 통하여 특정한 시각 양식을 본질적이고 자연적인 시각으로 내세우고 서로 쟁투할 수 있는 시각 양식들에 위계를 부과하는 시각장의 질서로서의 시각 체제 역시 상정할 수 있을 것이다.

푸코에 따르면, 담론의 장은 기원이나 주체를 필요로 하지 않는 언표라는 우발적인 사건들 간의 불연속적인 계열들로 이루어진다(Foucault, 1972a: 21~39; 1972b: 230~1). 그러나 이 담론의 장은 사회적으로 선별과 배제의 통제가 아로새겨짐으로써 그 위험한 익명적인 중얼거림들이 통제되고 회피된다. 통제와 선별, 조직과 재분배의 절차들은 담론의 힘과 위험들을 제거하고, 우발적인 사건들에 대항하며, 담론의 물질성을 교묘히 회피한다(Foucault, 1972b: 216~27).

이 제한과 배제의 활동을 강화하는 철학의 테마들 가운데 정초적 주체가 있다. 권력의 작용과 결부된 일련의 절차들에 의해 선별 배제됨으로써 질서가 부과되는 담론의 장은 의미 지평의 기초인 것처럼 나타나는 주체를 생산한다. 이 주체는 기호론적인 차원에서 기표들의 사슬 속의 하나의 위치일 뿐이지만, 오히려 의미 지평들의 기초를 설정하고 의미를 만들어 내거나 정확히 포착하며 이를 위해 자기 의지적으로 기호들을 다루는 것처럼 나타난다(같은 글: 227~8).

이것은 물론 오인이고 환영이다. 라캉적으로 볼 때, 이 정초적 주체는 자신의 사유와 발화가 기표의 질서에 의존하고 있음을 인지하지 못하는 데서, 발화(행위)의 주체와 발화된 언표의 주체(주격 '나')가 분열되어 있음을 인지하기를 거부하는 데서 비롯되는 것이기 때문이다(Lacan, *Four Concepts*: 138~42). 따라서 이 주체는 당연히 자신이 담론적 사건들의 기능임을 알지 못한다(Foucault, 1972b: 228). 여기에는 일종의 시원적인 망각에 비유될 수 있는 오인이 작용한다. 페쇠(Pêcheux, 1982: 114~27)에 따르면, 말하는 주체에서 가장 명백한 이 주체의 자명성은 담론의 주체가 자신의 담론에 대한 담론 구성체의 지배를 망각함으로써 자기 자신의 논리적 일관성에 의해 담론의 흐름이 이어지는 듯한 인상을 가지게 되고(제2 망각), 자신이 동일시하는 담론 구성체가 담론 구성체들의 복합적 전체에 의해 결정된다는 것을 인식하지 못함(제1 망각)으로써 산출된다. 즉,

말하는 주체의 자명성은 자신의 담론을 결정하는 외적 요소들을 망각하여 자신의 담론이 늘 자신에게서 기원한 것인 양 말한다는 데서 야기되는 효과에 불과하다.[44]

그런데 푸코는 이것에 비견될 수 있는 선별과 배제의 힘이 시각의 장에서도 행사된다는 것을 보여 주기도 한다. 그것이 가시성의 배치를 결정하는 보이지 않는 규칙성과 제한이다.

> 푸코의 가설은…… 보여질 수 있는 것을 결정하는 일종의 시각의 '실정적인 무의식'이 존재한다는 것이었다. 그의 생각은 시각화나 가시화의 모든 방식들이 다 동시에 가능하지는 않다는 것이다. 한 시대는 오직 어떤 것들만이 보여지게 하고 다른 것들은 그렇지 않게 한다. 그것은 어떤 것들은 조명하고 다른 것들은 그늘 속에 던져 버린다……. 우리가 볼 수 있는 것에는 훨씬 더 많은 규칙성과 제한이 있다. 볼 수 있는 것은 '앞서 사유를 구조화하는' 것의 일부이기 때문에, 본다는 것은 항상 사유하는 것이다. 역으로, 사유한다는 것은 항상 보는 것이다(Rajchman, 1988: 92).

푸코는 ≪임상 의학의 탄생≫이나 ≪감시와 처벌≫에서 사물들이 볼 수 있는 것으로 되고 지식이나 권력에 보여지는 방식의 변화를 묘사한다(Rajchman, 1988: 91). 사물을 가시적인 것으로 만드는 이러한 테크닉들

---

44. 푸코는 이데올로기 개념을 거부하지만, 알튀세르를 상기한다면 담론들의 선별과 배제는 이 말하는 주체의 위치와 자명한 형태에 의해서 이데올로기와 관계를 맺는다고 할 수 있다. 호명 원칙이 이 미늘 달림의 고리이다. 그러므로 알튀세르와 페쇠식의 관점에서 본다면, 담론 구성체는 계급 투쟁의 상태에 의해 결정된 주어진 국면의 주어진 위치로부터 무엇이 말해질 수 있고 말해져야 하는지를 결정한다. 주체는 이데올로기 구성체들의 복합적 전체와 엇물린 이 담론 구성체의 복합적 전체의 중층 결정을 망각함으로써 자신을 자명한 주체로 동일시하는 것이다(Pêcheux, 1982: 111~3). 잘 알려져 있다시피 푸코는 이데올로기 개념이 진실의 존재와 진실/허위의 대립을 전제하며, 주관성의 차원을 내포하고 있고, 경제적 결정 요인에 비해 부차적인 위치에 있다고 주장된다는 세 가지 이유에서 사용하기 곤란하다고 본다(Foucault, 1980: 118). 그러나 알튀세르적인 이데올로기 개념은 (허위) 의식이 아니라 구조이며 주체를 구성하고 생산 관계의 재생산/변형을 떠받치는 물질적 존재와 힘을 가진다는 점에서 이러한 이유를 벗어나며, 이데올로기의 다양한 개념들과 마르크스에게서조차 이미 '허위 의식' 이상의 차원이 존재한다는 점(Larrain, 1984 참조)에서 이데올로기 개념을 배제할 필요는 없을 것이다. 중요한 것은 이데올로기가 참이나 거짓이나 하기보다 그것이 사회적 현실에서 어떻게 작용하고 어떤 효과를 산출하느냐이다. 이러한 면에서 알튀세르의 이데올로기론과 푸코의 담론 구성체론을 결합시키려 했던 페쇠의 시도는 주목할 만한 것이었다. 한편, 선별 또는 선택성 개념을 중심으로 푸코와 알튀세르를 대화시키려는 또 다른 시도로는 한상진, 1979, 1987을 참조하라.

은 본다는 것에 대한 한 시대의 개념화와 연결된다. 이것이 들뢰즈가 '가시성'이라고 불렀던 것이다. 역사적 사회 구성체들의 이행에서 우리는 언표들의 분배의 변화와 더불어 가시성의 배치의 변화를 관찰할 수 있다(Deleuze, 1995b: 82). 그러므로 단순히 보이는 것의 역사만이 아니라 보여질 수 있는 것들의 역사, 볼 수 있는 것들의 역사가 존재한다. 이 가시성과 이것의 시각화는 지식과 권력의 실정성에 귀속된다(Rajchman, 1988: 91).

≪임상 의학의 탄생≫은 가시성의 문제를 명시화한다. 거기서 19세기까지 이르는 의학의 변화는 "기왕에 존재해 왔던 가시적인 것과 비가시적인 것을 나누던 지식의 경계가 변화했기 때문이며, 그리하여 지금까지 의학적 응시의 영역으로 포섭되지 못한 대상들이 의사들의 응시와 언어에 포착되기에 이른 것"으로 요약된다(Foucault, 1993: 20). 다시 말해 의학적 지식의 변화는 가시성의 분배의 변동에 기인하는 것이다.

가시성의 분배 또는 가시성의 배치의 변화는 무엇보다도 '공간화'의 변화이다. 의학에서 가시성의 변화는 질병의 공간인 인간의 신체를 검사하고 분류하고 질서짓는 방식의 변화이다. 유사성에 의거하여 질병을 분류하면서 신체'들'의 '표면'에서 질병의 '초상'을 인지하는 데 기초를 두던 의학은 18세기 말 병원의 탄생과 생리학의 도입을 거쳐 19세기에 이르러선 병리 해부학에 의거해 '개인' 신체 내부 '심층'으로 질병의 공간을 확대하고 시체를 열어 봄으로써 죽음에 기초하여 하나의 인간 과학을 생산하게 된다. 임상 해부학의 응시는 이제 입체와 부피를 지도 그려야 하고 의학사상 처음으로 3차원의 공간에서 대상을 설명해야 한다.

공간화로서의 가시성의 변화는 또한 '응시'의 변화이다. 예전에 말과 스펙터클 사이에서 불안한 균형을 유지하면서 표면의 응시에 의지하던 임상 의학은 병리 해부학에 근거함에 따라 이제 자신이 가장 먼저 닿는 곳이 진리라고 주장하는 명증성의 근원으로서의 실증적 응시에 의지하게 된다(같은 책: 21). 이 실증적 응시는 깊이를 열어 젖히고 들어가는 새로운 임상 의학이 수행하는 시각 – 청각 – 촉각이 합세한 감각의 삼각 측량이 가시성의 두드러진 징후 아래 통제되고 있기 때문에 모든 의학적 경험을 주도하고 통제하는 통합의 절대적 응시이기도 하다(같은 책: 270~4).

임상 의학의 탄생과 제도화에서 확인할 수 있듯이, '지식과 그 진실 체제'의 확립은 지배적인 응시에 의해 진리의 공간을 형성 / 변형하고 그 속에서 가시성과 비가시성의 경계를 획정하는 과정이다. 이 지식 형성의 공간적 도식이 이론에 선행하고 이론을 가능케 한다(Rajchman, 1988: 99). 이 과정은 곧 '권력'이 발생하고 행사되는 과정이기도 하다. "공간은 어떤 권력의 행사에도 근본적"이기 때문이다(Foucault, 1984: 252). 18세기 말엽부터 사회 정책에 깊이 관여하였던 의사들은 무엇보다도 공간의 문제에 관한 전문가들이었고(Foucault, 1980: 150), 감옥과 여타 규율의 공간들과 마찬가지로, 병원은 질병의 장소에 따라 개인들을 분류하고 조사의 대상으로 만듦으로써 인간 주체를 권력의 응시에 종속시키는 공간이었다. 즉, 이 시기 의학의 관심은 곧 인간 신체와 개별자에 대한 효과적인 감시의 문제에 있었으며, 따라서 판옵티콘 *Panopticon* 적인 시각 체계는 의학의 영역에선 병리해부학적 응시에서 실현되었던 것이다(같은 책: 146~8). 그러므로 공간화하는 응시 그 자체가 권력이며, "응시란 바로 지배하는 응시이다"(Foucault, 1993: 84).

이 가시화의 특정한 방식은 언표와 그 조건들과 마찬가지로, 은폐되지는 않지만 그 자체는 보이지 않는다(Deleuze, 1995b: 93). 그것은 상이한 장소들에 퍼져 있는 익명적인 실천체이다. 이것이 인간 주체에 앞서 볼 수 있는 것을 규정하고 보는 주체를 규정한다. 이러한 점에서 가시화의 방식은 담론이 대상들을 형성하는 규칙과 주체의 말할 수 있는 자격과 위치를 규정하는 발화 양식들 *enunciative modalities* 에 비견될 수 있다(Foucault, 1972a: 40~55). 즉, 한 시대 한 사회에서 시각과 그것이 구조짓는 사유는 이러한 물질적 존재, 물질적 실천에 의존하며, 주체는 이 가시성의 형식 속에 주어진다(Rajchman, 1988: 92). 가시성은 주체의 시각이 아니며, 주체는 오히려 가시성 속에서 구성되는 것이다(개인들은 분류되고 조사된다).

이렇게 주체의 구성이란 측면에서 가시성의 배치에 대한 푸코의 관점은 라캉의 시각 이론과 상통하는 면이 있다. 더구나 가시성을 조직하는 응시가 비인격적인 것이라는 점에서도 라캉과의 친화성을 살펴볼 수 있다. 가시성의 경계를 획정하고 보는 주체를 형성하는 이 시각화의 방식은 실정적으로 조직화되어 있는데, 이것은 은폐에 기초하고 있지 않다. 가시성을 배치하는 응시는 보이지 않지만 숨겨져 있지도 않으며, 개별적인 그 누구의 응시가 아니라 익명적인 것이다. 푸코가 이 응시를 묘사하는 방식은 라캉과 마찬가지로 바로 '빛'이다. 라이크만의 표현을 빌리자면 푸코에게 있어 "보이지 않는 것은 사물들을 조명하고 그것들을 가시적으로 만드는 빛일 따름이다"(같은 글: 93).

≪감시와 처벌≫은 이 점을 분명하게 보여 준다. 고전주의 시대 군주의 권력은 자신을 가시성에 둠으로써 행사되는 스펙터클이었으나, 부르주아 사회의 훈육적 권력은 자신의 비가시성을 통해 행사된다. 가시성의 원리는 이제 권력이 복종시키는 자들에게 강제적으로 부과된다(Foucault, 1979: 187). 이 가시성과 비가시성의 배치와 항상적이고 효율적인 감시의 메커니즘을 건축학적으로 구현하는 판옵티콘이라는 원형 감옥은 권력의 응시가 익명적인 것이고 비인간적인 요소에 의해 가동되는 것임을 보여 준다. 그것은 "빛의 체제"이기 때문이다(Deleuze, 1995b: 62). 중심의 탑과 주변의 독방들이라는 시각적인 배치와 빛의 환경에 의해 정의되는 판옵티콘의 감옥에서, 탑의 간수는 모든 것을 보지만 독방의 죄수는 그를 볼 수 없다. 이 때 권력의 응시는 구체적인 인간으로서의 간수의 눈이 아니다. 판옵티콘의 기능은 누가 권력을 행사하는가, 죄수가 실제로 관찰되고 있는가 여부와는 상관이 없기 때문이다(Foucault, 1979: 200~4). "주변의 독방을 빛으로 가득 채우고 중심의 탑은 불투명하게 두는 빛의 형태"로서 충분하다(Deleuze, 1995b: 95).

이렇게 판옵티콘을 가동시키는 권력의 응시는 비인격적이고 구조적이며 가시성의 한계 자체라는 점에서 사실상 라캉적 의미에서의 응시와 상통한다.[45] 보이는 것과 보이지 않는 것을 배치하는 권력은 이 텅 빈

45. 푸코의 가시성 이론의 구조와 라캉의 응시 이론의 구조는 양자간의 대화 가능성을 많이 보여 준다. 그러나 라캉 및 그 제자들과 푸코 간의 가시적인 교류의 흔적은 별로 볼 수 없다. 하지만 라캉의 눈과 응시의 분석은 부분적으로는 푸코의 표상 논의에 대한 비판적 반응이라는 주장도 있고, 푸코의 판옵티콘 논

비인격적인 응시의 자리에 위치해 있는 것이고, 시각 체제는 이 응시가 관장하는 빛과 불투명의 체제이다.[46] 푸코는 ≪말과 사물≫의 서두에서도 이미 벨라스케스의 그림 <시녀들 *Las Meninas*>(1656)을 하나의 빛의 체제로 묘사하고 있다(Foucault, 1987과 Deleuze, 1995b: 94~5를 참조). 고전주의 시대의 표상 공간을 열어 젖히는 이 빛의 체제에서 보이는 것들과 보는 것들의 분배는 그림 외부에 존재하는 것으로 추론할 수밖에 없는 왕의 장소에 도달한다. 왕과 왕비의 모습을 비추는 그림 속 거울이 "가시성 자체"(Foucault, 1987: 30)로서 이 빛의 체제를 관장하며, 화가와 그림 속 인물들과 관람자의 응시는 모두 여기로 수렴된다.

그러므로 라캉의 응시가 그러하듯이 빛의 존재가 있다. 이 빛의 번득임, 빛과 불투명의 유희에 의해 가시성과 비가시성의 구도가 드러난다. 따라서 가시성은 보는 주체의 행위가 아니며 시각적인 의미의 소여所與도 아니다. 가시성은 사물들을 가시적으로 만드는 빛의 유희 방식이며, 오히려 보는 주체 자신이 가시성 내의 한 장소이고 가시성으로부터 파생된 기능, 또는 가시성의 함수이다(Deleuze, 1995b: 94~6). 이것은 곧 주체가 자신과 서로를 보는 방식의 자명성을 형성하는 공간들에 둘러싸여 있고, 권력에 의해 공간 속에 분류되고 배치되는 것이다. 판옵티콘의 예처럼 가시성과 구성된 공간의 연계에 의존하면서 권력을 시각화하는 건축은 이를 입증한다(Rajchman, 1988: 103~4).[47]

<hr>

의에서 라캉의 응시 개념의 반향을 떨쳐 버리기도 힘들다. 공식적인 차원에서 보자면, 푸코는 라캉에게 영향받았는가 하는 질문에 대해 부인하고 있다(이상의 내용에 대해선 Jay, 1993: 383, n.8을 참조).

46. ≪지식의 고고학≫에서 푸코는 각주를 통해 ≪임상 의학의 탄생≫에서 자신이 '의학적 응시'라는 용어를 사용한 것에 대해 후회를 표명하고 있는데(Foucault, 1972a: 54), 이것은 아마도 푸코가 '응시'라는 말이 구체적이고 자율적인 주체의 보는 행위를 함축하는 결과를 가져 올 것이라고 생각해서인 듯하다. 푸코는 원래 붙어 있던 '응시의 고고학'이라는 부제를 포기한다. 그러나 들뢰즈는 푸코의 이러한 후회는 필시 겉꾸밈에 지나지 않는다고 말한다. 푸코의 그 응시는 그것을 구사하는 통일된 주체를 전제하는 것이 아니기 때문이다(Deleuze, 1995b: 35, 95~6). 반면에 마틴 제이는 푸코의 후회에 대해서, 보는 주체를 설정했던 자신의 인간 중심적 오류에 대한, 말 그대로 자기 비판으로 본다(Jay, 1986: 190; 1993: 408).

47. 판옵티콘과 벨라스케스의 <시녀들>에 대한 푸코의 논의는 3장 3절에서 보다 자세하게 살펴볼 것이다.

마지막으로 담론과 가시성의 관계에 대해 살펴보아야 하겠다. 푸코는 ≪지식의 고고학≫의 한 구절에서 회화를 담론적 실천으로 개념화할 것을 제안한다. 고고학적 분석은 회화가 기법들과 효과들 속에 구현된 담론적 실천이라는 것을 보여 주려 할 것이며, 이러한 의미에서 회화는 순수 시각도 아니고 있는 그대로의 몸짓도 아니다. 그것은 과학적 지식이나 철학적 테마들과는 독립적으로 앎의 실정성에 의해 관통된다. 그렇지만 푸코가 회화를 언어 그 자체로 환원할 것을 제안하는 것은 아니다. 그의 고고학적 분석은 회화가 독특한 종류의 '의미하기'나 '말하기' 방식이라는 것을 보여 주려 하지는 않는다(Foucault, 1972a: 194). 말하자면, 순수한 시각이란 없으며 이미지와 가시성의 영역은 담론이 관통하고 있지만, 그러나 담론은 그 속에서 직접 말하는 것이 아니라 효과로서 실현되는 것이다. 들뢰즈는 담론과 가시성의 이러한 관계를 양자간의 환원 불가능성, 그러나 동시에 담론의 가시성에 대한 우선성으로 규정한다.

들뢰즈의 분석에 따르면, 푸코에게 있어서 가시적인 것과 언표 가능한 것 사이에는 본질적인 차이가 있다. 그것들은 상호 중첩하고 각각의 역사층과 지식의 형태를 구성하도록 부단히 상호 침투하고 있지만, 가시적인 것은 근본적으로 환원 불가능하다(Deleuze, 1995b: 99). 르네 마그리트의 그림에 대한 푸코의 분석은 이미지와 말이 일치하지 않음을 대단히 흥미로운 방식으로 보여 준다(Foucault, 1995). 지식의 체계가 형성되는 과정도 담론과 가시성의 차이를 노정해 준다. 광기에 대한 가시성의 장소인 종합 병원의 기원은 대감금에서 알 수 있듯이 의학이 아닌 공안公安에 있으며(Foucault, 1973), 죄의 가시성으로서의 감옥은 사법적인 지평이 아니라 훈육적 규율의 지평에서 나오는 반면에 형법은 감옥과 독립적으로 범죄 행위에 대한 언표를 생산한다(Foucault, 1979).

그런데 가시성과 언표는 자신의 조건에만 붙박이지 않고 상호 침투한다. 예컨대, 형벌에 관한 언표가 감옥을 강화하는 가시적인 것을 만들어 내듯이 감옥이라는 가시성의 형태가 범죄 행위를 갱신하는 언표를 다시 만들어 내는 것이다. 이렇게 가시성과 언표는 교착과 침투를 통해 진리를 구성한다. 이 상호 침투에서 ≪지식의 고고학≫이 암시하듯이 언표가 우선성을 갖는다. 언표는 다른 것을 '결정하는' 형태를 부여받는 반면, 가시성은 '결정될 수 있는' 것이라는 형태를 지니기 때문이다. 하지만 이 언표의 우선성은 가시성의 환원 불가능성을 방해하지 않는다. 그 둘은 동일한 리듬이나 동일한 역사를 가지지 않는다. 들뢰즈는 가시성이 언표에게로 환원되지 않으면서도 언표가 가시성에 대해 우선성을 가지면서 상호 침투하는 이러한 관계가 가능한 것은 가시성과 언표 양자 모두가 권력과 관계 맺기 때문이라고 본다. 즉, 권력은 가시성과 언표의 상호 정합성을 가능케 하는 제3의 심급이다(Deleuze, 1995b: 106~10).

이 점에서 가시성의 배치는 담론의 질서에 의해 매개되고 규제됨으로써 권력의 행사와 결부된다고 말할 수 있다. 권력/지식 복합체에 의해 진실 체제가 형성되는 문제인 한, 가시성의 시각적 질서가 담론의 질서에 의해 매개되고 지배되는 것은 필요한 조건이기도 하다. 권력은 의미 작용의 망을 매개로 해서만 개인들에게 내면화되고 자신의 효과를 부과할 수 있을 것이기 때문이다. 예컨대, ≪임상 의학의 탄생≫은 의학적 지식이 자신의 그물망에 걸려 있지 않은 새로운 가시성의 출현에 당혹해하면서도 담론의 체제를 바꾸어 가면서 그것을 통어해 내려는 분투를 곳곳에서 보여 준다. 임상 의학의 태동은 가시성과 담론이 서로 투쟁하고 그런 가운데 의학적 담론이 가시성을 새롭게 코드화하는 과정이었던 것이다(Foucault, 1993: 120~1, 151). 개인을 분류하고 통제의 대상으로 만드는 권력 행사와 내밀히 결부되었던 인간 과학은 "우리가 보는 것을 말함으로써 보여 준다"(O'Neill, 1995: 192). 그러므로 담론의 질서와 가시성은 서로 환원되지 않으면서도 담론의 매개를 통해 가시성의 배치가 역사적으로 구조화됨으로써 시각의 장에서 일종의 진실 체제를 형성한다. 바로 이것이 시각 체제이다. 하나의 시각 체제에서 권력 효과를 생산하는 가시성의 배치는 따라서 담론의 지배를 받으며, 역으로 담론에 의한 사회적인 의미 작용망의 지배 때문에 시각 체제는 일정한 권력 효과를 생산한다.

3) 이미지와 시각 테크놀로지

이제부터 시각장에 사회적 논리가 들어오는 통로인 이미지와 시각 테크놀로지의 성격에 대하여, 그것들이 시각장을 구조 짓는 두드러진 방식과 이 방식이 사회적인 것이 될 수밖에 없는 측면을 중심으로 살펴본다.

(1) 이미지

이미지에 대하여 먼저 이야기해야 할 것은 표상으로서의 이미지와 보는 방식, 따라서 재현 양식과 시각 양식은 서로 결부되어 있다는 것이다. 이미지는 어떻게 보았는가의 기록이기 때문에 모든 이미지는 하나의 보는 방식을 체현한다(Berger, J., 1972: 10). 이 이미지는 특정한 보는 방식을 구조화하는 데도 일정한 역할을 한다. 우리가 그림이나 사진 등 이미지 표상을 통해서 한 사회의 특정한 시각 양식에 접근할 수 있는 것은 이 때문이다.

　동일시에 동원되는 이미지들은 사회적으로 구성되는 시각장에선 그 많은 부분이 그림이나 사진 등의 정지된 이미지나 영화처럼 움직이는 이미지에 의해 주어진다. 특히, 현대 사회에서 우리의 자아 정체성은 대부분 대중 매체가 제공하는 이미지들이나 상투형들에 의해 구성된다.[48] 그러나 이러한 사실은 우리 시대에만 국한된 것이 아니다. 거울 반사성이 인간 주체성의 구성에 최소한 부분적으로라도 참여하지 않은 때란 없기 때문이며(Silverman, 1996: 196), 동굴의 벽화 이래로 이미지는 항상 존재해 왔기 때문이다. 성화 속의 신으로부터 군주의 초상에 이르기까지 그림 속에는 항상 큰타자의 응시를 포착하려는 시도가 존재하며, 개인성의 의식과 결부된 자화상에서 알 수 있듯이 이미지는 항상 자신을 이해

---

48. 예컨대, 자기 자신을 모델로 내세워서 우리에게 익숙하고 어디선가 본 듯한 대중 문화의 이미지들(광고나 영화의 한 장면을 모사하는 이미지들)을 재생산하는 신디 셔먼 Cindy Shirman 의 <영화 스틸 *Film Stills*>이라는 연작 사진 작업들은 바로 이러한 사실을 우리에게 드러내 보여 준다(Silverman, 1996: 6장; Walker, 1987: 100~1 참조). 포스트모더니즘 및 페미니즘의 관계에서 신디 셔먼의 사진 작업을 거론한 것으로는 Owens, 1985: 73~5를 참조하라.

하는 중요한 통로였다. 그렇기 때문에 공간 속에 시간을 붙들어매는 이미지와 형상을 남겨 놓음으로써 죽음에 대해 방어하려는 시도는 인류의 역사와 궤를 같이 한다(Debray, 1994: 19~33). 이와 같이, 시대와 사회를 불문하고 이미지에는 항상 주체가 자신을 바라보는 방식이 실현되어 있는 것이다. 이렇게 인간이 자신을 이해하는 방식이 구현된 이미지는 동시에 대상 세계와 인간을 매개하는 것이기도 하다. 따라서 이미지에는 주체가 가시적 세계에서 대상들과 맺는 상상적 관계 속에 자신의 위치를 지도 그리는 방식이 항상 실현되어 있다. 즉, 이미지에는 주체가 대상 세계를 바라보는 방식 역시 실현되어 있는 것이다.

이러한 이유들로 그림이나 사진 등 이미지는 그것이 재현하는 대상뿐만 아니라 그것을 보는 방식, 즉 사회적, 역사적 시각 양식 자체까지 담고 있다. 이미지는 단순히 재현된 표상일 뿐만 아니라 시각 양식 그 자체이기도 한 것이다. 뵐플린이 회화사에서 재현과 관련된 더 근원적인 개념층, 즉 개인의 성향이나 민족성의 다양함뿐 아니라 질적인 측면이나 표현의 측면과도 구별되는 '재현 방식' 그 자체를 찾아내고 이것을 '시각 방식'이라는 하나의 시각적 토대로 보아 서유럽의 시각 발달사를 정립하고자 했던 것은 이러한 이유 때문이다(Wölfflin, 1994: 28~30).[49] 바로 이것이 이미지와 상징계 간의 연계의 시작이다. 이미지는 자신이 재현하는 것을 바라보는 방식을 담고 있으며, 그럼으로써 주체가 이미지 및 이미지가 재현한다고 믿어지는 대상을 보고 관계 맺는 위치를 함축한다. 이 주체의 보는 위치, 즉 '시점'은 상징계에 의해 규정된다는 것은 라캉에게서 이미 확인하였다.

두 번째로 이야기할 것은 내용적 측면에서 이미지에는 담론의 질서가 가로지름으로써 사회적 선별과 배제의 논리가 작동한다는 것이다. 시

---

49. 뵐플린의 말에 따르면, "재현 방식 그 자체라는 제3의 요소가 개입되는데, 바로 이것이야말로 우리가 고찰해 보려는 것이다. 모든 예술가들은 자기와 관련된 특정한 '시각적' 가능성에 묶여 있다. 모든 것들이 모든 시대에 다 가능할 수는 없다. 보는 것 그 자체도 고유의 역사를 지니고 있으며, 이 '시각적 층'의 규명이 미술사의 가장 근원적인 과제임을 알아야 한다"(Wölfflin, 1994: 28).

각 체제에서 이미지들은 가시성의 배열에 참여하고 시점을 체현함으로써 대상과 주체를 매개하며, "우리는 이미지들의 바다에서 헤엄친다"(Berger, A. A., 1989: 1). 이 이미지들 속에 시점의 설정을 중심으로 체현된 시각 양식은 텅 빈 형식으로서 체현된 것이며, 그 내용은 담론에 의해 사회적으로 가용한 기호들과 코드들에 의해 채워진다. 그리고 이미지 속의 이 기호와 코드들의 체계가 이미지에 체현된 사회적인 시각 양식을 강화한다.

이미지는 자신이 재현하는 것으로 제시하는 대상과의 유사성에 의해 규정되는 측면이 강하기 때문에 이 기호들과 코드들은 언어에 비해 잘 인식되지 못할 수도 있다. 하지만 이미지가 사물과 점 대 점 대응으로 정의된다 하더라도(Lacan, Four Concepts: 86), 이미지는 사물 그 자체는 아니며 부재하는 사물을 대체하는 것이기 때문에 사회 속에 존재하는 한 이미지와 사물의 그러한 대응에는 언어를 주축으로 한 의미 작용의 매개가 작용하기 마련이다. 그렇기 때문에 이미지를 매체로 하여 시각적인 의사 소통 *visual communication*이 이루어질 수 있다. 이미지는 풍부한 함축과 정보를 담고 있기 때문에 시각적 의사 소통 과정에는 소리나 문자에 의한 의사 소통보다 훨씬 많은 소음 *noise*이 개입하고, 해석에 열려진 정도가 커지며, 더 많은 피드백 과정이 수반되기 쉽다. 그럼에도 불구하고 이미지는 그 속에 담긴 기호들의 체계를 통해 의미를 생산하고 메시지를 전달한다(Morgan & Welton, 1986). 그러므로 시각의 영역은 항상 담론이 가로지른다.[50]

이러한 의미에서 라캉적인 관점에서 볼 때 시각은 기표에 의해 가능해지며(Copjec, 1994: 34), 푸코가 말하듯이 담론으로부터 면제된 순수한 시각이란 없다(Foucault, 1972a: 194). 정체성 형성에 참여하는 이미지들과의 거울상적 유희에 차이가 들어오는 것은 이 때문이다. 예컨대, 성과 인종

---

50. 이 때문에 담론은 구어적인 의미 구성과 비구어적인 의미 구성으로 이루어지며 이 둘은 상호 연결된다(Macdonell, 1986: 3~4). 따라서 담론에는 예술 작업들과 건축물, 지도 등 모든 형태의 접합(분절화)이 포함된다고 주장된다(Silverman, 1983: 10). 그러나 이것이 모든 것들이 다 담론으로 환원된다는 말은 아닌 것으로 생각된다. 차라리 각각의 특정한 영역에서 담론이 가로지르는 특정한 방식을 연구하는 것이 생산적인 작업일 것이고, 위의 주장들도 이러한 관점에서 이해할 것이다.

의 차이에 따라 응시에 대면하는 방식은 차별화되는데, 에고 - 이상의 규제는 담론의 사회적 논리의 개입을 의미하기 때문이다. 즉, "재현의 영역 내에서 가시성은 차별적으로 분배된다"(Silverman, 1996: 146). 남성과 여성을 불문하고 모든 주체는 응시와의 관계에서 결핍이고 보여지는 대상이다. 하지만 담론의 질서에 의해 차별적이고 위계화된 성차의 사회적 논리가 관통함으로써 여성은 스펙터클, 즉 보여지는 수동적인 대상으로서 위치지어지고, 남성은 보다 쉽게 응시와 자신의 눈을 일치시킬 수 있는 위치에 서게 된다.[51] 이에 따라 내용적 차원에서도 여성은 성적 대상으로서의 지위에 결부되어 대부분 부정적인 방식으로 묘사된다.[52] 이러한 가시성의 차별적 분배는 인종의 형상화에서도 마찬가지이다.[53]

그러므로 사진이나 영화처럼 이미지가 자기 바깥의 현실을 인간의 작용을 배제하고 순수히 기계적 과정에 의해 있는 그대로 옮겨놓는 듯이 나타나고 기호론적 차원에서 볼 때 퍼스적 의미에서 유사성에 토대를 두는 도상이 지배하는 듯이 보이는 경우에도, 그 이미지 속에는 지표적 기호와 상징적 기호가 항상 들어가 있다. 예컨대, 영화의 미적 풍부함도 그것이 도상적 기호에 근거하기 때문이 아니라 이 세 가지 기호를 모두 포함하고 있다는 데 근거하는 것이다(Wollen, 1990: 138~42).[54] 따라서 "이미

---

51. 서구 누드화의 역사에서 그림 속의 여성이 항상 그림을 보는 관람자이자 그 그림의 주인인 소유자로서의 남성의 시선에 종속된 대상으로서, 즉 시선과 소유와 통제의 대상으로서 묘사되어 온 것에 대해서는 Berger, J., 1972: 2~3장을 참조하라.

52. 예를 들면, 기독교 지배하의 여성은 성모 마리아이자 성욕과 죄의 원천으로서의 이브라는 모순된 이원적인 모습으로 형상화되었고(Kraus, H., 1994), 19세기 부르주아 가족 질서하의 회화들에서 가정의 안주인으로서의 자리를 지키는 여성은 자애로운 어머니로 묘사된 반면 가정의 테두리를 벗어난 여성은 타락과 고난의 상징으로 묘사되었다(Nochlin, 1994).

53. 사르트르는 백인이 독점적으로 누려 온 '보는 특권'을 비판하였다(Jay, 1993: 294~5). 또 프란츠 파농은 식민지인이 프랑스 사회로 진입할 때 단지 백인이 아닌 흑인으로서만 재규정을 강요당하며, 그 때 흑인은 신체적 측면에서만 정의됨을 비판하였는데(Silverman, 1996: 27~31), 특히 파농은 이 때 시각적 과정을 강조하기도 한다. 여기서 문제가 되는 것은 무엇보다도 '피부색'이기 때문이다. 흑인의 존재는 '현실적으로 존재하는 유일한 시선'인 백인들의 시선 아래서 박살나고 붙박이고 고착화된 존재이다(Fanon, 1998: 140, 148). 회화에서 비서구인들과 그들의 눈길은 세계가 자신들의 소유의 확장을 위해서 존재한다는 서구인들의 확신을 보증하는 위치로만 묘사되었다(Berger, J., 1972: 95~6). 사진에서는 제국주의적 정복에 따른 과학적 관찰과 측정의 대상으로 위치지어졌다(Pultz, 1995: 20~6).

지의 수사학"(Barthes, 1993: 86~109)이 존재한다. 고대의 어원에 따라 이미지라는 말이 '모방하다 imitari'란 말에 뿌리를 두고 있다 하더라도(같은 책: 86), 이미지는 대상의 단순 모방이 아니라 인간의 조작이 개입되었다는 의미에서의 '재현'이다.[55] 따라서 거기에는 선택과 조작을 수반하는 의미화의 실천이 개입된다. 예컨대, 바르트가 사진 이미지의 특수성을 '코드 없는 메시지'(같은 책: 67)라고 정의하더라도, 눈을 치뜨고 — 아마도 삼색기에 대해 — 경례를 하고 있는 프랑스 군복 차림의 흑인 병사를 찍은 사진을 분석하면서(Barthes, 1973: 116~21) 바르트 자신이 하나의 사진 이미지 속에 기호와 코드에 의한 중층적인 의미 작용이 관류하고 있음을 보여 준다.

　　<파리 마치>지에 실린 이 사진에서 바르트가 읽는 것은 일차적 기호와 이차적 기호로 이루어진 중층적인 의미 작용이다. 일차적 기호는 색깔과 모양으로 이루어진 기표와 그것이 만드는, 경례하는 흑인 병사라는 기의로 구성된다. 이것이 외시 denotation 라는 일차적 의미 작용이다. 그러나 이 기호는 그 자체가 하나의 기표가 되어 프랑스 제국주의라는 또 다른 기의를 동반한다. 이것이 함축 connotation 의 이차적 의미 작용이다.[56] 그럼으로써 <파리 마치>지의 이 사진은 프랑스 제국주의에 대

---

54. 퍼스는 기호를 표상체(좁은 의미의 기호), 해석체, 대상체로 구성되는 것으로 본다. 그의 기호론은 논리학의 일환으로서, 퍼스는 이 구분을 일차성, 이차성, 삼차성이라는 자신의 현상론의 세 범주와 교차시켜 기호들을 분류한다. 일차성은 자신만을 지시하는 것이고, 이차성은 다른 무엇을 통해 자신을 지시하는 것이며, 삼차성은 하나를 다른 하나와 비교함으로써 자신을 지시하는 어떤 것이다. 가장 잘 알려진 도상 icon, 지표 index, 상징 symbol 은 대상체와의 관계에서 분류되는 것이다. 대상체와의 내적인 연관 또는 유사성에 의해 규정되는 도상은 일차성의 기호이며, 대상체와의 실제 관계 또는 인과성에 의해 규정되는 지표는 이차성의 기호, 대상체와 계약이나 관습 등에 의해 중개된 관계를 맺는 상징은 삼차성에 해당하는 기호가 된다(Peirce, 1966: 382~93). 표상체, 해석체, 대상체의 구분에 의해 퍼스의 기호론은 여기서 거론되는, 바르트의 논의가 기초한 소쉬르의 기호론과 달리지지만, 이 문제는 이 책의 범위를 벗어난다.

55. '다시 제시한다, 다시 표현한다 re-presentation'는 말로서 재현은 아무리 사실주의적인 재현으로 나타나고 그것이 쫓아온 이상이 모델의 완벽한 복제라고 하더라도 단순한 반영 reflection 이 아니라 수행 performance 의 차원, 의미화 실천의 차원을 함축하지 않을 수 없다. '재현'의 의미과 관련된 쟁점들에 대한 간략한 정리로는 Hall, 1997을 참조하라.

56. 이 사진에 대한 바르트의 분석은 ≪신화학≫(1957)에 실린 것인데, 외시와 함축 개념을 공식화한 것은 이후 저작인 ≪기호학 요강≫(1964)에서였다(Barthes, 1970: 89~94).

한 긍정적 이미지를 만들어 내고 있다.[57] 외시는 기호가 지니는 직접적이고 객관적 의미 수준에서의 의미 작용이지만, 함축은 기호가 기호 이용자의 감정과 그들의 문화와 만날 때 일어나는 상호 작용이다. 이 이차 기호 수준에서 일차 기호의 기의는 — 억압되는 것이 아니라 — 메말라지고, 자의성의 차원에서 새로운 기의(프랑스 제국주의)가 배태된다. 이 이차적 의미 작용이 바르트가 신화라고 부르는 이데올로기가 기호 체계에 들어오는 의미 차원이다. 이미지의 수사학은 이 함축의 차원에 있다. 함축의 기표들의 전체가 곧 수사학이며, 수사학은 따라서 이데올로기의 기표라는 국면으로 나타난다(Barthes, 1993: 106).

피스크는 이를 두고 "외시는 '무엇'이 사진 찍혀 있는가이고 함축은 그것이 '어떻게' 찍혀 있는가이다"라고 말한다(Fiske, 1990: 86). 외시가 카메라가 초점을 맞추는 대상의 기계적 복제라면, 함축은 이 과정의 인간적 따라서 사회 문화적 부분이다. 즉, 함축은 프레임에 포함시킬 것의 선별, 초점이나 카메라 앵글, 필름의 질 등에 대한 선별이다(같은 책). 이리하여 담론이 이미지를 가로지르면서 이미지가 상징계에 의해 규제되는 결절점에 도달할 수 있다. 내용의 차원에서나 체현된 보는 방식의 차원에서나 이미지는 함축의 의미 작용 차원에서 담론 및 이데올로기와 미늘 달린다. 외시가 아니라 함축이라는 이차적 의미 작용에 의해 이미지 내에서 가시성의 배치가 이루어지는 것이다(가시성은 은폐되는 것이 아니다). 즉, 이미지가 보는 방식을 체현하고 선별과 배제에 의해 그 내용을 채우는 것은 함축의 차원에서이며, 이 함축은 이미지 내에서 기호와 문화의 상호 작용이 가장 활발한 차원이다.

그러나 함축의 차원은 잘 드러나지 않는다. 이차적 의미 작용은 인지되기 어렵고, 그 때문에 일차적 의미 작용의 일차 기호가 의미의 자연적인 원천인 것처럼 여겨지게 된다. 모든 의미 작용의 텍스트가 그러하지

---

57. 함축의 의미 작용에는 텍스트 외에 컨텍스트(맥락 context)가 고려되어야 한다. 바르트 자신도 지적하고 있지만 만일 이 사진이 보수적인 <파리 마치>가 아니라 사회주의 계열의 신문이나 잡지에 실렸다면 전혀 다른 의미(예컨대, 비난이나 패러디)를 생산할 것이다.

만 이미지에서는 이러한 함축의 사라짐이 강하다. 바르트가 사진을 코드 없는 메시지라고 부른 것은 이 문제와 관련된다. 예컨대, 흑인 병사의 사진이 프랑스 제국주의를 정당화하는 이차적 의미 작용을 산출한다 하더라도, 이러한 의미 작용이 성공적이려면 이 의미 작용의 이차적 차원은 효과적으로 보이지 않게 되어야 한다. 그래야 우리는 경례하는 흑인 병사의 형상 그 자체가 프랑스 제국주의의 긍정적인 성격을 담지하고 있으며, 따라서 이러한 메시지가 그 자체 자연스러운 것이라고 받아들일 수 있을 것이다. 이미지는 외시 대상과의 유사성의 코드가 두드러짐으로써 구어적 기호들의 체계보다 이러한 효과가 훨씬 더 강하다고 할 수 있다. 이미지와 그것을 관통하는 담론적 질서의 성공성 여부는 이미지의 의미 작용의 차원이 효과적으로 사라지는 정도에 달려 있다. 즉, 가시성의 세계를 가로지르는 담론의 질서는 보이지 않는 것의 차원에 속한다. 바르트의 말처럼 불연속적인 함축의 세계는 "순진함의 청결한 욕조 속에서처럼 외시된 장면의 역사 속으로 모습을 감추어 버린다"(Barthes, 1993: 108).

(2) 시각 테크놀로지

이미지 / 스크린의 또 다른 차원으로서의 시각 테크놀로지란 카메라나 망원경과 같은 특정한 광학 장치 optical device 를 중심으로 배치된 일련의 담론적 실천과 물질적 · 제도적 실천들의 총화를 뜻한다. 여기에는 판화술이나 사진술, 영화, 텔레비전 등과 같이 '시각 매체'란 말로 표현되어 온 것들이 포괄된다. 이것은 일반적으로 기술 / 기법 technique 이 특정한 구성물이나 방법으로 정의되는 데 비해 테크놀로지 technology 는 그러한 수단과 방법들의 체계로 정의되는 것과도 연관되어 있다(Williams, 1983: 315). 따라서 시각 테크놀로지는 단순히 기술적인 요소로만 환원될 수 없다. 시각 테크놀로지는 일련의 담론들과 물질적 실천들이 연관되어 배치되는 체계의 핵을 이루는 요소이며, 이러한 의미에서 그것은 기술적이기 이전에 사회적이다.[58] 바로 이러한 이유에서 시각 테크놀로지를 이미지 / 스크린의 한 차원으로 자리매길 수 있다. 그것은 시각장에 상징계가 개입하는 물질적 통로로서 일정한 사회적 논리에 의해 우리의 보는 방식을 구조화한다.

첫째, 시각 테크놀로지는 감각과 지각의 차원에 직접 작용하여 대상과 세계를 보는 방식을 변화시킬 수 있다. 맥루언에 따르면 "테크놀로지가 우리의 감각들 가운데 하나를 확장할 때 새로운 테크놀로지가 내면화되는 만큼이나 빠르게 새로운 문화의 전이가 발생"한다(McLuhan, 1962: 40).

예를 들어, 인쇄술은 시각의 우위를 공고히 하였다. 맥루언에 따르면, 15세기 구텐베르크의 활판 인쇄술 발명과 더불어 실현된 "음표 문자 테크놀로지의 내면화는 인간을 귀의 마술적 세계로부터 중립적인 시각적 세계로 전이시켰다"(같은 책: 18). 문자는 시각 공간에 물질화된 실체로서 시각 문화의 확장과 긴밀한 관계를 갖는다. 예를 들어, 문자를 사용하지 않는 사회의 사람들은 많은 훈련을 받지 않고서는 영화나 사진을 보는 데 어려움을 겪는다는 것이다(같은 책: 36~40). 옹 역시 구술적인 말하기 문화에서 씌어진 말하기 문화로의 이행은 본질적으로 청각에서 시각 공간으로의 이행이며, 인쇄는 여기서 극히 중요한 역할을 했다고 본다(Ong, 1995). 알파벳의 활판 인쇄술 이전의 인식 세계에서 중요한 결정권을 가지고 있었던 것은 시각이 아니라 청각이었기 때문이다.[59] 구술 문화에서는

---

58. 이러한 의미에서 시각 테크놀로지는 들뢰즈의 배치로서의 기계 개념이나 푸코가 말하는 장치 *dispositif* 에 비유될 수도 있을 것이다. 들뢰즈의 기계를 정의하는 배치 개념은 내용과 표현, 영토성과 탈영토화의 교차로 이루어진다(Deleuze & Guattari, 1984: 503~5). 비릴리오는 '시각 기계 *vision machine*'란 말을 쓰고 있는데, 이 역시 들뢰즈와 가타리의 용법과 관련이 있는 것 같다. 그러나 그는 이 용어를 명확히 개념 정의하지도 않으며, 이론적 연관도 밝히지 않는다(Virilio, 1994). 다른 한편 ≪성의 역사 1: 앎의 의지≫에서 결합 장치와 성 장치로 제시되는 푸코의 장치 개념은 권력의 프로그래밍, 전략적 근원지, 권력의 효과들을 파악할 수 있도록 내부가 구성되어 있다(Foucault, 1990: 특히 4장). 장 루이 보드리는 '영화 장치'를 논하면서 알튀세르에게 준거하는 '*appareil*(장치, 기구)' 개념에서(Baudry, 1985[1974~5]) 푸코에 준거하는 '*dispositif*(장치)'로 이동한다(보드리의 또 다른 1975년도 논의). 이것은 주체 구성으로서의 관람 상황의 심적 메커니즘만큼이나 영화 장치의 배열(특히 영사와 주체)을 강조하고자 하는 것인 동시에 이데올로기에 대한 강조에서 욕망에 대한 강조로의 이동을 뜻하는 것이기도 하다(Mayne, 1993: 45~7). 그러나 들뢰즈의 배치 개념이나 푸코의 장치 개념을 적용하기에는 이론적 차원에서 검토되어야 할 사안들이 많으므로 이 책의 한계를 넘어선다. 다만, 여기서는 시각 테크놀로지가 단순히 기술적인 내용으로만 환원되는 것이 아니라 일련의 담론과 물질적 실천 및 제도화를 수반하고 그 속에서 사회적 논리에 따라 실현된다는 것만 강조한다.

59. 서구에서는 아리스토텔레스 이래 시각은 '가장 고귀한 감각 *the noblest of the senses*'이었지만 그 자체로서는 불완전하기 때문에 다른 감각의 보완을 요구하였으며, 역설적으로 이 점에 그 고상함이 존재하는 바

지식이 말에 의해서만 소통되었으므로 듣는 것이 보는 것을 압도하였다. 청각의 우위성은 필사 문화에서도 유지되었다. 그러나 활판 인쇄는 궁극적으로 구술과 필사가 부과하였던 청각-촉각의 제한을 파괴하고 시각의 일차성을 도입했다. 인쇄는 쓰기가 일찍이 했던 이상으로 가차없이 단어를 공간 속에 위치시키기 때문이다(Ong, 1995: 179~96; Lowe, 1982: 8).

맥루언은 이러한 인쇄를 정확하고 무한히 반복 가능한 시각적 표현으로 본다(McLuhan, 1990: 430). 이 반복성은 기계 원리의 중심이며, 기계는 사고의 공간과 지각의 공간에서 선형적 연속성을 강화한다. 활판 알파벳은 시각과 시각 공간에서 바로 이 연속성을 산출하고, 선형적인 합리적 생활과 논리적 일관성의 틀을 제공한다(같은 책: 361~7). 이에 비해 전기는 선형적 연속의 종말을 가져온다. 그런데 이러한 전환은 오히려 기계가 뚜렷이 세분되거나 선적 연속성을 나타내는 계기인 영화에 의해 발생하였다. 영화는 기계적으로 속도를 높이는 것만으로써 우리를 연속과 연결의 세계에서 창조성을 가진 상관적 구조의 세계로 이동시킨 것이고, 영화 매체의 메시지는 선적 연속에서 상관적 배열로의 전환이다(같은 책, 302~3). 즉, 매체는 메시지이다. 그러나 전환의 계기는 마련하였지만 영화는 여전히 선적 연속성에 결부된 매체이다. 맥루언에게 있어서 중추신경을 확장하고 선형적 연속성의 논리를 붕괴시키는 전기 시대를 상징하는 것은 텔레비전이라는 새로운 시각 매체이다(같은 책: 567~95).

비록 이러한 논의들이 매체와 테크놀로지가 기능하는 사회적 맥락을 간과하는 측면을 노정한다 할지라도,[60] 새로운 테크놀로지가 인간의

이기도 했다(Jonas, 1966: 135~6). 예컨대, 시각은 똑바로 앞으로만 향하며, 초점이 뚜렷이 맞히려면 대상이 너무 멀어도 안 되고 너무 가까워서도 안 된다. 또 최소한 거울의 도움이 없다면 시각은 모퉁이를 돌아선 곳에까지 다다를 수 없다. 반면에 소리는 우리를 완전히 둘러싸며, 시각이 특정 각도에서의 표면의 지각에 머무르는 데 빈해 청각은 표면 밑을 꿰뚫는 지각이다. 이러한 면에서 가장 현실적이고 오감을 보증해 주는 감각은 오히려 촉각이었다. 촉각은 근본적으로 신체적 접촉으로서 시각과 청각이 드러낼 수 없는 질을 알 수 있게 해 주며, 주체와 타자 간의 궁극적인 지각적 연계이기 때문이다(Lowe, 1982: 6).

60. 특히, 맥루언의 논의가 기술 결정론이고 미디어가 발생하고 기능할 수 있는 사회적·제도적 배경을 간과하고 있으며, 매체(특히, 텔레비전을 비롯한 전기 전자 시대의 매체들)에 대한 지나친 낙관론을 품고 있다는 비판은 김경용, 1997을 참조하라. 기호학과 커뮤니케이션 이론의 관점에서의 비판으로는 Eco,

감각과 지각 방식에 영향력을 행사함으로써 지각장의 구조 변동을 가져오는 한 요인이라는 것은 충분히 보여 준다.[61]

둘째, 시각 테크놀로지는 가시성의 배치에 참여하는 이미지의 지위역시 변화시킨다. 이미 벤야민은 1934～6년 사이에 집필한 <기계 복제시대의 예술 작품>에서 사진과 영화라는 시각 테크놀로지에 의해 이미지의 지위상에 초래된 변동에 대해 기술한 바 있다. 사진술은 이미지의복제 과정에서 처음으로 손이 담당하던 역할을 덜어 줌으로써 복제 과정의 속도와 정확도를 말할 수 없을 정도로 촉진시켰고, 그리하여 사진에 의한 기계적 복제는 예술 작품의 권위가 기초하던 시간적, 공간적 현존성, 즉 아우라 *aura* 를 빼앗는다. '지금 여기'로 요약되는 아우라의 붕괴를 초래한 복제품의 대량 생산과 수용자를 그때 그때의 개별적 상황에서 복제품과 대면하게 만드는 복제품의 현재화는 예술 작품의 수용을종교 의식적 가치에서 전시 가치로 이행시킨다(Benjamin, 1983a: 199～210).

사진 복제로 인해 회화는 예전에 자신의 독특성이 의존하던 공간의독특성으로부터 분리되었다. 예전에 회화는 항상 성당이나 궁전 등 자신이 걸려 있던 공간의 일부였고, 그 아우라의 많은 부분은 그 공간 자체에 의존하고 있었으나, 이제 사진 복제에 의해서 회화 이미지는 수백만의 다른 공간 속으로 들어가고, 그 공간 각각에서 전혀 상이한 맥락 속에서 보여지게 된다. 이에 따라 회화의 의미는 다변화되고, 더 이상 회화 자체에 부착되어 있는 것이 아니라 전달 가능한 일종의 단순한 정보

1993b: 116～30을 보라. 에코에 따르면 "미디어는 메시지가 아니다. 수용자가 메시지를 수용할 때 갖고 있는 약호를 그 메시지에 적용하여 새롭게 만들어 내는 것이 바로 메시지"이다(같은 책: 127). 그러나 에코의 이러한 반론은 명쾌한 만큼이나 맥루언의 명제가 담고 있는 논의의 차원과 그 급진성을 고전적인 커뮤니케이션 모델로 한정시켜 축소시키고 있다는 생각이 든다. 다른 한편, 맥루언에 대한 재평가로는 강준만, 1994: 117～42를 참조할 수 있다.

61. 이러한 전통에 입각하여 로우는 매체 / 감각의 위계 / 에피스테메적 질서의 세 가지 기준에 따라 지각장의 구조 변화를 시대 구분한다. (1) 중세: 구술성과 필사 / 시각에 대한 청각과 촉각의 우위 / 유추, (2) 르네상스: 필사에서 활판 인쇄로 / 청각 촉각에서 시각의 일차성으로 / 상사(또는 유사), (3) 17～8세기 신분 사회: 필사와 구술에 대한 활판 인쇄의 지배 / 청각과 촉각에 대한 시각의 우위 / 공간 속에서의 재현, (4) 부르주아 사회: 사진술에 의해 보완되는 활판 인쇄 / 시각의 확장 / 시간 속의 발전, (5) 20세기: 활판 인쇄에 대한 전자의 우위 / 시각과 소리의 외삽 / 공시적 체계. Lowe, 1982: 1장, 특히 p.15의 표를 참조하라.

가 되어 상품 광고와 같이 어떤 목적에도 이용될 수도 있고 무시될 수도 있게 된다. 이렇게 하여 회화의 의미는 수정되거나 전적으로 변화된다(Berger, J., 1972: 19~32).

하지만 회화는 미술관이라는 새로운 공간에서 안식처를 발견한다. 미술관은 수많은 예술 작품을 한 공간에 수집하고 전시함으로써 그것들을 고유의 시공간으로부터 분리하고 추상하지만, 오히려 작품에서 구체성과 현장성을 제거하는 바로 그 과정을 통해 미술관의 흰벽이라는 중립적이고 추상적인 공간에서 예술을 여타 세계와 분리시키고 예술의 자율적 역사라는 환영을 육성한다(Staniszewski, 1997: 183). 거기서 회화는 작가와 제작 연대와 제작 장소에 대한 주석이 달림으로써 원본으로서 신비적인 주술적 가치가 부여되는 것이다. 그러나 다시 획득된 이 신성함의 지위는 이제 회화의 의미가 아니라 원본으로서 희귀한 대상이라는 그 존재에 기인한다(Berger, J., 1972: 21). 아우라를 붕괴시킨 기계 복제가 예술 작품 이미지를 신격화한 이 역설은 예술 작품의 물리적 성격과 돈의 기적 간의 만남에서 나온, 두 가지 물신 숭배의 연대의 결과이다(Debray, 1994: 288).[62]

그러나 다시 신비화된다 하더라도 예술 작품으로 여겨지는 회화 이미지는 결코 종교 의식적 가치를 담지한 예전의 지위로 돌아갈 수 없다. 이미지의 대량 복제와 이미지의 현재성 및 편재성은 돌이킬 수 없는 현대의 일상성이 되었기 때문이다. 우리가 본 위대한 예술 작품 대부분은 도판의 형태로 복제된 것일 확률이 높고, 미술관에 가지 않아도 인쇄 매체나 복제 이미지를 통해서 얼마든지 접할 수 있다(앙드레 말로가 말한 '벽

---

62. 드브레는 예술 작품 이미지의 이 역설을 '죽음의 신격화'라 부른다. 한편, 기계 복제 시대에 판화가 예술의 지위를 주장하게 된 경우도 이러한 맥락에서 흥미로운 일이다. 예전에는 복제화로서 수공업적 숙련 노동의 지위에 있었던 판화술은 사진술의 등장 이후 예술로서의 지위를 주장하게 되었다. 그 이유는 사진술에 비해 판화는 손에 의한 노동이 개입하고 이것이 창조적 행위에 비견되었으며, 기본적으로 점으로 구성되는 사진(망판 인쇄)은 섬세한 선으로 구성되는 동판에 비해 훨씬 사실적이어서 판화는 상대적으로 정확한 복제와는 거리가 있는 것으로 여겨졌기 때문이다. 이러한 논지는 고전적인 반열에 오른 ≪인쇄와 시각 커뮤니케이션 *Prints and Visual Communication*≫(1953)에서 윌리엄 이빈스 William Ivins 가 개진하였다. 여기에 대한 비판적 검토로는 Fyfe, 1988을 참조하라. 파이페는 이러한 논지를 직접 공격하기보다는 이빈스가 전제하고 있는 예술의 독자성, 창조 행위로서의 예술 작업 등의 개념을 겨냥한다.

이 없는 미술관'). 이렇게 시각 테크놀로지는 이미지들의 지위에 변동을 가져 옴으로써 가시성의 배치 환경을 변동시켜 시각장의 구조화에서 일정한 역할을 한다.

지위의 변동은 시각 테크놀로지 상호간에도 일어난다. 예컨대, 텔레비전이 이미지를 통속화함으로써, 영화는 상대적으로 비범한 영역으로 격상되었다(같은 책: 363). 나아가서는 시각 테크놀로지의 발전이 현실의 경험 자체를 이미지의 경험으로 대체하기까지 할 수 있다. 1960년대에 이미 기 드보르는 현대 사회를 현실이 스펙터클화되고 스펙터클이 현실적이 되는 소외와 물상화의 사회로서 "스펙터클의 사회"라고 규정한 바 있고(Debord, 1996), 맥루언의 '미디어는 곧 메시지'라는 테제를 극단으로 몰고 가서 '미디어 자체의 내파內破'를 주장하면서 실재 자체가 사라지고 기호와 이미지로 이루어진 모사물에 의해 현실보다 더 현실 같은 극실재로 대체되었으며 존재하는 것은 모사뿐이라고 주장하는 보드리야르(Baudrillard, 1992)의 급진적인 주장 역시 — '극단적인 기술 결정론'이나 '기호 물신주의'라는 비판(Kellner, 1989)을 감안하더라도 — 따지고 보면 복제 이미지들이 난무하는 현실의 이러한 측면을 강조하는 주장이다.

마지막으로, 시각 테크놀로지에 대한 정의로 되돌아가, 시각 테크놀로지의 기능은 그것과 결부된 담론적 실천들 및 물질적 제도적 실천과 분리될 수 없다는 점을 강조해야 한다. 시각 테크놀로지의 기능과 시각 양식에 대한 영향은 그것의 기술적 요소만으로는 설명될 수 없다. 레이몬드 윌리엄스에 따르면, 하나의 테크놀로지가 발전하는 과정은 그 사회적 맥락에서 분리될 수 없다(Williams, 1975). 테크놀로지 체계의 발전과 그것이 하나의 사회적 형식으로 발전하는 데에는 사회적·정치적 변화에 대한 반응이란 차원과 기존의 확장되던 산업 군사 체계에 의한 욕구 정의라는 차원, 그리고 더 넓은 커뮤니케이션 체계의 존재라는 차원을 고려해야 한다.

이 문제를 우선 특정 테크놀로지의 발생과 그 이용의 제도화란 차원에서 접근해 볼 수 있다. 예를 들어, 영화의 발전에서 사운드라는 기술적 요소의 도입과 관련하여 버스컴은 새로운 기술은 경제 체계가 요구하지 않는 한 결코 도입되지 않으며, 기술이 도입된 경우에도 어떤 종류의 필요(경제적, 문화적, 미학적, 정치적 필요)를 충족시키지 못한다면 성공할 수 없다고 지적한다(Buscombe, 1985). 실질적인 최초의 토키 *talkie* 영화는 1927년에 개봉된 워너 브러더스의 <재즈 싱어 *The Jazz Singer*>로 알려져 있다. 이 영화에서 새로운 점은 노래보다는 대사가 발성된다는 것이었다(Ellis, 1988: 173).[63] 하지만 사운드 기술은 오래 전부터 이미 개발되어 있었다.[64] 그런데 사운드가 하필 이 때에 와서야 영화에 본격적으로 도입된 이유는, 당시 상대적으로 소규모 회사의 입장에서 배급과 흥행을 통제하고 있는 대회사들과 경쟁해야 했던 워너 브러더스 영화사와 영화 산업에서 투자원을 찾고 있던 월 스트리트의 이해 관계가 맞아 떨어졌다는 경제적 동기(같은 책: 172), 그리고 극영화의 내러티브가 보다 사실적이어야 한다는, 사회적으로 리얼리즘 선호로 기울어지던 당시의 미학적 이데올로기적 조건(Buscombe, 1985) 등에 기인한 것이었다. 사운드가 직접 시각과 관련된 기술 요소는 아니지만 체계로서의 영화라는 시각 테크놀로지의 중요한 구성 요소라는 점을 고려할 필요가 있다. 또 테크놀로지 일반의 차원에서도 테크놀로지의 기원과 제도화가 순수하게 기술적 차원에서 결정되는

---

63. 무성 영화 시대에도 음악 같은 사운드는 있었다. 영화가 상영되는 동안 관객들이 화면에 몰두하도록 영상에 맞추어 옆에서 피아노를 연주하거나 심지어는 관현악단이 동원되기도 하였고(여기에는 아직 기술적으로 세련되지 못한 영사기가 돌아가는 잡음을 감추기 위한 목적도 있었다), 영사막 뒤에 잡동사니가 널린 음향 테이블을 갖다 두고 음향 효과를 넣기도 하였던 것이다. 경우에 따라서는 변사가 영화의 흥미를 돋우기도 했는데, 그러나 이것은 대사 연기와는 거리가 있었다(Toulet, 1996: 48~51).

64. 예컨대, 토마스 에디슨은 자신의 젊은 연구원인 영국인 윌리엄 케네디 로리 딕슨과 함께 1891년 초기 영화 장치의 일종인 키네토스코프 *Kinetoscope*를 만들었을 당시 자신의 발명품인 축음기(1878)의 원리를 응용한 '눈을 위한 축음기'라는 발상을 가지고 있었는데, 마침내 축음기와 키네토스코프를 적절히 조합하여 1895년 3월 키네토폰 *Kinetophone*을 완성시켰다. 그러나 이것은 아직 이미지와 소리를 맞추는 것은 아니었다. 키네토폰은 프랑스의 발명가 오귀스트 바롱을 자극하여 1896년 싱크로니즘 *Synchronism*을 발명하게 하였는데, 이것은 이미지와 소리를 동시에 녹화하고 재현하는 기구였다. 1900년 국제 박람회장에는 '발성 영화와 연극' 코너가 마련되었고 비슷한 시기에 테아트로스코프 *Théâtroscope*와 포노라마 *Phonorama*라는 발성 영화들이 선보이기도 했다. 에디슨 역시 1913년 새로운 키네토스코프를 들고 나와 '발성 영화 *Talking Picture*'를 선전했다. 그러나 이 초기 발성 영화들은 대중들의 관심을 끌지 못했다(Toulet, 1996: 46~8; Robinson, 1996: 51, 166).

것이 아니라 더 큰 사회적 차원에서 결정된다는 것을 확인할 수 있다.

이제 시각 테크놀로지의 하나를 예로 들어보자. 윌리엄스에 따르면, 텔레비전이란 아이디어 자체는 전기, 전신, 사진, 영화의 발전들 속에 이미 들어 있었다(특히, 사진 – 전신 *photo-telegraphy*)(Williams, 1975: 1, 2장). 20세기 초가 되면 텔레비전 시스템이 이미 예견되었고 실제로 연구도 이루어졌으나,[65] 그것에 대한 사회적 투자는 적었다. 1920년대 중반부터 인구 이동이 증가하고 가정의 사사화 *privatisation* 가 진척됨에 따라서야, 라디오와 더불어 텔레비전 방송은 영화보다 시각적 효율성 면에서 열등했음에도 불구하고 현실적으로 크게 발전할 수 있었다. 이러한 사회적 맥락에 의해 비로소 현실화될 수 있었던 텔레비전 테크놀로지는 다시 산업 체계와 군사 체계에 의해 발전 경로가 제약된다. 영화에서는 투자가 먼저 생산에서 이루어졌으나 라디오와 텔레비전에서는 주요한 투자가 분배 수단에서 먼저 이루어짐으로써 공급이 수요에 선행하였고, 전파의 분배라는 기술적 근거에 의해 국가(정부와 군부)의 개입을 필연화했기 때문이다. 따라서 그 발전 경로는 나라별로 달라지는데, 서유럽 나라들의 전형적인 해결책은 국가의 직접적인 규제였으나 영국에서는 국가와 자본의 협상과 제한적인 권력 분할에 의해 1922년 BBC 공영 방송 설립이라는 타협책으로 귀결되었다. 반면 미국은 자본의 힘이 강력하여 텔레비전 방송은 곧바로 시장으로 돌진하였으며, 연방 정부의 통제는 시장의 확장이 기술적 수준에서 혼란을 초래했을 때에야 확립될 수 있었다.

이상과 같이, 시각 테크놀로지의 기술적 요소는 그 자체만으로는 결코 결정적인 것이라 할 수 없다. 따라서 특정 테크놀로지의 기술적 요소가 담고 있는 가능성 또는 잠재성 역시 그대로 실현되는 것이 아니라 항상 사회적 맥락에 의해 그 효과가 매개되고 제약되면서 실현된다. 예컨대, 벤야민은 사진과 영화라는 기계적 복제 테크놀로지가 전통적인 예

---

65. 텔레비전 아이디어는 에디슨도 가지고 있었다. 키네토스코프를 발명하던 당시 에디슨은 종종 근처에 있던 신문 판매원을 붙잡고 자신의 새로운 살아 있는, 말하는 그림에 관해 이야기하거나 때로는 원격 관람 장치(*Far-Seeing device = television device*)에 대해서 말하곤 했다(Robinson, 1996: 21).

술 작품을 향유할 때와는 달리 수용자가 일종의 시험관이자 잠재적인 생산자가 되게 해줄 수 있는 가능성을 읽어 냄으로써 예술의 정치화 가능성을 보았지만(Benjamin, 1983a), 아도르노는 영화 및 대중 매체에서 적극적인 사유의 불가능성과 '기계적으로 복제 가능한' 틀 속에 끼워 넣는 능력을 발견하고 문화 산업을 대중기만으로서의 계몽으로 낙인찍었다 (Horkheimer & Adorno, 1995: 169~228). 아도르노가 훨씬 비판적으로 기울어진 것은 그가 나치의 집권을 피해 망명해서 이미 유럽과 비교할 수 없을 정도로 획일적으로 발달한 대중 문화의 사회인 미국에 체재했기 때문이다. 즉, 이렇게 다른 판단이 나올 수 있었던 데 중요하게 작용한 것은 기술적인 우월성이 아니라 새로운 기술적 성과에 대한 대중적 수용 상황이었던 것이다(Fuld, 1985: 347).

말하자면, 특정 시각 테크놀로지가 이미지의 지위에 변동을 초래하고 보는 방식을 구조화하는 방식과 효과는 기술적 요소가 내장한 가능성이 그대로 발휘됨으로써가 아니라 테크놀로지를 가로지르는 담론적 실천들, 경제적 · 정치적 실천들에 의해 코드화되는 방식에 달려 있는 것이다.

4. 시각 체제의 개념틀

지금까지의 논의에 의거하여 우리는 시각 체제의 구조를 다음의 그림 5와 같이 나타낼 수 있을 것이다.

시각 체제의 기본적인 골격은 사회 역사적으로 구조화된 시각의 장이다. 이 시각장의 구조와 그 속에서 시각적 주체가 형성되는 메커니즘의 기본적인 형식적 틀은 라캉의 세 번째 삼각형 도식으로 파악될 수 있다. 이 시각의 장이 사회 역사적으로 구조화되어 있다는 것은 그것이 담론과 이데올로기, 또 그것을 매개로 권력 관계 및 생산 관계와 연관되

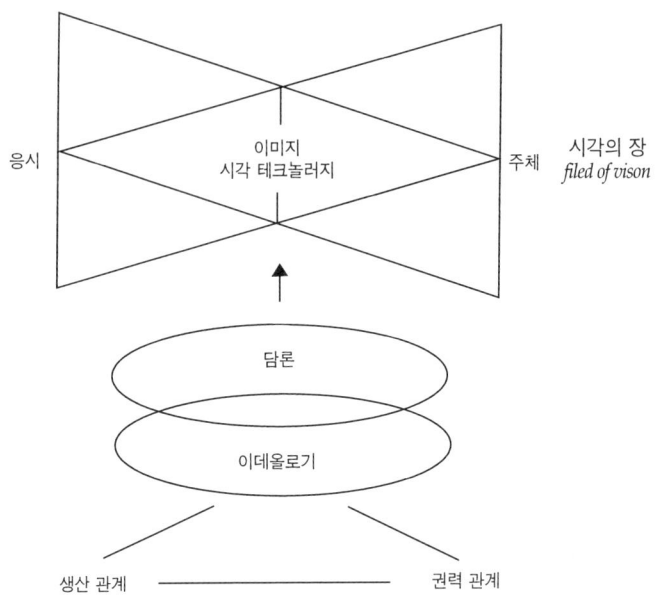

그림 5. 시각 체제의 개념틀

어 있다는 것을 뜻한다. 구체적인 시각 체제의 성격과 내용은 이 연관 관계들에 의해 규정된다.

라캉의 설명을 검토한 데서 알 수 있었듯이, 시각의 장은 시각의 한 계인 비인격적인 응시를 중심으로 조직화되며, 인간은 이 응시와 눈을 동일시하려는, 궁극적으로는 불가능한 시도를 하는 가운데 자신의 바깥에서 시각장을 구조화하는 비인격적인 차원을 생략하고 에고의 환영을 유지함으로써 시각적 주체로 구성된다. 따라서 시각을 구조화하는 응시의 구조적 차원은 보이지 않는 것의 질서에 속하게 된다.

시각장을 구조화하게 되는 이 보이는 것과 보이지 않는 것의 교차는 추상적이고 일반적인 형식적 매트릭스이기도 하지만, 그것은 또한 사회 역사적으로 결정되는 것이기도 하다. 라캉의 이론에서 알 수 있듯이 응시는 기표에 의해 매개된다는 점에서 시각장은 상징계의 논리에 의해 조직되는 것일 뿐만 아니라, 상징계의 논리에 의한 조직화는 그 구체적인 내용이 생산 관계 및 권력 관계와 연관된 이데올로기에 의해 채워지는 것이기 때문이다. 그 통로는 라캉이 말하는 이미지 / 스크린이었다. 응시는 이 이미지 / 스크린에서 가려지는 동시에 표상된다는 점뿐 아니라 이와 같이 시각장 바깥의 사회적 요소들과 연관되어 있다는 점에서도 큰타자의 응시이다. 즉, 시각장은 사회적으로 형성되고 규제되는 것이다.

따라서 시각장에서 보이는 것들의 질서는 푸코가 보여 주듯이 담론적 질서와의 연관 속에서 권력의 선별과 배제에 의해 형성된다. 이 선별과 배제는 보이는 것들과 보이지 않는 것들의 배치를 결정할 뿐 아니라 보는 방식 자체를 결정하는 것이기도 하다. 푸코의 설명에서 보더라도 가시성의 배치는 권력의 응시에 의해 이루어지며, 이 응시는 비인격적이고 주체 바깥의 구조적 힘이라는 점에서 라캉적인 응시이고, 라캉에게서 큰타자의 응시는 궁극적으로 주체 개인에게 시점을 할당하는 것이기 때문이다. 응시가 조직하는 가시성의 배치에 의해 가시적 세계 속에서 주체가 형성된다.

한편 시각장에 기표들의 질서로서의 상징계, 따라서 사회 역사적 질서가 들어오는 도관인 이미지 / 스크린은 시각 이미지와 시각 테크놀로지로 구분된다. 그러므로 이미지와 시각 테크놀로지는 직접적으로는 서로 미늘 달린 이데올로기 / 담론이 시각장에 개입해 들어오는 통로라 할 수 있다. 또한 이미지와 시각 테크놀로지는 응시가 매개되고 표상되는 장소란 점에서 시각의 장 자체를 구조 짓는 요소이기도 하다. 즉, 시각의 장은 응시와 주체, 그리고 이미지와 시각 테크놀로지에 의한 응시와 주체의 매개로 구성된다.

위의 그림 5는 시각 체제의 이러한 구도를 나타낸 것이다. 이미지와 시각 테크놀로지가 시각장 속으로 담론 및 이데올로기가 개입하는 통로라는 것은 화살표로 표시되어 있다. 사회 역사적으로 형성된 보는 방식, 즉 시각 양식은 이미지와 시각 테크놀로지에 의해 보이는 것들이 배치되고 주체와 보이는 것들의 관계가 만들어지는 방식이다. 이렇게 형성된 시각장의 사회적·역사적 구조가 시각 체제이며, 따라서 역사적인 시각 체제는 이데올로기/담론을 매개로 하여 권력 관계 및 생산 관계와 연결되어 있다. 이 때 권력 관계 및 생산 관계는 담론의 의미 작용망에 포섭되고 걸러져야 유의미한 효과를 발휘할 것이므로 일정한 방향의 화살표로 표시되지는 않았다. 시각 양식 및 시각 체제의 역사적 변화는 이미지와 시각 테크놀로지에 의해 야기될 것이며, 그 변화가 어떤 방향으로 이루어지는가 하는 것은 시각 체제에 연결된 사회적 요소들 및 그것을 매개하는 이데올로기/담론에 의존할 것이다.

이상의 개념틀을 이용하여 특정한 시각 체제의 뼈대를 검토하는 것이 어느 정도 가능할 것으로 판단된다. 다음 장부터는 이 시각 체제의 개념틀을 바탕에 두고 서구 현대성의 특징적인 시각 체제의 구조를 살펴볼 것이다.

2장 원근법과 주체

이제부터 서구 현대성의 시각 체제가 가지고 있는 구조와 성격을 검토하도록 하자. 앞에서 제시된 시각 체제의 개념틀에 준거할 때, 먼저 이 장에서 검토할 것은 두 개의 겹쳐진 삼각형으로 표현된 부분, 즉 시각 체제의 기본적인 골격을 형성하는 시각장의 구조와 성격이다. 현대성의 시각장은 원근법에 의해 기본 구도가 짜여진 것으로 이해된다. 그러므로 이장에서는 원근법에 있어서 가시성의 공간이 어떻게 구조화되며 그 속에서 보는 주체는 어떻게 구성되고 어떤 성격을 가지고 있는가를 고찰함으로써 현대성의 시각장을 검토할 것이다. 말하자면, 원근법이 구성하는 시각 공간과 주체가 이 장의 핵심적인 검토 대상인데, 이것은 원근법이 창안되고 최초로 체계화되었던 그 기원의 순간에서부터 접근할 수 있다.

다시 한 번 반복하자면, 현대성의 지배적인 시각 양식은 15세기 르네상스 이탈리아에서 창안된 원근법에 기초하고 있다. 3차원적 공간과 대상을 2차원적 평면상에 정확히 재현하려 했던 원근법은 공간을 합리화하는 시각을 구현하였다. 이러한 점에서 원근법은 현대성에 적합한 재현 양식이자 시각 양식이라고 할 수 있는데, 그 이유는 현대성의 문명은 무엇보다도 합리성으로 정의되기 때문이다. 나아가서 이 원근법은 공간상의 직선들이 수렴되는 소실점을 시점과 일치시킴으로써 시각장에서 데카르트적인 보는 주체를 구성하는 것이기도 하였다. 주지하다시피 현대성은 데카르트적 주체성의 원리로 규정된다. 이렇게 합리화와 주체의 구성이란 점에서 원근법은 현대성의 지배적인 시각 양식의 기초를 형성한다. 또 이러한 점에서 현대의 시각 체제는 '데카르트적 원근법 체제 *the Cartesian Perspectivalism*'로 규정되기도 한다(Jay, 1993: 1장). 이 장에서 다루려 하는 것이 바로 원근법의 이러한 측면이다. 여기서는 시각 공간의 합리화와 주체 구성이란 측면에서 원근법이 가진 현대적 성격을 검토한다. 논의는 우선 르네상스와 현대성의 문화 간의 관계와 서구의 시각 우위의 전통에서 르네상스가 가진 새로운 점을 검토하는 데서 출발할 것이다.

1. 르네상스 시각 문화의 새로움

1) 르네상스와 현대성

르네상스와 현대성을 연계시키는 것은 그리 단순 명쾌한 문제만은 아니다. 오히려 거기에는 처음부터 일정한 어려움이 존재하고 있기조차 하다. 르네상스는 15세기 이탈리아에서부터 시작되었지만, 대체로 현대성의 시대는 17~8세기에서부터 구획되는 것으로 여겨지고 있기 때문이다. 철학적으로 현대성의 정초자는 17세기의 합리주의 철학자 데카르트이며(Welsch, 1988: 66~72), 문학적으로 현대의 자기 이해는 18세기에 시발된 '신구 논쟁'을 거쳐 확립되었고(Jauß, 1983: 1, 2장), 사회 제도적인 측면에서 현대는 무엇보다도 자본주의(Marx & Engels, 1977: 223~4)로 이해된다. 푸코는 유사성이 지배하는 르네상스의 에피스테메를 표상에 기초한 17세기 고전주의 에피스테메와 단절시키고 있으며(Foucault, 1987), 만일 현대성이 자신의 시대를 '비판의 시대'로 이해했다면, 이러한 현대의 자기 이해가 명시적으로 표출되는 것 역시 17~8세기부터 확인된다(박영도, 1994: 9~16 참조).

그러나 두 가지 이유에서 현대성의 시각 체제를 르네상스에서 발원하고 그 기초가 확립된 것으로 상정하는 것이 잘못이 아니라고 생각할 수 있다.

첫 번째 이유는 현대성을 시대 구분의 범주로만 삼을 필요는 없다는 것이다. 시간적 범주로만 생각할 때 용어 자체가 모순에 빠지는 '탈현대'[1] 처럼 '현대'는 구조적 개념으로 파악할 필요가 있다(박영도, 1994: 3~4). 현대성을 시간적 범주로만 볼 경우 이 이성의 시대는 지금 현재인 동시에 곧 지나간 과거가 되는 모순적인 상황에 처하기 때문이다. 그러므로 현대성을 단순한 시대 구분의 범주 이상의 것으로, 오히려 구조와 그 기본 원

---

1. 탈현대 이론의 선두 주자 리오타르는 포스트모더니즘 예술과 관련하여 사건의 성격을 가지는 작품과 텍스트는 항상 너무 늦게 나타나며 마찬가지로 너무 일찍 시작된다고 말한다. 따라서 "탈현대적이란 미래의 *post* 이전 *modo* 이라는 역설에 따라 이해되어야 할 것이다"(Lyotard, 1992: 180).

리의 측면에서 접근할 필요가 있다.

예술적 모더니즘과의 연관 속에서 말하는 것이긴 하지만 아도르노는 현대성이란 질적 범주이지 연대기적 범주가 아니라고 지적한 바 있다(Adorno, 1978: 218). 한편, 푸코는 현대성을 역사상의 한 시대로 고려하는 것보다 일종의 태도로 고려할 것을 제안하고 있다. 동시대의 현실에 대면하는 현대성의 태도는 전통에 대한 결별이나 새것에 대한 감수성과 더불어, 보들레르의 현대성 정의에서 보이는 것처럼 현재 안에 내재해 있는 영원한 어떤 것을 재포착하려는 태도이다(Foucault, 1994: 350~1). 그러므로 일단 현대성의 한 측면은 자기 시대의 새로움을 포착하려는 태도로서 '새로운 것에 대한 추구와 그것에 대한 성찰적 접근'으로 정의될 수 있다(최문규, 1993: 172~4).

그러나 현대성을 '태도'로만 정의하는 것은 문제의 일부분만을 해명할 뿐이다. 자신의 시대를 새로운 '현대'로서 이해하려는 시도는 옛날에도 있었기 때문이다. '현대 modern'라는 말 자체가 '지금, 막'을 뜻하는 'modo'라는 라틴어에서 파생되어 '새로운' 뿐만 아니라 '당시의'라는 뜻까지 담고 있는 'modernus'란 말에 토대를 두고 있으며(Jauß, 1983: 21~2), 자신의 동시대인을 'moderni'(오늘날의 인간들)로 지칭하며 고대와 일정한 거리를 두는 태도는 중세에서도 찾아볼 수 있다. 현재의 우리는 고대의 현인들과 철학자들이라는 거인들에 비하면 난쟁이에 불과하지만 그러나 우리는 "거인의 어깨 위에 서 있는 난쟁이이며 따라서 거인 자신보다 더 멀리 볼 수 있다"는, 진보를 함축한 관념 역시 11~2세기 샤르트르의 베르나르에게까지 거슬러 올라갈 수 있다(Calinescu, 1987: 14~6). 그러므로 우리는 현대성이 어떤 '원리'에 입각하여 자기 시대의 새로움과 현재성을 성찰적으로 대하였는가를 물어 보아야 한다.

현대성의 원리는 이성에 입각한 '합리성'이다. 베버(Weber, 1994)가 현대화와 등치한 합리화는 주지주의화, 특히 세계의 탈주술화이자 진선미의 가치 영역이 분화되는 과정이며, 이 목적 합리적 행위의 제도화는 전통적 생활 양식들을 해체한다. 하버마스(Habermas, 1989) 역시 현대성을 계몽주의의 기획으로 이해하고 있다. 이 합리성의 원리는 '주체성'의 원리와 연결된다. 합리성과 주체성은 분리되지만 연결되어 있다(Touraine, 1995). 호르크하이머와 아도르노(Horkheimer & Adorno, 1994 / 1995)는 자기 보존에 대한 합리적 고려에 의해 현대의 도구적 이성과 주체성이 내재적으로 연결되어 있음을 보여 준다. 그들이 현대성의 자기 이해를 보여 주기 위하여 오디세우스를 시민적 개인의 원형으로 내세울 수 있었고, 계몽이 자신이 극복하고자 한 신화로 퇴행하며, 이성이 야만으로 전도됨을 파악할 수 있었던 이유도 여기에 있다. 하버마스에 따르면, 현대의 자기 확인 문제를 최초로 철학의 근본 문제로서 인지한 헤겔이 새로운 시대의 원리로서 발견한 것은 바로 주체성으로서, 이 주체성의 구조는 철학에서 데카르트의 코기토라는 추상적 주체성으로 또는 칸트에 있어서 절대적 자기 의식의 형태로서 파악되었다(Habermas, 1994: 36∼40).

이렇게 태도와 원리에 의해 현대성을 파악하는 것이 그것을 시대 구분적인 범주로만 보는 것보다 훨씬 생산적일 것이다. 이렇게 할 때, 상이한 시대와 사회들 간의 연속성과 불연속성을 정당하게 파악할 수 있기 때문이다.[2] 또 이러한 관점에 설 때 르네상스와 현대성의 관계 역시 그 불연속과 연속의 상호 연관 속에서 파악하고, 적어도 르네상스를 중세와 단절하고 현대로 넘어가는 가교로서 정당하게 자리매김하기 더 수월해질 것이다.[3]

먼저, 태도의 측면에서 르네상스를 살펴보자. 르네상스인들은 이미 이전 시대와의 단절로서 자기 시대를 이해했다. 일단 현대의 자기 의식

---

2. 이와 관련하여, 누구보다도 불연속성으로서의 역사를 강조하는 푸코가 ≪말과 사물≫ 이후 그 책에서 틀이 되었던, '단절'에 강조점을 두는 '에피스테메' 개념을 버리고 있는 것은 주목할 만하다. 이것은 구조주의에서 벗어나고자 하는 푸코의 의도를 보여 준다. 르쿠르는 비록 ≪지식의 고고학≫ 말미에서 이 개념이 재등장하고 있지만 이 책에서부터 이미 구조주의적인 에피스테메 개념은 사라진다고 본다. 그에 따르면 이 책에서 비평가와 독자들은 "그들의 푸코, 즉 에피스테메 구조의 진지한 탐색자로서의 푸코를 재발견하지 못하고 있다. 설상가상으로 그들은 역사 *History* 가 출현하고 있음을 본다. 그들의 역사가 아니라 주체의 **연속성**과 '단절들'이 나타나는 구조적 **불연속성**을 모두 거부하는 이상한 역사를!"(Lecourt, 1996: 246. 강조는 인용자)

3. 포스트모더니즘과 모더니즘 혹은 현대성과 탈현대성의 관계 역시 이렇게 연속과 불연속의 교차로서 사유하는 것이 훨씬 더 생산적인 결과를 가져올 것이다. 이러한 관점에 서 있는 것으로는 Harvey, 1989b를 참조하라. 기든스 역시 비슷한데, 그는 탈현대성을 현대성이 급진화된 결과로 본다(Giddens, 1990).

의 단초는 '신구 논쟁'이 보여 주듯이 지나간 과거 시대와의 대립으로 생겨났다. 그런데 르네상스는 이미 서구의 역사를 고대와 중세와 현대로 분할하고 있으며, 이 세 시대에 가치 판단을 부하하고 있다. 14세기 페트라르카에서 시작하는 것처럼, 고대는 자신이 준거해야 할 전범으로서, 중세는 암흑 시대 *the Dark Age* 로서 규정되는 것이다. 현재를 구조화하는 직접적인 과거를 '암흑'으로 규정하는 동시에 비록 지나간 고대의 황금 시대의 부활일지라도 '빛나는' 미래의 확실성을 설정한 르네상스는 확실히 혁명적인 사유 방식을 포함하고 있었다(Calinescu, 1987: 20~1). '어두운 세기들'이라는 중간 시대에 대한 표상 안에는 모범적인 고대와 자기 의식의 새로운 시대 사이의 대립을 재귀 혹은 재탄생이라는 일종의 순환적인 도식을 통해 역사적으로 중재하는 것을 가능케 해 주었던 르네상스의 새로운 역사 표상에의 씨앗이 심어져 있었던 것이다(Jauß, 1983: 33).

그러나 르네상스의 이 현대적 태도는 자신의 현대성을 여전히 고대에 준거하고 있다는 점에서 아직은 불완전하고 반쪽자리에 불과했다. 중세의 암흑기와 단절하는 현대는 고대를 모범으로 삼아야 한다. 이러한 어중간한 태도는 그 이후 시대인 17~8세기에 전개된 '신구 논쟁,' 즉 고대(인)와 현대(인)의 논쟁에 가서야 비로소 극복된다(Calinescu, 1987: 23). 그렇다 하더라도, 예컨대, 1513년 플로렌스 지방의 사육제 행렬의 맨 마지막 마차 위에 게양되었던 '황금 시대의 승리'라는 깃발에 새겨져 있던, 타버린 재에서부터 스스로 새로운 비상을 향해 일어나고 있는 불사조는 분명히, 모방의 길을 통해 다시금 달성될 수 있거나 혹은 언젠가는 능가될 수 있을 것으로 믿어 의심치 않는 완전성의 원형, 고대에 의해 이미 충족된 그 완전성의 원형에 대한 감탄 어린 눈길을 통해서나마 자신의 현대성의 의식을 얻어내고 있는 시대적 자기 이해의 상징이었다 (Jauß, 1983: 35~6).[4]

---

4. 17~8세기에 일어났던 '신구 논쟁,' 즉 고대(인)와 현대(인)의 논쟁에 가서야 비로소 이성은 중세적 스콜라주의의 전제로부터뿐만 아니라 고전주의적 고대성에 대한 르네상스의 숭배에 의해 부과된 족쇄에서

다음으로, 내용의 측면에서도 르네상스는 현대성의 시대와 일정한 연속성을 가지고 있다. 우선, 르네상스의 인문주의 *humanism* 는 분명히 현대의 주체성의 원리가 함축하는 개인주의가 발아하는 원천의 하나였다.[5] 헤겔은 주체성이라는 표현이 그 함의의 하나로서 개인주의를 수반한다고 보았다(Habermas, 1994: 37). 인간을 세계의 중심에 등장시키는 인문주의는 확실히 중세의 신적인 세계관과 단절하는 모습을 보인다. 르네상스 시대부터 나오기 시작한 현대적인 자서전과 자화상은 싹트기 시작한 개인적 자아 의식의 표현이다(Romanyshyn, 1989: 70). 특히 이탈리아 르네상스 미술은 창조적인 개인으로서의 예술가라는 현대적인 관념의 형성을 목격할 수 있는 곳이다. 여전히 교황과 귀족 후원자에게 종속되어 있다 하더라도 이탈리아 르네상스는 미켈란젤로에게서 볼 수 있듯이 예술가의 자의식이 싹트기 시작한 시대이며 예술가들이 자신들의 지위에 대하여 불만을 갖기 시작한 시대이다(Gombrich, 1994: 263). 그리고 바사리 Vasari 는 자기 시대의 예술가 개인들의 전기로서 예술사를 구성하며 예술에서의 진보 개념을 제기한다(Chaplin, 1994: 21; Blunt, 1990: 135~59).

다음으로, 합리성이라는 측면에서도 르네상스는 현대성의 시대와 이어진다. 르네상스는 합리성의 지배력이 확장되기 시작한 시대이기도 하다. 르네상스에서 나타난, 경험을 믿을 수 있게끔 검증하는 수단인 합리

완전히 해방될 수 있었다(Calinescu, 1987: 23). 고대가 표상하던 완전성은 진보 개념에 의해서 극복된다. 그리하여 17세기에 이미 현대의 대변자 샤를 페로 Charles Perrault 는 "고대인인 것은 바로 우리들이다"라고 선언하였다. 페로를 비롯한 프랑스 현대파의 공격 화살은 프랑스 고전주의를 겨냥한 것이었다. 이 현대성의 새로운 의식은 그 자체의 현재를 인류의 만년, 노년으로 이해하면서도 역사를 비판적 이성의 광채를 통해 진보의 시대에서 계속 전진하는 것으로 보려고 하는 갈등 속에 서 있는 것이었다. 17~8세기 전환기에서 현대파는 미적 예술의 영역에서의 완성의 개념과 과학의 영역에서의 완전 가능성 개념 사이의 모순을 일종의 보편적이며 계속적인 인류 역사의 진보라는 관점에서 지양하려고 시도하였다(Jauß, 1983: 38). '신구 논쟁'은 프랑스뿐 아니라 독일에서도 전개되었다(Jauß, 1983: 1, 2장; 서규환, 1993b: 109~21을 보라).

5. 한편, 인간과 주체는 개념적으로 다르다는 점이 자주 지적된다. 이 점에 대해서는 Foucault, 1987; Judovitz, 1988을 보라. 따라서 휴머니즘과 계몽은 혼동되어서는 안 된다는 점을 역설하는 것으로는 Foucault, 1994: 357~9를 보라. 다른 한편 인간주의를 부르주아 이데올로기로 보는 알튀세르는 이것을 주체 개념과 연결시킨다. "그 통일성이 의식에 의해 확보되는 혹은 완성되는 주체로서의 인간에 대한 이러한 이데올로기는 그 어떤 단편적 이데올로기가 아니라 5세기 동안 역사를 지배해 왔던 부르주아 이데올로기의 철학적 형태이다"(Althusser, 1991: 112).

적인 실험이 없었다면 현대의 경험 과학은 불가능했을 것이며, 게다가 르네상스는 실험을 연구 원리 자체로까지 끌어올렸다. 그 개척자들은 레오나르도 다 빈치와 같은 예술 영역에서의 개혁가들이다(Weber, 1994[1917]: 31). 예술가이자 동시에 과학자였던 르네상스의 인간은 곧 지적 능력에 의한 '합리적 통제'의 인간이었다.6 이들에 의해 르네상스 시대 과학과 예술을 비롯한 다양한 영역들은 합리화의 도정에 오르는데, 그 가장 뚜렷한 특징은 바로 '수학적 합리주의'이다. 고대의 모범에서 재발견한 수학적 조화의 원칙에 의해 르네상스는 과학과 예술, 의학과 윤리학을 연계시키고 빛과 소리를 매개로 하여 세계와 인간의 영혼과 신체를 연결시켰다(Crombie, 1985: 16~20). 이렇게, 주체성을 함축하는 개인주의의 발아와 합리화의 개시라는 측면에서도 르네상스는 분명히 '현대의 문턱'이다 (Weber, 1994[1917]: 31).7

현대성의 시각 체제가 르네상스에서 그 기초가 마련되었다고 상정하는 것이 잘못이 아닌 두 번째 이유는, 설사 현대성을 시대 구분적 범주로 생각하고 르네상스와 현대성 사이에 불연속을 설정한다 하더라도 한 시대 한 사회를 아무런 모순과 균열이 없이 매끈하게 통합된 것으로 가정할 이유가 없기 때문이다. 하나의 사회는 다양한 층위들이 불균등하게 발전된 모순적인 복합체이다. 이 층위들은 서로 다른 시간성을 가지고 있으며 이 시간성들은 완벽하게 일치하는 것이 아니라 탈구되어 있다(Althusser, 1977; Althusser & Balibar, 1979).

---

6. 르네상스 이탈리아에서 *virtù*(지적 힘)의 인간은 상황을 통제하고 의도한 대로 행동하는 인간으로서 자신의 창조자라는 이미지 속에서 합리적으로 행동하는 인간이다. 이러한 인간은 르네상스에서는 서로 분리되지 않았던 예술가와 실험 과학자로 대표된다. 당시에 *artist* 란 말은 예술가이자 공학자이기도 하다. 레오나르도 다 빈치에게서 우리는 이것을 확인할 수 있다. 거장 *virtuoso* 이란 개념도 추론되고 검증된 통제를 목표로 하는 합리적 예술가를 의미한다. 이러한 측면에서 합리적 예술가와 합리적인 실험 과학자는 당시의 동일한 지적 문화의 전범적인 산물이며, 르네상스에서 과학적 사유와 다른 영역에서의 사유 스타일은 서로 연관된다. 모든 영역에서 자연을 다루는 것과 같은 방식으로 여러 요소들을 분석하는 것이다 (Crombie, 1985: 15~6).

7. 현대성을 비판의 시대로 이해할 경우에도 르네상스는 하나의 가교로 이해된다. 고대적 비판 개념이 부활되어 비판의 시대를 위한 개념사적 가교가 이루어지기 때문이다(박영도, 1994: 11 참조).

르네상스의 세계는 복합적이었다. 르네상스는 기하학적인 수학적 합리성의 세계였을 뿐만 아니라 상상력과 상징의 세계이기도 했다. 르네상스가 현대성의 '문턱'인 것은 이렇게 그것이 아직 이전 시대의 유산에서 완전히 몸을 빼지 못했기 때문이다. 르네상스의 이러한 이중성은 인문주의자였던 동시에 중세적 신비주의자였으며, 근대 과학과 의학의 개척자인 동시에 비합리적 관념의 조달자이기도 했던 파라켈수스의 연금술적인 자연관과 인간관으로 대표된다(Rattansi, 1985).

이렇게 한 시대와 사회를 비정합성, 불균등성으로 이해하는 것은 우리의 관심이 시각 영역에 있다는 점에서 실용적인 면에서의 이점도 제공한다. 비록 르네상스가 과학과 상상력의 혼합, 고대성에의 동경과 현대적 자기 이해의 혼합으로 정의된다 하더라도, 적어도 시각 양식의 영역에선 현대성의 기초를 발견할 수 있으며 이것이 르네상스 일반에 대한 규정과 상충되는 것은 아니기 때문이다. 애커먼에 따르면(Ackerman, 1985: 126), 교양화된 인간들의 최고 야망이 고대인들의 업적을 배우고 흉내내는 것이었기 때문에 르네상스 시대에는 현대 과학적 태도의 본질적인 요소인 진보에의 의지는 방해받기도 하였지만, 시각 예술 분야는 고대성을 부활시키는 데 꼭 마찬가지로 헌신하였음에도 불구하고 그림과 조각에서 설득력 있는 3차원적 세계를 표현하는 데 예술가들과 그 공중이 관심을 쏟고 커다란 자부심을 가지고 있었기 때문에 예외적이었다. 앞에서도 언급했듯이 바사리의 최초의 예술사는 이미 고대에 준거하는 것이 아니라 지오토에서 마사치오를 거쳐 레오나르도 다 빈치에 이르는 자기 시대의 예술가들에 대한 전기로 구성되었다. 이것은 르네상스 시각 예술에서 현대적인 자기 인식과 진보의 관념을 단적으로 보여 준다. 더구나 애커먼의 평가에서도 알 수 있듯이 르네상스 이탈리아에서 시각 예술은 3차원적 공간을 재현하려는 원근법에 기초하여 기하학적 합리성에 입각하여 과학적 태도로 정향된 새로운 시각 양식이 지배한다.

물론 르네상스의 시각 체제 역시 균질적인 것은 아니다. 르네상스는 재현은 충실하고 완벽하지만 과학적인 것이 아니라 중세나 스콜라적인 상징으로서 기능하는 많은 이미지를 생산하기도 하였기 때문이다. 이 시기 생물 유기체에 대한 자연주의적으로 정확한 묘사는 도덕이나 종교적 테마를 묘사하는 상징으로서 의미의 확장을 가져오고 보는 사람들의 상상력을 사로잡는다. 그럼에도 불구하고 중세의 문장 emblem 이나 도상 등 종교적 믿음의 관습화된 항목을 위한 이미지들이 자연주의적 세부 묘사와 회화의 깊이가 결여되어 있었다는 점에 비추어 보면, 르네상스 시대에 만들어진 이러한 이미지들 역시 이전 시대에 비해 본다면 현대성으로의 진일보였다고 평가할 수 있다(Ritterbush, 1985: 149~60).

하지만 형태의 자연주의적 묘사만으로는 과학적이라 하기에 아직 불충분한 것도 사실이다. 이러한 점에서 원근법의 창시자로 알려진 브루넬레스키는 그 자신은 건축가이면서도 회화가 물질적 현실로 재정향되고 대상 재현을 과학화하는 데 있어 결정적인 역할을 한 인물이다. 브루넬레스키 이후 회화의 대상 재현은 상징에 의한 의미의 다중성을 제거하고 자연의 지식을 운반하는 데 전념함으로써 과학의 방향으로 정향되었다(같은 책: 162 이하). 이것은 브루넬레스키가 창안한 원근법이, 당시의 문화적 환경이 합리성의 원리로 완전히 이행하지 않았음에도 불구하고, 현대적인 합리적 시각 공간을 실현하였기 때문이다. 이를 두고 메를로퐁티는 브루넬레스키가 이러한 공간을 환경과 개념화에 앞서 '선취'하였다고 평한다(Merleau-Ponty, 1983: 110~1). 바로 이러한 면 때문에 원근법은 르네상스 이탈리아라는 역사적 조건에 한정되지 않고 현대성의 시각 체제의 지배적인 시각 양식이 될 수 있었다. 원근법이 이미 시대에 앞서서 현대성의 원리를 시각 영역에서 실현하였기 때문이다. 따라서 시각 영역에서는 현대성의 원리를 데카르트의 시대 이전으로 거슬러 올라가서 원근법에서 그 실현을 찾아볼 수 있다(Damisch, 1994: 38~40). 또한 원근법은 그 탄생 시기를 넘어서 그 효과를 생산한다는 점에서도 자신의 특수한 역사적 맥락에 제한되지 않는다. 우리 시대 역시 시각적 질서는 그 근본적인 차원에서 원근법의 패러다임에 좌우되기 때문이다. 즉, 입체파 등장 이후 르네상스적 재현의 위기가 자주 운위되기도 하였을지라도 우리의 현대 문화에 대해서는 여전히 르네상스적 재현의 체계에 의거할 때 많은 것을 알 수 있는 것이다(같은 책: 28). 이러한 의미에서도 원근법은 진정으로 현대성의 시각 체제를 지배하는 시각 양식의 토대이다. 우리는 조금 뒤에 원근법이 내장하고 실현한 이 현대성의 원리를 검토하게 될 것이다.

2) 시각의 특권과 기하학의 재발견

서구에서는 시각에 항상 우위성을 부여해 왔다. 비록 인쇄술의 발달에 의해서야 인간의 지각 영역이 청각적 공간에서 시각적 공간으로 이행했다는 주장이 제기되기도 할지라도, 고대 그리스의 아리스토텔레스가 ≪형이상학≫에서 언급한 것처럼 시각은 항상 '가장 고귀한 감각'이었다. 물론 시각은 다른 감각, 특히 청각과 촉각에 비하면 불완전한 감각이다. 그러나 불완전하기 때문에 다른 감각의 보완을 요구한다는 점이 시각의 고귀함이 기인하는 바이기도 하다(Jonas, 1966: 135~6). 시각은 다른 감각들을 시종들로 거느리는 것이다.

고대 그리스에서는 조각 예술이나 연극이 발달하였고, 신들은 육체의 형상을 부여받고 인간적인 드라마를 연출하였으며, 수학은 도형을 다루고 기하학을 강조하였고, 철학은 보이는 것들 모두에 대해 질문을 던지는 등 모든 영역에서 시각이 특권화된다. 말하자면 그리스인들의 문화는 전형적으로 시각의 중요성이 부각된 문화이다(Jay, 1993: 23~4).[8] 이 점은 철학적 개념에서도 엿볼 수 있다. 회화를 비난했던 플라톤의 이데아론에서 알 수 있듯이 그리스 시대부터 '관념 *idea*'이란 말 자체가 '본다'는 것에서 연원하며 외양이나 이미지 등의 쟁점과 결부되어 있다. '이론 *theory*'의 어원이 되는 그리스어 '*theoria*'의 동사 '*theorein*' 역시 '본다,' '주의 깊게 바라본다'는 시각적 의미를 담고 있고, 그리스에서 발달한 '연극 *theater*' 역시 '이론'과 이 어원을 공유한다.[9]

---

8. 그리스 문화의 시각 체제에 대해서는 Goldhill, 1996을 참조하라.

9. 하이데거는 <과학과 반성>(1954)에서 이러한 점을 지적하였다. 서구 철학의 전통은 '*theoria*'를 '관조

물론, 그리스에서도 시각의 가치는 무조건 찬미되기만 한 것이 아니라 양면적이었다. 나르시스나 오르페우스, 메두사와 아르고스의 신화들은 시각의 악의적 힘에 대한 우려를 표명한다. 플라톤은 회화를 비난하며, 그의 동굴의 우화는 감각적 지각이 산출하는 환상을 의심한다. 하지만 시각은 여전히 고귀한 감각이다. 진리는 빛으로서 존재하며 빛으로서의 존재이기 때문이다. 그러나 이 시각은 실제의 생리적인 시각이 아니며, 빛 역시 초월성으로 착색된다. 동굴의 우화에서 선의 이데아, 즉 모든 것을 존재의 빛 속에 두는 태양은 존재자들을 넘어서 있다(Blumenberg, 1993: 32~3). 플라톤은 시각의 창조를 인간 지성 및 영혼의 창조와 연결시켰다. 지知란 '마음의 눈'이며, 이 눈은 이데아의 형식을 보는 눈이다. 말하자면, 플라톤에게 있어 시각의 가치는 양면적인 것이다. 초월적인 빛이 진리이며 마음의 눈은 그것을 볼 수 있는 데 비하여, 육체의 두 눈에 대해서는 유보적 입장을 취하며 이데아의 빛을 보는 것을 방해하는 이미지와 모방 예술은 비난하기 때문이다.

이러한 양면적인 태도, 그리고 조각과 건축에서 엿보이듯이 시각뿐만 아니라 촉각의 역할 역시 부각되는 측면이 있음에도 불구하고 전체적으로 그리스 문화가 눈에 특권을 부여한 것만은 틀림이 없어 보인다.[10] 더구나 초월적인 빛이라는 생각과 마음의 눈에 가치를 부여하는

contemplation'의 어원인 'contemplatio'(라틴어 동사 'contemplari'는 어떤 지점에서도 보여질 수 있는 장소와 어떤 지점도 보일 수 있는 장소를 뜻하는 'templum'에서 유래한다)로 변형함으로써 시각적 편기를 강화하고 시간성을 무시하게 되었으며 이 'theoria'가 관찰 observation 과 융합된다(Jay, 1993: 269~71 참조). 또, 요나스에 따르면, 그리스 철학의 시각적 경도는 고정된 본질을 고양하는 경향을 낳는다. 시각은 동시성의 감각이므로 덜 시간적이고 정적이며, 따라서 불변적이고 영원한 현전을 강조한다는 것이다. 따라서 그리스인들은 기하학을 발달시켰지만 운동과 가속의 문제는 다루지 못한다. 게다가 시각의 외재성은 관찰자가 대상과 직접 관계를 맺는 것을 피하게 해 줌으로써 공간적 거리를 설정하여 주체와 객체의 분리를 가져오는데, 이는 객관성 개념이 발달하는 대신 인과성 개념을 상실하는 결과를 낳는다(Jonas, 1966: 136~52).

10. 시각에 특권이 부여되었다고 해서 그리스 문화를 일반적으로 시각만이 모든 것을 지배한 것으로 파악하는 것은 모든 일면적인 해석이 그렇듯이 위험한 것일 수도 있다. 예컨대, 이빈스는 그리스 문화를 촉각적인 것으로 보는데, 그는 특히 그리스 기하학은 촉각적-근육적 직관이 지배한다고 해석한다(Ivins, 1973: 7~8). 이에 비해 들뢰즈는 이집트인에 비하면 그리스인들은 고전적인 유기적 재현과 광학적 공간을 발명했다고 평가한다. 그러면서도, 들뢰즈 역시 그리스의 이 광학적 공간은 복합적인 것이라고 보는데, 그에 따르면 이 공간은 이집트의 '눈으로 만지는' 시각과 단절하면서도 단순히 시각적이지만은 않고 촉각적인 가치들을 시각에

전통은 이후 시대로 이어진다. 헬레니즘 문화에 이르면 플라톤에 함축되어 있던 빛의 초월성이 지배적인 성격으로 부각되고, 우주를 채우는 매체 같은 밝음은 형이상학적인 극으로 집중됨으로써 빛은 구원과 불멸성의 은유가 된다. 빛의 초월성에, 그리스에서는 없었던 빛의 신성이 부가되는 것이다. 뿐만 아니라 키케로에 이르면 빛의 은유는 내적인 도덕적 자명성과도 연결된다(Blumenberg, 1993: 34~7). 기독교에서 신성의 빛 은유가 풍부해질 수 있는 터전은 헬레니즘 문화에서 이미 마련된 것이다.

기독교의 원천인 헤브라이 문화는 "태초에 말씀이 있었다"가 압축하듯이 말과 청각 우위의 문화이기 때문에 중세 유럽은 청각을 우위에 둔다고 말한다. 그러나 중세 기독교 문화는 헤브라이 문화와 달리 시각에 대해 적대적이지 않았다. 무엇보다 기독교는 신성이 인간적 형태로 육화되는 것을 믿었기 때문에 모세적인 우상 금기가 약하다는 점에서 유대교와 구별된다. 더구나 초기 교부들의 후예들은 게르만을 비롯하여 비유대인들에게 기독교를 전파하는 과정에서 시각의 중요성을 깨달았다. 중세 교회는 갈수록 '덜 고상한 영혼들'에 대한 시각적 자극의 힘을 인식하게 되었던 것이다. 글을 읽을 줄 모르는 평민들에 대한 전도 과정에서 성화나 조각이 적극적으로 이용되었고, 이러한 경향은 12세기 성모 마리아 숭배와 더불어 강화되었다(Jay, 1993: 40~1).[11] 이렇게 시각적인 것에 대한 관용이 커진 것은 그만큼 교회가 권력을 장악했다는 것을 역으로 드러내 주는 것이기도 하지만(Debray, 1992: 104~5), 어쨌든 복음의 전

종속시키면서 촉각적인 것들에 의거한다. 말하자면 이집트의 눈으로 만지는 공간을 대체한 것은 촉각적-광학적 공간이다(Deleuze, 1995a[1981]: 163~5). 그리스 문화에서의 시각의 역할에 대해서는 별도의 연구가 필요할 것이며, 여기서 우리의 관심사는 꾸준히 이어져 온 서구에서의 시각의 특권 전통에서 그리스 문화가 차지하는 중요성에 한정된다.

11. 다른 한편, 성경에서 눈으로 보는 것은 원죄와 결합되어 있었다(이미지 / 육체의 원죄, 외관 / 음욕)는 점에서 본다면 성모 마리아 숭배와 이미지의 상호 관계는 이미지에 대한 박해가 곧 성적 억압이었다는 것을 다른 측면에서 조명해 주는 것일 수도 있다. 말씀은 법으로서 아버지의 것이며 이미지는 어머니 여신에게서 오는 것이었다. 그러나 성모 마리아에 의해 기독교에서 이미지의 힘이 증가하고 시각에 대한 태도가 보다 우호적으로 된 것은 사실이다. 드브레는 "기독교도는 어머니에 의해 인간의 아들이 되며, 시력을 통해 의식에 눈뜬다. 성상을 통해 하느님의 말씀, 즉 이성에 이른다 해도 좋으리라"고 말한다(Debray, 1994: 88~92 참조).

도를 위해 이미지의 좋은 용도를 구별하기 시작하면서 기독교는 반시각 주의적 태도로부터는 차츰 멀어진다.

기원 1세기부터 이루어진 기독교와 헬레니즘 문화의 접촉은 이미 이 러한 경향을 강화하였는데, 기독교에서 시각을 격하할 수만은 없게 만든 근본 원인은 바로 신성의 은유로서의 빛이었다. 예컨대, 성자 존 St. John 의 성가는 "신은 빛이다"라고 말한다. 헬레니즘 철학이 기독교에 수용되 는 과정에서 큰 영향을 미친 알렉산드리아의 필로 Philo 는 자신이 유태인 이었음에도 불구하고 빛의 은유에 의해 시각을 우위에 두기까지 한다.[12] 게다가 토마스 아퀴나스는 좋은 우상 숭배 iconolatry 와 물신 숭배적인 나 쁜 우상 숭배 idolatry 를 구별함으로써 이미지를 동원한 전도를 옹호할 수 있게 하였다. 아퀴나스로 하여금 시각적인 것을 인정하게 만든 것은 수 태고지 Annunciation 에서 첨예화되는 신의 육화 Incarnation 라는 문제이다.[13] 비가시적인 신이 가시적으로 되는 육화의 교리는 신체와 감각의 물리성 을 격하할 수만은 없게 만들었고, 이로써 기독교에서 이미지의 신학이 가능해진 것이다. 즉, 신은 말씀이지만 그리스도에 육화된 신은 인간의 형체를 갖추어 볼 수 있게 되며, 이러한 점에서 도상에 대한 옹호가 가 능해진다. 따라서 중세 기독교 문화에서 정통적인 삼위일체의 교리는 신 체와 감각을 비난하지 않았다.[14]

시각의 중요성은 르네상스에서도 유지되었다. 에라스무스는 ≪우신 예찬≫에서 중세적인 이미지의 물신을 비판하고 '말로써' 계몽과 지식을

---

12. 필로에게 있어 현명한 인간은 그가 본다는 사실에 의해서, 그가 "귀를 눈과 바꾸었다"는 사실에 의해 서 정의된다. 그러나 이 시각은 빛에 의존한다. 빛 속에서 시각의 대상은 시각에게 보여지는 것이다. 따라 서 청각에서 시각으로의 변형은 사물들이 스스로를 보여 준다는 관념이 아니라 태초에 빛을 창조한 신이 보여 주는 존재라는 사실에 의해 제한된다(Blumenberg, 1983: 286). 결국 그는 신에 대한 지식과 연관하 여 시각에 선차성을 부여하고 시각적 양식으로 창조를 분석하였던 것이다(Soskice, 1996: 32).

13. 수태고지 문제에 대한 아퀴나스의 해법은 천사의 육체적 현현이 신의 육화라는 메시지와 부합한다는 것이다. 즉, 마리아가 실제로 천사를 본 것이나 아니냐는 문제에 대하여 아퀴나스는 천사는 신이 보이는 것으로서의 살 flesh 이 되었다는 메시지를 가져왔던 것이기 때문에 마리아가 실제로 천사의 메시지를 보 았다는 것이 더 적절하다는 것이었다(Soskice, 1996: 31~2).

14. 오히려 중세에 시각이나 감각을 비난한 것은 삼위일체 교리에 대립되었던 영지주의였다(Soskice, 1996).

넓혔지만, 르네상스는 전체적으로 시각적인 것을 의심하지 않았으며 르네상스의 자연주의 미학은 광학적 경험의 가치를 믿는 데 의존하였다. 르네상스 과학은 뒷면에 은을 입힌 거울을 발명하였을 뿐 아니라, 무엇보다도 르네상스의 시각 예술은 서구 문화의 가장 큰 혁신이라는 원근법을 등장시켰다.

그러나 동일한 '시각의 고귀함'이라는 전통 속에 있다 하더라도 르네상스의 시각 양식은 이전 시대들의 그것과는 근본적으로 다른 것이었다.15 첫째, 르네상스 시대에서부터 이미지는 말 또는 말의 텍스트에서 해방되기 시작하였다. 푸코는 17세기 고전주의 시대에서부터 언어가 가시적인 것에서 분리된다고 말한다. 언어는 그 자체가 텍스트로서 읽혀지는 세계, 즉 세계의 산문으로부터 독립한다. 고전주의는 더 이상 유사성의 질서에 붙박이지 않고 기호들의 결합 관계로 넘어간다(Foucault, 1987: 4장 이하). 이러한 언어의 독립은 역으로 말하면 이미지의 독립이다. 중세 내내 이미지와 형상은 말과 텍스트에 종속되어 있었기 때문이다. 그런데 푸코는 광기와 관련하여 이러한 말과 이미지의 분리가 르네상스의 지평에서 시작되었다고 말하고 있다. 이 때부터 말과 이미지 사이의 통일성은 해소되기 시작하고, 회화는 자신의 조형적 가치에 의해 다루는 테마를 언어로부터 멀리 가져가는 실험에 몰두한다(Foucault, 1973: 18).16 재현

---

15. 만일 그리스 문화를 시각과 촉각이 혼재된 것으로 본다면, 이 점에서도 르네상스의 시각 문화는 새롭다. 그리스 기하학이 촉각적–근육적 직관에 의해 지배되었다고 생각하는 이빈스는 이탈리아 르네상스의 알베르티의 원근법 도식이야말로 촉각적 공간이 시각적 공간으로 대체되는 실질적인 시작을 표시한다고 주장한다(Ivins, 1973: 10). 원근법의 역사에 있어서도, 그리스인들이 원근법을 발명했다고 종종 주장되며 그들이 단축법 *foreshortening* 과 원근 무대 배경화 *scenography* 를 발명하기도 하였지만, 합리성과 주체성의 원리를 결여하고 있다는 점에서 르네상스의 그것과는 상당히 다르다. 그리스에서는 원근법의 체계적인 원리도, 소실점이나 시각 피라미드의 교차 절단이란 관념도 발견하기 어렵다. 원근법과 관련하여 그리스 시각 예술에 대해서는 Panofsky, 1991(그러나 그리스인들이 곡선 원근법을 구사하였다는 그의 주장은 비판의 대상이 되고 있다); Wright, 1983: 34～9; Pirenne, 1970: 180～1; Gombrich, 1994: 3～4장 등을 참조하라.

16. 푸코가 ≪말과 사물≫에서 유사성의 질서로 거론하는 것은 르네상스 시대 에피스테메의 특징이다. 그러나 그는 ≪광기의 역사≫에서는 17세기 고전주의 시대에서 보이는 말과 이미지의 분리가 르네상스에서 시작되었다고 말한다. 여기서도 특정한 시대 특정한 사회의 내적인 부정합성 및 불균등한 복합성을 확인할 수 있다.

양식으로서의 원근법은 말과 이미지의 분리라는 이 커다란 흐름 속에 위치지어질 수 있다. 그것은 이야기로부터 이미지의 해방을 추동하는 양식이었다. 원근법은 리얼리즘의 효과를 크게 강화하였고, 이 효과는 곧 그림에서 내러티브 또는 텍스트에 속하지 않는 형상적인 것 *the figural* 의 영역을 확장하는 것이었기 때문이다(Bryson, 1981: 1장). 말하자면 원근법에 의해 중세 시대 담론성에 종속되어 있던 이미지를 말과 텍스트의 전제로부터 해방시키는 길이 열리기 시작했던 것이다.

둘째, 르네상스 시대에 시작된 이러한 시각적 영역의 분리는 보는 방식의 새로움을 그 구조적 내용으로 가지고 있는 것이었다. 과거와 다른 이탈리아 르네상스의 원근법은 '시각의 합리화'(Ivins, 1973)로 압축 요약된다. 바로 이 점에서 그것은 현대의 시각 체제의 근간이 된다. 시각의 차원에서 원근법은 현대의 합리성 원리를 추동하기 때문이다. 막스 베버 역시 이미 — 비록 음악 사회학에 대한 그의 체계적인 연구에 비해서 시각 문제에 대해서는 과도하리만치 관심을 보이지 않았음에도 불구하고 — 원근법의 이 본질적인 측면과 서구 현대의 합리화 과정과의 연관성을 정확히 인식하고 있었다. 예를 들면, 1919∼20년 사이에 집필한 <종교 사회학 논문집 서언>에서 그는 여러 영역에서 전개된 서구의 합리화 과정과 동양에서의 합리화 과정의 부재를 대조시키는 가운데, 예술 영역에서도 동양은 합리화를 결여하고 있었다고 언급한다. 이 때 베버가 예술의 합리화로 지목하는 것이 바로 원근법이다.[17]

> 이와 마찬가지로, 동양은 서양 건축의 기술적 원리의 발상지였음에도 불구하고, 르네상스가 창조한 궁륭 문제의 서구식 해결도 모든 예술의 '고전적' 합리화 — 회화에 있어서는 직선 투시화법 및 공간 원근화법의 합리적 사용 — 도 결여되어 있었다(Weber, 1983: 140).

---

17. 비슷한 관점에서 시각 영역에서 원근법이라는 합리화가 결여되어 있었던 것이 동양이 서양으로부터 구별되는 차이라고 강조하는 것으로는 Edgerton, 1976; 1985를 보라.

그리고 이빈스의 말에 따르면, 이 "시각의 합리화야말로…… 르네상스의 가장 중요한 사건이었다"(Ivins, 1973: 13).

이렇게 말과 이미지의 분리라는 면에서나 시각의 합리화라는 면에서나 그 핵심은 원근법이다. 그런데 르네상스 이탈리아인들이 원근법을 통해 시각을 합리화할 수 있었던 것은 그들이 중세에 상실되었던 고대의 유산, 특히 기하학적 광학을 재발견할 수 있었기 때문이다. 그리스 광학은 원근법을 공식화한 알베르티가 참여했던 인문주의자 서클에서 주요한 토론 주제였다(Edgerton, 1975: 64). 그리스 광학은 중세 초 유럽에서는 잊혀졌으나 이슬람 학자들에 의해 계속 발전되었으며, 중세 후기부터는 이슬람을 경유하여 유럽에서도 재발견되었다. 그리하여 광학은 그리스-로마 문명과 이슬람 문명 및 기독교 문명이 만나는 곳이었다.

광학을 기하학적으로 확립하는 데 결정적인 기여를 한 사람은 고대 그리스의 유클리드 Euclid 였다. B.C. 4세기에 유클리드는 광학에 최초의 일관된 수학적 모델을 부여했는데, 그의 ≪광학≫은 거의 전적으로 기하학의 한 연습이었다고 평가되기도 한다(같은 책: 68). 유클리드는 시각의 힘이 항상 시각 광선들 visual rays 로서 눈으로부터 앞으로 나아가며, 이 광선은 '직선'으로 도해될 수 있다고 믿었다. 이 광선들은 분기되어 관찰자의 눈에 꼭지점을 두는 상상적인 원뿔을 형성한다. 그는 이 시각 원뿔 visual cone 은 도해될 수 있기 때문에 기하학에서 추상적인 형상들을 관장하는 것과 동일한 법칙 아래 종속된다고 생각했다.

유클리드가 기하학에 광학을 기초하려 한 것은 자연적인 시각 현상에서 평행선이 멀어질수록 수렴되는 현상과 멀리 있는 대상이 작아 보이는 현상, 즉 이른바 '자연 원근법 perspectiva naturalis'[18] 현상을 설명하기 위한 것이었다. 여기서 유클리드는 시각적 크기는 시각의 각도 visual angle 에 의존한다고 생각한다. 각도는 불변하므로 거리에 따라 크기가 달라지는 물체의 객관적인 크기를 시각의 각도에 의해 측정하고 계산할 수 있

---

18. 이에 대비하여 르네상스 이탈리아에서 확립된 (선)원근법은 '인공 원근법 perspectiva artificialis'으로 불리기도 한다.

기 때문이다(Pirenne, 1970: 60). 그러나 유클리드는 후대의 르네상스인들이 인지하기 시작했던 소실점이란 것을 몰랐고, 따라서 시각의 장에서 눈이 위치하는 지점을 규정하지 않았기 때문에, 거리에 따라 크기가 달라지는 현상은 알고 있었지만 이 현상의 법칙은 발견할 수 없었다. 거리에 따라 크기가 달라지는 환영은 시각 각도에 의해 결정된다는 그의 규칙 역시 후대의 르네상스인들처럼 평행선이 수렴되는 것을 설명하기 위한 것이 아니라 결코 수렴되지 않는다는 것을 주장하기 위해서였기 때문에 소실점 현상과는 상관이 없었다(Edgerton, 1975: 68).

그럼에도 불구하고 유클리드의 기하학적 광학은 이후 르네상스 원근법의 확립에 지대한 공헌을 했는데, 그것은 그가 자연 원근법의 시각 원뿔 모델을 제시하고 광선이 직선으로 나아간다고 논함으로써 현대성의 시각 체제의 근간이 되는 기하학적 결론에 도달할 수 있었기 때문이다(Pirenne, 1970: 7, 61). 라캉의 시각 이론을 다루면서 이미 확인하였듯이 광선이 직선이라는 가정은 기하학적 광학에 고유한 가정이다. 다음 절에서 보게 될 것처럼 이 시각 원뿔 모델과 광선의 직선성은 알베르티에 의해 체계화되는 원근법의 원리에서 기초를 이룬다.

원근법적 시각 양식의 확립에 또 하나 기여를 한 것은 프톨레마이오스 Ptolemaios 의 광학 논문이다. 그의 논문은 색채와 시각적 환영 및 대기 원근법 문제에 관심을 가지고 있어서(그는 "가까이 있는 것은 밝은 색으로, 멀리 있는 것은 더 어두운 색으로 그려야 한다"고 주장한다) 물리학자의 관점에서 이해되기도 하였다(Edgerton, 1975: 69). 그렇지만 프톨레마이오스의 광학 논문은 기하학적 논증을 포함하고 있다.

기하학적 광학의 전통에 중요한 역할을 하였지만, 프톨레마이오스는 대상의 크기를 지각하는 문제에 있어서 유클리드에게 완전히 동의하지는 않았다. 그는 각도보다는 오히려 거리와 위치의 중요성을 강조하고 있다. 이것은 후대의 원근법 이론이 확립되는 데 중요한 측면이다. 원근법에서 사물의 크기는 거리의 문제이기 때문이다. 즉, 멀리 있는 것일수록 크기가 작아진다. 그리고 이 크기 축소 diminution 문제는 보는 사람의 위치와 관련되어 있다. 거리에 따라 크기가 달라지는 현상은 시점이 고정되어야 일관성 있게 파악되고 재현될 수 있기 때문이다. 이 시점은 그림에선 소실점에 대응된다. 이 소실점은 거리에 따라 달라지는 크기를 측정할 수 있는 기준이 되는 평행선이 무한히 뻗어가면서 수렴되는 지점이다. 또 하나 중요한 것은 프톨레마이오스의 '중심 시각 광선 centric visual ray 원칙'이다. 유클리드는 광선의 직선성만 이야기할 뿐 시각 원뿔을 형성하는 모든 광선들은 비차별적이었다. 그러나 유클리드 이후 광학자들과 프톨레마이오스는 원뿔에서 중심에 있는 광선은 눈과 대상 사이를 광선이 여행하는 거리가 가장 짧기 때문에 가장 정확한 인상을 눈에 되돌려 준다고 주장하였다. 뒤에 알베르티는 바로 이 원뿔의 중심축을 이루는 광선을 "광선들의 왕자 prince of rays"라 부르게 된다(Edgerton, 1975: 69).[19]

중세 유럽보다 이슬람 문명에서 계승 발전된 이 그리스의 기하학적 광학 전통[20]은 15세기 르네상스 이탈리아인들의 주요한 주제가 되었고, 그

19. 프톨레마이오스가 선 원근법의 확립에 기여한 또 다른 면은 그의 《지리학》에서 찾아볼 수도 있다. 다른 사람들은 여기에 별로 주목하지 않지만 에저튼은 프톨레마이오스의 지도 제작법을 대단히 중요하게 평가하고 있다. 그에 따르면 프톨레마이오스가 지도상에서 지리적 위치를 정확하게 재현하기 위해 동원한 경도와 위도선의 격자망은 알베르티가 대상의 위치와 크기를 그림 표면에 정확하게 비례적으로 재현하기 위해 확립한 베일 veil, 파비멘토 pavimento 라는 원근법적 격자에 영향을 미쳤을 것이라는 것이다. 더구나 지도 제작에 동원한 프톨레마이오스의 기하학적 투사법은 '고정된 시점'을 설정하고 있다. 에저튼은 프톨레마이오스의 지리학과 지도 제작법에 큰 관심을 가지고 있었던 토스카넬리 Toscanelli 에 의해 이러한 기하학적 방법이 브루넬레스키에게 수용되었을 것으로 본다. 브루넬레스키의 친구였던 토스카넬리가 브루넬레스키의 원근법 실험에 필요한 과학적 정보를 제공했을 거라는 것이다. 토스카넬리가 포르투갈로부터 동방으로의 항해에 대한 자문을 요청받은 사람이라는 점에서 프톨레마이오스의 지도 제작법과 선 원근법, 그리고 서구의 신대륙 발견 및 지리적 확장과의 연계를 추정해 볼 수도 있다. 이상에 대해서는 Edgerton, 1975: 7, 8장; 1976: 92~6을 보라.

20. 그리스에서는 A.D. 3세기경 의사 갈렌 Galen 이 확립한 생리학적 광학 전통도 있었다. 이 전통은 주로 빛이 안구 속에서 어떻게 여행하여 이미지를 지각할 수 있게 하는가 하는 문제를 다루었다. 갈렌의 안구 해부 도식은 이후 1300여 년에 걸쳐 서구와 이슬람에서 수용되었다. 갈렌에서 시작된 그리스의 생리학적 광학 전통은 이슬람에서 발전되어 유럽에 큰 영향을 주었는데, 여기에는 알킨디 Al-Kindi, 알하젠 Alhazen 등의 저작들이 중요하다. 특히, 11세기에 저술된 알하젠의 저작은 1200년경 서구에 소개되어 13세기 광학 연구의 첫째 가는 준거점이 되었고, 케플러와 데카르트의 광학이 나오기 전까지는 광학의 전범이었다. 이 생리학적 전통에서도 빛은 직선으로 여행한다고 생각하여 기하학적 광학과 연결되며, 원근법의 확립에도 일정한 역할을 하였다. 이 생리학적 광학 전통에 대해서는 Edgerton, 1975: 70~4; Lindberg, 1976; Hyman, 1989: 1장 등을 참조하라.

리하여 원근법의 체계화에 이론적 기초로서 작용하였다. 그런데 13세기 영국의 수도승들을 중심으로 한 기독교 학자들의 광학 연구도 기하학적 광학이 원근법의 확립에 일정한 기여를 하는 데 도움을 주었다. 이들을 통해 광학 연구가 널리 보급되었을 뿐만 아니라 기하학에 입각한 원근법의 확립과 보급에 유리한 종교적 환경이 조성될 수 있었기 때문이다. 12세기에 이슬람 세력이 스페인과 시실리에서 패퇴하면서 고전 광학을 재발견한 기독교인들은 이 기하학적 광학에 매료되었다. 그들의 눈에는 이 광학이야말로 신의 은총의 전달을 설명할 수 있는 것으로 비쳤기 때문이다. 이것은 헬레니즘 이래 신성의 은유로서의 빛이라는 전통과도 합치하는 것이었다.

프란체스코회 영국 수도승들은 광학을 신이 은총을 퍼뜨리는 모델로 받아들였다. 은총은 직접적이고 직교하는 빛으로 현시된다고 생각한 것이다. 그로세테스테 Robert Grosseteste 에 의하면 빛은 신의 은총이다. 그에 따르면 빛은 첫째 날 신에 의해 창조되었기 때문에 우주의 신적 에너지화의 기본 동력이며, 빛이 자연 세계에 대해 갖는 관계는 '추상 공간이 기하학에 대해 갖는 관계'와 같다. 따라서 광학의 기하학의 법칙은 우주에서 빛의 본성에 적용될 수 있게 된다(같은 책: 75). 영국의 프란체스코 수도승들이 빛의 본성을 기하학에 따라 이해할 수 있다고 생각한 것은 그들의 핵종 *species* 개념에 의거한다. 이것은 사물이 발산하는 시각을 생산하는 에너지로서 직선 형태로 방사되기 때문에 기하학의 법칙에 종속되는 것이다(같은 책: 76). 로저 베이컨 Roger Bacon 은 유형 실체적인 전도체로서의 핵종을 시각적인 것, 물리적인 것, 형이상학적인 것, 신적인 것으로 구분하면서 이것들은 모두 직선으로 여행한다고 선언하였다. 따라서 그는 교회에 봉사할 뿐 아니라 신이 우주를 다스리고 조화시키는 수학적 법칙에 의해 조직되는 예술을 마음 속에 그렸다. 즉, 그가 보기에 기하학적 수학 법칙은 신이 우주를 다스리는 모델이므로 교회의 명령에 따라 도덕화 기능을 수행하는 회화는 시각적으로는 기하학적으로 구성되어야 했던 것이다(Edgerton, 1976: 89~90).

서구 유럽에서 종교가 누렸던 권위를 생각해 볼 때 프란체스코회 수도승들이 기하학적 광학을 연구하고 그것을 신성의 법칙에 부합하는 것으로 보았다는 것은 기하학적 광학이 확산되고 수용되는 데 긍정적인 조건이 되었을 것이다. 즉, 13～4세기를 거치면서 기하학적 광학의 재발견이 현대의 새로운 시각 체제 형성의 토대가 될 여건은 마련되었다고 볼 수 있다. 그러나 그것이 구체적인 재현 양식과 결합함으로써 과거와는 다른 새로운 시각 양식을 정초하기 위해서는 르네상스의 이탈리아인들을 기다려야 했다.

2. 원근법의 창안

원근법은 15세기 이탈리아의 플로렌스에서 창안되고 최초의 체계적인 이론화가 이루어졌다. 1425년 건축가였던 필리포 브루넬레스키 Filippo Brunelleschi 의 실험은 기하학적인 원근법의 탄생에 있어서 결정적인 계기였다. 거울을 이용한 그의 실험은 소실점의 효과를 논증하는 것이었고, 15세기 플로렌스 시민들의 눈에는 그의 실험이 낳은 리얼리즘 효과는 거의 마법과도 같아 보이는 것이었다. 건축가였던 브루넬레스키는 이로써 르네상스의 가장 중요한 성취의 하나인 원근법의 창안자로서도 자리매김하게 된다. 그리고 10년 후 플로렌스의 대표적인 인문주의적 교양인이었던 레온 바티스타 알베르티 Leon Battista Alberti 는 ≪회화론 Della pittura≫(1435～6)을 출간함으로써 이 원근법을 최초로 이론화하고 체계화하였다.

원근법의 원리를 살펴보기 위해서는 그 창안자 브루넬레스키의 실험적 논증보다 알베르티의 이 저술을 먼저 검토하는 것이 더 유리하다. 브루넬레스키는 자신의 실험이 수행된 절차를 글로 남기지도 않았고 자신이 원근법의 효과를 논증한 원리도 담론으로 남긴 적이 없기 때문이며,[21] 브

---

21. 브루넬레스키는 자신의 업적과 자신이 발견한 규칙을 널리 알리는 것을 꺼려했다. 그 이유는 다양하게 추측되고 있는데, 큐보비는 브루넬레스키는 자기 자신이 성취한 바를 자기 자신도 이론적 · 개념적, 또는 분석적으로 설명할 수 없었을 것이라고 주장한다(Kubovy, 1986: 33～8).

루넬레스키의 실험은 알베르티의 체계화가 기초한 기하학적 투사의 원리를 담고 있다는 점에서 원근법을 지탱하는 것이 기하학적 원리임을 명확히 하고 있는 알베르티의 이론적 체계화를 먼저 검토해야 브루넬레스키의 실험적 논증의 의미를 이해하는 일이 더 용이해지기도 하기 때문이다.

1) 알베르티의 회화론: 시각 공간의 합리화

브루넬레스키의 실험이 먼저 있었지만, 원근법의 규칙이 이론적 담론으로서 최초로 체계화된 것은 같은 플로렌스인인 알베르티의 ≪회화론≫에서였다.[22] 부르크하르트가 최초의 보편적 천재 *universial genius* 라고 칭할 만큼 알베르티는 전형적인 인문주의자였다(Spencer, 1956: 15). 귀족 출신으로서 다방면에 걸친 체계적인 교육을 받았기 때문에 그는 당시 많은 화가들이 현장에서 실천하고 있었던 원근법을 경험에 근거해서가 아니라 이론적으로 이해할 수 있었다. 또한 그의 박식함과 다방면의 저술 활동은 그의 이론에 무게를 실어 주었기 때문에 많은 사람들에게 설득력 있게 다가가 원근법의 원리가 확산 보급되는 데 크게 기여하였다. 알베르티는 회화에서 이스토리아 *istoria* 개념을 강조하는데, 이것은 새로운 인문주의 예술의 표현을 지향하는 것으로서 그림을 보는 자의 영혼을 고양시키는 것을 목표로 한다. 알베르티는 이 이스토리아를 성취하기 위해 기하학과 수학의 원리에 입각한 조화와 비례에 의해 회화를 구성할 것을 원했던 것이다.[23]

이 때문에 그의 회화론은 수학과 기하학의 질서에 따라 시각 공간을

---

22. 알베르티는 회화뿐 아니라 ≪건축론≫(1450)과 같이 조각이나 건축에 대한 저술들도 남겼으며, 그 자신이 고대적 형태의 순수성을 추구하는 건물을 설계하여 명성을 얻은 아마추어 건축가이기도 하였다 (Jestaz, 1997: 104~5, 119~20). 그러나 최초의 현대적 회화 이론이라 할 수 있는 ≪회화론≫을 저술하였음에도 불구하고 알베르티는 정작 그림은 그리지 않았다.

23. 알베르티의 성장사와 철학적 · 미학적 배경에 대해서는 Alberti, 1956에 붙인 존 스펜서의 서문 (Spencer, 1956)과 Edgerton, 1975: 3장 등을 참조하라. 그의 인문주의적 예술론은 Blunt, 1990: 8~35를 참조하라.

합리화한 것이 된다. 그리고 알베르티는 그림의 중심이 되는 하나의 소실점의 설정을 명확히 하였기 때문에 그의 회화론은 단안적인 *monocular* 주체의 시점을 규정하는 현대적인 시각 양식을 체계화하고 담론화한 것이었다. 따라서 《회화론》을 영역하고 주석을 붙인 스펜서의 말에 따르면 "회화에 대한 알베르티의 가장 명백한 기여는 그가 수학적 차원에서 일점 원근법 체계 *the one-point perspective system*를 설명한 것이다"(Spencer, 1956: 21). 콰트로첸토 Quattrocento (1400년대, 곧 15세기) 예술 관행에 표현과 코드화를 부여한 이론으로서 알베르티의 회화론은 출간 이후부터 계속해서 서구 회화에 커다란 영향을 주었다. 이후의 많은 이론가와 예술가들이 그의 원리에 입각하여 소실점의 문제와 시각 공간의 합리화를 사유하고 교정하려 시도하였고,[24] 그럼으로써 현대성의 시각 체제가 원근법적 시각 양식에 의해 코드화되는 데 알베르티의 이론은 결정적인 공헌을 하게 된다.

알베르티는 기하학적 용어들과 회화에서의 기초적인 형상들에 대한 정의를 내리면서 자신의 회화론을 전개하기 시작하는데, 점과 선과 면에 대한 알베르티의 정의는 기본적으로 유클리드 기하학의 정의와 동일하다. 여기서 면은 관찰자가 위치를 바꾸면 다른 윤곽과 표면으로 나타나는데(시지각의 힘), 이것은 면이 시각 광선들 *visual rays*에 의해 측정되기 때문이다(Alberti, 1956: 45). 시각 광선을 정의하면서 알베르티의 회화론은 고대 이래의 기하학적 광학과 이어진다. 눈과 면 사이를 연장하면서 사물의 형태를 운반하는 광선들은 그 강도와 기능의 차이에 따라 외부 광선들과 중간 광선들 및 중심 광선으로 구분되며, 외부 광선들이 면을 에워쌈으로써 '시각 피라미드 *visual pyramid*'가 형성된다.[25] 외부 광선들은 이

---

24. 알베르티의 이론과 관련하여, 프랑스의 비아토 Viator와 독일의 뒤러 Dürer의 원근법 구성과 알베르티의 그것과의 관계에 대해서는 Ivins, 1973을 참조하라. 이 세 이론가의 텍스트는 모두 생리학적 광학이나 심리학적 광학이 아니라 기하학적 광학에 기초한다(같은 책: 14). 레오나르도 다 빈치를 비롯하여 알베르티 이후 원근법의 역사에 대해서는 Wright, 1983: 3장 이하를 참조하라.

25. 시각 피라미드는 고대 이래 기하학적 광학에서 말하는 시각 원뿔에 대한 알베르티의 재정의이다. 이것은 중세 라틴어에서 둥근 시각적 장을 함축하는 *pyramis radiosa*를 사각형 밑면을 함축하는, 화가의 중심화된 시각의 *pyramis visibilis*로 바꾼 것이다. 알베르티의 시각 피라미드에 대한 묘사의 가장 단순한 형태는 유클리드적인 것으로서 시각 삼각형 *visual triangle*이다. Edgerton, 1975: 82~3을 참조하라. 시각

시각 피라미드의 경계를 형성하며 중간 광선들은 색채와 빛을 운반하는 데 비해, 보여지는 사물과 직접 부딪치는 것은 중심 광선이다. 이 중심 광선이 알베르티가 '광선들의 왕자'라고 부르는 것이다. 이것은 모든 강도가 동등하며, 가장 활동적이고 강력하며, 시지각의 확실성에 가장 중요한 광선으로서, 이 중심 광선의 거리와 위치가 바뀌면 면은 변화되어 나타난다(같은 책: 48).

"그림은 이 시각 피라미드의 교차 절단 *cross-section = intersection* 이다" (같은 책: 52). 시각 피라미드의 교차 절단이라는 그림의 공리는 알베르티의 원근법에서 핵심 개념이고(Edgerton, 1975: 87), 그의 회화론이 가진, 이전 시대와 다른 새로운 성격을 규정하는 것이다(Wright, 1983: 64). 이것을 이해하려면 시각장에 대한 라캉의 세 개의 삼각형 도식 가운데 첫 번째 삼각형 도식을 상기하면 된다. 이 삼각형 도식이 바로 기하학적 광학 공간의 도식, 즉 원근법의 시각 도식이었다. 시각 피라미드의 교차 절단에 따라 그림과 대상의 관계는 수학적인 비례로 정의된다. 알베르티는 두 변과 그 사이각을 공유하는 두 삼각형은 닮은꼴이라는 수학 공리를 이용하고 있다 (Alberti, 1956: 52). 이것 역시 라캉의 첫 번째 삼각형 도식을 참조할 수 있다. 그리하여 시각 피라미드의 꼭지점인 눈과의 관계에서 볼 때 서로 비례적인 그림상의 대상과 실제 대상은 각각의 모든 부분에서 서로 대응된다.

비례 *proportion* 는 이스토리아 회화에 본질적인 개념으로, 르네상스가 고대에서 발견한 조화와 비례의 원칙이 작동하고 있는 것이다. 따라서 이 비례 개념은 우선, 알베르티의 회화론이 가지는 현대성을 드러내 주는 것이기도 하다. 비례라는 개념은 중세 말까지조차도 쉽게 이해되지 않는 것이었다. 이제 그림 이미지와 대상 간에 비례적 관계를 설정한다는 것은 화가는 눈이 본 것만 그리는 것이 아니라 눈이 '보는 대로'(눈에 '보이는 대로') 그려야 한다고 명령하는 것이다(Edgerton, 1975: 88). 두 번째로 비례 개념은 알베르티의 원근법이 기하학 원리에 입각한 시각의 합

삼각형에 대한 정의는 Alberti, 1956: 47을 보라.

리화임을 보여 준다. 수학적 비례를 알베르티는 단순히 산술적인 것으로 이해하지 않기 때문이다. 두 개의 닮은 삼각형 공리를 이용하는 데서도 알 수 있듯이 그가 말하는 수학적 비례란 '기하학적인 비례'이다. 그래서 그는 당대의 화가들처럼 산술적 비에 따라 원근법을 구성하는 것에 대해 경고한다. 따라야 할 것은 오직 광학의 법칙에서 도출되는 기하학적인 비례이다(Edgerton, 1975: 41; Alberti, 1956: 56). 마지막으로 비례는 또 알베르티 이론의 인문주의적 성격과 따라서 알베르티 원근법의 인간 중심성을 보여 준다. 인문주의자 알베르티는 대상과 이미지 간의 비례적인 관계를 측정하는 데 있어서 인간을 비교의 단위로서 추천하기 때문이다. 가시적인 세계의 질서에 대해 척도가 되는 것은 인간이다. "인간은 인간에게 가장 잘 알려진 것이기 때문이다"(Alberti, 1956: 55).

알베르티의 원근법 구성은 크게 '소실점'을 설정하는 것과 '거리점'을 설정하는 것, 이 두 가지 단계로 이해할 수 있다(Edgerton, 1975: 42~9; Romanyshyn, 1989: 38~57).

첫 번째 단계인 소실점의 설정부터 알아보자. 알베르티가 소실점을 설정하는 절차를 그림으로 나타낼 수 있다(그림 6).[26]

알베르티는 먼저 그림을 창문에 비유하면서 시작한다. 열린 창문이라는 이 유명한 비유로 정의되는 사각형의 회화 공간이 시각 피라미드의 교차 절단이다. 그리고 나서 알베르티는 아마도 사각형의 밑변에 서 있을 인간의 형상을 그린 다음 그를 3등분하는데, 이렇게 얻은 측정 단위를 그의 회화 공간의 밑변을 구획하고 표시하는 데 이용한다. 알베르티의 텍스트를 직접 보도록 하자.

나는 내가 원하는 크기의, 직각들로 이루어진 사각형을 새긴다. 이것은 그걸 통해 내가 그리고 싶은 것을 보는 열린 창문 *an open window* 으로 간주된다. 여기서 나는 그림 속에 내가 원하는 대로 인간의 크기를 결정하여 그린다. 나는

---

26. 알베르티 자신이 그림으로 도해하지는 않았던 것 같다. 알베르티의 텍스트에서는 스펜서의 해설주에 실린 도해를 보라(Alberti, 1956: 110~1, n.48).

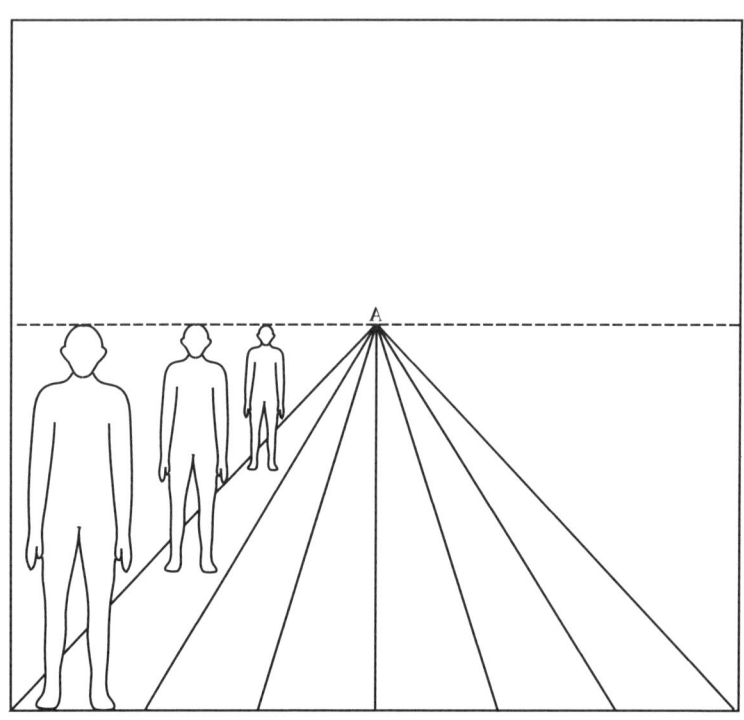

그림 6. 소실점과 지평선

출처: Romanyshyn, 1989: 41과 Edgerton, 1975: 42를 따름

이 인간의 키를 세 부분으로 나눈다. 나에게 이 부분들은 브라키오 *braccio*[27] 라 불리는 척도에 비례할 것이다. 평균적인 인간을 재 보면 약 3브라키아이기 때문이다. 이것을 가지고 나는 사각형의 밑변을 이 단위가 허용되는 데까지 많은 부분들로 분할한다.사각형의 이 밑변은 포장 쇄석*pavement* 상에 보이는, 가장 가까이 있으면서 가로로 등거리를 이루는 양*quantity* 에 비례할 것이다. 그 다음엔, 나에게 최적으로 보이는, 이 사각형 안에 중심 광선이 부딪치는 장소를 점유하는 한 점을 만든다. 이것은 중심점*the centric point* 이라 불린다. 이 점은 사각형의 밑변으로부터 거기에 내가 그려야 하는 인간의 키보다 높지 않은 곳에 위치되어야 적절하다. 이렇게 해서 보는 자와 그가 보는 그려진 사물들 양자 모두 동일한 평면 위에 있는 것으로 나타날 것이다. 내가 말한 대로 중심점이 위치지어지고 나면, 나는 그 점에서부터 사각형의 밑변 위에 위치한

---

27. 브라키오는 르네상스 당시 이탈리아에서 길이를 측정하던 단위이다. 브라키아 *braccia* 는 이것의 복수형이다.

각각의 분할점으로 직선을 긋는다. 마치 무한으로 확장되는 듯한 이 선들은 각각의 가로 양이 시각적으로 어떻게 변하는가를 보여 준다(Alberti, 1956: 56).

여기서 '중심점'이라 불리는 것이 바로 소실점이다(당시에는 소실점이란 용어가 없었다). 소실점은 눈과 대상을 연장하는 시각 피라미드의 중심 광선이 그림 평면과 직교하는 지점이므로 그림을 그리거나 보는 사람의 눈의 위치, 눈의 높이와 일치한다. 이 소실점은 그림 속에 묘사되는 인간의 키보다 높지 않은 위치에, 결국 그려진 인간의 머리와 같은 수준에 위치지어진다. 따라서 소실점의 구성 원칙은 '보는 사람과 보여지는 대상이 동일 평면상에 위치하도록' 소실점을 정하는 것이다. 이 소실점에서 사각형의 밑변에 표시된 분할 구간들로 직선이 그어지는데, 이것이 원근법에서 '직교선 _orthogonal_'이라 불리는 것이다. 직교선은 무한점인 소실점으로 수렴된다.[28] 다음 몇 줄 뒤에는 오늘날 '지평선 _the horizontal line_'이라 부르는 '중심선'을 설정하는 대목이 나온다.[29]

그림의 사각형 속에 한쪽에서 출발하여 중심점을 지나 다른 쪽으로 나아가면서 사각형을 분할하도록 밑변과 평행하는 직선을 하나 가로로 긋는다. 이 선은 중심점을 지나기 때문에 나는 그걸 중심선 _the centric line_이라 부른다. 이 선은 어떤 가시적인 양도 그 위로 넘어가서는 안 되는 한계이다. 그렇지 않으면 그것은 관람자의 눈보다 높아지기 때문이다. 이 때문에 그림의 마지막 정방형 브라키아에 위치한 인간은 다른 인간보다 작다. 자연 그 자체가 그렇다고 우리에게 논증해 준다. 사원에서 사람들의 머리는 거의 똑같은 수준에 있는 것으로 보이지만 가장 멀리 있는 사람의 발은 가장 가까이 있는 사람의 무릎 높이에 해당하는 것으로 보인다. 그렇지만 포장 쇄석을 분할하는 이 규칙은 우리가 뒤에 구성이라고 부를 것에 속하는 것이다(Alberti, 1956: 57~8).

---

28. 이 선들은 현실에서 우리 눈에는 지평선상의 무한한 점으로 뻗어 나가면서 수렴되는 듯이 보이고 따라서 그림에서도 소실점으로 수렴되는 것으로 재현되지만, 실제로는 평행한 선이며 따라서 현실 공간에서는 그림 평면과 수직으로 교차하고 있다(그러므로 직교선). 눈이 기하학적 점에 위치하고 그림, 즉 이미지가 중간에서 대상과의 관계를 매개하는 라캉의 첫 번째 삼각형 도식을 참조하라.

29. 알베르티의 텍스트에서는 지평선보다 거리점을 먼저 설정하고 있다. 그러나 우리의 논의에서는 눈의 높이와 지평선 및 소실점이 일치한다는 것이 중요하기 때문에 여기서는 에저튼과 로마니신의 논의 순서를 따른다.

인용문에서도 알 수 있듯이 지평선은 소실점의 높이와 일치하며 따라서 눈의 높이와 일치한다. 지평선은 소실점보다 높이 설정되어서는 안 되는 것이다. 그럼으로써 그림 속에 묘사되는 머리들은 높이가 같음으로써 동일한 평면상에 위치한 것으로 보이게 된다. 이 지평선은 원근에 따른 크기의 변화가 묘사될 수 있도록 해 주는 것이다. 머리의 높이가 같으므로 거리가 멀어질수록 크기가 축소되는 것은 발이 밑에서부터 위로 올라오는 것으로 나타나기 때문이다. 따라서 멀리 있는 대상일수록 사각형의 밑변에서 높은 곳에 묘사될 것이다. 알베르티는 이것을 사원에서의 광경을 예로 들어 일상적이고 자연적인 시각 현상 속에서 이유를 찾지만,[30] 마지막에 가서는 이것이 엄밀하게 하나의 '구성'임을 명확히 하고 있다. 또한 이상의 절차에서 알베르티의 소실점은 지평선의 중심에 위치할 것임을 알 수 있다. 소실점은 시각 피라미드의 중심을 이루는 중심 광선이 그림 평면과 직교하는 중심점이기 때문이다.[31]

이제 지평선('대체로' 그 중심)에 위치한[32] 소실점에서 방사되듯이 밑변으로 그어지는 직교선들에 의해 평행선이 소실점으로 수렴되고 멀리

---

30. 사원을 예로 든 것은 아마도 당시의 교회당의 바닥이나 마당 또는 교회당을 둘러싼 도시의 광장이 사각형의 쇄석으로 포장이 되어 바둑판 모양의 기하학적 구도를 이루고 있기 때문에 거리에 따른 대상의 축소 현상을 눈으로 측정하면서 관찰하기가 용이하고 자신의 기하학적인 원근법 구성을 설명하기가 쉬웠기 때문인 것으로 보인다. 당시의 광장이나 교회당 바닥의 이러한 구성은 르네상스 시대 원근법으로 그려진 많은 회화들에서 확인할 수 있다.

31. 따라서 중심 광선은 이제 이중의 중요성을 갖는다. 첫째, 실제에 있어서 그것은 준거점이다. 중심 광선의 거리와 위치가 시지각의 확실성에 중요하며, 중심 광선과 그것에 의한 시각의 확실성에 준거하여 외부 광선들이 평면상의 가시적인 양들을 측정한다. 둘째, 중심 광선은 동시에 원근법 구성에서 소실점을 지시한다(Alberti, 1956: 115의 스펜서의 해설주).

32. 알베르티의 첫 번째 인용문에서 알 수 있듯이 소실점(중심점)이 반드시 화면의 정중앙에 위치할 이유는 없다. 그것은 중심 광선이 그림의 평면에 부딪치는 위치이며 현실의 그림에서는 화면의 정중앙이 아닐 수도 있다. 따라서 소실점은 이 점을 지나는 지평선(중심선)의 정확한 중앙에 위치하지 않을 수도 있다. 하지만 소실점(중심점)은 그림을 구성할 때 적용되는 — 원리상의 — '그림의 중심'이며, 현실에서 소실점은 화면의 정중앙에 가까이 위치하는 경우가 많다(르네상스 회화로 거슬러 올라갈수록, 원근법 원리를 엄격하게 적용할수록 더 그러한 경향을 찾아볼 수 있다). 그러나 이 모든 것을 아우르는 가장 중요한 원칙은 알베르티의 인용문에서 확인할 수 있듯이 소실점과 지평선의 높이는 인간의 머리와 같은 수준, 따라서 화가 및 관람자의 눈의 높이, 눈의 위치와 일치해야 한다는 것이다.

있는 대상일수록 작게 보이는 현상이 표시된다. 중세 광학에서는 이러한 원근법적인 수렴이 기하학적으로 반박될 수 있는 속임수라고 생각했는데, 이 점에서도 원근법이 역사적인 것이며 또한 현대성에 속하는 것임을 알 수 있다(Romanyshyn, 1989: 41). 알베르티의 이러한 절차에서 소실점을 구성하는 원칙은 첫째, 화가가 자신이 그릴 주제를 창문을 통해 보는 듯이 바라보고 있다고 상상한다는 것과 둘째, 소실점과 그것을 통과하는 지평선이 그림 속에 묘사되는 주제의 높이보다 높게 설정되지 않아야 한다는 것으로 요약할 수 있다.

두 번째 단계는 알베르티가 거리점이라고 부르는 것을 설정하는 것이다. 이것은 그림 7과 같이 도해될 수 있다.

나는 그 속에 직선을 그을 작은 공간을 하나 취하며 이것을 사각형의 밑변을 분할했던 것과 유사하게 부분들로 나눈다. 그리고 나서, 밑변으로부터 중심점의 높이와 같은 높이에 점을 하나 위치시키고는 이 점으로부터 첫 번째 선상에 새겨진 각각의 분할점들을 향해 선들을 긋는다. 그 다음에 나는 내가 하고 싶은 대로 눈에서 그림까지 거리를 설정한다. 여기서 나는 수학자들이 말하는 것처럼 [자신과] 만나는 선은 어떤 선이든 절단하는 수직선을 긋는다. 수직선은 또 다른 직선을 절단하면서 그것에 대해 똑같은 직각을 만드는 직선이다. 다른 선들과 이 수직선의 교차 절단에 의해 가로 양들의 연속이 생긴다. 이러한 식으로 해서 나는 [이제] 모든 평행선들이 묘사되었음을 발견한다. 즉, 그림 속에 포장쇄석의 정방형 브라키아들이 묘사된 것이다. 만일 하나의 직선이 그림 속에 묘사된 여러 개의 사각형들의 대각선을 품는다면, 그것은 그 사각형들이 올바로 그려졌는지 아닌지 나에게 알려 주는 지표가 될 것이다. 수학자들은 한 각에서 다른 각으로 그어진 직선을 사각형의 대각선이라고 부른다. 이 선은 하나의 사각형에서 오직 두 개의 삼각형만이 만들어질 수 있는 방식으로 사각형들을 두 부분으로 분할한다(Alberti, 1956: 57. 인용문에서 [ ] 속은 인용자가 첨가).

거리점은 중심점, 즉 소실점과 같은 높이에 설정된다. 소실점은 그림에서 '깊이'를 창조하는 반면, 거리점은 그림에서 깊이의 '정도'를 확립한다(Romanyshyn, 1989: 49). 이 두 점의 보완에 의해 원근법 체계가 구성

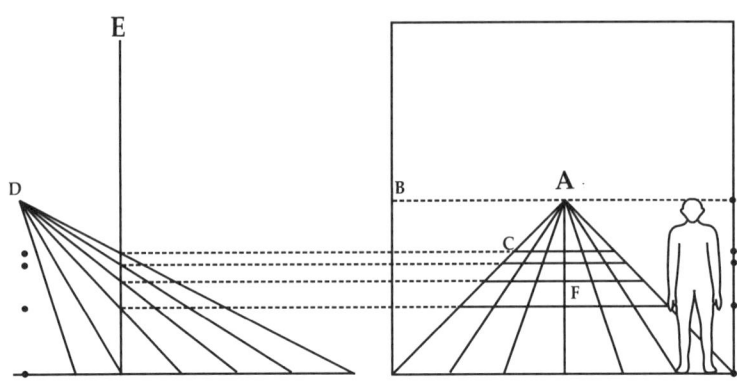

그림 7. 거리점과 소실점

출처: Romanyshyn, 1989: 50과 Edgerton, 1975: 45에 따름

되며 그림에서 깊이의 환영이 창출된다. 이 절차를 도해한 그림 7을 보자. 오른쪽 사각형 그림(소실점의 그림) 속에서 (A)는 소실점이고 (B)는 지평선을 나타낸다. 소실점에서 밑변으로 그어지는 직교선들은 (C)로 표시되어 있다(C는 점을 표시하는 것이 아니라 소실점 A에서 그림 밑변으로 그어져 있는 실선들이다). 왼쪽 그림(거리점의 그림)에서 가장 좌측에 표시된 점 (D)가 바로 거리점이며, 거리를 측정하기 위해 거리점에서 각각의 사물들에게로 이어지는 선들을 교차 절단하는 기다란 수직선은 (E)로 표시되어 있다. 오른쪽 사각형 그림 속의 (F)는 거리점의 그림이 소실점의 그림에 투사됨으로써 형성되는 수평선(알베르티가 말하는 가로 양)들이다(이것 역시 점을 표시하는 것이 아니라 가로로 그어진 실선들이다). 이 수평선(가로 양)들은 거리점 (D)에서 뻗어 나온 시각 광선들이 수직선 (E)와 만나는 지점들에 상응하는 것들로서 소실점 그림에서 거리와 심도를 나타낸다. (E)로 표시되는 수직선의 교차 절단은 그림 평면으로 생각하면 된다. 거리점은 그림과 눈의 거리를 표시하므로 눈에 해당한다. 왼쪽에 있는 거리점의 그림에서 눈에서 제일 멀리 있는 지점이 그림 평면 (E)에서 제일 높은 위치에 설정되며 오른쪽의 소실점 그림에서도 제일 높은 위치를 차지하게 됨을 알 수 있다. 다시 말해, 눈에서 제일 멀리 있는 지점과 눈(거리점

D)을 잇는 시각 광선이 자신을 교차 절단하는 수직선 (E)(그림 평면)와 만나는 지점은 수직선 (E)상에서도 가장 높은 위치에 표시되고, 이 만나는 지점과 그 지점이 차지하는 높이의 수준은 소실점 그림 평면에서도 가장 높은 위치에 있는 가로 실선으로 표시되는 것이다. 이것은 알베르티가 든 예, 즉 멀리 있는 사람의 발 높이가 제일 높게 묘사되는 예를 생각하면 쉽게 이해할 수 있다. 따라서 소실점 그림에 투사되어 형성되는 평행선들(가로로 그어진 실선들)은 멀리 있는 것일수록 그림에서 제일 높은 위치에 묘사됨과 동시에 길이는 짧아진다. 이러한 식으로 하여 원근법 화면은 작은 사각형들(그림에서는 평행사변형으로 나타나는)로 분할된 바둑판과 같은 구도가 형성된다. 이것이 바로 거리가 먼 대상일수록 크기가 축소되는 현상을 표현할 수 있는 방법이다.

알베르티에게 있어서 거리점 설정의 두 가지 조건은 첫째, 거리점은 창문 이쪽의 관람자의 위치를 표시하며 따라서 소실점과 동일한 높이에 위치된다는 것과 둘째, 거리점은 깊이의 정도를 확립하는 수직선이 가로지르기 '이전에 고정'된다는 것이다(Romanyshyn, 1989: 49).[33] 원근법 회화의 구성 절차란 측면에 있어서는 거리점이 먼저 고정되고 수직선의 교차 절단이 가변적이라면(눈에서 그림까지의 거리를 설정하는 것에 대해서 알베르티는 어떤 기준을 제시하지 않는다) 수직선의 앞뒤로의 위치 이동에 따라 깊이의 환영의 정도를 조절한다는 것을 의미한다. 시각 피라미드는 꼭지점과 밑면의 고정된 비 *ratio* 를 요구하므로 원근 효과는 수직선(그림 평면)이 가로지르는 위치에 의해 결정되는 것이다(Edgerton, 1975: 46).[34]

---

33. 소실점 설정의 두 가지 조건 및 거리점 설정의 두 가지 조건이 주체와 관련하여 어떤 함의를 가지게 되는지는 이 장의 다음 절에서 살펴보게 될 것이다. 여기에 대해서는 Romanyshyn, 1989: 39~57, 특히 54~6의 표를 참조하라.

34. 그림 평면이 시각 피라미드를 가로지르는 위치, 즉 거리점에서 나온 직선들을 수직선이 앞쪽에서 가로지르느냐 뒤쪽에서 가로지르느냐에 따라 깊이 효과가 달라지는 측면을 실험을 통해 논의하는 것은 Ivins, 1973: 21~7을 참조하라. 이빈스는 그림과 눈의 거리 결정법을 들여다보는 구멍 *peen-hole* 이 있고 내부에 줄 *string* 들이 앞에서 뒤로 이어져 있는 작은 상자를 이용해 경험적으로 구성하려 한다. 그는 이 실험을 비아토와 뒤러에게도 적용한다. 하지만 스펜서는 이것은 알베르티보다 브루넬레스키에게 더 전형적인 것이라고 본다(Alberti, 1956: 112, n.48 참조). 에저튼 역시 이빈스의 실험을 알베르티에 적용하는

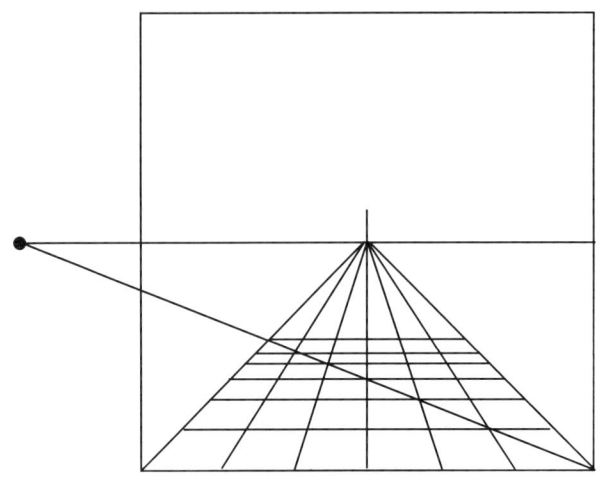

그림 8. 원근법 구성의 검증: 적합한 구성법 *costruzione legittima*

출처: Edgerton, 1975: 47

위의 인용문에서 마지막 몇 구절은 원근법의 구성이 정확하게 되었는지를 판단하는 방법으로서, 이것은 그림 8로 간단히 도해될 수 있다. '적합한 구성법'으로 불리기도 하는 이것은 알베르티 원근법에서 기하학에 기초함이 원칙적으로 엄밀한 것임을 보여 준다. 사각평면이 '기하학적으로 단축되었을 때만' 하나의 대각선이 자신이 지나는 모든 정방형들의 모서리를 교차할 수 있기 때문이다(같은 책: 47).[35]

것에 대해서 회의적이다(Edgerton, 1975: 89). 사실 이빈스의 실험은 눈을 대고 들여다보는 구멍이 장착된 일종의 요지경 상자 *peep-show box* 를 설정한다는 점에서, 뒤에서 살펴볼 것처럼 눈의 위치를 고정시키는 구멍이 큰 역할을 하는 브루넬레스키의 원근법 실험 논증에 더 가까운 면이 있다. 알베르티의 원근법 체계화는 브루넬레스키의 실험 논증이나 이빈스의 실험에 비해서는 원근법 규칙의 물리적 강제성을 덜 함축하고 있다(하지만 이것이 알베르티의 규칙이 엄격한 것이 아니라는 것을 의미하는 것은 결코 아니다. 본문에서 논의되는 것처럼 알베르티의 규칙 자체가 기하학적 원리의 엄격함에 기초하고 있고, 그는 실제 그림을 그릴 때에 있어서도 규칙의 엄격한 적용을 항상 주장하였다).

35. 알베르티는 산술적 방법에 의해 원근법 회화를 구성하는 것을 비판한다. 알베르티 당시 작업장에서 화가들은 경험적으로 습득한 관행에 따라 원근법적인 회화를 구성하는 경우가 많았다. 그중에서 널리 이용된 것이 '두 점 원근법' 또는 '양초점 방법 *bifocal method*'이라는 것이다. 이것은 사선 원근법이라 할 수 있는 것으로 그림 양쪽 변에 위치한 두 점으로 대각선들이 수렴되는 것이다. 이러한 방법에 의해 기하학적 논리에 대한 지식이 없이도 원근법과 같은 매트릭스를 산출할 수 있다. 이러한 점에서 알베르티의 '적합한 구성법'은 역설적인데, 기하학적 구성의 엄밀함을 검증하는 이것이 알베르티의 일점 원근법 체계

이렇게 하여 원근법 회화를 구성하는 기하학적 원리가 체계화되었다. 그러나 이것 자체만으로 알베르티의 원리가 전적으로 새롭다고 말하기는 힘든 것이 아니냐는 문제를 제기할 수 있을지도 모른다. 알베르티의 저서는 당시 작업장에서 화가들이 실천하고 있었던 원근법의 기법을 종합하고 체계화하며, 그것에 엄격한 기하학적 원리를 부여함으로써 작업장에서의 경험적인 관행의 오류를 교정하고 조화와 비례의 이상을 적절하게 실현할 수 있는 방도를 제시하는 것이 그의 목적이었기 때문이다. 이 점에서 라이트의 주장에 따르면, 오히려 알베르티 도식의 새로움은 시각 피라미드의 꼭지점과 밑면 사이에 상상적인 회화 표면, 즉 그림 평면을 끼워넣은 것이다(Wright, 1983: 64). 대상의 점과 눈을 연장하는 광선은 이 그림 평면을 가로지름으로써 그림상의 점의 위치를 결정한다. 그리하여 그림은 고정된 관찰자가 대상들로 이루어진 바깥 세계를 보는 창문으로 이해된다.

그러나 그림을 창문으로 이해하는 태도는 중세에서부터 발견될 수 있다. 예컨대, 12세기 중세의 세밀화에서도 그림 가장자리에 창문과 같은 테두리를 둘러 그림의 프레임을 명확히 한 것을 찾아볼 수 있으며, 원근법이 확립되기 이전 많은 종교화들에서 건물의 문이나 기둥과 아치 등이 그림에서 묘사되는 주제의 프레임 역할을 하는 것을 볼 수 있다. 따라서 "원근법적인 재현 이전에도, 우리는 그림의 프레임을 그림에 의해 묘사된 가상적인 공간을 들여다볼 수 있는 창문의 틀로 인식하는 경향이 있다"(Kubovy, 1986: 23). 알베르티의 창문이 새로운 것은 그것이 직선으로 이해되는 광선들과의 '교차 절단'을 통해서 그림과 시각 공간을 기하학의 원리에 의해 합리화하는 통로라는 점에 있으며, 중세 세밀화에서 볼 수 있듯이 종종 그림 속의 형상들이 창문 밖으로 튀어나오듯 묘

원리와 다른 이점 체계 *two-point system*를 함축할 수 있기 때문이다(이것은 그림에서 오른쪽에 점 하나를 새로 설정하면 쉽게 이루어진다). 에저튼은 알베르티의 원근법 체계와 양초점 방법이 유사할 수 있음을 지적하고 있다. 라이트는 오히려 이것이 일점 체계보다 진일보한 것이라고 생각한다. 그림이 예전의 엄격한 제한으로부터 부분적으로 해방되기 때문이다(Edgerton, 1975: 47~9; Wright, 1983: 70).

사되어 그림의 프레임을 훼손하는 경우와는 달리, 비록 '열린 창문'으로 표현되고 있음에도 불구하고 그 창문은 관찰하는 화가 및 관람자와 관찰되는 대상 세계 사이의 분리를 함축하며,[36] 나아가서는 시각 공간을 인간 주체에 의해 합리화하고 조직화함을 함축한다. 이 점을 잘 보여 주는 것이 그가 권하는 '베일 *veil*'(벨로 *velo*)이다.

> 그래서 내가 생각하기로는, 내 친구들 사이에서 내가 교차 절단이라고 부르는 베일보다 더 유용한 것은 발견할 수 없다. 그것은 미세하게 짜여지고 당신이 좋아하는 색으로 물들였으며 굵은 실들이 당신이 원하는 만큼의 평행선들을 표시해 주는 얇은 베일이다. 이 베일을 나는 눈과 보여지는 사물 사이에 위치시켜 시각 피라미드가 그 얇은 베일을 통과하도록 한다(Alberti, 1956: 68~9).

베일은 실들이 가로 세로 평행선들을 구성함으로써 일종의 바둑판 모양을 형성하고 있는 격자 *grid* 또는 격자망이다. 알베르티가 이 베일이 유용하다고 주장하는 이유는 세 가지이다. 첫째, 그것은 동일한 불변하는 평면을 제공한다. 중심의 위치와 거리가 변하면 보는 사물이 크게 변하게 되는데, 베일은 올바른 시각 피라미드를 유지시켜 보는 과정에서 항상 뚜렷한 사물을 제공할 것이다. 둘째, 베일은 윤곽과 평면의 한계를 구성하여, 베일의 평행선들 속에서 모든 사물들을 제자리에 위치시킬 수 있다. 셋째, 베일은 둥근 대상과 불룩한 대상을 그리는 데 도움을 준다(같은 책: 69).

이 베일은 '유클리드 이론의 가장 독창적인 적용'이라고 일컬어지기도 하며(Wright, 1983: 65), 경도와 위도의 좌표 체계에 의해 지리적 위치를 정확하게 전사傳寫하는 프톨레마이오스의 지도 제작법과 알베르티 원근법 간의 연관을 추측할 수 있게 하는 것이기도 하다.[37] 이 베일은 일차적

---

36. 이러한 함의는 알베르티의 후대인들에 의해 더욱 강화되었다. 로마니신은 이를 두고 창문이 변형되었다고 말한다. 알베르티의 창문은 원래는 열린 창문으로서 문과 닫힌 창문의 중간쯤에 해당되었고 세계는 아직은 단지 빛의 질료에만 머물지 않는, 그 이상의 것이었다. 그러나 알베르티 자신과 그의 계승자들에 의해 창문은 닫히기 시작하여 관람자는 단순히 세계를 바라보기만 하는 존재가 되고 세계는 빛의 질료로 환원되는 경향을 띠게 된다는 것이다(Romanyshyn, 1989: 71~4 참조).

으로는 원근법을 기하학적으로 구성하는 방법과 원리로서보다는 대상의 위치와 거리 및 윤곽을 정확하게 재현할 수 있는 기계적인 보조 수단 *mechanical aid*으로 도입된 것으로 보이지만, 사실은 그 이상의 것이다. 그것은 축도의 장치일 뿐 아니라 가시적 세계를 기하학적인 구성으로 조직하는 수단이었고, 따라서 직관적인 비례 감각을 발달시켰다(Edgerton, 1975: 119). 알베르티는 자신이 권장하는 베일에 대해서 반론이 들어오리라 예상하고 가능한 반론들을 미리 고려하고 있었지만(Alberti, 1956: 69), 알베르티의 베일은 레오나르도 다 빈치나 알브레히트 뒤러 Albrecht Dürer, 홀바인(小홀바인) 등 많은 후대의 화가들에 의해 채택되었다(Alberti, 1956: 121, n.28; Wright, 1983: 123~4).

이상과 같이, 알베르티에 의해서 시각의 합리화로서의 원근법은 드디어 체계를 갖추고 원리로까지 부상하게 되었다고 말할 수 있다. 그의 체계는 논리적으로 결정할 수 있는 소실점을 향해 평행선들을 자동적으로 수렴시킬 뿐만 아니라 원근법의 "문법 혹은 규칙을 위한 기초를 제공하는 것이었다"(Ivins, 1975: 10). 알베르티는 이스토리아를 목적으로 삼는 회화는 기하학에 입각해야 한다는 점을 줄곧 강조하고 있으며(Alberti, 1956: 90 등 참조), ≪회화론≫이 출간된 후 몇 해 뒤에 쓴 ≪회화의 기본 요소 *Elementi di pittura*≫에서도 기하학이 모든 구성의 기초임을 누누이 강조하고 있다.

알베르티에 영향을 받은 사람들에 의해 초기 르네상스는 가시적 세계의 데이터를 통제하기 위해 수학에 의지하게 되었다. 더구나 알베르티의 규칙이 16세기 뒤러 등에 의해 알프스 이북으로까지 확산되는 과정에서 그의 규칙들은 '자연적인 시각'과 동등한 것으로 취급되기에 이르기까

---

37. 선 원근법과 프톨레마이오스의 지도 제작에 관해서는 브루넬레스키와의 연관 속에 앞에서 지적한 바 있다. 실제로 15세기 이탈리아의 플로렌스에서는 프톨레마이오스의 지리학과 광학에 대한 저술들이 소개되어 인문주의 지식인들의 비상한 관심을 끌었다고 한다. 선 원근법과 지도 및 신대륙 발견과의 연관성에서 중요한 역할을 한 인물은 토스카넬리였다는 점은 앞에서 언급한 바 있다. 여기에 대해서는 역시 Edgerton, 1975: 7, 8장; Edgerton, 1976을 보라. 특히, 에저튼은 알베르티의 베일과 같은 격자와 프톨레마이오스의 지도에서의 경도와 위도 체계에 주목한다.

지 하였다(Jay, 1993: 59). 뿐만 아니라 알베르티의 원근법 규칙들은 시각의 합리화뿐 아니라 플로렌스를 비롯하여 르네상스의 공간과 세계관이 합리화되는 데에도 크게 기여한 것으로 추측된다. 에저튼은 알베르티의 저술은 단순히 그림 그리기의 기법에 그치는 것이 아니라 세계를 바라보고 묘사하는 새로운 방식의 선언이라고 주장한다. 그 방식은 자연을 동질적이고 수학적으로 조직된 추상으로 보아야 하며 전체는 부분보다 먼저 이해되어야 함을 단언하는 것이다. 에저튼이 보기에 알베르티가 원근법을 강조한 것은 그림을 사실적으로 만들기 위해서뿐 아니라 그것을 합리적 사유의 메타포로 만들기 위해서이기도 하다(Edgerton, 1976: 96).

알베르티의 규칙이 가지는 또 다른 의의는 그것이 원근법이 중세와 단절한 새로운 세계에서 지배적인 시각 양식이 되는 데 실제적으로도 큰 공헌을 했다는 것이다. 알베르티의 저서가 발휘한 영향력은 대단한 것이었다. 그의 원리는 많은 화가들에게 신속하게 받아들여졌고 얼마 지나지 않아 지역적으로도 이탈리아를 벗어나 널리 확산되었다.[38] 알베르티 자신마저 자기의 규칙이 가진 난해함을 인정하고 있음에도 불구하고(Alberti, 1956: 58) 그의 저술이 상대적으로 담지했던 체계성과 명확성은 큰 힘을 발휘했던 것이다. 그 이후 르네상스의 모든 화가들은 일차적으로 소실점을 설정하는 문제에 매달리면서 시작하였다. 알베르티 체계가 가진 힘은 시뇨리아 광장의 재현에서 시점을 선택하는 방법이 갑작스럽게 변화한 것에서도 볼 수 있다. 14세기 프레스코화와 15세기 초의 부조에서는 광장의 구도가 사선으로 경사진 구도를 취하였지만, 브루넬레스키의 실험이 있던 시기와 17세기 초 스텔라의 부식 동판화 사이의 기간에 이러한 조망은 거의 사라져 버렸다. 조금 과장된 면이 없지 않지만, 존 화이트는 이렇게 말한다. "단 일격에, 본질적인 기법상의 혁신을 이루고 새로운 사

38. 물론 그 과정에서 구체적인 구성 방법은 수정되기도 하였고 때로는 격하되었다가 다시 관심이 부활되기도 하였다. 알베르티의 회화론은 특히 각국의 예술 아카데미들을 매료시켰다. 17세기 프랑스를 비롯하여 각국의 이러한 추세를 건축물의 투시도 제작과 관련하여 역사적으로 개관한 것은 Wright, 1983: 7장 이하를 참조하라.

상을 입맛에 맞는 형태로 확산시켰으며 그것을 동시대 사상들과 열망들이 이루는 전체 흐름의 추동력에 연결시킨 것이야말로 회화에서의 공간적 리얼리즘의 역사에 대한 알베르티의 기여이다"(White, 1967: 126).

2) 브루넬레스키의 실험: 소실점의 논증

알베르티에 의해 그 원리가 이론적으로 체계화된 원근법은 알베르티의 저서가 출간되기 10여 년 전인 1425년 브루넬레스키의 실험에 의해 이미 논증된 것이었다. 알베르티의 체계화를 통해 우리는 원근법의 원리가 기하학에 의한 시각 공간의 '합리화'에 있음을 알 수 있다(Ivins, 1973). 현대성의 원리를 검토하면서 알 수 있었듯이, 합리화는 주체의 원리와 결부되어 있다. 시각 공간에서 주체의 위치는 '시점'이다. 알베르티는 이것도 이론화하였던 셈이다. 지평선상에 설정된 알베르티의 중심점(소실점)과 시각 피라미드의 꼭지점에서 거기에 대응하는 거리점에 의해 이 시점이 설정된다. 브루넬레스키의 실험이 논증한 것은 바로 이것이었다. 즉, 그의 원근법 실험은 소실점과 보는 사람의 시점이 일치한다는 것을 논증한 것이었다. 이제 이 점을 살펴볼 것이다.

　"르네상스 건축의 아버지"(Jestaz, 1997: 41)[39]이기도 한 브루넬레스키는 원근법의 창안자이기도 하다. 브루넬레스키의 실험이 있은 지 10년 뒤 알베르티는 원근법의 원칙을 명확하게 담론화하고 공식화한 자신의 저서 ≪회화론≫을 당대의 여러 예술가들에게 헌정하면서 거기에 브루넬레스키를 포함시키고 있지만, 그에 대한 자신의 이론적 부채를 직접 인정하지

---

39. 건축가로서의 브루넬레스키의 명성을 드높인 것은 무엇보다도 플로렌스의 산타 마리아 델 피오레 성당의 본당 건물을 아무런 받침 기둥도 없이 거대한 큐폴라 *cupola*(원개)로 덮어씌운 작업이라 할 수 있다 (1420~36). 뿐만 아니라 그는 고대의 원주와 오더의 원칙으로 돌아가 기하학적 조화와 비례에 기초한 건축 양식을, 그러나 고전적인 건축 양식과는 다른 새로운 방식으로, 부활시키는 데 큰 기여를 하였다. 그는 플로렌스와는 달리 고대 건축물의 유적들이 풍부하게 남아 있던 로마로 가서 스케치하며 많은 연구를 하고 돌아왔다고 한다. 브루넬레스키와 르네상스 건축에 대해서는 Gombrich, 1994 상: 12장; Jestaz, 1997; Giedion, 1959: part 2 등을 참조하라.

도 않았고 원근법의 발명 또는 발견에서 브루넬레스키의 역할에 대해서도 아무런 언급을 하지 않고 있다.[40] 그러나 브루넬레스키의 업적은 이미 1460년대 초 필라레티 Filarete 의 ≪건축론≫에서 다음과 같이 인증되었다. "나는 플로렌스인 피포 디 세르 브루넬레스코 Pippo di Ser Brunellescho 가 진정으로 미묘하고도 아름다운 것이며 거울이 당신에게 보여 주는 것을 숙고함으로써 그가 발견했던 이 투시화법 plan(= 원근법)을 만드는 방법을 정초했다고 믿는다."[41] 필라레티는 브루넬레스키를 인문주의자로 평가하기보다는 건축가, 조각가로서 실천가 practitioner 로 자리매김 한다.[42] 필라레티의 저술의 의도는 고딕 양식을 옹호하던 동시대 관행을 비판하는 동시에 고대적 건축 양식을 찬양하고 그것의 부활을 선언하는 것이었지만, 고대인들도 평행선이 멀어지면서 후퇴하는 문제와 크기가 축소되는 문제를 알고 있었으나 원근법을 이용하거나 이해하지는 못했다고 명확히 단언하고 있다는 점에서 필라레티 역시 브루넬레스키의 혁신성을 공인하고 있다. 수학자인 안토니오 디 투치 마네티 Antonio di Tucci Maneti 역시 1475년 직후 저술한 ≪필리포 브루넬레스키의 생애≫에서 브루넬레스키 실험을 비교적 자세하게 묘사하면서 그를 원근법의 창시자로 명시하고 있고 (White, 1967: 113), 바사리 역시 원근법 역사에서 브루넬레스키의 공헌이 가지는 혁신적인 성격을 강조하고 있다.[43]

---

40. 이 점은 많은 사람들이 지적하고 있는 바이다. 예컨대, Edgerton, 1975: 125; Wright, 1983: 64; Damisch, 1994: 59~60 등을 보라. 알베르티는 자신의 저서 서문에서 도나토, 넨치오, 루카, 마사치오 등과 함께 필리포(브루넬레스키)의 이름을 거명하고 있다(Alberti, 1956: 39~40).

41. Edgerton, 1975: 125에서 재인용. ( ) 안은 필자가 인용하면서 덧붙인 것이다. 'plan'은 설계도나 평면도란 의미뿐 아니라 '원근화법의 투시면'이란 의미도 갖고 있는데, 이 인용문에서 쓰이고 있는 용법은 후자의 의미에 해당한다.

42. 위에서 인용된 필라레티의 말에서 나오는 'plan'이란 단어에서도 이를 알 수 있다. 앞의 각주에서 설명했듯이 'plan'은 건물의 설계도에서 '평면도'를 뜻하기도 하기 때문이다(입면도는 'elevation'이다).

43. 하지만 필라레티와 마네티가 브루넬레스키 원근법의 근본적인 새로움과 합리적 성격을 인정한 데 비해, 바사리는 그것은 원근법 효과의 성취를 촉진하는 유용한 절차일 뿐 원근법의 발명이 아니라 오류를 교정하는 수단을 제공했을 뿐이라고 평가한다. 바사리의 텍스트가 씌어질 때쯤에는(마네티의 텍스트보다 한 세기 가량 뒤에 저술되었다) 원근법은 여전히 이해하기는 어려워도 일상적으로 적용되는 단순 기법의 지위로 강등되어 있던 때였다. 따라서 바사리 당시 원근법은 그림이 그려진 후에는 쉬워 보이고 자연스러

필라레티가 브루넬레스키를 원근법의 창시자로 보는 이유는 브루넬레스키의 논증에서 확인되는 대상의 크기 축소 문제와 그것을 '비 *ratio*'가 관장한다는 원리, 그리고 실험에서의 거울의 기능(논증 *di-monstratio* 이란 말이 함축하듯이 '이중의 보여 줌'을 통한 증명)에 따른 것이다(Damisch, 1994: 61~6). 브루넬레스키의 실험은 두 번에 걸쳐 행해졌다. 그러나 그는 자신의 실험과 그 원리에 대해 글로 남긴 적이 없기 때문에 대부분의 연구자들은 그의 실험에 대한 자세한 묘사가 담겨 있는 마네티의 저술에 의지하고 있다.[44] 이 책에서도 마네티가 전해 주는 바를 따르기로 한다. 첫 번째 실험은 1425년 어느 날 플로렌스의 듀오모 광장 산 지오바니 교회 앞에서 실시되었다(그림 9과 그림 10를 참조).

원근법의 이 문제[축자적으로는 원근법의 이 사례 ─ 인용자]에서 그가 보여 주는 첫 번째 것은 바깥에서부터 본 산 지오바니 교회당을 닮은 그림을 그가 그린 약 반 브라키오[45] 제곱 정도되는 작은 패널이었다. 그는 이 교회당을 밖에서 볼 수 있는 그대로 재현하였다. 그리고 그것을 재현하기 위하여 그는 산타 마리아 델 피오레의 중앙 현관 약 3브라키오 정도 안쪽에 자신을 위치시킨 듯하며, 흑백 대리석의 색채들이 너무도 정교하여 어떤 세밀 화가도 더 잘 그릴 수는 없을 듯 보인다. 모든 것들은 광장에서 눈이 포착할 수 있는 부분들을 면하여 형상화되어 있다. 즉, 미세리코르디아를 면하고 있는 편에서부터 개선문과 양羊 시장의 모퉁이까지, 그리고 성 제노비우스의 기적을 기리는 원주가 있는 편에서부터 밀짚 시장의 모퉁이까지, 어느 정도 거리를 두고 떨어져서 이 장소에서 볼 수 있는 모든 것이 형상화되어 있다. 그

운 것으로 느껴졌기 때문에 강제적이지는 않아 보이는 기법이 되어 있었던 것이다. 브루넬레스키에 대한 바사리의 비교적 낮은 평가는 이러한 역사적 맥락을 고려해야 한다. 바사리는 그뿐 아니라 브루넬레스키는 체계적인 교육을 받지 못했음을 강조하는 등 여러 면에서 브루넬레스키를 격하하는 경향을 보인다 (Damisch, 1994: 68~71). 또 바사리는 전기를 쓸 때 마네티가 전하는 브루넬레스키 실험과 관련된 자세한 정보를 얻을 수 없었다(같은 책: 66). 한편 필라레티의 텍스트는 브루넬레스키의 발견의 구조적인 측면을 어떤 텍스트보다 더 강조하고 있다(같은 책: 64).

44. 이러한 의미에서 원근법의 기원으로서의 브루넬레스키의 실험은 인간 개인의 발달사에서 '잃어버린' 통일성의 기원으로서의 거울 단계의 기묘한 위상과 흡사한 데가 많다. 게다가 브루넬레스키는 실험에서 거울을 이용하고 있기도 하다. 브루넬레스키의 실험은 원근법의 역사에서 하나의 이마고, 원상原像인 셈이다. 브루넬레스키의 첫 번째 실험을 거울 단계에 유비한 것으로는 Damisch, 1994: 116~8을 참조하라.

45. 반 브라키오는 1피트가 조금 안 된다고 한다(Edgerton, 1975: 127).

리고 그가 하늘을 보여 주어야만 하는 한에서는, 즉 그려진 벽들이 하늘을 등지고 자신들을 각인하는 부분에는 광택나는 은칠을 해서 자연의 대기와 하늘이 그 속에 반사되도록 했다. 그리하여 바람이 불 때 바람에 밀려가는 지나가는 구름조차도 이 은빛 속에서 볼 수 있었다!

그러한 그림에서는, 화가는 테두리의 길이와 너비 및 거리를 고려하여 그의 그림이 보여져야 하는 단일한 점 *a single point* 을(이 점 *spot* 에서 벗어나면 눈이 지각하는 것이 변경될 것이므로 그림을 보는 데서 어떤 잘못도 야기되지 않도록) 미리 가정해야 했기 때문에, 그림이 그려진 패널에 하나의 구멍을 뚫어야 했다. 이 구멍은 그림에서 산 지오바니 교회당 부분에, 눈을 갖다대야 하는 그 지점에 위치하였고, 그 지점은 그가 그 교회당을 묘사하려면 자신을 위치시켰어야 하는 곳, 즉 산타 마리아 델 피오레 중앙 현관 안쪽에서 바깥을 내다보는 어떤 사람과도 바로 마주하는 위치이다. 이 구멍은 그림이 그려진 면쪽은 렌즈콩만큼 작고 다른 면쪽은 여자의 밀짚모자나 피라미드 모양으로 넓어져서 원주가 듀카트 동전만하거나 약간 더 크다. 그는 그것을 보려는 사람은 누구든지 반대편, 즉 구멍이 큰 쪽에 눈을 위치시키도록 했으며, 이렇게 그림에 눈을 갖다댄 채 한 손으로는 그 그림을 붙들고 있고 다른 한 손으로는 그림이 반사되도록 평면 거울을 바로 맞은 편에 들고 있도록 요구하였다. 다른 손에 들고 있는 거울과의 이 거리는 그가 그 그림을 그렸을 때 있었을 것으로 보이는 장소에서 산 지오바니 교회당에 이르는 거리의 축소된 거리에 해당한다. 그리하여 그 그림을 볼 때, 광택나는 은빛과 광장 등과 마치 그 점의 어떤 다양한 상황 아래서도 볼 수 있는 실물들 그 자체를 보고 있는 듯하였다. 나는 그것을 내 손으로 붙잡고 그 날 여러 번 보았으므로 이를 증명할 수 있다.[46]

마네티가 산 지오바니 교회당이라고 한 것은 팔각형 모양의 산 지오바니 세례당을 말한다. 간단히 말해서, 브루넬레스키는 광장 중심에 있는 세례당과 마주보고 있는 델 피오레의 중앙 현관 입구 약간 안쪽에서 세례당의 정면 그림을 매우 정확하게 사실주의적으로 그린 다음, 그림 속에 묘사된 세례당의 중심축 어딘가에 구멍을 뚫었다. 그런 다음 실

46. Antonio di Tucci Manetti, *Vita di Filippo Brunelleschi*, ed. by Domenico Robertis & Giovanni Tanturi, Milan, 1976, pp.57~9; in English, *The Life of Brunelleschi by Antonio di Tuccio Manetti*, intro., notes., and critical text by Howard Saalman, tr. by Catherine Enggass, University Park, PA, 1970, pp. 42~4; 여기서는 Damisch, 1994: 89~90, 115~6에서 재인용. Edgerton, 1975: 127~8도 참조하라.

그림 9. 브루넬레스키의 첫 번째 원근법의 실험 논증

출처: Edgerton, 1975: 126

제 세례당을 등지고 돌아서서 그림이 바깥쪽으로 향하게 한 다음 그림 뒤쪽에서 구멍에 눈을 대고, 다른 손에 든 평평한 거울을 그 구멍을 통해 보는 것이다. 이 때 보는 사람은 거울에서 그림이 아니라 마치 실제 세례당을 보고 있는 것 같은 착각을 불러일으킨다. 그 거울에는 정확하게 그려진 세례당의 그림이 비쳤을 것이고, 뿐만 아니라 아마도 세례당 그림의 가장자리와 세례당 주변 배경들이 이가 맞듯이 서로 선들이 일치했을 것이기 때문이다. 완벽한 리얼리즘의 환영이 성취된 것이다.[47] 이 리얼리즘의 효과를 성취하기 위하여 브루넬레스키의 구멍이 필요했다. 관람자로 하여금 기하학적 투사의 중심에 눈을 위치시키기 위한 장치가 그 구멍이다. 말하자면, 브루넬레스키는 일종의 요지경 *peepshow* 을 통하여

47. 에저튼은 브루넬레스키의 이 실험을 그림이 아니라 세례당을 카메라로 찍어서 사진을 이용하여 재현한 바 있다. 그의 실험은 브루넬레스키의 실험의 유효성을 입증한다(Edgerton, 1975: 10장을 참조하라).

원근법의 규칙을 창안해 낸 것이다(Kubovy, 1986: 32~3).

게다가 그림에서 세례당의 배경이 되는 하늘 부분은 그림으로 그린 것이 아니라 은빛으로 광택을 내어 일종의 거울을 이루기 때문에 맞은 편의 실제 거울에 비친 효과는 하늘의 미묘한 대기 변화와 구름의 이동까지 그대로 재현해 내는 것이었다. 브루넬레스키가 하늘 부분을 이러한 식으로 처리한 것은 하늘과 표면 없는 물체인 구름 등 대기적 요소는 원근법의 기술적 영역 바깥에 있는 것들이기 때문이다. 원근법은 자신의 이치에 맞는 것이면 어떤 것에든 적용될 수 있다. 하지만 원근법의 기하학적 원리들은 건물, 기념비에 의해 정의되는 도시의 공간성, 파사드 *facade* 의 선들 등 주로 건조된 대상 *built object* 에는 용이하게 적용될 수 있지만, 대기적 요소들의 경우에는 그렇지 못하다. 브루넬레스키의 패널의 은빛은 이 통어될 수 없는 배경 요소를 논증에 포함시키기 위해 고안된 것이다. 즉, 그는 거울을 이용하여 반사의 형식으로 자연적 형태를 재현함으로써 모든 요소들을 포괄하여 원근법을 논증한 것이다(Damisch, 1994: 93~4).[48]

브루넬레스키의 실험이 원근법의 '논증'이라고 말할 수 있는 것은 그것이 검증 가능성을 담지하고 있기 때문이다. "나는 그것을 여러 번 보았다"는 마네티의 말에서 나타나듯이 브루넬레스키의 실험은 그의 장치를 한 번만 들여다보는 것이 아니라 두 번 이상 들여다볼 수 있다는 사실, 이렇게 두 번 이상 들여다보고도 동일한 결과를 얻을 수 있다는 사실에서 그 논증적 힘을 갖는다. 이것은 누구에 의해서도 이 실험이 수행될 수 있다는 사실을 수반한다. 따라서 마네티에 따른다면 브루넬레스키의 실험은 반복 가능성과 검증 가능성을 갖추고 있고, 이러한 의미에서 그의 실험은 진정한 의미에서 원근법에 대한 '논증'이다(같은 책: 130~2). 이

---

48. 여기서 거울에 비치는 구름은 원근법적 재현 질서와 그것에 의해 포착되지 않고 자연적 형태로 제시되어야 하는 질서 간의 불연속성, 이질성의 지표로 기능한다고 말할 수 있다(Damisch, 1994: 94). 다미시는 브루넬레스키의 실험의 이러한 측면이 보여 주듯이 원근법과 기하학은 그 기원에 있어서 유사성을 띤다고 말한다. 원근법은 그 기원의 순간에는 물체들의 수용기로서의 공간(그리고 데카르트적 공간) 자체보다는 대상들 자체에 더 연관되었으며 이것은 기하학도 마찬가지라는 것이다. 기하학 역시 과학으로 하여금 이상적 대상, 경험적 주관성에의 준거로부터 해방된 대상을 취한다(같은 책: 75~7).

제 그 논증의 구체적 내용들을 살펴보자.

첫째, 브루넬레스키가 이 실험에서 논증하려 한 것은 무엇보다도 소실점에 대한 것이었다. 구멍을 통해 보았을 때 원근법에 의해 그려진 그림이 완벽한 리얼리즘의 환영을 달성한 것은 바로 이 소실점과의 관련에 의한 것이었다. 따라서 "브루넬레스키의 첫 번째 과제는 소실점의 신비를 푸는 것이었다"(Edgerton, 1975: 132). 고대와 중세의 광학자들은 이 소실점을 이해하지 못했다. 그들로서는 사물들이 무차원적인 점들로 축소되는 것은 생각할 수 없었던 것이다. 그 때문에 거리가 멀어질수록 사물이 작아져 보이는 현상은 B.C. 7세기경부터 알려져 있었음(자연 원근법)에도 불구하고 르네상스 시대 이전까지는 그런 현상을 재현하려는 시도는 없었다(Wright, 1983: 1~2). 그러므로 브루넬레스키는 일차적으로 자연에서 평행선의 끝이 수렴하는 환영의 규칙을 발견하기 위해 실험을 실시했던 것이며(Edgerton, 1975: 131), 그가 그림 패널에 뚫은 구멍은 바로 이 소실점의 위치를 규정한 것이었다. 그 작은 구멍은 "보는 사람에게 똑바로 쳐다볼 때 시각의 축이 지평선을 결정하며, 따라서 단일의, 통일적인 소실점을 결정한다는 광학적 사실을 극화해 주었던 것이다"(같은 책: 137).

게다가 그 구멍에 눈을 갖다 댄다는 것은 소실점이 보는 사람의 시점과 일치함을 논증한 것이다. 그 작은 구멍을 통해 맞은편의 거울을 볼 때 거울에 비친 그림의 광장 및 건물의 모든 선들은 그 자신의 눈이 위치한 지점과 동일한 점, 즉 거울에 비친 그림 속의 구멍으로 수렴된다. 보다 극적으로 말한다면, 그 선들은 거울에 비친, 보는 사람 자신의 눈으로 수렴된다. 즉, 소실점은 보는 사람의 시점과 일치한다는 것이 입증된 것이다.

이로써 그 작은 구멍은 가장 독창적인 방식으로 소실점의 기본 원리에 대한 과학적 증거를 제공한다. 그것은 첫째로 소실점이 시각 공간에서 평행선이 수렴되는 중심이라는 것, 둘째로 이 소실점은 보는 사람의 시점과 일치한다는 것을 논증한다. 게다가 거울은 이 브루넬레스키의 논증에 과학적 외관까지 제공하기도 했다.[49] 거울을 이용함으로써 브루넬레스키는 중세적 태도의 한계를 벗어날 수 있었는데, 이제 소실점은 광학상의 기하학적 기능으로 이해되는 것이다(같은 책: 134).

둘째, 브루넬레스키의 실험은 원근법이 소실점과 눈의 시점을 일치시키는 데 기초하여 기하학적 원리에 의해 시각 공간을 합리화하는 것임을 논증하는 기능까지 갖추고 있다. 즉, 그 실험은 원근법에 의한 시각 공간의 합리화에 대한 논증을 함축하고 있는 것이다.[50] 그의 실험 상황이 시점에서 대상까지 가상의 광선이 직선으로 연장함을 상정하는 기하학적 투사 *projection* 의 방법을 포함하고 있는 것이 이 점을 말해 준다. 즉, 브루넬레스키는 소실점을 발견하는 데 그치는 것이 아니라 소실점을 규정하고 그것이 보는 사람의 눈과 일치한다는 원리를 기하학적 방법으로 논증한 셈이다. 따라서 시각의 합리화라는 차원에서도 그는 실질적으로 원근법의 기원이고 창안자라고 할 수 있다. 다미시(Damisch, 1994: 103 이하)에 따르면, 브루넬레스키의 첫 번째 실험이 이루어진 전체 상황은 그림 10과 같이 제시될 수 있다.

그림 10은 브루넬레스키의 패널화가 묘사한 산 지오바니 세례당과 그가 이 패널화를 그릴 때 위치했던 산타 마리아 델 피오레 성당 주위의 평면도이다. 가운데 팔각형 건물이 산 지오바니 세례당이며, 점선과 일점 쇄선으로 표시된 삼각형 모양의 시각 피라미드의 꼭지점이 델 피오레의 중앙 입구 현관으로서 브루넬레스키가 실험에 이용했던 패널화를 처음 그릴 때 산 지오바니 세례당을 바라보던 위치이다. 점선과 일점 쇄선은 이 위치에서 세례당을 바라볼 때 가능한 두 개의 시각 각도에 대응한다.[51] 그리고 영어의 알파벳으로 표기된 것은 마네티의 실험 묘사

---

49. 브루넬레스키의 실험에서 거울의 중요성과 과학적 외관에 대해서는 Edgerton, 1975: 134~7을 보라. 13세기경 유럽에 도입된 평면 거울은 많은 광학자들과 시인, 화가들의 관심을 끌었고 후대의 바로크가 선호한 굴곡 거울과는 달리 합리성을 상징하는 것이었다(Jay, 1993: 48).

50. 하지만 실제로 브루넬레스키가 알베르티처럼 원근법의 기하학적 원리를 명확히 이해했는지는, 역시 그가 자신의 실험을 담론화한 적이 없으므로, 알 수 없다. 큐보비는 브루넬레스키가 기하학적 방법이 아니라 경험적 방법에 의해 원근법을 창안했다고 본다. 그에 따르면 브루넬레스키는 그럼에도 불구하고 자신이 '적합한 구성법'의 창안자라고 주장했는데, 큐보비는 이것이 그가 자신의 실험 원리를 밝히기를 꺼렸던 이유 가운데 하나일 수도 있다고 생각한다(Kubovy, 1986: 34).

51. 원근법과 기하학적 투사에 관해서는 Kubovy, 1986: 26~31을 참조하라. 다른 한편, 브루넬레스키의 실

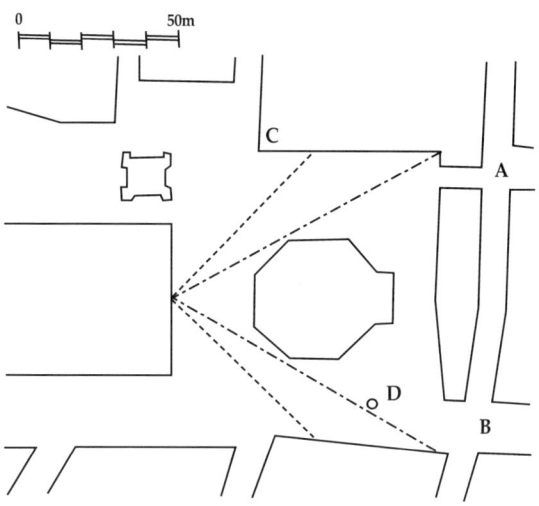

그림 10. 브루넬레스키의 첫 번째 실험의 전체 기하학적 투사의 상황

출처: Damisch, 1994: 105

에 등장하는 주요 지점들이다. A는 볼타 데이 페코리(양 시장의 모퉁이), B
는 칸토 알라 파글리아(밀짚 시장의 모퉁이), C는 미세리코르디아, D는 성
제노비우스 원주를 표시한다.

　　산 지오바니 세례당 묘사에서 브루넬레스키는 산술적인 측정보다는

험에서 세례당을 그릴 때 시야가 어떤 크기의 각도를 가지고 있어야 하는가의 문제가 생긴다. 브루넬레스키
의 실험을 정확하게 재연하기가 어려운 이유는 마네티가 묘사한 형상들을 포함할 수 있도록 그림을 제작하기
가 쉽지 않다는 데 있는데, 이는 시각의 각도가 정확히 제시되어 있지 않은 것과도 관련이 있다(Wright,
1983: 58). 존 화이트는 그 각도를 90도로 정의했는데(White, 1967: 113~21), 이럴 경우, 패널의 그림은 세
례당 외에 배경의 양측면을 틀짓는 광장 좌우 건물의 파사드까지 포함하게 된다. 에저튼은 밑변이 높이와 같
은 이등변 삼각형의 꼭지점 각도에 의거하여 53도였을 것이라고 추정하는데(Edgerton, 1975: 140~1), 50도
전후가 되면 패널의 그림은 세례당의 몸체에만 집중하게 된다. 각도가 너무 작으면 세례당이 뒤에 위치한 배
경이나 광장 부분을 가리게 되어 마네티의 묘사와 일치할 수 없을 것이다. 화가의 위치가 중앙 현관 안쪽에
있었기 때문에 정확한 각도를 결정하기가 어렵다. 에저튼은 존 화이트의 90도 주장을 비판적으로 보면서도,
결국 브루넬레스키는 특정한 각도를 염두에 두지 않았고 그가 이용할 수 있었던 가장 큰 거울 크기에 따랐을
것이라고 추정한다(같은 책: 142~7). 다미시는 그림과 눈, 대상과 눈 간의 거리를 고려하여 잠정적으로 두
가지 결론을 제기한다. 첫째, 눈과 그림 평면 간의 거리가 패널 폭의 절반이라면 투사의 각도는 90도였을 것
이며, 둘째, 그 거리가 패널 폭 길이와 같다면 각도는 50도였을 것이다. 그러나 이 때 눈과 대상 간의 거리는
불변한다(Damisch, 1994: 103~12).

기하학적 비례의 관점에서 사고하였다. 우선, 다미시가 지적하듯이 팔각형의 모습으로 어느 방향에서도 동일한 형태를 보여 주는 산 지오바니 세례당 건물 자체부터가 기하학적으로 이상적인 대상이다. 에저튼은 그 건물이 높이와 너비, 보는 거리 사이에 1 : 1 : 1에 가까운 비를 브루넬레스키에게 제공했다고 지적한다(Edgerton, 1975: 138). 다미시에 따르면 그것은 후설이 말하는, 매끄러운 표면과 순수한 각도와 깨끗한 교차선을 가진 그러한 유형의 몸체를 보여 준다. 말하자면, 산 지오바니의 세례당은 기하학의 대상인 순수한 '한계 – 형상 limit-shapes'의 지평으로 향하는 건물인 것이다. 결국 브루넬레스키가 보여 주면서 원근법에 주목하도록 이끈 첫 번째 사물은 '합리적이고 평면 투사에 적합한' 대상을 닮은 작은 그림이었고, 그는 기하학적 투사에 의해 가시적인 물체들을 표면들의 배열로 환원함으로써 원근법의 논증에 성공한 것이다(Damisch, 1994: 95~6).[52]

이렇게 기하학적인 형상인 세례당을 실험 대상으로 삼음으로써 그림이 알베르티의 비유처럼 창문으로서 기능한다는 논리를 입증하는 것이 더 용이해진다. 이 그림의 창문 효과는 기하학적 투사에 근거한다. 따라서 브루넬레스키의 해법이 중세 시대와 달리 새로운 것은 사실상 유클리드 기하학에 의거하였다는 점에 있는데, 이것은 알베르티가 원용한 두 개의 닮은 삼각형 공리에 해당한다. 유클리드 명제 21에 의하면 꼭지점이 같고 밑변이 평행한 두 삼각형은 닮은꼴이다. 브루넬레스키가 그린 세례당의 그림과 실제 세례당 건물은 이러한 관계에 있다. 그림 10에서 점선과 일점 쇄선이 형성하는 삼각형의 꼭지점 가까이에 삼각형을 교차 절단하는 그림 평면으로서의 수직선을 가상해 보라. 그 수직선이 만드는 작은 삼각형의 밑변이 브루넬레스키가 그린 세례당 그림 패널이고 큰 삼각형의 밑변은 세례당의 정면이다. 여기서 이 두 밑변을 닮은꼴로 만드는 공통의 꼭지점이 그림을 그릴 때의 위치에 있는 브루넬레스키의 눈이다.

따라서 그림의 크기와 관람자로부터 그것의 거리는 실제 대상의 크기

---

52. 한편 브루넬레스키가 이 세례당을 실험 대상으로 선택한 것이 정치적인 이유에서였을 가능성에 대해서는 Edgerton, 1975: 133을 참조하라.

와 관람자로부터의 그것의 거리에 비례해야 한다. 브루넬레스키 실험의 구도는 이러한 원리에 합치되어 실시된 것이었다(Edgerton, 1975: 139~40). 따라서 브루넬레스키 실험의 전체 구도는 광장을 내다보는 중앙 현관에 위치한 화가의 눈에서 광장 한가운데 있는 세례당을 포함하여 앞으로 방사되는 광선이 시각 피라미드(원뿔이라고 해도 좋다)를 이루고 그림 평면은 이 시각 피라미드를 가로지른다intersect. 그림은 대상의 기하학적 투사에 의해 만들어진다. 라이트는 이러한 점에서 브루넬레스키가 원근법의 방법을 확립한 것은 투사projection 의 방법에 의한 것이라고 규정한다(Wright, 1983: 56).

셋째, 이렇게 소실점에 시점을 일치시키고 고정시킨 상태에서 기하학적 투사에 의해 대상을 보고 재현함으로써 원근법은 리얼리즘 효과를 고양한다는 것이 입증된다. 당시 사람들이 브루넬레스키의 실험에서 놀라워했던 것은 이 리얼리즘에 크게 기인한다. 그들은 구멍에 눈을 대고 보았을 때, 맞은편 거울 속에서 그림으로 그려진 세례당이 아니라 실제의 세례당을 보고 있는 듯한 착각을 일으켰을 것이다. 실제 세례당은 자기 등 뒤에 있는 데도 말이다. 특히 눈을 갖다 대야 하는 구멍은 시각의 중심으로서 하나의 눈으로만 이미지를 보게 함으로써 리얼리즘을 고양한다(Wright, 1983: 57). 이 구멍은 3차원적인 공간의 깊이 경험을 생산하는 데 기여하는데, 이것은 두 가지 이유에서이다. 첫째로 그 구멍은 심리학적 실험에서 입증되듯이 관람자의 눈을 원근법의 투사 중심에 위치시킴으로써 환영의 효과를 증대시키며, 둘째로 그 구멍은 시야를 제한함으로써 그림이 가진 평면성에 대한 정보를 감소시킨다(Kubovy, 1986: 49). 이것은 심리학적 실험에서도 입증된다. 일반적으로 그림에서 생생한 깊이를 보지 못할 때는 그림이 두 가지 양립 불가능한 정보, 즉 그림이 재현하는 장면의 3차원성에 대한 정보와 그림 자체의 2차원성에 대한 정보를 동시에 담고 있기 때문이다. 따라서 깊이 효과의 창출은 그림의 2차원성, 그림의 평면성에 대한 정보를 감소시켜야 하는데, 눈으로 들여다보아야 하는 작은 구멍은 여기에 효과적이다. 들여다보는 구멍이 실질적으로 눈동자의 크기를 줄일 정도로 작으면 시야 심도depth of field 를 증가시킴으로써 회화적 깊이를 심화시킨다(같은 책: 41~9).

　마지막으로, 브루넬레스키가 원래 의도했던 논증 목표로 보이지는 않지만 이 실험에서 우리는 원근법의 시각이 인위적인 것이며 강제적이라는 것을 알 수 있다. 브루넬레스키의 구멍은 관람자의 시점을 소실점에 맞추도록 제한하는 동시에 그의 시야를 제한함으로써 원근법이 리얼리즘의 환영을 생산함을 증명한다. 따라서 관람자의 눈은 자기 의지에 마냥 맡겨지는 것이 아니라 원근법의 규칙에 종속되어야 한다. 또 이 일치는 자연적인 시각 작용에 의한 것이라기보다는 원근법의 기하학적인 원리에 의해 부과되는 것이다. 따라서 원근법은 소실점과 자신의 눈을 일치시키도록 보는 사람의 시점을 구속한다. 원근법을 '상징적 형식 *symbolic form*'이라고 규정한 파노프스키의 고전적인 연구(Panofsky, 1991) 이래 원근법이란 자연스러운 시각이 아니며, 그것에 숙달되기 위해서는 학습이 요구되는 하나의 관습이란 생각이 일반화되었다(Gombrich, 1989: 272~318; Arnheim, 1995: 282~97). 브루넬레스키의 실험에서 눈을 갖다 대야 하는 구멍은 원근법의 이러한 측면을 보여 주는 것이다.

　더구나 그 구멍은 하나이다. 즉, 원근법의 결과가 효과적으로 생산되는 것은 관람자가 하나의 눈으로 볼 때이며, 이것은 정상적인 시각이 두 눈에 의해 수행되는 양안적인 것이란 점을 생각해 볼 때 원근법의 시각이 인위적인 것임을 보여 주는 또 하나의 경우이다. 브루넬레스키는 두 개의 눈이 야기하는 혼란을 피하기 위해 하나의 눈에 상응하는 하나의 구멍을 가지고 실험을 하였다. 그는 양안적 시각에서는 두 눈의 시각축이 중첩되어 하나의 중심점에 집중하는 것이 이론적으로 불가능하며, 두 개의 구멍을 뚫어 놓는다면 보는 사람이 거울의 표면을 인지하게 되어 시각적 심도의 환영이 경감될 것이라고 믿었던 듯하다(Edgerton, 1975: 137). 달리 말하면, 이것은 투사의 중심에서 한 눈으로 볼 때 정확한 중앙 집중적 투사가 실제 장면으로 간주될 수 있는 깊이의 환영을 창출한다는 함의를 이끌어 내게 한다(Kubovy, 1986: 51). 브루넬레스키 이후 원근법을 연구하고 적용한 많은 화가들이 이 문제에 매달린 이유도 여기에 있다.

그러나 에저튼은 브루넬레스키가 실제로는 두 개의 구멍을 만들었거나 두 눈을 허용했더라도 실험에 왜곡은 야기되지 않았을 것이라고 주장한다(Edgerton, 1975: 137). 레오나르도 다 빈치의 실험들이 증명하듯이 현실의 상황에서 두 개의 눈을 가지고 그림을 보는 경우에도 원근법 회화의 표면성에 대한 인지가 그림 속 공간의 인지를 방해할 정도는 아니기 때문이다. 이것은 '원근법의 강건성 the robustness of perspective'(Kubovy, 1986: 4)을 야기하는 한 측면인데, 실제로 원근법의 효과가 현실에서도 하나의 눈만으로, 엄격하게 규정된 위치나 구멍을 통해서만 실현될 수 있었다면 원근법이 일상 생활에서 자연스러운 시각으로 받아들여지지도 않았을 것이고, 따라서 현대의 시각 체제에서 지배적인 시각 양식이 되지도 못했을 것이다. 원근법은 두 개의 눈을 이용하는 현실에서의 시각에서도 그대로 그 효과를 발휘한다. 브루넬레스키 자신이 이 점을 증명하였는데, 그것이 바로 그의 두 번째 실험이다. 브루넬레스키의 두 번째 실험은 시뇨리아 궁이 있는 광장에서 이루어졌다(그림 11과 그림 12). 이 번에는 거울도 없고 패널상의 작은 구멍도 없다. 역시 마찬가지로 마네티가 전하는 바를 들어 보자.

그는 플로렌스에 있는 시뇨리아 궁의 광장을 원근법으로 그렸다. 하나는 서쪽을 향해 있고 또 하나는 북쪽을 향해 있는 그 궁의 두 측면이 완전히 보일 수 있는 방식으로 시뇨리아 궁을 지각할 수 있는 위치에서, 산 로몰로 교회의 정면과 이 광장으로 열려 있는 칸토 디 칼리말라 프란체스카를 지나오르 산 미켈레를 향해 몇 브라키오 나아간 곳까지 포함해서 시야가 닿을 수 있는 한 시뇨리아 궁의 앞과 그 주위에 있는 모든 것들을 다 함께 담아 그렸다. 이 장소에서 눈이 포착하는 모든 것들과 다 함께 더불어 나타나는 모든 것을 본다는 것은 믿기지 않는 일이다. 푸치와 그를 뒤이어 파올로 우첼로, 그리고 여전히 다른 화가들이 그것을 베끼고 모사하기를 원했다. 나는 이러한 노력들을 보아 왔는 바, 그 누구도 그[브루넬레스키 — 인용자]의 시도만큼 잘 하지는 못했다. 여기서 이렇게 물어볼 수도 있을 것이다. 원근법으로 그렸으면서도 왜 그는 이 그림에서는 산 지오바니의 교회당을 그린 그 작은 패널에서와 같은 구멍을 만들지 않았는가? 이것은 그 패널이 그토록 많은 것들을 담기 위해 커야 했으므로 다른 손에 거울을 든 채 얼굴 앞에다가 그 그림을 한 손으로 들고 있다는 것이 불가능했기 때문이다. 인간의

그림 11. 브루넬레스키의 두 번째 원근법의 실험 논증

출처: Edgerton, 1975: 127

팔은 한 손에 거울을 든 채로 적절한 거리에 있는 점 앞에 그가 위치할 수 있을 만큼 길지 못하며, 그 그림을 운반할 수 있을 만큼 충분히 강하지도 못하다. 그는 다른 화가들에 의해 그려진 다른 그림들의 경우처럼 바라보는 사람의 분별력에 맡겼다. 비록 바라보는 사람이 결코 분별력이 있지 않다 하더라도 말이다. 그리고 산 지오바니의 패널에서는 광택나는 은빛으로 칠했던 부분에, 여기서는 그가 그림을 그린 나무판에서 건물 윗부분의 나무판을 잘라내 버렸다. 그리고 그는 그려진 건물의 잘려진 윗부분에 자연의 대기를 위치시키면서 관찰할 수 있는 곳으로 그 그림을 가지고 갔다.[53]

브루넬레스키의 이 두 번째 실험에서는 첫 번째 실험에서 은빛의 광택으로 원근법의 기하학적 원리가 통어할 수 없는 하늘과 구름을 논증에 포함시키던 역할을, 잘라 낸 나무판의 윗부분에서 실제의 하늘과 구름이 수행한다. 첫 번째 실험에서 이용된 세례당의 그림은 중심에 하나의 소실점이 설정된 일점 투시에 의거한 '일점 원근법' 또는 '정면 원근법frontal perspective'에 해당하는 것이지만, 두 번째 실험은 그림 11에서

---

53. Manetti, op. cit., pp.59~60; English trans., pp.60; 여기서는 Damisch, 1994: 143~4에서 재인용.

도 볼 수 있다시피 두 개의 소실점을 가진 이점 투시에 의한 '이점 원근법 *two-point perspective*' 또는 '사선 원근법 *oblique perspective*'에 관한 것이다. 그림판의 중앙에 위치한 시뇨리아 궁의 선들은 그림판의 양 옆에 위치한 두 개의 점들로 수렴된다.

이 두 번째 실험은 15세기 동안 이탈리아 회화에 큰 영향을 주지는 못했는데, 당시 예술가들은 중심 시각축, 중심 소실점의 우선성을 인정하고 있었기 때문이다(Edgerton, 1975: 132). 그러나 브루넬레스키의 첫 번째 세례당 그림의 정면 원근법도 사선 원근법의 규칙을 이미 포함하고 있다. 세례당 건물의 선 역시 그림판 양쪽의 점들로 수렴되는 모습을 보여주기 때문이다. 따라서 브루넬레스키의 실험은 처음부터 이점 원근법 또는 사선 원근법의 규칙까지도 포함하고 있으며, 이 규칙들을 단일 시점, 단일 소실점을 가진 원근법의 규칙에 종속시키는 것이었다.[54] 이 두 점은 소실점과 같은 지평선상에 위치해야 하기 때문이다(같은 책: 147). 더구나 브루넬레스키의 두 번째 실험은 중심 소실점 논리가 두 시점이나 사선 원근법에도 적용된다는 것을 증명하는 것이었으며(같은 책: 138), 아울러 선 원근법의 이러한 규칙은 반드시 거울을 동원하고 단 하나의 눈으로 구멍을 통해 보는 것과 같은 엄격한 제한 속에서뿐만 아니라 자연스러운 일상적인 시각 환경 속에서도 유효하게 통용된다는 것을 증명하는 것이었다.

두 번째 실험은 그림의 외시적 요소가 담고 있는 것, 즉 그림의 모델이 되는 실제의 건물을 시야에서 가려 버림으로써 수행된다. 마네티의 기록에서 관람자가 자신을 투사의 기원점에 위치시켜야 한다는 말은 없지만, 그렇다고 브루넬레스키가 적절한 위치에 자신의 그림을 세웠다고 상상하는 것을 배제할 수 있는 단서도 없다. 더구나 건물 위 하늘 부분을 그림판에서 잘라 내는 등 그림의 구도는 이 그림을 기하학적 투사가 형성하는 시각 피라미드를 절단하는 한 평면으로 생각하게끔 한다. 그림

---

54. 이점 원근법은 (선)원근법의 기하학적 규칙이 확립되기 이전부터 이탈리아의 화실에서 경험적으로 이용되고 있었다. 앞에서도 보았듯이 알베르티는 이러한 관행적 실천을 강하게 비난했다.

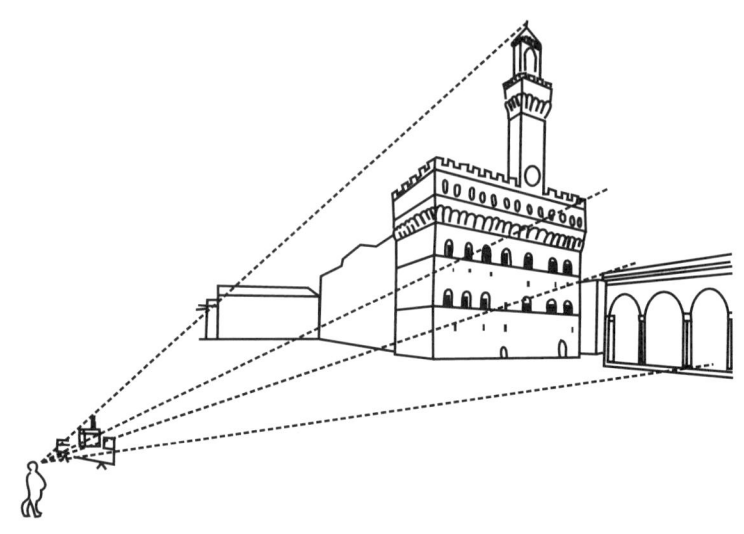

그림 12. 브루넬레스키의 두 번째 실험의 상황 추정

출처: Damisch, 1994: 148

12에서 볼 수 있는 것처럼, 그림판을 적절한 위치에 세움으로써 관람자는 거울에 의지할 필요 없이 대상과의 적절한 거리에 자신을 위치시키게 될 것이며 원근법 그림의 효과는 유지될 것이다(Damisch, 1994: 145~6).

그러므로 첫 번째 실험과 달리 관람자에게 부여된 상대적인 자유(구멍을 통해 보지 않아도 되며, 그림판의 크기로 인해 제약은 받지만 관람자에게는 운동의 자유가 부여된다)는 브루넬레스키가 첫 번째 실험에서 후퇴했다는 것을 의미하지도 않으며, 실험의 논증력이 감소되었다는 것을 의미하지도 않는다. 관람자가 위치해야 할 적절한 위치는 여전히 그림판 자체에 의해 규정되며, 두 번째 실험 역시 반복 가능하고 검증이 가능하다. 결국 이 실험은 사선적 조망을 제공하는 가운데 양안적 시각에 대응함으로써 단안적 시각에 기초한 원근법의 구성 체계가 정상적 시각의 상황에 가까운 조건하에서도 그 효과성을 보유한다는 것을 보여 주는 것이다(같은 책: 146).

이 두 가지 실험을 통해 이루어진 브루넬레스키의 발견은 재현이 새로운 종류의 '진실'에 접근할 수 있다는 인상을 창조하였다. 자신의 눈을 적절한 곳에 위치시켜야 하는 관람자는 원근법적 허구와 그 대상 간의 일치를 확증하게 된다(같은 책: 148). 이것은 새로운 합리화된 시각 양식이었고 보는 사람의 위치를 규정하는 시각 양식이었다. 브루넬레스키가 "고정된 소실점을 향해 나아가면서 수학적으로 규칙적으로 축소되는 완전한, 초점 잡힌 원근법 체계를 발전시켰다는 것은 명백하다. 이것은 그려진 장면과 관련하여 거리에서나 방향에서나 보는 자의 위치를 직접 통제한다……. 회화적 공간을 3차원 세계의 일상적인 경험에 관계지으려는 한층 더 확신에 찬 시도 — 꼭 마찬가지로 물리적, 심리적 요인들에 의해서도 조건지어지는 탄력적인 실험 — 는 논리적으로 정확한 수학적 체계로 변형되었다. 이 모든 것은 그 새로움에 있어서 혁명적이다"(White, 1967: 120).

3. 원근법과 현대성의 주체

브루넬레스키가 창안하고 알베르티가 이론적으로 체계화한 원근법은 전 유럽으로 확산되었다. 여기에는 같은 15세기에 발명되었던 구텐베르크의 금속 활자에 힘입은 바 크다. 맥루언이나 옹이 지적한 바 있듯이 활판 인쇄술은 지각의 영역을 기본적으로 청각적 공간에서 시각적 공간으로 변화시켰다. 원근법의 빠른 확산과 수용은 이러한 지각장의 변화 및 인쇄술이라는 테크놀로지의 발달에 의해 더욱 용이해졌다. 인쇄술의 혁신과 서적 출간의 증가는 원근법의 체계화된 원리가 전달되는 것을 촉진시켰고 원근법의 회화 역시 판화의 형태로 많은 수용자들에게 도달할 수 있었던 것이다(Edgerton, 1975: 164; Ivins, 1973: 9; Jay, 1993: 66~9). 원근법이 지배적인 시각 양식이 되고 많은 사람들에게 자연스러운 시각으로 수용된 데는 이러한 현실적인 요인도 작용했다.

지금까지 검토한 바처럼, 원근법은 기하학의 논리에 의하여 시각 공간을 합리화하였다. 이 합리화는 시각의 장에서 수학적 공간을 형성했다고 말할 수 있다. 원근법의 가장 기본적인 발상 자체가 이미 "수학적 계산에 의해 형태의 정확한 위치를 평면상에 베낄 수가 있다고 하는 생각"에 기초한 것으로서(Clark, K., 1989: 102), 그것은 2차원적 '평면'에 3차원적 '공간'을 재현하려는 시도였기 때문이다. 그리하여 그것은 기하학의 원리가 규제하는, 평면적이면서도 3차원의 깊이성을 실현하는 수학적 공간을 구축한다. 이러한 원근법은 그 이전 시대의 시각 양식과는 근본적으로 상이한 것이었다. 대상에서부터 이끌려 나와 실재가 전사되는 창문인 2차원적 공간을 통해 눈으로 수렴되는 선을 가정하는 기하학적 시각을 담지한 "알베르티의 원근법은 중세 회화의 평평한 시각이나 왜곡된 비율, 다중심적 화면 구조를 과학적 원리로 대체"(Lash, 1990: 7)하기 때문이다.

　　이 "기하학적으로 등방적이고 직선적이며 제일적인"(Jay, 1988: 6) 새로운 공간 개념과 그것이 담고 있는 "객관적이라고 주장되는 광학적 질서"(같은 책)는 인간이 그 속에서 가시적인 것들과 맺는 상상적 관계를 새로운 방식으로 구조화한다. 즉, 그것은 새로운 개념의 시각적 주체를 함축하는 것이다. 이 시각적 주체는 데카르트의 코기토로 압축 요약되는 서구 현대성의 주체와 상응한다. 원근법의 합리화된 시각 공간은 동질적이고 무한한 데카르트의 연장 *extension* 으로서의 공간과 부합하며, 이 시각 공간에서 소실점에 자신의 눈이 위치지어지는 주체는 확실성의 유일한 근거이자 보편 수학의 원리에 의해 세계를 측정하고 질서를 부여함으로써 자신의 사유와 의지에 따라 세계를 통제하려는 코기토의 기획과 일치하기 때문이다. 이제부터 이 문제를 살펴보자.

1) 원근법의 공간과 주체

(1) 합리화된 무한 공간과 중심적인 시점

파노프스키의 고전적인 연구(Panofsky, 1991)[55]는 원근법을 '상징적 형식'으로 정의함으로써 원근법이 자연적인 시각이 아니라 역사적으로 형성된 것이며, 따라서 변화하거나 다른 것으로 대체될 수 있는 시각임을 보여 준다. 그는 원근법의 공간이 기하학적으로 합리화된 수학적 공간이며, 따라서 원근법의 시각은 생리적인 시각으로부터 대담하게 추상된 시각이라는 것을 강조한다. 그에 따르면 원근법의 이 합리화된 시각 공간은 무한한 공간이다. 이러한 점에서도 원근법은 확실히 이전 시대와의 단절이며 현대성의 시각 양식에 적합한 것이다. 고대와 중세에는 공간의 무한성이란 생각하기 어려웠고, 동질적이고도 무한한 공간 개념은 데카르트 시대에서부터야 일반화된 현대적인 공간 개념이기 때문이다. 그러나 무한한 공간 개념 자체는 중세 교회와 신학에 의해 그 가능성이 발아한 것이기도 하다.

아리스토텔레스를 비롯하여 고대 그리스인들은 '무한'이나 '무'라는 관념을 받아들일 수 없었다. 요나스는 그리스의 시각 중심적인 문화가 정적인 관념을 강화하고 운동이나 인과성의 개념을 억압했음을 보여 준 바 있다(Jonas, 1966: 135~56). 제논과 파르메니데스에게 운동이나 진공, 무한성의 관념은 금지된 것이었다. 그리스인들은 텅 빈 진공이나 혼돈 *chaos* 에 대해서는 공포에 가까운 반응을 보였고, 이것은 파르메니데스의 동질

---

55. 파노프스키의 '상징적 형식' 개념은 카시러 Cassirer 의 영향을 받은 것으로 신칸트주의의 흐름에 서 있다. 1925년에 발표된 파노프스키의 <상징적 형식으로서의 원근법>은 르네상스의 선 원근법이 역사적이고 사회적인 것이며 생리적인 시각과는 다른 것임을 밝히는 최초의 체계적인 시도였고, 이후 원근법을 연구하는 모든 사람들이 비판하든 않든 반드시 언급하고 넘어가야 하는 텍스트가 되었다(이러한 측면에 대해서는 Damisch, 1994: 2장 참조). 그는 선 원근법에 입각하여 르네상스부터 사회적으로도 무한하고 합리화된 공간의 단계로 진입한 것으로 주장하는데, 이러한 점에서 그가 시각 예술에서의 공간을 곧 사회전체의 공간 개념과 등치한다고 비판받기도 한다. 또 그는 망막의 곡면에 맺힌 이미지를 재현하는 곡선 원근법 *curvilinear perspective* 이 그리스 – 로마 시대의 시각 공간을 이룬다고 주장하는데, 이것은 역사상 그런 시각 양식은 없었다고 비판받는다.

적이고 분할될 수 없으며 무시간적이고 일자인 순수 형식의 세계, 영원 불변의 우주 *cosmos* 라는 상에서 표현되었다(Rotman, 1987: 60~3). 따라서 고대인들에게 세계란 근본적으로 불연속적인 것이었고, 물체들은 동질적이고 무한한 차원적 관계들의 체계로 흡수되는 것이 아니라 유한한 그릇 속에 병치된 이질적이고 절대적인 내용들이 된다. 아리스토텔레스에게도 우주는 유한한 것이었고, 연속체라든가 무한성이라는 관념은 부재하였다(Panofsky, 1991: 43~5).

중세의 스콜라 철학은 아리스토텔레스의 교의를 받아들였다. 그러나 중세의 신학은 한 가지 곤란한 문제에 봉착하게 되었는데, 그것은 신이 원래적인 무로부터 세계를 창조한 것을 어떻게 설명할 것인가 하는 것이었다. 아퀴나스가 대처한 방식은 아리스토텔레스의 진공에 대한 공포를 신에 의한 진공의 변형적 극복으로 대체하는 것이었다. 즉, 무를 두려워하는 모든 것들을 사랑하는 신은 세계를 창조하기 위해 무를 파괴하고 무화시켰다고 해설함으로써 아퀴나스 역시 무의 문제를 부정하게 된다. 중세인들에게 무나 무한의 관념은 너무도 전복적이었던 것이다(Rotman, 1987: 63~72 참조). 그러나 신의 영역은 여전히 무나 무한의 관념을 회피하기 어렵게 하는 것으로 남기 때문에 전반적으로 중세 교회는 경험적 우주의 유한성을 신적 존재와 권능의 무한성으로 대체함으로써 아리스토텔레스의 공간 교의를 재해석하게 된다. 무한은 초자연적인 영역에 한정되었던 것이다. 즉, 신이 창조 행위를 주재하는 그 공간은 무한하다. 따라서 이 무한성은 신적인 영역에 국한되는 것으로 자연 속에 실현된 어떤 것이 아니다. 그럼에도 불구하고 이 무한성이 자연 영역에서도 실현될 수 있다는 것이 원칙적으로 부정되는 것은 아니기 때문에 무한한 공간 개념이 형성될 수 있는 단초는 열린 셈이다. 성기盛期 고딕이나 후기 고딕은 이러한 면을 보여 준다(Panofsky, 1991: 53~4).

특히, 영국 프란체스코회 수도사들이 광학에 관심을 보이던 13세기는 중세 질서의 해체가 뚜렷해지기 시작한 시대이다. 13세기 말에는 아리스토텔레스의 교의에 대한 논쟁이 일어났는데, 1277년 파리의 주교는 아리스토텔레스가 우주의 유한성을 주장했다는 이유로 그의 교의를 금지하기까지 했다. 전능한 신은 우주의 위치를 옮기거나 원하는 만큼 많은 우주를 창조할 수 있기 때문에 진공의 부재란 불가능하다는 것이다. 14세기 전반에는 캔터베리의 대주교이며 옥스퍼드의 수학자이자 신학자인 토머스 브래드워딘 Thomas Bradwardine 이 창조 이전에 신이 우주를 세운 무한한 공간이 존재하였고 신 자신은 이 공간에서 자신의 창조 행위를 주재한다고 논하였다. 여전히 무한한 공간은 신의 영역에 속한다 하더라도, 신학에서의 이러한 논의는 과학에서의 무한하고 동질적인 공간 개념과 예술에서의 원근법의 준비를 촉진시키는 결과를 낳았다(Edgerton, 1975: 19~20).

원근법의 공간은 그것이 과학과 철학에서 담론으로 체계화되기 전에 시각 예술의 영역에서 선취된 무한한 공간이었다. 이 점을 단적으로 보여 주는 것은 무엇보다도 소실점이다. 소실점은 말 그대로 사라지는 점, 원근법 화면에서 직교선들이 무한대로 진행하면서 마치 수렴되는 듯이 나타나는 점이기 때문이다. 물론 그 선들은 결코 수렴되지 않고 평행하게 무한히 달릴 뿐이다. 파노프스키의 말을 빌리면 "모든 직교선들의 무한히 멀리 떨어진 점의 이미지로서의 소실점의 발견은 어떤 의미에서는 무한 자체의 발견에 대한 구체적인 상징이다"(Panofsky, 1991: 57).[56] 무한을 상징하는 이 소실점이 원근법의 무한한 공간을 조직한다. 바로 이 때문에 소실점이야말로 원근법의 가장 중요한 요소이다. 원근법이 작동

---

56. 파노프스키는 여기서 소실점의 최초 발견으로 브루넬레스키나 알베르티 이전, 1344년에 제작된 암브로지오 로렌제티 Ambrogio Lorenzetti 의 그림 <수태고지>를 예로 들고 있다. 아마도 바닥의 바둑판 무늬에 의해 화가들이 소실점을 발견할 수 있었을 것이다. 그러나 물론 이것이 화가들이 명확한 수학적 의식을 가지고 그랬다는 것은 아니다. 로렌제티의 그림에서는 소실점이 구성에 의해 지지되기는 하지만 마치 그것이 의심스럽고 공포스럽다는 듯이 승인되지 못하여 그대로 표현되어 있지 않다. 그림은 바닥의 기하학적인 구조와 황금색 배경의 평면화 효과가 공존하고 있다. 이 모순적인 구성은 화면을 분할하면서 소실점의 위치를 가려 버리는, 대칭축에 해당하는 기둥에 의해 지탱되고 있다. 모든 대각선들의 무한히 먼 수렴점의 이미지로서의 점이라는 개념에 도달하기까지는 수학적 사고가 몇 세기 더 전개되어야 했다. 기하학의 역사에서 예술이 중요한 역할을 한 것은 사실이지만 17세기의 사영 기하학이 예술가들의 산물인 것은 아니다(Damisch, 1994: 79~81).

하는 공간은 무한한 것으로 설정되는 것만으로는 불충분하고 중심화되기도 해야 하기 때문이다(Damisch, 1994: x vii).

이것은 알프스 이북에서 경험적으로 발전한 원근법에서도 불완전하나마(여기서는 시각적 중심점이 아니라 시각축으로 수렴되는 경향이 있으며 따라서 소실점도 하나로 잡히지 않는다)[57] 이루어졌지만 수학 이론에 의지한 이탈리아의 원근법에서 명백하다. 알베르티의 체계에서 알 수 있듯이, 이탈리아 르네상스의 원근법은 산술적으로 통일된 공간 이미지를 수학적으로 합리화함으로써 심리적·생리적 공간 구조로부터는 추상된 것이지만 무한한 연장의 공간적 구조를 구성하였다. 결국 알베르티로 대표되는 원근법은 자의적으로 취해진 소실점에 중심을 두는 무한히 연장된 연속적인 공간을 구성하였으며, 이것은 아리스토텔레스적 세계관과는 근본적으로 단절하는 것이었다. 그것은 신의 영역이 아니라 경험적인 현실 속에 구체화된 무한성 개념에 의해 우주의 절대적 한계를 폐기하는 것이었기 때문이다. 따라서 이것은 탈신학화된 공간이며 개별 대상들에 선행하는 공간이다. 그 공간은 물리적인 3차원으로 구성되는 연속적인 양으로서의 공간이며 측정 가능한 공간이다. 이러한 의미에서 원근법의 공간은 데카르트의 공간과 동일한 것이다(Panofsky, 1991: 63~6).

물론 이러한 공간 개념을 당시 현실에서 모든 사람들이 잘 이해한 것은 아니다. 알프스 이북에서도 예컨대, 같은 15세기에 활동한 얀 반 아이크Jan van Eyck의 그림에서는 회화의 상상된 공간이 현실의 한 조각으로서, 그 표면성을 넘어서서 공간의 무한성과 연속성을 지각할 수 있게 만들어 준다(같은 책: 60). 그러나 북유럽에서는 이 무한한 공간이 하나의 중심점으로 통일적으로 수렴되는 것이 원리적으로 이해되지도 않았고 현실적으로도 큰 구속력이 없었다. 무한한 공간과 중심에 의한 통일이라는 수학적 원리에 의해 원근법을 발달시킨 이탈리아에서조차도 15세기 회화들에서는 중심의 직교선과 가장자리의 직교선들의 방향이 불일치하는 사례

---

57. 여기에 대해서는 Wright, 1983: 2장; Panofsky, 1991: 59~61을 참조하라.

를 많이 볼 수 있다. 그리하여 알프스 이북에서나 이남에서나 그림의 부분적 차원에서는 선의 수렴이 통일성을 가지지만 전체적 차원에서는 그 수렴 현상들이 통일성을 가지지 못하는 경우가 많이 나타난다(Panofsky, 1991: 58~61; Wright, 1983: 2~4장). 이것은 당시 사람들에게는 무한성 개념이 아직 형성되는 중이었다는 것을 의미하며, 또한 아직은 형상의 구성이 공간의 선적인 배치에 앞서고 있었음을 의미한다(Panofsky, 1991: 58~9). 사물들이 그 위에 배치되는 하나의 좌표적 공간으로서 추상적이고 수학적인 공간이 개념적으로 완전히 확립되는 것은 대체로 17세기에 가서이다. 그러나 알베르티의 원리는 이 수학적인 무한한 공간을, 개념화되지 않은 형태로서 이미 선취한 것이었다. 알베르티는 바로 통일된 무한한 공간과 형상들에 대한 통일된 정보 및 이것들의 공간 속에서의 정확한 상대적 배치를 이론화했던 것이기 때문이다(Bryson, 1983: 102~3).

그런데 이 무한한 공간과 그 속에서의 형상들의 배치를 조직하는 중심인 알베르티의 중심점, 즉 소실점은 바로 그림을 바라보는 사람의 눈과 일치한다. 바로 이렇게 시각장의 중심인 소실점과 시점이 일치됨으로써 그림의 관람자는 무한한 연속적 공간의 중심이 된다. 알베르티의 체계에서 볼 때 원근법의 시각 피라미드 혹은 원뿔은 엄밀히 말해서 두 개이다. 하나는 그 꼭지점이 소실점에 있는 직교선들로 이루어진 것, 따라서 상상된 공간 속에서 무한히 떨어진 한 (꼭지)점으로 수렴되는 피라미드 혹은 원뿔이고 다른 하나는 보는 사람(화가 및 관람자)의 눈으로 수렴되는 시각 광선들로 이루어진 그것이다. 이 대칭적인 시각 피라미드들의 밑면들이 만나는 평면이 곧 알베르티가 말하는 창문으로서의 그림 평면이며(Jay, 1993: 54), 이것은 브루넬레스키가 소실점을 발견할 때 그 매체가 되었을 것이라고 에저튼이 추정하며 실제로 브루넬레스키가 자신의 실험에서 동원했던 그 거울을 닮았다. 이리하여 소실점과 눈은 일치한다. 이것은 새로운 주체의 개념이다. 원근법 화면에서 이미지들을 배치하는 중심으로서의 소실점은 곧 가시적 세계를 배치하는 중심으로서의 보는 사람의 눈이기 때문이다. 중세의 다중적 시선을 대체하는 하나의 지상권적인 눈은 인간의 눈이며, 여기에 르네상스의 인본주의적 성격이 있다. 이제 신이 아니라 인간이 가시적 세계를 조직하는 중심이 된다.

> 유럽 예술에 특유하며 초기 르네상스에서 처음으로 확립된 원근법의 인습은 모든 것을 보는 사람의 눈에 집중시킨다. 그것은 등대에서 비추는 광선과 같다. 단지 빛이 바깥으로 여행하는 대신에 외양이 안으로 여행해 들어온다……. 원근법은 단 하나의 눈을 가시적인 세계의 중심으로 만든다. 모든 것은 무한성의 소실점으로 수렴되는 것과 마찬가지로 눈에 수렴된다. 가시적 세계는 한때 우주가 신을 위해 배열되었다고 생각되었던 것처럼 보는 사람을 위해 배열된다(Berger, J., 1972: 16).

소실점과 일치된 보는 사람의 눈, 즉 그림을 그리는 화가와 그림을 보는 관람자의 눈이 가시적인 세계를 질서짓고 배치하는 중심이다. 따라서 원근법은 보는 사람을 가시적인 세계의 중심이 되는 '보는 주체 seeing subject'로 정립한다. 르네상스 원근법이 그림에 묘사된 주제를 전체적으로 파악하는 이상적인 시점에 소실점을 위치시키는 경향이 있는 것은 바로 여기에 기인한다. 이것은 같은 도시를 묘사한 원근법 이전의 그림과 원근법 이후의 그림을 비교해 보더라도 잘 알 수 있다. 1350년경에 플로렌스를 묘사한 한 프레스코화에서 화면 속의 도시는 미로와 같은 혼돈의 느낌을 주는 반면, 1480년경에 만들어진 목판화는 도시 전체를 조망할 수 있도록 높은 곳에서 바라본 '새의 시점 the bird's eye view'에 의해 리얼리즘적인 이미지를 만들어 내고 있다. 전자의 그림에서는 공간적 동질성 감각이 결여되어 있으며 거의 촉각적으로 도시 구조를 경험하는 방식, 보는 사람이 도시의 미로 속에 빠져서 이리저리 돌아다니면서 도시를 경험하는 시각 양식을 구현하고 있는 반면, 후자의 그림에서는 시각적 공간은 동질적이고, 추상적이며 균일적인 선형적 좌표에 의해 미리 질서지어져 있다는 가정에 기초하고 있으며, 화가는 묘사되는 대상으로부터 거리를 둔 하나의 지점에 자신을 고정하고 있고 관람자는 화가와 같은 위치에 있는 듯이 장면을 이해하도록 구성되어 있다. 도시 전체의 모습을 조망할 수 있는 이 이상적인 지점에 위치된 눈은 시각 영역에서의 자아가 최초로 표현된 것이라 할 만하다(Edgerton, 1975: 7~10; Romanyshyn, 1989: 35~8).

이 무한한 시각 공간의 중심점에 일치되도록 함으로써 시각적 주체의 눈에는 무한하고 전능한 시각이 부여된다. 알베르티의 규칙에서는 눈의 높이와 같은 위치에 있는 지평선의 중심에 소실점이 설정됨으로써 모든 것은 동일한 수준에 위치되기 때문이다. 세계의 깊이는 보는 주체의 시점에 준거하여 제거된다. 지평선과 직교선들에 의해 깊이는 관람자로부터의 거리의 문제로 변형되기 때문이다. 말하자면 상이한 존재적 수준과 가치 수준에 예속되던 수직적인 깊이는 동질적인 수평적 깊이에 의해 대체된 것이며(Romanyshyn, 1989: 43~4), 따라서 세계는 자신의 고유한 존재론적 의미를 상실한다. 더구나 소실점이 위치하는 지평선이 관찰자의 눈 높이에 고정된다는 것은 인간의 시각을 세계의 척도로 설정한다는 것을 뜻한다. 중심자리에 위치한 시각적 주체는 대상들로부터 거리를 두고 분리되어 대상들을 통제한다(같은 책: 44~7). 거리점은 이것을 더욱 강화하는 것이다. 거리점 역시 소실점의 위치와 동일하며 직접적으로 관찰자의 눈에 해당한다. 거리점은 관찰자의 눈에 고정됨으로써 세계의 척도로서의 인간을 재확언하며, 역으로 거리점에 고정된 관찰자의 눈은 대상 세계로부터 분리되어 자신의 척도로써 대상들을 가늠하고 분류하며 통제하는 힘을 부여받은 것이다. 또한 거리점과 소실점의 거리는 이론적으로 무한하다(알베르티는 거리점이 설정되는 거리를 규정하지 않았다)는 점에서도 세계의 척도의 눈에는 무한한 시각이 부여된 것이다(같은 책). 이렇게 주체의 중심적인 시점에 의해 배치되고 변형된다는 점에서 원근법의 소실점은 설명의 과학을 위한 공간을 준비한 것이다. 이 공간은 모든 것이 추상화되고 등치되는 중립적이고 동질적인 공간이며, 따라서 그 속의 사물들도 연속적이고 동질적인 공간상의 위치와 거리에 의해 계산 가능한 대상이 되는 것이다.

이것은 원근법의 공간은 내용이 사상되고 형식만 남는 추상화와 사물화라는 의미에서 합리화(Lukács, 1986: 4장)된 공간이고 또 의미 상실과 계산 가능성이라는 측면에서도 목적 합리성에 의해 조직되는 합리화(Weber, 1988, 1994)된 공간임을 뜻한다. 그리고 소실점에 시점을 일치시키는 것으로써 정의되고 알베르티에게서는 거리점에 의해 이 정의가 한층 더 보완되는 원근법의 시각적 주체는 곧 합리성에 입각한 현대성의 주체, 데카르트적인 주체에 해당함을 뜻한다. '생각한다'로서의 코기토는 자신이 사유한다는 것에서만 모든 것의 확실성에 대한 판단 기준을 구하는 세계의 척도이며, 따라서 사물들이 담겨 있는 세계를 연장으로서의 순수 공간으로 환원하여 그것에 보편 수학의 질서를 부여하고 측정하려 하기 때문이다(Descartes, 1990; Judovitz, 1988).

(2) 원근법에서의 공간과 주체의 현대성

그러나 여기서 두 가지 의문이 제기될 수 있다. 하나는 르네상스의 산물인 원근법의 합리화된 공간이 과연 서구 현대성의 문명에서 확인되는 것과 같이 '하나의 중심'에 의해 조직되는 무한한 공간인가 하는 점이다. 일반적으로 르네상스인들은 무한한 것은 중심을 가질 수 없다고 생각했던 것으로 알려져 있기 때문이다. 무한성이 중심을 가질 수 있다는 생각은 17세기, 푸코식으로 말하자면 고전주의 시대에 가서야 개념적으로 사유되고 확립되었다. 사실 원근법의 규칙이 체계화될 때 알베르티나 이탈리아인들이 의지할 수 있었던 기하학은 유클리드 기하학이었는데, 이 그리스의 기하학은 공간이 아니라 형상과 물체의 문제를 다루는 유한 기하학이다. 유클리드 기하학은 모든 점이 등가인 동질적인 공간을 설정하기 때문에 무한한 공간과 그 무한성 속에서 중심이 되는 한 점을 개념화할 수 없다.

다른 하나의 의문은 원근법의 소실점에 자신의 눈을 위치시키는 관찰자가 과연 '주체'인가 하는 점이다. 르네상스는 인문주의 시대였고, 알베르티가 척도로 삼은 것은 인간이었다. 푸코는 주체는 인간과 다르다는 점을 강조한다(Foucault, 1987). 언어학이나 기호학적으로 보자면 주체는 발화의 심급이고 담론의 기능이며, 이러한 주체는 스스로가 기호 발화들의 저자이자 수용자라고 느끼는 개인들과 등치될 수 없다. 오히려 주체는 기호적 능력이고 문화적으로 동일시될 수 있는 '형식'일 뿐이다(Rotman, 1987: 3). 개인은 이 형식, 이 담론의 기능과 자신을 동일시함으로써 주체로 구성되는 것이고, 그렇기 때문에 주체는 라캉의 관점에서 보자면 기표이다. 데카르트에게 있어서도 주체는 형식적이고 비인격적인 단위체 *entity*이다. 코기토는 사유의 판명함을 확증하기 위해 자신의 감각과 신체를 버렸다(Descartes, 1990: 77~83). 수학적 형식주의를 재현의 모델로 삼아 세계의 수학적 환원에 기초하는 데카르트의 주체는 텅 빈 형식적 단위체인 것이다(Judovitz, 1988: 6).

우선 첫 번째 공간 문제부터 살펴보자. 원근법의 수학적 공간은 많은 것을 유클리드의 공리에 의지함으로써 논리화되었다. 그럼에도 불구하고 원근법의 공간은 그 자체 유클리드 기하학의 공간과 다를 수밖에 없었다. 그것은 원근법의 공간은 처음부터 무한의 문제를 다루어야 했기 때문이며, 또한 그것은 무한해야 할 뿐만 아니라 중심화되기도 해야 했기 때문이다(Damisch, 1994: x vii). 그 때문에 르네상스 이탈리아인들은 원근법을 공식화하는 과정에서 유클리드의 기하학 및 광학에서 많은 공리들을 제외하거나 나름의 방식으로 수정해야 했다.58

원근법 체계는 가시적 세계를 비례적으로 확대하고 단축하는 기능을 하는데, 이 때 비례 자체는 모든 비율이 결정되는 투사점을 요구한다. 결국 원근법의 공간은 투사되고 좌표화된 공간이며, 가시적인 것들의 모든 위치는 지평선과 수직축 및 소실점과의 관계 속에 의미화된다. 따라서 원근법

---

58. 르네상스 원근법은 유클리드 기하학의 공리와 용어에 의지했음에도 불구하고 그것을 그대로 받아들이지 않았다. 특히 시각의 각도를 강조하는 유클리드의 여덟 번째 공리는 르네상스인들이 빼거나 수정하였다. 대상의 크기 문제를 시각의 각도로 설명하는 유클리드의 자연 원근법과 직선을 중심으로 하는 르네상스의 인공 원근법은 모순되고 상충되는 점이 많았기 때문인데, 이것은 각도 공준을 폐기함으로써만 해소되었다. 16세기 초에 출간된 비야토의 책이 명확히 해 주듯이 선 원근법에서는 각도가 아니라 양과 거리의 비례성이 중요하였다(Panofsky, 1991: 35~6). 알베르티 자신도 고대의 기하학이나 광학에 대하여 가시적인 것에 대한 자신의 관심에 부합되는 것만을 수용하였다. 그리하여 광학의 여러 문제들을 다루지 않았으며, 시각 원뿔 이론(이것은 로마인들이나 지오토의 예에서 보이는 것처럼 선이 아니라 축을 중심으로 하는 원근법으로 귀결되었다)을 시각 피라미드 이론으로 바꿈으로써 하나의 점을 가진 원근법을 구성할 수 있었다(Alberti, 1956: 103의 해설주 18).

의 공간은 사실상 유클리드 기하학보다는 17세기에 확립된 사영 기하학 *projective geometry* (투사 기하학)에 더 일치하는 공간이다(Rotman, 1987: 16~7).[59]

> 원근법적 이미지들에 적합한 수학적 공간은, 투사점의 위치를 변화시키는 것
> 이 평면 형상들에 미치는 영향을 연구하기 위해 그것의 기원으로서 무한대
> 에 있는 한 점을 공식화하는 사영 기하학의 공간이다(같은 책: 17).

투사점은 알베르티의 규칙에선 거리점에 해당하고 이것은 그림 속에선 소실점으로 재현된다. 따라서 이렇게 무한성 속에 투사점에 의해 좌표화된 공간은 사실상 데카르트적 공간을 구축하게 된다. 데카르트는 공간을 대수적인 수로 환원하고 기하학이나 공간에 관한 특징을 산술화하였고, 따라서 그의 공간은 기하학적인 속성이나 배치들이 이루어지는 기준이자 좌표계였기 때문이다(이진경, 1997: 101~6).

무한히 접근해서 수렴하는 하나의 점이라는 생각이 개념적으로 형성되고 확립된 것은 17세기경에 이르러서이다. 1604년에 이미 요하네스 케플러 Johannes Kepler 는 "평행선이 무한의 한 점에서 만난다"는 공식을 제출했는데, 이것은 고대 기하학으로부터 현대 기하학으로의 이행을 표지하는 것이었다(Ivins, 1973: 10).

블레즈 파스칼 Blaise Pascal 은 두 가지 반대되는 무한성들이 연결된다는 점을 조명하였다. 즉, 공간이 무한히 확장될 수 있다는 사실에서 그 공간이 무한히 축소될 수 있다는 사실이 나온다. 그런데 흥미롭게도 파스칼은 원근법적인 이미지로 이것을 설명한다. 수평선을 향해서 멀리 사라지는 배를 유리를 통해 보면서 배의 위치를 유리 위에 점으로 표시하면 배가 나아감에 따라 점의 위치는 점차 올라갈 것이다. 이 때 눈에서 나오는 광선이 유리를 통해 수평선에 떨어지는 점을 유리에 표시해 놓으면, 배가 무한히 움직임에 따라 배의 위치를 표시하는 점은 점점 올라가

---

59. 다양한 종류의 기하학들의 원리를 지각의 측면과 관련해서 설명한 것으로는 Cassirer, 1979: 271~91 을 참조하라.

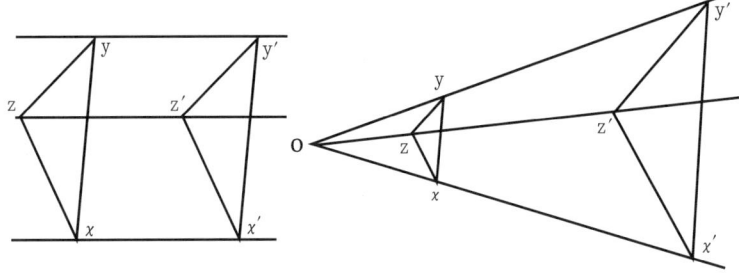

그림 13. 데자르그의 공리

출처: Damisch, 1994: 387

이 점에 접근할 것이다. 이 두 점 간의 간격은 배가 운동하는 동안 끊임없이 작아진다. 따라서 배의 경로가 확장되는 무한성의 필연적 귀결은 수평선 아래 남은 공간의 무한히 작은 분할이 된다(Damisch, 1994: 385). 여기서 수평선은 한계로서 기능한다. 이것은 알베르티의 지평선과 동일하다. 앞에서 보았듯이 알베르티에게 지평선은 가시적인 형상, 특히 묘사되는 인간이 넘어서는 안 되는 한계였다. 따라서 파스칼의 지(수)평선적인 점, 무한성 문제는 알베르티에게 이미 나타났던 것이다. 알베르티는 그림 상의 평행선들이 '마치 무한으로' 수렴되듯이 거리가 멀어짐에 따라 길이가 축소된다는 것을 자신의 원리로 삼았기 때문이다(같은 책: 386).

파스칼의 동시대인인 제라르 데자르그Gérard Desargues는 공간의 무한한 연장을 배제하지 않으면서 공간의 중심화를 논증하였다. 그의 무한 기하학은 엄격히 기하학적인 방식으로 무한성을 유한성 내에, 즉 문자 그대로 한 점 속에 포함시킨다. 유클리드적인 공간에서는 서로 평행한 두 삼각형들의 서로 대응되는 변들은 결코 만날 수 없지만, 무한히 멀리 있는 점에서 방사되는 투사 공간에서는 서로 평행하는 삼각형들의 서로 대응되는 변들은 투사점에 가까이 갈수록 여전히 평행하면서도 길이가 짧아지면서 수렴되며, 서로 대응되는 꼭지점들 역시 수렴된다(그림 13).

따라서 두 삼각형은 평행할 수도 있고 수렴될 수도 있다.

이 데자르그의 공리는 1638년 ≪원근법의 보편적 방법≫이라는 책에서 제시되었고, 원근법주의자들에 의해 재출간되었다(같은 책: 386~7). 이 공리의 함축은 퐁셀레 Poncelet 에 의해 사영 기하학의 틀 속에서 발전되었다. 즉, "평행선은 무한에서 만난다." 이러한 검증은 이미 원근법 회화들에 함축되어 있었다. 따라서 데자르그의 '무한히 먼 축'이란 곧 파스칼과 알베르티가 지평선이라고 불렀던 바로 그것이다(같은 책: 387~8).[60]

이렇게 데자르그와 그 동시대인들에 의해 무한한 공간과 그것이 하나의 중심에 의해 조직될 수 있다는 생각은 비로소 개념화되었고, 원근법은 자신이 가시적 공간 속에서 실천했던 것을 담론의 형태로 얻었다. 그러나 하나의 중심을 가진 무한한 공간은 사영 기하학의 담론에 의해 공식화되기 이전에 알베르티 및 원근법에 의해 개념화되지 않은 상태이지만 이미 선취되어 있던 것이다. 그러므로 이빈스는 "만일 이것[데자르그의 공리 — 인용자]을 알베르티의 구성과 비교한다면, 그것이 그 구성의 작용 속에서 일어나는 것을 구어적으로 진술한 것임을 보게 될 것이다"(Ivins, 1973: 11, n.12)라고 말한다. 소실점이라는 개념이 고전적인 기하학의 기본 가정에 대해서뿐만 아니라 중심점이라는 르네상스적인 관념에 대해서도 낯설었던(같은 책: 32~4) 이유는 여기에 있다. 당시 사람들에게 이러한 관념은 아직 형성되는 도중이었기 때문이다. 파노프스키가 원근법의 재현 공간은 데카르트와 데자르그 시대에 와서 완성되었다(Panofsky, 1991: 70)고 말하는 것은 이러한 이유에서이다.[61] 그러나 그것은 기원의 순간에, 브루넬레스키의 실험과 알베르티의 도식에서 이미 작용하고 있었다. 그렇기 때문에 원근법은 르네상스 이탈리아라는 역사적 조건에 한정되지 않는다. 메를로퐁티의 말을 참조하자면, 원근법은 "자신 속에 담겨

---

60. 이상의 내용에 대해서는 Ivins, 1973: 10~2도 참조하라.

61. "현대[성]의 회화 공간 내에서의 방향과 거리의 자의성은 현대[성]의 지적 공간의 방향과 거리에 대한 무심함을 확증한다. 그리고 이것은 연대기적으로나 기술적으로나 이론적 원근법의 발달에 있어서 데자르그의 손에 의해 그것이 일반 사영 기하학이 되었던 그 단계에 정확히 대응한다"(Panofsky, 1991: 70. [ ]안의 것은 인용자).

있는 것보다 더 많은 사유들을 불러일으키는 대상, 자신의 역사적 맥락 바깥에서 의미를 보유하는 대상, 그 맥락 바깥에서만 의미를 가지는 대상이다."[62] 바로 이렇게 현대적인 공간 개념을 선취하고 있었기 때문에 원근법은 계속 현대성의 지배적인 시각 양식일 수 있었고, 17세기 사람들이 그 원리를 공리화하고 검증하려 노력했던 이유 역시 여기에 있다.

이제 두 번째 주체 문제를 보도록 하자. 17세기의 원근법 옹호자들이 데자르그의 저서를 재출간한 이유는 데자르그의 공리가 무한히 먼 한 점으로서의 소실점이 시각의 장 바깥에 있는 점에 의지하지 않을 수 있는 방편이라고 생각했기 때문이다. 이것은 그림 앞에 있는 현실의 구체적인 관객의 눈에 직접 준거하여 그림을 구성할 필요가 없다는 것을 의미한다. 이러한 면에서 무한의 점으로서의 소실점은 주체의 문제와 연결된다. 르네상스 이후 17세기까지 원근법의 중심점이 그림 구성 및 관람에서 구속인가 아니면 자유인가(즉, 주관적인 요소를 도입하는 것인가) 문제에 대한 논쟁이 계속되었다. 많은 사람들에게 원근법의 도식은 구속으로 다가왔다. 레오나르도 다 빈치에게서 이미 이러한 불평을 들을 수 있고, 원근법의 장치를 묘사하는 뒤러의 그림[63]은 이러한 원근법의 구속을 묘사한 것이기도 하다(Damisch, 1994: 36~8). 그러나 데자르그에 의해 공리화된 무한점으로서의 소실점은 반드시 구체적인 개인의 눈에 준거할 필요가 없다. 따라서 17세기 사람들은 더 이상 투사장 바깥에 있는 구체적인 실제 관람자의 눈에 준거할 필요 없이 원근법 회화를 구성할 수 있게 된 것이다. 무한성의 중심으로서의 시점은 구체적인 개인의 눈에 준거하지 않고 그 자체 스스로 그림의 시각장을 조직한다. 이제 그림 속의 시점으로 정의되는 주체와 관람자 개인의 시각 사이의 분열이 극복된다. 바깥에서 부과되는 고정점이 중심이 되도록 할 필요도 없으며 주체의 시점이 눈으로 이행할 가능성을 배제할 필요도 없는 것이다. 이러한 면에서 소실점은 언어에서의 인칭 대명사와 같은 '연동 기어 *shifting gear*'의

---

62. 메를로퐁티의 ≪보이는 것과 보이지 않는 것≫에 나오는 말이다. Damisch, 1994: 38에서 재인용.

63. 이 절의 2) 주체와 대상 세계에 나오는 그림 14를 참조하라.

역할을 한다(같은 책: 49~51).[64]

　간단히 말해서 원근법의 소실점은 살아 있는 개인으로서의 구체적인 개별 관람자의 눈에 맞출 필요가 없다. 그것은 무한히 멀어짐을 지시하는 텅 빈 점일 뿐이며, 오히려 관람자의 눈이 여기에 맞추어져야 한다. 따라서 원근법은 구체적인 신체를 가진 개인에게 호소하지 않는다. 오히려 라캉의 말처럼 인간은 그림 속으로 유혹되고 불려들어가는 것이다. 이러한 점에서 하나의 중심으로 조직된 원근법은 인문주의(인간주의)와 화해되는 것이라기보다는 주체를 정의하는 것이다(같은 책: xⅶ). 말하자면 원근법에서 소실점은 기표와 같은 것이고, 언어의 장에서 개인이 하나의 기표가 됨으로써, 즉 주인 기표와 동일시함으로써 말하는 주체가 되듯이, 시각의 장에서 개인은 자신에게 선행하며 자신의 눈과는 상관없이 존재하는 소실점에 시선을 맞춤으로써 보는 주체가 된다.

　물론 이러한 주체는 르네상스 시대와는 낯선 것이지만, 알베르티의 소실점은 바로 이러한 현대성의 주체를 구성한다. 알베르티에게서 소실점과 일치해야 하는 눈은 살아 있는 구체적인 개인의 눈과는 거리가 멀기 때문이다. 원근법에서 소실점이 규정하는 시각은 실제의 생리적이고 신체 기관으로서 끊임없이 운동하는 두 개의 눈과는 다르다. 그것은 정적이고 고정되었으며 깜박이지도 않는 하나의 눈이며(Jay, 1988: 7), 구체적인 신체를 버리고 추상화된 눈이다(Romanyshyn, 1989: 48). 원근법이 규정하는 시각이 실제의 시각이 아니라 추상된 하나의 눈일 뿐이며 살아 있는 개인은 여기에 맞추어야 할 뿐이라는 점은 이미 브루넬레스키의 실험에서 이용된 그림판의 구멍에서도 확인된다. 더구나 그 구멍은 누구나 들여다볼 수 있는 것이기 때문에(반복 가능성) 특정한 개인이 아니라 추상적이고 보편적인 주체를 유혹할 뿐이다. 이 추상적인 눈의 고정은 신체

---

64. 이 과정에서 케플러에 의해 구면 기하학에 대해 원뿔 기하학이 우선성을 가지게 된 것이 큰 역할을 했다. 하나의 면과 원뿔이 만날 때 생기는 원추 곡선들은 모두 연속적이다. 따라서 특권점은 구의 중심에서 원뿔의 꼭지점으로 이동하였고, 투사장 바깥의 점에 준거할 필요는 없어졌다. 투사장 내의 점이 곧 바깥의 점과 일치할 수 있기 때문이다(Damisch, 1994: 51).

를 폐색 *eclipse* 해 버린다. 원근법은 "물질적인 신체로부터 단절된 가운데 눈이 세계를 관조하기만 하는 그 순간을 그림 그리기와 보기의 물리적인 실천에서 추상[한다]. 신체는…… 그 광학적 해부도로, 단안적 원근법의 최소의 다이어그램으로 환원된다"(Bryson, 1983: 94). 다 빈치에게서 이미 원근법이 주체를 고정된 하나의 눈으로 환원함으로써 지각의 실제 조건과 상관 없는 위치를 취하게 한다는 비판적인 논조를 찾아볼 수 있다(Damisch, 1994: 35).

그렇기 때문에 파노프스키는 합리적이고 무한하고 불변하며 동질적인 공간을 보증하기 위한 원근법의 두 가지 가정으로서, 시각 피라미드의 평면적인 가로지름에 의한 시각 이미지의 적절한 재생산과 더불어 단 하나의 움직이지 않는 눈을 지적하는 것이며, 이 두 가지 가정은 현실로부터의 대담한 추상이라고 단언하는 것이다(Panofsky, 1991: 28~30). 따라서 원근법은 구체적인 개인에게 호소하는 것이 아니라 추상적인 텅빈 주체를 규정한다. 이러한 의미에서 우리는 원근법이 구성하는 주체가 데카르트적인 텅 빈 형식으로서의 주체라고 말할 수 있다. 데카르트의 주체성 역시 감각과 신체를 폐기하며 재현 과정에서 개인사로서의 역사와 재현의 실천을 추상해 버린다(Judovitz, 1988). 브라이슨의 말을 빌리자면 알베르티에게서도 이것은 마찬가지이다.

> 시각 피라미드는 눈의 렌즈를 통과하여 망막에 이르는 빛의 원뿔이다. 중심 광선은 원뿔의 수렴점에서 이미지가 응집되는 표면 위의 한 점(보통 소실점이라고 알려진 것)으로 연장되는 이론적인 축이다. 이제, 이 재현에 대한 엄격하게 원근법적인 설명에서 화가의 신체는 망막과 화필 사이의 내부적인 원호로 환원되며, 이에 상응하여 관람자의 신체는 구두점적인 수용 장소로 단순화되는 듯 보이며, 알베르티의 주체 개념은 회화의 공간을 차원 없는 구두점적인 것으로 환원한다는 점에서 **이미 데카르트적인 것으로 보인다** (Bryson, 1983: 103. 강조는 인용자).

비록 알베르티 당시의 현실에서 원근법 회화들이 모두 이러한 데카르트적인 주체의 공간을 실현했던 것은 아니라 하더라도 알베르티의 규칙이 내장하고 있는 것은 바로 데카르트적인 것이다.

그 이론적 형태에서는 **이것이야말로 알베르티가 의도한 환원이라는 것을 거의 의심할 수 없다.** 장면과의 관계에서 관람자의 눈은 원래 화가에 의해 점유되었던 위치와 동일한 위치를 취하게 된다(같은 책: 104. 강조는 인용자).

따라서 화가가 관람자의 눈을 고려해야 하는 것이 아니라 그림 속에 체현된 화가의 시점에 관람자가 시선을 맞추어야 한다. 보는 사람은 그림에 의해 보는 주체로서 구성되는 것이다. 이러한 의미에서 원근법은 시각장의 상상적 관계를 상징계의 지배 아래 질서짓는, 그리하여 시각 체제를 떠받치는 시각 양식으로서 규정할 수 있다. 원근법이 상징계적 성격을 가진다(Damisch, 1994)는 것은 무엇보다도 그것이 주체의 구성을 내포하기 때문이다. 즉, 원근법은 가시적 세계에서 질서를 구성하고 사물의 의미를 구성할 뿐 아니라 '나'로 동일시할 수 있는 종합화의 기능을 하는 심급을 포함한다. 이것은 시점 속에 각인되어 있다. 원근법의 시점은 인간이 아니라 주체 개념에 준거하는 것이다(같은 책: 9~10). 따라서 주체의 고정된 점을 내장한 원근법은 라캉적인 의미에서 상징적인 결정 요인들에 의해 규제되는 구조를 가지고 있으며, 이것은 인문주의 문화와는 상관 없는 구조적 질서에 의해 지배된다. 인간이 상징적 질서와 접촉하여 인간이 아니라 주체가 되는 것은 구조적 사실이기 때문이다(같은 책: 19~20). 따라서 원근법은 담론의 질서에 비유될 수 있는 시각 양식으로 생각할 수 있다. 원근법은 이미지의 세계로서의 상상계를 구성할 뿐 아니라 주체와 의미의 질서를 생산하는 상징계의 역할도 하기 때문이다. 그것은 언어의 주격과 유사한 점 아래 자신을 구성한다(같은 책: 53). 다시 말해 그림 속의 소실점과 그림 바깥의 주체의 시점 간의 연동에 의해 작동하는 것이다. 따라서 주체의 시점을 일치시킴으로써 가시적 세계를 질서짓는 소실점은 바로 원근법적 시각 양식 속에서의 응시, 라캉적인 의미에서의 응시에 해당한다.

소실점은 응시의 점이다. 그것은 한없이 멀어지는 무한성의 점이며, 따라서 재현될 수 없는 점이므로 그 자체가 시각의 한계이기 때문이다. 그러므로 소실점은 재현할 수 없는 무를 재현하는 부재이다. 이러한 점에서 소실점은 수의 질서에서의 0과 같다. 로트만에 따르면 0은 자릿수에서도 알 수 있듯이 다른 기호들의 부재, 다른 수들의 부재를 나타내는 기호이지만[65] 계산에서는 다른 수들과 동등하게 취급되는, 기호들 가운데 하나의 기호이기도 하다. 이 기호의 부재를 나타내는 0이 순서의 기원이며 계산 과정을 출발시킨다(Rotman, 1987: 8~14). 따라서 0은 라캉적인 의미에서 텅 빈 기표이고, 수의 질서를 창출하는 정박점으로서의 주인 기표와 같다.[66] 소실점은 시각적 0이다. 그것은 그림 내적으로는 장면 가운데 하나의 일정한 장소, 그러나 어떤 물리적 대상도 점거할 수 없는 장소이다. 동시에 그것은 다른 이미지들을 정합적인 통일된 질서 속으로 조직한다(같은 책: 19). 이러한 이중의 의미에서 소실점은 시각의 한계인 응시의 점이다. 그것은 텅 빈 부재의 점으로서 눈에 보이지 않으면서 자신의 부재를 통해 그림 속 이미지들의 가시적 질서를 조직하기 때문이다.

이렇게 텅 비어 있는 소실점과 눈을 일치시키는 것이기 때문에 원근법은 구체적인 인간의 신체의 눈에 호소하는 것이 아니라 주체의 시점을 규정하는 것이며, 인간이 아니라 '텅 빈 형식으로서의 주체'를 구성한다. 텅 빈 무의 부재하는 기표로서의 소실점에 의해 무한한 공간이 조직되고, 그 무한한 공간의 텅 비어 있는 중심인 이 기표에 의해 주체가

---

65. 영어에서 0을 나타내는 'zero'는 텅 빔, 진공을 의미하는 힌두어 'sunya'에서 유래한다고 한다. 텅 빈 의미 없는 문자로서 0은 무의 관념을 내포하고 있다(Rotman, 1987: 12). 잘 알려져 있다시피 0은 아라비아를 통해 유럽에 도입되었는데, 이것은 상업이 발달하고 자본주의가 발흥하던 시기와 일치한다. 무한이나 무를 생각할 수 없었던 중세적인 사고 방식은 이 숫자 0의 도입에 대해 강한 저항감을 보였다.

66. 이렇게 본다면 숫자 0은 라캉적 의미에서의, (결핍의)기표로서의 남근 *phallus* 과도 같다. 이러한 0의 논리로써 기표의 논리, 나아가 주체의 논리를 설명하는 것은 Miller, 1977 / 1978을 참조하라. 밀레르는 이것을 '봉합 *suture*'으로 지칭하는데, 여기에 대해서는 이 책의 4장 3절 2)에서 설명될 것이다.

구성되기 때문이다.[67] 이 주체는 따라서 비역사적이고, 의식 철학에서의 초월적 주체에 상응하는 것이며(Jay, 1988: 10), 바로 데카르트의 코기토와 같다. 데카르트의 코기토는 "생각한다"라는 텅 비어 있는 사유의 형식이기 때문이다. 따라서 라캉의 말처럼 "원근법은 코기토의 시각적 등가물"(Lacan, *Four Concepts*: 86)인 것이다. 원근법은 그림을 보는 인간을 하나의 눈으로, 다음에는 하나의 점으로 환원한다(Damisch, 1994: 124). 원근법의 주체는 기하학적인 시각 공간 속의 한 점으로 환원되는 것이다. 데카르트의 주체 역시 인간주의적 존재라기보다는 시공간 좌표상의 한 점이다. 이 둘은 모두 라캉이 기하학적 시각의 차원이라 규정했던 첫 번째 삼각형 도식의 꼭지점인 기하학적 점으로 정의된다(1장의 그림 4). 이렇게 원근법의 시각 양식은 현대성의 주체성에 합치되는 시각 양식이다. 라캉이 말하는 의식적 시각의 자기 만족을 표현하는 "나는 나 자신을 보는 나 자신을 본다"라는 명제는 원근법적 시각 양식이 구성하는 이러한 주체의 구조에 속하는 것이다.

(3) 시각적 주체의 구성

이상과 같이 원근법에서는 응시의 자리로서의 소실점이 시각의 주체를 구성한다. 시각적 0으로서의 소실점은 이미지의 무한성을 창출하면서 연동자로서의 주격처럼 관람자의 시점을 화가의 시점과 일치시키기 때문이다. 이것은 라캉에게서 발견하는 응시와 눈의 일치임을 알 수 있으며, 따라서 곧 동일시이다. 따라서 소실점은 응시의 장소이며, 대상 *a*(*objet petit a*)로서

---

67. 원근법의 이러한 상징계적 성격은 알베르티의 색채 권장에서도 엿볼 수 있다. 알베르티는 신성을 묘사할 때 중세 이래 선호되어 온 황금색을 거부하고 흰색을 쓸 것을 권하였다. 로트만에 따르면, 흰색은 시각적 0으로서의 소실점과 수의 체계에서 0이 가지는, 기호이자 메타 기호라는 이중의 지위와 동일한 지위를 가지고 있다. 흰색은 다른 여러 색채와 동등한 하나의 가능한 색채이자 동시에 색채의 부재를 지시하는 메타 색채로서 소실점의 체계적인 모호성을 반영한다(Rotman, 1987: 22). 구체적이고 도상적으로 귀중한 것이며 자연적이고 내재적으로 가치 있는 금색을 거부하고 추상적이고 기호론적으로 중립적인 흰색을 선호한 것은 알베르티의 회화에 대한 관점이 텅 빈 형식으로서의 상징계적 성격, 즉 구성의 문제를 중심으로 하고 있음을 보여 주며, 나아가서는 그의 의도가 구체적인 개인들에게 호소하는 회화가 아니라 주체 일반을 겨냥하는 회화였음을 보여 준다.

의 응시의 자리인 소실점과의 동일시를 통해 주체가 구성되는 것이다. 이 주체는 시각적 자기 만족의 의식, 시각적 에고에 의지하는 주체이다.

이것은 응시가 생략되어 있기 때문에 가능하다. 소실점은 그 자체가 응시의 생략이다. 그것은 부재하는 점, 따라서 맹점이기 때문이다. 소실점이 있어야 할 자리는 텅 비어 있다. 그래서 소실점은 그림 속에 물질적 점으로서 나타나지 않는다.[68] 또 그림에 내러티브가 관류할 때 많은 경우 그 자리는 모든 방향에서 동일한 모습으로 나타나는 이상적인 기하학적 형태의 건물이나 에고-이상의 기준이 될 수 있는 이미지에 의해 가려진다. 예컨대, 다 빈치의 <최후의 만찬>에서 소실점의 기하학적 위치에 자리하고 있는 그리스도의 머리가 그러한 경우이다. 원근법 코드 내에서 각각의 이미지는 관람자에게 단일체적인 보는 주체로서 그림 바깥에서 자신을 객관화할 가능성, 자기 자신을 지각할 수단을 제공하는 것이다(Rotman, 1987: 19). 그림을 보는 사람은 가려진 이 큰타자의 응시의 자리에 자신의 눈을 일치시킴으로써 이미지들의 가시적 세계와 관계 맺고 이미지들의 배치가 창출하는 의미의 세계로 들어간다. 텅 빈 기표로서의 소실점과의 눈의 일치 또는 동일시를 통해 그는 주체로 구성되는 것이다. 그리고 응시가 생략된 형태인 소실점과의 동일시 및 이미지들의 조직화를 통해 자신의 객관적 존재를 확증받기 때문에 주체의 시각적 에고의 환영이 구성된다. 이렇게 자신의 눈을 소실점이라는 응시의 자리에 맞추기 때문에 자신을 바라보는 시점을 자신의 것으로 내면화할 수 있는 것이다. 이러한 의미에서 원근법 회화는 '응시의 회화'(Bryson, 1983: 5장)라고 할 수 있다.

이렇게 응시가 가려지기 때문에 원근법의 시각장에서는 응시의 차원이 생략되고 기하학적 시각 차원만이 현상한다. 라캉이 자신의 첫 번째 삼각형 도식을 원근법의 광학 공간으로 정의하는 것은 이 때문이다.

---

68. 자신의 활동에 대해 자기 의식적인 화가들 가운데 가끔은 그림 속에 소실점을 직접 표시해 두는 경우도 있다. 그러나 많은 경우 이것은 관람자에게 시선을 갖다 맞추어야 하는 시점을 알려 주기 위해서인 경우가 많으며, 따라서 17세기 이전에 이러한 모습을 볼 수 있는 경우가 많다. 그러나 원근법의 작동 방식을 보여 주거나 논증하기 위한 그림에서도 이것을 찾아볼 수 있다. Damisch, 1994: 15장을 참조하라.

이러한 생략을 통해 원근법은 "나는 나 자신을 보고 있는 나 자신을 본다"라는 시각적 에고의 환영을 구축할 수 있다.

물론 이것은 오인이다. 원근법이 인간이 아니라 주체를 구성한다는 것은 앞에서도 말했듯이 그것이 구체적인 경험적 개인으로서 그림 바깥에 있는 인간에게 자신의 중심점, 즉 소실점을 준거시켜야 할 필요가 없어야 한다는 것을 뜻한다. 원근법은 그 구성 자체로부터 시점을 연역하기 때문에, 그림을 보는 인간은 이 그림의 구성이 자신에 앞서서 규정하는 시점, 즉 소실점에 자신의 눈을 종속시킴으로써 주체로 구성된다. 말하자면 시각 기관으로서의 눈은 원근법의 규칙에 복종하는 것이다. 라캉은 그림에서의 이러한 논리를 '길들여진 응시'라고 말한다. 관람자의 응시는 그림 속에 체현된 화가의 응시에 의해 길들여지고, 이 화가의 응시는 큰타자의 응시를 대리하는 것이다(Lacan, *Four Concepts*: 109~16). 시각적 에고의 오인은 바로 이렇게 자신의 응시가 길들여지는 차원을 생략하고 인지하지 못하기(즉, 오인하기) 때문에 가능한 것이다.

그러므로 시각적 주체를 구성하는 원근법의 시점은 자신의 투사적 공간 바깥에 준거하는 것이 아니라 자신의 구성 자체로부터 연역될 수 있어야 한다. 브루넬레스키의 실험은 바로 이것을 증명하는 것이었다. 더구나 그의 실험은 원근법에서 응시의 논리가 작동하면서 시각적 주체의 환영적인 에고가 구성된다는 것 역시 보여 주는 효과를 가지고 있다. 브루넬레스키의 실험이 거울을 동원한다는 것 자체가 주체 구성의 범례적 기능을 보여 주는 거울 단계를 연상시킨다(Damisch, 1994: 117~8). 주체가 구성되는 과정의 근원적 차원에는 에고가 형성되는 거울적 동일시가 있기 때문이다. 그러나 원근법의 시점이 자신의 구성 자체로부터 연역되어 나온다는 것을 증명한다는 점에서도 알 수 있듯이, 브루넬레스키의 논증적 실험은 이미지의 상상계에 관련된 것 이상으로서 상징계에서의 주체의 형성과 관련된 것이다. 브루넬레스키의 실험에 대한 다미시의 라캉적인 해석은 이 점을 자세히 밝혀 준다. 이제부터 다미시의 해석에 의지하면서 브루넬레스키의 실험이 가진 이러한 이중의 — 그러나 사실은 서로 연관되어 있어 하나인 — 논증 효과를 살펴보자.

다미시는 브루넬레스키의 실험을 묘사하는 마네티의 글에서도 응시와 눈의 분리에 대한 인식을 읽을 수 있다고 말한다.

…… 마네티에 의해 이용된 모호한 구절에서는…… 시각의 기관은 원근법의 그것인 도량적 규칙에 복종해야 함을 강조하는 듯하다. 화가(또는 관람자)는 어디든지 자신이 좋아하는 곳으로, 예컨대, 세례당을 향해 자신의 응시를 자유롭게 방향 지을 수 있다. 만일 그가 그 곳에서 그것[세례당]을 포착한다면, 눈에 대하여(라캉은 눈과 응시의 분리를 명시화한 최초의 사람이 아니었다!) 주위 환경은 선험적으로 결정된 도식에 맞추어서 스스로를 조직할 것이다. 마네티에 의해 묘사된 것처럼 틀지어진 원근법의 경우 이 도식의 한계들은 자신의 정의로부터 연역될 수 있다(Damisch, 1994: 103).[69]

다미시에 따르면, 거울을 동원한 브루넬레스키의 실험은 원근법의 구조적 배열의 효과가 가능할 수 있는 전제를 보여 주려 의도한 것이다. 결국 그 전제는 원근법으로 구성된 그림은 세 가지 축에 따라 배분된 데카르트적인 좌표 체계에 의해 관장되는 하나의 특정한 점에서 보여져야 한다는 것이다. 그 세 가지 축은 회화의 밑변과 관련된 높이, 두 개의 수직적인 양변으로부터의 벗어남의 정도, 관람자의 눈과 그림 평면 간의 거리이다. 이 세 가지 축이 시각 피라미드의 꼭지점에 대응되는 점, 즉 소실점을 결정하는 것이다. 이렇게 자신의 전제를 반성한다는 점에서 원근법의 구성이 규제 체계의 특징인 자기 준거성을 가지고 있음을 브루넬레스키의 실험은 보여 준다. 즉, 관람객이 위치해야 하는 지점은 그림 속에 이미 그 대응점을 가지고 있다(같은 책: 119~20).

브루넬레스키가 논증하는 것은 시점은 소실점과 일치하며, 양자는 모두 그림 평면과 그것에 직교하는 시선이 서로를 가로지르는 지점에 위치시킨다는 것이다. 이 직교하는 시선은 시각 피라미드에서의 중심 광선, 즉 알베르티가 '광선들의 왕자'라고 부르는 그것이다. 하지만 시점과

---

69. 브루넬레스키의 실험에서 투사각의 크기가 얼마인가가 중요해지는 것은 이러한 맥락에서이다.

소실점이 투사 평면상에서 일치한다 하더라도 그 둘 간에 완벽한 대칭성이 있는 것은 아니다. 소실점은 사실 시점이 반영된 이미지가 아니며, 둘의 일치는 거울상으로의 투사에 의해 일어나는 효과에 기인하는 것이다. 구멍을 통해 보는 사람의 시점의 '이미지'는 그림상에 각인되어야 하는 반면(거울에 비친 그림의 소실점에 해당하는 구멍과 그 구멍으로 엿보이는 자신의 눈), 그림에서 세례당 문에 각인된 소실점은 관찰자의 이미지 훨씬 뒤로, 파스칼의 말을 빌리자면 '그의 머리 뒤로' 멀리 던져진다(소실점은 무한의 점이므로). 이것은 앞에서도 지적되었듯이 원근법이 비록 테마화하지는 않았다 하더라도 처음부터, 그리고 주체가 형성되는 바로 그 점 *spot* 에서, 무한성의 문제에 긴박되어 있었다는 것을 보여 준다. 이 때 주체가 자기 확증을 얻을 수 있는 유일한 길은 스스로를 그림 뒤에 위치시키는 것, 구멍이 뚫린 그림이라는 스크린을 통해 거울 속에서 그 그림을 보도록 스스로를 그림 뒤에 위치시키는 것이다(같은 책: 121). 결국 소실점은 시점과 일치하는 것이 아니라 무한히 멀리 떨어져 있는 점일 뿐이며, 소실점과 시점이 일치하는 것으로 느껴지는 것은 거울 평면상으로의 투사, 거울 반사의 효과일 뿐이다.[70]

---

70. 소실점 위치의 무한성을 보다 단적으로 보여 주는 것이 다미시가 검토하는 세 점의 우르비노 패널화 *the Urbino panels* 이다. 하나는 <이상적 도시>로 알려진 것으로서 우르비노에 있는 마르셰 국립 미술관에 전시되어 있으며, 다른 하나는 특정한 제목 없이 <건축학적 원근법> 정도로만 명명되는 것으로 베를린의 보데 미술관에 있고, 나머지 하나는 베를린에 소장된 것과 마찬가지로 불리는 것인데 볼티모어의 워터스 화랑에 보관되어 있다. 양쪽으로 길쭉한 장방형의 패널 위에 그려진 이 그림들은 인물이 없거나 너무 작고 드문드문 묘사되어 있으며 기하학적으로 엄격하게 구도화된 도시의 광장과 주변 건물들을 묘사하고 있다. 대체로 좌우 대칭 구도를 이루며 보는 사람의 몰입을 거부하는 듯이 차가운 느낌 또는 텅 빈 공허한 느낌을 준다. 이 그림들은 베를린 패널의 전경을 가득 메우고 있는, 기둥들로 이루어진 건물을 제외하고는 비슷한 구도를 보여 주는데, 르네상스 이탈리아에서 제작된 것임은 분명하지만 작가가 누구인지, 제작 연대가 언제인지, 그림의 용도와 목적은 무엇인지 정확하게 알려져 있지 않다. 다미시는 이 그림들이 비슷한 연대에 같은 장소에서 제작되어 우르비노궁에 걸려 있었을 것으로 추정하며, 이 그림들이 원근법으로 구성된 무대 배경 장치 *scenography* 이거나 그것을 재현한 것일 거라는 추정에 대해서는 부정적이다. 다미시의 주장은 이 그림들이 17세기 이전에 이미 원근법의 소실점은 무한성의 중심으로서의 한 점이라는 것을 반성적으로 재현하는 데 목적을 둔다는 것이다. 인물들을 즐겨 그리는 르네상스의 관행과 달리 이 그림들 속에 인물이 거의 없는 것은 거울 반사적 동일시에 의해 소실점과 시점이 일치하는 듯한 환영 효과를 야기하지 않고 소실점의 거리의 무한성을 입증하기 위한 것이다. 결국 이 세 그림들은 거울의 이용 없이 브루넬레스키의 실험이 논증하는 바를 증명해 주는 셈이다. 직접적인 평면 투사에서는, 대체로

원근법적 구성에 의해 생산되는 주체는 브루넬레스키의 구멍에 의해 제한당한다. 다 빈치는 주체를 눈으로, 눈을 점으로 환원하는 원근법 체계의 타당성에 대해 회의를 표했다는 것은 앞에서 언급되었다. 그러나 원근법이 정상적인 시각의 작동을 반복하는 듯이 보이는 한, 여기에 대해선 정당성을 발견한다. 원근법뿐 아니라 시각의 작동 자체도 이미지가 주어진 지점에 집중되고 눈이라는 작은 틈을 통과하도록 제한되는 조건에 의지하기 때문이다. 이 자연적인 작은 틈, 즉 눈에 의해 '나,' 즉 에고의 종합 기능에 준거하는 것이 가능해진다(같은 책: 122~3). 프로이트에게 있어서 '나'는 표면에 대한 투사와 연결되어 있다. '나'는 신체 표면의 심적인 투사인 것이다. 즉, 시각적 에고는 눈이라는 작은 틈에 의해 가능할 수 있다. 그러므로 이러한 점에서 브루넬레스키의 거울과 구멍은 원근법의 구성 속에서 시각적 에고가 형성되는 것을·보여 준다. 브루넬레스키의 구멍은 신체 표면에 나 있는 그 '작은 틈'이다. 그 구멍은 원뿔과 같이 생겼고 눈이 그것에 자신을 갖다댈 때 안구는 구멍의 원뿔 모양에 맞추어지고 눈동자는 그림 표면에서 반짝이며 거울 속에 비칠 것이다. 즉, 그것은 거울 위에 투사된다.[71] 그러므로 이렇게 말할 수 있다. 라캉에 따르면 에고는

소실점은 시점과 혼합되며 주체는 그림으로부터 거리를 취하면서도 그림에서 자신의 기하학적 위치를 발견한다. 반면에 이 그림들, 예컨대, 우르비노 패널(<이상적 도시>)을 보면, 기하학적 측면에서는 그림의 밑변에 직교하는 광장의 포장 쇄석의 선들이 그림 중앙에 위치한 원형 건물의 문에 해당하는 평면에 각인된 한 점으로 수렴하지만, 형상적 측면에선 이 선들이 건물을 넘어서 뻗어 나아가며 배경의 산에는 그것을 보여 주는 선들이 있다. 볼티모어 패널에선 소실점이 위치하는 개선문의 문은 뚫려 있어서 그 너머로 계속 뻗어 나가는 공간과 또 다른 건물을 보여 주며 상층 광장의 포장 쇄석 선들은 개선문을 넘어 뻗어 있다. 마지막 베를린 패널에서는 소실점이 전경 건물의 원주들 사이로 틀지어지지만 선들은 소실점에 도달하기 전에 끝나고 그 뒤 바다의 배들도 계속해서 원근감이 표현된다. 수평선상에 위치할 소실점 자리는 마치 응시를 가리듯 배가 차지하고 있다. 이 마지막 그림은 마치 파스칼의 두 가지 무한성의 역설을 상기시키는 듯하다. 이와 같이 이 그림들에서도, 무한성과 중심의 한 점이 17세기 이전에 사유되었다는 사실이 입증된다는 것이 다미시의 주장이다. 게다가 이 그림들은 거울 반사적 동일시를 허용하지 않음으로써 소실점과 그것을 내장한 원근법의 구성은 자기 준거적이라는 것을 보여 준다. 이 그림들에 대한 다미시의 길고 자세한 검토는 Damisch, 1994: 169~375를 보라.

71. 에저튼도 다른 방식이긴 하지만 브루넬레스키의 실험 구도를 눈의 시각 작용에 비유한다. 그에 따르면 브루넬레스키는 눈의 시각 작용을 재현함으로써 자신의 논증이 과학적 증명임을 주장하기 위해 거울을 이용했을 거라는 것이다. 그림 뒷면의 구멍은 눈동자 역할을 하며 거울은 수정체의 앞쪽 막을 재현한다는 것이다(Edgerton, 1976: 152).

거울에 투사된 신체 이미지와의 동일시에 의해 형성된다. 마찬가지로 시각적 에고는 거울에 투사된 자신의 눈에 의해 가능해진다. 브루넬레스키의 구멍은 거울에 투사될 눈의 위치를 정하는 심급이다.

따라서 브루넬레스키의 논증이 거울 단계 효과를 가지는 것은 응시 위에 자신을 부과하는 '형태'를 발견하는 결과이다. 즉, 소실점의 자리에 나타나는 자신의 눈의 이미지는 응시의 자리로서의 소실점을 가림으로써 '나'와 유사한 심급을 일깨우는 것이다. 말하자면 응시를 지우고 눈과 일치시킴으로써 시각적 에고가 구성된다. 동시에 응시의 심급으로서의 소실점에 의해 상징계적 질서가 작동하기 때문에 원근법의 구성 및 브루넬레스키의 실험 도식은 우리의 반성적 전통이 진실의 기준을 도출하는 조건, 즉 세계에 대한 (아직 거울 단계에 머물러 있는 어린아이가 아니라) '성인의' 시각의 조건을 확립한다. 거울 속에서 진실 자체를 보고 있다는 믿음은 이러한 시각의 조건에 의한 것이다(같은 책: 125 참조). 바로 이 성인의 시각 조건을 확립함으로써 브루넬레스키의 실험은 원근법에 의해 시각적 에고가 구성됨을 보여 준다. 거울을 통해 나는 나 자신을 보는 나 자신을 보는 것이다. 그리고 나 자신을 보는 나 자신의 눈의 위치, 즉 시점은 그림의 소실점에 위치한 구멍에 의해 제한되어 있다. 그것은 응시가 나를 보는 위치이다.[72]

그러므로 다미시에 따르면, 브루넬레스키의 실험은 원근법적 구성에서 상상계와 상징계 간의 뒤엉킴을 지배하는 규칙을 제공하는 것이다. 원근법은 주체를 구성한다는 점에서 상징계적인 동시에, 에고의 환영을 구축하는 동일시를 작동시킨다는 점에서 상상계적이다. 즉, 원근법에서

---

72. 시각적 에고가 구성되는 과정을 드러내 보여 주기 때문에 브루넬레스키의 실험은 동시에 시각적 에고로서의 '나'가 응시에 종속됨으로써 구성되는 것이라는 사실 또한 보여 준다. 거울에는 그림뿐 아니라 구멍 자체, 빛, 응시 역시 반사되고 있기 때문이다. 나는 거울 속에서 자신을 바라봄으로써만 거울을 바라 볼 수 있다. 이것은 눈이 주체가 종속되는 응시를 지각한다는 것을 의미한다. 내가 보는 것이 나를 보고 있다. 따라서 눈과 응시 사이의 배분 할당은 뒤범벅된다. 주체는 엿보는 자의 위치로 환원되는데, 이것은 특이한 종류의 엿보는 자이다. 자신이 바라보여지고 있음을 발견하기 때문이다. 거울이 되돌려 주는 이미지는 자신의 이미지가 아니라 자신의 신체를 가리는 그림의 이미지이고, 신체는 생략되어 눈으로, 점으로 환원되어 있다. 눈이 보는 것은 자신의 눈이기도 하지만 동시에 이미지 중심에서 얼룩을 만들면서 지우는 구멍이기도 하다. 따라서 라캉이 말하듯이 그림 앞에서 나는 기하학적 평면의 주체로서 지워진다(Damisch, 1994: 125~9 참조).

의 주체와 그 에고의 구성은 사회적 규제를 받는 동일시의 동학에 의거한다. 브루넬레스키의 실험은 이 점을 보여 준다. 사회적 규제, 즉 상징계의 상상계에 대한 우위와 지배는 소실점의 발견이 시점의 창안에 선행한다는 것에서도 알 수 있다. 소실점은 시점의 이미지가 아니라 주체의 머리 뒤로 무한히 멀어지는 점일 뿐이며, 그림 속에 원근법의 구성에 의해 부재하는 형태로서 이미 각인되어 있다. 시점은 정확히 눈의 위치에서 원근법의 주체가 구성되는 것과 연결되어 있다. 그런데 보는 주체의 시각적 에고가 형성되고 자신이 스스로 본다고 의식하게 된다는 것은 뒤에 오는 시점이 오히려 시각의 기원으로 받아들여진다는 것을 뜻한다. 브루넬레스키의 논증은 이렇게 뒤에 오는 시점이 오히려 기원으로서 설정될 수 있음을 보여 준다. 그것은 소급적으로만, 연쇄적인 작용에 의해 기원으로 설정된다. 이것은 거울에의 투사에 의지한다.[73] 따라서 원근법의 주체는 상상적 효과이다. 동시에 그것은 이미 상징계에 복속되어 있다. 라캉의 거울 단계 실험 도식이 보여 주듯이 거울을 보는 위치는 이미 규정되어 있는 것이다. 브루넬레스키의 실험에서도 실험에 참여하는 자는 그림 바깥의 거리점에 준거하지 않는다 하더라도 패널 뒤에(구멍에 눈을 갖다 대고) 자신을 위치시켜야 한다(같은 책: 126~7). 그리고 원근법이 주체에게 할당하는 구멍이라는 이 점은 언어가 기능하는 조건과 같은 방식으로 기능한다(같은 책: 132). 언어의 조건에서는 담론의 발화와 인칭 대명사의 관계에 의해 내적 준거의 중심이 구성된다. 원근법의 구성에서는 눈이 위치해야 하는 점이 응시에 의해 조직되는 가시성의 기

---

73. 특별한 장치가 없는 원근법 회화에서도, 현실에서 거울이 없더라도 이러한 주체의 구성과 에고의 환영은 달성된다. 브루넬레스키의 두 번째 실험이 그것을 보여 주는 것이다. 여기서도 응시와 눈이 일치하는 동시에 응시가 생략되는데, 그 방법은 선적인 후퇴 대신 투사 모서리를 도입하는 것이다. 다미시에 따르자면 "선적인 후퇴를 이용하는 것과는 거리가 먼 이 원근법은…… 배치의 중심에 투사의 모서리를 도입하였고 궁의 모서리각에서 만나는 두 개의 파사드 위로 응시가 분기되고 미끄러지게 만든다"(Damisch, 1994: 147). 중심 소실점을 가진 원근법에서 소실점의 위치에, 따라서 보이지 않는 것으로서(소실점은 무한으로 후퇴하는 점이며 그림상에서 표시되지 않는다) 존재하던 응시가 여기서는 건물의 표면 위로 미끄러짐으로써 보이지 않게 된다. 그러므로 첫 번째 실험에서 소실점에 일치시켰던 눈이 여기서도 성공적으로 투사의 중심과 일치하게 된다.

하학을 고정시킴으로써 응시 없는 영역을 구성한다. 따라서 그것은 시각적 에고의 내적인 준거점이 된다.

　지금까지 다미시의 해석을 좇아 온 우리가 여기서 시각적 에고에 대한 라캉의 정의를 상기해 보면, 브루넬레스키의 실험은 이상과 같이 라캉적인 시각적 에고의 자기 만족적인 의식의 구조를 물리적으로 직접 실현해 보여 주고 있음을 알 수 있다. 다시 말해, 구멍(그 '작은 틈')과 거울을 이용한 브루넬레스키 실험이 보여 주는 원근법의 구성에서 이 시각적 에고는 글자 그대로 "나는 나 자신을 보는 나 자신을 본다"이다. 즉, 나는 본다, 보고 있는 존재는 '나'이다, 내가 본다. 말하자면, 원근법의 주체는 시각의 장에서의 코기토의 주체[74]인 것이다.

2) 주체와 대상 세계

이상과 같이 르네상스 이탈리아에서 창안된 원근법은 시대에 앞서 선취된 방식으로, 무한한 시각 공간 속의 중심으로 주체를 규정하였다. 이렇게 데카르트적인 텅 빈 주체와 그것의 적합한 에고를 구성하기 때문에 원근법의 시각적 주체는 시각적 코기토라 부를 만한 것이고, 이후 그것은 데카르트적인 현대성의 주체를 지탱하는 현대성의 시각 양식으로서 계속 작동할 수 있었다. 이 코기토는 주체의 존재를 사유와의 동일성에 의거하여 그 확실성을 보증받는 동시에, 이에 따라 자기 바깥의 대상 세계와 특정한 방식으로 관계 맺는다. 따라서 원근법의 시각적 주체 역시 가시적인 세계에서 대상들과의 상상적 관계를 코기토적인 방식으로 구조화함을 볼 수 있다. 이제부터 이것을 살펴볼 것이다.

(1) 코기토와 대상 세계
먼저, 데카르트의 코기토적 주체의 구조를 살펴보는 것으로 시작하자. 현

---

74. 나는 생각한다, 생각하고 있는 존재는 '나'이다, 내가 생각한다. (덧붙이자면, 고로 (나는) 존재한다. 즉, 내가 존재함이 확실하다.)

대성의 주체의 토대인 코기토는 텅 빈 형식이다. 데카르트의 주체는 자신의 확실성의 근거를 자신이 사유한다는 사실을 자명하다고 전제하는 데서 구한다. 이것은 사유와 재현의 실천적 차원을 생략하는 것이었고 주체 자신은 그 차원에서 구성된다는 사실을 인지하지 않는 것(오인)이다. 라캉은 데카르트적 코기토의 초월적인 에고는 자신이 큰타자에 의존하고 있음을 인지하지 못하는 데서 가능한 것이라고 지적한 바 있다(Lacan, *Écrits*: 307). 이것은 데카르트적 주체는 자신이 언어의 질서 속에서 구성되는 존재라는 것을 배제하는 것임을 의미한다. 그 주체는 자신이 말하는 주체이며, 자신의 발화는 이미 선행하여 존재하는 언어의 질서, 기표들의 사슬에 의해 지배되는 것임을 알지 못한다. 그럼으로써 그것은 자신의 발화된 언표의 자명성을 확신하게 되고 여기서 자기 존재의 확실성을 확신하게 된다. 자율적인 에고의 환영이 유지되는 것은 이 발화의 차원을 생략하는 것이다. "나는 생각한다"라는 진술(언표)에서 에고가 도출되는 것은 이 '나'가 진술의 한 심급이고 기능일 뿐이라는 것을 인지하지 못하기 때문에 가능한 것이고, 이것은 그 진술의 발화에서 '생각한다'라는 코기토가 도출되는 것이 이 발화 자체가 이미 구조화된 담론적 실천이라는 것을 인지하지 못하기 때문에 가능한 것과 같다(Lacan, *Four Concepts*: 11장 참조). 그러므로 하이데거가 말한 것처럼 현대의 형이상학이 주체성의 그것이고 데카르트에 의해 정초되어 시작되었다면, 라캉적 관점에서 보자면 현대는 곧 에고의 시대(Brennan, 1993)인 것이다.

　≪방법 서설≫에서 데카르트는 방법론적 회의에서 출발하여 "생각한다, 고로 존재한다 *Cogito, ergo sum*"를 통해 자기 존재의 확실성을 '나는 생각한다'라는 사실이 너무도 견고하고 확실한 진리여서 어떤 회의론자도 이것을 흔들어 놓을 수 없다는 데서 구하였다(Descartes, 1990: 77). 코기토의 이 논증은 겉보기에는 논리적 추론의 형식을 취하고 있다. 그러나 코기토가 존재를 도출하는 논리적 추론의 기초가 될 수 없으며 그 자체가 수행적 차원을 가지고 있음은 가상디 *Gassandi* 나 라이프니츠 *Leibnitz* 같은 데카르트의 동시대인들이 이미 지적하였다(Judovitz, 1988: 114~5). 말하

자면, '나는 생각한다'는 명제적 진술일 뿐만 아니라 하나의 행위이다. 따라서 생각한다는 이 사유 행위는 행위의 주체를 함축하고 있다. 따라서 "나는 생각한다"는 추론되어야 하는 생각하는 존재를 추론적으로 도출하기 이전에 사실상 이미 전제하고 있는 것이다. 데카르트는 이 차원을 문제삼지 않는다. 생각하는 행위는 처음부터 자명성을 가지고 있고, 이 사유라는 행위가 어떻게 해서 가능하고 이루어지는가는 더 이상 의문을 던질 필요가 없다. 방법론적 회의는 생각하는 행위의 수행적 차원을 자명한 것으로 만들기 위한 방편에 다름 아닌 것이 되고 만다. 데카르트는 코기토에서 존재의 확실성을 구하고 난 바로 직후 "내가 생각하기를 단지 그치게만 되면 나는 내가 존재한다는 것을 믿을 수 있는 어떠한 이유도 갖지 않게 된다"(같은 책: 77~8)고 말하는데, 이것은 그의 통찰이 가진 수행성의 결과이다. 따라서 존재는 사유로부터 논리적으로 추론되는 것이 아니라 존재 본질이 사유로 이루어져 있다. 다시 말해 사유가 곧 존재이고 존재는 사유이다(Hintikka, 1991 참조). 이것은 코기토의 논증이 회의를 통해 주체의 존재를 증명하는 것이 아니라 "나는 생각한다"라는 재현에 부속되는 존재에 의존함을 뜻하기도 한다.[75] 즉, 코기토의 주체는 자신의 발화의 자명성 역시 전제하는 것이다(Judovitz, 1988: 109~10). 만일 '사유'를 군이 글자 그대로 해석하여 데카르트가 마치 목욕탕에서 뛰쳐나온 아르키메데스가 "유레카!"라고 외쳤듯이 "나는 생각한다!"라고 외치지는 않았다 하더라도, 《방법 서설》에서 논술되고 활자화된 그 진술은 분명히 발화이며, 또 하이데거의 말처럼 언어는 사유의 집이다. 데카르트는 자기 진술의 이 차원을 자명한 것으로 전제하고 논하지

---

75. 앞에서 이미 "나는 생각한다"는 명제적 진술일 뿐만 아니라 하나의 행위라는 점이 지적되었다. 이 행위는 사유 행위일 뿐만 아니라 발화 행위이기도 하다. 다시 말해 위의 진술은 명제적 진술로서의 언표의 차원과 진술하는 행위로서의 발화의 차원을 함께 가지고 있다. '재현' 역시 이런 두 차원을 모두 함축한 용어이다. 즉, 재현된 것, 표상(체)과 재현하는 행위, 실천으로서의 재현(수행성의 차원). 구조주의 언어학의 전통뿐만 아니라 화행 이론 *speech act theory* 의 전통에 따르더라도 진술은 그 진술의 참과 거짓을 판단할 수 있는 명제적 내용을 담고 있을 뿐만 아니라 그 내용과 진위를 주장하고 상대방을 설득하려 하는 것이란 점에서 이미 행위이다. 주지하다시피 화행 이론의 이런 통찰은 하버마스의 의사 소통 행위 이론의 기초 가운데 하나이다. 고전적인 화행 이론에 대해서는 Austin, 1987을 보라.

않음으로써 생략하는 것이다.

　따라서 사유와 존재의 동일성에 의해 사유로 규정되는 코기토의 주체는 텅 비어 있는, 실체적 내용이 없는 형식이다. 사유는 '생각한다' 자체일 뿐, 텅 빈 형식이기 때문이다. 따라서 코기토의 주체는 모든 경험적이고 우연적인, 개인적인 서사적 요소들을 비워 내야 한다. 그것은 추상적이고 초월적인 주체인 것이다. 유도비츠의 논의에 따르면, ≪방법서설≫에서 데카르트가 자서전적인 스타일을 취하고 있더라도 그것은 텅 빈 형식적이고 초월적인 주체성을 드러내기 위한 방편일 뿐이다. 그는 독자와의 소통을 몸짓하는 저자로서 시작하지만 곧 1인칭을 사용하여 자신의 일반적인 진술을 자기 자신의 발화의 권위에 의해 틀 짓는다. 경험적 주체가 자기 이성의 우월성을 단언할 수는 없는 노릇이다. 데카르트의 방법은 자서전적인 주체를 텅 빈 형식으로, 재현을 위한 틀로 환원한다. 사유로서의 주체는 이전의 주체들과 연관된 서사적이고 경험적인 질들을 배제하는 것이고, 이 주체의 진실은 재현의 질서 바깥에 있는 발화의 자명성으로 정립되는 것이다(같은 책: 3장).

　그러므로 사유라는 텅 빈 형식으로서의 주체는 곧 재현의 틀 자체이기도 하다. 이 주체의 자명성은 이제 추론의 형식을 버리고 직관의 형식으로 제시되기까지 한다. ≪성찰≫에서 등장하는 코기토의 새로운 정의(제2 성찰)는 "나는 있다, 나는 존재한다"이다(Descartes, 1990: 149). 심술궂은 악마 *evil genius* 가 나를 속이려 하더라도 내가 있다는 것만은 확실하기 때문이다. 여기서는 "나는 생각한다"의 추론적 선차성이 배제되며, 사유의 긍정은 '나'의 뒤에 오고 여기에 종속된다. 하지만 오직 생각만은 나로부터 떼어 놓을 수 없으며, 내가 있고 내가 존재한다는 것은 생각하는 동안 확실하기 때문에(같은 책: 150), 그는 "나는 도대체 무엇인가?"라고 묻고 나서 "하나의 생각하는 것이다"라고 정의한다(같은 책: 152). 코기토는 이제 "생각하는 존재 *sum res cogitans*"이다. 여기서 사유는 속성으로서 부여되지만, 그렇다고 해서 사유의 중요성이 줄어드는 것은 아니다. 생각하는 존재로 정의되기 전에는 "나는 내가 존재한다는 것을 확신하고 있는 나 자신이 무엇인지는 아직도 확실하게 모르며"(같은 책: 149), 존재하는 것으로 포착된 나는 "바로 생각한다는 것 외의 다른 것이라고는 할 수 없"을 뿐만 아니라 "이로부터 내가 어떤 자인가가 전보다 더 명석하고 판명하게 알려지기 시작"하기 때문이다(같은 책: 152). 여전히 사유가 존재의 확실성의 기초이다. "고로 *ergo*"가 생략됨으로써 코기토 논증의 추론적 성격은 배제되는 한편, 이 두 번째 정의는 수행적 차원을 확장하는 것으로 볼 수 있다. 그러나 ≪성찰≫ 역시 내적 독백의 구조를 통해 자기 발화의 자명성을 확대함으로써 이 차원을 생략한다.[76] 이것은 이 두 번째 정의가 주체 존재의 확실성을 외부에 준거하지 않는 자기 검증적 명제라는 것을 뜻한다. 이 자기 검증은 데카르트의 반성적 차원이 확대되는 것이기도 하지만, 명제의 진리가를 확립하려 노력하기보다는 "존재한다 *sum*"의 의심 불가능성을 보여 주려는 데카르트에 의해, 자기 검증에 의한 코기토의 자기 객관화는 주체의 권능화에 다름 아닌 결과를 가져온다. 또한 발화의 자명성은 철학적 내용이 재현의 매개와 독립해 있을 수 있는 것처럼 환영을 제시함으로써 재현적 실천의 매개라는 차원은 더욱 가려진다(Judovitz, 1988: 159~73).

이 자기 권능화된 주체는 신과 대등한 위치에 올라선다. <제4 성찰>에서 자신이 여전히 의심한다는 사실에 의해 불완전하고 의존적인 존재임을 깨닫는 코기토의 '나'는 완전하고 독립적인 신의 관념에서 명석 판명함의 기초를 구한다(Descartes, 1990: 173~4). 그러나 코기토는 자신 내부의 인식 능력의 협소함과 더불어 신의 본성에 속하는 무한한 능력의 관념 또한 자기 내부에 존재함을 발견한다. 이 나의 내부에 있는 유일한 무한한 능력은 바로 '의지'이다. 이 무한성의 관념이야말로 나와 신이 공유하는 속성이고, 따라서 의지로 인해 나는 신과의 유사성을 인식한다(같은 책: 176). 따라서 코기토는 새롭게 의지로 규정되는 것이다. 그러나 사유가 격하되는 것은 아니다. "자연의 빛은 오성의 인식이 의지의

---

76. ≪성찰≫에서의 *sum* 논증을 둘러싸고도 수행성의 차원을 관찰하는 가상디와 데카르트 간에 논쟁이 있었다(Judovitz, 1988: 163~4).

결정보다 언제나 앞서야 함을 우리에게 가르쳐 주기 때문이다"(같은 책: 178). 코기토의 이 의지 역시 경험적 주체의 속성이 아니며 그렇다고 초월적 주체를 보충하는 것도 아니다. 의지는 주체가 자신을 주체로서 재현하는 방식에 내재적인 것이다. 그것은 능력이 아니라 주체의 일반적인 정의에 준거하는 것으로서, 세계에 대한 주체의 새로운 관계를 정의한다. 무한하고 항상 확장과 완벽을 추구하는 의지는 주체의 형식 바로 그것이다(Judovitz, 1988: 173).

데카르트의 의지는 코기토의 논증을 반복함으로써 주체의 확실성을 보증하는 것이다. <제5 성찰>에서 삼각형과 같이 내 생각 밖에 존재하지는 않지만 나와는 독립적인 사물들의 관념을 생각할 수 있다는 사실 등을 통해서 데카르트는 참되고 확실한 지식의 기초로서의 신을 다시 증명하는 동시에, 신과 인간의 재현 질서가 동일하다는 결론을 도출함으로써 주체의 확실성을 보증한다(Descartes, 1990: 182~8). 본질과 존재의 동일성으로서의 신의 완벽함의 문제는 주체가 그 자신의 의식의 재현과 맺는 관계의 모델이 되는 것이다. 이것이 바로 의지이다. 의지는 주체의 재현과의 관계를 정의하는 자기 입법적인 자유인 것이다. 따라서 데카르트적 주체는 재현에의 의지를 통해 사물들의 질서 속에서 신적이지도 인간적이지도 않은 새로운 위치를 차지한다. 말하자면, 데카르트의 의지는 전통적인 자유 의지 개념을 넘어선 것으로서 주체를 확실성에 기초한 재현의 조건으로 정초하는 기획에 준거한다. 이 주체는 그 자신의 재현의 조건들을 지배하고 의지하는 초월적 주체로서 경험적 내용이 소진된 형식, 재현의 틀이다. 확실성을 매개하는 의지를 통해서 코기토의 진실은 재현에 연결된다(Judovitz, 1988: 173~82). 이제 코기토는 확실성의 기초로서 의지라는 재현에 의해 사물들과 관계 맺게 된 것이다.

따라서 의지는 주체가 세계와 관계 맺는 방식으로서의 재현을 말한다. 이에 따라 세계는 주체에게 종속된다. 이러한 데카르트의 주체를 두고 투렌느는 이렇게 말한다. "인간은 두 개의 질서 사이에 존재한다……. 자연의 세계와 신의 세계는 분리되어 있다. 이들은 인간에 의해서만 의사 소통을 한다. 인간의 행동은 사물의 세계를 자신의 필요에 종속시킨다. 인간의 의지는 신 속에서도 사라지지 않고, 그 속에서 편견과 감각과 욕구와 함께 혼동되지 않는 어떤 '나'를, 즉 '주체'를 발견한다"(Touraine, 1995: 70). 주체가 사물의 세계와 관계 맺는 재현의 모델이 바로 수학이다. ≪정신 지도를 위한 제 규칙≫에서 데카르트는 의심할 수 없는 연구 대상을 다루는 학문으로서 대수와 기하학을 든다(Descartes, 1990: 412~5). 진리에 도달할 수 있는 과학적 연구 방법은 질서화와 측정이며, 수학은 바로 이러한 과학적 연구와 같은 것을 의미한다(보편 수학. 같은 책: 422~3). 데카르트에 의해서 수학은 그 자신의 규칙들을 발생시키고 검증하는 능력에 기초한다는 이유에서 찬양되며, 지식의 대상들은 이 규칙들의 논리에 종속된다. 이리하여 코기토는 사물들을 수학적 기준의 규칙들에 합치시켜야 한다. 그것은 수학의 모델에 따라 사물의 세계에 질서를 부여하고 그것을 측정해야 하는 것이다(Judovitz, 1988: 46~60).[77]

이제 지식의 주체로서의 인간은 새로운 세계의 창조자의 지평에 오른다. 데카르트적 주체의 창조적 의지는 신의 의지와 경합하는 것이다. 주체는 대상의 세계를 창조한다. 하이데거는 이것을 두고 데카르트에 의해서 현대성의 주체는 존재자들을 대상들로 바꾸고 세계를 세계상으로 대체하였다고 말한 바 있다. 이것이 바로 재현이다. "존재자의 대상화는 앞에 세움(Vor-stellung: 표상 = 재현), 즉 계산하는 인간이 존재자를 믿을 수 있게끔(즉, 확신할 수 있게끔) 모든 존재자를 자신의 앞으로 가져오는 것을 목표로 하는 표상에서 수행"되며(Heidegger, 1995[1938]: 37) 현대의 표상 행위는 "재현 repraesentatio 이라는 용어로서 그 의미를 가장 쉽게 표현해 주기" 때문이다(같은 책: 47).[78] 하이데거에 의하면 데카르트 이전의 철학은 여타의 사물과 구별하여 주관에 특별한 위치를 부여하지 않았고, 중심이 되는 것은 주관으로서의 인간이 아니라 인간에 앞서 존재하는 외적인

---

77. 유도비츠는 데카르트가 수학을 이렇게 일반적 의미로 재해석함으로써 그 자신의 가능성의 조건을 반성할 수 없는 인식을 생산한다고 지적한다(Judovitz, 1988: 58).

78. 물론 영어에서는 '표상 Vorstellung'과 '재현 representation'은 구별되지 않는다.

존재자들이며, 이 존재자는 주관에 대해 마주 서 있는 대상이 아니라 오히려 주관의 근거였다. 현대성의 시작은 이러한 관계의 전도이다. 인간 주관은 자신을 외적 존재자들에 제한되는 것에서 스스로를 해방시키고자 하며, 그 이후 세계는 존재자들의 세계가 아니라 인간 주관에 의해 구성되는 세계, 즉 상으로 표상되는 세계로 바뀐다. "현대의 근본 과정은 세계를 상으로 정복하는 것이다"(같은 책: 53).

이 총체적 상 속에서 인간은 모든 존재자에게 척도를 제공하고 원칙을 이끌어 가는 그러한 존재자일 수 있는 입장을 마련하기 위해 투쟁한다. 이 투쟁을 위해 인간은 모든 사물을 계산하고, 계획하고, 사육하기 위해 무제한의 폭력을 행사하며, 존재자들은 인간 '앞에 – 세워진'(표상 = 재현된) 대상이 되고, 그럼으로써 자신의 존재를 상실하게 된다. 그러므로 현대성은 존재자들의 세계가 대상들의 상으로 변하고 인간이 주체가 되는 이중 과정이며(같은 책: 51), 그 최초의 인물이 데카르트이다. "데카르트는 인간을 주체로 해석함으로써 모든 종류와 방향의 미래적 인간학을 위한 형이상학적 전제를 마련한다"(같은 책: 65). 주체로서의 인간이 스스로를 확실히 하는 자기 규정으로서의 자유에 근거를 부여하는 확실성의 기초가 바로 사유이며, 이 사유가 곧 표상(재현) 행위이고, 표상 행위란 '앞으로 가면서 지배하는 대 – 상 – 화 *Ver-gegen-ständlichung*(*objectification*)'이다. 이로써 주체가 대상들의 척도와 중심으로 존재하는 이유도 해명된다(같은 책: 81~9).

그러므로 현대성의 주체의 원형을 데카르트의 코기토가 제공한다고 할 때, 사유하는 이 의식의 주체는 수학적 도식에 따라 사물의 세계를 대상의 세계로 변형하고 질서를 부여함으로써 자신의 대상 세계를 창조한다. 이 세계를 변형하는 행위가 곧 재현으로서, 재현을 통해 세계에 합리적 질서를 부여하여 계산 가능한 대상들의 시공간을 창조하려는 의지가 주체의 확실성의 기초이다. 이 재현 의지의 기초가 사유, 즉 의식이다. 따라서 데카르트적인 현대성의 주체는 인식론적 제한 조건들에 의해 기술되는 순순히 형식적인 것이며, 주체는 재현을 통해 세계를 지배하며 이것이 현대 세계에서 인간적이 되는 새로운 방식이다(Judovitz, 1988:

181). 그러므로 주체가 대상 세계를, 주체성의 확실성이 대상 세계의 객관성을 창조하고 담보한다.

이렇게 주체와 객체의 엄격한 분리는 주체 자신의 조건이자 창조이다. 재현은 이 객관성을 창조하는 행위이다. 그러나 재현을 통한 주체의 세계 지배는 자기 자신과 세계의 진실에 대한 지식(앎)을 제한한다. 주체는 합리성에의 추구에 따라 객관화하는 이외에는 사물들의 세계를 알 수 있는 방식이 배제되고 재현의 보증이라는 자신의 위치를 유지하는 데만 몰두하게 되기 때문이다(같은 책: 181). 이것은 코기토의 정초에서 이미 배태되었다. 사유와 존재의 동일성을 상정함으로써 회의라는 반성적 논증이 비판적 힘을 잃어버리고 독단으로 전화되는 결과를 낳기 때문이다(박영도, 1994: 16~9). 주체의 사유와 의지의 자명성은 더 이상 반성되지 않는다. 따라서 주체는 합리적인 수학적 질서에 의한 재현에 의하지 않고는 대상들과 접촉할 수 없고 그것들로부터 분리되어 있다. 또한 주체는 자신의 재현 행위의 조건 자체를 반성하지 못한다. 재현의 투명성이 자명한 것으로서 전제되어 있기 때문이다. 대상을 창조하는 행위로서의 재현은 반영이 아니다. 그것이 반영으로 나타나는 것은 재현의 실천적 차원이 생략되기 때문이다. 또한 재현의 투명성을 위해서 대상 세계의 객관성 역시 유지되어야 한다. 따라서 주체는 사실 세계 속의 존재임에도 불구하고 자신과 분리된 대상 세계의 객관성을 보증하는 것은 주체 자신이다.

리얼리즘의 환영은 바로 이 재현의 투명성에 기초한다. 그것은 재현의 진실은 관념이나 이미지가 세계와 일치하는 것이 아니라 관념이나 이미지, 또는 그것들의 타당성을 규정하는 사회적 관습과의 일치일 뿐이라는 것을 성찰하지 않는 것이다. 객관적인 현실이라고 생각되는 것 자체가 사회의 다양한 영역에서의 의미화 실천들에 의해 생산되고 그 실천들의 코드들에 의해 객관적이라고 인정되는 것일 뿐이며, 리얼리즘은 바로 이렇게 하여 사회가 현실이라고 가정하고 제안하는 것에 재현이 일치한다고 인지하는 데 기초할 따름이다(Bryson, 1981: 14; Judovitz, 1988: x). 그것이 객관적인 현실과 상응한다고 생각하는 것은 재현의 투명성이라는 오인에 근거한 환영이며 실천으로서의 재현에 대한 반성의 결핍에 불과한 것이다. 바로 이러한 측면에서 리얼리즘은 현대성의 주체 및 이 주체가 대상 세계와 관계 맺는 독특한 방식과 친화적이다. 주체가 자신의 존재를 확신하고, 자신이 대상 세계를 구성 또는 통제하면서 이 대상 세계가 자기 바깥에 있는 객관적인 현실이라고 확신하는 것은 재현의 투명성이라는 신화에 의거하는 것이기 때문이다.

(2) 원근법의 주체와 대상 세계

리얼리즘적 재현이라는 측면에서 현대성의 주체와 원근법이 시각적 차원에서 연계됨이 다시 한 번 드러난다. 이것은 가시적 세계의 중심으로서의 주체가 세계를 구성하는 동시에 그것의 객관성을 요구한다는 것과 직결되어 있다.

> 현대의 시작이란 무엇보다도…… 자기의 시점을 주축으로 한 세계 구성의 확립을 지향하는 것이었다. 화가들에게 그것은 본다는 것의 애매함을 묘사하는 행위로 환원되었으며 정확한 묘사로 전환시키기 위하여 대상에 대한 객관성이 가장 중요하게 되었다(伊藤俊治, 1990: 253).

원근법은 이 요구에 정확히 부합되었다. 그것은 "매체가 무엇이든, 어느 정도의 리얼리즘을 의도한다면 원근법의 이용이 불가피하다"(Wright, 1983: xi)고 말할 수 있을 정도였고, 원근법은 처음부터 리얼리즘의 강박에 매달렸다. 애초에 인공 원근법으로서의 원근법이 탄생한 계기도 자연현상에서 대상들이 멀어질수록 작아지면서 수렴하는 현상, 즉 자연 원근법 현상의 신비를 밝히고 적절히 재현하기 위한 것이었고, 브루넬레스키의 실험이 그토록 많은 사람들의 감탄을 자아냈던 것도 그가 증명한 원근법의 리얼리즘 효과에 기인하였다. 알베르티의 원근법 이론화가 빠르게 확산되고 많은 사람들에게 수용된 것도 그것이 조화와 비례에 입각하여 현실을 정확하게 재현할 수 있다는 믿음 때문이었다. 원근법의 가장 중요한 목표는 2차원적인 회화 평면에 3차원적인 공간의 깊이를 재현함으로써 현실 사물들을 정확하게 눈에 보이는 그대로 베끼는 데 있었던 것이다. 설사 원근법이 환영까지 겨냥하지 않았다 하더라도[79] "그것은 리얼리즘적이라고 불릴 수 있는, 심지어는 실증주의적이라고도 불릴 수 있는 진실의 관념을 중심으로 조직되었다"(Damisch, 1994: 151).

원근법의 리얼리즘 효과는 대단한 것이었다. 이 점에서 그것은 이전 시대의 그 어떤 재현 양식과도 비교가 되지 않았는데, 고대 이집트의 부조나 중세 회화에서 두드러지는 평면성과 비교해 보아도 쉽게 알 수 있다.[80] 마사치오의 <삼위일체>(1425)가 최초의 원근법 회화로 기록되는 이유도 그것이 원근법의 기하학적 원리를 엄격히 따라 3차원적 공간의 깊이를 사실적으로 구축하고 있기 때문이다. 원근법 회화의 리얼리즘 효과는 원근법이 이미지가 말에서 해방되는 데 크게 기여한 데도 한 원인이 있다. 이러한 측면에서 원근법이 이미지의 탈내러티브화, 탈텍스트화를 야기했다고 주장되기도 한다. 그림 속에 분배되어 있는 주제보다 공간이 더 큰 흥미를 끈 관심사였고, 이로써 내용으로부터 형식의 추상이 원근법에 의해 준비되고 이미지의 자율성이 증가한다는 것이다(Jay, 1993: 8~9). 물론 이러한 평가를 액면 그대로 받아들이기는 어렵다. 이미지에는 항상 담론의 질서가 교차하기 때문에 내러티브와 텍스트로부터 완전히 자유로

---

79. 그러나 사실 많은 화가와 건축가들이 원근법을 이용하여 실제로 존재하지 않는 가상적 공간의 환영을 창조하거나 그림을 실재 대상으로 착각하도록 만드는 눈속임 *trompe l'oeil* 효과 창출을 겨냥하였다. 예컨대, 프라 안드레아 포조 Fra Andrea Pozzo 는 로마에 있는 성 이그나지오 성당의 반구형 천정에 천상으로 비약하는 형상들로 이루어진, 하늘과 통하는 듯한 입체감을 불러일으키는 천정화를 투사법에 의거하여 그렸다. 따라서 천정 위로 올라가서 보면 그림의 형상들은 일그러지고 마치 무너질 것 같은 느낌을 주지만, 바닥에서 올려다 보면 실제 하늘로 뚫린 듯한 느낌을 받는다. 이외에도 복도의 특정한 위치에서 보면 실제로는 평면인 천정에 존재하지 않는 큐폴라의 반구형 천정이 마치 있는 것처럼 보이게 그려 놓는다든지 도시의 광장이나 복도를 실제보다 더 넓게 보이거나 더 길게 보이도록 설계한다든지 하는 경우가 많이 있었다. 눈속임 그림에도 원근법이 자주 이용되었고 엿보는 구멍이 있는 작은 상자뿐만 아니라 실제로 방에는 없는 문이나 테라스가 있는 것처럼 원근법의 투사점을 이용한 그림적 유희가 많이 성행하였다. 다 빈치도 <최후의 만찬>을 그릴 때 그것이 걸려 있을 수도원 식당 벽의 높이를 고려하여 식사하는 수도승들의 공간과 연속적인 공간 효과를 창출하도록 구성하기도 하였다. 원근법에 의한 무대 배경화 역시 이러한 노력들 가운데 하나이다. 이상에 대해서는 Pirenne, 1970; Kubovy, 1986; Damisch, 1994: 12장 등을 참조하라.

80. 여기에 대해서는 Gombrich, 1994: 2~11장; Wright, 1983: 2장; Pirenne, 1970: 12장 등을 보라.

운 이미지는 존재하기 어렵기 때문이다. 예컨대, 원근법 회화에서 소실점은 구조적 초점으로서 반드시 내러티브에 중요한 요소에만 일치하지 않을 수도 있으며 보다 시각적 요소와 상호 작용하며 순수히 기하학적인 차원에 의해서 결정될 수도 있다. 하지만 많은 경우 그것은 관람자의 눈을 그림 속의 핵심적인 인물이나 행동으로 이끄는 수단을 제공하기도 한다. 즉, 소실점은 내러티브 초점이기도 한 것이다(Kubovy, 1986: 2～6). 또 많은 경우 그림에서 기하학적으로 구성된 소실점과 내러티브적으로 중요하여 마치 소실점 같은 역할을 하는 초점이 공존하는 경우도 흔히 볼 수 있다(Damisch, 1994: 405). 그럼에도 불구하고 원근법이 이미지에서 내러티브나 텍스트 영역의 지배에서 벗어나 있는 영역을 확장한 것만은 사실이다.

이러한 측면에서 브라이슨은 외시와 함축의 의미 작용을 통해 원근법이 리얼리즘을 고양하는 메커니즘을 설명해 준다(Bryson, 1981, 1983). 브라이슨은 이미지의 '담론적 *discursive*' 측면과 '형상적 *figural*' 측면을 구분한다(Bryson, 1981: 6).[81] 형상적 측면에는 빛이나 색채, 내러티브와 직접 관련이 없는 세부 등이 해당한다. 현실 자체가 다양한 코드들과 실천들에 의해 구성되는 동시에 자연화됨으로써 객관적인 것인 듯 나타나는 것이고(Berger & Luckman, 1989) 재현 역시 하나의 실천이므로, 이미지의 리얼리즘은 현실에 대한 정확한 재현의 결과가 아니라 '보다 더 형상적'이라는 것, 즉 내러티브에 직접 봉사하지 않는 정보나 기호를 더 많이 제공한다는 데서 나오는 효과이다(Bryson, 1981: 8～12). 이런 정보는 내러티브 기능

---

81. 담론적인 것과 형상적인 것의 구분은 리오타르의 박사 학위 논문이었던 <담론, 형상>에서 시도된 것이다(Jean-François Lyotard, "Discours, Figure," Paris: Editions Klincksieck, 1974). 스콧 라시는 리오타르가 '거대 서사'가 붕괴되고 '작은 서사들'이 번성하는 것으로 특징짓는 포스트모더니즘 사회를(Lyotard, 1992) 담론이 아니라 형상에 기초한 의미 작용 체제의 사회로 본다(Lash, 1990: 7장). 그러나 리오타르의 '작은 서사들'에서도 엿볼 수 있듯이 형상 또는 형상적 의미 작용 체제가 담론을 완전히 배제할 수 있는 것은 아니라고 할 수 있다. 한편, 들뢰즈도 회화에서 형상적인 것 the figural 과 구상적인 것 the figurative 을 구분하는데, 구상적인 것은 형상적인 것과 달리 재현 및 내러티브(서사)와 결부되어 있고 그것들의 지배를 받는 것이다(Deleuze, 1995a). 그러나 들뢰즈에게서 형상적인 것은 내러티브나 담론적 차원에서 빠져 나가는 이미지 부분을 포착하기 위한 범주이며, 마치 담론의 영역에서 언표의 사건성과 생성의 차원에 비견될 수 있는 차원을 말하기 위한 것이기 때문에 서로 완전한 대립으로 설정되기 어려운 담론적인 것 / 형상적인 것의 구분과는 다소 차이가 있다.

으로부터 거리를 둔 것이고 그만큼 더 이미지는 현실 자체에 가까이 다가가 있는 것으로 받아들여질 것이다(Bryson, 1983: 56).

원근법은 그림의 주제를 전달하는 데 직접 봉사하지 않는 기호들, 즉 이미지에서 의미론적으로 반복될 수 없는 세부 묘사들을 확대하고 증식시켰다. 정확하고 합리적인 공간 구성의 원리가 이미 확립되어 있었기 때문이다. 원근법의 기획은 일차적으로 시각 공간을 기하학적으로 구조화하는 문제였지 내러티브에 따라 구조화하는 문제는 아니었던 것이다. 그래서 예를 들자면, 성경의 한 대목을 묘사하는 경우에도 중세의 그림이 단순화된 선 위주로 이야기 전달에 치중한 데 비해서, 르네상스 이후 원근법 회화에서는 예수나 주변 인물들의 얼굴과 머리의 골상학적 특징이나 옷자락의 주름과 같은 세부 묘사가 풍부해진다.

따라서 원근법은 텍스트 기능에 의해 점유되는 편보다 형상성의 영역을 크게 확장함으로써 리얼리즘을 강화하는 것이다(Bryson, 1981: 12). 그렇지만 형상성의 영역, 내러티브 기능에 직접 봉사하지 않는 정보가 확대된다 하더라도 원근법 회화에서 여전히 내러티브가 작동하며 의미를 생산한다. 그러면서도 리얼리즘 효과가 산출되는 것은 텍스트가 기능하는 담론성이 형상성의 영역으로 이식되어 담론적인 것이 형상적인 것으로 위장되어 존재하게 되기 때문이다. 즉, "이미지 속의 의미들은……무구함과 의미론적 중립성의 영역 속에 숨겨"(같은 책: 14)진다. 이것이 리얼리즘 이미지가 의미 생산을 삭제하고 대상 속으로 자연화되는 방식이다. 담론 내용이 형상성 속으로 이동되고, 이제 형상적인 것이 담론적인 것의 작용을 수행할 수 있게 되어 현실성의 효과가 고양된다(같은 책: 16). 의미는 형상적인 것 자체에, 따라서 그것에 대응하는 대상들에 원래부터 있었던 것으로 자연화되기 때문이다. 브라이슨은 이 과정을 바르트의 외시와 함축 개념을 이용해 설명한다.

우선, 형상적인 것에 속하는 기호들은 그 자체 외시 차원에서 의미의 대립쌍을 형성한다. 예컨대, 유다가 예수를 팔아 넘기는 장면을 묘사한 지오토의 <배신 *The Betrayal*>에서 예수와 유다 사이에는 골상학적 대립이 설정된다. 직선 대 곡선(예수의 이마 및 코의 직선과 유다의 그것들이 이루는 곡선, 예수의 입술선을 강조한 것과 유다의 튀어나온 입, 예수의 직선적인 눈썹과 유다의 이마에 파묻힌 눈썹 등), 수직적 배열 대 비수직적 배열(예수의 콧날, 이마선, 후광에 묘사된 상승하는 선 대 유다의 수평으로 기울어지는 코의 곡선, 이마선, 턱과 접하는 옷깃), 팽창 대 수축(예수의 눈썹과 머리카락선은 확장되는 방향으로 향하며 콧구멍 – 입술 – 긴 목은 흉골로 끊어짐이 없이 이어지는 반면, 유다에게서는 눈썹과 눈꺼풀의 거리가 축소되어 하나의 선으로 합쳐지고 콧구멍과 윗입술의 간격은 짧으며 목선은 숨겨진다) 등의 대립이 그것이다.

그러나 이 대립쌍은 함축에 의해 작동하는 더 큰 의미의 대립쌍의 계열들에 의해 의미론적 부하를 받는다. 즉, 이 골상학적 특징에 따른 의미의 대립쌍들은 신성함 대 불경함, 영성 대 세속, 고귀함 대 비천함, 평정 대 흥분, 진실됨 대 거짓 등의 의미의 대칭으로 수렴되는 것이다 (Bryson, 1983: 62~4). 이 두 번째 의미의 대립쌍들에 대한 관람자들의 해석에는 절대적 기준이 부재하다. 이 해석은 이제 도상적 코드나 외시적 독해의 문제가 아니라 불확실한 함축의 문제이다. 그러나 함축은 외시처럼 명확하게 한정된 방식으로 이미지 속에 존재하지 않기 때문에 함축의 의미는 만들어지는 것이 아니라 발견되는 것처럼 경험된다. 즉, 그것은 이미지의 형상성 속에 내재해 있는 것으로 여겨지는 것이다. 말하자면, 관람자는 그것을 기호가 아니라 실체로부터 나오는 의미인 것처럼 지각하게 된다. 그러므로 함축이 외시를 현실이라고 믿게 만드는 효과가 생산된다. 속성들의 수용이 대상에의 믿음을 산출하는 것이다. 그럼으로써 이미지는 자기 바깥에 실재하는 현실을 재현하며 의미는 객관적으로 존재하는 현실 자체에서 나온다고 여기는 '자연적 태도 the Natural Attitude'[82] 가 강화된다(Bryson, 1981: 14~8; 1983: 62~4). 그러므로 "현실 효과는……

---

82. '자연적 태도'는 회화 바깥의 세계의 존재를 확실한 것으로 받아들이고 이것을 정확하게 재현하는 것을 회화의 목표로 삼는다. 화가는 세계를 전사하는 수동적이고 이차적인 도구에 불과하며, 이미지의 목표는 현실에 대한 모두의 절대적인 합의를 도출할 수 있는 '보편적인 시각 경험'의 재현이다. 결과적으로 이미지 생산의 실천적 차원이 제거되고 인간 현실의 무역사성을 환기시키게 된다. 이 태도는 '본질적인 복사본 Essential Copy'에 도달하려는 분투와 지각의 순수성에 대한 믿음인 '지각주의 Perceptualism'라는 두 가지 테마에 연결된다. 이에 대한 비판은 Bryson, 1983: 1~3장을 참조하라.

함축이 외시를 확증하고 실체화함으로써 외시가 진실의 수준으로 상승한 듯이 나타나는 곳에 있다"(Bryson, 1983: 62). 따라서 사실 형상성의 영역에서도 의미 작용은 문화적 코드와 관습에 의한 것임에도 함축은 명백히 인식되지 않고 바르트의 말처럼 보이지 않게 된다. 그럼으로써 리얼리즘의 환영이 고양되는데, 원근법은 바로 이러한 작용이 더욱 확장되는 데 기여했던 것이다. 이러한 면에서도 결국 원근법은 재현의 실천적 차원을 생략하는 현대성의 코기토와 상통하는 것이다.

리얼리즘 효과와 그 재현적 능력 때문에 원근법은 현대성의 주체에게 적합한 시각 양식이다. 이 점에서 메를로퐁티는 이렇게 말한다. "데카르트 가…… 르네상스 시대의 원근법들로부터 자신의 영감을 취했다는 점에서 역시 그는 옳았다. 그들 기법은 회화로 하여금 깊이의 경험과 일반적으로 존재의 표상들을 자유롭게 산출해 낼 수 있도록 고무해 주었다"(Merleau-Ponty, 1983: 312). 자신이 창출하는 리얼리즘 효과에 의해서 원근법은 대상 세계의 객관성과 재현의 투명성에 대한 믿음을 강화하게 된다. 따라서 그것은 현대성의 원리와 마찬가지로 주체와 대상 간의 엄격한 분리를 강화한다. 알베르티의 규칙이 담고 있는 이러한 측면을 검토해 보기로 하자.

대상 세계와 주체의 분리를 단적으로 알려 주는 것은 그림 평면을 창문으로 규정한 알베르티의 비유이다. 앞에서도 말했듯이, 그 창문은 원래 열린 창문으로 비유되었으나 실제로는 곧 닫히게 된다(Romanyshyn, 1989: 71~2).[83] 따라서 창문으로서의 그림 평면은 가시적인 대상 세계로 보는 주체를 이어 주는 통로임과 동시에 주체를 그 대상 세계로부터 차단하고 격리하는 경계이기도 하다. 따라서 보는 자와 보이는 것 사이에는 경계가 설정되고 이것은 주체와 세계의 분리를 야기한다. 주체는 관찰하는 주체로 환원되며 세계는 스펙터클, 시각의 대상으로 환원된다(같은 책: 42). 이 세계로부터 자아의 퇴각은 데카르트적 의식, 자아의 기초이기도 하다. 데카르트의 코기토는 세계에 대한 의심에서 시작하기 때문이며, 현대의 주

---

83. 원근법적인 광학 공간에 대해 비판적인 메를로퐁티는 따라서 회화를 창문이라고 한다면 열린 창문이어야 한다고 강조한다(Merleau-Ponty, 1983: 310~1).

체가 세계를 상으로 변화시키는 것 역시 세계에 대한 의심에서 시작되었다. 거리점은 이렇게 창문을 사이에 두고 세계와 분리된 주체의 시점이다. 거리점은 이론적으로 무한할 수 있다. 알베르티는 그것을 설정하는 거리를 설정하는 자의 마음에 맡겼기 때문이다. 그는 창문을 사이에 두고 분리된 채 세계와 무한히 멀리 떨어져 대상 세계를 관찰한다. 보는 자와 보이는 대상을 분리하는 창문을 통해 대상을 바라보는 원근법의 차가운 응시는 대상과의 감정적 얽힘을 약화시킨다(Jay, 1988: 8). 따라서 알베르티의 창문은 세계로부터 퇴각한 특이한 의식의 탄생을 알리는 것이며, 이것은 주관적 실재로서의 자아와 객관적 실재로서의 세계를 분리한다. 이로써 자아는 사사화되고 내적인 영역으로 축소된다. 이것은 한편으로는 자아의 주관적 경험의 세계와 다른 한편으로는 측정 가능한 양들과 객관적 사건들의 세계, 이 두 세계 사이의 분리이기도 하다.

이 대상 세계와 주체의 분리는 현대성에서의 그것과 마찬가지로 비대칭적인 것이다. 현대성의 주체가 사물들을 대상화하고 세계를 수학적 도식에 따라 조직하듯이, 원근법에서 주체는 가시적인 공간에서 대상 세계를 합리적으로 조직하고 배열한다. 주체는 이 조직과 배열의 중심이다. 따라서 주체와 분리된 대상 세계의 창출과 존재는 주체 자신에게 의존하는 것이다. "원근법은 예술적 현상을 안정적이고 수학적으로 정확한 규칙에 종속시키지만, 다른 한편으로는 그 현상을 인간 존재들에게 의존하도록 만든다……. 이 규칙들은 시각 인상의 심리적이고 물리적인 조건들에 준거하기 때문이고 그 규칙들이 효과를 발휘하는 방식은 자유롭게 선택된 주관적인 시점의 위치에 의해 결정되기 때문이다"(Panofsky, 1991: 67). 주체의 시점은 소실점과 일치하게 되고, 원근법적 시각 공간에서 보이는 것들은 이 소실점을 중심으로 배열되고 조직됨으로써 소유와 지배의 대상이 된다. 말하자면, 모든 것을 보는 사람의 눈에 집중시키는 "원근법의 인습에 따를 때, 거기에는 시각적 상호성*reciprocity*이란 존재하지 않는다"(Berger, J., 1972: 16).

알베르티에게서도 주체가 대상 세계를 조직하고 배열하는 것이 원리적으로 구조화되어 있다. 소실점은 지평선에 위치하는데, 이것은 알베르티에 의해서 관찰자의 눈 높이에 고정되었다. 이것은 원근법에서 주체의 시각을 세계 지평의 척도로 설정하게 됨을 뜻한다. 알베르티는 이미 인간을 척도로 삼았다. 가시적인 사물들은 주체의 시각에 의해 측정되고 통제되는 대상이 된다(Romanyshyn, 1989: 44~7). 여기에 거리점은 주체의 눈으로 하여금 사물들에게서 거리를 두게 함으로써 세계의 중심으로서의 주체의 힘을 더 크게 한다. 거리점을 소실점과 상응하는 수준에 둔다는 것은 관찰자의 눈이 세계의 척도임을 재확인하는 것이다. 동시에 이 눈이 거리점에 고정된다는 것은 새로운 과학적 태도를 함축하기도 한다. 코기토처럼, 고정된 눈은 사물들을 따라 움직이는 것이 아니라 사물들이 나타나기 이전에 그것들이 배열될 조건을 경험에 앞서 미리 구도화하는 것이다. 거리점이 함축하는 이러한 성격은 거리점이 자신에게서 방사되는 선이 그림 평면과 직교되기 이전, 즉 시각 공간에서 깊이의 정도가 확립되기 이전에 먼저 고정된다는 것에서도 알 수 있다. 세계의 깊이는 주체의 시각의 문제가 되는 것이며, 이 주체에 의해 수학적으로 조직됨으로써 공간은 무한한 공간으로 설정된다. 따라서 거리점과 소실점을 잇는 시선상에서 주체의 눈은 세계를 실험의 대상으로 만드는 세계의 척도이다. 그리고 이 척도의 눈에는 거리점의 무한성에 의해, 그리고 무엇보다도 소실점의 무한성에 의해 무한한 시각이 부여된다(같은 책: 49~52).

무한한 시각을 부여받은 주체의 눈이 가시적 세계를 수학과 기하학의 논리로 배열하고 조직함으로써 자신의 대상 세계를 창조하는 통로가 바로 자신을 대상 세계와 분리시켰던 창문으로서의 그림 평면이다. 이 창문은 원근법의 격자망, 알베르티의 베일이기 때문이다. 따라서 창문은 의미들의 베일이라고 할 수 있다. 라캉의 삼각형 도식에 따르자면 그것은 이미지 / 스크린인 것이다. 로마니신에 따르면 이러한 의미에서 베일이 쳐진 창문은 두 가지 의미에서 문화적 시각, 즉 사회적 의미망에 의해 격자화된 시각이라고 할 수 있는데, 우선 모든 세계의 시각은 베일 쳐진 것이기 때문이다. 이것은 문화는 의미들의 베일의 직조라고 할 수 있다는 의미에서이다. 두 번째로 창문의 베일은 주체가 선택하고 창조한 베일이다(알베르티는 "당신이 좋아하는 대로 색을 물들인 베일"이라고 말한다). 다시 말해 가시적 세계는 주체 자신의 시각적 창조가 되는 것이다. 따라서 베일 처진 창문은 자기 자신의 창조자가 될 수 있는 현대성의 주체가 가진 새로운 힘을 선언한다(같은 책: 75~6).[84]

원근법의 베일은 수학적 베일이다(같은 책: 76~81). 그러므로 그것은 세계를 기하학적인 볼거리 *spectacle* 로 배열한다. 이것은 동질적이고 무한한 공간의 창조임과 동시에 그 공간의 파편화이기도 하다. 기하학화된 시각은 시각 공간을 조화와 비례에 의해 조직하기도 하지만 그것을 부분들로 분할하고 하위 분할하기 때문이다. 알베르티의 원근법 구성의 검증은 포장 쇄석과 같이 작은 사각형들(눈에는 평행사변형들로 나타나는)로 분할된 평면을 기준으로 하고 있다. 이러한 공간의 분할은 기하학화된 시각이 분석적 시각임을 알려 주는 것이기도 하다. 분석적 시각은 가시적 세계의 사물들을 맥락에서 추상하여 검사와 통제의 대상으로 만든다. 그리고 이 베일은 미리 설정되어 있다. 세계를 나타내는 방식은 세계에 준거하는 것이 아니라 세계와 독립적으로 확립되어 있어서 세계가 나타나는 방식을 미리 설정하는 것이다. 이것은 합리주의의 이론적 시각이라 할 수 있으며, 과학과 기술의 특징적 태도를 보여 준다. 17세기 과학은 이론적인 분석과 합리적인 설계가 물질적이고 경험적인 분석에 선행해야 한다고 주장했고, 르네상스인들은 과학의 영역에서 이러한 면모를 먼저 보여 주었는데(Crombie, 1985), 시각의 영역에서는 베일이 그 역할을 담당하는 것이다.[85]

실제로 알베르티의 이 베일은 많은 사람들에게 타당한 것으로 수용되었다. 16세기 독일의 알브레히트 뒤러는 특히 그러한 경우인데, 누워

---

84. 물론 두 번째 의미의 베일은 이미 첫 번째 베일에 의해 틀지어져 있다. 베일은 이미 사회적으로 생산된 것이고, 그 베일을 통해 바깥을 보는 주체의 시점은 상징계적으로, 또는 의미망에 의해 사회적으로 규정되어 있기 때문이다.

85. 베일을 프톨레마이오스의 지도 제작법에 의해 확립된 경도와 위도의 격자판으로 이해하게 된다면 세계와 분리되어 거리를 둔 가운데 세계를 창조하고 통제하는 현대성의 주체의 시각이 더욱 분명해질 것이다. 이에 대해서는 Romanyshyn, 1989: 82~3을 보라. 르네상스 이탈리아에서의 회화와 지도 간의 연계를 북유럽의 그것과 비교한 것으로는 Alpers, 1983: 134~6을 참조하라.

그림 14. 뒤러의 격자판과 가늠자, < 누워 있는 여성을 그리는 남자 >

출처: Wright, 1983: 65.

있는 여인의 누드를 그리는 화가의 모습을 묘사한 그의 판화에서는 알베르티의 베일에 해당하는 격자판이 화가와 모델 사이에 위치해 있음을 보여 준다(그림 14).[86] 이것은 알베르티의 베일의 독창적인 변형이다(Wright, 1983: 123). 더구나 그는 알베르티가 원리화한 소실점에 고정된 시점을 문자 그대로 실현하여, 판화에서 보이듯이 그림을 그리는 화가의 시점을 화면의 중심에 고정시키는 가늠자 *backsight* 를 고안하였다. 여기서 원근법에서의 주체의 시점은 화면 전체의 구도를 결정하고 구성하는 중심으로서 글자 그대로 실현된 것이다.[87] 정확하게 원근법의 화면을 구성하기 위한

---

86. 이 판화는 또한 원근법에 기초한 시각 체제가 남성을 시선의 주체로 구성하는 반면 여성은 시선과 통제 및 소유의 대상으로 격하시키는 성적 불평등의 시각 체제임을 함축하는 도해로서 흥미로운 것이기도 하다. 즉, 그것은 현대성의 주체 / 객체 구도가 동반하는 성적 지배의 구도는 시각의 차원에서도 관철됨을 보여 주는 것이다.

87. 뒤러는 이탈리아로 가서 원근법에 대한 많은 공부를 하고 귀국해 화가가 실제로 응용할 수 있는 원근법의 원리를 계속해서 연구하고 알리는 데 힘썼다. 하지만 그는 원근법의 원리를 그대로 이해하는 데 무척 어려움을 겪은 듯하며, 그가 원근법의 원리나 기법을 설명하거나 도해한 것들은 때때로 알베르티의 공식 자체와 많은 차이를 보여 준다. 예컨대, 화가가 그림을 그리는 모습을 묘사한 다른 판화에서는 가늠자의 눈을 갖다 대는 위치가 격자판의 상단 끝부분에 위치하여 소실점의 위치가 알베르티 체계에서 보자면 부적절한 경우를 보여 주기도 한다(그림 15). 뒤러의 방법은 사실상 이탈리아 체계와 뒤러에 조금 앞서 프랑스에서 활동한 비아토의 체계를 결합한 것이다. 이것은 180도 각도에 기초한 것으로 가장자리에서 이미지가 왜곡되는 현상을 심화한다(Wright, 1983: 123~4). 이탈리아에서는 가장자리에서의 왜곡은 수학적 질서에 의해 교정되지만, 17세기에 이르면 북유럽에서는 이러한 왜곡 현상을 흥미롭게 연구하였다. 왜상에 대한 실험은 바로 이 원근법의 격자를 경사진 형태로 이용하여 이미지가 가장자리에서 확장되어 왜곡되는 것을 탐구하였다(같은 책: 152~6). 또한 뒤러의 그림에서 나타나는 시각 공간은 현대성의 그것과도 상이하다. <기사, 죽음, 그리고 악마>나 <묵시록의 기사들>, 또는 <멜랑콜리아>와 같은 그의 그림

그림 15. 뒤러의 판화 <초상화를 그리는 화가>

출처: Wright, 1983: 124

이러한 기술적 고안들은 특히 건물의 투시도를 그리는 제도사 *draughtsman* 들이 많이 이용하였는데, 17세기 프랑스의 장 뒤브뢰이으 Jean Dubreuil 가 고안한 장치는 사실상 뒤러의 도구를 변형한 것에 해당하였다(Wright, 1983: 159~61; Newhall, 1987: 8. 그림 16 참조)

　　시각 공간을 미리 합리화하고 그 속에서 보이는 것들을 시각적 통제의 대상으로 만드는 원근법의 시각은 시간을 정지시키고 대상들의 움직임을 고정시키기까지 한다. 이 점에서도 원근법 회화는 응시의 회화이며, 원근법의 시각은 응시에 의해 규정되는 시각임을 알 수 있다. 소실

들은 유사성에 기초하여 은유와 우의가 가득한 상징적인 시각 공간을 많이 보여 준다. 뒤러의 삶과 활동에 대해서는 Panofsky, 1971을 참조하라.

점에 위치함으로써 응시가 있던 자리를 차지한 주체의 눈은 응시의 힘을 찬탈하려는 것이다. 라캉이 말하듯이 이 '악한 눈'은 시간과 운동을 정지시킨다(Lacan, *Four Concepts*: 114~8). 결국 가시적 대상들을 통제하려 하고 그 운동을 정지시키는 원근법의 시각적 주체는 눈과 응시를 일치시키려는 불가능한 시도에서 연원하는 악의적인 힘, 에고의 편집증적 구조가 발휘하는 공격성으로 정의되는 주체이다. 원근법의 회화들은 바로 이것을 보여 준다.

> 정초적 지각 속에서 화가의 응시는 현상들의 흐름을 정지시키고, 노출된 현전의 영원한 순간 속에서, 지속 *durée(duration)*의 유동성 바깥에 있는 특권점으로부터 시각장을 관조한다. 한편 관람의 순간에서는, 관람하는 주체는 그 최초의 현현의 완벽한 재창조 속에 이 정초적 지각에 자신의 응시를 합일시킨다. 직시체 *deixis* 의 통시적 운동의 제거는 신체를 폐색하고 순수한 이데아로서의 이미지의 무한히 확장된 응시 속에 눈길 *glance* 을 폐색할 관람의 공시적인 찰나를 창조하거나 적어도 그것을 추구한다(Bryson, 1983: 94).

소실점에 위치해 신체를 망막 표면의 한 점으로 축소시키는 응시는 시간의 측면에서도 지속의 바깥에 위치해 있는 것이다(같은 책: 96). 그리하여 "원근법이란 그 속에서는 아무것도 나의 시선을 잡아당겨 현 순간의 형상을 띠고 있는 것이란 없게 된 그러한 것이다. 전 장면은 완결되어 있거나 영원성을 띤 식으로 존재하고 있다"(Merleau-Ponty, 1983: 126~7).[88]

그러므로 원근법의 시각 양식은 주체로 하여금 대상 세계와 거리를 두게 하는 동시에 그 대상 세계를 자신의 시각에 의해 기하학적으로 조직하게 만든다. 그러므로 원근법의 응시는 메를로퐁티가 말하는, "거리를 두고 떨어져 소유한다"는 회화의 광기를 일깨워 최고로 고조시킨다. 이렇게, 원근법에 의해 규정되는 시각적 주체와 대상 세계 간의 관계는 데카르트적인 코기토의 주체와 대상 세계 간의 관계와 상동적이다. 메를로퐁티는 바로 이 점을 분명하게 지적한다.

---

88. 15세기 회화의 시간성과 관련하여 Bonnefy, 1988도 참조하라.

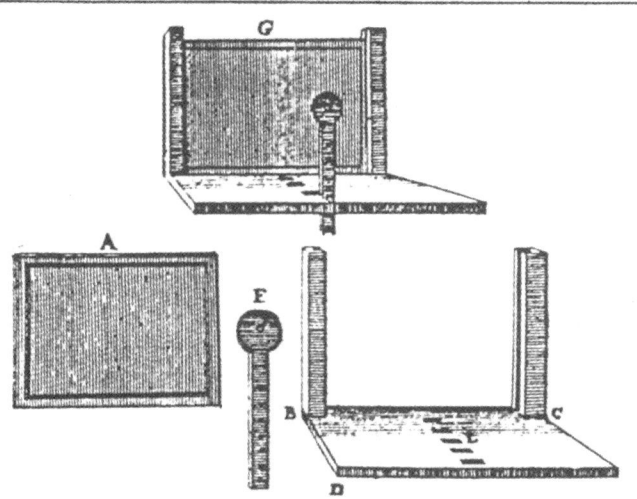

그림 16. 뒤브뢰이으의 방법을 적용한 제도사들의 그림 도구(피터 그리너웨이 감독의 영화 ＜제도사의 계약 *The Draughtsman's Contract*＞(1982)을 참조하라.

출처: Wright, 1983: 160.

데카르트에 있어서…… 회화의 진짜 힘은 구상 *design* 에 있고, 또 구상의 힘은 그것과 원근법의 투영에 의해 우리에게 알려져 있는 즉자적인 공간 사이에 존재하고 있는 정돈된 관계에 다시 기초하고 있다(Merleau-Ponty, 1983: 308).

세계를 정돈하는 이 구상의 힘은 세계에 대한 지배와 소유의 힘이기도 하다.

원근법이란…… 우리의 응시가 기도하는…… 철두철미[하게] 순간적[인] 종합 속에 지배되고 소유되는 어떤 한 세계의 고안이다(같은 책: 126~7. [ ] 안은 인용자).

이상과 같이, 현대성의 시각에서 리얼리즘적 재현에의 요구는 세계와 주체의 분리 및 주체에 의한 세계의 소유와 지배로 이어진다.

밖의 세계를 똑같게 묘사하는 이 원근법 시각은 본래 세계 속에 있어야 할 인간 주체의 시각을 외화시키는 역할도 담당하였다. 따라서 사람은 보는 자로서의 자신을 위치시킬 수 있게 되었다. 그리고 스스로의 세계를 외부의 대상으로 보는 이 시각은 차츰 세계를 소유한다는 의식으로 연결된다(伊藤俊治, 1990: 247).

세계와 대립하여 세계에 자신의 눈을 던지는 원근법의 주체는 이렇게 현대의 전제적 눈*the despotic eye* 의 통치의 출발을 이루는 것이다(Romanyshyn, 1993: 350).

이렇게 주체가 대상 세계를 정돈하고 창조하고 소유함으로써 오히려 대상 세계의 객관성은 뚜렷해지며 경계는 확실해진다. 이 점에서도 현대성의 주체와 대상 세계의 관계는 원근법의 주체와 대상 세계의 관계와 같다. 원근법에서의 이 관계를 파노프스키는 이렇게 요약한다. "원근법은 인간 존재들과 사물들 간의 거리를 창조한다……. 그러나 그 다음에는 그것은 이 사물들의 세계를, 개인과 대면하는 이 자율적인 세계를 눈으로 이끌어들임으로써 이 거리를 폐지한다……. 따라서 원근법의 역사는 현실적인 것을 거리화하고 객관화하는 의미의 승리이자 꼭 마찬가지로 통제를 위해 거리를 부인하는 인간 투쟁의 승리로 이해될 수 있다. 그것은 외적 세계의 공고화와 체계화인 만큼 자아 영역의 확장이다"(Panofsky, 1991: 67~8). 그리고 이 원근법의 인간 존재는 시점 / 소실점에 의해 정의되는 텅 빈 주체이고 현대성의 데카르트적 주체 역시 텅 비어 있다. 그렇기 때문에 파노프스키는 또한 다음과 같이 말할 수 있었던 것이다. "예술적 재현에서 공간은 주체에 의해 결정된다. 그럼에도 불구하고, 역설적으로 들릴지 몰라도 바로 이 형태들은 세계관의 이미지로서의 공간이 철학(데카르트)과 원근법 이론(데자르그) 양자에 의해 모든 주관적 혼합물들이 최종적으로 정화된 순간에 귀속된다"(같은 책: 70).

(3) 카메라 옵스큐라

원근법이 설정하는 주체와 대상 세계 간의 분리 및 후자에 대한 전자의 통제라는 구도가 17세기 이후 현대성의 시대에서도 시각의 장을 구조화하는 원리였다는 것을 확인해 주는 것이 카메라 옵스큐라 *camera obscura*라는 광학 장치이다. 카메라 옵스큐라는 16세기 말 이후 많은 화가들과 과학자들이 세계를 관찰하는 유용한 장치였다. 하지만 그것은 가시적 세계를 관찰하는 구체적인 물질적 기구였을 뿐만 아니라 많은 철학자들에게는 관찰의 모델로 받아들여지기까지 하였다. 19세기가 도래하기 전까지는 카메라 옵스큐라는 시각 모델의 지위에 있기까지 하였다. 그것은 과학적 탐구와 예술 활동의 수단일 뿐만 아니라 오락거리이기도 하였으며, 철학적 은유이자 물리적 광학에서의 모델이기도 하였다. 거의 200여 년 동안 카메라 옵스큐라의 구조적, 광학적 원리는 관찰자의 지위와 가능한 능력들을 기술하는 지배적인 패러다임으로 혼용되어 들어가, 관찰이 외부 세계에 대한 진실된 추론으로 이르는 방식에 대한 모델을 제공하고 있었던 것이다(Crary, 1988: 31; 1992: 27~8). 이러한 의미에서 카메라 옵스큐라는 단순한 기구 이상으로서 물질적 실천들과 담론적 질서의 혼

그림 17. 카메라 옵스큐라(1646)

출처: Crary, 1992: 39

합금이자 교차로이다(Crary, 1992: 30~1).

카메라 옵스큐라는 르네상스 시대에도 이미 널리 알려져 있었다.89 '어두운 방'이란 뜻의 이 카메라 옵스큐라의 원리는 레오나르도 다 빈치의 ≪수기 *Codice Atrantico*≫에서 발견할 수 있다.

> 만일 한 채의 주택이 있고, 그 집의 햇빛이 들지 않는 벽에 조그맣고 동그란 바람 구멍이 있으며, 그 벽 맞은편으로 양지바른 건물 혹은 광장이나 들판이 보인다면, 햇빛에 비치는 모든 광경은 스스로의 영상을 이 구멍을 통해 들여 보내, 반대편 벽에 자신을 나타낼 것이다. 그리고 그 벽이 흰색이라면, 원래 대로의 모습이 그 곳에 비추어질 것이나, 단 거꾸로 비칠 것이다. 만일 그 벽에 구멍이 여러 개 있다면 각각의 구멍마다 같은 결과가 생길 것이다.90

예술가이자 자연 과학자이며 기술 공학자이기도 했던 르네상스인 레오나르도 다 빈치는 원근법 회화의 구도를 잡기 위해서, 그리고 자연

---

89. 밖으로 뚫린 작은 구멍을 통해 들어온 빛이 맞은 편 벽에 바깥 광경의 전도된 이미지를 형성하는 이 '어두운 방' 현상은 거의 2000여 년 전부터 알려져 있었다. 유클리드나 아리스토텔레스, 알하젠, 로저 베이컨 등도 이러한 현상을 알고 있었으며 실험하기도 했다고 알려져 있다(Crary, 1992: 27; 이원곤, 1996: 37~8). 그러나 이 당시에는 이러한 현상이 예술에 적극 응용되지는 않았다.

90. 이원곤, 1996: 35에서 재인용.

을 관찰하기 위해서 카메라 옵스큐라를 이용하였다.[91] 하지만 다 빈치의
원고는 오늘날에 와서야 발견되었고, 실제로 당시 사람들에게 영향을 미
친 카메라 옵스큐라에 관해 출간된 최초의 기록은 1512년 그의 제자인
체사레 체사리아노 Cesare Cesariano 가 비트루비우스의 건축론을 번역하면
서 주해 부분에 설명해 놓은 것이다(Lemagny & Rouillé, eds., 1993: 15). 1568
년 다니엘 바르바로 Daniel Barbaro 라는 건축 관련 저술가는 카메라 옵스큐
라가 화가들에게 도움을 줄 수 있다고 추천하였는데(Scharf, 1986: 17), 이
러한 면에서 큰 역할을 한 것은 그것에 앞서 1558년에 출간된 지오반니
바티스타 델라 포르타 Giovanni Battista della Porta 의 저서 ≪자연의 마술
Magia Naturalis≫이었다. 이 책에서 델라 포르타는 오목한 반사체를 이용
하면 이미지가 전도되지 않을 것이라고 설명하였다(Crary, 1992: 36). 같은
시기에 수학자이자 자연 철학자였던 지롤라모 카르다노 Girolamo Cardano
는 카메라 옵스큐라에 렌즈를 적용하였다. 그는 구멍에 렌즈를 끼우면
이미지가 한결 뚜렷해진다는 사실을 발견했던 것이다(Lemagny & Rouillé,
eds., 1993: 15). 델라 포르타 역시 1589년에 출간된 자신의 저서 2판에서
카메라 옵스큐라의 구멍에 오목 렌즈를 부착하여 이미지의 해상도를 높
일 수 있다고 설명한다(Crary, 1992: 36). 델라 포르타는 카메라 옵스큐라를
빛에 의한 하나의 현상으로 보는 데 그치지 않고 이미지 그 자체에 관
심을 가져 화가들이 빠르게 그림을 그릴 수 있는 수단으로 추천하여 회
화가 카메라 옵스큐라를 이용하는 데 결정적인 기여를 하게 된다(이원곤,
1996: 38). 17세기에 오면 오늘날의 사진기와 마찬가지로 야외에 들고 다
닐 수 있는 휴대용 카메라 옵스큐라가 만들어졌다. 탁상용이나 주머니에
넣고 다닐 수 있는 책 형태, 지팡이 손잡이의 팬 구멍 형태 등 다양한
모습의 휴대용 카메라 옵스큐라는 회화와 자연 관찰에서 그것이 이용되
는 것을 빠르게 확산시켰다(Lemagny & Rouillé, eds., 1993: 15~6).

하지만 카메라 옵스큐라를 르네상스 시대의 원근법과 직접 연결하는

---

91. 다 빈치가 실험한 카메라 옵스큐라에 대해서는 Pirenne, 1970: 15~9를 참조하라.

것은 조심해야 한다. 우선, 브루넬레스키의 실험 구도가 작은 구멍을 포함하고 있어 이 장치와 비슷하게 보이고 알베르티가 원근법의 원리를 체계화하면서 이와 유사한 장치를 이용했을 가능성이 있다 하더라도, 원근법 자체는 두 가지 측면에서 카메라 옵스큐라의 작동 방식과 차이가 있다. 첫째, 원근법의 효과가 생산되기 위해서는 카메라 옵스큐라처럼 그림자의 유희에 기초하는 것이 아니라 밝은 빛이 요구된다. 둘째, 카메라 옵스큐라 안에서 이미지는 아래 위가 전도되지만 원근법에서는 거울을 이용하는 한에서 이미지의 좌우 역전 가능성이 있을 뿐이다(Damisch, 1994: xv).[92]

다른 한편, 원근법의 시각 양식이 현대성의 구조를 갖추고 있다 하더라도, 르네상스 일반의 모든 영역이 그러했던 것은 아니다. 델라 포르타의 경우, 푸코는 유사성과 인접성에 의해 모든 사물이 사슬처럼 연결된 인식 질서의 대표로서 그를 언급한다(Foucault, 1987: 43~4). 이러한 질서에서는 자연과 그것의 재현이 뒤엉키고 현실과 그 투사가 분리되지 않는 반면에 카메라 옵스큐라는 이미지와 대상을 선험적으로 분리하고 구별하는 시각 체제를 제도화하는 장치다(Crary, 1992: 37).[93] 델라 포르타는 대상을

---

92. 15세기에 익명의 작가가 저술한 알베르티의 전기(아마도 알베르티 자신이 쓴 자서전이었을 가능성이 높다고 한다)는 알베르티가 플로렌스로 귀환하기 전 로마에서 상자에 뚫린 작은 구멍을 통해 이미지를 관찰하는 실험을 했음을 전해 주며, 알베르티 자신의 《회화론》에도 비슷한 실험에 준거하는 구절이 등장한다. 알베르티가 만든 것은 카메라 오티카 *camera ottica* 라 불리는데, 이것은 카메라 옵스큐라처럼 상자를 통해 외부 대상을 보는 것이 아니라 상자 자체를 들여다보는 것이고, 바깥의 풍경이 아니라 회화 이미지가 반사된 이미지를 보는 것이다. 구멍을 통해 들여다본 사람은 그림이 반사된 것을 보는 것이 아니라 자연 자체를 보는 것처럼 느낀다. 이러한 점에서 이 장치는 오히려 브루넬레스키의 실험과 유사하다(Edgerton, 1975: 89~90. 큐보비 역시 카메라 옵스큐라는 알베르티의 창문과는 다르다고 지적한다. Kubovy, 1986: 20~1). 알베르티의 카메라 옵티카와 달리 카메라 옵스큐라는 그 자체가 방이며, 구멍을 통과한 빛이 운반하는 바깥 대상의 이미지를 보는 것이다. 17세기에 만들어진 휴대용 카메라 옵스큐라의 경우에도 빛이 통과하는 구멍을 들여다보는 것이 아니라 반사경을 이용하거나 상자의 일부를 열어서 구멍 맞은편 상자벽에 맺힌 바깥 대상의 이미지를 보도록 되어 있다(실제 방으로서의 카메라 옵스큐라의 구조에 대해서는 Ellis, 1988: 23의 도판과 Kubovy, 1986: 20, 21의 도판을 보라. 휴대용 카메라 옵스큐라의 구조에 대해서는 Crary, 1992: 28, 31, 49의 도판, Lemagny & Rouillé, eds., 1993: 13, 17의 도판 및 Scharf, 1986: 16, 21의 도판을 참조하라).

93. 이러한 점에서 델라 포르타는 케플러의 광학에 큰 영향을 주었다. 케플러의 광학은 이탈리아 선 원근법의 시각 양식과는 많은 점에서 차이가 있다. 이탈리아 원근법과 17세기 네덜란드 회화를 엄격히 구별하는 앨퍼스에 따르면 케플러에게 있어 그림은 창문이 아니라 망막 이미지이며, 인간의 눈은 기계적인 그림

관조하는 것이 곧 그것과 일체가 되는 르네상스 마술(魔術, magic)의 전통에 있다. 그에게 있어 카메라 옵스큐라는 관찰자가 대상에 더욱 집중하는 방법의 하나일 뿐이었다. 그러나 수십 년 후 그의 독자들에게 카메라 옵스큐라는 관찰자와 대상의 인접성이라는 르네상스적 관념을 버려야 도달되는 특권화된 관찰 수단이 되었다(같은 책: 38).

마지막으로, 카메라 옵스큐라는 회화, 즉 2차원적 재현에만 연관된 것이 아니다. 크레리에 의하면, 카메라 옵스큐라는 더 넓은 의미에서의 '주체 효과'와 연관되어 있는 것이다. 카메라 옵스큐라에서는 바깥 대상이 움직이므로 벽에 비친 이미지도 움직인다. 이 운동과 시간성은 보여지고 경험될 수 있었지만 회화로 재현될 수는 없었다. 이러한 면에서 카메라 옵스큐라가 배타적으로 원근법의 '기술적 방편'에만 연결되어 있는 것은 아니다(같은 책: 34).

제작기로서 렌즈 달린 광학 장치이다. 그리고 케플러는 시각 자체를 왜곡으로 보고 눈의 메커니즘 자체에 초점을 맞추기 때문에 르네상스 원근법에서처럼 수학적으로 질서짓는 시각과는 거리가 있다. 앨퍼스는 케플러의 광학은 선 원근법에서처럼 빛의 직선적인 방사 원리를 확증하지만, 그림 개념이 다르기 때문에 시각의 중심으로서의 관람자를 특권화하는 선 원근법과 달리 미리 틀지어지지 않은 눈에 보이는 세계 자체, 경험적인 시각 인상에서 출발하고 선험적인 관찰자를 전제하지 않는 네덜란드 회화에 더 연관된다고 주장한다. 또 케플러가 고안한 회전하는 카메라 옵스큐라는 특권화된 중심으로서의 관찰자에 의해 이상적인 시점에서 전체적인 조망을 구상하는 선 원근법과 달리 부분적인 조망을 집합시켜 놓는 네덜란드 회화의 시각을 제공한다는 것이다. 그것은 파노라마적 풍경화나 네덜란드 요지경 상자 peep-box의 다중적인 조망에 더 연관되어 있다고 한다(Alpers, 1983: 33~6, 49~51). 앨퍼스는 17세기 네덜란드 회화를 '묘사의 예술 art of describing'로 규정하면서 르네상스 선 원근법과의 차이를 부각시키는 흥미로운 논의를 제공한다. 네덜란드 회화에서는 대상을 통제하는 중심적인 시점이 전제되지 않으며, 대상과 화가 및 관람자가 엄격하게 분리를 유지하지 않는다는 것이다. 하지만 그녀의 논의는 원근법의 전체적인 역사에서 불연속의 면에 비해 연속성의 차원은 지나치게 무시하는 측면이 있다. 특히 그녀는 카메라 옵스큐라는 원근법 이미지를 제공하는가 아니면 질서가 부여되기 이전의 경험적인 시각 인상을 제공하는가의 문제에서 모호성을 가지고 있다고 주장하면서 후자의 입장에 서서 카메라 옵스큐라를 네덜란드 회화 및 북유럽의 시각 예술과 연관시킨다(같은 책: 28~31). 그러나 크레리는 카메라 옵스큐라의 역사에 대한 많은 논의들이 그것의 기원을 지중해로 상정한다는 점을 상기시킨다. 즉, 카메라 옵스큐라는 닫힌 창문에 난 작은 구멍을 통해 밝은 남유럽의 햇빛이 들어올 때 '우연히' 발견되었을 가능성이 크다고 주장하는 것이 지중해 기원설의 가정이라는 것이다(Crary, 1992: 34, n.14). 또 카메라 옵스큐라를 케플러 및 네덜란드 회화에만 배타적으로 연결시키는 것에 대해서 크레리는 직접적으로 반대 의견을 개진한다. 그에 따르면 케플러는 카메라 옵스큐라를 중요하게 다룬 17세기 많은 사상가들(라이프니츠, 데카르트, 뉴턴, 로크 등) 가운데 한 사람일 뿐이며, 또 인간 시각에 대한 카메라 옵스큐라 은유는 그 당시 전 유럽에서 성행하였다. 이 시기 유럽의 지적 · 과학적 삶은 초국가적이었으며, 합리주의자든 경험주의자든 카메라 옵스큐라에 대한 사유는 유럽의 다양한 지역에서 나왔다(같은 책: 34~6). 한편, 케플러에 대한 델라 포르타의 영향은 Lindberg, 1976: 182~206을 참조하라.

그러나 우리는 원근법을 '시각 양식'으로서 다루고 있다. 다시 말해 시각 양식으로서 원근법은 재현 양식과 결부되어 있지만 좁은 의미에서의 그것을 넘어서는 것이다. 따라서 카메라 옵스큐라가 17세기 이래 시각의 모델 지위를 누렸다는 점에서 그것을 현대성의 지배적인 시각 양식으로서의 원근법과 연결시킬 수 있다. 특히, 카메라 옵스큐라에서도 원근법적 시각 양식의 구조와 동일한 구조를 발견할 수 있다면, 그 연결은 더욱 타당성을 얻을 것이다.[94] 더구나 카메라 옵스큐라가 실제로 화가들에 의해 그림을 그리는 데 이용된 것이 사실이며, 특히 원근법 회화를 제작하는 데 많이 이용되었다. "화가들은 자연을 더 확실하게 표현하기 위해서 또는 그림을 그리는 노동의 양을 덜어 주는 도구로서 카메라 옵스큐라를 이용하였다. 특히 그것은 건축적 기념비의 재현과 그 내외부 장식 및 원근법상의 어려운 문제에 봉착한 사람들에게 널리 이용되었다"(Scharf, 1986: 17).[95]

현대성의 지배적인 시각 양식과의 관계에서 볼 때, 카메라 옵스큐라의 중요성은 그것이 16세기 말부터 관찰자와 세계의 관계를 정의하는 모델로 받아들여졌다는 점이다. 원근법적 시각 양식과 카메라 옵스큐라 간의 연관 관계의 중요한 한 측면은 바로 여기에 있다. 그것이 결부된 담론적 실천이란 차원에서, 카메라 옵스큐라는 무엇보다도 새로운 모델의 주체성이 출현하고 있음을 나타내는 것이었다. 무엇보다도 카메라 옵스큐라는 시각적 주체로서의 관찰자를 개인화, 즉 사사화 *privatize* 하고 내부화하였다.

> 그것은 필연적으로, 관찰자를 자신의 어두운 한계 내부에 고립되고 둘러싸여 있는 자율적인 존재로 정의한다. 그것은 이제 '외부' 세계의 다중적인 내용들에 대한 관찰자의 관계를 규제하고 정화하기 위해서 일종의 세계로부터의 퇴각을 추동한다. 이렇게 카메라 옵스큐라는 어떤 내부성의 형이상학과 분리

---

94. 위에서 세 번째 점을 거론하면서 크레리는 원근법을 재현 양식으로서의 회화로만 개념화하는 듯이 보인다. 또 크레리는 원근법과 카메라 옵스큐라는 '명백하게' 관계가 있다고 말한다. 다만 그는 카메라 옵스큐라를 선 원근법의 '기술 *technique*'로만 다루는 것을 경계하는 것 같다(Crary, 1992: 34를 보라).

95. 천문학자들은 화가들보다 먼저 카메라 옵스큐라를 이용하였다. 중세부터 이미 그들은 태양의 흑점을 관찰하는 등의 용도로 이것을 사용하였다고 한다(이원곤, 1996: 38; Scharf, 1986: 17).

될 수 없다. 그것은 명목적으로는 주권적 개인인 관찰자와 공적인 외부 세계로부터 절연된 의사-가정의 공간 속에 갇힌 사사화된 주체 양자 모두를 나타내는 형상이다(Crary, 1992: 39).

이와 동시에 카메라 옵스큐라는 본다는 행위를 관찰자의 물리적 신체로부터 떼어 놓음으로써 시각을 탈육화 *decorporealize* 시킨다(같은 책: 39~40). 시각 주체의 사사화와 시각의 탈육화라는 이 두 가지 원리를 내장함으로써 카메라 옵스큐라는 17세기 이후 현대성의 시각 모델이 되었다. 카메라 옵스큐라가 내장한 이 두 가지 원리 가운데 첫 번째 것은 지금까지 살펴본 것처럼 원근법적 시각 양식이 함축한 주체와 대상 세계와의 관계 방식 및 코기토의 그것과 합치함을 알 수 있다. 두 번째 시각의 탈육화 원리 역시 마찬가지인데, 이 문제는 바로 다음 장에서 검토해 볼 수 있을 것이다.

말하자면 카메라 옵스큐라는 시각 주체를 세계에서 퇴각시켜, 보는 주체와 보이는 대상 간의 분리라는 원근법적 시각 양식에 전형적인 시각 구조를 물질적으로 구현하는 장치이다. 카메라 옵스큐라가 알베르티와 연관성을 가진다면 바로 이러한 측면에서이다. 그것은 알베르티의 창문과 비슷하다. 두 가지 모두 시각장에서 보는 주체를 대상 세계와 분리시킨다. 물론 작동 방식은 상이하다. 방 안에 고립되어 사사화된 주체는 빛이 들어오는 창문을 직접 바라보지만, 카메라 옵스큐라의 어둠 속에 스스로 갇힌 주체는 빛이 들어오는 구멍을 보는 것이 아니라 그 빛이 운반하여 벽에 맺힌 이미지를 본다(알베르티의 창문이 장착되어 있는 방은 반드시 어두워야 할 필요는 없다).[96] 그러나 중요한 것은 창문이나 카메라 옵스큐라나 모두 시각의 주체와 대상 세계 간의 분리를 엄격하게 유지한

---

96. 카메라 옵스큐라에서 이미지를 관찰하기 위해 빛이 들어오는 구멍을 반드시 등질 필요는 없다. 이미지 관찰 때의 편이성을 높이기 위해서 또는 그 이미지를 정확하게 베낌으로써 그림 그리기를 쉽게 하기 위해 빛이 운반하는 이미지가 맺힐 수 있는 스크린을 방 안에 설치하여 관찰자는 그 뒤에서 이미지를 볼 수도 있다. 이러한 구조를 묘사한 1646년의 그림을 볼 수 있는데, 여기에 대해서는 Crary, 1992: 39의 도판을 참조하라(그림 17을 볼 것).

다는 것이고, 코기토가 함축하는 이 중요한 원리를 구현하기 때문에 이 둘은 모두 현대성의 시각 체제 모델이 될 수 있었다는 점이다.

또, 카메라 옵스큐라가 정의하는 관찰자 역시 구체적인 개인이 아니라 텅 빈 형식으로서의 현대적인 주체이다. 카메라 옵스큐라는 장치에 구현된 일련의 위치와 분할에 종속된 관찰자를 정의하기 때문이다. 시각 세계는 이 자율적인 주체에 의해 전유될 수 있지만, 이 때 이 주체는 외부와의 관계에서 떼내어진 사적인 의식으로서의 주체일 뿐이다. 이 주체의 감각적인 경험 역시 데카르트의 코기토에서처럼 관찰과 의심의 대상인 외부 세계에 종속된다. 이 주체는 따라서 경험적 내용이 비워지고 카메라 옵스큐라 장치에 물질적으로 실현되어 있는 일련의 위치에 의해 정의된다. 이러한 의미에서 그 관찰자는 사실상 라이프니츠적인 단자 *monad* 의 시점으로 환원된다(Crary, 1988: 33).[97] 말하자면, 카메라 옵스큐라가 정의하는 관찰자는 장치의 구조에 의해 바깥 세계와 절연되고 하나의 시점으로 환원된 시각적 주체이다.

이 카메라 옵스큐라는 현대성의 담론적 질서 속에서 중심적인 인식론적 형상이 되었는데, 이것을 뉴턴의 ≪광학 *Opticks*≫(1704)에서 발견할 수 있다. 어두운 방에서 창의 덧문에 뚫은 구멍을 통과한 햇빛의 광선에 프리즘을 갖다 댐으로써 뉴턴은 굴절된 광선이 맞은편 벽에 색색가지로 이루어진 태양의 이미지를 형성하는 것을 관찰한다(Newton, 1952: 26). 여기서 관찰자는 제한된 자리가 주어진 구체적인 인간이 아니라 세계의

---

97. 라이프니츠의 고립된 단자는 시점(*viewpoint, point of view*)에 의해 세계와 관계 맺으면서 사실상 세계를 자기 안에 품고 있다. 들뢰즈는 라이프니츠적 단자의 이러한 구조를 세계가 안으로 접혀들어오는 것, 굴곡 *fold*으로 묘사한다. 이것에 대해서는 Deleuze, 1993을 참조하라. 라이프니츠의 단자를 데카르트적 코기토와 바로 연결시킬 수는 없다. 둘 다 현대성의 주체 원리에 상응하지만 양자 간에는 상당한 구조적 차이가 있다. 들뢰즈는 라이프니츠를 바로크에 연결시킨다. 바로크는 고전주의와 연관되어 있지만 인식 질서에 있어 그것과 차이가 있는 것이고 논자에 따라서는 고전주의적인 현대성의 구조와 대립시키기도 한다(Judovitz, 1988; Buci-Glucksmann, 1994: part 1; Jay, 1993: 1장). 이러한 시각에서 본다면 바로크를 고전주의로 포섭하는 경향을 보이는 푸코의 입장은 지나치게 프랑스의 역사적 경험에 치중된 것이다. 분명히 바로크 문화는 절대 군주제에 대한 대중의 헌신을 산출하기 위해 인간의 감각을 동원하는 스펙터클의 문화(Maravall, 1986)이지만, 그 구조와 작동 원리는 고전주의 문화 질서와 상당한 차이를 보여 준다.

객관성을 기계적으로 재현하는 장치의 작용에 대한 탈체화된 *disembodied* 증인이다. 그럼에도 불구하고 여기서 뉴턴은 자신이 물리적으로 구별되는 그 장치의 조직자이다. 이 장치가 카메라 옵스큐라 그 자체는 아니라 하더라도 그 구조는 동일하다(Crary, 1992: 40~1). 이보다 앞서 나온 로크의 ≪인간 오성론≫(1690)에 등장하는 카메라 옵스큐라 이미지는 훨씬 더 유명한 것이다. 로크는 빛이 구멍을 통해 들어오는 '어두운 방'을 직접 언급하는데, 그는 이 카메라 옵스큐라적인 형상이 인간 오성의 작용을 닮았다고 말한다. 이 책에서 로크는 관찰 행위를 카메라 옵스큐라 이미지를 통해 어떤 것이 주체에 의해 관찰되는 과정으로 구조화하는 한편, 더 나아가 카메라 옵스큐라에 의해 수동적인 관찰자에게 새로운 사법적 역할까지 부여한다. 그는 보다 자기 입법적이고 권위적인 기능을 명시화함으로써 장치의 수용적이고 중립적인 기능을 수정한다. 즉, 카메라 옵스큐라는 주체가 외부 세계와 내부 재현 간의 대응을 보증하고 무질서하거나 비규칙적인 것들을 배제할 수 있게 해 준다. 이리하여 반성적 내성 *introspection* 은 자기 규율의 체제와 중첩된다(같은 책: 41~3).

카메라 옵스큐라의 이러한 인식론적 지위는 이미 데카르트의 <굴절 광학 La dioptrique>(1637)에서 이루어졌다. 그는 우리가 바라보는 대상이 우리 눈의 뒤쪽 표면에 자신들의 완벽한 이미지를 찍어 놓는다고 말하면서 눈을 카메라 옵스큐라에 비유한다.

하나의 구멍을 제외하고는 방이 모두 가려졌다고 가정하자. 이 구멍 앞에 렌즈를 위치시키고 구멍 뒤 일정한 거리에 하얀 천을 펼쳐 놓는다. 그러면 바깥에 있는 대상으로부터 오는 빛은 그 천 위에 이미지를 형성한다. 이제 그 방은 눈을, 구멍은 눈동자를, 렌즈는 수정체액 또는 차라리 눈에서 어떤 굴절을 야기하는 모든 부분들을, 그리고 천은 시신경 말단들로 구성된 내부의 막을 재현한다고 말할 수 있다.

하지만 다음과 같이 하면 이것에 대해 더 확신감을 얻을 수 있을 것이다. 죽은 지 얼마 안 되는 사람의 눈(이것이 안 되면 황소나 다른 몸집이 큰 동물의 눈)을 가지고 와서 뒷부분의 세 겹의 막들을 체액이 많이 엎질러지지 않도록 주의해서 도려낸다. 그리고는 이 구멍을 빛이 통과할 수 있을 정도로

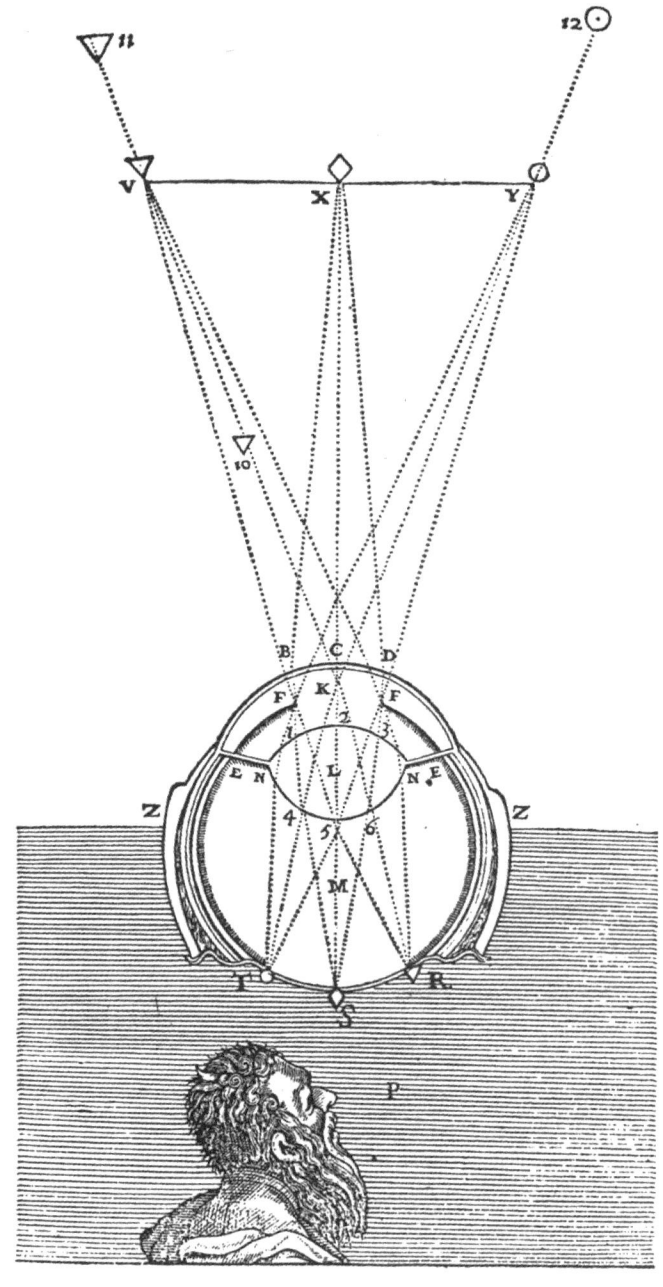

그림 18. 데카르트가 고안한 바에 따른 안구 절개 실험의 구조

출처: Decartes, *La Dioptrique*, 1637; Pirenne, 1970: 2

얇은 하얀 막(예를 들면, 한장의 종이나 달걀피)으로 덮고 이 눈을 특별히 만들어진 덧창의 구멍에 갖다 댄다. 그러면 눈의 앞면은 태양이 비추는 다양한 대상들이 있는 곳을 향하고 그 뒷면은 당신이 서 있는 방의 내부를 향하게 된다(모든 부분들이 완전히 투명한 이 눈을 통해 들어오는 것을 제외하고는 방에 어떤 빛도 들어와서는 안 된다). 이렇게 하고 나서 그 하얀 막을 보면, 바깥의 모든 대상들이 자연 원근법으로 재현되어 있는 그림을 보게 될 것이다……(Descartes, 1988: 63~4).

데카르트의 코기토 기획은 감각과 신체를 버렸다. 하나의 감각으로서의 눈 역시 오류의 원천이며 따라서 신뢰할 수 없는 것이다. 그러나 데카르트는 이렇게 '신체에서 떼어 낸' 눈과 그 작용을 카메라 옵스큐라의 구조에 일치시킴으로써 "관찰자가 어떻게 마음의 눈의 지각에 의해 세계를 알 수 있는가를 논증한다"(Crary, 1988: 32). 이렇게 하여 카메라 옵스큐라는 세계에 대한 순수하게 객관적인 조망에 인간 지식을 정초하려는 그의 기획과 합치하게 된다. 카메라 옵스큐라의 구멍은 원근법에서와 마찬가지로 수학적으로 정의될 수 있는 단 하나의 점이며, 이 점으로부터 세계는 기호들의 축적과 조합에 의해 논리적으로 연역될 수 있다. 데카르트의 이 단안적 기구에서 감각의 증거는 거부되고 눈은 오류를 범할 수 없는 형이상학적인 눈이 된다(Crary, 1992: 47~8). 가시적인 대상 세계를 수학적 논리에 의해 통제하는 코기토의 시각은 신체와 떨어진 텅 빈 시각이다. 대상 세계와 연속적인 신체와 결별하기 때문에 이 시각은 대상 세계와 분리된다. <제3 성찰>은 "이제 나는 눈을 감고, 귀를 막고, 내 모든 감각들을 멀리할 것"(Descartes, 1990: 157)이라고 함으로써 이 세계와의 절연을 선언한다.

18세기에 들어서면 카메라 옵스큐라는 이렇게 경험적 세계와 뒤얽혀 있는 눈의 시각적 감각에 수반되는 한계를 벗어나 세계 전체를 조망하고 질서를 발견하거나 부여하는 초월적 주체의 시각을 설명하는 모델로서 확산되었다. 그것은 세계에 대한 부분적 조망을 획득하는 단자적 주체의 시점을 넘어서 세계 전체를 조망할 수 있는 신의 시각과 같이 세계의 무한히 역동적인 무질서 내에서 주체가 합리적인 지각을 획득할 수 있는 가능성의 은유(라이프니츠)가 되거나, 지각장의 질서지어진 표면으로서의 격자(버클리)가 된다(Crary, 1992: 51~5). 어쨌거나 18세기 관찰자들은 자신의 감각적 또는 생리적 장치에 의해 변형되지 않으며, 그 위에서 다중적인 관계 속에 알려지는 세계의 내용을 연구하고 비교하는 통일된 질서 공간과 대면하게 되며, 카메라 옵스큐라는 이러한 시각의 모델이었다. 세계는 "깜박이지 않는 마음의 눈의 응시 아래"(Rorty, 1979: 143) 있는 — 푸코가 고전주의에 대하여 말했던 — 표 *table* 와 같은 것이 되며, 이것은 데카르트적 코기토가 대면하는 대상 세계의 위상과 일치되는 것이다. 그러므로 카메라 옵스큐라가 구현하는 통일된 지각장은 세계를 세계상으로, 존재자들을 대상으로 앞에 − 세우는 데카르트의 보편 수학의 공간에 상응한다(Crary, 1992: 55~6).

3장 원근법과 현대성의 사회적 조건

앞에서 원근법적 시각 양식에서의 주체의 구조가 데카르트의 코기토에 기초하는 현대성의 주체의 구조와 동일한 것임을 알 수 있었다. 원근법의 공간이 합리화된 동질적이고 무한한 공간이라는 점, 원근법의 주체는 이 무한한 공간의 중심인 텅 빈 소실점에 눈이 일치됨으로써 구성되는 텅 빈 존재라는 점, 시점으로 정의되는 이 주체가 대상 세계와 분리될 뿐 아니라 그것을 통제하고 소유하려는 관계를 맺는다는 점에서 이를 확인할 수 있었다. 즉, 현대적인 공간과 주체는 개념적으로는 17세기에 확립되지만, 15세기 르네상스의 이탈리아 원근법은 그것을 이미 시각의 영역에서 선취했던 것이다. 이것이 원근법이 15세기 이탈리아라는 시간적·공간적 맥락의 제한을 벗어나 이후 서구 현대성의 시각 체제가 기초하는 지배적인 시각 양식이 될 수 있었던 이유였다.

이 장에서는 이 원근법적 시각 양식이 현대성의 문명에서 시각의 영역 바깥에 있는 다른 사회적 조건들과 갖는 연관성을 검토해 본다. 이 사회적 조건들은 시각장 바깥의 영역인 담론의 장과 생산 관계, 그리고 권력 관계로 나누어 볼 수 있다. 따라서 1장에서 구성된 시각 체제의 개념틀에서 보자면, 겹쳐진 삼각형으로 표현된 시각장 바깥의 영역들과 시각장 자체의 구조 사이의 연관성이 여기서 다룰 부분이다. 이것을 검토하기 위해 여기서는 보는 방식의 차원에서 원근법이 서구 현대 철학에서의 인식론적 틀과 자본주의, 그리고 17세기 이후의 권력 체제와 맺는 연관성 또는 그 사이의 상동적인 구조를 검토하는 것으로 논의가 전개될 것이다.

1. 원근법과 서구 인식론

서구 현대성의 철학과 원근법적 시각 양식의 상동성은 주체의 문제를 중심으로 할 때 앞의 장에서 충분히 논의가 이루어진 것으로 생각할 수 있다. 여기서는 17세기 이후 서구 철학에서의 인식론, 특히 이 인식론에서 찾아볼 수 있는 특징적인 시각적 모델을 중심으로 서구 현대성의 철학과 원근법 간의 상동적인 성격을 살펴볼 것이다.

서구 문화에서 인식과 사유 방식에 관해 생각하는 방식은 시각적 패러다임이 지배해 왔으며, 이것은 그 뿌리가 대단히 깊은 것이다. 그리스 시대에 형성되어 서구 철학의 뿌리를 이룬 여러 철학적 개념들 자체가 '본다'라는 것과 밀접히 결부되어 있고(2장의 1절 2) 참조), '빛 *light*'은 진리의 은유였다(Blumenberg, 1993). 데카르트 이후 서구 철학은 이러한 경향을 강화했는데, 로티는 이것을 '자연의 거울 *mirror of nature*' 은유로 규정했다 (Rorty, 1979). 로티에 따르면, 서구 철학의 기획은 정신적인 표상은 본질적으로 외적 현실의 반영이라는 공통된 견해를 확립했고, '정신적 실체'에 대한 데카르트적 관념은 '정신적 과정'에 대한 로크적 관념과 결합되며, 이 능동적인 마음 *mind*은 뒤에 칸트에 의해 순수 이성 자체에 의해 알 수 있고 조직되는 총체적이고 통일된 우주 내에 위치지어진다. 이에 따라 인식론의 기획은 '바깥의' 자연을 '안의' 마음으로 전송하는 것이며, 이 때 이 전송의 통로는 감각들이지만 일차적으로는 시각이다. 이에 따라 서구 철학의 전통에서는 인식론과 시각 이론이 연계되고 '알다 *knowing*,' '생각하다 *thinking*'는 '보다 *seeing*'와 같은 것이 된다(Wolf-Devine, 1993: 3). 인간과 물리적 세계와의 관계는 시각에 의해 규제되는 것으로 상정되기 때문이다.

이 합리주의와 경험주의의 결합에 의해 자아와 타자, 구경꾼 *spectator*과 볼거리 *spectacle*의 이분법이 확립되며, 실증주의적 방법론과 과학에서의 '관찰'의 특권화가 유래된다(Jenks, 1995a: 3~7). 그러나 이 시각은 신체와 결부된 생리적인 시지각이 아니라 신체로부터 추상된 시각이다. 말하자면 세계를 관찰하는 눈은 신체 기관으로서의 눈이 아니라 '마음의 눈 the mind's eye'이며, 따라서 서구 현대성에서의 시각의 중심성은 의식 철학의 주체와 연결되어 있다. 결국 현대성의 시각 중심성을 담지한 눈은 데카르트의 이원론을 따라서 객체와 거리를 둔 의식적 주체의 눈이고 신체로부터 추상된 마음의 눈인 것이다.

그러므로 서구 현대성의 인식론을 지배하던 시각은 실제의 시각과 다른 것이라 할 수 있는데, 이 점에서 원근법적 시각 양식과 상동성을 찾아볼 수 있다. 원근법적 시각 양식에서 보는 주체 역시 신체가 폐색되고 하나의 점으로 환원된 초월적인 주체이고, 이 주체의 시각은 고정된 단안적 시각이며 세계를 통제하는 전능한 힘이 부여된다는 점에서 실제의 시각과는 다르기 때문이다. 결국 원근법은 시각의 합리화인 동시에 시각의 추상화라고도 할 수 있는데, 이제부터 이 점을 중심으로 서구 인식론에서의 시각 모델과의 친화성을 살펴보도록 하자.

1) 원근법과 시각의 추상화

앞에서 현대성의 시각적 모델로 받아들여졌던 카메라 옵스큐라를 통해서, 세계와 분리되는 가운데 세계에 질서를 부여하고 통제를 시도하는 시각은 세계 속에 내포되어 있으면서 세계의 연속 그 자체인 신체의 시각이 아니라, 대상 세계는 물론 신체와 감각 자체에서도 떨어진 초월적인 주체의 추상화된 시각임을 엿볼 수 있었다. 바로 이 점에서도 원근법적 시각 양식은 현대적인 성격을 담지하고 있다. 원근법은 시각 공간을 합리화된 추상적인 공간으로 만들 뿐 아니라 시각 그 자체를 추상화하기도 한다. 즉, 원근법에서 규정되는 주체의 시각은 살아 있는 인간 개인의 신체 기관으로서의 눈이 담지하는 시각이 아니라 그 신체의 눈과 분리된 시각이다. 따라서 원근법은 시각의 추상화이며, 원근법 그림의 중심인 소실점에 일치되는 눈은 추상화된 시각의 눈이다.

원근법이 상정하는 시각이 우리의 실제 생리적인 시각과는 다른 것임은 일찍부터 지적되었다. 파노프스키는 일찍이 원근법의 시각 공간을 현실의 시각 공간으로부터의 대담한 추상이라고 정의한 바 있다(Panofsky, 1991: 28~30). 그에 따르면, 완전히 합리적인, 다시 말해 무한하고 불변하며 동질적인 공간을 보증하기 위해 르네상스의 원근법은 두 가지의 암묵적이지만 본질적인 가정을 갖고 있다. 첫째, 우리는 단 하나의 움직이지 않는 눈을 가지고 본다. 둘째, 시각 피라미드의 평면적인 교차 절단은 우리의 시각 이미지의 적절한 재생산으로 통용될 수 있다. 그렇지만 이 두 가지 전제들은 실제의 주관적인 광학적 인상으로부터의 대담한 추상이다. 심리 생리적인 공간의 구조는 무한하고 불변하는 동질적인 공간, 즉 수학적인 공간의 구조와는 다르기 때문이다.

무엇보다도 심리 생리적인 지각은 처음부터 우리의 지각 능력이 부과하는 공간적 한계에 갇혀 있기 때문에 무한성을 알지 못하며, 또한 지각의 공간은 동질성과는 거리가 먼 공간으로 항상 여러 감각들이 서로 결부되어 있다. 반면에 기하학적 공간은 동질적인 것인데, 이 동질성은 점들의 위치 간 관계에 기초함으로써 공간과 그것을 채우는 것들의 내용을 사상한다. 그러므로 동질적인 공간은 주어진 공간이 아니라 구성에 의해 생산된 공간이며, 원근법적 구성은 심리 생리적 공간의 구조로부터의 체계적인 추상을 단행한다. 그것은 앞뒤와 좌우, 물체와 공간 사이의 차이를 부정하며, 공간을 구성하는 모든 부분들과 그 합은 단일한 '양적 연속체'로 흡수된다(같은 책: 30~1). 파노프스키에 따르면 원근법이 이렇게 심리 생리적인 시각 공간으로부터 추상된 수학적인 시각 공간을 구성하게 되는 것은 두 가지 중요한 사실을 무시하는 데에 기초한다.

첫째, 원근법은 "우리가 두 개의 부단히 움직이는 눈으로 세계를 본다는 사실을 망각한다"(같은 책: 31). 원근법에서 소실점에 대응하는 거리점에 위치함으로써 소실점과 일치되는 "그 눈은 정상적인 양안적 *binocular* 시각이 아니라 하나의 눈이었다. 그것은 자신 앞의 장면을 하나의 엿보는 구멍을 통해 바라보는 고독한 눈의 방식으로 개념화되었다. 더구나 그러한 눈은 하나의 초점에서 또 다른 초점으로…… 도약하며 움직이는 역동적인 눈보다는 정적이고 깜박이지 않으며 고정된 것으로 이해되었다"(Jay, 1988: 7). 즉, 원근법이 상정하는 눈은 움직이지 않고 고정된 단안적(monocular; uniocular) 시각의 눈이다.

그러나 실제 우리의 눈은 끊임없이 움직이며, 정상적인 시각은 눈의 운동에 기초한 것이다. 또한 우리의 눈은 두 개이다.[1] 우리의 두 눈이 회전하는 중심은 약 6cm 정도 떨어져 있고, 동일 대상에 대응하는 시각 각도의 배열은 두 개의 눈에 대해 서로 상이하다. 두 눈의 각도 사이의 이러한 부등성 disparity 이 공간의 깊이와 대상의 거리를 지각할 수 있게 한다(Gibson, 1950: 19~22, 100~8). 우리가 대상의 거리를 판단하는 것은 두 개의 이미지를 중첩시키고 합쳐 놓는 데 필요한 수렴 현상에 의한 것이다. 이것은 19세기 입체경 stereoscope 이 발명되기 이전에는 별로 주목받지 못한 일상적인 현상이다(Wright, 1983: 10~1). 따라서 그림을 볼 때 한 개의 눈과 두 개의 눈은 다른 효과를 창출한다. 양안적 시각은 두 눈 사이의 거리와 시각 각도의 부등성으로 인해 깊이를 지각하므로 그림 표면이 가지는 평면성을 인지하게 된다. 그러나 하나의 눈만으로 본다면 실제 대상과 그림은 구별되지 않을 것이다. 단안적 시각은 그림이 가진 평면성에 대한 지각을 어렵게 만들며, 여기에다 머리를 고정한다면 대상의 거리를 판별할 수 없기 때문이다(Pirenne, 1970: 77~9).[2]

하나의 투사점을 가진 원근법의 기하학적인 투사가 대상에 의해 주어진 망막 이미지와 동일한 이미지를 보여 주고 3차원적 공간의 환영을 생산하는 데 가장 적합한 조건은 고정된 단안적 시각이다. 이것은 하나의 엿보는 구멍을 가진 상자 속에 그려진 눈속임 그림이 실제 대상과 공간을 보는 듯한 착각을 불러일으키는 효과를 상기한다면 쉽게 이해할 수 있다. 구멍은 눈의 움직임을 제한함으로써 평면성에 대한 정보를 감소시

---

1. 단안적 시각과 양안적 시각이 다름을 체계적으로 논의하기 시작한 결정적인 계기는 19세기 헤르만 폰 헬름홀츠 Hermann von Helmholtz 의 생리학적 광학이다(Pirenne, 1970: 77).

2. 눈이 자유롭게 움직이더라도 머리가 고정되어 있고 하나의 눈만으로 본다면 거리를 판별하는 것은 불가능하다(Pirenne, 1970: 78).

킨다. 이러한 효과는 포조의 천정화에서처럼 거리가 너무 멀 때도 성취될 수 있다(Kubovy, 1986; Pirenne, 1970: 79~94, 151~68).[3] 그러나 이것은 우리의 정상적 시각과는 다르다. 따라서 정상적인 양안적 시각 과정의 첫 번째 단계는 고정된 평면 이미지가 아니라 지속적으로 움직이는 두 개의 눈 속에 형성되는 '망막 이미지들의 연속'이 될 것이다. 말하자면 생리적인 시각 과정은 눈속임 그림 *trompe l'oeil* 을 보는 것과 똑같은 과정이 아니라 눈이 계속 움직이고 이에 따라 망막 속의 신경 작용의 패턴이 끊임없이 변하고 있는 역동적인 과정이다(Pirenne, 1970: 9).

둘째, 파노프스키에 따르면 원근법은 망막 이미지가 오목한 곡면에의 투사에 의해 생기는 것이라는 사실을 무시한다(Panofsky, 1991: 31). 오목한 면에 투사하는 것에 비해 평면에 기하학적인 직선으로 투사하는 경우에는 투사각이 같다 하더라도 전자와는 달리 가장자리로 갈수록 평면에 재현되는 이미지의 길이는 옆으로 길게 늘어진다. 이 가장자리 왜곡*marginal distortion*이 망막 이미지로부터 원근법적으로 구성된 이미지를 구별시켜 주는 현상이다(같은 책: 31~4).

안구가 둥글기 때문에 안구의 내부 표면을 형성하는 망막에 맺히는 직선의 이미지는 안구의 중심축에서 멀어지면서 가장자리로 갈수록 굽게 된다(Pirenne, 1970: 6장). 그러나 직선의 이미지가 평면에 기하학적으로 투사될 경우에는 이러한 현상이 발생하지 않는다. 그 결과 가장자리에 투사되는 이미지는 비정상적으로 늘어나게 된다. 이렇게 되면 둥근 구는 수직축을 따라 가장자리로 갈수록 아래위로 길쭉해질 것이고 수평축을 따라 가장자리로 갈수록 좌우로 길쭉해져 타원형으로 투사될 것이다. 원주들이 늘어선 경우에도 좌우로 갈수록 원주들은 각각 좌측과 우측이 삐딱하게 늘어져 중심에 있는 같은 크기의 원주보다 두꺼워진다. 이러한 가장자리 왜곡 현상은 카메라의 경우 더 심해진다(Pirenne, 1970: 8~10장; Kubovy, 1986: 6~7장). 따라서 엄격한 기하학적 투사에 따라 그린 그림은 투사의 중심에

---

3. 공간 깊이의 환영을 창출하기 위한 원근법을 이용한 눈속임 효과(들여다보는 요지경 상자나 건축 공간이나 광장에서의 눈속임)에 대해서는 2장의 주 79를 참조하라.

위치해서 보는 자를 제외한 모든 관람자에게 왜곡되어 보일 가능성이 생긴다. 올머Olmer는 대상이 수평축에서 시각 각도가 37도, 수직축에서 시각 각도가 28도를 넘어서지 않는 범위 안에 있어야 가장자리 왜곡을 겪지 않는다고 설명한 바 있다. 이것이 원근법적 정상치perspective normal이자 인간의 정상적인 시야normal visual field로 규정되는데, 실제로 실험에 따르면 움직이지 않는 눈이 한 번의 눈길로 포착하는 시야의 범위는 올머가 규정한 범위와 대략 일치한다고 한다. 따라서 원근법 회화가 포괄하는 장면이 우리의 정상적인 시야 속에 담기는 것보다 더 큰 각도에 상응하지 않아야 그림을 보는 우리의 눈이 편안함을 느끼게 된다(Kubovy, 1986: 104~10). 보통 원근법 회화의 교본에서도 그림 그릴 대상을 눈에 중심을 둔 좌우 60도 각도의 원뿔 안에 둘 것을 권장하고 있다(Smith, 1995: 12).[4]

물론 일상 생활에서 우리의 양안적 시각은 이 시야를 벗어나더라도 심각한 왜곡 현상을 겪지 않는다. 우리의 두 눈은 부단히 움직이면서 두 개의 망막 이미지를 끊임없이 중첩시키고 수렴시키기 때문이다. 더구나 우리의 머리와 신체가 움직이기 때문에 일상적인 시지각은 눈이 한 순간에 포괄할 수 있는 공간적 한계를 벗어나 확장된다. 또 일상적인 시지각은 다른 감각들과의 상호 연관 속에서 작동하며, 물리적인 지각의 세계는 두뇌가 감각 인상들을 유형으로 조직하고 거기에 의미를 부여하는 일종의 번역 장치를 제공함으로써 매개되고 번역된다. 이 두뇌에 의해 형성되어 감각 인상들을 조직하는 습관들은 학습되는 것이기 때문에 지각의 세계는 사회적인 세계와 연결된다(Nichols, 1981: 12).

그러므로 원근법적 구성과 망막 이미지 사이에는 형식적 불일치가 존재하며, 이것은 우리 눈의 운동과 망막의 만곡에서 기인하는 것이다 (Panofsky, 1991: 32). 따라서 원근법적 시각과 실제의 정상적인 시각은 다르다. 이러한 측면에서 서론에서 거론되었던 깁슨의 '시각 세계'와 '시각장'의 구별이 유용하다(Gibson, 1950: 3장). 시각 세계는 우리가 이리저리 움직

---

4. 올머의 기준이 수평축에서 37도 이내(따라서 좌우 합해서 74도)이므로 이러한 권장은 올머가 규정하는 정상치의 시야 안에 들어온다.

이면서 대상과 대면할 때 모든 측면에서 대상에 대한 우리의 방향을 잡는 일상적이고 넓은 의미에서의 보는 행위에 의해 구축되는 세계이고, 이 시각 세계에서 현상들은 3차원의 완전한 형태들로서 경험된다. 반면에 시각장은 눈을 고정시킬 때 지각하는 것으로서 시각적 감각 작용 자체가 기초하는 경험이며, 시각 세계에 비해 우리에게 친숙하지 않다. 시각 세계가 제한되지 않는 데 비해 이 시각장은 경계가 제한되어 있고 bounded, 이 속에서는 관람자의 눈(대개의 경우 하나의 눈)의 위치에 따라 대상의 모습이나 크기와 거리가 왜곡된다. 시각 세계에서 우리는 다른 것들과의 관계와 상관없이 사물들의 변하지 않는 크기와 형태를 알 수 있다. 반면에 시각장은 고정된 눈과의 거리와 위치에 비례하여 형상과 크기가 변한다. 시각 세계에서 우리가 보는 것은 '깊이 있는 형상들'이고 시각장에서 우리가 보는 것은 '투사된 형상들'이다. 에저튼에 따르면, 르네상스의 원근법은 시각장에 속하는 것이다(Edgerton, 1975: 10). 시각장의 경험을 획득하기 위해서 깁슨이 지시하는 방법이 이미 이 사실을 알려 준다.

> 할 수 있는 한 최선을 다해, 방을 방이 아니라 윤곽들에 의해 나누어진 색채 있는 표면의 영역들 또는 꾸러미들로 이루어진 듯이 보도록 해 보라. 그러기 위해선 당신의 눈을 어떤 지점에 고정시켜야 한다. 그리고는 그 지점에 주목하는 것이 아니라, 눈은 여전히 고정시킨 채 당신이 볼 수 있는 범위 안의 모든 것들에게 자연스럽게 주목해야만 한다. 당신이 취해야 하는 이러한 태도는 원근법 제도사의 태도이다(Gibson, 1950: 26~7).

따라서 원근법의 시각은 친숙하고 자연스러운 시각 세계의 그것이 아니다. 그렇기 때문에 재현 양식에 있어서 원근법과 다른 시각을 도처에서 발견할 수 있는데, 예컨대, 비잔틴 회화에서 발견되는 '역원근법 reverse perspective'이 그런 것이다. 역원근법에서는 서로 상반되는 방향의 대각선들이 공존한다. 이것은 마치 분할되고 압착된 평면처럼 3차원적 대상을 재현하는 것으로서, 단일 시점보다 더 많은 측면과 부분들을 보여 주는 경향을 띤다. 이것은 시각 세계에서 경험되는 것을 묘사하려는 욕망을 담고 있는데, 현대 입체파의 다중 시점 공간에서도 알 수 있듯이 어떻게 보면 이러한 욕망이 더 선천적이고 자연적인 것일 수 있다. 오히려 협소한 시각장에 속하는 원근법 화가들의 태도가 더 비자연스럽고 학습된 것이다. 따라서 에저튼이 보기에 르네상스 이후 서구에서 원근법의 지배는, 왜 시각 세계의 이 더 오래되고 자연스러운 방식이 시각장에 의해 대체되었는가 하는 의문을 던져 주기에 충분한 것이다(Edgerton, 1975: 11~4).

이러한 측면에서 보면, 원근법은 대단히 역설적인 시각 양식이다. 그것은 제한된 시각장에 속하는 태도에서 출발하지만 전체를 포착할 수 있는 시점에 하나의 눈을 고정시키고 기하학적으로 투사하는 시각이다. 이러한 점에서 원근법은 깁슨적인 의미에서의 시각장으로부터도 이미 시각의 추상화를 단행한다. 전체를 포착하려 하기 때문에 원근법은 자신의 출발 태도에서 일탈하여 시각 세계의 친숙한 경험을 평면상에 재현하려 하기 때문이다. 예컨대, 원근법 화가들은 투사 지점에서 가장자리로 멀리 떨어져 있는 구나 원주를 엄격한 기하학적 투사에 의거하여 왜곡된 모습으로 재현하는 것이 아니라 일상적인 양안적 시각에 친숙한 형상으로 재현하였다. 그들은 실제 그림 그리는 행위에 있어서는 기하학보다는 일상적인 지각을 우선시했으므로 구를 재현할 때는 항상 원으로 묘사하였다. 타원이 아니라 오직 원만이 구의 수용 가능한 투사로 간주되었던 것이다. 마치 장면의 가장자리에 있는 구를 그릴 때는 화가들이 그 때 그 때마다 임시 방편적인 투사 중심과 새로운 피라미드적 광선들을 만들어 낸 것과 같다. 이러한 실천 관행은 특히 가장자리 왜곡이 심해질 경우 관람자의 일상적 시각에 거부감을 불러 일으키기 쉬운 대상들인 인체와 원주 같은 경우 항상 적용되었다. 구, 원주, 인체 등은 투사의 중심에서 멀리 있는 경우에도 가장자리 왜곡이 발생하지 않도록 항상 교정되었고, 그 결과는 엄격한 기하학적 투사의 관점에서 본다면 일탈이고 다중적인 투사점들의 공존인 한편 시각 세계의 일상적인 지각에는 더 적합한 묘사로 귀결되었다(Kubovy, 1986: 112~26; Pirenne, 1970: 121~35).

그러므로 원근법의 시각 양식과 재현 양식은 신체 기관으로서의 눈의 시각으로부터 이중의 추상화라고 할 수 있다. 첫째, 그것은 움직이는 양안적 시각이 아니라 고정된 단안적 시각에서 만곡된 망막이 아니라 평면에 광선을 기하학적으로 투사하는 시각이라는 점에서 신체의 두 눈이 경험하는 시각 세계의 일상적인 지각 경험으로부터 추상화를 단행한다. 둘째, 고정된 눈이 경험하는 시각장의 태도에서 출발하면서도 시각 세계의 풍요함을 포괄하기 위해 신체의 눈이 지각하는 시각장의 혼돈을 일상적인 시지각 경험에 입각하여 교정하고 질서를 부여함으로써 시각 장에 속하는 눈의 감각 작용으로부터도 추상화를 단행한다. 결국 원근법의 시각은 신체의 눈의 시각이 아니라 그것으로부터 이중으로 분리되고 추상된 시각이라 할 수 있다.[5]

앞장에서 거론되었듯이 원근법은 그림 앞에 서 있을 구체적인 관람자의 시점에 준거하는 것이 아니라 그림의 구성 자체에서 시점을 연역한다. 이렇게 볼 때, 원근법은 관람자의 시선 방향과 회화에 내장된 시선 방향 간의 불일치를 창조하는 가운데 투사의 중심을 눈 높이에 둠으로써 강력한 효과를 성취할 수 있는 수단이다. 그것은 그림에 재현된 장면과의 관계에서 관람자가 느끼는 시점을 관람자가 서 있는 물리적인

---

5. 이렇기 때문에 원근법의 시각은 실제의 눈의 시각과는 다를 수밖에 없다. 라캉이 원근법의 기하학적 시각은 시각 자체의 모델이 아니라 공간의 모델일 뿐이며 비시각적인 시각이라고 지적했다는 것은 앞에서도 확인했던 바이다. 이러한 모든 점을 차치하더라도, 원근법은 생리적인 시각이 경험하는 것과는 완전히 이질적인 인위적인 질서를 부여하려 한다는 점에서도 신체의 눈에서 추상된 눈의 시각이다. 실제 광학 공간에서는 기하학적 광학에서 말하는, 대상과 눈을 일직선으로 연장하는 시각 피라미드의 중심 광선 같은 것은 존재하지 않는다. 빛은 모든 방향으로 확산되고 분기되는 것이며, 중심 광선의 존재는 자유 분방하게 확산되는 빛의 광선들이 눈의 수정체에 의해 굴절되어 시신경에 도달하는 결과로서 있는 것처럼 느껴지는 것일 뿐이다. 빛은 뉴턴이 가정한 것처럼 물리적인 본성을 가진 것이 아니라 물질에 의해 반사되거나 흡수될 때만 나타나는 양자적 속성을 가진 것이고, 19세기 이래 광학에 의해 독립적인 광선 개념이 유지되기 어렵게 되었듯이 직선으로 여행하는 것이 아니라 오히려 파동이고 끊임없이 서로 간섭한다(Pirenne, 1970: 13~24). 라캉 역시 빛은 텅 빈 공간을 가로지르는 것이 아니라 공간에 충만하고 항상 그림자와 유희하는 것이라고 본다. 이러한 의미에 제한한다면, 메를로퐁티의 다음과 같은 언급은 충분히 받아들일 수 있는 것이다. "지각된 세계란 고전적인 원근법의 제 법칙들과 모순되어 다른 법칙들을 우리에게 부과해 놓기 때문이 아니라, 그것은 어떠한 법칙도 요구하지 않으며 법칙의 질서와는 아무런 관계가 없는 것이 되고 있기 때문에 고전적인 원근법이란 그 같은 자발적 시선에 대한 하나의 선택적인 해석에 지나지 않는 것이다"(Merleau-Ponty, 1983: 124).

장소와의 관계에서 관람자가 느끼는 자신의 신체 위치로부터 분리하는 것이다. 한 마디로 원근법은 신체의 눈으로부터 '마음의 눈'을 분리한다. 이것은 출발 단계에서 영성을 고양하고 종교적 경험을 전달하려 했던 르네상스 화가들의 목적과도 부합하는 것이며(르네상스는 이교도적인 동시에 기독교적인 세계였다), 당시 성행하던 플라톤주의의 정신과도 일치하는 것이었다(Kubovy, 1986: 158~61).

이렇게 신체의 눈에서 분리된 마음의 눈의 지배는 원근법의 원리 자체가 내장한 것이기도 하다. 원근법은 신체를 폐기하기 때문이다. 브루넬레스키의 실험에서 이미 주체의 신체는 눈이 위치하는 하나의 구멍으로, 그리고 하나의 점으로 환원되었다. 원근법은 마음의 눈이 분리되고 신체가 폐기되는 방식을 함축한다. 이것은 알베르티의 규칙에서도 탐지해 낼 수 있다. 알베르티 역시 르네상스 화가들과 마찬가지로 회화의 목적으로서 인간의 영혼을 고양하는 이스토리아를 강조하였다. 따라서 그의 원근법에서 소실점과 일치되어야 하는 눈은 신체보다는 마음과 정신을 선호하게 마련이다. 더구나 창문을 사이에 두고 원근법의 주체는 대상 세계와의 연관성을 상실한다. 메를로퐁티가 강조하듯이 신체는 세계의 연속이라는 점을 받아들인다면(Merleau-Ponty, 1983), 세계와의 절연은 곧 자기 신체로부터의 분리를 동반한다. 신체는 주체가 대상 세계와 얽히는 결절점이기 때문이다. 따라서 주체를 세계와 절연시키는 창문은 주체 자신의 신체의 폐색을 가져온다(Romanyshyn, 1989: 42).

원근법의 체계에서 신체가 폐색되고 방기되는 징후는 지평선의 규칙에서도 엿볼 수 있다. 알베르티는 지평선을 머리의 높이에 일치시키도록 규정하였다. 그리하여 거리가 멀어질수록 머리는 지평선과의 접촉을 유지하면서 발의 위치가 지평선 쪽을 향해 높아지는 가운데 거리가 먼 대상의 크기가 점차 축소되는 현상이 측정되고 표현될 수 있다. 따라서 신체는 머리로, 눈 속으로 감겨 들어간다. 신체는 눈으로 환원되며, 이 눈이 마음의 눈인 이상 종국적으로 사라지거나 버려진다(같은 책: 48). 그러므로 원근법의 주체는 자신과 절연된 세계를 통제하고 지배하듯이 자신의 버려진 신체에 대해서도 통제와 지배를 행사한다. 신체와 이러한 관계를 맺는 주체의 시각은 곧 해부학적 응시가 된다. 이제 버려진 신체는 해부학적 신체, 즉 시체이며, 이 해부학적 응시는 신체를 격리하고 파편화함으로써 관찰의 대상으로 만든다.[6] 그것은 세계를 파편화하던 분석의 응시와 같다. 이 파편화와 분석적 해부의 매개체는 바로 창문에 씌워진 베일이다. 알베르티의 베일 또는 뒤러의 격자판(2장 3절의 그림 14)은 세계를 의미의 그물망을 통해 분석하고 절단하듯이 이제는 신체 자체를 절단한다. 신체는 정확히 지도가 그려진 표면이자 절단된 표본이 된다(같은 책: 115~7).

이러한 결과는 원근법이 실체 없이 텅 빈 초월적인 주체를 구성한다는 것, 그리고 이 주체의 시각은 고정된 하나의 눈으로서 신체의 끊임없이 움직이는 두 눈이 아니라는 것, 따라서 원근법이 조직하는 시각은 실제 신체의 눈이 수행하는 생리적이고 일상적인 시각으로부터 추상된 시각이라는 것에 기인한다. 이 점은 시각 공간을 합리화하는 원근법의 원리에 내장되어 있었다. 계산 가능성이라는 측면에서 볼 때 합리화는 곧 형식으로부터 내용을 사상하는 추상화에 다름 아닌 것으로서 궁극적으로 사물화로 귀결되는 것이기 때문이다(Lukács, 1986: 4장).

2) 서구 철학의 시각 모델

(1) 데카르트의 시각 이론

현대성의 주체가 대상 세계뿐만 아니라 자신의 신체와도 거리를 두고 그것을 통제하고 지배한다는 것, 그리고 그것이 신체의 눈에서 마음의 눈을 분리하는 현대의 시각 양식과 밀접하게 연결되어 있다는 것은 바로 마음과 신체를 분리하는 데카르트의 이원론에서 확인된다. 데카르트는 곳곳에서 신체의 감각을 신뢰할 수 없다고 말하고 있다. 시각 역시

---

6. 로마니신은 원근법적 시각 양식의 이러한 해부학적 응시를 16세기에 확립된 안드레아스 베살리우스 Andreas Vesalius 의 근대 해부학과 연결시킨다(Romanyshyn, 1989: 4장). 또, 여기서 우리는 병리 해부학에 의거한 19세기 임상 의학의 응시를 역시 상기할 수 있다(Foucault, 1993, 이 책의 1장 3절 2) 참조).

그 가운데 하나이다. 예컨대, ≪방법 서설≫에서 그는 이성의 명증성에 따라야 함을 역설하면서 시각의 오류를 거론한다.

> 황달병에 걸린 사람은 모든 색깔을 누렇게 보며, 매우 멀리 떨어져 있는 별들이나 다른 물체들은 그것이 실제로 존재하는 것보다 훨씬 더 작게 나타나 보이는 경우와 마찬가지이다……. 우리는 우리 이성의 명증성에 따라서 우리 자신을 설득시켜야 한다는 것을 결코 마다해서는 안 된다. 내가 우리의 이성이라고 말하였지, 우리의 상상력이나 우리의 감각이라고 결코 말하지 않았다는 점에 주의하여 주기 바란다. 우리가 태양을 매우 분명하게 눈으로 본다 할지라도, 그렇다고 해서 우리가 실제로 보는 태양이 태양의 실제 크기라고 판단할 수 없는 것이 아닌가……. 결코 이성은 우리가 보거나 상상하는 것이 참이라고 명령하지 않기 때문이다(Descartes, 1990: 82~3).

감각의 신뢰 불가능성 문제는 데카르트의 초기부터 계속된 환영illusion의 위험에 대한 그의 관심과 결부되어 있다. 그는 바로크 정원을 특징짓는 환영주의를 인유하면서 환영의 유령적 속성을 환기시키는데, 이 환영에 대한 투쟁은 그것이 도처에 있으므로 가시적 세계 전체로 확대된다. 그는 정신적 도식론에 기초한 조형적 모델에 따라 가시적인 것을 재구성한다(Judovitz, 1993: 63~5). 감각과 시각은 여전히 환영의 힘에 연결되어 있고 오류의 원인들에 속한다. ≪성찰≫에서 그는, 비록 감각에 대한 무조건적 부인 역시 거부함에도 불구하고, 감각에 대한 신뢰감의 철회를 명백히 선언하고 있다(같은 책: 192~3).

그럼에도 불구하고 데카르트는 시각적 철학자로서 널리 알려져 있다. 데카르트는 본질적으로 시각적 철학자이며, 관찰된 세계를 재생산하기 위해 카메라 옵스큐라를 이용하는 원근법 화가의 위치를 암묵적으로 채택하고 있다고 이야기된다(Jay, 1993: 69). 데카르트 철학의 이 시각적 본성은 그의 철학이 재현의 철학이라는 점과도 밀접하게 연결되어 있다. 로티에 따르면, "데카르트적 모델에서 지성은 망막 이미지들에 주조된 단위체들을 조사한다……. 현대 인식론의 기초가 된 데카르트의 개념화에서 '마음' 속에 있는 것은 재현들이다. 내면의 눈 *the Inner Eye* 은 이 재현들의 충실도를 검증할 어떤 표지를 찾으려는 희망 속에 이 재현들을 조사한다"(Rorty, 1979: 45). 로티의 말에서도 분명해지듯이 데카르트가 현대의 시각 중심적 패러다임의 정초자라면, 그것은 데카르트가 옹호하는 눈이 신체의 눈이 아니라 마음의 눈, 의식의 눈이기 때문이다.

데카르트는 ≪정신 지도를 위한 제 규칙≫에서 직관의 사용법을 눈의 사용법에 비유하고 있지만(Descartes, 1990: 438), 그가 말하는 시각으로서의 직관은 지적 시각이고 오성에 기초한 것이다. 오성의 활동으로서 직관의 시각은 지성의 공간을 창출하기 위해 시각적 공간의 내용들을 비워 낸다. 이렇게 해서 형성된 공간은 합리적이고 동질적인 공간들이자 관념화된 도식적인 형상들로 구성되는 공간이다. 지성의 시각으로서의 직관은 인간적 시점을 신적인 시점에 종속시키는 것을 거부하는 동시에 오류로 이를 수 있는 시각 자체도 비난한다. 직관을 시각에 비유하는 동시에 시각적 감각 작용을 비난하는 이 양가적 태도가 데카르트가 유사성의 질서에서 차이의 질서, 즉 기호들의 질서로 근본적으로 이행함을 표시하는 것이다(Judovitz, 1988: 71~2).[7]

이것을 잘 보여 주는 것이 밀랍 *wax* 의 유비이다. ≪정신 지도를 위한 제 규칙≫에서 이 밀랍의 유비는 봉랍 *seal* 의 유비가 함께 작용하는 것에서도 알 수 있듯이 감각 작용을 통해 신체에 자신을 인상 짓고 신체를 규정하는 외적 세계를 인정하는 것을 함축한다. 공통 감각은 외부 감각으로부터 깨끗하고 다른 것과 섞이지 않은 채로 오는 형상들이나 관념들을 밀랍 위에 그러듯이 상상에다 새긴다(Descartes, 1990: 447~9). 그러나 ≪성찰≫에서는 감각 작용의 각인은 도리어 오류와 연결된다. ≪성찰≫에서 유비는 밀랍의 유비만이 부각되고, 더욱이 그것은 감각적 지각의 불완전성을 알려 주는 지표가 된다(같은 책: 153~5). 이제 밀랍은 지각의 메커니즘을 생각하는 장치가 아니라 지각의 개념적 함의를 윤곽 짓는 장

---

7. 르네상스까지의 유사성의 질서에서 17세기 고전주의 시대의 차이와 기호의 질서로의 이행은 Foucault, 1987을 참조하라.

치일 뿐이다. 불에 다가가면 밀랍은 녹아 형체가 없어진다. 이것은 감각의 견고성에 의문을 던진다. 하지만 동일한 밀랍 자체는 남아 있다. 이 남은 것은 이제 개념적 영역을 지시한다. 이 남은 것을 검토할 수 있는 것은 밀랍에서 지각의 형태들을 추상함으로써이다. 결국 밀랍은 그것을 지각할 수 있는 마음에 의해 회복되는 것이다(Judovitz, 1993: 76~8).

이와 같이 ≪규칙≫에서 ≪성찰≫로 가면서 밀랍의 비유는 공통 감각의 기능에서 마음의 기능으로 이행하고 있다. 그러나 ≪규칙≫에서도 이미 감각으로부터 물질적·신체적 특질들이 박탈되고 있다. 감각들의 추상 속에 있는 인상들만이 운반되고, 데카르트는 계속 오성을 특권화하며 상상력의 투입을 기각한다. 대상들은 외부 감각들에 제시되는 간결한 생략, 도식적 형상들로 환원된다(Descartes, 1990: 448 이하; Judovitz, 1993: 75~6). ≪성찰≫에서는 이것이 더 명확하다. 지각은 감각과 상상으로부터 오성 또는 마음으로 이행한다. 이 때 마음의 지각은 감각 작용을 배제하면서 지각하는 것이다. 그것은 대상의 물질적 특성을 추상하고 환원함으로써 명확한 대상 개념을 형성한다. 대상의 투명성은 마음이 세계에 부과하는 수학적 도식과 마음의 상동성의 결과이다. 경험적 세계는 시각의 환영적 투명성에도 불구하고, 오히려 그 때문에 물질적 불투명성 속으로 퇴각한다(Judovitz, 1993: 78). 이러한 맥락에서 데카르트는 사물의 지각은 오성에 속함을 분명히 한다. "이 밀랍이 무엇인가는 결코 상상에 의해서 파악되는 것이 아니라 오성만이 그것을 파악한다는 것을 인정하여야만 한다……. 밀랍에 대한 지각이나 사람들이 밀랍을 알아차리게 되는 작용은, 조금 전에 그렇게 보이기는 했으나 시각이나 촉각이나 상상력이 아니며, 그것은 다만 마음의 통찰력이었을 뿐이다"(Descartes, 1990: 154).

이렇게 신체의 눈과 그 감각 작용을 불신하고 마음의 눈을 특권화하는 데카르트의 견해는 1637년 ≪방법 서설≫에 부록으로 첨부되어 있는 <굴절 광학 La dioptrique>이 압축적으로 보여 준다.[8] 앞에서도 거

론한 바 있는 이 <굴절 광학>은 데카르트 철학의 기계론적 측면과 의식 철학적 측면이 기묘하게 접합되는 곳이다.9 이 논문에서 데카르트는 시각을 가장 고귀하고 가장 포괄적인 감각으로 찬양하면서 시작하지만, 곧 뒤이어 망원경과 같이 시각의 힘을 증대시키는 데 기여하는 발명품들의 유용성을 언급함으로써 시각의 힘과 특권을 제한하는 결과를 가져온다(Descartes, 1988: 57). 빛이 어떻게 눈으로 들어오고 물리적 대상에 의해 반사되는지 설명하기 위해 데카르트는 어둠 속에서 울퉁불퉁한 길을 지팡이의 도움으로 걸어가는 맹인의 비유를 제안한다. 지팡이에 비유되는 빛은 운동 또는 대단히 빠르고 생생한 작용 *action* 으로 정의된다. 색채는 이 작용으로 볼 수 있게 된다. "맹인이 지팡이로 나무나 바위, 물과 그 유사한 사물들 간에 인지하는 차이는 붉은색과 노란색, 녹색과 다른 모든 색채들이 우리에게 보이는 차이에 못지 않은 것이다. 그리고 그 모든 물체에서 차이들이란 지팡이를 움직이고 그것의 운동에 저항하는 다양한 방식들에 다름 아니다"(같은 글: 58).

지팡이의 비유를 통해 데카르트는 시각을 촉각의 형태로 파악한다. 데카르트의 생각에 촉각은 시각보다 훨씬 더 확실하고 오류에 떨어지기 어려운 감각이다. 촉각의 가치는 경험과 그것의 물리적 원인 간에 유사성을 미리 전제하지 않는다는 데 있다. 대상의 지각을 알려 주는 것은 물리적 저항이나 운동이다. 맹인과 지팡이에 의지함으로써, 데카르트는 시각을 대상이 주체의 위치와 활동에 의해 규정되는 기계적인 작용으로 변형한다. 이제 중요한 것은 시각적 장의 대상이나 그 위치가 아니라 시각이 기구화되고, '걷는' 지팡이에서 '보는' 지팡이로의 알레고리에 의한

---

9. 데카르트가 시각 이론을 저술한 것은 서구에서 '본다'는 것이 '알다,' '생각하다'와 밀접하게 연관되어 거의 동등한 것으로 취급되어 온 전통과 무관하지 않다. 데카르트 역시 이 전통에 속하는 철학자였다. 따라서 그는 자신의 과학적 세계관과 색채 있는 대상을 본다는 사실, 즉 감각적 경험에 기초한 세계관을 화해시켜야 할 필요가 있었다. 또한 17세기 당시 시각 이론은 스콜라 철학과 새로운 기계론적 자연 철학 간의 투쟁에서 중요한 위치를 차지하고 있었다. 전통적으로 시각은 가장 정신적인 감각으로 간주되었으므로, 앞으로 보게 될 것처럼 시각을 촉각의 한 형태로 보는 데카르트의 시각 이론은 곧 스콜라 철학에 대한 공격이기도 했다. 따라서 이론사적 배경에서 보자면 데카르트의 광학은 스콜라 철학과 그것의 기초인 아리스토텔레스 체계에 대한 대항이라는 배경을 갖고 있는 것이었다(Wolf-Devine, 1993: 1~9).

변형이 이루어지는 방식, 즉 주체의 확장이다(Judovitz, 1993: 71).

맹인의 비유는 시각을 촉각으로 이해한다는 것뿐만 아니라 시각 이론사적으로 대단히 중요한 결과를 가져온다. 그것은 중세의 스콜라 철학적 시각 이론을 공격하기 때문이다. 아리스토텔레스나 스콜라 철학에서는 빛이 대상의 형태를 전달하며, 이 형태가 눈 속에 들어온 것이 핵종 *species* 이다. 시각이 대상의 색채나 크기와 형태를 지각하는 것은 핵종이 전달하는 이미지와 대상과의 유사성 때문이다. 데카르트는 이 핵종의 존재를 부인하는 것이다. ≪규칙≫에서도 알 수 있듯이 그는 형태 개념을 유사성에 기초하지 않는 형상 *figure* 개념으로 바꾼다. 형상은 감각의 전달 양식이 어떤 물질적인 것의 전달을 포함하지 않는다는 것을 뜻한다. 그는 시각 작용을 유사성에 기초한 것이 아니라 기하학적인 개념과 역학적인 작용으로 이루어지는 것으로 개념화한다. 시각의 전달과 지각은 물리적인 저항과 운동의 패턴일 따름이다(Wolf-Devine, 1993: 1, 2장). 맹인의 지팡이에 대한 비유는 이러한 면에서 의미를 갖는다. "우리가 색채와 빛을 볼 수 있도록 하기 위해 물질적인 어떤 것이 대상에서 우리의 눈으로 통과한다고 가정할 필요가 없으며, 대상 속에 우리가 그것에 대해 지닌 관념이나 감각 작용을 닮은 어떤 것이 있다고 가정할 필요도 없다. 맹인이 물체를 느낄 때도 꼭 마찬가지로 물체로부터는 아무것도 나오지 않으며 그의 지팡이를 따라 그의 손으로 무엇이 통과하지도 않는다. 물체의 저항이나 운동이 물체에 대해 그가 가진 감각 작용의 유일한 원천이며, 그것들에 대해 그가 형성하는 관념과는 아무것도 닮은 것이 없다"(Descartes, 1988: 58). 이것은 데카르트가 푸코식으로 말해서 유사성의 에피스테메가 아니라 표상(재현)의 에피스테메 속에 있음을 뜻한다. 시각은 대상과 이미지의 유사성이 아니라 대상과 표상의 비유사성 또는 차이에 기초한다.[10]

---

10. 슈나이더는 데카르트의 <굴절 광학>에 대해서 이 점을 지적하였다(Snyder, 1980: 499~500 참조). 유도비츠는 일관되게 이러한 관점에서 데카르트를 읽고 있다(Judovitz, 1988). "빛에 대한 논고"라는 부제가 달린 ≪세계≫에서 데카르트는 관념과 그것의 물리적 대상 사이에는 유사성이 존재하지 않는다고 말한다. 언어는 이것을 잘 보여 준다. 언어는 그것이 표상하는 사물과 유사하지 않음에도 불구하고 우리에게 세계에 관한 정보를 제공하는 것이다. 이 유비는 자연을 기호들의 세계, 그 의미가 기호와 그것이 의미하

맹인의 비유를 통해 암시되듯이 데카르트에게 있어 시각은 신체 기관으로서의 눈의 실제 감각 작용과는 차이가 있다. 포도주 통의 비유를 동원하여 빛이 공기나 어떤 투명체 같은 미묘하고 유동적인 물질들을 통과하면서도 서로 방해하지 않고 직선으로 움직인다는 것을 설명하고, 빛의 직선 운동과 굴절을 설명하기 위해 테니스 공의 비유를 든 다음(같은 글: 59~61),[11] 데카르트는 '제4 논술'로 넘어가자마자 신체가 아니라 영혼이 감각적 앎을 소유하며 이 영혼은 신체가 아니라 두뇌에 현존하면서 공통 감각을 행사한다고 단언한다(같은 글: 61~2). 시각 인상은 시신경을 통해서 뇌에 있는 영혼에 도달한다. 그러나 이 때 데카르트는 대상에 의해 뇌로 전달되는 어떤 이미지를 상정하기를 거부한다. 이것은 재현의 인식 틀 속에서 대상과 유사한 이미지를 상정하는 스콜라 철학을 거부하는 것을 뜻한다. 데카르트에 따르면, 우리의 마음은 이미지가 아닌 것들, 즉 기호나 말에 의해서도 자극되는데, 이것들은 대상을 닮을 필요가 없는 것들이다. 그러므로 이미지는 그것이 재현하는 대상을 닮을 필요가 없다. 오히려 닮을 경우 우리는 대상과 이미지를 구별하는 것이 불가능할 것이다. 이미지가 그것의 대상을 약간의 측면에서 닮는 것으로 충분하다. 이미지의 완벽함은 종종 그것이 대상을 닮지 않는다는 데 의존한다(같은 글: 62).

이미지의 이러한 지위를 설명하면서, 데카르트는 동판화와 원근법적

는 감각 작용 사이의 어떤 유사성에 대해서도 독립적으로 독해되어야 하는 세계로 축소시킨다. 마찬가지로 가시적인 것도 그것이 자신과 다른 어떤 것이 되는 순간 읽을 수 있게 된다. 결국 자연은 이미지로서 의미하는 것이 아니라 합리적 도식으로서 의미 작용한다. 가시적인 것의 조형적 특성은 이미 주어진 관습에 순응하며, 이 관습은 경험보다는 기하학의 설계 속에 존재한다. 따라서 촉각은 대상들과 유사하지 않은 많은 관념들을 이해할 수 있게 해 주므로 시각보다 더 믿을 만하다. 사물과 관념의 이 비유사성은 데카르트가 미메시스적 모델과는 다른 방식으로 시각을 이해하도록 했다. 그에게 중요한 것은 핵종 개념으로부터 우리를 구출하는 것이다. 시각적 반사는 단순히 기계적 투사일 뿐이다(Judovitz, 1993: 71~3).

11. 맹인의 비유를 포함해서 이 세 가지 비유는 빛의 운동을 설명하는 데 동원되었다. 울프디바인은 이 비유들이 스콜라 철학의 핵종 이론과 공기 중에서의 형태의 전달을 반박하는 것임에도, 세 번째 테니스 공의 비유는 반사면에 부딪쳐 튀어 나오는 어떤 입자의 실제 운동을 함축하게 되므로 앞의 두 비유와 모순되는 측면이 있다고 지적한다(Wolf-Devine, 1993: 41~2). 또, 마틴 제이는 테니스 공의 비유는 시각 작용에 시간이 걸리게 됨을 함축하므로 빛의 순간적인 전달을 의미하는 지팡이 비유와 모순된다고 지적한다(Jay, 1993: 73~5).

인 왜곡 현상을 예로 든다. 동판화는 종이 위에 여기저기 위치된 약간의 잉크만으로 대상을 훌륭하게 재현한다. 더욱이 원근법의 규칙에 따르면, 원은 종종 다른 원이 아니라 타원에 의해서, 사각형은 다른 사각형이 아니라 마름모꼴에 의해 재현된다(같은 글: 62~3). 이 원근법의 비유는 데카르트가 유사성의 결핍 자체가 어떤 이미지에 대한 지각의 정확성을 보장한다고 주장하고 있음을 의미한다. 사각형이 마름모가 되듯이 평면의 형상이 왜곡된다면, 그 왜곡은 원근법의 법칙 자체에 의해 필연화되는 것이다. 이 맥락에서 데카르트가 원근법을 인유하는 것은 그의 시각 이론이 재현 이론임을, 가시적인 것을 상징적 형태로 해석하는 것이라는 점을 명백히 한다. 시각은 그 회화적 준거를 기하학적 – 광학적 체계의 투사에 두는 하나의 구성물일 뿐이다(Judovitz, 1993: 73).

그러므로 시각은 대상과 시각 이미지의 유사성이 아니라 차이에 기초하는 것이다. 차이에 기초한 시각 작용이 어떻게 가능한가? 그것은 데카르트에 있어서 보는 것은 눈이 아니라 마음이기 때문이다(Jay, 1993: 76). 데카르트는 앞 장에서 거론된, 카메라 옵스큐라적인 어두운 방에 비유되는 안구 실험을 통해 바깥의 대상이 눈의 뒷벽 망막상에 '자연 원근법적으로' 대상을 재현하는 그림을 형성시킨다고 말한다. 이 망막 이미지의 형성은 케플러가 밝힌 것이다. 케플러는 당시 과학의 전범으로 받아들여지고 있었고, 망막 이미지를 그림으로 이해하는 것은 케플러의 이해 방식과 동일하다.[12] 망막 이미지를 그림으로 보고 따라서 눈을 그림을 만드는 기계로 봄으로써 케플러는 눈을 수동적으로 이미지를 받아 들이는 기관으로 보는 전통적인 견해와 단절한다(Hyman, 1989: 1, 2장 참조). 그러나 케플러는 망막의 전도된 이미지가 어떻게 해서 바로선 것으로 지각되는지, 두 개의 망막 이미지가 어떻게 하나의 인상을 형성하는지, 그것이 어떻게 두뇌에 전달되는지 등에 대해서는 설명하지 않았다. 즉, 케플러는 망막을 넘어선 과정에 대해서는 해답을 제시하지 않았던 것이다. 그러나 우리가

---

12. 그림을 망막 이미지로 이해하는 케플러의 관점에 대해서는 Alpers, 1983: 33 이하를 참조하라.

망막 이미지 자체를 보는 것은 아니며, 데카르트는 이 점을 잘 인식하고 있었다. 망막에 형성된 그림이 뇌에 전달되는 방식에 대한 데카르트의 설명은 기계론적이고 역학적인 것이다. 즉, 빛입자의 움직임이 신경에 부여한 움직임의 유형과 동형적인 움직임 유형으로 망막 이미지가 코드화되고, 이 움직임이 신경을 통해 내부로 전달된다(Wolf-Devine, 1993: 53~7).

그러면, 망막 이미지는 두 개인데 우리의 마음은 어떻게 하나의 대상만을 보게 되는가? 데카르트의 해답은 송과선 the pineal gland 이다. 데카르트는 두 눈에서 지각된 두 개의 이미지가 뇌의 두 반구 중앙에 있는 송과선에서 합병된다고 본다. 송과선은 뇌 속에 있는, 눈의 시각과 마음의 시각이 상호 작용하는 장소인 것이다. 감각 인상들이 통일되는 장소가 송과선인 이유를 데카르트는 영혼이 하나이고 송과선 역시 뇌에서 유일하게 하나뿐인 부분이기 때문이라고 말한다(Wolf-Devine, 1993: 60). 망막 이미지로서의 그림을 구성하는 운동이 시신경을 자극하는 패턴에 의해 야기되는 송과선 속의 패턴을 마음은 대상으로서 직면하며, 이러한 과정에 의해 빛과 색채에 대한 감각 작용을 경험하게 된다. 즉, 이미지가 구성되는 운동들이 영혼 또는 마음에 작용하여 시각의 감각 작용이 생산되는 것이다(같은 책: 62~3).[13]

이렇게, 데카르트에게 있어서 시각은 유사성에 의거한 것이 아니며, 따라서 그것은 신체의 눈이 아니라 시각 인상들을 종합하고 판단하는 마음 또는 의식의 눈에 의해 수행되는 것이다(Descartes, 1988: 64). 데카르트가 위치와 거리와 크기가 시각적으로 지각되는 문제, 즉 시각적인 공간 지각 문제를 논하는 부분에서 다시 지팡이를 든 맹인의 비유가 등장하는 것은 이런 맥락에서 의미심장하다. 이 맹인은 지팡이 두개를 교차시켜 들고 있다(그림 19).

---

13. 그러나 이 송과선은 정확한 해부학적 지식에 근거한 것은 아니었고, 그가 이용한 송과선의 해부도는 양羊의 것이었다. 1640년 4월 메르센느에게 보낸 편지에서 데카르트는 인간 신체의 해부에서 송과선을 확인할 수 없었음을 인정하고 있다(같은 책: 59). 따라서 송과선은 이론적인 이유에서 필요한 것이었고, 또한 그것은 우리의 신체적 기관이 감각하는 것과 마음이 보는 것 사이의 실정적인 연계를 추구하는 데서 나온 결과였다(Jay, 1993: 76; Wolf-Devine, 1993: 59).

그림 19. 데카르트의 '지팡이를 든 맹인'

출처: Descartes, 1988: 66

맹인이 그의 손 A를 E 쪽으로 그 방향을 돌리거나 다시 그의 손 C를 E 쪽으로 돌릴 때, 그 손에 각인되어 있는 신경들은 그의 뇌에 어떤 변화를 야기하고 이 변화를 통해 그의 영혼은 장소 A나 C뿐만 아니라 직선 AE나 CE상에 위치한 다른 모든 장소들 또한 알 수 있다. 이런 식으로 그의 영혼은 자신의 주의를 대상 B와 D를 향해 돌릴 수 있으며, 그의 손이 점유한 것들에 대해 알고 있거나 생각하지 않더라도 그것들이 점유한 장소들을 결정한다. 이와 비슷하게 우리의 눈이나 머리가 어떤 방향으로 돌려질 때, 우리의 영혼은 이 운동들에 이용되는 근육 속에 각인되어 있는 신경들에 의해 야기되는 뇌 속의 변화에 의해 이것에 대한 정보를 얻는다(같은 글: 66∼7).

이 맹인의 비유가 수행하는 기능은 다음과 같다. 첫째, 맹인의 비유는 망막 이미지가 전도되었음에도 불구하고 우리가 대상이 바로 서 있는 것으로 보게 되는 이유를 설명한다. "그러므로 당신은 대상들이 눈 위에 찍어 놓는 그림이 전도되어 있음에도 불구하고 대상들이 자신들의 지정된 위치에서 보일 수 있다는 것을 이상하게 생각해서는 안 된다. 이것은 우리의 맹인이 왼손으로 (그의 오른쪽에 있는) 대상 B를 감지하는 동시에 오른손으로 (그의 왼쪽에 있는) 대상 D를 감지하는 것과 똑같다"(같은 글: 67). 둘째, 눈이 두 개임에도 불구하고 하나의 대상을 하나로 지각하는 것을 설명한다. "맹인은 자신의 두 손으로 접촉함에도 불구하고 하나의 물체를 두 개로 판단하지 않기 때문에, 마찬가지로 우리의 두 눈이 하나의 동일한 장소에 주목하도록 요구되는 방식으로 배치될 때 그것들은 우리의 눈 각각에 그 그림이 형성되더라도 거기에서 하나의 대상을 보도록 할 뿐이다"(같은 글: 67). 셋째, 맹인의 비유는 두 눈의 상호 관계에 의해 거리를 지각하게 된다는 것까지 설명한다. "두 개의 지팡이 AE과 CE(나는 그것들의 길이를 그가 모른다고 가정한다)를 쥐고 있고 그의 두 손 A와 C의 거리와 각도 ACE 및 CAE의 크기만을 알고 있는 우리의 맹인은 이 지식에 근거해서 마치 자연 기하학에 의하듯 점 E가 어디 있는지 말할 수 있다. 이와 비슷하게, 우리의 두 눈 A와 B가 점 X를 향할 때 선 AB의 길이와 두 개의 각도 XAB 및 XBA의 크기는 우리가 점 X가 어디 있는지를 알게 해 준다. 또한 우리는 오직 하나의 눈만을 가지고도 그것의 위치를 바꿈으로써 똑같은 일을 할 수 있다"(같은 글: 67). 그리고 이 세 가지 사실 모두는 "정신의 행위에 의해 이루어진다"(같은 글: 67).

그러므로 맹인의 비유는 시각을 촉각의 형태로 이해하는 방편일 뿐 아니라 그 시각이 신체의 감각 작용이 아니라 마음의 작용이 지배하는 시각임을 알게 해 준다. 따라서 데카르트에게 있어 코기토의 눈은 신체 기관으로서의 눈이 아니라 마음의 눈이다.

> "보는 것은 영혼이지 눈이 아니다. 그리고 영혼은 직접 보는 것이 아니라 오직 두뇌에 의해서만 본다"(같은 글: 68).[14]

---

14. 데카르트의 시각이 마음의 눈에 의한 것임을 알 수 있게 해 주는 또 하나의 예는 그의 ≪인간론 Treatise on Man≫에 등장하는 호문쿨루스 Homunculus 모델이다. 호문쿨루스는 두뇌 속에서, 보다 정확히는 송과선에서 시각 인상들의 패턴을 지각하는, 마치 작은 인간과도 같은 존재로 설정된다. 시지각 작용에서 종합과 판단은 이 호문쿨루스에 의해 수행된다. 라캉은 이 호문쿨루스에 의해 데카르트적 코기토의 기능을 지적하기도 한다(Lacan, Four Concepts: 141). 울프디바인에 따르면 데카르트는 시각적 공간 지각을 설명하는 가운데 이 호문쿨루스 모델을 도입했다. 송과선에 전달되는 망막 이미지의 교정이 어떻게 일어나는가를 기계론적 모델은 설명하지 못하기 때문이라는 것이다. 이 모델은 기계론적 모델과 병치되지만

마음의 눈에 의한 시각은 환영의 힘을 비판하는 데카르트의 기획에 따라 신체의 눈이 포착하는 유사성이 아니라 차이에 기초하는 '재현의 질서'의 눈이다. 원근법은 수학적 도식에 의해 가시적인 것들을 합리화하고 정상화함으로써 이러한 시각의 구성을 가능케 한다는 점에서 데카르트에게 전유된다. 또한 데카르트 당시 원근법에 대한 갱신된 관심을 반영하는 왜상에 대한 연구들마저, 그것들이 가시적인 것들을 왜곡하는 도식주의에 의해 시각적 유사성을 거부한다는 태도를 대표하는 한에서 그의 합리주의에 동화된다. 시각적 환영의 힘을 비판하며 시각적 유사성을 거부하고 그것을 수학적 도식주의 내에 재위치시키는 데카르트의 시도는 광학과 회화적 원근법 양자를 도구로 삼는 것에 기초하는 새로운 관점을 여는 것이다(Judovitz, 1993: 66~9). 시각의 본성을 캐려는 데카르트의 탐구가 역설적으로 눈의 선차성과 시각의 중심성을 대체하는 광학을 다듬어 내는 것은 이 때문이다.

이상과 같이 데카르트의 광학은 신체의 눈을 특권화하는 것과는 아무런 상관이 없다. 진실에 접근하는 것은 사유, 즉 마음의 눈이다. 촉각역시 감각이므로 특권적인 지위에 오르는 것이 아니다. 촉각으로서의 시각은 감각으로서의 촉각을 특권화하는 것이 아니라 바로 신체의 눈을 의식의 눈으로 대체하는 코기토의 기획을 나타낼 뿐이다. 메를로퐁티는 데카르트 광학의 이러한 면모를 이렇게 요약한다. "데카르트의 <광학>은 바로…… 더 이상 가시적인 것에 안주하기를 원치 않고 그것을 사유의 모델에 따라 구성하기로 결정한 사고의 성무일과서인 셈이다"(Merleau-Ponty, 1983: 304). 따라서 데카르트에게 있어 시각이란 "신체 속에 주어진 어떤 기호들을 엄격히 해독해 내는 어떤 사유이다. 유사성은 지각의 결과이지 지각의 근원이 되고 있지 않다…… [시각은] 신체의 지표들에 입각하고 있는 하나의 사고이다. 즉 사고로서는 불충분하지만 어쨌든 그들 지표들이 의미하고 있는 것보다 훨씬 많은 것을 말하도록 만

이 두 모델은 쉽게 조화되기 힘든데, 울프디바인은 데카르트에게서는 논의가 진행될수록 점차 기계론적 모델보다 호문쿨루스 모델이 지배하게 된다고 진단한다(Wolf-Devine, 1993: 4장).

들어진, 지표들에 입각한 사고인 것이다"(같은 책: 307).

이러한 면에서 볼 때, 데카르트의 맹인은 '생각하는 존재 *res cogitans*'의 광학판으로서 '보는 존재 *res videns*'라고 할 수 있다.[15] 우선, 데카르트의 요점은 단순히 맹인이 우리가 보는 것과 같은 방식으로 본다고 말하는 데 있는 것이 아니다. 맹인이 우리에게 비유되는 것이 아니라, 우리가 무언가를 볼 때 일어나는 일을 설명하기 위해 우리가 맹인에게 비유되고 있다. 또한, 여기서 중요한 것은 맹인이라는 '인간'이 아니다. 사유의 순수 주체와 마찬가지로 맹인은 모든 인격이 비워진 시각의 순수 주체로 나타난다. 그는 두뇌에 부착된 걸어다니는 한 쌍의 눈알들일 뿐이며, 오히려 이 때문에 본다는 것의 본질을 인격화하고 육화하는 형상으로 제시될 수 있다. 이 맹인이라는 형상은 본다는 것의 메커니즘을 구성하는 것에 단순히 대립되기만 하는 것이 아니라 그것의 응축으로서 기능한다 (Zupančič, 1996: 33).

따라서 시각적 코기토의 눈은 사실 멀어 있는 것이다. 라캉적으로 말하면, 시각장에서 코기토에 상응하는 시각적 에고의 자기 만족은 응시의 차원을 생략함으로써 가능하였다. 즉, 시각적 코기토는 응시를 볼 수 없는 것이다. 응시, 즉 결핍이 데카르트의 맹인이 볼 수 없는 것이다(같은 글: 33~5). 그러므로 데카르트의 광학은 맹인의 광학이라 할 수 있다. 라캉이 지적했듯이 그것은 평면 공간의 기하학적 광학이다. 맹인의 지팡이에서 알 수 있듯이 데카르트의 (촉각적인) 시각은 공간 속에서 두 단위체 간의 엄격한 점 대 점 대응으로 구성된다. 이것이 바로 기하학적 공간에서 사물과 이미지 간의 관계를 라캉이 정의하는 바였다. 그러나 라캉이 말하는 대로, 이 기하학적 광학은 공간을 지도 그리는 것이지 시지각의 구조 자체를 포착하는 것이 아니다. 그러므로 데카르트의 마음의 눈은 시각적 환영을 극복하기 위한 눈이지만, 역으로 시각장의 진실을 보지 못하는 맹인의 눈에 다름 아니다. 그것은 실제 시각장의 진실을 포

---

15. 글자 그대로 하자면, '생각하는 것 *the thing that thinks; the thinking thing*'과 '보는 것 *the thing that sees; the seeing thing*.'

착하지 못한다. 이미 시각적 세계에 연루되어 있는 신체의 눈을 버리고 그것으로부터 추상되었기 때문이다.[16] 데카르트의 코기토는 결국 눈 먼 코기토인 것이다.

(2) 오성의 눈과 순수 시각의 탐색

데카르트의 철학이 서구 철학의 시각 중심성의 기초가 되었다면, 결국 현대성의 시각은 신체의 두 눈으로부터 추상된 마음의 눈이라고 할 수 있다. 로티는 그리스 철학 및 중세 철학과 17세기 이후 현대성의 철학을 구분하는 가장 핵심적인 것이 바로 단안적인 마음의 눈임을 지적하면서, 그 기원적 계기를 데카르트와 로크에게서 찾고 있다(Rorty, 1979: 50~1). 그의 말에 따르면, 데카르트와 로크가 '관념 *idea*'이란 개념을 이용하는 방식에는 하나로 되어 있는 내면의 눈앞에 고통과 명석판명한 관념들이 재조망되면서 통과하는 내면적인 공간으로 인간의 마음을 개념화하는 것이 담겨 있다. 이 단일의 내면적인 공간 속에서 모든 것들이 준-관찰의 대상들이 되며, 바로 이러한 점이 데카르트와 로크의 철학에서 새로운 것이었다. 로티가 보기에, 내면적인 관찰자를 가지고 있는 그러한 내면적인 공간이란 고대와 중세의 사유에서도 다양한 지점들에서 암시되어 왔지만 결코 문제틀의 토대를 형성할 정도로 충분히 길고 진지하게 다루어지지 않았는데, 17세기 철학은 그것을 진지하게 다루게 되었기 때문이다.

17세기 이후 서구의 인식론에서 내면의 눈 또는 내면의 관찰자가 자리한 내면의 공간, 이것을 형상화하는 모델이 바로 앞에서 살펴본 바 있는 카메라 옵스큐라였다. 이러한 점에서 카메라 옵스큐라는 관찰을 위한 단순한 기술적 도구에 그치는 것이 아니었다. 그것은 다양한 담론들이 기술적 요소들과 교차하는 곳이었다.

---

16. 메를로퐁티는 세계와 연속적인 신체의 시각을 배제한다는 점에서 데카르트의 광학을 비판하고 있는데, 특히 <눈과 마음>에서 이 비판이 집중적으로 전개된다(Merleau-Ponty, 1983: 285~341).

카메라 옵스큐라는 그 다중적인 정체성, 즉 그것이 하나의 담론적 질서 속에서는 인식론적인 비유적 형상 *figure* 이며 동시에 문화적 실천들의 배열 속에서는 하나의 대상−사물 *object* 이라는 그 '혼합된' 지위에 의해 구성된다. 카메라 옵스큐라는…… 동시적이고 불가분하게 기계적 배치 *assemblage* 이자 발화의 배치인 어떤 것, 그것에 관해 어떤 것이 말해지는 대상이자 동시에 이용되는 대상이다. 그것은 담론 구성체가 물질적 실천들과 교차하는 자리이다. 그러므로 카메라 옵스큐라는 기술적 대상이나 담론적 대상 가운데 어느 하나로 환원될 수 없다. 그것은 텍스트적 형상으로서의 그 존재가 그것의 기계적 이용과 결코 분리될 수 없는 사회적 혼합금이다(Crary, 1992: 30∼1).

카메라 옵스큐라는 대상 세계와 관찰자의 특정한 관계 및 주체로서의 관찰자의 위치를 규정할 뿐만 아니라 신체로부터 분리된 시각을 규정하는 마음의 눈의 모델이기도 하였다. 시각을 탈육화하는 카메라 옵스큐라의 이러한 측면은 세계와 분리되어 사사화된 *privatized* 개인으로서의 시각 주체를 생산하는 카메라 옵스큐라의 또 다른 측면과 연계되어 있다.

카메라의 또 다른 결정적인 기능은 관찰자의 물리적 신체로부터 보는 행위를 떼어내는 것, 시각을 탈육화하는 것이었다. 개인의 단자적 시점은 카메라 옵스큐라에 의해 인증되고 정당화되지만, 관찰자의 물리적·감각적 경험은 기계적 장치와 미리 주어진 진실의 세계 간의 관계에 의해 밀려난다(같은 책: 39∼40).

앞장에서 거론되었던, 뉴턴이 ≪광학≫에서 묘사하는 어두운 방의 실험에서 그는 자신이 조직하는 장치의 실제 기능과 물리적으로 구별된다. 빛이 들어오는 구멍이라는 하나의 점과 태양의 이미지가 비치는 벽이라는 평면 사이는 불확정적인 연장적 공간이며, 그 속에서 관찰자는 애매모호하게 위치지어져 있다. 대상 세계와의 관계에 비해 장치 내에서의 관찰자의 물리적 위치는 모호한 것이다. 한편으로 관찰자는 순수한 장치의 작동으로부터 이접되어 세계의 객관성의 기계적인 재현에 대한 탈육화된 증인이 되어 있으며, 다른 한편으로 카메라 내에서의 그의 현존은 인간적 주관성과 객관적 장치의 공간적·시간적 동시성을 함축한다. 따라서 관람자는 어둠 속에서 자유롭게 떠다니는 거주자이며, 그의 주변적이고 보충적인 현존은 재현의 기계와는 다소 독립적이다(같은 책: 40~1). 카메라 옵스큐라는 관찰자와 대상 세계의 분리에 의해 관찰자가 재현의 일부분으로 위치하는 것을 선험적으로 배제한다. 따라서 신체는 이성의 공간을 확립하기 위하여 환영으로서 주변화되는 수밖에 없다(같은 책: 41).

이렇게 카메라 옵스큐라가 관찰자의 신체를 주변화하고 그의 시각을 탈육화한다면, 카메라 옵스큐라를 모델로 하는 시각은 신체의 눈이 아니라 그것으로부터 추상된 마음의 눈에 속하는 시각임을 알 수 있다. 그리고 카메라 옵스큐라의 이 탈육화된 눈이 18세기 이래 서구 인식론에서의 지배적인 시각 모델이었다. 이것은 18세기 철학에서 가장 유명한 카메라 옵스큐라 비유가 등장하는 로크의 ≪인간 오성론≫에서 명백하다. 생각하는 주체가 코기토 논증을 통해 확립되었고 그 코기토 기획이 실제로는 신의 질서를 인간적 질서로 대체하는 효과를 발휘하였음에도 불구하고, 데카르트는 여전히 바깥 세계로의 이행과 사유의 내용에 대한 확실성의 보증을 신에 의지하였다. 이에 비해 로크는 모든 관념들이 인간으로서의 '나'에 속함을 주장하였다. 이전에는 단순히 주어졌던 것이 이제는 획득되어야 한다. 신에 의지하는 도약은 없다. 인식을 획득하는 유일한 길은 경험 또는 감각을 경유하는 데 있다. 여기서 오성에 새로운 은유가 주어진다. 그것은 어두운 방, 즉 카메라 옵스큐라의 은유이다.

> 나는 가르치는 체하지 않고 문의하려 할 뿐이다. 그러므로 나는 여기서 다시 고백하지 않을 수 없다. 외부 감각들과 내부 감각들이 내가 발견하는, 지식이 오성으로 통하는 유일한 통로이다. 내가 발견할 수 있는 한 이것들만이 빛이 이 어두운 방으로 들어올 수 있는 창문들이다. 내가 생각하기로 오성은 외부의 가시적인 유사성들 또는 사물들의 관념들이 들어오지 못하도록 작은 구멍만을 남기고는 빛으로부터 전적으로 차단된 사실私室과 다를 바 없기 때문이다(Locke, 1959: 211~2).

이 '어두운 방'(즉, 카메라 옵스큐라)으로 들어온 그림들은 질서 있게 놓여진다. 이렇게 로크에게 있어 카메라 옵스큐라는 오성 자체의 은유이다. 다시 말해 카메라 옵스큐라를 모델로 삼는 눈은 오성의 눈, 즉 신체로부터 분리된 마음의 눈이다. 이러한 면에서도 그는 데카르트와 더불어 서구 현대 철학의 '내면의 눈'을 개념화한 한 사람인 것이다. 로크와 뉴턴에 앞서 데카르트가 이미 안구 실험을 카메라 옵스큐라적으로 실행하였고, 이것이 마찬가지로 마음의 눈을 보증하기 위한 것이었으며 카메라 옵스큐라의 구멍에 비견될 수 있는 그 작은 구멍, 수학적으로 정의할 수 있는 단 하나의 그 점이 오류 불가능한 형이상학적인 눈이었음은 앞에서 살펴본 바대로이다(특히, 2장의 3절 2)의 (3) 참조).

오성이 바깥의 감각 세계와 차단된 어두운 방 그 자체라면, 그 오성의 눈은 시지각의 감각 경험에 대하여 눈멀었다는 것을 알 수 있다. 카메라 옵스큐라 안에 갇힌 내면의 눈은 빛이 들어오는 구멍을 통해 바깥의 감각 세계를 직접 바라보는 것이 아니라, 빛이 운반하여 벽에 맺힌 그 세계의 이미지만을 본다. 현대성의 시각 모델이 촉각으로 이해되는 것, 현대성의 시각적 코기토가 맹인으로 형상화되는 것은 이 때문이다.

서구 인식론의 시각 모델이 이렇게 신체의 감각 경험으로서의 시각과는 거리가 있다는 사실은 경험주의에서도 마찬가지였다. 버클리에게서 알 수 있듯이 18세기는 감각들을 근본적으로 조화시키는 것이 커다란 인식론적 문제였는데, 여기서 시지각의 핵심적인 모델은 다름 아닌 촉각이었다(Crary, 1992: 57~8). 그리고 이와 관련하여 시각의 문제를 해명하려는 노력 속에서 역설적이게도 데카르트에 의해 친숙해진 예의 그 맹인의 비유가 재등장한다. 맹인의 문제는 서구 인식론의 시각 모델이 가진 그 반反시각적인 성격과 밀접한 연관이 있는데, 특히 이성의 빛이 지배하던 계몽주의 시대에 맹인의 문제가 강박적으로 등장하는 것을 볼 수 있다. 물론 18세기 철학에서 맹인의 문제는 데카르트의 맹인의 비유와 반드시 같은 성격의 것만은 아니다. 그러나 18세기 계몽 철학과 17세기 데카르트 철학이 공유하는 논리가 발견될 수 있는 것도 사실이다(Zupančič, 1996: 38).

1693년 더블린의 변호사 윌리엄 몰리뉴 William Molyneux 는 로크에게 보낸 편지에서 다음과 같은 질문을 던졌다.

> 태어날 때부터 눈이 먼 사람을 가정해 보자. 그는 이제 어른이 되었으며, 동일한 금속으로 만들어졌고 크기가 거의 같은 입방체와 구를 자신의 촉각에 의해 구별하는 법을, 말하자면 그가 이것과 저것을 만져 보았을 때 어느 것이 입방체이고 어느 것이 구인가를 구별하는 법을 배웠다. 그리고 나서 입방체와 구를 한 탁자 위에 올려 놓고, 그 맹인이 볼 수 있게 되었다고 가정해 보자. 이제 그가 그것들을 만져보기 전에 자신의 시각에 의해서 어느 것이 구이고 어느 것이 입방체인지 구별하여 말할 수 있겠는가?(Crary, 1992: 58; Zupančič, 1996: 38)

'몰리뉴의 문제 the Molyneux problem'로 알려진 이 질문은 로크의 ≪인간 오성론≫을 비롯하여 버클리, 라이프니츠, 디드로, 콩디악의 저서들에서도 공히 거론되고 있다. 몰리뉴가 던진 이 질문은 '시대의 질문'들 가운데 하나였던 것이다(Zupančič, 1996: 38). 푸코의 표현을 빌리자면, 이것은 투명하게 열려져 있는 응시의 순박함 naivety 을 찾으려는 시도와 연계된 것으로서 계몽의 빛줄기로서는 심각한 문제였으며, 다시 광명을 찾게 되는 어느 장님의 이야기라는 이 문제는 "18세기 철학이 자신의 근거를 마련하려고 했던, 가히 신화적이라고 할 만한 두 개의 커다란 의학적 경험"(Foucault, 1993: 126) 가운데 하나였다.[17] 이 질문에 대해 대답하는 방식은 다양하지만, 질문과 대답의 핵심은 하나의 감각 질서에서 다른 감각 질서로의 이행이 어떻게 가능한가 또는 어떻게 감각들이 지각하는 자 속에서 결합되는가 하는 것이었다(Crary, 1992: 58~9).

18세기 맹인의 문제와 관련해 가장 잘 알려진 것은 디드로의 시각이론이다. 라캉은 디드로에게 있어서 시각은 촉각으로 이해된다고 지적한다. 라캉은 기하학적 시각의 차원이 공간에 관련된 것이지 시각 자체와는 상관이 없다는 것을 말하면서 대표적으로 디드로를 지목했던 것이다

---

17. 다른 하나는 외부의 미지의 세계에서 온 관람자의 문제이다(Foucault, 1993: 126).

(Lacan, *Four Concepts*: 86~7, 92). 디드로의 시각에 대한 태도는 양가적이며, 그는 하나의 감각만을 가지고 어떤 현상을 다루는 것을 싫어했다. ≪맹인에 대한 논고 *Letters on the Blind*≫(1749)에서 맹인 수학자 니콜라스 손더슨 Nicholas Saunderson에 대해 설명하면서 디드로는 촉각적 기하학의 가능성을 주장하고, 아울러 시각뿐 아니라 촉각도 보편적으로 타당한 진리를 포착할 능력이 있음을 주장한다. 디드로의 이 저술은 시각 감각을 비난하는 것이라기보다는 그것의 배타성을 거부하는 것이다. 디드로는 눈이 먼 손더슨이 계산과 논증을 하기 위해 고안한 장치를 설명한다. 그 장치는 위로 솟아 올라와 있는 핀들이 격자를 표시하고 있는 장방형의 나무판이었다. 핀들을 비단실로 연결함으로써 손더슨의 손가락은 숫자들의 무한성과 그것들의 관계들을 읽고, 격자 위에서의 그것들의 위치에 의해 계산을 할 수 있었다. 디드로에 따르면, 손더슨의 나무판에서도 알 수 있듯이 지식의 확실성은 시각에만 의존하는 것이 아니라 위치들이 알려지고 비교될 수 있는 한정된 질서의 공간과 인간의 통일된 감각체가 맺는 보다 일반적인 관계에 의존한다. 이러한 면에서 그 나무판은 데카르트적인 도식과도 같다. 감각들은 서로 다르지만, 디드로가 말하는 '상호 원조'를 통해 그것들은 세계에 관한 지식을 제공한다(Crary, 1992: 59~60).

감각에 대한 이러한 논술에도 불구하고 디드로의 입장 역시 감각, 즉 직접적인 신체의 증거에 의지하는 것과는 거리가 멀다. 유물론자인 디드로마저 감각들은 생리적인 기관들로서보다는 합리적인 마음의 부속물로 이해되었다. 각각의 감각들은 자신의 물리적 기능 양식을 초월하는 불변적인 의미론적 논리에 따라 작동하는 것이다. 디드로의 저서에서 인용되는 그림에는 우리가 앞에서 살펴본 데카르트의 맹인과 마찬가지로 야외에서 눈을 가린 채 두 개의 지팡이를 교차시켜 손에 들고서 자신 앞에 있는 대상과 대기를 감지하면서 앞으로 나아가는 사람의 그림이 있다(그림 20). 데카르트의 맹인의 18세기 후손이라 할 수 있는 이 그림은 글자 그대로 눈먼 사람의 이미지라기보다는 완전히 볼 수 있는 관찰자에 대한 추상적인 도해이다(그림 속의 보행자는 헝겊으로 눈을 가리고 있다. 즉, 그는 맹인이 아니

그림 20. 디드로 당시에 출판된 데카르트의 <굴절 광학> 1724년판 삽화

다).[18] 그에게서 시각은 촉각처럼 작동한다. 더욱이 눈과 마찬가지로 촉각의 신체 기관 역시 외부 세계와의 접촉에서 떨어져 있다(그의 지팡이는 허공에 떠 있다). 시각에 대한 이러한 반시각적 관념은 17세기와 18세기 사상가들에게 널리 퍼져 있는 것이었다(같은 책: 60~2)

그런데 여기서 현대성의 인식론은 또 다른 문제를 제기하고 있다. 그것은 몰리뉴의 문제와 관련하여 언급되었듯이 '순수 시각 *pure sight*'의 가능성, 또는 시각이 최초로 탄생하는 그 '순수 시각'의 순간을 찾는 문제였다. 그러나 이 순수 시각의 문제마저도 신체의 눈이 수행하는 시각을 중요시하고 거기에 의미를 부여하는 것과는 거리가 멀어지게 된다.

버클리는 바로 이 순수 시각의 가능성을 도출하려 하였다. 그는 관념이나 다른 감각으로 오염되지 않은 순수한 시각적 감각의 차원을 설정하려 하는데, 몰리뉴의 문제는 그에게 그 적절한 지점을 제공하는 것이었다. 버클리에게 가장 큰 문제는 선입견이었다. 그의 순수 시각은 촉각할 수 있는 눈과도 구별되는 것인데, 문제는 가시적인 것과 가촉적인 것이 항상 결합하며 여기에 기초한 선입견이 형성된다는 것이다. 따라서 선입견은 지각의 수준에 이미 자리잡고 있다. 몰리뉴가 제기한, 맹인이었다가 시력을 되찾아 이제 볼 수 있게 된 사람은 촉각에 연결되지 않은 순수한 시각적인 차원의 지각이 가능함을 입증하는 유용한 사례이다. 이것은 경험주의 철학에서 경험이 선입견의 주요 원천으로 입증되는 딜레마를 해결해 줄 것이다. 말하자면, '볼 수 있게 된 맹인'은 순수한 감각 작용을 생산하는 데 유용한 도구인 것이다. 그는 지각과 언어와 습관 및 경험을 넘어선 어딘가에 있다. 그러나 버클리에게서마저도 순수 시각이 가능한 그 곳은 로

---

18. 그림 20은 다름 아닌 데카르트의 <굴절 광학>에 실린 삽화임에도 불구하고, 17세기가 아니라 18세기인 이제 그림 속의 보행자는 글자 그대로의 맹인이 아니라 단지 눈을 가리고 있는 사람으로 묘사되고 있음에 주목할 필요가 있다. 한편으로 이것은 시각을 촉각에 의거해 이해하는 이 촉각적 시각의 관념이 18세기에 들어와 그 전보다 더 일반화되었고 그만큼 정상인의 시각에 곧바로 적용되고 있는 것으로 볼 수 있다. 다른 한편, 이 그림이 데카르트의 <굴절 광학>에 수록된 그림임을 고려할 때, 이 그림은 앞에서도 살펴보았듯이 맹인을 정상인에게 비유하는 것이 아니라 이른바 정상인(의 시각)을 맹인에게 비유하고 있는 데카르트 광학 이론의 중요한 요점을 — 의도한 것이든 아니든 — 더 분명히 해 주는 효과를 가지고 있는 것으로도 볼 수 있다.

크가 명백하게 언급했듯이 '어떤 존재도 오래 생존할 수 없는' 장소였다 (Zupančič, 1996: 39~41). 따라서 주체의 시각이 다른 감각과 결합되는 것은 필연적이고, 경험주의 철학에서마저 현실적으로 현대성의 시각은 순수한 신체적 눈의 그것이기 어렵다.

그런데 이 순수 시각의 문제는 또 다른 함의를 가지게 된다. 그것은 시각의 장에서 현대성의 주체가 자신이 가시적인 것들의 배치 속에서 구성되는 존재임을 가리고 인지하지 않는 방식을 드러내 주는 것이다. 이것이 데카르트의 맹인 비유와 18세기의 그것이 합류되고 동일한 논리를 공유하는 방식이다. 말하자면 촉각적 시각으로서의 마음의 눈은 시각 장에서의 코기토적 주체가 자기 존재의 자명함과 에고 의식의 환영을 확신하는 시각이다. 이 점을 드러내 보여 주는 것이 콩디악인데, 라캉에 의지한 주판치치(Zupančič, 1996)의 논의를 따라가면서 이 문제를 검토해 보고자 한다.

철학을 가로지르던 맹인의 문제는 콩디악에게서 새롭게 전환한다. 이제 시각의 기원에 대한 일종의 실험적 모델을 만들어 내는 것이 필요해졌던 것이다. 콩디악이 만들어 낸 것은 조상(彫像; *statue*)의 모델이었다. 이 조상은 그 내부가 우리와 꼭 같게 만들어졌으나 바깥은 대리석으로 덮여 있고 그 안에 관념들이 들어가지 않도록 하면서 정신이 부여되어 생명을 갖게 된다. 표면을 덮고 있는 대리석은 그 조상이 감각들을 이용하지 못하도록 막는다. 오성의 발생 기원은 쾌락과 고통의 원칙에 의해 규제되는 가운데 감각 작용으로부터 도출된다. 콩디악은 처음에 조상에게 냄새의 감각만을 제공하는데, 이 조상은 오직 하나의 감각에만 한정되어 있으므로 제시되는 이 감각이 곧 자신의 존재 양식이 된다. 감각을 제시하는 타자에 의해서 자신의 존재 양식을 인지하게 되는 이 순간이 의식의 시초이다. 그러나 이 단계는 라캉식으로 말해서 아직 에고-한계 *ego-limits* 가 없다. 타자의 존재 양식과 자신의 존재 양식을 구별할 수 없는 것이다. 에고-한계가 형성되고 자기와 구별되는 외부의 관념이 형성될 수 있는 것은 콩디악이 길게 논하는 촉각에 의해서이다. 연장과 공간, 거리의 관념이 도입되는 것은 이 감각에 의해서이기 때문이다. 촉각의 발달에 따라 조상은 자신의 신체를 발견하고, 응답의 부재에 의해 자신의 일부가 아닌 사물들을 발견한다. 말하자면 라캉이 말하듯이 촉각이 기하학적 공간을 구성하고 재현의 주체를 제도화하는 것이다(같은 글: 42~3).

콩디악은 점차 촉각에 다른 감각들을 부가하는데, 여기서 흥미로운 것은 촉각과 시각이 연결되는 방식이다. 콩디악은 보는 것(seeing; voir)과 바라보는 것(looking; regarder 즉, 응시하는 것)을 구별한다. 조상은 순수히 시각적 차원을 구성하는 빛과 색채를 보기 때문에 보는 것은 배울 필요가 없다. 그러나 시지각에 고유한 운동들을 배우고 그 지각을 광선들의 가장자리에 연결하며 거리와 크기, 위치, 형상들을 판단하기 위해서는 눈은 촉각을 필요로 한다. 그러므로 바라보는 것은 촉각이 가르치는 것이고, 따라서 그것은 배워야 하는 것이다. 최초에 촉각의 경험없이 단지 보는 것, 즉 시지각에만 한정된 조상은 응시만을 본다. 타자와 사물들이 자신을 바라보는 것, 자신을 응시하는 것만을 보는 것이다. 게다가 아직 에고─한계가 없으므로 자신 바깥의 모든 것이 자신의 존재 양식인 한, 조상은 자기 자신의 응시를 보는 셈이다(같은 글: 43). 이제 촉각이 바라보는 법, 즉 응시하는 법을 가르침에 따라 조상은 자신과 다른 것, 외부에 있는 것을 의식할 수 있게 된다. 이에 따라 처음에는 광선들과 색채들의 그물망의 일부로서 단지 무에 불과했던 조상은 이제 눈으로서, 감각 기관으로서 출현한다. 기관으로서의 눈이 응시를 대체하고 추방하며, 이를 통해서 이제부터 조상은 우리가 보는 방식으로 본다. 라캉식으로 말하자면 보지 않기 위해서 눈을 가지는 것이다(같은 글: 43).

라캉이 주체화를 소외이자 상실로 규정했듯이 콩디악의 시각의 기원도 소외이자 상실로 규정할 수 있다. 촉각이 바라보는 법을 가르침에 따라 조상은 자신의 일부로 보았던 모든 것으로부터 자신을 절단해 내기 때문이다. 단지 보기만 할 때 조상은 ── 에고─한계가 없고 자신 바깥의 모든 것이 자신의 존재 양식이라는 점에서 ── 우주와 하나된 일자 the one 였으나, 이제 조상은 '나'라고 말하는 주체가 되기 위해 여타 세계로부터 자신을 분리한다. 따라서 조상은 보는 사물, 순수 응시에서 바라보는 주체, 응시하는 주체로 변형되며, 이를 위해 그것은 라캉이 말하는 대상 *a*, 즉 응시가 되는 사물을 추방해야 한다(같은 글: 44).[19] 이러한 관점에서 보면, 맹인이 보게 되는 순간에 철학자들이 매혹되었던 것은 항상 우리에게서 빠져 달아나는 응시가 탄생하는 순간을 목격하려는 욕망의 표현이다. 즉, 그것은 주체와 응시가 만나는 순간, 시각 주체의 탄생 순간을 목격하려는 욕망인 것이다(같은 글: 46~7). 최초의 보는 것의 시기, 즉 주체가 자신이 보는 모든 것이 자기 자신의 일부라고 믿는 시기가 응시의 탄생 순간, 즉 주체가 가시적 대상이 자신에게서 떠남을 느끼는 순간에 선행하기 때문이다.

그러나 이 욕망은 겉보기와는 달리 데카르트와 마찬가지로 응시의 기능을 회피하는 것이기도 하다. 데카르트는 시각의 기하학적 차원에 집중함으로써 응시의 차원을 놓친다. 반면에 콩디악 등의 시도는 응시에만 집중함으로써 응시를 놓친다. 그들은 응시를 기하학적 차원에서 볼 수 있는 어떤 것으로 설정하기 때문이다. 말하자면 응시와 우리의 '본다는 의식'이 서로 인지하는 것으로 제시함으로써, 응시가 우리의 보는 행위

---

19. 콩디악은 자신의 모델을 입증하기 위해 백내장 수술을 한 맹인을 유리 상자 속에 들어가도록 했다. 이것은 시각에 대한 촉각의 영향력을 무화시키는 방식이었다. 이 '응시의 탄생'에 대한 탐색은 세빌리에 드 메리앙 Chevalier de Merian 에게서 한 단계 더 나아가는데, 메리앙은 백내장은 전적으로 눈이 먼 것이 아니기 때문에 콩디악의 실험은 촉각의 영향력을 처음부터 완전히 무화시키는 데 한계가 있다고 보고, 이성의 연령에 도달할 때까지 아이들을 절대적인 어둠 속에서 키우는 대안을 제시하였다. 이 유리 상자 속의 맹인과 어둠 속에서 키워진 아이들이 주체화되는 순간은 순수 주체의 출현을 목격하게 될 것이다(콩디악과 메리앙의 실험 기획에 대해서는 Zupančič, 1996: 44~9 참조). 아이들을 통해 벌거벗은 진리의 순간으로 접근하려는 시도는 계몽주의 시대에 낯선 것이 아니었다. 푸코에 따르면 이것은 페스탈로치로 대표되는 교육학 및 의학과도 연계되어 있는 것이었다. "더욱 중요한 것은 인간이 만들어 낸 그 진리를 증명하고 수정하며, 발가벗은 진리의 모습을 찾아야 한다는 점이다…… 아이가 어른들을 가르치는 것이다. 마치 어린아이의 모습처럼 등장함으로써 사물은 자신의 젊음을 과시하고, 세계는 이러한 순박한 사물의 모습에 다가가려 애쓴다. 발가벗은 사물의 모습을 가장 먼저 볼 수 있는 주체는 분명 어른이 아니다"(Foucault, 1993: 125). 1825년 5월 26일 뉘렘베르크 광장에 나타난, 자신이 누구인지 어디에서 왔는지 모르는 한 젊은이 카스파 하우저 Kaspar Hauser 의 일화는 순수 공백의 존재가 어떻게 인간화되어 가는가에 대한 철학적·심리학적·교육학적·의학적 연구 대상이 되었고, 그보다 20여 년 전 독일의 '계몽 군주' 프리드리히는 한 쌍의 아이들을 고립된 시골의 한 집에 격리시키고 그들이 아무 도움없이 어떻게 길을 찾는지 비밀스럽게 관찰하였다(Žižek, 1997: 230~1).

및 우리의 '본다는 의식'에 선행한다는 사실은 체계적으로 회피된다. 이 상호인지는 응시의 선행성을 중지될 수 있고 우리의 의식과 공시화될 수 있는 어떤 것으로 보는 전략이다(같은 글: 46~7). 응시와 의식의 공시화, 이것이 바로 응시의 지점에 우리의 눈을 갖다 둠으로써 응시와 눈을 일치시키는 것이고 동시에 응시를 생략하는 것이다. 그럼으로써 우리는 큰타자의 응시의 장소에서 에고-이상을 형성할 수 있다. 즉, 나를 보는 어떤 존재는 다른 존재가 아니라 나 자신이다. 이것은 곧 '나 자신을 보는 나 자신을 보는 것'이며, 따라서 시각적 에고의 환영을 구축하는 이중 반성의 구조가 확립된 것이다. 그리고 응시와 우리 자신이 가진 '우리가 본다는 의식' 사이의 상호 인지는 응시를 가시성의 상상적 공간 속에서 나와 직접 대면하는 타자의 수준으로 축소시킨다는 것을 의미한다. 상징계와 결부된 시각장의 삼각형 도식이 상상적 이자 관계로 환원되는 것이다.

말하자면, 현대성의 철학자들이 맹인의 문제에 강박적으로 매달렸던 이유는 시각장에서 코기토적 주체의 자기 확실성과 자율성을 보증받기 위해서였다. 그러나 그 대가는 이 시각적 주체가 시각장에서의 자신의 진실, 즉 자신이 보이는 것들의 세계 속에서 구성되는 존재이며 자신의 시각 역시 그러하다는 진실에 대하여 눈멀어야 한다는 것이다. 이 눈먼 시각이 현대성의 시각으로서의 마음의 눈이다. 촉각적 시각, 맹인의 지팡이로 상징되는 이 마음의 눈은 시각 세계의 진실이 놓여 있는 차원을 보지 못한 가운데 가시적 세계에 질서를 부여함으로써 자신의 확실성을 정초한다. 현대성의 시각 및 그 주체는 이렇게 감각적 경험의 세계에 대하여, 자신의 신체와 감각에 대하여, 그럼으로써 자신의 진실에 대하여 체계적으로 눈 감는다.

2. 원근법과 자본주의

1) 르네상스 이탈리아 사회의 합리화

원근법적 시각 양식은 현대성의 인식론적 구조뿐만 아니라 사회 제도적 인 조건과도 맞아 떨어지는 면이 있었다. 만일 그렇지 않았다면 그것이 계속해서 현대성의 지배적인 시각 양식으로 기능하기는 어려운 노릇이 었을 것이다. 그 연결고리는 우선 합리성에서 찾을 수 있다. 앞에서 논 의했듯이 원근법은 재현 양식 및 시각 양식에서의 합리화이며, 이것은 이미 언급한 바와 같이 베버도 지적한 바 있다(Weber, 1983: 140).[20] 이 합 리화된 시각은 합리적인 세계관을 가진 사회적 조건에 의존하는 역사적 인 시각 양식이다. 하우저는 이 점을 정확히 지적하였다.

> 르네상스의 예술이 우리에게 보여 주는 공간상, 즉 모든 부분이 하나같이 명 확하고 시종일관된 형태이며, 평행선은 공통의 소실점을 가지고 있고 거리는 통일적인 척도에 의해서 측정될 수 있는 공간상, 다시 말하면 알베르티가 '시각 피라미드의 평평한 횡단면'이라고 정의한 바의 공간상은 하나의 대담 한 추상인 것이다. 원근법의 공간은 수학적으로 정확한 공간이지만 심리 생 리적으로 여실한 공간은 아닌 것이다. **르네상스와 19세기 말에 이르는 몇 세기처럼 철두철미 과학적인 시대에서만, 이와 같이 완전히 합리화된 공 간관이 실제적인 시각적 인상의 적절한 재현으로 보여질 수가 있었다. 이 시기에는 통일성과 합리적 일관성은 바로 진리를 가늠하는 최고의 기준 으로 통용되었다**(Hauser, 1980: 87. 강조는 인용자).

합리화된 공간관과 그에 따르는 과학적인 진리관, 이것이 바로 현대 성의 세계관이며, 이 세계관은 현실적인 사회적 토대를 가지고 있다. 그 것은 무엇보다도 자본주의이다. 현대성의 사회적 토대가 자본주의란 것 은 멀리 갈 것도 없이 이미 마르크스와 베버가 증명한 바이다. 베버에

---

20. 이 책의 2장 1절 2)에 나오는 인용문을 참조하라.

따르면 현대의 자본주의 역시 무엇보다도 "합리적인 경영 방식에 맞는 자본 이용과 합리적인 자본주의적 노동의 조직화"(Weber, 1988: 27)가 경제적 거래의 지향점이 되었다는 데 그 근본적인 특징이 있다. 따라서 한 마디로 말하자면 원근법은 자본주의와 부합하는 시각 양식이다.[21]

　　이것은 원근법이 탄생하던 시기의 사회적 배경을 살펴보아도 충분히 알 수 있는 사실이다. 에저튼은 알베르티의 원근법을 15세기 당시 플로렌스 사회의 '시각적 메타포'로 해석한다. 특히 복식 부기 체계의 발명에 의거한 은행과 상업의 합리화와 지중해상의 교역 통로를 나타내는 수학적인 새로운 방법의 고안, 기계 시계의 도입과 기하학적 배열의 새로운 토지 체계 등 당시 플로렌스를 비롯하여 서구는 수학적 조직화의 강박 관념에 사로잡힌 사회였다는 것이다(Edgerton, 1976: 96). 이 수학적 조직화는 에저튼이 열거한 그 내용에서도 알 수 있듯이 바로 자본주의의 요구에 따른 것이었다.

　　이탈리아의 도시 국가들은 이미 중세 후기부터 해상을 지배하는 여러 경제권들 사이로 파고들어 상업 자본주의의 경제 세계를 형성하였다. 그 선두 주자는 베네치아였는데, 이탈리아 도시들과 서구에서의 상업의 성장에는 원거리 무역뿐만 아니라 십자군 원정도 대단히 큰 역할을 하였다. 이 점에서 이탈리아는 지리적으로 유리하였는데, 북유럽인들은 지중해 지역으로 오기 위해 말을 타고 이탈리아 도시들까지 여행한 다음에 그 곳에서 선박을 이용해야 했기 때문이다.[22] 또 12세기 후반부터는 당시 서유럽 경제의 중심을 형성할 수 있었던 프랑스의 상파뉴 지방 정기시 주변에 몰려 있던 가내 수공업 작업장들에서 생산된 마직물과 모직물들이 들어와 이탈리아 도시들을 통해 지중해 여러 지역으로 교역되었다(이 시기 플로렌스는 표백하지 않은 북유럽의 직물을 들여와 염색했다고 한다). 하지만 13세기가 끝나

---

21. 많은 사람들이 원근법과 자본주의, 원근법과 부르주아적 사회 질서 간에 선택적 친화력이 있음을 지적하였다. Edgerton, 1975, 1976; Berger, J., 1972; Hauser, 1980; Goldstein, 1988; Rotman, 1987; Jay, 1993; 伊藤俊治, 1990 등을 참조하라.

22. 베네치아로서는, 유럽인 자신들과 마찬가지로 기독교권이었던 차라의 점령(1203)으로 시작하여 콘스탄티노플의 약탈(1204)로 끝난 '끔찍한' 4차 십자군 운동이 결정적인 전환점이었다(Braudel, 1997: 147).

기도 전에 유럽 경제의 중심은 남쪽으로 이동하였다. 독일과 이탈리아를 잇는 남북 도로와 지중해와 북해 사이의 해상 연결로(특히 지브롤터 해협의 개척)가 자본주의의 특권적 유통로를 만들었기 때문이다. 서유럽, 특히 프랑스는 이에 따른 경기 후퇴뿐만 아니라 백년 전쟁과 뒤이은 흑사병으로 계속해서 경제 침체에 빠졌다. 반면에 이탈리아 도시들은 14세기에 이르면 제노바와의 싸움에서 승리한 베네치아를 중심으로 거대한 자본주의 경제권을 형성하게 되었다(Braudel, 1997: 142~88).

베네치아나 제노바 같은, 주위의 봉건 영주들로부터 독립한 이탈리아의 도시들은 이미 11세기에 해안 지역을 중심으로 생겨났다. 12세기에는 밀라노나 플로렌스와 같은 많은 자유 도시가 탄생했는데, 이들은 상공업을 영위하는 시민이 동등권을 가지고 이 동등권의 원칙에 입각하여 도시가 운영되었다는 점에서 소국가의 형태를 갖추고 있었다. 이 도시 국가들은 곧 계급 투쟁에 휩쓸리게 되었는데, 일단은 그들을 둘러싸고 있던 봉건 영주들과의 싸움에서 시민 계급이 승리를 거두었다. 그러나 자본주의 경제가 발달함과 더불어 곧 시민 계급과 귀족 간에 더 치열한 투쟁이 벌어졌는데, 이 싸움은 쉽게 끝나지 않았다. 이것은 한편으로는 대부르주아지와 소시민 계급 간의 투쟁이었고 다른 한편으로는 프롤레타리아트와 전체 부르주아지 간의 투쟁이라는 이중의 계급 투쟁이었다. 도시 주민들은 귀족 계급과의 투쟁에서는 이해가 일치하였으나 이 투쟁에서 승리하자 곧 여러 이해 집단으로 분열하여 서로 싸우게 되었다(Hauser, 1980: 23~4). 13세기경에 완전히 권력을 장악한 대시민 계급 *popolo grasso* 은 길드들을 대표하는 길드의 장관 *prior* 이라는 기관을 통해 지배하였다. 경제 협동체로서의 길드가 정치 길드로 변모한 셈인데, 특히 플로렌스는 길드 도시라고 규정할 수 있을 정도였다(같은 책: 26). 14세기는 길드를 지배하는 시민 계급과 여기서 밀려난 프롤레타리아트 간의 수많은 계급 투쟁으로 점철된 시기이다. 브로델에 따르면 이 계급 투쟁은 사실상 자본주의적인 것이었다. 그것은 '살찐 사람들 *popolo grasso*'과 '메마른 사람들 *popolo magro*,' 즉 부자와 빈자 간의 전형적인 싸움이었고, 특히 "플로렌스에서의 투쟁은 심층적으로 로마 제국보다는 이미 산업화된 19세기 초에 가까운 것이었다"(Braudel, 1995: 746).

14세기의 치옴피 반란[23] 등 실질적으로 자본주의적인 계급 투쟁을 겪었다는 데서도 알 수 있듯이, 플로렌스 역시 알베르티와 브루넬레스키가 활동하던 15세기에 이르면 자본주의적 상업 경제가 크게 번창하고 있었다. 14세기에 40년간 지속된 소시민 계급의 정권과 짧았던 민중 정권의 성립과 진압, 뒤이어 공화정으로 위장된 메디치가의 실질적인 군주 정치 등 치열한 계급 투쟁을 겪은 뒤, 15세기 초반부터 플로렌스는 평화와 안정 속에서 그 경제적 잠재력을 최대한 개발하여 경제 번영의 정점에 도달하게 된다. "매년 16,000필의 천이 베네치아로 수출되었고, 플로렌스의 수출업자들은 이 목적을 위하여 그들이 정복한 피사 항구와 1421년 이후 10만 굴덴을 주고 사들인 리보르노 항구를 이용하였다"(Hauser, 1980: 30). 기베르티가 1425년 이래 플로렌스 세례당의 화려한 동쪽 현관문을 만드는 일을 했고, 브루넬레스키가 리보르노 항구를 사들인 바로 그 해에 플로렌스 대성당의 거대한 돔의 설계를 위촉받았던 것도 번영의 절정에 도달해 있던 자신들의 부와 권력을 과시하려는 플로렌스 시민 계급의 욕망의 소산이었다.

이러한 과정 속에서 이탈리아에서는 서서히 초기 자본주의적인 심성 *mentality* 이 자리잡아 갔다. 그것은 규칙, 가능성, 계산, 부자가 되는 방식이자 살아가는 방식 등을 모아 놓은 전체였던 동시에 행운 *fortuna*, 운명 *ventura*, 이성 *ragione*, 신중 *prudenz*, 안전 *sicurta* 같은 단어들이 상업에서 핵심적인 중요성을 가지고 있는 데서도 알 수 있듯이 도박이자 위험이기도 했다(Braudel, 1995: 749). 하지만 13~4세기가 지남에 따라 이탈리아에서는 원시적인 영리 추구 대신에 합목적성, 계획성, 타산성이 더 지배적으로 되었고 영리 경제의 근간이었던 합리주의는 더욱더 철두철미한 것이 되었다. 선구자적인 기업가 정신은 초기의 낭만적이고 모험가적이며 약탈자적인 성격을 탈피하고, 정복자에서 조직가, 계산가, 즉 조심스

---

23. 치옴피 Ciompi 는 양모를 빗질하는 공정을 맡은 하급 노동자인 소모공 梳毛工을 가리키는 말인데, 플로렌스의 소모공들은 폭동을 일으켜 대시민층의 지배를 뒤엎고 새로운 형식의 정부를 구성하려 하였으나 대시민층의 반격으로 실패했다(1378~82년). Braudel, 1995: 746을 참조하라.

럽게 계산하고 신중하게 사업을 계획하는 상인으로 변모하였다(Hauser, 1980: 30).

도시들은 여러 산업과 길드를 재조직했고, 원거리 무역, 환어음, 최초 형태의 상업 회사들을 발명하거나 재발명했다. 특히, 은행업과 상업의 발달로 인해 복식 부기가 고안되고[24] 인도 수 체계가 도입되었다. 이것은 회화적 태도의 변화와 원근법의 창안에 중요한 의미를 갖는다. 15세기에 이르면 플로렌스 및 베네치아나 제노바의 상인과 은행가들은 유럽에서 가장 잘 조직된 장부를 갖게 되었으며, 차변과 대변의 계산 체계를 통해 자신들의 사업 제국을 통제하였다. 1484년 발간된, 복식 부기에 대한 부분을 담고 있는 영향력 있는 한 저서는 사업가가 아니라 수학자였던 루카 파치올리 Luca Pacioli 에 의해 씌어졌는데, 그는 알베르티나 피에로 델라 프란체스카, 다 빈치 등의 친구이기도 했다(Edgerton, 1975: 39). 이렇게 이탈리아에서의 상업 자본주의의 번창은 숫자를 다루는 일을 이전에 라틴어로 교육받은 사제들로부터 자신들의 토착어로 교육받은 상인과 장인, 과학자와 건축가들로 이전시켰다. 이 과정에서 점차 이슬람 수학과 인도 수 체계가 도입되어 영향력이 증대되었는데,[25] 서구에서는 없었던 0이라는 수를 포함하고 있는 인도 수 체계가 확산되는 데 기여한 것이 바로 복식 부기 체계이다. 복식 부기는 차변과 대변이 똑같이 균형을 이룰 것을 요구하기 때문이다(제로 균형의 원칙 *principle of the zero balance*). 복식 부기와 자본주의에 의해 추동되는 계산에의 요구는 17세기까지 인도 수 체계가 로마 수 체계를 대체하게 만든다(Rotman, 1987: 8).

새로운 수 체계와 복식 부기는 단순한 상업상의 계산에 한정되는 것이 아니라 이탈리아의 자본주의적 심성의 합리주의를 단적으로 보여주는 것이기도 하다. 이탈리아에서는 생산에 있어서도 노동력의 보다 집

---

24. 몇몇 경제사가들에 따르면 복식 부기가 13세기 플로렌스에서 고안되었다는 주장도 있다(Edgerton, 1975: 38 참조).

25. 1202년 피보나키 Fibonacci 의 저서(*Liber Abaci*)는 인도 수와 이슬람 수학을 체계적으로 소개하였다 (Rotman, 1987: 7~8).

약적인 이용과 분업이 발달하고 노동 방법의 점진적인 기계화가 진행되었다. 이러한 변화는 인간을 화폐 가치로, 노동자를 단순히 투자와 수익성, 이익 가능성과 손실 가능성에 따라 차변과 대변 체계 속의 일부분으로 생각하는 사고 방식이 퍼져 나가게 만들었다. 노동자는 복식 부기 장부에 기입되는 숫자들로 환원되는 것이다. 생산 방식에서의 이러한 수학적 합리주의는, 이탈리아에서는 종전의 도시 경제의 본질을 이루던 수공업적 성격이 완전히 상업적인 성격을 띠게 됨으로써 합리주의가 더욱 강화되었다는 것을 의미하기도 한다. 기업가의 활동에서 계산적이고 추론적인 요소가 우위를 차지하게 되었을 뿐 아니라 그들은 새로운 가치를 만들기 위해서 꼭 새로운 상품을 만들 필요는 없다는 자본주의 경제 원칙을 인식하게 되었기 때문이다(Hauser, 1980: 30~1).

알베르티가 원근법의 규칙을 창안하던 때는 바로 이러한 시대였다. 합리화의 진행에 따라 플로렌스인들은 모든 도시 생활에서 산술과 기하학을 적용하는 데 관심을 두었고 수학은 일종의 사회적 공용어가 되었다. 상인들뿐만 아니라 플로렌스의 많은 인문주의자들 역시 수학적 법칙에 의해 지배되는 시각적 세계의 용어로 사유했다. 수학은 세속 세계의 공용어였을 뿐만 아니라 신성의 영역을 표현하는 언어이기도 했다. 니콜라우스 쿠사누스 Nicolaus Cusanus 의 ≪이디오타 Idiota≫(1450)에서처럼 신의 무한한 지식은 측정 도구에 포함되어 있고, 신의 이상적 형식과 사물의 고안은 기하학의 법칙에 내재해 있으며, 신의 무한한 선 goodness 은 직선에 의해 표현된다는 생각은 수학적 조직화를 요구하는 합리화에 의해 추동되는 사회적 조건의 반영이었다(Edgerton, 1975: 36~7 참조). 플로렌스의 시민 계급은 훈련된 서기와 회계사가 필요했기 때문에 그들의 아동들에게 많은 교육 기회를 부여하였는데, 상인 계급의 자녀들을 교육시켰던 아바키 abacchi 라고 불리던 학교들에서는 이탈리아어를 읽고 쓰는 능력과 더불어 산술 교육을 필수적으로 시행하였다. 아바키에서 채택한 교재 가운데 하나인 파올로 델 아바코 Paolo dell' Abbaco 의 책은 도시의 일상 생활에 산술과 대수학 및 기하학을 적용하는 법을 가르쳤다. 그것은 은행에서의 화폐 교환, 시장에서의 재화 획득 및 탑 측량과 토지 측량에 관한 도해를 담고 있었다. 아바키의 교사들은 아울러 토지 측량과 도시 설계 등의 과제를 수행해야 했다. 따라서 학교는 실용적인 공학자로서의 장인들을 배출하였다. 브루넬레스키를 포함한 이러한 장인들은 일종의 만물박사로서 거의 모든 종류의 프로젝트에 고용되었는데, 이들은 수학에의 숙련과 그림 그리는 능력이라는 두 가지 재능을 동시에 요구받았다. 특히, 당시에 발명되곤 했던 복잡한 기계 장치를 3차원으로 추상적으로 상상하고 도해하기 위해 깊이감을 지각할 수 있는 능력이 이들에게 요구되었다(같은 책: 37~8).[26]

원근법은 이렇게 수학적 원리에 의해 생산과 교역을 합리화하던 이탈리아 도시 국가들의 자본주의적 질서, 초기 자본주의적 기업가들의 심성을 사회적 배경으로 하고 있었다. 특히, 알베르티가 회화 평면을 구성함에 있어서 따라야 할 원리로 상정한 기하학적인 비례 개념은 상업 자본주의의 요구에서 유래하는 것이기도 했다. 각각 상이한 도량 체계를 가진 나라와 나라 사이, 도시 국가와 도시 국가 사이에서 교역을 해야 하는 현실과 필요성은 비례 문제를 중요하게 만들었던 것이다. 이것은 산술적 형식주의 내에서 그러한 교환을 다루는 간단하고 적용 가능한 방식을 요구하였다. '3의 규칙'이라 불리는 형식주의가 여기에 대답을 주었다. 그

---

26. 원근법은 기계 묘사에 있어 혁신을 가져왔다. 에저튼에 따르면, 기계 묘사를 비롯하여 원근법은 미학적 질을 희생시키지 않는 가운데 형태의 객관화로 진전하였다. 원근법은 거기에다 내부의 투시도를 가능케 하는 등 기계의 작동 원리를 과학적으로 묘사할 수 있었다. 브루넬레스키 자신이 기계의 도해를 많이 남겼는데, 그의 원근법 도해는 기하학적 일관성을 보장할 뿐 아니라 그림 속에서 중력의 법칙을 유예하였다. 그의 그림에서 기계의 부분들은 마음의 눈에 의해 재연결될 수 있는 것이었다. 르네상스 시대 원근법에 의한 기계 내부의 투시뿐 아니라 인체의 내부를 투시하는 해부도 역시 이 시기에 그 전형이 마련되었다. 과학적 도해들은 원근법이 확립되지 않았던 지역, 예컨대 중국 등지로 전해지면 전혀 다른 양식으로 묘사되는 것을 볼 수 있다. 같은 원리의 기계에 해당하더라도 중국의 도판은 훨씬 인상주의적이고, 교수적이기보다는 장식적이었으며, 기계의 작동 원리를 파악하기에는 부적절하였다(Edgerton, 1985). 한편 미호니는 에저튼이 르네상스에서의 기계 묘사의 새로운 기법이 그림만 가지고도 새로운 기계를 발명할 수 있게 하였으며 새로운 기계가 과학 혁명에 본질적 역할을 했다고까지 주장하는 경향이 있는 점에 대해서는 비판적이다. 그에 따르면 17세기의 수학을 지배한 것은 회화적 물리적 직관과는 거리가 먼 대수적 양식의 사유로서, 예컨대 갈릴레이의 도해는 원근법 구성이나 물리적 대상의 재현과는 다른 새로운 재현 양식으로 이루어져 있다고 주장한다(Mahoney, 1985).

규칙은 다음과 같은 질문으로 요약된다. "만일 A가 B에 비례하고 C가 D에 비례하며 A와 B와 C가 주어져 있다면 D는 얼마인가?" 말하자면 산술적 비 간의 동등성을 뜻하는 것인데, 이 규칙은 교역뿐만 아니라 건축 설계와 회화에 부과되는 중심적인 원리로까지 부상되었다(Rotman, 1987: 16).

이 '3의 규칙'이 원근법을 촉진한 중요한 요소였을 가능성은 충분하다. 원근법은 가시적 세계의 비례적인 확장과 단축에 기초한 회화 체계이기 때문이다. 물론, 비례와 그것을 계산할 수 있는 능력만으로는 원근법의 체계를 확립하는 데는 불충분한 것이었고, 원근법은 모든 것들이 결정되는 하나의 투사점도 요구하였다. 그것이 바로 소실점이다. 이 점에서도 원근법과 자본주의 간의 친화성이 발견되는데, 원근법은 화면의 중심으로서의 소실점에 의거하여 가시적 세계의 대상들을 비례의 원칙에 따라 배치하기 때문이다.27 즉, 대상들은 소실점 및 다른 대상들과의 관계에 의해 그 위치가 결정된다. 따라서 이 추상된 공간에서 대상들은 자신들의 관계들 바깥에서 자기 자신의 내재적 가치를 가지지 못한다. 이것은 자본주의하에서의 교환 가치의 대체 가능성과 병행한다고 할 수 있다(Jay, 1993: 59).

이상의 상업 자본주의적 측면과 더불어, 생산의 측면에서 자본주의와 원근법의 친화성을 찾아볼 수도 있다. 앞에서도 언급했듯이 이 시기 이탈리아에서는 생산에서 분업과 기계화가 점진적으로 발달하기 시작하였다. 생산 관계에서의 이러한 변화와 원근법 간에 발견할 수 있는 친화성의 실마리를 골드슈타인은 르네상스 시대 공간 개념과의 연관성에서

---

27. 이 소실점이 인도 수 체계에서 자기 자신은 기호로서의 다른 수들의 부재를 나타내는 기호이면서 수들의 계산 과정을 출발시키는 기원이기도 한 0과 같다(Rotman, 1987: 16~7)는 것은 앞에서도 언급하였다. 이러한 점에서 인도 수의 0과 회화 공간에서의 소실점은 일종의 메타 기호에 해당하는 것이며, 로트만은 이러한 관점에서 르네상스 시대에 도입되거나 고안된 0과 소실점, 그리고 금과 같은 외적 준거체를 필요로 하지 않는 '상상적 화폐'를 연결시킨다. 물론 중앙 은행에서 발행하고 평가 절하나 평가 절상과 같은 불안정성을 담고 있는 은행권으로서의 화폐나 수표는 중상주의 국가들에서 본격화된다. 중상주의 시대 중앙은행들은 금에 준거하지 않는다는 의미에서 '상상적인' 동전을 발행하였다(같은 책: 24~5). 그러나 이탈리아 도시국가들에서도 재정의 영역에서는 이미 르네상스 시대에 공채를 발명하였고, 상인들은 어음을 발행하였다(Braudel, 1995: 746 등 참조).

찾는다(Goldstein, 1988). 앞 장에서도 검토하였듯이 신학에서 무한한 공간 개념이 등장한 이후 르네상스 시대에 — 특히 원근법에서 — 무한하고 동질적인 공간 개념이 확립되는데, 이것은 17세기 이후 수학과 물리학에서 개념화된 공간과 같은 것이다. 갈릴레이에게서 확립되는 이 물리적 공간은 기계론의 공간이며 상품 생산 사회와 밀접한 관련을 갖고 있다. 상품 생산 사회에서 자연은 대상이며, 공간은 진공으로 개념화된다. 이 세계는 무한하고 기계론적인 세계이다(같은 책: 36).[28] 골드슈타인이 확인

---

28. 골드슈타인은 원근법에 관한 해석자들 중에서 가장 마르크스주의에 충실한 면모를 보여 준다. 그는 르네상스 시대 원근법이나 음악, 시작법 및 연극 등과 자본주의적 생산 관계 간의 연관성을 검토함에 있어 마르크스와 엥겔스에서 나타나는 개념 형성에 대한 이론에 충실하기 위해 노력하고 있다. 그는 기계론적인 공간 개념과 관련하여 마르크스주의자들의 여러 입론들을 검토하고 있다(Goldstein, 1988: 36~62). 프란츠 보케나우 Franz Borkenau 는 기계론적 세계상은 고도의 분업이 이루어진 생산 과정을 모델로 하고 있으며, 역학은 매뉴팩처 *manufacture* 의 과학이라고 주장한다. 매뉴팩처의 분업에서 부분들의 기계적 결합이 전체를 이루는 기계론적 사유가 유래하며, 질적으로 상이한 숙련 노동을 대체한 미분화된 비숙련 노동은 동질적이고 양으로 환원되어 계산될 수 있으므로 양화주의적 사유를 배태시킨다. 이에 대해 헨릭 그로스만 Henryk Grossmann 은 자본주의적 생산은 14~5세기 이탈리아에서 개시되지만 매뉴팩처 분업은 17~8세기에나 시작된다며 보케나우를 비판한 다음, 역학과 기계론적 철학은 생산 과정이 아니라 기계의 관찰에서 유래한다고 주장한다. 기계야말로 숙련 노동을 미숙련 노동으로 대체함으로써 동질적인 노동 개념과 연관된다. 게다가 그는 계산 가능성의 원리는 매뉴팩처가 아니라 교역의 영역에서 출현하여 생산으로 확장되며 13~4세기 이탈리아의 부기가 바로 이것을 보여 준다고 말함으로써 양화주의적 사유의 기원을 기계 관찰에서 다시 교역으로 이전시킨다. 크리스토퍼 코드웰 Christopher Caudwell 은 물리학을 부르주아 사회의 세계관과 연결시키면서, 물리학 / 철학, 기계론 / 관념론, 객관적 현실 / 주관적 현실, 인과성 / 자유 의지 등 부르주아 철학에서 상징되는 모순들은 생산의 조직 / 자유 시장, 노동의 탈조직화, 사적 소유 같은 자본주의 경제의 모순에 기초한다고 말한다. 그는 재산 관계가 기계론적 자연관 및 인간관을 낳았다고 주장하는데, 부르주아는 기계를 통해 자연을 인식하고 기계처럼 자연 바깥에서 자연을 지배하기 때문이다. 이 기계론적 자연관은 단순한 기계를 이용하는 상품 생산 초기 단계에서 유래하며, 이러한 기계론은 지배 계급에 특유한 환영이다. 칼 니에빌 Karl H. Niebyl 은 생산 비용을 절감하기 위해 작업 효과를 측정하려는 것과 양화주의적 사고가 연관되어 있다고 본다. 그에 따르면, 이 측정과 계산은 추상적으로만 이해될 수 있는 문제일 뿐만 아니라 사회의 일반적인 문제이기도 하였던 바, 이것은 노동력 절감의 문제가 제기된 같은 시기에 군사 영역에서 포탄을 효율적으로 발사하는 문제가 동시에 제기된 것을 보아도 알 수 있다. 아론 J. 규르비치 Aaron J. Gurewitsch 는 자연과 인간을 대립적으로 개념화하는 자연관은 사회 관계의 함수이며, 중세의 유기체적 자연관과 다른 이 기계론적 자연관은 테크놀로지를 이용한 상품 생산에 기초한다고 주장한다. 피터 루벤 Peter Ruben 은 물리학의 물체 개념이 단순 상품 생산에 의존한다고 본다. 여기서는 자연이 대상으로만 인식되며 대상은 죽은 사물로서 물체이기 때문이다. 그러나 고전적인 부르주아적 자연관은 오히려 상업 자본주의의 결과이다. 특히, 17세기 매뉴팩처에서 실현된 부르주아적 상업 자본주의는 객관화 과정의 고도 단계를 보여 주는데, 거기서는 자연이 단지 대상에 그치는 것이 아니라 힘이 행사되는 대상이기 때문이며, 이것은 물리학의 과제로서의 '아는 것이 힘이다'라는 모토에 반영되어 있다. 세계관이나 이론, 개념의 형성 과정이 현실로부터의 추상 과정이라고 할 때, 골드슈타인이 보기에 마르크스주의 분석에서의 이러

하는 르네상스 및 원근법 공간의 특징인 양화와 동질성, 그리고 무한성과 3차원성은 새로운 생산 관계에서의 추상이다. 동질성 개념을 전제하는 물리적이고 무한하며 양화가능한 공간은 노동이 동질화되고 계산 가능하며 양화되는 생산 관계를 반영한다. 특히 기계의 도입과 분업에 따른 노동의 사회적 동질화에서 유래하는 동질성 개념은 새로운 과학 구조가 의지하는 개념이며 정치적 평등이라는 새로 부상하는 계급의 관점을 표현하는 것이기도 하다. 한편 무한성 개념은 새로운 생산 관계의 확장에 따른 유기적 공동체의 해체와 개인의 등장을 반영한다. 개인, 특히 재산 소유자의 자유로운 운동과 시공간상의 위치의 불확정성, 그리고 서로에 대한 관계에서 누구도 특권을 주장할 수 없는 분업적인 생산 과정이 무한한 공간 개념이 형성될 수 있는 사회적 토대이다(같은 책: 63~78). 결론적으로 골드슈타인의 주장은 원근법은 자연력에 의해 가동되는 단순한 기계들을 이용하는 분업 생산의 시작을 반영하는 재현 양식이라는 것이다. 노동과 인간이 동질화되고 양화되는 이 시기에 와서야 물리적 공간에 기하학의 추상적 관념을 적용하는 것이 가능하게 되었다. 이 때에야 그것은 경험과 일치하기 때문이다(같은 책: 135).

2) 소실점 기능의 변화: 인간에서 주체로

합리성 외에 원근법과 자본주의 간의 친화성을 추측해 볼 수 있는 또 다른 고리가 있는데, 바로 현대성의 또 하나의 주축 원리로서의 주체가 그것이다. 이미 검토했듯이 현실을 보는 새로운 방식으로서 원근법은 보는 주체의 중심성을 내장하고 있다. 파노프스키가 다시 한 번 확인해 주듯이, 바로 이 주체성이 르네상스의 원근법을 고전적인 고대성 및 중세와 구별시켜 주는, 세계에 대한 현대적인 개념화이다(Panofsky, 1955: 99). 파노프스키에 따르면 이것은 예술가가 고려해야 하는 세 가지 측면에서 나타

한 차이들은 자본주의적 생산 관계의 어느 단계에서 추상이 발생하는가, 그 추상이 어떤 측면을 표상하는가 판단하는 데에서의 차이에 기인한다.

난다. 유기적 운동의 영향, 원근법적 단축의 영향, 보는 자의 시각적 인상에 대한 고려. 그에 따르면, 이 세 가지 변이 요인들은 한 가지 것을 공유하고 있는 바, 그것들은 모두 주관성에 대한 예술적 인지를 전제한다는 것이 그것이다. 유기적 운동은 예술적 구성의 계산에 재현되는 것의 주관적 의지와 주관적 감정들을 도입한다. 단축은 예술가의 주관적인 시각적 감정을 도입한다. 그리고 올바르게 보이는 것에 맞도록 올바른 것을 변경하는 율동적인 조정은 잠재적인 관람자의 주관적인 시각적 인상을 도입한다. 최초로 이 세 가지 형태의 주관성을 확인할 뿐만 아니라 형식적으로 정당화하고 합리화하는 것이 르네상스이다(같은 책: 98).

유기적 운동이 도입하는 '재현되는 것의 주관성'이란 그림 속에 재현되는 인간 형상의 차원에 관련된 것이며, 여기서 중요한 것은 신체의 비례이다. 미켈란젤로와 뒤러의 인간 신체 연구에서 알 수 있듯이, 르네상스 시대 인간적 비례는 예술 생산의 전제 조건이며 소우주와 대우주 간의 조화의 표현이었고 미의 합리적 기초였다. "인체의 비례들은 음악적 조화의 시각적 실현으로서 찬양되었다. 그것들은 일반적인 산술적 또는 기하학적 원리들로 환원되었다"(같은 책: 91). 그러므로 르네상스 시대 원근법이 내장한 주체의 원리는 곧 합리화의 원리이기도 하였다. 재현되는 인체의 비례뿐만 아니라 그림을 그리는 화가의 시각 차원 및 관람자의 시각 차원 역시 합리화에 입각하고 있다는 것은 지금까지 살펴본 대로이기 때문이다. 즉, 원근법에서 합리성과 주체성의 결합은 이 세 가지 차원에서 모두 이루어졌다.

르네상스에서 이 주체의 중심성은 한편으로 예술가의 주관적 경험을 주장한다. "먼저, 보는 눈이 있다. 두 번째로, 보이는 대상이 있다. 세 번째는 전자와 후자 간의 거리가 있다"는 뒤러의 말처럼 예술 작품은 특정한 순간에 특정한 시점에서 특정한 사람에 의해 관찰되는 우주의 절편 *segment* 이다(같은 책: 278). 다른 한편으로 르네상스에서 그것은 관람자의 중심성을 의미하며, 이것 역시 르네상스 인문주의의 표현이다. "브루넬레스키의 두 패널에서 중요한 역할을 수행했던, 그림에 대한 관계에서의 관람자의 새로운 역할은 알베르티의 논문을 통해서도 강조되며 그 시대의 성장하는 인문주의를 반영한다"(White, 1967: 122). 알베르티에 따르면 사물들의 모든 외관은 상대적이며 인간은 그 자신이 척도가 되는 회화적 세계의 관찰자로서 중심적인 위치에 있다.

하나의 중심 시점을 가진 원근법에서 인간이 우월한 중심적 위치를 점하는 것은 자본주의 아래 발전한 새로운 형태의 사유 재산 제도에서 자라난 개인주의의 반영으로 볼 수 있다. 여기서 세계의 척도로서 인간의 모델은 개인적인 기업가이며, 이들은 자기 자신의 독자적이고 합리적인 결정과 분석에 의지한다. 개인적인 재산 소유자, 기업가로서의 르네상스의 '인간'은 자기 자신과 자연에 대한 합리적인 통제의 증대를 초래한다. 힘, 용기, 의지 등을 의미하는 '비르투 *virtù*'는 바로 이러한 인간의 자기 의존을 표현한다. 반면에 우연, 행운을 의미하는 '포르투나 *fortuna*'는 경쟁으로 인한 성공과 실패 등 시장이 개인에게 행사하는 영향력을 인간이 알 수 없고 통제할 수 없는 무능력을 표현하는 것이다. 말하자면 이 두 덕목은 시장의 작용이 개인에게 나타나는 방식과 그것을 통제하려는 개인의 의지를 표현하는 방식이다(Goldstein, 1988: 81~3).

르네상스 시대 철학에서는 인간이, 미술에서는 초상화가, 문학에서는 사실주의적인 캐릭터가 등장하는 것은 바로 이러한 부르주아적 개인주의에 기초한 것이다. 최초의 현대적 자서전이라 할 수 있는 벤베누토 첼리니의 자서전은 1545년에 쓰여졌고, 이미 15세기에는 자화상들이 나오기 시작했다. 이것들은 개인적 자아, 사적인 자아의 표현이다(Romanyshyn, 1989: 70).[29] 르네상스 시대 이러한 개인주의의 발흥은 자본주의 시장 및 소유 제도와 밀접히 연계된 정치 형태와도 상관이 있다. 독특한 제도로서의 도시 국가와 그 공화제적 정부 형태는 개인성을 발전시키고 계층 간의 소통을 촉진하며 새로운 사유와 세계관에 대한 관용과 수용을 용이하게 했던

---

29. 르네상스 이탈리아에서의 이러한 개인 의식의 발달은 예술 후원자의 헌납자에서 수집가로의 변모, 길드에서의 예술가들의 해방과 천재 개념의 발생 및 독창성에 대한 의지 등을 야기하였다. 후원자의 변모와 예술가의 변모, 이 두 가지 측면은 상호 보완적인 것이었다(Hauser, 1980: 46~81 참조).

것이다(Edgerton, 1975: 32~3).[30]

그런데, 앞장에서 논의하였듯이 원근법 체계는 사실상 구체적인 개인으로서의 인간보다는 텅 빈 형식으로서의 주체를 규정한다. 그리고 이것이 원근법이 현대성의 주체를 생산하는 이유이다. 또 원근법적 시각은 이미 신체의 눈으로부터 추상된 시각이었고, 바로 이것이 17세기 이후 서구 인식론의 지배적인 시각 모델로서의 마음의 눈과 친화성을 갖는 이유라는 것도 살펴보았다. 그러나 르네상스 사회는 아직 이러한 주체 개념에 도달하지 못한 사회였다. 이 '현대성의 주체' 개념은, 역시 르네상스 사회는 아직 개념화할 수 없었던 '무한한 공간의 중심'이라는 관념과 결부되어 있는 것으로서, 서구에서는 17세기까지 기다려야 했다. 따라서 브루넬레스키의 실험과 알베르티의 규칙이 사실상 데카르트적인 주체를 내장하고 있었을지라도, 그것이 당대 화가들에 의해 회화 공간에 직접 실현될 수는 없었다. 하지만 17세기에는 원근법 회화 공간이 구체적인 인간이 아니라 현대적인 주체와 관계 맺는 것을 살펴볼 수 있다. 이것은 소실점 기능의 변화로서 나타난다. 간단히 말해서, 르네상스 이탈리아 사회에서 화가들의 실천에 의해 생산된 원근법 회화들은 아직 구체적인 인간과 관계 맺는 반면, 17세기의 원근법 회화들 가운데서는 데카르트적인 텅 빈, 추상적인 주체와 관계 맺는 회화들이 출현함을 볼 수 있다.

이 소실점 기능의 변화는 원근법이 사회적 조건과 연관되어 있는 것임을 다시 한 번 확증해 준다. 왜냐하면 그것은 원근법의 재현 공간이 사회적인 인식의 질서가 변함에 따라 함께 변화했다는 것을 뜻할 것이

---

30. 만일 원근법이 부르주아 이데올로기와 친화성을 가진다면(Jay, 1988: 9), 이런 데 연유할 것이다. 기하학적 차원, 상징계적 차원에만 국한한다면 원근법이 곧바로 부르주아 이데올로기와 연관될 필연적인 이유는 없다. 부르주아 이데올로기가 개인주의로 특징지어진다면 원근법은 구체적이고 특수한 개인과는 상관없는 주체를 생산하기 때문이다. 그러나 주체성의 원리가 개인 의식이 탄생하고 촉진되는 원천이라는 의미에서 원근법은 역사적·사회적으로 부르주아 이데올로기와 친화력을 가진다고 할 수 있을 것이다. 이러한 관점에서 원근법과 부르주아 이데올로기를 '직접' 연결시키는 데 반대하는 논의로는 Damisch, 1994를 참조하라.

기 때문이다. 즉, 인간에서 텅 빈 주체로, 또는 구체적이고 신체적인 개인에서 추상적이고 초월적인 주체로. 화가들의 구체적인 실천의 차원에서 원근법적 시각이 상정하는 주체성의 이 변화와 그것을 가능케 한 인식 질서의 이행은 자본주의적 생산 관계 및 교환 관계가 보다 본격화되는 것과 관련이 있어 보인다. 자본주의 체계의 범주들은 텅 빈 형식이기 때문이다. 마르크스는 ≪자본론≫의 대장정을 상품의 형식, 가치 표현의 형식(가치 형태)에 대한 분석에서 출발하고 있다(Žižek, 1989: 1장). 이것은 인간 역시 마찬가지인데, 자본주의 체계에서 인간은 더 이상 각자 상이한 성격과 경험들을 가진 구체적인 개인으로서 존재하는 것이 아니라 단지 생산 관계상의 위치에 의해서 정의될 뿐이기 때문이다. 자본주의의 인간은 상품이나 가치 및 여타 경제적 범주들과 마찬가지로 내용이 사상된 형식이다. 마르크스는 ≪자본론≫의 서문에서 "사람들이 문제되는 것은 오로지 그들이 갖가지 경제적 범주들의 인격화인 경우에 한해서이며, 특정한 계급 관계 및 이해의 담지자 *Träger*인 경우에 한해서이다"라고 선언하고 있다(Marx, 1987: 16).[31] 이러한 점에서, 데카르트의 코기토가 압축적으로 요약하듯 텅 빈 형식으로서의 현대성의 주체가 17세기에 등장한다는 것은 시사적이다. 마르크스에 따르면 "16세기 근대 세계 무역과 세계 시장의 형성으로부터 자본의 근대적 생활사가 시작되었"기 때문이다(같은 책: 175). 이렇게 본다면, 르네상스 시대의 자본주의는 '현(근)대적' 자본주의로서는 아직 충분히 발전하고 전면화되지는 못한 것이라고 할 수 있다. 따라서 15세기 르네상스 시대 이탈리아의 화가들이 브루넬레스키의 실험이나 알베르티의 규칙이 선취한 주체를 개념적으로 이해하고 실현할 수 없었던 것은 이러한 사회적 조건의 측면에서 충분히 이해가 가는 일이다.[32]

---

31. 이러한 시각은 Althusser & Balibar, 1979도 참조하라.

32. 이러한 시대적 한계의 제약이란 관점에서 보자면, 브루넬레스키나 알베르티도 예외는 아니었을 것으로 생각할 수 있다. 사실상 그들은 자신들의 실험과 체계화에서 자신들이 선취한 것을 정확하게 개념화하거나 표현하지 못한 것이라 할 수 있는데, 브루넬레스키가 자기가 시행한 실험 논증의 원리를 설명하거나 글로 남겨놓지 않은 이유가 이런 데 있었을 가능성에 대해서는 앞에서 언급한 바 있고, 알베르티에게 있

브루넬레스키의 실험과 알베르티의 규칙이 사실상 관람자의 신체를 하나의 눈으로, 그리고 하나의 점으로 환원시키는 과정을 내장하고 있음은 앞에서 검토하였다. 이것은 원근법 회화 앞에 서 있는 구체적인 개인으로서의 관람자의 신체를 비워 낸다는 것을 뜻한다. 따라서 원근법의 구성은 관람자의 물리적인 눈에 자신을 맞추지 않는다. 오히려 관람자의 눈은 원근법 회화 내적으로 구성된 소실점에 스스로를 일치시켜야 한다. 이것이 원근법의 구조가 데카르트적인 코기토적 주체를 생산하는 이유이다. 그리고 브라이슨이 지적하는 것처럼 바로 이것이 알베르티가 의도한 것이었다. 관람자의 눈의 위치와 화가의 눈의 위치를 일치시킴으로써 회화의 내러티브적 통일과 공간적 통일을 일치시키는 것이다. 그러나 르네상스 시대에 실제로 화가들에 의해 생산된, 단일 소실점 중심으로 구성된 회화들은 아직 이 탈육화된 주체의 구성을 성취하지 못하였다. 브라이슨에 따르면, 르네상스 시대 이미지들은 관람자의 신체에 직접 말을 거는 접근 통로를 제공하고 있었던 것이다(Bryson, 1983: 104).[33]

르네상스 시대 회화에서 원근법의 실천이 가진 이러한 면에 대해서는 라파엘로의 <성처녀의 결혼>(1504)을 예로 들 수 있다(그림 21).[34] 라파엘로의 이 그림은 내러티브적 정보의 통일과 공간의 통일이 서로 통합

어서도 역시 세계 및 회화 공간의 척도는 '인간에게 가장 잘 알려진 것,' 즉 '인간'이었다. 그렇지만 그들이 선취한 공간과 주체는 그들의 실험과 규칙 속에 실현되어 있다.

33. 이하의 논의는 본문의 주들에서 밝힌 것처럼 브라이슨(Bryson, 1983)의 논의에 크게 의지하고 있다.

34. 그의 그림 <아테네 학당>에서도 알 수 있듯이, 라파엘로는 원근법적 구성에 통달하고 있었다. 예컨대, 볼로냐에 있는 그의 그림 <성 세실리아의 황홀경>에서도 이것을 확인할 수 있는데, 그 그림을 처음 볼 때는 원근법의 효과를 감지할 수 없다. 그림 상단에 묘사된, 아래를 내려보는 천사들의 모습은 관람자의 눈을 끌어들이지 못하며 그림의 대부분을 차지하는 인물들은 전경으로 두드러져 있다. 이 그림은 깊이 효과를 방해한다. 그러나 다미시에 따르면 이 그림이 원래 제단화였다는 조건, 즉 관람자가 높이 걸려 있는 이 그림을 아래쪽에서 위로 올려다본다는 조건을 감안하면, 이 그림이 원근법 효과에 기여하고 있음을 알 수 있다. <성 세실리아의 황홀경>은 하나의 패러다임으로서의 원근법이 가장 눈에 보이지 않고 예기치 않은 곳에서도 작동하고 있음을 증명하는 사례이다. 실제로 15～6세기에 엄격하게 원근법적으로 구성된 것임을 분명하게 나타내는 작품은 생각보다 적다. 원근법은 개별 회화의 구성을 일일이 지도하는 측면(회화적 명제의 생산)보다는 회화의 제동 장치 또는 가이드로서 반성적이고 규제적인 가치를 가지는 측면이 더 큰 것이고, 이 때문에 더욱 지배적인 시각 양식으로서 기능하는 것이었다(Damisch, 1994: 23～6 참조).

그림 21. 라파엘로의 <성처녀의 결혼>

되어 있다는 점에서 알베르티적이다. 알베르티적인 회화적 구문에서는 그림의 정보들이 위계적으로 조직되기 때문에, 관람자가 그림의 독해 과정에서 조작할 수 있는 여지가 거의 없으며 주체 위치는 정보들이 그 중요성에 따라 배열되는 가운데 미리 규정되어 있다. 라파엘로의 그림은 내러티브적 구성이 이러한 알베르티적인 요구를 충족시키고 있다. 그럼에도 불구하고 공간적으로는 그림의 호명이 탈육화된 구두점적인 주체가 아니라 물리적으로 체화되어 있는 관람자에게 향해 있다(같은 책: 104~7).

알베르티 시대 회화에서 장면의 특징적인 형태는 건축학적인 것이다. 라파엘로의 그림에서 광장의 바둑판 모양의 바닥과 중앙의 건물은 기하학적인 구도의 공간을 구성한다. 장면의 이러한 건축학적 구성은 자신을 물리적 형태들의 다양한 배치 가운데 하나로 정의하는 데 익숙해져 있는 '바라보는 신체'를 제안한다. 공간적 연속성 속에서 관람자는 자신이 그러한 건축학적 공간 속에 신체를 가진 개인으로서 현존하는 것으로 느끼게 되는 것이다. 열린 광장과 같은 도시적 운동을 암시하는 이 실마리들은 운동선을 따라 추적되는, 즉 이리저리 오가면서 대상들을 측정하는 신체를 묘사하게 된다. 이것은 알베르티적인 중심 광선, 즉 시점과 소실점 사이의 선이 축 axis 으로서 기능하기 때문으로서, 중심 광선의 생산 속에서 관람자는 탈육화된 증인이 아니라 물리적 현존으로 정의되는 것이다.

이렇게 라파엘로의 그림에서 기하학적인 공간 구성은 분명히 관람자와 연속적인 공간을 형성하고 있다. 그림 앞에 있는 구체적인 개인은 자신의 신체 자체가 그 공간 속에 현존하는 것처럼 느낀다. 즉, 그는 그림 속에 불려 들어가 있다. 그러나 내러티브적 정보들의 구성은 반드시 그렇지는 않다. 이 때문에 이미지에 의해 제안되는 관람자는 이미지를 바라볼 단일한 지점이 주어지지 않는다. 라파엘로의 그림에서 기하학적 구도에 의해 규정되는 소실점은 분명히 기하학적 원형태에 가까운 중앙 건물의 열린 문, 화면의 중심을 차지하고 있는 이 입구에 위치하고 있다. 그러나 공간의 통일과 통합되어 있음에도 불구하고 내러티브적 정보의 중심은 아래에 있는 인물군의 중심, 즉 반지를 주고받는 손들의 닿을 듯 말 듯한 간격 또는 그 반지에 가 있다. 물론 그림에서 인물들에 의해 전달되는 내러티브의 통일된 공간을 규정하는 것은 기하학적으로 구성된 공간의 통일성이다. 내러티브 공간의 중심은 기하학적 공간의 중심, 배경의 건물 입구에 위치한 소실점에 의해 규정되어 있기 때문이다.[35] 이러한 의미에서 두 가지 통일성은 서로 통합되어 있지만, 공간적 연속성 속에서 물리적 현존으로 정의되는 관람자의 눈은 이 두 가지 통일성의 중심들 가운데서 동요한다.[36]

라파엘로의 이 그림에서 관람자가 자신이 그림의 공간 속에 현존하고 있다고 느끼는 것은, 다시 말해 이 그림이 텅 빈 초월적인 주체가 아

---

35. 이렇게 내러티브의 통일이 공간의 구성에 종속되어 있음은 내러티브 정보들의 배열에도 어느 정도 나타나고 있다. 내러티브의 중심에서 벗어나 있는, 그림의 좌우 양변에 있는 인물들은 정면으로, 즉 그림 앞에 있을 관람자의 방향으로 직접 눈길을 던지고 있다. 마치 관람자의 신체가 동일한 공간에 현존하고 있음을 내러티브 차원에서 보완하는 듯하다.

36. 다미시에 따르면, 그림의 기하학적 경제와 내러티브적 경제 간의 이러한 긴장은 여러 화가들의 그림에서 찾아볼 수 있다. 예컨대, 카르파치오 Carpaccio의 그림 <대사들의 영접>이나 <약혼자들의 이별> 또는 <성 조지의 승리>에서는 기하학적 소실점과 내러티브가 요구하는 공간적 중심이 일치하지 않는다. 장면의 원근법적 구성과 내러티브의 전개가 긴장을 발생시키고, 이 긴장은 기하학적 구성 극점과 상상적 구성 극점 간의 불일치에 의해 강화된다. 여기서 화가는 내러티브의 차원이 강조되도록 관람자에게 직접 호소하고 있다. <대사들의 영접> 같은 경우에는 내러티브를 전개하는 서사자로서의 화자가 그림 속에 직접 현전하면서 발화적 양식으로, 1인칭으로서 직접 관람자에게 호소하는데, 이것은 <약혼자들의 이별>에서 약혼자들의 맞잡은 손 바로 밑에 앉아 있는 수부와 상응한다. 이들이 내러티브를 전개시키면서 말을 건네는 대상은 물리적 신체를 가지고 현존하고 있는 관람자이다(Damisch, 1994: 405~19). 다미시는 브루넬레스키의 실험이나 우르비노 원근화 패널들과 카르파치오의 그림을 비교하고 있다. 특히, 카르파치오의 <대사들의 영접>과 같은 그림들은 구성에 있어 우르비노 원근화 패널들과 흡사하다. 그러나 우르비노 원근화들이 주체가 스스로를 구성하는 구도로서의 회화의 문제에 관련된 것이라면, 카르파치오의 그림은 극장과 같은 것으로서 주체보다는 이야기, 알베르티적인 이스토리아에 초점을 맞추고 있다. 그의 그림은 주체의 기하점과 내러티브에 의해 규정되는 주체의 상상적 위치 간의 불일치를 통해 이야기를 이끌어 낸다. 이러한 종류의 문제와 사유는, 특히 16세기 베네치아의 화가들을 계속 사로잡았다. 회화의 기하학을 분명히 함에 따라 15세기부터 화가들은 원근법 규칙을 고수하느냐 그것에 이의를 제기하느냐 하는 선택에 직면하였다. 그러나 그것을 무시할 수는 없었다. 뿐만 아니라 오히려 제한으로 보이는 원근법의 기하학적인 구성 규칙 바로 그것이 그림의 시학을 결정하는 요소이기도 하였다. 야콥슨은 <문법의 시와 시의 문법>에서 시에서의 문법의 역할과 회화에서 기하학에 기초한 구성 규칙 간의 역사적 유비를 설정한 바 있는데(Jakobson, 1989: 134~45), 화가들에게 기하학은 수학처럼 추상의 수준에 있는 것이 아니라 의미 생산의 수준에 있는 것이었다(Damisch, 1994: 419~25).

니라 구체적인 살아 있는 관람자 개인의 신체에 호소하는 것은 라캉식으로 말하자면 응시가 나타나고 있기 때문이다. 원근법에서 응시는 소실점에 위치한다. 대체로 이 소실점은 말 그대로 사라진다. 그것은 재현되지 않거나 사물 또는 인물에 의해 가려지기 때문이다. 그러나 라파엘로의 이 그림에서는 소실점 위치에서 응시의 존재가 뚜렷하다. 기하학적 소실점이 위치하는 배경 건물의 입구가 너무도 밝고 경계가 뚜렷하게 윤곽잡혀 있어서 관람자가 볼 때 그 입구가 자신을 응시하고 있는 듯이 느끼게 되기 때문이다. 이러한 의미에서 브라이슨은 원근법에서 중심 광선이 응시의 귀환을 구성한다고 말하는 것이다. 통상의 원근법에서 소실점이 재현되지 않기 때문에 이 응시의 귀환은 인지되지 않으나, 이 그림에서는 사정이 그렇지 않다. 소실점에 자리한 응시가 관람자의 응시를 자신의 대상으로서 되돌려 주고 있는 것이다. 배경 건물의 중심에 열려 있는 문, 즉 공백에서 응시의 원뿔이 나오고 있다. 그 응시의 위치는 내가 결코 점유할 수 없다. 관람자는 자신의 응시를 역전시킴으로써 그리고 자신의 응시를 지평선상에서 사라지는 점으로 상상함으로써 그 응시가 보는 광경을 상상할 수 있을 뿐이다. 하지만 그 문에서 나오는 응시는 사실은 부재이고, 인격적인 것이 아니라 비인격적인 배치일 뿐이다(거기서 관람자를 바라보는 존재는 없다. 응시는 상상되는 것이다). 응시는 관람자 자신을 그림으로 바꾸는 재현의 논리일 뿐이다. 따라서 관람자는 소실점의 응시 앞에서, 결국 자기 자신의 응시 앞에서 대상 또는 스펙터클이 된다. 단안적 원근법의 코드들이 작동하는 가운데 보는 주체는 '이' 공간 속에서 이미지에 접근하는 '이' 신체로 자기 규정을 창조하기 때문이다. 즉, 이 공간은 신체를 그 자신의 이미지 속에서, 측정될 수 있고 가시적이며 객관화된 단위로서 신체 자신에게 되돌려 준다. 그것은 보는 주체에게 그의 최초의 '객관적인' 정체성을 제공하는 형태를 응고시키는 것이다. 곧, 관람자는 상상된 응시의 대상으로서 자신의 신체의 현존을 인지하게 된다(Bryson, 1983: 106~7 참조).

따라서 이 단계 원근법의 공간에서 우리가 보는 것은 주체가 대상으로 변형되는 것이다.[37] 조금 있다가 살펴볼 것처럼 원근법과 소실점의 최종 형태에서 이미지에 의해 제안되는 주체를 위한 유일한 지점은 응시의 점, 신체를 폐기한 초월적인 시점이다. 그러나 르네상스 당대의 '현실에서 실현되던' 알베르티의 공간에서는 시각 경제의 특권화된 항 *term* 으로서 신체가 지속된다. 브라이슨에 따르면, 알베르티의 저서에서 화가가 장면을 관찰하는 지점(그림을 정초하는 지각)과 관람자가 이미지를 바라보는 지점(시점) 및 원근법의 선들이 수렴되는 지평선상의 지점(소실점)의 관계 문제는 미해결된 난제이다. 알베르티의 정식을 문자 그대로 해석하면 그 배열은 단순하다. 화가의 정초적 시각과 관람자의 시점을 중심 광선을 따라 대응시키는 것이다. 그러면 이미지를 바라보아야 하는 정확한 위치를 찾을 수 있다. 그러나 중심 광선 자체에 애매함이 있다. 중심 광선은 관람자의 응시라는 물리적 경험을 직교선의 공간을 가로질러 지평선상의 실제 소실점에 일치시키는 경험적인 실체인가, 아니면 그것을 중심으로 해서 이미지의 공간이 단순히 수학적인 항들 속에 조직되는 이론적인 실체인가 하는 문제는 가장 알베르티적인 화가들도 풀지 못했다. 그들은 순전히 허구적인 소실점과 관람자에 의해 물리적으로 점유되어야 하는 지점 간의 관계 문제를 해결하지 못했던 것이다(같은 책: 107). 사실, 앞에

---

37. 르네상스 시대 원근법의 공간에서 이렇게 대상화의 측면이 존재한다고 해서 관람자의 자기 의식의 형성이 전혀 불가능한 것은 아니다. 르네상스는 무엇보다도 인간이 발견되던 시대이다. 구체적인 신체의 현전으로서의 관람자는, 사르트르의 시나리오에서처럼, 현전하는 것이든 상상되는 것이든 타자의 응시의 대상으로 화하는 순간 무에서 벗어나 자기의 존재를 의식하게 된다. 르네상스 시대 원근법 회화가 호소하던 구체적인 신체의 현전으로서의 관람자는 여기에 해당된다(하지만 이것은 상상적 상호 주관성의 차원이지 상징계 차원의 논리는 아니라는 점에서도 역시 정확한 의미에서의 '현대적' 주체 형성과는 아직 거리가 있다). 그리고 이 점이 르네상스 화가들이 계속 관람자의 위치와 시선에 준거하는 이유이고, 또 르네상스 시대 원근법의 시각 체제가 중세 성화의 시각 체제와 다른 점이며 이미 거기에서 탈피한 시각 체제로 파악할 수 있게 해 주는 점이다. 중세 성화의 시각 체제에서 관람자는 신(큰타자)의 응시에 대한 대상의 지위로만 축소된다. 역사적인 관점을 도입해서 본다면, 르네상스 시대 원근법의 공간에서 관람자가 응시의 대상으로서 신체로서 호명되고 현존하게 되는 것은 관람자가 완전히 대상화되어 버리는 중세 성화의 단계와 관람자가 텅 빈 초월적 주체로 구성되는 17세기 원근법 단계 사이의 과도기, 이행 단계라고도 할 수 있을 것이다. 특히, 여기서 집중적인 분석의 대상이 되고 있는 라파엘로의 그림이 종교적 주제를 다루고 있는 그림이라는 점은 이런 면에서 의미심장하다(물론 앞의 각주에서 거론된 카르파치오의 그림의 예가 잘 보여 주듯이 이상의 논의가 종교적 주제의 그림과 그 시각 경제에만 적용된다는 것은 아니다).

그림 22. 마사치오의 ＜삼위일체＞

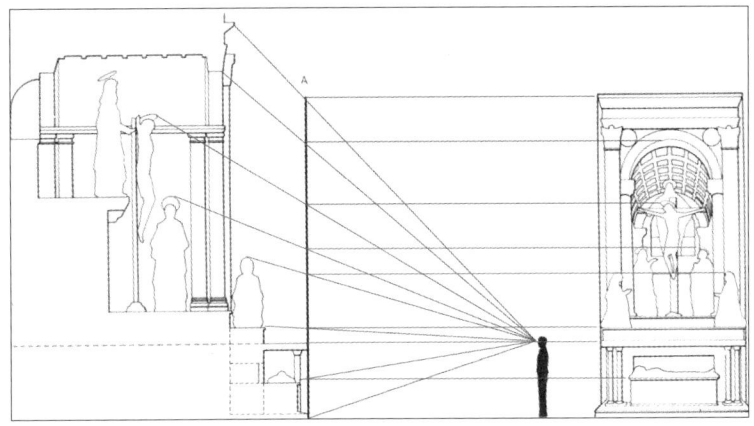

그림 23. <삼위일체>의 경험적 원근법의 공간 구성(공간 효과)

출처: D. Piper, *The Illustrated History of Art*, New Jersey: Crescent, 1995, p.105

서 살펴본 것처럼 알베르티의 정식화는 소실점이 실제 관람자의 시점에
준거해서 설정될 필요가 없다는 사실을 내장하고 있었다. 그 소실점은
무한한 공간의 텅 빈 중심이었기 때문이다. 그러나 이러한 관념은 르네
상스 당대인들에게 개념적으로 이해될 수 없었고, 이것은 알베르티 자신
도 마찬가지였던 듯하다(인문주의자인 그는 계속해서 인간을 척도로 삼는다).

　최초의 원근법 회화로 불리는 마사치오Masaccio 의 <삼위일체>(1418)
를 보면, 이러한 난제에 따라 이미지가 경험적 원근법과 이론적 원근법의
두 지대로 분할되어 있음을 볼 수 있다(그림 22).[38] 이 그림에서 관람자의
눈 높이는 그림 속 헌납자들이 무릎꿇은 바닥, 즉 그림의 양끝 쪽에 꿇어
앉아 있는 인물들의 무릎 높이에 일치하며, 중심 광선에 의해 형성되는 이
각도에서 이미지는 소실점과 관람자가 실제로 점유한 지점을 결합시키고
있다. 이 시각 각도에 따라 성상은 크기가 확대되며 현실적인 공간의 깊이
감이 구축된다(그림 23 참조). 이 공간 효과는 보는 주체를 실제 신체적 현존

---

38. 마사치오(1401~28)의 이 그림은 1427년경에 그려졌다. 알베르티의 규칙이 체계화되기 이전이며, 브
루넬레스키의 실험(1425) 방법에 입각하여 그려진 것으로 보인다. 마사치오라는 이름은 '서툰 토마스'라는
뜻이라고 하는데(Gombrich, 1980: 209), 이 그림을 보면 요절한 이 젊은 예술가가 자신의 이름이 뜻하는
바와는 달리 천재였으며, 원근법의 원리를 정확하게 체득하고 있었음을 알 수 있다.

으로 가정하며, 이미지 내에서 크기들은 실제 경험적 크기에 상응하는 듯하다. 따라서 이미지의 호명은 직접적으로 신체적이다. 이렇게 하여 이미지 내부와 외부의 공간적 연속이 형성되며, 이미지의 자연스러운 경향은 눈속임 그림으로 기울어 있다(같은 책: 108).

그러나 동시에 또 다른 중심 광선이 물리적 축을 통해서가 아니라 비경험적인 좌표로서 사유되고 있는 듯한 현상을 볼 수 있는데, 이미지 속에 상상적인 두 번째 소실점이 포함되어 있는 것이다. 그것은 성모의 손에 의해 지시되고 있는, 그리스도상의 무릎 부분에 해당하는 석관의 윗면에 위치한다. 이 점은 관람자의 신체가 점유할 수 없는 점이다. 그래서 신의 머리는 현실 공간 속의 위치에서 보여진 듯 뒤로 약간 젖혀져 묘사되어 있지만, 그리스도의 몸은 그림 평면과 평행을 이루고 있다.

이렇게 이미지는 경험적인 원근법과 이론적인 원근법의 두 지대로 분할되어 있으며, 전자는 신체를 가진 관람자로서의 주체를, 후자는 탈육화된 초월적인 주체를 함축하고 있는 결과를 낳는다. 물론 이미지는 이 분할을 인정하기를 거부한다. 그러나 그 분할은 성모의 얼굴에서 표출되고 있다. 성모의 왼쪽 얼굴은 이론적인 소실점에 의해 정합되어 있으나 오른쪽 얼굴은 관람자의 경험적 시점에 따라 정합되어 있다. 성모의 얼굴을 왜곡시키는 이 충돌은 일차적으로는 공간적인 것이지만 동시에 보는 주체의 모순적인 정의들이 충돌하는 것이기도 하다. 주체는 '이' 공간의 '이' 신체임과 동시에 관찰하는 비경험적인 구두점(푼크툼 *punctum*) 이기도 하다(같은 책: 108~10).

17세기는 원근법이 정점에 도달한 시대이기도 하다. 브라이슨은 이 시기를 원근법의 제2 시대라고 부른다. 그것은 네덜란드의 얀 베르메르 Jan Vermeer 의 그림에서 전형적으로 볼 수 있다. 르네상스 시대 원근법 회화에서는 건축물이나 인물들의 몸짓, 자세, 표정 등이 관객을 향하고 있다. 그림은 보는 주체를 직접 부른다. 관람자는 부재하는 초점이며, 그림은 마치 조형적인 공간을 체현하고 있는 듯이 계속해서 그의 신체를 부른다. 그러나 이 신체에 대한 성찬식적인 호명은 라파엘로 시대, 즉 16세기에 들면서

그림 24. 베르메르의 <델프트시의 전망>

벌써 쇠퇴하고 있었다(같은 책: 111). 앨퍼스에 따르면 17세기 베르메르가
그린 <델프트시의 전망>(1660~1, 그림 24)은 전체를 파악하는 시점에서
조망하는 르네상스 이탈리아의 도시 전망 그림과는 다르다. 그 그림이 보
여 주는 것은 주목하지 않는 시각이며, 그림 속의 공간 체제는 아무것도
상연하지 않는다. 델프트시는 좀처럼 포착되지 않으며 "그것은 다만 바라
보기를 위해 거기에 있을 뿐이다"(Alpers, 1983: 27). 여기서는 명시적인 소실
점이 부재하며, 관람자는 연극에서의 청중이 아니라 기대되지 않는 현존
일 뿐이다. 알베르티적인 중심 광선은 화가의 정초적 지각과 관람자의 연
속성을 요구하지만, 베르메르의 그림에서 지각은 관람자 자신의 위치에서
검토되며 그는 그림의 뷰파인더 속으로 걸어 들어오도록 초대되지 않는
다. 말하자면 지각과 관람자 간의 비대칭이 존재하며, 눈속임 효과는 폐기

되고, 관람자의 신체와의 결속은 깨어진다. 이제 보는 주체는, 브라이슨의 표현에 따르자면, 실제 현존하는 신체적 존재가 아니라 기보점 *notational point* 또는 구두점, 비경험적인 응시로서 가정되고 있다(Bryson, 1983: 111~2)

베르메르의 그림 <화실의 예술가>(1665, 그림 25)는 푸코가 고전주의 시대의 재현에 대한 재현으로 규정한 바 있는 벨라스케스의 <시녀들>과 많은 면에서 공통점을 가지고 있다(Rotman, 1987: 41~42). 두 그림 모두 그림을 그리고 있는 화가를 그린 것으로서 그림 그리는 행위와 과정에 대한 반성으로서의 회화이며, 회화라는 재현 작업을 재현한 것이다.[39] 베르메르의 이 그림에서 관람자는 중심적인 기하학적 부재를 점유함으로써 '그림 속으로 들어가도록' 요청받는 관계에 있지 않다.

무엇보다도 르네상스 시대 원근법 회화들이 관람자의 물리적인 신체적 존재에 말을 걸던 시선들이 이 그림에는 부재한다. 그림 속에는 오히려 시각적으로 직접적인 부재들의 연쇄가 존재한다. 화가는 등을 돌리고 있기 때문에 관람자를 위치지우는 시선[40]이 있을 그의 얼굴이 부재한다. 이 시각의 부재는 눈을 내리깔고 있어 거의 감겨져 있는 듯 보이는 모델의 얼굴로 이어지며, 최종적으로 탁자 위의 하얀 데드 마스크로 이어진다. 이 부재들의 연쇄는 베르메르가 본다는 것 자체를 반성적으로 묘사하며 그것과 유희하고 있다는 것을 알려 준다(같은 책: 33). 따라서 베르메르의 그림에서 관람자와 화가는 동일한 연속선에 공존하지 않는다. 관람자는 화가의 신체와 결부된 지각장으로 들어가지 못하며, 화가의 신체를 바깥에서, 뒤에서 바라볼 뿐이다. 이것은 물리적 현존으로서의 관람자를 배제한다는 것을 뜻하며, 이미지는 따라서 하나의 관찰점 주위로 응집되지 않는다(Bryson, 1983: 114).

이것은 그림 속의 표면들과 기호들 수준에서도 확인된다. 그림 표면이 하나의 경험적인 시점에 종속된다면, 시점에 가까운 대상은 초점이

---

39. 의미심장하게도 베르메르의 이 그림은 <회화의 기예>라는 제목으로도 알려져 있다. 다른 한편, 벨라스케스의 <시녀들>에 대해서는 이 장의 3절 1)을 보라.

40. 그림 속의 바로 그 화가의 시선을 말한다.

그림 25. 베르메르의 <화실의 예술가>

뚜렷한 반면 멀리 있는 대상은 상대적으로 흐릿해질 것이다. 그러나 베르메르의 그림에서 표면들은 일관성 없이 제각기 상이한 수준에 있는 듯이 제시 된다.[41] 벽에 걸린 커다란 지도의 세부는 일 대 일 동형성에

---

41. 원근법 회화가 경험적인 시점에 따라 가까운 대상의 초점은 뚜렷한 반면 멀리 있는 대상은 흐릿해지는 구도를 반드시 엄격하게 고수하지 않은 점은 르네상스 시대에도 많이 발견된다. 르네상스 시대 회화에서도 그림 표면의 모든 부분들의 초점이 동등하게 뚜렷한 경우를 많이 볼 수 있는데, 이 점에서 경험적인 관람자 신체를 호명하는 모습을 찾아볼 수 있는 르네상스 회화에서도 역시 원근법적 시각 양식의 핵심 기능, 즉 소실점은 비경험적이고 초월적인 주체를 구성한다는 사실이 (화가들이 잘 인지하지 못한다 하더라

의해 정확히 복제되고 화가의붓놀림의 흔적은 은폐되어 있는 반면, 천정에서 늘어진 샹들리에의 반사면은 액체같이 투명한 색조를 띠면서 지도의 전사나 일 대 일 대응과는 어울리지 않는 타원형의 기법과 화가의 붓놀림을 과시한다. 지도 가장자리를 장식하고 있는, 그의 <델프트시의 전망>을 닮은 도시들의 지형학적 조망 그림들은 지도 제작의 충실한 기록과는 불연속적인 전사 수준을 지시한다(같은 책: 114). 말하자면 베르메르의 이 그림에서는 초점 배열이 일관적이지 않으며, 이미지 속에 존재하는 다양한 표면들은 정확한 수준의 전사와 간결한 수준의 생략 및 단순화(대표적으로 옷의 결이나 커튼의 결)를 병치하고 있다. 지도가 정확히 재현되고 샹들리에 표면의 볼록한 반영이 묘사되는 동시에, 커튼의 결은 대상을 재현할 때 수반되는 붓질과 같은 실천의 차원, 기표의 작업을 과장되게 극화한다. 네덜란드의 '무시무시한' 리얼리즘의 전통에도 불구하고, 이렇게 텍스트와 메타 텍스트, 기호와 메타 기호들이 불확실한 관계 속에 결합함으로써 베르메르는 그림 그리는 행위, 재현 작업 자체를 극화하고 있는 것이다(같은 책: 115~6). 이런 점에서 베르메르의 그림 자체를 하나의 기호라고 한다면, 그것은 그림 기호들에 대한 기호, 그 자체가 하나의 메타 기호라고 할 수 있다(Rotman, 1987: 34~6).

이 표면들의 다원성, 국지적 전사들의 다원성으로 인해 이미지를 물리적인 하나의 시점에서 보는 것이 불가능하다. 따라서 그림 속에 화가가 묘사되어 있음에도 불구하고 이 그림을 그린 화가는 보이지 않는다(그림 속의 화가도 우리에게서 등을 돌리고 있다). 르네상스 원근법 그림들에서는 화가의 시점과 관람자의 시점을 동일시할 소실점이 있겠으나, 여기서는 이 그림을 그린 화가는 동일시할 소실점을 통해 추적될 수 없고, 따라서 그림은 다중적인 시각에서 보이게 된다. 뿐만 아니라 그는 이 그림을 그리는 행위에서 자신의 시각적 현존성을 추방하기까지 한다. 빛과 화실의 사물들을 반사하고 있는 샹들리에의 표면은 그러나 정작 화가의

도) 여전히 관철되고 있거나 적어도 공존한다는 것을 알 수 있다.

모습은 비추지 않는다. 이것은 두 세기 전 북유럽의 화가 얀 반 아이크 Jan van Eyck 의 그림 <아르놀피니의 약혼>(1434, 그림 26) 속의 거울이 증인으로서의 화가의 모습을 보여 주고 있는 것과는 대조적이다.[42]

이렇게 하여 베르메르의 그림은 구체적이고 신체적으로 위치지어지지 않는 주체성, 부재하는 관념적인 주체를 제공한다. 말하자면, "이미지에 의해 상정되는 관람하는 주체는 만질 수 있는 공간 속에 어떤 존재치도 갖고 있지 않다. 그림이 그 누구에 의해서도 그려지지 않았고(보여지고 있는 것을 어떤 미술가가 어떤 화실에서 그렸는가?) 경험적인 기원을 결여하고 있음(이미지의 '실시간 *real time*'은 무엇인가?)에 따라 그림은 관념적인 것으로, 기보적인 것으로, 하나의 수학적인 허구로서 받아들여질 것이다. 관람자는 화폭에서 이리저리 거리를 두고 온갖 지점들에서 시도할 수 있지만, 이미지는 결코 그 위치들과 거리들을 중심으로 단일하게 또는 계열적으로 정합되지 않을 것이다"(Bryson, 1983: 116).

17세기에는 이렇게 하여 원근법의 응시의 공간에서 시각이 화가 및 관람자의 신체적 주형과 결별함으로써 주체는 하나의 점이 되는 것을 볼 수 있다. 베르메르의 그림은 바로 이것을 보여 준다. 이 시각의 탈육화는

---

42. 곰브리치는 15세기에 그려진 반 아이크의 이 그림을 두고 역사상 최초로 미술가가 진정한 의미에서 완전한 증인이 되었다고 말한다. 곰브리치는 반 아이크가 이론적 원리가 아니라 세부의 치밀한 묘사를 통해 원근법에 도달했다고 평하는데, 증인으로서의 미술가를 현실을 눈에 보이는 그대로 전달하고자 하는 시도들의 흐름에서 파악하고 있다(Gombrich, 1990: 216~21). 더구나 반 아이크는 공증인과 같은 위치에 있는 자신을 묘사한 듯하다. 그는 그림 속 거울 바로 위에 라틴어로 "얀 반 아이크가 이 자리에 있었다 *Johannes de Eyck fuit hic*"라고 써 놓고 있다. 다미시는 반 아이크의 이 거울이 당시의 사회적 규약, 즉 '증인은 한 사람으로서는 부족하고 두 사람 이상이어야 한다'는 규칙을 담고 있다고 본다. 거울에는 아르놀피니와 그의 신부 및 증인으로서의 화가인 반 아이크 자신뿐만 아니라 문 가에 서 있는 또 다른 한 사람이 비치고 있기 때문이다. 다미시는 반 아이크의 이 거울이 내포하고 있는 '두 사람 이상의 증인' 규칙을, 거울을 이용하고 있는 브루넬레스키의 원근법 실험이 두 사람 이상에 의해 두 번 이상 되풀이될 수 있기 때문에 논증력을 갖추고 있음을 증명하는 것과 관련시키고 있다. 즉, 브루넬레스키는 <아르놀피니의 약혼>의 화가처럼 증인이 된다(Damisch, 1994: 130~1). 한편, 앨퍼스는 거울 위에 반 아이크가 써 놓은 글을, 세계에 대한 주체와 그의 시각의 선차성을 부정하고 극도의 리얼리즘을 생산하는 네덜란드 회화에서는 이미지의 자율성이 극대화되며 따라서 그림이 내러티브를 담을 때는 거꾸로 그림 속에 글을 직접 새겨 넣음으로써(만화에서의 말풍선에 비견될 수 있는 일종의 캡션) 텍스트와 이미지를 직접 병치시키는 북구의 전통과 연계시켜 논하고 있다(Alpers, 1983: 5장; 반 아이크에 대해서는 178~80).

그림 26. 얀 반 바이크의 < 아르놀피니의 약혼 >

또한 지속 *durée* 으로서의 실천(그림 그리는 행위와 보는 행위)의 실시간과의 결별을 의미한다. 그러므로 원근법의 회화를 응시의 회화라고 할 때, 그것은 경험적으로 불가능한 순간의 기록이다. 브라이슨의 표현에 따르면, <화실의 예술가>는 시간적 지속과 공간적 연장 바깥에서 기능하는 기보적 점의 계산적 공간 속에 르네상스 공간의 신체적 호명을 녹여 버리며, 이제 불연속적이고 탈육화된 신체들이 큰타자의 응시 아래 공간적 이격성 속에 움직인다(같은 책: 117). 이렇게 하나의 관념적인 기보점 또는 구두점이 된, 따라서 말 그대로 사라진 소실점은 이제 물리적으로 현존하는 신체적 주체에게 말 거는 것이 아니라 자신을 중심으로 한 그림의 내적 구성 속에서 신체 없는 텅 빈 현대성의 주체를 구성하는 것이다.[43]

한편, 르네상스 이탈리아와 17세기 네덜란드에서 확인되는 이 두 가지 원근법 공간 및 주체들 사이를 매개하는 형태를 찾을 수 있는데, 그것은 베르메르와 동시대, 같은 네덜란드의 피에터 샌레담 Pieter Saenredam 의 그림에서 발견할 수 있다. 이것을 살펴보기 위해선 프랑스의 비야토 Viator 가 다듬은 원근법 규칙을 고려할 필요가 있다. 알베르티의 규칙에 대한 북유럽의 대답은 16세기 비야토가 공식화한 거리점 방법이었는데, 이것은 점 대 점 투사에 의거한 것이었다.[44] 비야토가 강조한 것은 그림 속에 있

---

43. 대상 세계와의 관계에서 탈육화된 주체는 여전히, 혹은 탈육화되었기 때문에 오히려 더 중심적인 주체이다. 이 중심 = 주체는 응시, 곧 기보점 또는 구두점으로서의 소실점인 바, 들뢰즈의 표현을 빌리면 이 단계에서 "중심은 순수히 광학적인 것(*purely optical*; 순수히 시각적인 것)이 되었다"(Deleuze, 1989: 143). 들뢰즈는 미셸 세르 Michel Serres 를 따라 17세기를 고전주의라기보다는 바로크로 규정했는데, 그 (와 세르)에 따르면 바로크는 고전주의와 분리될 수 없으면서도 고전주의와는 다르다. 진리 개념이 위기를 겪는 바로크에서는 모든 (외적) 중심이 붕괴된다. 하지만 바로 이 순간 중심은 복구되는데, 그러나 심대한 변동을 대가로 치른 복구가 일어나며, 그 변동이 바로 중심이 순수히 광학적인 것이 된 것이었다. 즉, "점 *point* 은 시점 *point of view* 이 되었다"(같은 곳). 그에 따르면 이 시점은 항상적인 것이지만 단순히 불변하는 대상들에 외재하는 시점이 아니라 동일한 사물의 변형으로 제시되는(그가 말하는 '생성 *becoming*') 상이한 대상들에 항상 내적인 것이다. 사영 기하학과 조망주의 *perspectivism* 는 바로 여기에 기초한 것이다(같은 책: 143~4).

44. 비야토라는 이름으로 알려진 프랑스의 사제 장 펠러랭 Jean Pélerin 은 1505년 ≪인공 원근법 *De Artificiali Perspectiva*≫을 출간한다. 비야토의 원근법 구성에 대해서는 Ivins, 1973을 참조하라. 비야토의 방법은 지아코모 바로치 다 비뇰라 Giacomo Barozzi da Vignola 가 1583년에 출간한 ≪원근법 실천의 규칙 *Le due regole della prospettiva practica*≫에 실린 도해를 통해 잘 살펴볼 수 있는데, 이것에 대해

는 내부적인 관람자의 존재이다. 앨퍼스(Alpers, 1983: 53)에 따르면 비야토는 시각을 '불타는 거울처럼 빛을 반사하는 움직이는 눈'으로 정의하며, 재현은 이 시각을 복제한다고 가정한다. 그리고는 눈의 점 *the eye point* 을 그림 앞에 거리를 둔 지점이 아니라 그림 표면 상에 위치시키는 데까지 나아간다. 그 표면에서 그것은 그림 속에 눈의 수준을 표지하는 지평선을 결정한다. 이리하여 관람자의 눈과 그것이 관계되는 단일의 중심적인 소실점은 그림 내부에 그 짝을 가지게 된다. 앨퍼스에 따르면 그 점들은 관람자가 위치해 있던, 그림에 선행하는 장소의 기능(함수)이 아니라 보여지는 세계의 기능(함수)들이다. 즉, 이 점들은 외부의 관람자에 준거하는 것이 아니라 작품 속의 사람과 대상들에게 준거할 뿐이다.[45] 이 그림 속의

서는 Alpers, 1983: 56의 도판을 보라.

45. 앨퍼스는 17세기 네덜란드 회화와 르네상스 이탈리아의 원근법을 근본적으로 대비되는 것으로 이해한다(Alpers, 1983). 그녀는 르네상스 이탈리아의 알베르티적 원근법의 특징을 세계에 선행하는 화가 및 관람자에 의한 구상으로서의 회화 구성, 전체적이고 통일된 조망과 그것을 가능케 하는 시점의 추구, 내러티브의 관류 등으로 규정한다. 반면에 그녀가 '묘사의 예술 *the art of describing*'로 규정하는 17세기 네덜란드 회화는 세계에 선행하는 틀의 부정, 파편화된 조망, 특권화된 시점의 폐기, 도시의 전망화나 정물화에 묘사되는 반짝이는 대상 표면 등에서 볼 수 있듯이 관람자가 장면 속으로 들어가는 것의 거부, 그녀가 사진과 연결되어 있다고 보는 극단적인 리얼리즘, 내러티브의 부재 등으로 특징지어진다. 앨퍼스는 이것이 대상 세계를 통제하려는 것이 아니라 세계는 바라보여질 뿐이라는, 회화를 단지 가시적 세계의 관찰과 기록으로 한정하는 당시 네덜란드의 관점에서 기인하며, 이것은 그림을 망막 이미지에 비유한 케플러의 광학, 보는 것이 지식을 획득하는 길이라는 네덜란드 지식인들 및 지도층의 지배적인 인식과 그것이 연유한 베이컨의 경험주의 전통 등과 연계되어 있다고 본다. 선이나 구도가 아니라 표면들에의 강조가 알베르티적 원근법과 네덜란드 회화를 구별시켜 준다는 것이다. 그녀는 네덜란드 회화가 원근법에 망막상의 시각적 경험을 부가한 것이라는 전통적인 견해에 대하여 비판적이다. 네덜란드 회화의 '무시무시한' 리얼리즘의 특이성은 메를로퐁티나 롤랑 바르트도 언급한 바 있다. 네덜란드 회화가 르네상스 이탈리아의 원근법과 많은 점에서 다른 것은 사실이다. 그러나 네덜란드 회화를 원근법 자체 또는 원근법에 기초한 시각 양식 자체와 근본적으로 다른 것으로 간주하는 것은 너무 일면적인 것으로 보인다. 베이컨의 경험주의 역시 현대성의 중심적인 축일 뿐만 아니라 그녀가 르네상스 이탈리아와 구별하는 여러 가지 특징들 역시 원근법이 내장하고 있던 현대성의 원리와의 연속과 불연속의 교차 속에 파악될 수 있다. 이 '묘사의 예술'을 데카르트적 원근법 체제에 대한 대안적 시각으로 인정하는 마틴 제이 역시 이 예술이 소유의 관념과 연계되어 있을 수 있다는 점을 들어 유보 조건을 달고 있다(Jay, 1988: 1993). 로트만은 네덜란드 회화 및 북유럽의 비야토 원근법과 알베르티의 규칙은 구별됨에도 불구하고 동일한 원근법 체계 생산에 전유될 수 있다고 보며(Rotman, 1987: 39), 브라이슨 역시 베르메르의 그림을 원근법의 제2 시대로 규정하고 있다(Bryson, 1983). 곰브리치의 평가에 의하면, 17세기 네덜란드 화가들이 가시적 세계의 순수한 아름다움을 발견하는 가운데 모색했던 것은 주제가 없어도 그림이 될 수 있다는 새로운 발견을 향한 길이었으며, 베르메르의 그림은 사실상 인간이 들어 있는 정물화이다(Gombrich, 1994, 下: 419~22). 전체적으로 볼 때, 네덜란드

그림 27. 피에터 샌레담의 ＜하를렘의 성 바보 교회의 내부＞ (1660)

짝이 직접 형상화된 것을 샌레담의 그림들에서 찾아볼 수 있다(그림 27).

샌레담은 교회당의 내부를 그린 여러 그림들 속에 원근법적 지평선을 위치시키는 '눈의 점'을 직접 표시하거나, 교회당 내부의 거대한 공간

회화의 특이성과 그것이 르네상스 이탈리아의 회화와 구별되는 차이를 인정해야 한다. 하지만 원근법적 시각 양식 일반과의 근본적인 단절이나 차이로 규정하는 것은 신중을 기해야 할 것으로 판단된다.

에 비해 아주 작은 크기로 묘사될 수밖에 없는 작은 인물들을 그림으로 써 눈 높이의 점을 직접 표시하고, 경우에 따라서는 그런 그림 속 인물의 시선이 그림을 보는 관람자의 눈이 주목하기를 바라는 그림 속의 어떤 대상에게 향해 있도록 묘사하였다(이 경우 그 인물의 시선은 관람자의 시선이 그 대상을 보도록 유도한다). 이 인물 또는 인물들은 르네상스 이탈리아 회화에서와는 달리 이야기 전달과는 아무런 상관이 없다. 그들은 건물의 거대한 규모를 증명하는 척도로도 기능한다고 볼 수 있음과 동시에 그들의 눈 높이에 있는 지평선의 표지자 *marker* 들이다. 이렇게 지평선상에 위치한 시점을 그림 속에 직접 설정함으로써 인간적 눈의 응시는 인간의 형상에 의해 강화된다. 그러나 그림 속에 묘사된 이 '보는 자 *looker*'는 그림 바깥에 선행하는 관람자를 보지 않는다. 즉, 구체적인 관람자를 전제하지 않는다. 이 점이 이 그림 속의 보는 자가 이탈리아 원근법 회화들에서의 그것과 다른 점이다(같은 책: 52~68 참조). 그림을 보는 관람자는 자신을 전제하지 않고 있는 이 그림 내부의 보는 자와 융합된다. 따라서 이 표지자 또는 보는 자는 관람자가 이미지 속으로 들어가는 시각적 입구, 시각적 초점으로 기능하게 된다. 그러나 이것은 외적인 고안에 의해 바깥에서 들어오거나 부과되는 시각이 아니라 이미지 내의 시각적·보행적 현존을 강조하는 것이다(Rotman, 1987: 38). 따라서 무시무시할 정도로 실물같은 네덜란드 회화의 리얼리즘, 그 극단적인 박진성 *verisimilitude* 은 소실점의 내면화에 의한 효과라 할 수 있다. 샌레담의 교회 그림이나 베르메르의 델프트시 그림 등은 관람자에게 시각적 직접성과 그것이 묘사하는 것에 대한 물리적 점유 가능성을 설득하는데, 이것은 앨퍼스가 말하는 대로 그 그림들이 세계에 대한 틀 지어지지 않은 이미지 속에서 작품을 포괄하는 위치나 인간적 척도를 제공한, 그림 밖에 있는(또는 있었던) 어떤 선행하는 관람자를 환기시키지 않기 때문인 것이다(Rotman, 1987: 38; Alpers, 1983: 41).

따라서 그림 속에 묘사된 샌레담의 '보는 자'는 르네상스 원근법에 의해 신체적 현존으로서 호명되는 소실점의 주체와 베르메르의 그림에서 보이듯 구두점화된 소실점의 탈육화된 주체를 매개하는 단계에 있다 (Rotman, 1987: 40). 소실점에 의해 코드화되는 이탈리아 르네상스 원근법의 주체는 화가의 시점과의 상상적 동일시의 관계 속에서 그림 틀 바깥에 신체적 현존으로서 위치 지어진다. 네덜란드 회화에서의 내화된 시각의 형상인 '보는 자'는 이 소실점의 주체가 내화된 것으로서, 어떤 외부적인 시점의 부재를 암시한다. 구두점화된 소실점에 의해 배태되는 탈육화된 주체는 '보는 자'의 현존이 해석적 가능성으로서 제기하던 것을 의미화하고 실현한다. 그것은 외부적으로 위치 지어진 시각의 필연적인 부재를 의미화하는 것이다(같은 책: 40~1).

우리는 '라파엘로―샌레담―베르메르'가 이루는 계열, 즉 '신체적 현존(구체적 인간)― 내화된 보는 자 ― 탈육화된 초월적 주체'의 이러한 계열을 원근법의 규칙에 이미 선취된 형태로 내장되어 있던 구조가 현대성의 사회·역사적 전개에 따라 점차 현실적으로 실현되어 온 과정으로 이해할 수 있을 것이다.[46] 그 탄생 순간부터 원근법의 규칙이 담고 있던

---

46. 브라이슨의 논의에 힘입어 회화사의 주체를 분류하고 있는 로트만은 여기에 중세 성화가 생산하는 고딕적 주체를 첨가하고 있다. 이 고딕적 주체는 종교적 시각 체제의 주체라 할 수 있다. 이미 라캉은 화가의 응시는 큰타자의 응시를 체현하고 물질화한다고 논하면서 일종의 예술사와 같은 것을 제시하는 가운데 성화를 대상 a로서의 응시의 사회적 기능 방식을 보여 주는 첫 번째 예로 든 바 있다. 라캉에 따르면 성상이나 성화는 그들의 응시 아래 우리를 붙잡아 두는 효과를 가지고 있지만, 그보다 더 중요한 것은 성화가 재현하는 신 역시 성화를 바라보고 있다는 것, 성화의 의도는 신을 기쁘게 하는 것이라는 점이고, 예술가는 신의 욕망을 불러 일으키는 이미지들을 가지고 유희한다(Lacan, *Four Concepts*: 113). 즉, 욕망은 큰타자의 욕망이다. 브라이슨에 따르면 종교적 시각 체제의 주체는 사실상 주체가 아니라 대상이다. 그는 성화가 체현하는 신의 응시에 그 응시의 대상으로서 종속된다. 그 응시는 아직 내화되지 않았고 이 주체로서의 관람자는 신의 응시의 자리에서 자신을 보는 것이 아니다. 성화 이미지의 관람자는 텍스트의 순환적 시간성과 시각의 안무적 공간을 통해 움직이는 육체된 현존인데, 이 신체가 그 아래서 움직이는 응시는 큰타자의 내사된 응시가 아니라 신의 (외부적인) 응시이다. 르네상스 이전에는 텍스트가 개인(화가 또는 관람자)의 시점에서 접합될 것을 요구하지 않았던 것이다. 이것은 예배적 호명이라고도 할 수 있다 (Bryson, 1983: 96~8). 이러한 구도 속에 생산되는 주체를 고딕적 주체로 명명하고 있는 로트만의 시각적 주체 분류는 다음과 같다. 고딕적 주체, 원근법적 주체(화가의 시점과의 상상적 동일시 관계 속에 그림 틀 바깥에 신체적 현존으로서 위치), 보는 자(원근법적 주체의 내화로서 그의 내부적 현존을 의문시하고 어떤 외부적 시점의 부재를 암시), 메타 주체(탈육화된 주체에 해당). 바로 앞의 '보는 자'의 현존이 해석적 가능성으로서 제기하고 있는 것을 의미화하고 실천). 이 네 가지 주체는 의미 작용의 네 가지 유형에 상응한다. 메타 기호의 부재, 메타 기호 = 소실점, 내화된 메타 기호, 구두점(푼크툼). 그리고 이것은 다시 기호에 대한 사물의 가정된 선행성과 관련하여, 다시 말해 사물이 기호에 선행하는가, 기호에 선행하는 어

탈육화된 주체는 르네상스 이탈리아의 사회적·역사적 맥락 속에서는 현실화되지 못하고 있었고 여전히 소실점은 경험적 개인, 관람자의 신체적 현존에 준거하였다면, 현대성의 시대가 본격화되던 17세기 원근법에서 소실점은 구두점화되고(무한성의 중심이라는 관념이 이 시대에 개념화된 것과 연관성을 찾아볼 수 있다) 더 이상 그림 바깥에 실존하는 구체적인 경험적 개인에 준거하지 않는다. 시점은 그림 내적으로 설정되며, 이 응시의 공간은 신체와 분리된, 관념적인 점으로 환원되는 초월적인 주체를 정의한다(코기토와의 연관성은 더욱 뚜렷해진다).

소실점에 의한 주체 구성의 측면에서 추적될 수 있는 이러한 변화를 통해서 원근법적 시각 양식이 시대의 인식틀 및 현실적인 사회적 조건과 결부되어 있음을 다시 한 번 확인할 수 있다. 소실점이 주체를 구성하는 기능에 있어서 이러한 변화는 일차적으로는 당대 사회의 인식론적 틀의 변화와 관계가 있을 것이다. 17세기에 와서 무한한 공간과 그 중심이 개념화되고 텅 빈 주체가 철학의 주제로 등장했을 때가 그 배경이라고 할 수 있다(그리고 인식론적 틀과의 연관성의 또 다른 측면에 대해서는 앞 절에서 시각의 추상화를 고리로 하여 살펴보았다). 시각 양식과 재현 양식으로서 본다는 것의 차원과 생산 관계 또는 경제 체계 사이에는 그 외에도 수많은 매개 요소들이 존재할 것이기 때문에 양자간에 직접적인 영향 관계를 추적하거나 명확한 인과 관계를 설정하기는 쉽지 않다. 하지만 자본주의 생산 관계 및 교환 관계의 주체가 경제적 범주의 인격화이고 생산 관계상의 위치에 의해 규정되는 계급적 이해 관계의 담지자라는 측면에서만 의미를 갖는, 내용 없는 텅 빈 형식일 뿐이라는 점을 고려한다면, 소실점 기능의 이러한 변화는 원근법이 현대성의 사회적 조건으로서의 자본주의와 친화성을 가지고 있음을 암시한다고 할 수 있다.[47] 특히, 샌레담과 베르

떤 사물이 가정되고 있는가와 관련하여 네 가지 형태에 대응한다. 선행성의 비실존, 선행성의 현존, 선행성의 미정 또는 보류, 선행성의 해체(Rotman, 1987: 40~1).

47. 물론 친화성이란 표현을 쓰듯이 여기서 생산 관계나 경제적 요소에 의한 기계적 결정론을 제안하는 것은 아니다. 원근법의 역사에서 자본주의와의 이러한 연관성이 직접 드러난다거나 자본주의의 변화가 원근법의 시각 구조를 직접 결정한다고 말하기는 어려울 것이다. 시각장의 내적인 변화나 전체적인 변동이

메르를 배출한 17세기 네덜란드가 정치적으로는 공화제적 도시 국가들의 연합체였으며, 경제적으로는 당시 자본주의 세계 경제의 패권을 장악한 강력한 해상 국가였고 암스테르담이 유럽 금융의 중심지였다는 사실은 이러한 면에서 대단히 시사적이다.[48]

3. 원근법과 권력의 응시

현대성의 시각 체제는 시각의 장에서의 권력 체제이기도 하다. 그것이 기초하고 있는 원근법적 시각 양식은 초월적인 시각적 주체를 생산하며, 이 탈육화된 초월적인 주체는 신체를 가진 구체적인 개인에게 준거하지 않는다. 따라서 원근법적 시각 양식이 정의하는 현대적인 주체는 개인들의 주체성을 강화하는 것이기도 하지만, 이 과정의 이면은 개별 주체성을 보편적이고 초월적인 주체성에 종속시키는 과정이다. 말하자면, 알튀세르나 푸코가 정의하는 바의 '종속으로서의 주체화(*subjectification = subjection*)'를 원근법적 시각 양식은 시각의 장에서 수행하는 것이다. 라캉식으로 말하

경제 구조와 관계 맺는 데에는 이데올로기와 담론으로 대표되는 다양한 문화적 실천들이 매개 고리로서 작용한다.

48. Braudel, 1997: 3장을 참조하라. 네덜란드의 발달한 시민 문화는 예술에 있어서도 시민적 감상자층과 화상들, 독립적인 예술가로 이루어진 현대적 형태의 미술 시장을 형성했다. 또 공공 기관에서의 그림 주문과 구입도 많이 이루어졌다(Hauser, 1980: 227~44 참조). 이러한 수용자 / 후원자*patron* 층의 변화 역시 시각 주체로서의 관람자에 대한 호명 양식의 변화(인간에서 주체로)와 밀접한 관련이 있을 것이다. 귀족과 같은 개별 후원자의 주문으로 그려진 그림은 탈육화된 주체가 아니라 신체적 현존으로서의 구체적인 관람자, 더구나 배타적이기까지 한 개별적으로 특정한 관람자(즉, 그림의 개인 소유자)를 그림 속에 초대하는 방식으로 원근법이 구사될 가능성이 크다. 앞에서 잠깐 언급되었던 버거(Berger, J., 1972: 2, 3장)의 논의, 즉 서양 유화의 역사에서 누드화 속에 묘사된 여성 인물(시각적 대상)의 시선을 그림의 소유주(따라서 그 여성 인물의 소유자, 지배자)에 대한 직접적인 호소로 설명하는 논의는 이러한 맥락에서도 이해될 수 있다(실제로 버거는 실제 누드화의 소유주로서 관람자의 상황을 고려하고 있다). 그렇다면 소유의 공공화 또는 민주화에 따른 소유주의 익명화는 탈육화된 초월적 주체로 호명되는 관람자의 위치에 보다 쉽게 상응할 것으로 볼 수 있다. 실제로 텅 빈 형식으로서의 주체, 특히 자본주의적 시장의 경제적 주체, 교환 관계의 주체는 또 다른 텅 빈 형식으로서의 주체인 형식적 민주주의의 법적 주체를 필요로 함을 상기할 필요가 있다.

자면, 자율적인 에고의 환영이 가능하려면 개별 주체는 그 스스로 큰타자의 응시에 종속되어야 한다. 개별 주체는 큰타자의 응시의 위치에서, 큰타자가 보는 바에 따라 스스로를 관찰해야 하는 것이다. 에고―이상의 형성은 바로 이러한 큰타자의 시점의 전유를 말하는 또 다른 방식이다. 따라서 사회적 과정에서 응시의 논리는 이미지의 차원과 연루되기 마련이다. 현대성의 주체가 텅 빈 형식인 한, 또는 오히려 텅 빈 형식이기 때문에 다양한 사회적 실천은 담론들에 의해 그것의 내용을 채우게 된다. 푸코식으로 보자면 이 담론들은 권력이 작동하는 통로이고, 라캉식으로 보자면 개인들이 큰타자의 응시 아래 자신의 에고 형성에 동원할 수 있도록 허용되는 이미지들이 제공되는 통로이다(이미지 / 스크린). 요컨대, 응시의 차원에서나 이미지의 차원에서나 현대성의 시각 체제는 권력 체제이다. 간단히 말해서 개별 주체의 시각은 큰타자의 응시, 즉 권력의 시각에 종속되고 그럼으로써 구성될 수 있다.

호르크하이머는 이성이 내용을 상실하고 목적 합리성적 유형을 보존하는 가운데 실용주의적인 것으로 축소됨으로써 이성의 자기 파괴의 도정이 전개됨에 따라 현대의 개인성 역시 파괴됨을 갈파한 바 있다. 현대성의 발전이 가속화되면서 개인은 더 이상 종합적인 단위가 아닐 뿐만 아니라 주체 자체가 소멸하며, 오늘날 개별 에고는 전체주의적 계획의 의사 ― 에고 *pseudo - ego*에 의해 흡수된다(Horkheimer, 1982: 36~8). 현대성의 주체는 시각의 장에서도 동일한 운명을 겪는다. 젱크스가 지적하는 것처럼, 현대성의 시각 체제에서 권력은 응시와 이미지의 의식적인 조작을 통해서 자신의 의도를 드러내지 않으면서 행사된다. 이에 따른 시각의 폐쇄와 제한은 사회 성원들에게는 일상적인 상호 작용 속에서 시점들의 상호 교환성이라는 환영에 의해 지각되지 않으며 따라서 그들의 불평은 초래되지 않는다(Jenks, 1995a: 14~5).

호르크하이머와 젱크스에게서 방점은 20세기 현대 사회 또는 적어도 19세기 이후 부르주아 사회가 전개시킨 ― 그 외면과 일치하거나 일치하지 않는 ― 전체주의적 구조에 가 있다(전자는 독점 자본주의와 파시즘에, 후자는 푸코가 부각시킨 판옵티콘 모델에 준거한다). 그러나 현대의 시각 체제가 가동시킨 권력의 눈은, 서구에서는 현대성의 원리가 본격화된 17세기부터 뚜렷하게 추적된다. 절대 군주제에서부터 우리는 권력의 응시가 작동하는 모습을 확연하게 알아 볼 수 있으며, 원근법적 시각 양식이 이것을 떠받치고 있다. 시각과 소유의 결합을 가능케 했던 원근법은 권력의 시각적 토대이기도 했던 것이다.

> 회화는…… 신의 시점을 그 화면에 가득 채우게 된다. 원근법에 의하여 세계를 소형화시키고 액자 속에 넣으며 소유하고 싶다는 근대 특유의 시각인 소유욕은 이와 같은 흐름 속에서 생겨났던 것이다. 그리고 이 원근법적 인식이 점차 권력 구조의 기반과 동화되어 지배하기 위한 도구가 되고, 소유와 비소유를 강하게 결속시키며 서양 식민지주의의 선봉적인 역할을 담당하게 되었다. 따라서 원근법이 이 시대의 절대 왕권주의와 동일한 시각 구조를 지니고 있었던 점에 주의를 기울여야 한다. 그리고 이 시각의 욕망은 그대로 다음의 신흥 중산 계급에 의한 사회 지배 구조에도 교묘하게 파급되어 있었다(伊藤俊治, 1990: 248).[49]

원근법과 권력의 관계, 이것은 또한 원근법이 연관되어 있는 사회적 조건의 또 하나의 측면이다. 말하자면, 현대성의 시각 양식으로서의 원근법은 절대 군주제 및 부르주아 권력의 시선을 구조화하는 시각 양식이었는데, 이것을 우리는 원근법이 담고 있는 응시의 논리에 초점을 맞

---

49. 르네상스 시대 원근법은 알베르티의 '이스토리아'에서도 엿볼 수 있듯이 교회의 권력에 봉사하였다. 그러나 관람 주체에게 의존하지 않고 절대적인 신의 응시를 구현하던 중세의 종교적 시각 체제와는 달리 원근법은 관람 주체와의 관계를 필연화함으로써 종교적 시각 체제를 위기에 빠뜨리게 된다. 또한 이미지가 담고 있는 정보의 차원에서도 원근법의 리얼리즘 경향은 종교 텍스트와 말에 대한 직접적인 종속으로부터 이미지를 해방하는 효과를 발휘하였다(Bryson, 1981: 1장; 1983: 4, 5장). 그러나 많은 원근법 회화의 목적은 그 결과나 효과와는 상관없이 종교적 목적을 지향하는 것이었다. 또 역으로, 앞에서도 보아 왔듯이 신학에서의 많은 논쟁과 개혁이 원근법의 창안과 확산을 가능케 한 측면 또한 가지고 있다. 현대성의 시각 양식이 그 기원의 단계에서 종교적 영역에 빚지고 있다는 것은 모순이 아니다. 발생과 효과 또는 결과는 다른 것이기 때문이다. 그것은 현대의 합리성이 종교라는 비합리적 기초에 발 딛고 일어설 수 있었던 것(Weber, 1988)이나, 주체 개념이 신 앞에 홀로 서 있다는 아우구스티누스적인 내면적인 경험에서 발원한다고 주장할 수도 있는 것(Touraine, 1995)과 동일한 성격의 문제이다. 미술의 현대성과 종교의 관계에 대해서는 Pattison, 1991을 참조하라.

추어 살펴볼 것이다. 시각의 장에서도 역시, 우리는 권력의 계보학자 푸
코에게서 일차적으로 도움을 구할 수 있다.

1) 군주 권력의 응시

(1) <시녀들>: 재현과 응시

푸코는 재현에 기초하고 있는 17세기 고전주의 시대의 에피스테메를 설명
하기 위해 디에고 벨라스케스Diego Rodriguez de Silva y Velásquez의 그림 <시
녀들 Las Meninas> (1656)을 분석하는 것으로 자신의 책 ≪말과 사물≫을
시작하고 있다. 그에 따르면 벨라스케스의 이 그림은 재현을 재현하고 있
는 것, 즉 "고전주의 재현에 대한 재현"(Foucault, 1987: 40)[50]이다(그림 28).

"모든 서구 예술에서 가장 미묘하고 강력한 재현의 실험"(Alpers, 1983:
69)인 이 그림을 마주한 푸코는 우선 관람자를 장악하여 그림 안으로 진
입할 것을 강요하는 화가의 응시에서 출발하여 앞면에 무엇이 그려져 있
는지 보이지 않는 거대한 캔버스의 뒤편과 벽에 걸린 그림들 및 거울, 열
린 입구, 그 틀 밖에 지각할 수 없는 더 많은 그림들을 거쳐 마지막으로
오른쪽 끝의 빛이 쏟아져 들어오는 창문 또는 문틀을 지각하는 하나의
운동이 이루는 나선형의 껍질이 재현의 순환 전체를 보여 주는 것으로
파악한다(Foucault, 1987: 28 이하). 이 재현의 순환은 재현의 물질적 도구들
(응시, 파레트와 붓, 기호들로부터 결백한 캔버스), 완성된 재현들(그림들, 반영들,
실제 인간), 그리고 재현들의 용해(틀만 보이는 그림들, 바깥에서 들어 오는 빛)
로 이루어져 있다(같은 책: 35). 말하자면 푸코에게 이 그림의 평면은 재현
자체를 묘사하는 고전주의적 분류표 table 와 같다(Ogborn, 1995: 61).

또한 이 고전주의적 재현의 재현인 <시녀들>은 고전주의적 재현
의 틀 내에서는 재현 행위를 재현하는 것이 불가능함을 묘사하고 있다

---

50. 푸코의 이 책 ≪말과 사물≫(국역판)에서 인용할 때 필요한 경우에 따라 영역판(The Order of
Things: An Archaeology of the Human Sciences. New York: Vintage Books, 1970)을 참조하여 표현을
부분적으로 수정하였다.

그림 28. 벨라스케스의 ＜시녀들＞

(같은 글: 61). 말하자면 데카르트에 대한 논의에서 우리가 살펴보았듯이 고전적인 재현에서는 재현의 수행적 차원이 생략되는 것이다. 이것은 벨라스케스 자신을 묘사한 것인 그림 속의 화가에게서 확인할 수 있다. 캔버스 앞에서 약간 벗어나 가시성(우리는 화가를 볼 수 있다)과 비가시성(캔버스 쪽으로 약간만 움직이면 화가는 보이지 않게 될 것이다)의 문턱을 차지하고 있는 화가의 손, 파레트와 붓을 쥔 그의 손은 정지해 있다. 그가 아직 한 획도 긋지 않았는지 아니면 이미 마무리 작업을 고려하고 있는지도 그림 자체로는 알 수 없다. 그리고 그의 손이 움직이기 시작하면 그

의 몸은 캔버스 뒤로 사라져 보이지 않게 될 것이다(Foucault, 1987: 25~6).

　재현의 재현이라는 속성과 관련하여, 마지막으로 <시녀들>에서는 재현을 가능케 하는 출발점을 확인할 수 있다. 여기서 그림 속에 있는 것들과 그림 바깥에 있는 것들 간의 공간적 관계라는 문제가 들어 온다(Ogborn, 1995: 61). <시녀들>의 공간을 형성하는 가시성과 비가시성의 배치 및 그것을 형성하는 빛의 체제(Deleuze, 1995b: 94~5), 그리고 응시들의 궤적을 분석하면서 푸코는 그 구성의 중심 테마가 왼편에 위치한 거대한 캔버스의 앞면, 우리에게는 보이지 않는 그 앞면에 그려져 있는 동시에 그림 바깥에 위치하기 때문에 이중의 의미에서 비가시성의 영역에 위치한 모델인 두 명의 주권자, 즉 왕과 왕비임을 추적한다. 그 실마리는 그림의 중앙선 1/3 지점에 위치하여 가장 밝은 조명을 받고 있는 공주의 눈과 그것에 인접하여 희미하게 빛나는 거울이다. 거울 속에는 유령 같은 두 인물의 형상이 반영되고 있다. 거울 속에 반영되고 있는 두 얼굴은 캔버스의 보이지 않는 앞면에 재현되어 있는 얼굴인 동시에 그림 안의 모든 인물이 바라보고 있는 스펙터클로서 설정된 인물의 얼굴이다. 그들이 왕과 왕비이다. 공주의 눈에서 나온 가상의 선과 거울에서 나오는 가상의 선은 이들에게로 수렴된다. 이 거울에 의해서 공주를 축으로 하여 주위를 돌고 있는 궁신들, 시녀들, 동물들, 광대들의 회전 운동은 고정된다. 즉, 거울의 반영에 의해서야 비로소 우리도 볼 수 있게 되는 장면, 그림 속 인물들이 보고 있는 한 장면, 말하자면 그림 속 공간과 인물들 앞에 서 있는 왕과 왕비를 중심으로 그것이 고정되는 것이다(Foucault, 1987: 35~7). 가상의 두 선이 수렴되는 이 주권자들은 "그림의 외부에 있기 때문에 전혀 수용될 수 없지만 그럼에도 불구하고 그림을 구성하고 있는 모든 선에 의해 전제된 장소"(같은 책: 37)에 있다.

　그 결과는 그림 속 인물들과 두 주권자라는 서로 마주보는 장면들 사이에 존재하는 교체들과 몸 비키기의 끝없는 계열이며, 이 때문에 관람자는 그림 속에 연루되는 동시에 재현의 회로에서 배제된다. 관람자의 주의는 화가의 응시, 거울, 문 등에 의해 유혹되는 동시에 펄럭이고 헤매게 된다(Damisch, 1994: 427~8). 그러나 그림의 인물들의 회전 운동이 거울에 의해 고정되듯이, 관람자는 그림으로부터 나와서 왕과 왕비가 위치한 이 불가피한 점에 수렴되는 선들의 그물망에 의해, 이 장면 내에서 일어나는 재현에 연결된다(같은 책: 428). 따라서 그림 속 인물들에 대해서나 관람자에 대해서나 왕과 왕비가 위치한 지점은 주권적인 중심이며, 이 때문에 그것은 보이지 않지만 불가피한 점이다. 이 점이 주권적인 중심인 이유는 그림과의 관계에서 그 점이 수행하는 삼중의 기능에서 연유한다. "이 중심에서는 그려지고 있는 모델의 응시와 그림을 관조하는 관람자의 응시와 그의 그림(재현되어 있는 그림, 즉 그 캔버스의 뒷면만이 보이는 그림이 아니라 우리가 논의하고 있는 그림인 <시녀들>)을 구성하고 있는 화가의 응시의 정확한 중첩이 일어난다. 이 세 가지 '응시하는' 기능은 그림 밖에 있는 한 점에서 모인다"(Foucault, 1987: 38).[51] 즉, 그림 속 인물들이 바라보는 왕과 왕비의 장소에서 왕과 왕비 자신의 응시, 관람자의 응시, 이 그림을 그린 화가의 응시가 수렴되는 것이다. 재현된 공간 내에서 이 세 가지 응시는 각각 거울 속에 비치는 왕과 왕비의 반영, 문가의 계단에 발을 디딘 채 방으로 막 들어선 방문객(궁신), 파레트를 든 채 캔버스 앞에 서 있는 화가라는, 각각에 대응되는 세 가지 형상들로 분할 투사되어 있다(같은 책: 39).

말하자면, 푸코의 분석에 따르면 세 가지 응시가 수렴되는 그 주권적인 중심이 '재현을 가능하게 하는 출발점'이며, 그렇기 때문에 그것은 재현된 것에 대해서는 관념적인 점이면서도 동시에 완벽하게 실재하는 점이다(같은 책: 38). 그러므로 그림의 중심이라는 의미에서 <시녀들>의 소실점은 이 주권적인 중심이 투사되는 거울에 위치한다. 이 소실점에 의해 거울 속에 반영된 모델인 왕과 왕비, <시녀들>을 그리는 화가, <시녀들>을 보는 관람자의 응시가 일치하고 이어지는 것이다. 거울은 무한성의 점이며 관념적이지만 불가피하고 그림이 구성되기 위해서는

---

51. 인용된 구절에서 ( ) 안은 필자가 인용하면서 보충한 것이다.

반드시 필요한, 실재하는 점이라는 소실점의 특징을 완벽하게 보여 준다. 푸코에 따르면 거울에서 나온 선은 재현 공간의 깊이를 관통하며 앞으로 뻗어 나갈 뿐만 아니라 벽 뒤쪽으로 공간을 확장한다(같은 책: 36~7). 게다가 거울의 위치는 그림의 거의 중심에 있다(같은 책: 30). 소실점에 대응하는, 왕과 왕비가 존재하는 장소에 있는 관념적인 동시에 실재하는 수렴점에 의해 관람자는 재현과 연결되고 중심으로서 회복된다. 그림 밖에 있는 관람자 자신에 의해 그림과의 연계성이 확립되는 것이 아니라 그 연계를 확립하는 선은 그림 내부로부터 나오는 것이다. 따라서 시점은 그림의 구성 자체에서 연역되며 구체적인 관람자 개인에게 준거하지 않는다는 원근법의 원리가 다시 확인된다.[52]

고전주의 재현에 대한 재현인 <시녀들>은 여기에 그치지 않고 이 재현의 공간에서 인간이 주체로서 등장함을 보여 준다. 이제부터 이것을 살펴보자.

그러나 일단 <시녀들>의 구도에서 주체는 생략되어 있다. <시녀들> 속에 이 생략이 나타나 있다. 응시의 기능이 투사된 형상들 가운데 그림에 나타나 있는 화가와 방문객은 거울에 반영되지 않으며, 거

---

52. 이 그림(<시녀들>)을 그린 화가의 응시가 투사된 그림 속의 화가의 응시는 그림의 재현 공간 바깥에 있는 비가시성으로서의 우리 자신에게 향해 있지만, 그의 응시는 우리를 특권화하지 않는다. "겉보기에 이 장소는 단순한 것으로서, 순수한 상호성 *reciprocity* 의 문제이다. 우리는 그림을 바라보며, 그 속에서 화가는 바깥에 있는 우리를 바라본다. 단순한 대면으로서, 눈들은 서로의 눈길을 붙잡고, 직접적인 시선들은 가로지르면서 서로에게 자신을 중첩시키고 있다. 그러나 상호 가시성의 이 가느다란 선은 불확실성과 교환과 가장의 전체적인 복잡한 그물망을 꺼안는다. 화가는 우리가 우연히 그의 주제와 동일한 위치를 점유하는 한에서만 그의 눈을 우리에게 돌리고 있다. 관람자인 우리는 부가적인 요소이다…… 그림 바깥에서 그와 대면하고 있는 진공에 건네지는 화가의 응시는 관람자들이 존재하는 만큼 많은 수의 모델들을 용인한다. 이 정확한 그러나 중립적인 장소에서 관찰자와 관찰되는 것은 끊임없는 교환에 참여한다. 어떤 응시도 안정적이지 않다. 오히려 캔버스를 수직으로 관통하고 있는 응시의 중립적인 궤적 속에서 주체와 객체, 관람자와 모델은 서로의 역할을 무한히 역전시킨다…… 전혀 비가시적인 그 캔버스는 이 응시들의 관계가 발견될 수 있거나 일정하게 확립되는 것을 방해한다"(Foucault, 1987: 27). 이렇게 그림 속 화가의 응시는 관람자인 우리를 특권화하지 않기 때문에("우리가 우연히 그의 주제와 동일한 위치를 점유하는 한에서만 그의 눈을 우리에게 돌리고 있다.") 경험적이고 구체적인 신체로서의 관람자 / 우리를 바라보고 그림 속으로 불러들이는 것이 아니라 초월적이고 탈육화된 주체 / 우리에게 눈을 주고 있는 것이다("화가의 응시는 관람자들이 존재하는 만큼 많은 수의 모델들을 용인한다.").

울에 반영되는 왕과 왕비는 그림에는 나타나지 않기 때문이다. 말하자면, 재현에 의해 열리는 공간은 원칙적으로 분열 *split* 이다. 회화가 존재하려면 그것이 확립하는 위치들이 투사 평면 앞에서 관람자의 방향으로 전개되어야 하는 동시에 그려진 장면은 이것을 잘라낸 조각이기 때문이다(Damisch, 1994: 429~30). <시녀들>에서 이 간극은 왕의 부재에 의해 야기되며, 이것은 또한 그림을 응시하거나 구성할 때의 관람자와 화가가 존재하지 않는 공백을 은폐하는 동시에 지시한다. 바로 이 결핍과 공백에서 푸코는 고전주의 재현에 대한 재현과 그 재현이 우리에게 열어 주는 공간에 대한 정의를 찾는다. 즉, 재현에서는 항상 그 재현이 정초하는 그 무엇이 사라진다. 생략되는 이 주제는 곧 주체이기도 하다. <시녀들>의 구도에서 주체는 삼중으로 생략된다. 뒷면만 보이는 그림의 주제적 주체, <시녀들>의 작가로서의 주체, 그리고 관람자 자신의 주체가 생략되는 세 가지 주체이다. 이 생략은 '재현 자체가 투명하고 순수해지기 위해서는 필연적인 생략'이다(Foucault, 1987: 39~40).

　　푸코의 주체의 생략론은 저항을 불러 일으키기도 했다. 존 설은 화행 이론의 관점에서 반론을 제기했는데, 그의 기본적인 입장은 모든 회화적 명제는 모든 진술이 "나는 말한다"를 함축하듯이 "나는 본다"라는 함축된 능동형과 결합되어 있다는 것이다(Searle, 1980). 이러한 관점에서 보면 <시녀들>은 '거짓말쟁이의 이율 배반'(자기 스스로 "나는 거짓말하고 있다"라고 말하는 자의 이율 배반)에 비견될 수 있는 그림이며, 재현에 대한 재현이 아니라 재현 이론에 대한 도전이다. 고전 회화에서 환영이 기초하는 시점이 이 그림에서는 왕과 왕비에 의해 점거되어 있기 때문이다. 즉, 벨라스케스는 이 그림을 묘사할 수 있는 시점을 현실적으로 차지할 수 없다(그 자리에는 왕과 왕비가 있기 때문이다). 그러므로 <시녀들>의 역설은 화가가 그림 속에 위치하면서 그림 바깥의 시점(군주의 시점)에 따라 그림을 그렸다는 데서 나오는 것이다.[53]

---

53. 설에 따르면 이 역설을 제거하는 방법은 세 가지이다(Searle, 1980: 485~6). 첫째는 왕과 왕비가 벨라스케스와 자리를 바꾸는 것인데, 이 경우 그림 속 거울에는 그림을 그리고 있는 벨라스케스가 비쳐야 하고

푸코에게 반론을 펴고 있는 설도 푸코와 마찬가지로 소실점이 거울 속에 있다고 생각하고 있다. 그런데 사실 기하학적 구도에서 보면 <시녀들>의 소실점은 배경의 문턱에 있는 인물의 팔 어딘가에 가 있다. 따라서 관람자가 위치해야 하는 축은 이 점과 연결된다. 그러나 광학적 분석에 의하면 이 경우 거울은 왕과 왕비를 비추지 못한다. 그러므로 슈나이더와 코헨(Snyder & Cohen, 1980)은 설에 대한 반론에서 <시녀들>이 그려진 광학적 구도를 재구성한 다음, 거울 속 이미지는 실제 왕과 왕비가 비친 것이 아니라 화가가 작업하고 있는 캔버스의 이미지가 비친 것이라고 주장함으로써 설이 제기한 문제를 해결했다고 생각한다(이렇게 되면, 벨라스케스는 <시녀들>이라는 이 그림을 그릴 수 있는 위치 / 시점을 차지할 수 있다. 그 자리에 왕과 왕비가 있는 것이 아니기 때문이다).54

그림 전체는 거울을 이용해 그린 관습적인 자화상, 그러나 규모가 큰 자화상이 될 것이다(다시 말해, 벨라스케스는 거울에 왕과 왕비 대신에 자기가 비치는 모습을 보고 그림으로써 그림 속에 자기 모습을 포함시킬 수 있는 것이다). 둘째는 왕이 이 그림을 그렸다고 생각하는 경우인데, 이 때 이 그림은 벨라스케스를 그리고 있는 왕을 그리고 있는 벨라스케스를 왕이 그린 것이 된다(물론 그림 속 거울에는 왕이 비치게 된다). 세 번째는 아예 거울을 치워버리는 것으로서, 이 경우 그림은 다른 화가가 작업하고 있는 화가(벨라스케스)를 그린 것이 된다. 따라서 우리는 이 세 가지 방법 혹은 가설이 모두 타당하지 않다는 것을 알 수 있다(첫 번째 것은 거울에 벨라스케스가 비쳐야 하는 결과를 낳고, 두 번째 것은 왕이 이 그림 <시녀들>을 그렸다고 주장하는 것이 되며, 세 번째 것 역시 <시녀들>은 벨라스케스의 그림이 아니라고 주장하는 것이고 거울 또한 그림 속에 없어야 하므로 그림의 사실 자체와 모순된다). 설에 따르면, 이 세 가지 방식이 증명하는 것은 <시녀들>에 의해 제시되는 역설의 핵심은 바로 거울에 있다는 사실이다(설은 그림 속에 묘사된 위치에 있는 벨라스케스가 방의 맞은 편 벽에 설치된 커다란 거울을 이용해서 이러한 장면을 묘사하는 것도 가능하지만 이 경우 왕과 왕비의 뒷모습이 그림 전경에 커다랗게 묘사되어야 하기 때문에 이 가설은 배제한다). 결국, 설의 논의는 벨라스케스가 그림을 그린 위치가 원근법에 의해 할당된 위치가 아니라 그림이 보여 주는 바로 그 위치(그림 속 화가의 위치)이고, 이 경우 우리는 더 이상 재현의 재현을 다루고 있는 것이 아니며 그림 속의 화가가 작업하고 있는 그림은 우리가 보고 있는 그림에 다름 아니라고(즉, 그림 속 캔버스에는 <시녀들>의 장면이 그려져 있다) 주장하는 것이다. 그러나 다미시에 따르면 정말 역설은 설이 제시하는 역설이 아니라, 설이 시점의 논리에 따라 설정하고 있는 고전적인 회화적 재현의 닫힌 자기 준거적인 구도에서는 사실상 거울은 여분적인 것인데, 그럼에도 불구하고 그의 논의가 의미를 가질 수 있는 것은 거울에 달려 있다는 점에 있다. 설의 논의에서 거울이 여분적인 것이 아니라 논의의 핵심이 되려면 벨라스케스가 <시녀들>을 그리면서 군주의 시점 아래서 자기 자신을 묘사했다고 가정해야 하는데(설은 사실 이렇게 가정하는 것이다), 이 경우 우리는 사실상 푸코의 묘사로 되돌아가게 된다(Damisch, 1994: 431).

54. 즉, 슈나이더와 코헨은 그림 속의 화가가 작업하고 있는 캔버스에는 설이 생각하는 것처럼 우리가 보고 있는 그림, 즉 <시녀들>의 장면이 그려져 있는 것이 아니라 왕과 왕비가 그려져 있다고 보는 것이다.

하지만 이러한 논쟁들은 원근법의 구성이 그림 바깥의 실제 경험적인 관람자의 시점에 준거한다는 생각에 매달려 있다. <시녀들>은 벨라스케스의 그림 가운데 엄격한 원근법에 따른 유일한 예인데, 벨라스케스는 원근법이 처음부터 관람자에게 자리를 할당한다는 체계의 구성적 선입견을 역이용하고 있다. 물론 이 함정은 그림이 보여 주는 엄격한 기하학적 구성이 가린다. 특히, 설은 벨라스케스의 함정을 벗어나지 못하고 있다(Damisch, 1994: 431~2). 원근법의 원리, 특히 17세기의 그것은 그림 바깥의 경험적인 실제 관람자의 시점에 준거하는 것이 아니라 그림 내부에서 시점이 설정되고 신체 없는 관념적이고 초월적인 주체를 규정한다. 푸코가 분석하는 중심점의 논리는 바로 이것을 보여 준다.[55]

자세히 살펴보면 엄격한 기하학적 차원에서 <시녀들>의 중심, 기하학적 소실점은 문턱에서 내려설 듯 서 있는 인물의 왼쪽 팔, 즉 문에가 있다. 푸코가 그림의 중심으로 수렴되는 선들의 그물망에 준거하는 것은 기하학적 조직화에서 가져온 것이 아니라 은유적인 것이다. 그렇기 때문에 푸코가 <시녀들>의 중심을 거울로 설정하는 것은 정당하다. 이것은 그림의 중심이 관념적이면서도 실재하는 불가피한 점이라는 것, 브라이슨이 말하는 구두점화된 소실점과 상통하는 것이다. 다미시에 의하면(Damisch, 1994: 432~8), <시녀들>의 구도는 재현이 기하학적 조직화와 상상적 구조 간의 계산된 불일치로 구성된다는 것을 보여 주며, 이것

---

55. 앨퍼스는 <시녀들>에는 17세기 북유럽 네덜란드의 양식(세계는 우리에게 선행하면서 가시적으로 된다)과 르네상스의 남유럽 이탈리아의 양식(우리가 세계에 선행하면서 세계의 현전을 지배한다)이 혼융되어 있다고 본다. <시녀들>이 전자의 양식과 연결되는 이유는 그것이 등 돌린 캔버스를 비롯하여 우리의 시각적 파악을 거부하는 비가시성과 반사의 표면들로 구성되어 있기 때문이고, 후자의 양식과 연결되는 이유는 그 그림 속에 내부의 '보는 자,' 그러나 우리의 응시를 의식하고 있고 우리의 응시를 직접 견인한다는 점에서 샌레담의 그것과는 다른 '보는 자,' 즉 화가의 응시가 있기 때문이다(Alpers, 1983: 69~70). 이 관점에 따르면 설은 고전적 재현의 규준을 하나(즉, 후자의 양식)로만 설정하고 벨라스케스는 이것과 맞아 떨어지지 않는다고 보는 것인데, 그러나 이 그림의 핵심에 있는 것은 두 가지 규준 간의 긴장이며 이러한 점에서 벨라스케스는 자신의 작업 및 세계에 대한 화가의 관계와 관련하여 예술에서 중심적인 생각을 검증하고 질문을 던지고 있는 것이다. 한편, 슈나이더와 코헨은 그림의 시점을 그림 바깥에 있는 기하학적으로 정의되는 점에 한정함으로써 그림 내부에서 나오는 모순적인 시각을 무시하고 있다. 그림 내부에서 나오는 그 시각은 물론 벨라스케스가 바깥을 바라보는 화가에 의해 제시하고 있는 것이다(같은 책: 248).

이 푸코의 비판자들이 경험적 관찰자의 경험적 위치에 매달림으로써 보지 못하는 것이다.[56] 푸코는 이것을 정확히 인식하고 있는데, 그는 거울만큼 중요성을 부여하지는 않지만 문과 거울이 서로 경쟁하고 있음을 지적하기 때문이다. 문에서 비치는 빛이 공간 속으로 들어오지는 못하지만 푸코는 문의 빛의 밝기를 거울 속의 반사에 대한 도전으로 본다(Foucault, 1987: 34).[57] 이렇게 하여 <시녀들>에서 거울은 응시를 반영의 형태로 그림 속으로 끌어들이는 기능을 하면서 구성의 '상상적' 중심을 차지하고 있는 반면, 문은 '기하학적' 중심을 차지하고 있음으로써 두 중심 간의 긴장을 보여 준다.[58]

---

56. 이 두 가지 조직화, 두 가지 중심의 불일치와 긴장은 앞에서도 보았듯이 르네상스 시대부터 원근법 회화를 지배해 왔다. 물론 르네상스 시대 화가들이 전략적 계산 속에 이러한 불일치를 구사했다고 말하기는 어려울 것이다. 그러나 카르파치오와 라파엘로 시대에 이르면 이미 이 두 중심점을 의도적으로 분리하는 시도들이 등장한다(Damisch, 1994: 422~5).

57. <시녀들>에서의 문과 거울 간의 긴장과 경쟁은 피카소의 작업이 잘 보여 준다. 피카소는 1957년 벨라스케스의 이 <시녀들>을 입체파적으로 해체하는 일련의 연작을 제작하였다. 피카소의 연작에서 그림의 구도는 점차 단순해지고 인물들은 공주와 공주 옆의 시녀 및 문에 서 있는 인물만으로 감소되는 가운데, 문이 점이 되듯 축소되면서 거울은 사실상 배경과 뒤섞여 사라지거나, 아니면 단순화된 형태로 거울과 문이 경쟁하듯 병치된다. 피카소는 문의 모티프가 그림의 중심 장소를 차지하도록 거울을 최소한으로 축소한다. 피카소의 시대는 더 이상 재현의 시대가 아니므로 거울의 게임은 종료되었다. 또한 문 가에 서 있는 사람이라는 모티프는 벨라스케스가 속한 재현의 시대나 그 이전에도 종종 주목받는 모티프였다(반 아이크의 <아르놀피니의 약혼>의 거울 속에서도 문 가에 서 있는 인물을 확인할 수 있다). 이상에 대해서는 Damisch, 1994: 432~3을 참조하라. 한편 피카소의 이 연작을 시각성의 성적 측면, 여성에 대한 성적 공격을 드러낸다는 관점으로는 Bryson & Bal, 1995: 69~71을 보라.

58. 여기서 <시녀들>과 브루넬레스키의 실험이나 반 아이크의 <아르놀피니의 약혼>과의 연속과 불연속으로 이루어진 밀접한 상관 관계를 확인할 수 있다. 브루넬레스키의 실험에서도 문과 거울의 모티프가 이용되고 있는데, 이 실험에서는 거울을 통해 (세례당의) 문과 눈이 일치하게 된다. 반 아이크의 그림에서는 볼록 거울 속에 있는 두 사람의 증인과 거울 위에 새겨진 명문을 통해 알 수 있듯이 거울과 문이 일치하며(문이 거울 속에 반영되고 있다) 명문에 의해 '나'가 등장하기 때문에 시점과도 일치한다. 이 두 경우에서는 상징적으로 함축되어 있는 주체의 장소가 주체의 기하학적 장소와 혼합되어 있다(브루넬레스키의 논증에서는 문, 반 아이크의 그림에서는 거울). 르네상스 시대 여러 원근법 회화에서 문은 기하학적 주체 장소(소실점)와 혼합된 상징적인 주체 장소(상상적 중심)였다(Damisch, 1994: 439~41). <시녀들>이 이 두 장소를 분리한 것은 카르파치오나 라파엘로 시대 화가들의 노선과 같은 것이다. 기하학적 점과 분리된 상상적인 중심점이 그림의 상상적 지평선을 형성한다. 이 환유적인 유희는 <시녀들>에서 그림의 자기 지시성에 의해 더욱 현저해지는데, 뒤만 보이는 그 캔버스는 현대성의 회화의 정초적 작동을 상징하는 엠블렘이다. 그러나 그 작동은 이미 브루넬레스키의 절차에 의해 구성되는 작동이다. 따라서 원근법의 패러다임은 엄격히 르네상스의 그것으로 한정해 볼 때 고전적인 재현 체계의 규정에 부적합한 것이지만 그림

<시녀들>의 원근법적 환영은 기하학적 차원보다는 상상적 영역에서 더 설득적이며, 가장 눈에 띄는 점은 기하학적 점(이것의 위치에 대해서는 지표가 극히 적다)이 아니라 보이지 않지만 배정할 수 있는, 무한으로 파동해 가는 점이다. 이 점에 의해 주체는 재현의 공간 속에서 펄럭이며 헤매면서도 재현과 연결된다. <시녀들>이 재현하는 고전주의의 재현은 관람자의 나르시시즘적인 반영점을 제공하지 않으면서 이 욕망에 호소한다. 주체의 생략은 주체의 부재나 배제를 뜻하는 것이 아니라 주체를 전제하기 때문이다. 이것은 브루넬레스키의 논증이나 데카르트의 코기토 기획과 마찬가지이다. 말하자면, 회화에서 점은 주체의 생략의 기호이지만, 그것은 여전히 호명, 즉 직접 화법이라는 방패 아래 위치하는 기호인 것이다(같은 책: 443).

푸코의 말을 빌리자면, 그림 속의 모든 선들, 특히 반영 중앙부에서 나오는 선들은 그림 속에 현존하지 않는 어떤 것, 대상인 동시에 주체이기도 한 어떤 것으로 향하고 있으며, "여기서의 부재는 힘들여 그림을 해체시키는 담론인 경우 이외에는 결코 탈락을 의미하는 법이 없다. 왜냐하면 그것은 그 곳에 있기를 결코 멈추지 않기 때문이다. 그것은 재현된 화가의 주목, 그림 속에 묘사된 인물들의 존경스러운 응시, 우리에게 뒷모습만 보이는 캔버스의 현존, 그리고 우리의 응시 — 그 그림은 바로 우리가 보기 위해 존재하는 것이며, 시간의 심연 속에 배열되어 있는 것이다 — 에 의해 입증되듯이, 참으로 그 곳에 계속 머물러 있는 것이다"(Foucault, 1987: 354). 이어서 그는 이렇게 말한다.

인간은 인식의 대상인 동시에 주체라는 이 양의적인 위치에 등장한다. 예속된 주권자, 관찰되고 있는 관람자로서 그는 왕이 있는 위치에 등장하는 것이다. 그 곳은 <시녀들>이라는 그림에서 미리 왕에게 할당된 장소이다. 그러나 그가 그 장소에 실제로 모습을 나타내는 일은 오랫동안 거의 없었다. 벨라스케스의 그림 전체가 향하고 있지만 오직 거울이라는 우연적 현존 속

에도 불구하고 고전적인 재현 체계의 조건으로 작용하고 있다. 기하학적 조직화와 상상적 구조의 불일치는 전자를 척도로 삼아야 생각될 수 있기 때문이다(같은 책: 441).

에서만 마치 엿보는 듯이 반영되고 있는 그 빈 공간 속에서, 서로 교체적이고 배타적이며 서로 뒤얽혀 명멸하고 있다고 상상되는 모든 등장 인물(모델, 화가, 왕, 관람자)은 돌연히 알아보기 힘든 그들의 춤을 멈추고 하나의 충실한 형상으로 고착된 채 이렇게 요구하는 듯하다. 재현의 전 공간이 결국은 하나의 육체적 응시에 관련되어야만 한다고 말이다(같은 책: 358~9).

이상의 논의에서 벨라스케스의 그림 <시녀들>에서는 경험적인 관람자에 준거하지 않으면서 중심의 소실점에 의해 주체를 구성하는 원근법의 기본 원리가 계속 작동하고 있음을 알 수 있다. 또한 <시녀들>은 고전주의 시대 재현의 본성과 재현 공간의 중심점에서 관람자가 주체로서 등장함을 보여 준다. 주체의 위치는 실제 관람자의 신체적 현전에 준거하는 기하학적 점에 대응하는 것이 아니라 탈육화된 주체에 준거하는 상상적인 중심점, 거울에 대응한다. 그리고 중요한 것은 이 중심점이 지금까지 논의에서 분명해졌듯이 군주, 즉 왕과 왕비가 위치하는 장소라는 것이다. 주체는 이 왕의 위치에서 등장한다. 말하자면, 시각적 공간 속에서 주체는 왕이라는 권력의 시점을 취함으로써 구성된다.

그러므로 고전주의 시대 재현의 메커니즘을 다시 재현하는 <시녀들>은 근대 국민 국가의 틀이 갖추어지던 이 절대 군주제 시대에 시각적 주체가 형성되는 과정은 곧 이 주체가 군주의 응시에 종속되는 과정임을 보여 주는 것이기도 하다. 그리고 <시녀들>의 재현 공간을 관장하는 원근법은 이 군주 권력의 응시를 가동시켜 주는 것이다. 즉, 군주 권력의 응시가 위치하는 자리가 고전적인 재현의 공간을 조직하는 중심점이다.

푸코는 왕과 왕비의 위치 및 그것이 투사된 위치인 그림의 중심점이 주권적인 중심, 즉 재현의 축이 되는 이유를 두 가지로 말한다. 하나는 구조적인 것이다. 즉, 앞에서 본 것처럼 그림과의 관계에서 그 중심이 모델과 관람자와 화가의 세 가지 응시를 모으기 때문이다. 또 하나는 역사적인 것이다. "역사상에 있어서도 그 중심은 상징적인 면에서 주권자이다. 왜냐하면 이 중심은 국왕인 펠리페 4세와 왕비가 차지하고 있기 때문이다"(같은 책: 38). 말하자면, 재현의 공간이 고정되고 그 안에서 주체가 형성되는 중심의 위치는 군주의 위치이며, 주체의 시점은 군주의 시점이다. 따라서 <시녀들>은 고전주의 시대 재현의 논리를 상연함과 더불어서 그 재현을 구축하는 응시는 군주의 응시임을 보여 준다.

말하자면 17세기 현대성의 시각은 군주의 시각, 권력의 시각인 것이다. <시녀들>의 중심점이 군주라는 것은 대부분 동의하는 바이다. 푸코와 마찬가지로 소실점을 거울에서 찾는 설은 말할 것도 없고, 문에 위치한 기하학적 중심을 강조하는 슈나이더와 코헨마저도 이렇게 말한다. "장면 속의 인물들의 2 / 3의 눈길들, 그것들 중 몇몇은 경의를 표하고 있는 그 눈길들을 이해하는 가장 설득력 있는 방식은 그들이 왕과 왕비를 바라보고 있다고 상정하는 것이다"(Snyder & Cohen, 1980: 443). 관람자는 이 군주의 장소에 있음으로써만, 군주의 응시를 취함으로써만 재현에 대한 그의 연계가 고정되고 주체로서 확립된다. 따라서 그가 주체가 될 수 있게 하는 시점은 또한 그를 군주에게 예속시키는 시점이기도 하다.[59] 군주의 장소가 곧 큰타자의 응시의 자리인 것이다.[60]

그러므로 주체는 큰타자로서의 군주의 시점에서, 군주가 자신을 바라보는 방식으로 자신을 바라봄으로써 형성된다. 이것은 <시녀들>의 그림 속 공간이기도 한 궁정 사회라는 특정한 역사적 맥락에 비추어 볼 때 더욱 명확해진다. 엘리아스에 따르면 절대 군주 시대 서구의 궁정 사회는 일상의 행동에 있어서의 다양한 기예들과 더불어 사람들을 관찰하는 기

---

59. 설은 다른 각도에서, 화행 이론의 틀 속에서 이렇게 말한다. "모든 그림이 함축적인 '나는 본다'를 포함하고 있는 것과 마찬가지로 칸트에 따르면 모든 정신적 재현은 함축적인 '나는 생각한다'를 포함하며 화행 이론에 따르면 모든 화행에는 예컨대, '나는 말한다'라는 명시적인 수행사가 동반된다. 그러나 사유에서 '나는 생각한다'의 '나'가 자아의 그것일 필요가 없고(예컨대, 판타지) 화행에서 '나는 말한다'의 '나'가 화자나 필자의 그것일 필요가 없듯이(예컨대, 유령적인 글쓰기), <시녀들>에서 '나는 본다'의 '나'는 화가의 그것이 아니라 왕과 왕비의 그것이다"(Searle, 1980: 487).

60. 절대 군주제 사회에서 군주는 곧 큰타자이다. 칸토로비츠(Kantorowicz, 1957)의 국왕의 '두 개의 신체'론이 보여 주듯이 군주 또는 군주의 신체는 경험적인 개인으로서의 군주와 그 자연적인 신체에 한정되지 않는다. 군주의 신체는 왕으로서의 신분이 갖는 고귀함을 유지시키는 신비화된 관념적인 신체이기도 하다. 이렇게 볼 때 군주는 사회 전체를 대리한다고 할 수 있다. 즉, 군주의 신체는 사회체 the social body 자체이기도 한 것이다.

예, 특히 자기 - 규율의 관점에서 이루어지는 특정한 형태의 자기 - 관찰 *self-observation* 이 발전한 공간이다(Elias, 1983: 104~6). 즉, 타자들의 사회적 지위를 측정하기 위해 그들을 관찰하는 것은 타자들이 자신을 바라볼 방식으로 자신을 보는 것과 결부되어 있다. 이것은 궁정 사회의 위계 서열 상에서 자신의 위치의 상승 또는 하락 여부에 대한 암시를 포착하는 데 절대적으로 필요하며, 여기서 결정적인 것은 물론 군주의 응시이다.

이런 면에서 궁정 사회는 푸코가 말하듯이 주체이자 대상이라는 이 중적 지위를 가진 현대적 주체의 분할된 의식이 형성되는 데 결정적인 장소이다(Ogborn, 1995: 67~8). 이렇게 타자가 자신을 보는 방식대로 자신을 보는 것이 에고의 구조이며 코기토의 그것이기도 함은 우리가 이미 살펴본 바이다(1장의 2절 참조). 궁정 사회에서의 주체의 등장과 군주의 응시에 대한 종속은 <시녀들>의 인물들, 특히 그림 속 화가인 벨라스케스 자신이 누구보다도 잘 보여 준다. 엘리아스에 의하면 <시녀들>이란 제목은 후대에 이 그림이 왕실 컬렉션이 아니라 프라도 미술관에 소장되어 일반 공개되면서 붙여진 것이며, 벨라스케스는 애초에 익명적인 대중이 아니라 왕과 왕실 가족을 위해 비공식적인 그림으로서 이것을 그렸다(Elias, 1987: 1iii~1iv). 따라서 벨라스케스는 타자들, 특히 왕이 자신을 이렇게 바라보았으면 하는 모습으로 스스로를 묘사했다. 또한 그림의 공간과 인물들 전체 역시 궁정 사회의 위계에 따라 조직화되었는데, 예컨대 거울은 왕과 왕비를 그들보다 훨씬 열등한 지위에 있는 궁정사회의 일원들과 함께 묘사할 수 없다는 문제를 해결하는 방책이기도 하다. 이 위계질서에 따른 조직화와 큰타자의 응시를 염두에 둔 자기 - 관찰에 따른 자기 - 묘사는 공주가 가장 밝은 빛 속에 묘사되는 데 비해 벨라스케스 자신은 보다 어두운 그늘 속에 묘사된 데에서도 반영된다. 벨라스케스는 자신의 예술적 성취를 자각하지 못한 것은 아니지만 결코 그것을 과시하는 방식으로 스스로를 그리지는 않았던 것이다(같은 책: 1vi~1xviii).[61]

---

61. 이렇게 <시녀들> 속에서 벨라스케스는 세계 바깥에서 세계를 관찰하는 존재인 동시에 그 세계의 일부분이기도 하다는 분할된 의식에 매달려 있다(Elias, 1987: 1xviii). 현대적 주체의 형성에 결정적이며

그런데 시각장에서 주체를 형성시키는 동시에 종속시키는 이 큰타자의 응시는 보이지 않아야 효과적으로 작동한다. 응시는 보이지 않는다. 벨라스케스의 그림에서 군주의 응시 역시 마찬가지다. 군주는 그림 속에 재현되어 있지 않으므로 비가시성의 영역에 속한다. 군주의 응시는 거울의 반영으로서 간접적으로만 재현되어 가시성의 영역으로 진입할 수 있을 뿐이다. 그리고 가시성의 영역에 투사된 그것은 또한 뚜렷한 것이 아니라 흐릿하다. 오히려 그렇게 함으로써 권력의 응시는 더 효과적이다. 이것은 군주의 재현이 아마도 캔버스의 보이지 않는 앞면에 재현되어 있을 것으로써, 캔버스 그 자체가 우리에게 등을 돌리고 있음으로써 여전히 비가시성의 영역에 속하는 것으로 더 강화된다. 이러한 면에서 보면, 벨라스케스가 그림의 주제를 직접적으로가 아니라 간접적으로 표현한 것은 그것을 감춤으로써 노골적으로 표현할 때 이상의 효과를 얻고자 한 것으로 볼 수도 있다. "그림 속의 그림이 감추어짐으로써 오히려 그 이미지는 보다 강하게 노출되는 것이다. 여기에서 배열의 정치는 효율성의 원리에 근거하고 있다"(서규환, 1993a: 157). 거울은 그 방책이기도 하다. 군주의 응시는 거울 속 이미지를 매개로 해서만 보일 수 있을 뿐이며, 그것이 군주의 권력의 효율성을 더 높인다. 그리고 <시녀들>을 고전주의 재현 질서의 골격에 대한 표현으로 본다면, 이러한 방책은 화가 개인의 기교로만 돌리기 어렵다. "이미지를 이렇게 연출하는 이유는 개인적 차원에서 얻어질 수 없는 성질의 것이다"(같은 글: 157). 그것은 이 재현의 질서의 구조 자체에 기인하며 그것을 표현하는 것이기도 하다.

따라서 응시는 보이지 않기 때문에, 큰타자의 자리에서 우리 자신에 의해 상상되기 때문에 강력하다. 이 때문에 가시성의 영역에서 그것을 매개 또는 투사하는 이미지 자체는 약하더라도 상관이 없다. 오히려 그

자기 규제와 결부된 이 분할된 의식은 세계에 대한 연루 *involvement* 와 분리 *detachment* 의 교차 및 후자의 확대라는 지식 과정, 그리고 예법의 세련화 및 국가 형성으로 대표되는 문명화 과정과 연결되어 있다. <시녀들>을 비롯한 서구의 여러 회화들에 대한 엘리아스의 문명사적 고찰은 Elias, 1987의 서론을 참조하라. 벨라스케스의 <시녀들>에 대한 푸코의 분석과 엘리아스의 분석을 비교하는 것은 Ogborn, 1995 참조하라.

약함은 권력의 효율성을 진작시킬 수 있다. 그만큼 권력의 응시는 비가시성의 영역으로 숨기 때문이다.[62]

> 그들[거울에 반영된 두 주권자]은 그림에 나타난 얼굴들 중에서 가장 희미하고, 가장 비실재적이며, 가장 의문스러운 것들이다. 그러므로 한 번의 운동, 약간의 빛만으로도 그들은 쉽게 사라져 버릴 수 있다. 그림에 표현된 형상들 중에서 그들은 가장 무시된 형상이기도 하다. 어느 누구도 자신들 배후에 슬며시 들어와 방의 구석진 한 공간을 차지하고 있는 그 반영에 주의를 기울이지 않기 때문이다. 그들은 자신들이 가시적일 때 실재 전체 가운데 가장 연약하며 가장 멀리 떨어진 형태이다. 그렇지만 역으로 말하면, 그들은 자신들이 그림 밖에 있음으로써 본질적인 비가시성에로 위축될 때 모든 재현의 축이 되는 중심을 형성한다(Foucault, 1987: 38. [ ] 안은 인용자).

이 거울이 비가시적인 권력의 응시를 매개하는 이미지 / 스크린이다. <시녀들>에서 거울은 전체의 이미지가 구성되는 결정적인 중심으로 나타나 있을 뿐만 아니라 이미지들의 중심, 핵심적인 이미지이기도 하다 (서규환, 1993a: 159).

우리는 가시성의 영역에서 이 거울 이미지를 통해 권력의 응시를 인지하며, 또한 그림 속의 인물들의 응시를 통해 그것을 추측한다. 이 인물들 역시 이미지, 완성된 재현 표상들이다. 우리는 이 이미지들을 통해 군주의 응시를 상상한다. 따라서 군주의 응시가 투사된 거울이 그림의 상상적 중심이라는 것은 이러한 측면에서도 옳은 것이다. 이 상상적 중심을 통한 응시의 집중은 고전적 질서의 안정을 상징한다. 그림의 스펙터클 및 인물들의 응시는 군주의 스펙터클 및 응시와 상호성을 형성하는 것이다.[63]

---

62. 이러한 면에서 큰타지의 응시로서의 권력의 응시, 보다 일반적으로 응시 그 자체의 작동 방식은 기표들의 사슬을 가동시키는 주인 기표(즉, 그 자체 실재계의 작은 조각)로서의 '남근 the phallus'이라는 기표의 의미 작용에 해당한다. 라캉이 말하듯이 "남근은 가려질 때만 자신의 역할을 할 수 있다"(Écrits: 288).

63. 물론 이 상호성에서 빠져 나가는 부분이 있는데, 왼쪽 구석에서 우리에게 등 돌리고 있는 캔버스, 그리고 오른쪽 구석 바닥에 누워 있는 개와 그 개에게 발로 장난 거는 난쟁이 또는 아이가 있다(Foucault, 1987: 37~8). 그러나 캔버스는 군주의 형상을 비가시성으로 환원하여 재현의 축이 되도록 기여하는 것이

(2) 스펙터클과 감시

≪감시와 처벌≫에서 푸코는 군주의 권력을 가시성의 권력으로 이해하였다. 그것은 스펙터클을 통해서 자신을 현시하며, 반면에 피지배자들은 비가시성의 영역에 남아 있을 수 있고 화려한 스펙터클을 통해 권력의 광휘를 본다. 군주의 권력이 현시되는 장소는 사형수의 신체와 권력의 제식으로서의 처형장의 스펙터클이며, 이것은 프랑스 대혁명을 통과하고서도 길로틴의 스펙터클 속에 잔존하였다. 이에 비하여 현대의 새로운 훈육적 권력은 자신을 비가시성의 영역에 감추면서 개별화된 신체뿐만 아니라 영혼에 대해 작용한다. 가시성의 원리는 거꾸로 피지배자들에게 부과되었다. 19세기, 또는 적어도 18세기 말 이후부터 본격화된 이 부르주아적 권력은 일상의 모든 공간 속에서 작동하는 미시 물리적 권력의 세밀한 그물망을 펼쳐 효율적인 권력의 경제를 실현한다. 따라서 푸코가 보는 것은 권력의 경제에서의 근본적인 전환, 가시성과 비가시성의 배치의 근본적인 역전이다. 그가 현대 사회를 스펙터클의 사회가 아니라 감시의 사회라고 단언하는 것은 여기에 근거한다(Foucault, 1979).

하지만 지금까지의 논의에 근거해 본다면, 군주의 권력 역시 가시성의 권력으로만 한정하는 것은 불합리하다. 그것이 현란한 스펙터클을 통해 현시된다 하더라도, 권력의 응시는 근본적으로 비가시성의 영역에 머물러 있다. 그것은 <시녀들>의 캔버스의 보이지 않는 표면에 있고 그림 바깥에 있으면서 거울의 반영을 통해 자신을 추론하도록 할 뿐이다. 그렇다면 오히려 군주의 권력은 가시성과 비가시성의 결합, 이미지 및 스펙터클의 동원과 응시 및 감시의 결합을 통해서 행사되는 것으로 이해해야 할 것이다.

푸코 역시 스펙터클과 감시를 이분법적으로 구분하기만 하는 것은 아니다. 그의 설명은 권력 행사의 기본 원리가 어디에 두어져 있는가를

고, 개와 난쟁이 역시 안정의 이미지를 높이고 있다. 난쟁이와 개의 한가로움은 불안을 감추고 있는 멜랑콜리가 아니라 안정 속의 권태이기 때문이다. 오히려 이 한가로움이 결정적인 것이라고도 할 수 있는데, 시선의 일치 또는 집중은 억압에 의한 것으로 느껴질 수도 있기 때문에 그 자체만으로 이미지에 사회적 안정감을 주는 것은 아니기 때문이다(서규환, 1993a: 157).

말하는 것일 뿐, 군주의 권력이나 부르주아의 현대적 권력이나 양자 모두 스펙터클과 감시 가운데 어느 하나를 배제하는 것이 아니라고 보는 것이 확실하다. 푸코는 비록 그 기원과 논리는 다르지만 형벌과 교정 체계에서의 감시 권력이 작동하기 시작하는 시기에 형법 체계에서 법률적 주체의 표상이 내세워지고 형벌이 가시화되는 처벌의 극장이 동반됨을 보여 준다. 다만 새로운 것은 전자가 압도적인 것이 되었다는 것뿐이다 (같은 책: 특히 104〜31). 또한 푸코는 군주 권력의 시대가 감시와 훈육 역시 동원하고 체계화하였음도 분명히 한다. 그의 말을 직접 빌리자면, "전체적인 감시의 일반화 — 벤담적인 권력의 물리학은 이것의 승인을 표상한다 — 는 고전주의 시대를 통해 내내 작동하였다"(같은 책: 209).

17세기 유럽의 군주제는 경제적 변동을 비롯한 다양한 사회적 영역들에서의 변화와 그에 따른 항의와 동요를 억압하기 위하여 한편으로는 물리적 군사력을 활용하면서 다른 한편으로는 예술적, 종교적, 이데올로기적 통제 수단들을 찾아야 했고, 이에 따라 이미지와 건축물, 기념비, 극장 등 다양한 스펙터클들을 동원하였다. 바로크 문화의 역사적 성격을 규정하는 한 측면도 여기에 있다(Maravall, 1986: 1장). 이러한 권력의 전략은 18세기까지 이어졌다.

스펙터클을 조직화하는 군주의 권력은 자연의 요소까지 이러한 전략에 포섭하기도 했다. 자연 풍경의 조작이 그것이다. 베르사이유 궁전의 정원은 그 대표적인 예이다. 르네상스 정원에서도 이미 권력과 지배가 관여한 흔적이 확실히 남아 있으나, 기본적으로 그것은 울타리가 둘러쳐져 있고 외교적인 접대 장소로 한정해서 사용되던 사적인 구역이었다. 그러나 푸코가 고전주의라 칭하는 시대의 군주들은 자신의 정원을 대중에게 공개하기 시작한다. 군주 국가에서는 국가로서의 체면을 과시하는 동시에 군주의 정통성을 주장해야 할 필요성이 차츰 더 높아짐에 따라 정원 시설을 호화롭게 하는 경향을 띠었는데, 대중은 군주의 정원을 보고 처음으로 고도로 발달한 정원 문화와 만나게 되었다. 예컨대, 파리의 튈를리 정원은 16세기에 이미 일반에게 공개되었고, 영국의 찰스 1세는

1635년에 하이드 파크 왕립 정원을, 1766년 요제프 2세는 빈의 대공원 프라터를 개방하였으며, 뒤셀도르프 선제후는 1776년 궁정 정원을 공공 산책로로 개조하라는 명령을 내렸고 베를린의 동물원 공원은 1740년부터 일반에게 공개되었다. 베르사이유는 이러한 개방형 정원의 전형적인 본보기였다. 1682년에 궁정과 정부를 이 곳에 이전한 뒤로 이 건물은 태양왕 루이 14세의 정치 강령을 철저히 현시하는 것을 주임무로 떠맡고 있었으나 1718년의 여행 안내서는 베르사이유의 왕립 정원이 이미 그 때 누구에게나 개방되었음을 알려 준다(Warnke, 1997: 120～1).

베르사이유로 대표되는 프랑스식 정원은 정형 정원 *Regalgarten* 으로 불리는데, 이것은 하나의 예술 형식이 정치적으로 이용된 대표적인 예로 꼽힌다. 군주의 권력의 정당성과 위대함을 대중에게 과시하기 위한 목적으로 개방된 이러한 정원은 규칙적이고 중앙 집중적인 기하학적 구도를 갖추도록 조성되었다. 자를 대고 그은 듯한 도로, 가위질이 잘 된 수목들과 버팀목이 제대로 정비된 공원, 나무 울타리, 연못, 기계 장치로 작동되는 분수와 샘 등은 자연 그 자체와는 동떨어진 것들로서 궁정의 생활 방식을 표현한다. 프랑스식 정형 정원에서는 성장하는 수목의 형태, 수로 구조, 가로의 방향은 모두 계산된 기준과 모범 형태에 따라야 했고, 중심 축에서 사방으로 죽죽 멀리까지 뻗어 있는 방사선 가로의 구조는 도시와 지방들을 성의 권위에 굴복시켜 마치 집게로 집어 올려 지배자의 손아귀에 집어 주는 형국을 나타냈다(같은 책: 126～7).[64]

---

64. 정치적으로 자유주의적인 성향을 가진 사람들은 프랑스식 정형 정원을 비판하였다. 이런 비판은 주로 영국식 '풍경 정원'의 지지자들에게서 나왔는데, 바로크 정원의 기하학적 구조에서 절대 군주제의 지배 의지의 표현을 본 이들은 주로 현실 정치에 실망하고 귀향한 재야 1세대였으며 프리메이슨 성향의 정치 운동이 영국 정원의 성립에 기여하였다. 그들에게 자연은 곧 자유의 상징이었기 때문에 정원의 모든 것은 자연의 내재적 법칙에 맡겨야만 하는 것이었다. 그럼에도 불구하고 이들의 정원 역시 조성된 정원인 만큼 인간의 손에서 완전히 자유로울 수는 없었는데, 흥미롭게도 여기서도 원근법의 비유가 등장한다. 호레이스 월폴은 정원 건축가 윌리엄 겐트에 대해 말하면서 "정원 건축의 대전제는 풍경화에서와 마찬가지로 원근법과 빛과 그림자였다"(Warnke, 1997: 132)라고 언급하였다. 물론 풍경화에 대한 비유이니 만큼 건축물과 도시 광장에 집중하였던 르네상스의 엄격한 인위적 선 원근법에 바로 비견할 수는 없다. 그렇다 하더라도 영국식 풍경 정원의 자연 역시 결코 눈에 보이는 그대로의 자연이라기보다는 오히려 "시기와 회화와 역사에 반영된 자연에 가까웠다"(같은 책: 132). 프랑스 대혁명을 겪고 난 후에는 영국식 풍경 정원마저 자연

이러한 인위적인 구도에서 원근법적 구상의 반향을 볼 수 있다. 그것은 특권화된 시점에서 전체를 조망하는 신의 시점 또는 새의 시점에 따른 구도를 자연에 강요한 것과 같다. 물론 그 특권화된 시점은 전체를 조망하고 통제하는 군주의 시점이다. 그러므로 군주의 이미지를 표상하고 군주의 권력을 현시하는 스펙터클의 조직 원리는 군주의 응시를 중심축으로 하는 것이다. 재현과 응시의 이 연계가 바로 벨라스케스의 그림에서 확인된 바 있다. 따라서 재현 또는 스펙터클은 감시와 연결되어 있다. 베르사이유는 바로 이 점을 입증한다. 예컨대, 푸코는 베르사이유의 동물 사육장과 벤담의 판옵티콘 간의 유사성을 지적하고 있다. 이 둘 간에는 개별화된 관찰, 특징 표시와 분류, 종의 분석적인 계획 배치 등 유사한 배치가 발견된다. 한 쪽에서는 동물과 종별적인 집단화와 국왕이, 다른 한쪽에서는 인간과 개인별 배분과 비밀의 권력 구조가 서로 대응한다(Foucault, 1979: 203).

군주 권력의 스펙터클을 압축적으로 상징하는 것이 태양왕 루이 14세이다. 태양은 항상 지배의 상징이었다. 베르사이유 궁전을 세운 이 태양왕은 스펙터클을 동원하는 군주 권력을 상징한다. 그러나 이 루이 14세에게서 또한 그러한 권력이 감시의 권력, 비가시적인 권력과 연결되어 있음을 다시 확인하게 된다.[65] 푸코에 따르면 이 태양왕은 권력의 과도하지만 규제된 현시를 초래하는 정치적 제식과도 또 다른 훈육적 권력의 제식으로 전유럽을 불안에 떨게 한 군주이기도 하다. 훈육의 제식은 승리에 관계된 것이 아니라 열병, 퍼레이드이며 가시성의 경제를 전도시키는 시험의 호화장대한 형식이다. 여기서 '신민(*subject* = 주체)들'은 오직 자신의

에 대한 인공적 연출이라 비난받게 되었고, 새롭게 자유의 상징으로 떠오른 것은 사람의 손길이 비교적 닿지 않은 '산림'이었다(같은 책: 126~38).

65. 루이 14세의 궁정은 이미 스펙터클에서 감시로 이행된 장소이기도 했다. 어떤 한 분석에 의하면, 자신의 통치 말기에 이르게 되면 이 태양왕은 스펙터클에서 부재하게 되고 군주제의 권력 구조 속의 텅 빈 장소가 되었으며 이것은 보여지지 않고 볼 수 있는 존재라는 인상을 부여했다고 한다. Jean-Marie Apostolidès, *Le roi-machine: Spectacle et politique au temps de Louis XIV*, Paris: Minuit, 1981; 여기서는 Jay, 1986: 202, n.88을 참조하였다.

응시에 의해서만 현시되는 권력의 관찰에 대해 '객체(object 대상)들'로서 제시되었다(Foucault, 1979: 188). 1666년 3월 15일 루이 14세는 자신의 최초의 열병식을 거행했다. 검열을 받은 병사수는 1만 8000명이었고, 이 '훈육적' 제식은 그의 치세중 가장 '스펙터클한' 행사의 하나였다. 수년 뒤 그 행사를 기념하기 위해 주조된 메달을 두고 푸코는 이렇게 말한다.

> 이 메달을 역설적이지만 의미심장하게도 주권적 권력의 가장 현란한 형상이 훈육적 권력에 고유한 의례들의 출현에 연결되는 순간의 증거로 생각하자. 간신히 지탱될 수 있는 군주의 가시성은 피할 수 없는 신민들의 가시성으로 전환된다. 가장 낮은 수준의 현시 속에서도 권력의 행사를 보장할 수 있었던 것은 훈육의 기능화에 있어서의 이 가시성의 전도이다. 우리는 무한한 시험과 강제적인 객체화(대상화)의 시대로 들어가고 있다(같은 책: 189).

그러므로 가시성의 전도는 군주의 권력하에서 이미 이루어지고 있었다. 그것은 17세기부터 본격화된 현대성의 특징이기도 하다. 푸코가 말하는 고전주의 시대에 권력은 이미 자신을 스펙터클화할 뿐만 아니라 권력의 대상, 지배의 대상을 스펙터클화하기도 했던 것이다. 예를 들어, 고전주의 시대에 광기는 권력에 의해 순수한 스펙터클이 되고 '비이성의 극장'이 되었다(Jay, 1986: 180). 고전주의 질서의 범주인 감금은 모든 비이성적인 것, 모든 비인간적인 것에 대해 행사되었는데, 비이성이 추문을 피하기 위해 침묵 속에 숨겨진 데 반해 광기의 감금은 광기를 은폐하는 것이 아니라 광기에 가시성을 부여하고 광기를 조직하는 것이었다. 광기는 계속해서 세계의 무대 위에 제시되었다. 물론 그것은 르네상스 시대 광기가 자유로서 현전했던 것과는 다른 것이었다. "고전주의 시대 동안 광기는 전시되었다. 그러나 빗장의 저편에서 전시되었다. 만일 현전할 때, 그것은 이성의 눈 아래 거리 두어져 있었다…… 광기는 바라보여지는 사물이 되었다"(Foucault, 1973: 70). 가시성의 영역에 배치된 광기를 그 바깥에서 거리를 두고 관찰하는 고전주의 시대의 이성의 눈, 바로 이것이 현대성의 시각이다. 그리고 그 눈은 〈시녀들〉에서 재현된 군주의 눈, 즉 권력의 응시이기도 하다. 그러므로 스펙터클은 감시와 분리되지 않으며 감시 또한 스펙터클을 배제하지 않는다. 권력을 가시화하는 현란한 스펙터클은 비가시성에 자리한 권력의 응시에 의해 조직된다.

군주의 권력이 응시의 권력이며, 스펙터클의 권력인 동시에 감시 및 훈육의 권력이기도 하다는 점과 관련하여, 마지막으로 군주 권력의 감시적 측면은 병사나 광인에 한정되는 것이 아니라 피지배자 일반, 모든 신민들에게 향해 있었다는 것을 지적해야겠다. 이러한 점에서 군주의 권력은 참으로 현대성의 권력이다. 군주의 권력 역시 피지배자들에게 가시성을 부과하였다는 것은 그들에게 말 그대로 빛을 던진 거리의 조명이 단적으로 보여 준다.

서구에서 밤의 상징은 항상 혼돈이었다. 그것은 유령과 악마가 출몰하는 꿈의 영역이었고, 낮이 남성적이었던 데 비해 밤은 여성적인 것으로 이해되었다. 문화가 새로워질수록 그것은 밤이 오는 것을 두려워했다. 사람들의 반응은 집 안으로 퇴각하고 문을 잠그는 것이었다. 1380년 파리시의 칙령은 밤에는 모든 집이 문을 잠그고 열쇠를 행정 장관에게 예치할 것과 납득할 만한 이유 없이는 출입을 금할 것을 명령하였다. 야경꾼들은 무기와 횃불을 들고 순찰했는데, 횃불은 길을 밝히는 것과 동시에 그 주된 기능은 그것을 들고 있는 사람을, 즉 질서의 힘을 가시화하는 것이었다. 일반인에게도 같은 원리가 적용되었다. 용감하게도 밤에 집 밖으로 나온 사람이 어떤 형태로든 빛을 들고 있지 않을 때는 수상한 자로서 즉각 체포되었다. 푸코식으로 보자면, 가시성은 권력과 신민 양자 모두에게 적용되었던 것이다.

17세기가 되면 공공적인 조명을 설치하려는 최초의 시도가 이루어진다. 모든 집들은 각각 불을 달아 자신을 확인시켜야 했다. 이것은 아직 거리의 조명이라기보다는 횃불을 들고 다녀야 한다는 오래된 의무의 연장이었다. 이렇게 시작하여 17세기 후반에는 최초의 중앙 집중화된 공공 조명이 이루어진다. 절대주의 국가의 주도 아래, 사적인 개별 집들이 아니라 길거리에 등 lantern 이 고정되었다. 절대 군주정은 이를 통해 자신의 질서를 확장하고 거리를 통제하였다. 경찰이 자신의 관할구 안에 있

그림 29. 대혁명과 거리의 등(당시의 캐리커처)

출처: Schivelbusch, 1988: 101

는 등들을 관리했던 것이다.

도시가 성장하고 군중들이 모임에 따라 절대주의 국가의 눈에 거리는 정글처럼 위험스럽게 보였다. 특히, 이러한 조건을 타개하기 위해 프랑스 절대주의 국가의 경찰은 거리를 청소하고 현대화시켰다. 그 첫 단계는 무질서하게 길거리로 튀어 나와 교통을 방해하고 바로크적인 절대주의 심성에 들어맞는 긴 조망을 가로막곤 했던 중세적인 상점 간판들을 제거하는 것이었다. 두 번째는 거리를 포장하는 것이었다. 17세기까지는 밤에 내거는 등의 종류를 결정하는 일처럼 포장 블럭 역시 인접해 있는 주택들의 집주인들에게 내맡겨져 있었으나, 점차 규제들이 다양해지고 늘어나 1638년경에는 도로 포장도 공적인 관심사가 되었고 줄을 맞추어 수학적으로 정확한 구조를 갖추게 되었다.

거리 조명은 그 세 번째 단계였다. 이것은 바로 태양왕 루이 14세에 의해 이루어졌다. 대열병식이 있은 다음 해이자 프롱드당이 진압된 지 15년 후인 1667년, 왕령으로 파리시에 공공 조명이 도입되었다. 이제 거리 조명은 경찰의 통제 아래 이루어지는 공적 서비스가 되었고 다양한 사적인 등은 규격화된 등으로 대체되었다. 이 등들은 태양왕을 표상하는 작은 해들처럼 거리를 가로지르는 케이블에 매달려 길 한복판 위에 설치되었다(Schivelbusch, 1988: 84~7). 그 논리는 명백했다. 등은 누가 거리를 비추고 그것을 지배하는가를 보여 주었던 것이다(같은 책: 87).[66] 푸코식으로 말해서, 등은 권력이 자신을 현시하는 수단들의 하나였던 것이다. 그러나 그것은 또 권력이 일반 시민들에게 가시성을 부과하고 감시를 행사하는 수단이기도 했다. 등은 거리에 대한 경찰의 감시를 뜻하고 감시 능력을 높이는 것이었기 때문이다. 따라서 구래의 의무가 지시하는 자물쇠와 새로운 공공 조명은 서로 다른 원리를 가진 것이었다. "기계적인

---

66. 경찰이 관리하는 거리 조명은 다른 절대주의 국가들에서도 즉각 도입되었다. 1680년 프러시아의 군주는 등을 다는 기둥을 거리 곳곳에 세우도록 명령했다. 반면, 런던의 경우에는 절대주의 국가들과 사정이 달랐는데, 거기서는 18세기까지도 각각의 집들이 등을 다는 사적인 형태를 유지하였고 1736년에 가서야 반半공적인 서비스의 형태를 갖추고 등에도 제일성 *uniformity* 이 부과되었다(Schivelbusch, 1988: 87~8).

자물쇠는 일차적으로 주위 환경에 상관없이 타자들의 전유에 대항해 재산을 보호하기 위하여 고안된 사적 공간을 지킨다. 경찰의 감시는 반대로 공적 공간을 지키는 것이며, 그것의 유일한 목적은 공공의 법과 질서를 유지하는 것이다"(같은 책: 88).[67]

거리 조명등의 이런 정치적 기능은 어둠을 밝히는 원래의 기능보다 더 중요한 것이었다. 기술적 개량에 힘입어 하나 하나의 등이 개별적으로 훨씬 더 밝아졌음에도 불구하고 경제적 이유로 거리에 설치하는 등의 전체 개수를 줄였기 때문에 실제 거리의 밝기가 전체적으로 별로 달라지지 않았던 경우에도 사람들이 심리적으로 느끼는 수준은 다른 것이었다.[68] '상징적인' 빛이 '실제의' 빛으로 보였던 것이다. 의심의 여지없이 증가된 개별 등 자체의 밝기가 실제로는 거의 변하지 않은 거리의 밝기 그 자체로 지각되었다. 등 자체가 거리를 밝히는 그 기능보다 더 중요했다. 공공 조명이 도입되기 전까지 밤에 들고 다녀야 했던 횃불에서 알 수 있듯이 빛은 일차적으로 신원 확인 *identification* 에 봉사하는 것

---

67. 영국에서는 경찰 감시보다 자물쇠가 더 강조되었다. 이에 따라 밤에 '횃불을 들고 다니는 사람 *linkman*'들의 상황도 달랐다. 17세기 런던과 파리는 '움직이는 공공 조명'이라는 발상에 따라 이 링크맨들을 만들었다. 길을 걷던 사람은 택시처럼 귀가 길을 밝혀주도록 이들을 고용할 수 있었다. 파리에서는 이들이 종종 경찰의 정보원이었던 데 비해, 런던의 링크맨들은 반대로 범죄 세계와 밀접한 관계를 유지하거나 심지어 그 일원인 경우도 많았다. 이 런던의 링크맨들은 공복이라기보다는 강탈을 방관하거나 자기들 자신이 보행자를 강탈하는 강도로 돌변하기도 했다(Schivelbusch, 1988: 88~90).

68. 공적인 거리 조명은 19세기 말 가스등이 도입될 때까지도 여전히 자연의 리듬에 결부되어 있었다. 예컨대, 달이 밝을 때는 거리의 등을 밝히지 않았고, 이에 따르는 조명 스케줄이 고안되었다. 그러나 점차 자연의 리듬과 독립적인 조명을 향해 나아가는 점진적인 경향은 있었다. 그것은 우선 등들의 간격을 좁히는 것이었고, 두 번째로는 렌즈와 반사경과 같은 광학적 보조 기구들을 이용하여 광원光源을 강화하는 것이었다. 1763년 새로운 반사경등 *réverbère* 이 고안되었다. 이 '*réverbère*'는 파리 경찰서장이 상금을 내건 1763년 과학 아카데미 대회에 출품되었다. 이 대회에는 당시 20세였던 라브와지에 Lavoisier 도 참가하였는데, 우승하지는 못했지만 국왕으로부터 메달을 받았다. 그가 고안한 등은 최종적으로 만들어진 등의 모습에 매우 가까웠다(Schivelbusch, 1988: 93). 이 라브와지에가 1770년대에 제안한 현대적인 연소 이론, 즉 탄소가 연소하는 데는 공기 중의 산소가 필요하다는 이론은 이후 기름등에서 아르강등을 거쳐 가스등에 이르기까지 서구 조명의 역사에서 대단히 중요한 역할을 한다(같은 책: 4~14 참조). 어쨌든 이 '*réverbère*'는 밤을 낮으로 바꾸는 인공 태양이라고까지 불렸는데, 하나의 등에 여러 개의 기름 심지를 부착하고 반사경을 두 개를 이용하는 등 계속해서 기술적 개량이 이루어졌다. 하지만 거리 전체 조명은 더 밝아지지 않았는데, 보다 더 밝은 빛을 내는 등이 일반화됨에 따라 등들 간의 간격이 넓어지거나 거리에 설치한 등들의 전체 개수는 오히려 줄어들었기 때문이다(같은 책: 95).

이었기 때문이다(거리가 어둡게 조명되어도 별 상관이 없었다. 링크맨이 19세기 초까지도 밤의 거리에서 중요한 역할을 했기 때문이다). 빛의 이 신원 확인의 기능은 감시 *surveillance* 의 기능으로 이어진다. 절대주의 국가에서의 공공 조명의 역사는 개인들 간에 벌어질 수 있는 상호 감시의 동학[69]을 빛에 대한 국가의 독점, 따라서 국가의 감시 독점으로 대체해 온 역사이다(같은 책: 95~7).[70]

국가의 거리 조명이 일반 시민들에게 권력의 현시이자 감시로 받아들여졌다는 것은 평상시에도 거리의 등들이 심심찮게 파괴되었을 뿐 아니라 대혁명을 비롯하여 19세기까지도 혁명이 발발했을 때 사람들은 먼저 거리를 조명하는 등들을 파괴하였다는 사실에서도 엿볼 수 있다. 프랑스 대혁명 기간 중 성난 군중들은 주택에 부착되어 등을 매달고 있던 가로대들을 종종 절대 왕권의 하수인들을 목매다는 교수대로 이용하였다(같은 책: 97~114, 그림 29). 이 군주 권력이 행사하는 감시에서 응시의 구도는 <시녀들>의 그것과 마찬가지이다. 시민들은 자신들에게 가시성의 원리를 부과하는 거리의 그 등들에서 <시녀들>의 거울에서와 마찬가지로 군주의 모습을 보았을 것이다. 그 군주의 응시는 직접 보이지는 않지만 빛이 있는 곳이면 어디에서나 피할 수 없는 권력의 응시이다. 따라서 권력의 차원에서 보자면, 스펙터클은 감시를 배제하지 않으며 감시 또한 스펙터클을 배제하지 않는다. 그것은 동전의 양면과 같은 것이다.

---

69. 바슐라르의 말처럼 "빛을 던지는 모든 것은 보고 있다." 어둠 속에서 멀리 있는 빛을 보는 사람은 그 빛이 빛을 운반하고 있는 사람 스스로를 비추기에는 불충분하기 때문에 자신이 관찰되고 있다고 느끼게 된다. 따라서 그는 자신이 응시에 무방비 상태로 노출되지 않기 위해 자신의 등을 끈다. 거리에서 벌어지는 개인들 간의 이러한 상호 감시의 동학은 한 사람을 다른 사람의 감시에 노출시키는 결과를 가져오는, 감시의 도구이자 신원 확인의 표지라는 빛의 이중 기능에서 야기되는 것이다.

70. 개인들에게서 빛과 감시를 박탈하여 국가가 독점하는 이러한 과정 역시 현대화의 한 단면이다. 그것은 마르크스가 말하는, 직접 생산자로부터의 생산 수단의 박탈과 자본가에 의한 독점(Marx, 1987: 801 이하), 그리고 베버가 지적하듯이 자본주의의 이러한 발전 과정과 완벽하게 일치하여 군주측에서 행정, 전쟁, 재정 수단 등 모든 형태의 정치 수단을 자립적이고 사적인 권력 담당자들에게서 박탈하여 독점하는 것(행정 간부의 행정 수단으로부터의 분리, 장교의 전쟁 수단으로부터의 분리 등)으로 이루어지는 근대 국가의 발전과정(Weber, 1981: 329~31)과 궤를 같이하는 것, 또는 그 일환으로 볼 수 있다.

2) 부르주아 감시 권력의 응시

절대 군주의 권력에 의해 일반적인 전제가 마련된 감시의 권력은 부르주아 사회에서 전면화된다. 그러나 푸코가 지적하듯이 새로운 감시의 권력은 이전의 그것과는 여러 면에서 상이하다. 우선, 그것은 보편화되었고 편재적이며 영속적이다. 감시의 권력은 학교와 병영과 병원, 공장 등 '모든 곳에' 미세한 권력의 그물망을 펼치며 '모든 것을 대상으로 하여' 행사된다. 그리고 그것은 개인 하나하나의 일상적인 동작 하나하나를 규제하는 영속적인 권력이다. "이 권력은 행사되기 위해서는, 자신은 비가시적인 것으로 남게 할 수 있는 한에서 모든 것을 가시적인 것으로 만들 수 있는 영속적이고 철저하며 편재적인 감시의 도구를 부여받아야 했다. 그것은 사회체 *the social body* 전체를 하나의 지각의 장으로 변형시키는 얼굴 없는 응시와 같은 것이어야 했다. 곧 그것은 모든 곳에 배치된 수천 개의 눈들이고, 항상 조심하는 가동적인 주의력이며, 길고 위계화된 그물망이었다…… 그리고 이 그치지 않는 관찰은 일련의 보고서와 장부들 속에 축적되어야 했다"(Foucault, 1979: 214).

다음으로, 이 새로운 감시의 권력은 개별자 하나하나를 대상으로 삼는 권력이다. 요컨대, 그것은 개인을 관찰과 분류와 통제의 대상으로 만드는 권력이며, 훈육 *discipline* 이란 말에서 압축되듯이 개인의 영혼에까지 작용하여 질서와 규칙을 내면화시키는 권력이다. 이것을 위해 권력은 군주의 신체에 대립되는 신체에, 즉 사회체의 수준에 비견될 스펙터클의 장으로서의 신체가 아니라 관찰과 시험과 통제의 장으로서의 개별 인간들의 신체에 작용한다. 그것은 개인들을 서로 치환될 수 있는 기능적 위치 결정에 따라 공간 속에 배분하고, 시간표와 신체-대상의 유기적 배치를 통해 활동을 통제하며, 사회 진보의 관념과 개인의 단계적 형성이란 관념을 결합시키고, 기능적으로 환원된 신체 각 부분의 힘들의 조합을 통해 작용한다. 한 마디로 길들여진 신체를 만들어 내는 것이다(같은 책: 135~69).

곧, 권력의 생산성이 향상되기 위해서 그것은 사회의 최소 단위에서까지 연속적인 방식으로 행사될 수 있어야 했다. 푸코가 "우리의 사회는 스펙터클의 사회가 아니라 감시의 사회이다"(같은 책: 217)라고 말한 것은 아마도 감시 권력의 이러한 새로움에도 한 이유가 있을 것이다.

1791년 출간된 팜플렛에서 제레미 벤담 Jeremy Bentham 은 '판옵티콘 *Panopticon*'을 제안하였다. 감옥 개혁을 위한 모델로 고안되었던 이 판옵티콘은 이러한 감시와 훈육의 권력에 적합한 건축물이었고 그러한 권력의 효과적인 행사를 위한 장치였다.

> 판옵티콘의 해결책은 권력의 생산적인 증대는 한편으로 권력이 가능한 한 가장 세밀한 방식으로 사회의 바로 그 기초에서 연속적으로 행사될 수 있어야 하고, 다른 한편으로 권력이 주권의 행사와 결부되어 있는 이 갑작스럽고 폭력적이며 불연속적인 형식의 바깥에서 기능할 때에만 보증될 수 있다는 것이다…… 판옵티콘 체제의 영역은 낮은 지역 전체, 자신들의 세부들과 다중적인 운동들과 이질적인 힘들 및 공간적 관계들을 가지고 있는 불규칙적인 신체들이라는 지역이다. 요구되는 것은 배분들, 간극들, 계열들, 조합들을 분석하고 가시적이게 만들고 기록하며 분화하고 비교하는 도구들을 이용하는 메커니즘들이다. 그것은 국왕의 인격에서가 아니라 이 관계들에 의해 개별화될 수 있는 신체들에서 자신의 최대의 강도를 갖는 관계적이고 다중적인 권력의 물리학이다. 이론적인 수준에서, 벤담은 사회체와 그것을 가로지르는 권력 관계들을 분석하는 또 다른 방법을 정의한다. 실천의 측면에서, 그는 군주의 경제를 실천하는 가운데 권력의 효용성을 증대시켜야만 하는, 신체들과 힘들의 복종의 절차를 정의한다. 판옵티콘 체제는 그 대상과 목적이 주권성의 관계들이 아니라 훈육의 관계들인 새로운 '정치적 해부학'의 일반 원리이다(같은 책: 208).

훈육의 행사는 관찰의 수단에 의해 강제하는 메커니즘, 보는 것을 가능하게 만드는 테크닉들이 권력의 효과를 유인해 내고 강제의 수단들이 자신들이 적용되는 자들을 명확히 가시적으로 만드는 장치를 전제하는데(같은 책: 170~1), 판옵티콘은 바로 이러한 장치였다. 벤담의 판옵티콘은 감시의 두 가지 모델, 즉 배제를 축으로 하는 나병 모델과 개인화본위의 페스트 모델(같은 책: 195~9)을 조합한 구성의 건축학적 형상이다.

그 원리는 잘 알려진 대로 주위에는 원형의 건물을, 중심에는 탑을 배치하고, 탑에는 그것을 둘러싸고 원주를 형성하는 건물 속을 감시할 수 있도록 커다란 창을 몇 개 붙이는 것이다. 주위의 건물은 독방으로 구분되며, 독방에는 탑의 창에 대응하는 위치에 내부 쪽을 향한 것과 반대편 외부 쪽을 향해 있어 빛이 통하도록 하는 것, 즉 두 개의 창을 가진다. 이제 필요한 것은 중앙 탑에 감시자를 한 명 배치하고 각 독방에 광인, 환자, 수형자, 노동자, 생도를 한 명씩 유폐하는 것뿐이다. 이렇게 함으로써 독방 안에 있는 각각의 인간은 완전히 개인화되는 동시에 한없이 가시적으로 되며, 감시의 권력으로서는 중단 없이 상대를 볼 수 있고 즉석에서 판별할 수 있는 공간상의 단위가 계획 배치된다. 가시성이 하나의 올가미가 된 것이다. 독방 안에 갇힌 각자는 완전히 보여지는 존재이지만, 무리들과 접촉할 수도 없고 볼 수도 없으며, 중앙탑에서 감시하는 자 또한 보이지 않는다. 측면과 정면의 불가시성 속에서 각자는 중심부로부터 가시성을 압박받는다. 간수의 입장에서 보자면 군중을 대신하여 계산과 조사가 가능하고 통제하기 쉬운 다중성이 나타날 뿐이며, 유폐된 자의 관점에서는 격리되고 관찰되는 고립성이 나타난다(같은 책: 200~1).

이렇게 유폐된 자에게서 가시성에 대한 영속적인 자각 상태를 유도함으로써 판옵티콘은 권력의 자동적인 기능화를 확보한다. 이 건축학적 장치는 권력을 행사하는 사람과는 독립적인 권력 관계를 창출하고 유지하는 기계가 되어야 하며, 수감자는 자신들 스스로가 그 담지자가 되는 권력 상황에 붙잡혀 있다. 여기서 죄수가 감시자에 의해 부단히 관찰되어야 한다는 것으로는 불충분하다. 중요한 것은 죄수가 자신이 관찰된다는 것을 알아야 한다는 것이기 때문이다. 또한 부단한 관찰이란 조건은 판옵티콘에서는 너무 충분해서 불필요한 것이기도 하다. 그것은 죄수가 실제로 관찰되어야 할 필요는 없기 때문이다. 죄수는 자신이 항상 관찰되고 있다고 생각할 것이다(같은 책: 200~1). 그러므로 판옵티콘은 감시를 위한 가장 경제적인 해결책이다.

이에 따라, 벤담이 제시한 원리는 권력은 가시적이며 검증될 수 없어야 한다는 것이다. 수감자는 자신을 엿보는 중앙탑의 윤곽을 눈앞에 두고 있으므로 권력은 가시적이다. 다른 한편 수감자는 자신이 관찰되고 있는가 아닌가를 결코 알 수 없기 때문에 권력은 검증될 수 없다. 그러나 그는 자신이 항상 관찰될 수 있다는 것을 확신해야 한다. 벤담은 탑에 간수가 있는가 없는가를 죄수들이 확실히 알 수 없도록 감시실의 창에 판자발을 달아서 독방에 있는 죄수들이 단 하나의 그림자나 역광도 파악할 수 없도록 조치했고, 미세한 소리나 번뜩인 빛, 반쯤 열린 문의 밝음도 간수의 존재를 폭로하기 때문에 감시탑의 실내를 직각으로 나누는 몇 개의 칸막이를 설치하여 문이 아니라 지그재그식의 통로를 통해 탑 내부의 한 구획에서 다른 구획으로 이동하게 만드는 조치까지 취했다(같은 책: 201). 죄수가 자신을 감시하는 관찰자를 볼 수 있다면, 그는 자신에 대한 감시를 통제할 수 있고, 역으로 훔쳐볼 수 있으며, 관찰자의 감시 방식과 약점을 알게 될 수 있고 관찰자의 습관을 연구하고 관찰자를 피하게 될 수 있을 것이기 때문이다. 그러나 관찰자의 그 눈이 숨겨진다면, 그것은 실제로 죄수를 관찰하지 않을 때에도 죄수를 바라본다. 자신을 그림자 속에 감춤으로써, 그 눈은 자신의 모든 권력을 강화할 수 있다(Miller, 1987: 4).[71] 따라서 검증될 수 없는 권력은 비가시적이기도 해야 하며, 이 권력의 눈은 보여지지 않으면서 관찰한다. 이것이 판옵티콘의 가장 교묘한 cunning 면모이다.

> 판옵티콘은 보는 것/보여지는 것의 이자 관계를 분리하기 위한 기계이다. 주변의 고리대 ring 에 있는 사람은 결코 보지 못하면서 전적으로 보여진다. 중앙탑에 있는 사람은 결코 보여지지 않으면서 모든 것을 본다(Foucault, 1979: 201~2).

---

71. 라캉의 사위이자 그의 공식적인 후계자인 자크 알랭 밀레르는 푸코의 ≪감시와 처벌≫이 출간된 같은 해 독자적인 판옵티콘 분석을 자신이 편집하는 잡지에 발표했다. 그러나 라캉 학파와 푸코 간의 직접적인 교류의 증거는 없다는 점을 앞에서 이야기한 바 있다(1장 3절 n.44 참조). 밀레르의 글은 Jacques-Alain Miller, "La despotisme de l'utile: la machine panoptique de Jeremy Bentham," *Onicar?* 3, May, 1975, pp.3~36. 여기서는 <옥토버>지에 실린 영역된 글(Miller, 1987)을 참조하였다. 그런데 이 글에서 밀레르는 응시 개념을 비롯해서 라캉의 이론을 적극적으로 활용하고 있지는 않다.

이 판옵티콘의 도식은 사회 전체로 확산되고 일반화된다. 고전주의 시대 감시는 군대나 학교, 거대한 작업장과 같이 명확하게 폐쇄적인 장소에 한정되어 완성되었으나, 벤담은 이러한 감시를 모든 곳에 언제나 조심하면서 사회 전체에 미치는 분할의 구조로 삼고자 몽상하였으며, 판옵티콘의 배치는 감시 장치가 구석구석까지 두루 침투하는 사회의 기초적인 운용을 조립한다. 그것은 다종 다양한 개인들을 대상으로 그들에게 어떤 행위를 억눌러야 하는 경우 언제든지 활용될 수 있을 것이며 약간의 변형을 가한다면 얼마든지 어디에도 적용이 가능하다. 따라서 판옵티콘의 원형 감시 도식은 사라지지 않고 자신의 어떤 성질도 잃지 않으면서 사회 전체 속으로 확대되어 그 곳에서 일반화되는 경향을 갖는다(같은 책: 205~9). 이것이 훈육의 일반화이며, 푸코는 판옵티콘 도식의 사회체 전체로의 확산, 장치의 확장과 다양화를 가리켜 훈육적 사회 *disciplinary society*의 형성이라고 규정한다(같은 책: 209). 이렇게 본다면 판옵티콘은 단순히 하나의 감옥이 아니라 구성의 일반 원리, 감시와 인간 분류의 보편적인 시각적 기계의 일반 원리이다(Miller, 1987: 3).

이 감시 권력의 장치는 말 그대로 응시의 장치이다. 중앙 감시탑에 체현되어 있는 권력의 응시는 라캉의 그것처럼 비인격적인 것이다. 판옵티콘은 권력을 자동화하는 동시에 몰개인화하기 때문이다. 들뢰즈의 지적처럼 독방을 빛으로 채우고 탑을 불투명하게 두는 빛의 형태만으로도 권력의 작동은 충분하다. 그리고 이 판옵티콘이라는 원형 감옥의 건축물은 불투명과 투명, 볼 수 없는 것과 볼 수 있는 것들을 분배하는 빛의 형태이기 때문에 가시성의 장소이다(Deleuze, 1995b: 94~5). 이렇게, 가시성의 배치를 조직하는 빛의 형태(또는 빛의 체제)로서, 자동화된 몰개인적인 권력을 작동시킨다는 이 두 가지 측면에서 감시 권력의 장치로서의 판옵티콘은 비인격적인 응시의 장치이다.

그것[판옵티콘 – 인용자]은 권력을 자동화하고 몰개인화한다. 권력은 자신의 원리를 인격이 아니라 신체, 표면, 빛, 응시의 어떤 합주된 분배 속에, 그 내

적인 메커니즘이 개인들이 붙잡히는 관계를 생산하는 하나의 배치 속에 둔
다(Foucault, 1979: 202).

그러므로 판옵티콘에서 행사되는 감시 권력의 눈은 라캉적인 의미의
응시에 비견될 수 있다. 우선, 그것은 라캉의 응시와 마찬가지로 큰타자의
장에서 상상된 것이다. 감시탑에 체현된 응시는 사르트르가 예를 드는, 전
쟁터에서 둔덕에 몸을 숨긴 병사의 눈에 잡히는 하얀 집에서 상상되는 응
시와 같이 독방의 수감자들에 의해 상상되는 응시이다. 감시자가 그 안에
서 실제로 자신을 관찰하고 있는지, 감시자가 탑 안에 있기는 있는지 그는
알 수 없기 때문이다. "감시는 감시자가 건물 중앙의 자신에게 마련된 위
치에 자리잡기 훨씬 이전에 현실적으로 이미 시작된다"(Miller, 1987: 6). 이
상상된 응시를 축으로 원형 감옥 안의 가시성과 비가시성의 배치가 이루
어지고 권력이 작동한다. 독방에 갇힌 수감자의 눈이 감시탑의 불투명하
고 무감동적인 창과 마주칠 때부터 그를 둘러싼 모든 가시적 세계가 조직
화될 것이기 때문이다.

또한 권력이 자동화되고 몰개인화된다는 점에서 판옵티콘에서 행사
되는 권력의 응시는 비인격적인 것이다. 따라서 그것은 간수를 비롯하여
특정한 구체적인 감시자의 인격체에 귀속되지 않는다. 벤담은 간수를 감
시할 수 있는 방편으로 공중이 간수를 감시하는 것을 구상하였다. 벤담
은 전사회적인 교정 효과와 죄수의 효과적인 교정을 위해 판옵티콘 감
옥을 누구나 방문할 수 있도록 공중에게 개방할 것을 제안하는데, 감옥
을 방문한 공중은 범죄를 저지르면 처벌을 받는다는 것을 보고 배우는
동시에 이 "공중의 눈이 판옵티콘 내적인 눈을 관찰할 것이다"(같은 글:
9). 공중의 눈은 간수의 월권을 견제하는 역할을 할 수도 있지만, 판옵티
콘을 일반 원리로 확장하려는 벤담의 의도에 비추어 볼 때 그것은 응시
를 총체화하고 일반화하는 효과를 낳는다. 뿐만 아니라 이 공중의 눈에
의해 수감자에 대한 통제는 훨씬 더 강화된다. "하나의 방에 수천 개의
눈을 가진 감시자를" 갖게 되기 때문이다(같은 글: 9). 그리고 바로 이러

한 점에서 판옵티콘에 실현되는 권력의 응시는 라캉적인 의미에서의 응시, 바로 그것이다. 그 응시는 비인격적인 심급일 뿐만 아니라 총체적이고 일반적인 심급, 공중의 응시, 즉 권력의 장소가 텅 비어 있는 형식적 민주주의 체제에서의 큰타자의 응시 또는 큰타자의 장에서 상상되는 응시이기도 하기 때문이다.

이 권력의 응시는 원근법적인 기하학적 구도의 중심에 자리하고 있다. 요새 같은 건축물을 가진 낡은 '안전의 집'을 대체한 이 '확실성의 집'의 "단순하고 경제적인 기하학"(Foucault, 1979: 202)은 어떤 현실적인 복종 관계가 허구적인 권력 관계로부터 기계적으로 생겨나게 하는데, 이 원형 감시 시설의 기하학적 배치는 원근법의 그것과 동일하다.

우선, 판옵티콘이 '원형' 감옥이라는 점에 주의해야 한다. 상공에서 볼 때 둥근 모습의 이 건물은 브루넬레스키가 가시성의 영역에 배치함으로써 자신의 원근법 논증을 성공시킬 수 있었던 그 기하학적으로 이상적인 대상, 후설적인 한계-형상에 가까운 그 산 지오바니 세례당을 상기시킨다. 모든 시점에서 동일한 모습을 보여 주는 기하학적으로 완벽에 가까운 원형의 건물 또는 그것에 가까운 팔각형과 다각형의 건물들은 우르비노 패널화들을 비롯하여 원근법의 회화에서 자주 등장하는 대상이다(Damisch, 1994: 246~52 참조). 라파엘로의 <성처녀의 결혼>이나 카르파치오의 <대사들의 영접>에서도 우리는 그것을 찾아볼 수 있다. 이러한 건물은 바로 전체를 파악할 수 있는 이상적인 시점의 확보라는 르네상스 원근법 이래의 요구 조건에 의해 등장하는 것인데, 이 이상적인 시점은 바로 관찰의 중심점을 상징한다. 특히, 도시가 확장되고 전술의 변화로 인해 중세적인 도시 성곽이 불가능하고 무용해지는 르네상스 시대에는 '이상적 도시 città ideale'를 지향하면서 원근법적 투사에 입각하여 도시를 설계했는데,[72] 이 때 전형적으로 등장하는 것이 도시 외곽으로 성벽이 돌출한 능보(稜堡 bastion)로 인해 별 모양을 형성하는 도시 the star-shaped city의 윤곽과 광장 중앙에 자리잡은 중심점을 두고 조직된 건물,

---

72. 원근법은 처음부터 도시의 묘사 및 설계와 관계가 있었고, 그 자체 도시 문화의 산물이기도 하였다(Clark, K., 1989: 102 이하).

즉 원형이나 다각형의 건물들이다. 회화에서 자주 묘사되는 이 건물의 역할은 별 모양의 도시가 수행하는 역할과 마찬가지이다. "별 모양 도시의 한가운데 있는 중심 집중식 건물 the central building 은 똑같은 역할, 즉 초점 the focal point 에 서 있는 상징적 관찰자의 역할을 수행한다"(Giedion, 1959: 44).[73]

원근법의 기하학적 구도와 친화성을 가지고 있는 이 원형의 건물은 감시 시설에도 이상적이다. 그것은 도시 전체를 조망하는 중심적인 시점을 설정하는 것과 마찬가지로 감시 시설 내적으로도 그러한 중심 시점을 설정하기 때문이다. 물론 건물이 원형이어야 한다는 것은 판옵티콘의 본질적인 조건은 아니었다. 그러나 벤담 자신이 모든 형태들 가운데서도 둥근 원형은 같은 높이에 위치한 불특정한 수의 구획된 방들을 관찰하는 데 완벽한 조망과 동일한 조망을 허용하는 유일한 형태임을 분명히 하고 있다(Miller, 1987: 4). 그리고 이 원형 건물은 하나의 중심적인 시점에 의해 조직된다. "판옵티콘적인 시각의 장은 그 통일성을 자신의 중심적인 위치에서만 이끌어 낸다. 그것들을 통일하는 응시가 없다면, 감시의 멍에 아래 찌그러들고 고독 속에 갇힌 수감자들의 단순한 집합, 원자들의 설명되지 않은 집합만이 있을 것이다"(같은 책: 8).

19세기 벤담의 시대에는 교정 시설을 벤담의 판옵티콘과 같은 원형 건물로 설계하는 경향이 많아졌으며, 이러한 경향은 감옥뿐 아니라 병원이나 심지어 동물 사육장에도 적용되었다. 뿐만 아니라 벤담 이전에도 감시의 필요가 많아짐에 따라 이러한 설계는 심심치 않게 등장하였는데, 1774년 르두우 Ledoux 가 구상한 아르케스낭 Arc-et-Senans 의 채취장 역시 그러한 경우로서, 이것은 원형 감시 방식이 노동 현장에 적용된 예가 될 것이다. 푸코는 이 시설에 대하여 언급하면서 다음과 같이 말한다. "완벽한 훈육 장치는 단 하나의 응시가 부단히 모든 것을 보는 것을 가능하게 만들 것이다.[74] 중심점은 모든 것을 비추는 광원이자 알아야만 하는 모든 것이 수렴되는 장소일 것이다. 아무것도 이 하나의 완벽한 눈을 피

---

73. 르네상스 시대 별 모양의 도시와 중심 집중식 건물에 대해서는 Giedion, 1959: 41∼54를 참조하라.

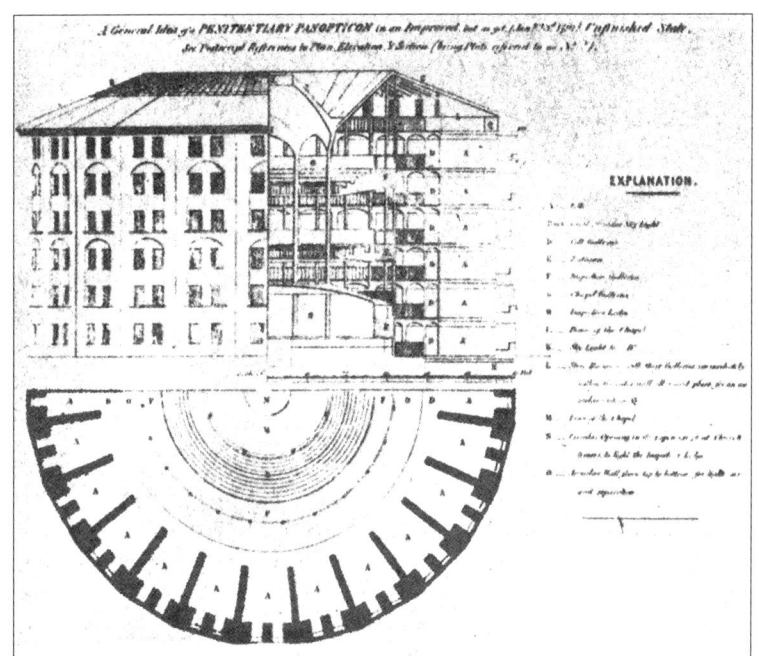

그림 30. 벤담의 판옵티콘 단면도(1843)

출처: *The Works of Jeremy Benetham*, ed. Bowring, vol. IV. 1843, 172~3; Foucault, 1979: 171

해 달아날 수 없으며, 그 눈은 모든 응시들이 고개를 돌려 쳐다볼 중심
이다. 이것이 아르케스낭을 건축했을 때 르두우가 상상했던 것이다. 모
든 건물들은 안쪽으로 개방되어 원환으로 배열되고 그 중심에는 높은
건물이 있어 관리의 행정적 기능, 감시의 치안 기능, 통제와 검사의 경
제적 기능, 복종과 작업을 북돋는 종교적 기능을 수용할 것이었다. 여기
에서 모든 명령들이 나오고 모든 활동들이 기록되며 모든 위반들이 지
각되고 판정될 것이다. 그리고 이것은 정확한 기하학 외에는 어떤 다른
도움도 없이 즉각적으로 행해질 것이다. 18세기 후반에 원형 건축물에
위광을 부여한 이유들에는 그것이 어떤 정치적 유토피아를 표현한다는

---

74. 벤담은 판옵티콘 내에서의 훈육을 위하여 어떤 가능한 경우도 빠뜨리지 않고 모든 것을 포괄하는 철
저한 처벌의 코드를 마련하려 했는데, 여기서도 동일한 정신이 관철된다. 즉, 그는 "법의 모든 부분들을
단 한 번의 눈길로 볼 수 있는" 거대한 판옵틱한 코드를 목표로 하였다(Miller, 1987: 26~8).

사실도 포함시켜야 한다"(Foucault, 1979: 173∼4).

어떤 정치적 유토피아와의 관련성, 여기서 우리는 원형의 감시 시설과 르네상스 이탈리아의 '이상적 도시'의 기획들 사이의 연계를 생각하게 된다. 둘 다 전체를 관찰하는 이상적인 또는 상징적인 중심에 의해 하나의 공동체를 조직하려 한다. 푸코는 여기서 특히 계몽주의를 염두에 두고 있는 듯하다. 페로와 나눈 대담에서 푸코는 벤담의 판옵티콘과 루소의 정치학을 가시성과 응시라는 두 개념으로 연결시키고 있다. 루소의 꿈은 각각의 모든 부분들이 볼 수 있고 읽을 수 있으며 소통할 수 있는 투명한 사회에 대한 꿈이다. 벤담의 것은 바로 그러한 꿈인 동시에 그 반대이기도 하다는 점에서 루소를 보충한다. 벤담 역시 가시성의 문제를 제기하지만, 그는 지배적인, 모든 것을 보는 하나의 응시를 중심으로 조직되는 가시성을 생각했다. 그는 엄격한 동시에 섬세한 권력에 봉사하는 보편적인 가시성을 기획했던 것이고, 따라서 벤담의 강박 관념은 모든 것을 보는 권력의 행사라는 생각이었다. 판옵티콘은 결국 루소의 혁명적 서정시와 벤담의 강박 관념이 하나로 결합된 것이다(Foucault, 1980: 152). 벤담은 자신의 공리주의에 따라 법적인 사안이나 판옵티콘에 관해 저술하면서 "첫 눈에" 필요한 모든 것을 알 수 있어야 하고 "어떤 어두운 구석도 없어야 한다"는 것을 강박적으로 강조한다(Miller, 1987: 15∼6). 그렇다면, 판옵티콘은 계몽의 빛, 이성의 빛이 가지고 있던 전체주의적 이면이 제도화된 것이라 할 것이다. 전체주의적 기획으로 전화되는 합리성의 기획[75]이 건축학적으로 실현된 것이다. 따라서 판옵티콘은 우리 눈으로 볼 수 있는 물질화된 현대성의 시각 그 자체이다. 그것은 "이성의 사원, 모든 의미에서 빛이 나고 투명한 사원이다. 먼저, 거기에는 어떤 그림자도 없고 어디에도 숨을 곳이 없기 때문이다. 그것은 보이지 않는 눈에 의해 수행되는 끊임없는 감시에 열려 있다. 또한, 그것은 환경에 대한 전체주의적 통제가 비합리적인 모든 것을 배제하기 때문이기도 하다. 어

75. 여기에 대해서는 Touraine, 1995, 특히 1부 1장을 참조하라.

떤 불투명함도 논리에 저항할 수 없다"(같은 글: 6～7). 이에 따라, 그리고 판옵티콘 체계를 전체 사회 나아가 전 인류에게 확장하려는 벤담의 기획에 따라, 자유주의의 한 변이태로 보이는 공리주의는 세계를 전체주의적으로 개념화한다(같은 글: 20).[76]

푸코의 말에서 단 하나의 응시가 자리하고 모든 다른 응시들이 수렴되어야 하는 중심점이라는 언급에서 알 수 있듯이, 판옵티콘에 체화된 권력의 시선은 현대성의 시각 체제의 근간을 이루는 원근법적인 기하학적 시각 공간에서 작동한다. 그 가시성의 배치는 벨라스케스의 ＜시녀들＞에서 확인한 절대 군주의 시선 및 가시성의 배치와 기본적인 구도에서 동일하다. 다만 군주의 응시가 군주 자신의 신체적 현전의 흔적을 아직은 남기고 있다면, 판옵티콘의 응시에는 그러한 흔적이 완전히 사라지고 그 비인격성이 전면화되어 있다. 두 가지 시각 체제 모두 그 가시성의 배치는 중심점, 즉 회화적으로 말한다면 소실점에 위치한 비인격적인 응시, 빛 자체에 의해 조직되지만, 군주의 응시는 여전히 거울의 반영을 통해 자신의 흔적을 시각 공간 속에 새긴다. 반면에 판옵티콘에서 응시는 말 그대로 텅 비어 있다. 권력은 몰개인화되었고, 감시탑에는 누

---

76. 판옵티콘을 조직하는 벤담의 이성의 논리는 공리주의의 그것이며, 이것은 고통과 쾌락의 계산에 기초하고 있다. 여기에 대해서는 Miller, 1987을 보라. 벤담은 처벌과 보상의 조절에 의해 변형될 수 있는 인간관을 전제하고 있는데, 이에 따라 그는 어떤 미세한 조치에 대해서도 그것이 산출할 수 있는 모든 가능한 경우를 열거하려 하며 그 결과는 고통과 쾌락, 비용 또는 투자와 산출의 철저한 계산에 따라 수행되는 측정의 기획이다. 고통은 하나의 자본으로 개념화되고 있으며, 처벌은 이 고통－자본을 형성한다. 결과 없는 것은 없으며 모든 것은 계산될 수 있다는 이 공리주의에는 모든 것은 이용될 수 있다는 실용주의와 어떤 것도 가능하다는 낙관주의가 결합되어 있다. 모든 코드를 철저한 계산에 입각하여 고안하려는 그의 강박은 하나의 작은 문제가 한 권의 책이 되고, 그 가운데 또 하나의 문제가 또 하나의 책이 되는, 끝없이 이어지고 확장되는 저술 작업을 산출하였다. 판옵티콘에 관해서도 모든 것을 다루고 계산하려는 그의 강박증적인 스타일은 지속되었다. 예를 들면, 죄수들의 배설물 처리에 대해서도 벤담은 길고 상세하게 다루었다. 죄수가 수감된 방들이 서로 격리되어야 한다는 것이 판옵티콘의 요구 조건이었으므로 공동 화장실은 해결책이 될 수 없었고, 개인 화장실은 공기 오염 문제로 곤란하였다. 벤담이 제안한 것은 각 독방에 배설물을 내보낼 수 있는 배관 *tube*를 설치하는 것인데, 여기에도 조건이 따른다. 즉, 이 배관들은 배설물이 원활하게 통과할 수 있어서 막히든가 하는 문제로 위생 문제를 일으키지 않도록 직경이 충분히 커야 하지만, 동시에 그것이 탈출 통로로 이용될 위험을 막기 위해 크기가 너무 크지 않아야 한다. 그리고 그것의 작동 원리와 재료 등이 자세하게 묘사된다. 여기서 다시 확인할 수 있듯이 어떤 것도 논리의 제분기에 의해 빻아질 수 있다(같은 글: 6).

가 있든, 또 실제로 감시자가 있든 없든 상관이 없기 때문이다. 이 텅 빈 권력의 응시는 수감자들의 눈을 끌어들이고, 그들 주위로 가시성의 세계를 구조화하며, 그들을 특정한 주체로 규정 또는 복종시킨다. 이러한 의미에서 판옵티콘은 라캉이 말하는 눈과 응시의 '분리'를 직접적으로 체현한다. "이 성좌에서는 가시성이 야수 같은 비대칭성을 설립한다. 둘러싸인 공간은 깊이를 결여한다. 그것은 단 하나의, 고독한 중심의 눈을 향해 뻗어나가며 그것에게 열려 있다. 그것은 빛 속에 잠겨 있다. 응시 자체, 즉 보이지 않으면서 모든 것을 보는 자를 제외하고는 아무것도, 그리고 아무도 그 안에서 숨겨질 수 없다. 감시는 응시를 자신을 위해 징발하며, 그것을 전유하고, 수감자를 그것에 복종시킨다"(같은 글: 4).

　<시녀들>에서 거울에 위치한 중심점이 모델 자신과 화가와 관람자의 응시를 일치시키듯이, 판옵티콘에서도 역시 수감자는 감시탑의 창에 자신의 눈길을 일치시킨다. 그럼으로써 두 경우 모두에서 주체는 큰 타자의 자리에서 스스로를 보게 된다. 고전주의 시대 주체가 군주의 응시의 위치에서 형성되듯이, 판옵티콘의 수감자 역시 감시탑에다가 자신이 상상해내는 감시자의 응시의 위치에 서서 자신을 봄으로써 훈육된 주체, 길들여진 신체가 되는 것이다. 이것은 라캉식으로 말해서 눈과 응시를 일치시키려는 절망적인 시도이고, 대상 *a*로서의 응시와의 동일시이기도 하다. 그러므로 감시와 훈육은 많든 적든 동일시를 내포하게 된다. 감시탑의 창과 눈을 일치시키고 그럼으로써 권력의 응시와 자신을 동일시할 수 있는 것은, 사회적 장에서 동일시는 단순히 자신의 유사물과의 동일시에 그치는 것이 아니기 때문이다. 큰타자의 응시, 권력의 응시의 위치에 섬으로써 수감자는 권력의 규정에 따라 자기 자신을 규정하고 이에 따라 주체가 된다. 그가 길들여진 신체적 주체가 되는 것은 이 때문이다. 이것이 훈육으로서의 감시의 논리이다. 훈육으로서의 감시는 단순히 관찰/관찰당함의 대립적 관계로 끝나는 것이 아니다. 그것이 자신의 목적을 효과적으로 달성하려면, 감시는 감시 대상자에게 내면화되어야 한다. 감시 권력, 훈육적 권력은 무엇보다도 인간의 영혼에까지 관여한다. 판옵

티콘은 바로 이러한 감시의 동학의 효율성을 극대화한 장치이다. 그 원형 감옥에서 권력 상황 속에 붙잡히는 수감자는 자기 자신이 그 상황의 담지자로서 그렇게 되는 것이다(Foucault, 1979: 201).

> 가시성의 장에 종속된 그는, 그리고 그 사실을 알고 있는 그는 권력의 강제들에 대한 책임을 떠맡는다. 그는 그 강제들이 자신에게 자생적으로 작용하도록 만든다. 그는 자신이 그 속에서 두 가지 역할을 동시에 수행하는 권력 관계를 자신 속에 새긴다. 그는 그 자신의 복종의 원리가 된다. 바로 이 사실에 의해, 외적인 권력은 자신의 물리적 무게를 벗어 던질 수 있고 비육체적인 것이 되는 경향을 띠게 된다(같은 책: 202~3).

내면화는 곧 권력의 문제이다. 그것은 권력의 비용과 관련된 것이기 때문이다(Foucault, 1980: 154). 응시와 내면화는 서로 결부된 권력의 문제이며, 판옵티콘은 바로 이 결합을 효율적이고 경제적으로 만드는 장치이다.[77] 그리고 이 판옵티콘은 눈과 응시의 분리를 직접적으로 상연하고 그 둘 사이의 불가능한 일치와 동일시를 유도하는 장치이기도 하다. 그 결과는, 큰타자의 응시의 자리에서 스스로를 감시함으로써 권력의 강제를 내면화하는 자기-감시 self-surveillance 의 주체의 형성이다. 말하자면 판옵티콘적 응시가 구성해 내는 주체는 일종의 '정신 예방적인 주체 the orthopsychic subject' 이다(Copjec, 1994: 2장).

한편, 큰타자의 응시 아래서 자신을 본다 하더라도 주체는 자신의 에고 역시 필요하다. 이것은 큰타자의 응시를 내면화한 에고-이상에 ― 긍정적인 방식으로든 부정적인 방식으로든 ― 준거한다. 고전주의 시대에는 <시녀들>에서 거울에 반영된 군주의 이미지가 그 역할을 할 것이다. 사회체로서의 군주의 신체(의 이미지/스펙터클)가 에고-이상 형성의 준거가 되는 것이다. 이것이 절대 군주제하에서 동원되는 스펙터클의 기능이다. 군주의 권력이 조작하고 통제하는 스펙터클은 개인들의 에고-이상이

---

77. 게다가 감옥을 방문하는 공중의 관찰은 수감자들에게 수치심을 증가시켜 그들의 도덕적 교회를 가속화시켰다(Miller, 1987: 9).

형성되는 과정에서 이용 가능한 이미지들을 제공한다. 판옵티콘 내부적으로는 이것이 없다. 거기에는 절대적으로 비대칭적인 응시만이 있다. 그러나 그 응시 역시 큰타자의 응시이기는 마찬가지다.

바로 여기가 19세기 이후 부르주아적 감시 권력이 스펙터클을 배제하지 않는 지점이다. 감시 역시 스펙터클과 연결된다. 부르주아적 질서에서는 18세기 이래 형벌을 완화하면서 계속 발전되어 온 법률적 주체라는 개념이 있다. 이것은 부르주아적 경제 체계의 근간인 계약 관계가 요구하는 것이기도 하다. 말하자면, 표상(재현)의 시대가 막을 내리더라도 표상은 계속해서 기능하고 동원되며 의지되는 것이다. 감옥에서 감시 체제가 발전하는 한편으로 부르주아 법률은 법적 주체의 표상을 개발하고 있었다(Foucault, 1979: 104~31). 중앙 감시탑의 창에 위치한 권력의 판옵티콘적 응시가 에고-이상 형성에 허용하는 것은 바로 이것이다. 법적 주체의 표상이 반드시 — 물리적인 의미에서의 — 시각적 이미지로 주어질 필요는 없다. 에고-이상을 형성하는 동일시는 근본적으로 상징적 동일시, 기표와의 동일시이기 때문이다. 물론 그것은 원형 감옥에 내재적인 것은 아니다. 푸코에 따르면 법률 체계와 교정 체계는 서로 다른 요구와 논리에 의해 전개되었기 때문이다. 그러나 법률 체계에서 발전된 표상은 교정 체계에서 수감자가 권력의 강제를 내면화하는 데 가용한 준거를 제공한다. 더구나 판옵티콘은 감옥에 한정되는 것이 아니라 사회 전체로 확산되고 일반화되는 체계임을 명심해야 한다. 그러므로 부르주아 사회에서 훈육과 감시의 응시는 다른 한편으로 법률 체계에서 발전된 법적 주체라는 표상의 도움을 역시 필요로 하는 것이다.

판옵틱적인 권력 양식은 — 그것이 위치한 기본적이고 기술적이며 단지 물리적인 수준에서는 — 한 사회의 거대한 사법-정치적 구조들의 직접적인 의존 아래 있는 것도 아니며 그것의 직접적인 연장도 아니다. 그럼에도 불구하고 그것은 절대적으로 독립적인 것도 아니다. 역사적으로, 부르주아가 18세기를 경과하면서 정치적으로 지배적인 계급이 된 그 과정에는 의회적, 대의제적 체제의 조직화에 의해 가능케 된, 명시적이고 코드화되었으며 형식적으로 평등주의적인 사법적 틀의 가면이 씌워졌다. 그러나 이 과정의 어두운 이면은 훈육 메커니즘의 발전과 일반화로 구성되었다…… [그리하여] 사법 체계들은 보편적인 규범에 따라 법적 주체를 정의하며, 반면 훈육은 개인들을 특징짓고 분류하며 특정화한다(같은 책: 221~3).

이렇게 한편으로는 법적 주체로의 정의, 다른 한편으로는 개인별 분류와 특정화라는 이 두 과정의 상보성을 통해 훈육 또는 감시는 작동하는 것이다.

더구나, 벤담 자신이 감시의 조작력에 덧붙여 범죄자의 신체에 그의 범죄에 대한 적합한 징표를 낙인찍는 낡은 처벌 관행을 예비적인 통제 수단으로 보유하고 있었다. 시간의 길이에 의해 측정되고 계산될 수 있다는 점과 시간의 길이는 분할될 수 있다는 점, 그리고 누구에 의해서도 경험될 수 있다는 점 때문에 채택된 자유의 박탈(감금형)이 대표하듯 처벌은 동질성을 획득하였지만, 이것은 본보기성의 상실이라는 대가를 가져 왔다. 이 때문에 과거의 '유사성의 처벌 *analogous punishment*'이 벤담의 텍스트에서 존속하였던 것인데, 그러한 처벌의 이점은 처벌의 적용이 수반하는 스펙터클이 즉각 그것의 원인(범죄)을 환기시킨다(그럼으로써 처벌에 직접적인 정당성을 부여한다)는 것과, 역으로 범죄를 저지르는 것이 또한 그것에 대한 종국적인 처벌을 상기시키기도 한다(처벌이 가진, 타일러 말리는 힘을 강화한다)는 것이었다(Miller, 1987: 13).

이렇게 감시와 훈육이 발전하던 18~9세기에 부르주아 사법 체계는 법적 주체의 표상뿐만 아니라 처벌의 표징도 개발하고 있었던 것이다. 그것은 직접적으로는, 군주제의 처벌이 범죄자의 신체에 낙인을 찍는 그 과정이 범죄자를 영웅으로 만들고 명성을 더해 주는 의도치 않은 결과를 어떻게 제거할 것인가 하는 것에 대한 중요한 배려였다. 그리하여 그들은 네거리와 정원과 도로변이나 다리변, 만인에게 개방되는 작업장 등의 장소에 형벌을 교시하는 작은 처벌의 극장을 무수히 만드는 '처벌의 도시 *the punitive city*'를 구상하여 악덕의 불행을 스펙터클로서 전시해 끝없이 목격하게 함으로써 형벌을 교훈적 이야기로 만들었던 것이다 (Foucault, 1979: 112~4). 뿐만 아니라 판옵티콘 자체가 하나의 처벌의 극장, 권력의 스펙터클 장치이기도 하였다. 공중이 그 곳을 방문하여 처벌의 스펙터클을 보도록 유도하였고 또 그런 방문을 환영하였기 때문인데, 이 점에서 판옵티콘은 본보기에 의해 범죄를 저지르지 않도록 설득하는 '인류를 위한 학교'로서 고안된 것이기도 했다(Miller, 1987: 8~9). 따라서 벤담의 공리주의 기획에서 입법은 계산에 의해 과학적이 되는 동시에 이 극장적 기예의 자원에 의존하는 것이었고, 판옵티콘적인 제국을 지배하는 눈은 규율이 지향하는 일차적인 기관 *organ* 이었다(같은 글: 12, 15). 벤담은 이 점을 직설적으로 표명하였다. "효율적으로 설교하려면 눈에 설교하라. 그 기관에 의해서, 그리고 상상력의 매개를 통해, 인간 군상들의 판단은 거의 즐겁게 인도되고 주조될 것이다. 흥행사의 손 안에 있는 꼭두각시처럼 인간들은 입법자의 손 안에 있게 될 것이며, 입법자는 자신의 기능에 고유한 과학에 덧붙여 무대 효과에도 주목해야 한다."[78] 이렇게, 스펙터클의 권력이 감시를 배제하지 않듯이 "감시의 옆에서는 그것과 나란히 상징적 의미화의 스펙터클이 계몽의 이름으로 여전히 사회 통제의 메커니즘으로서 봉사할 수 있었다"(Jay, 1993: 382~3).

이상과 같이, 군주 권력과 부르주아 감시 권력이 작동하는 방식을 시각의 차원에서 검토한 지금까지의 논의에 비추어 볼 때, 이성의 빛은 곧 감시의 빛이었고 현대성의 시각은 곧 권력의 시각이었다고 말할 수 있다. 의식 철학에 기초한 초월적 주체, 이성적 주체는 도리어 구체적인 개인으로서의 개별 주체들을 자신의 응시 아래 종속시켰던 것이며, 큰타자의 자리에 위치한 이 주체의 응시는 군주로 표상되는 사회체의 응시였고 부르주아 질서의 익명적인 권력의 응시였다. 현대성의 시각 체제에서 그 권력의 응시는 원근법적인 기하학적 시각 공간의 구도 속에 자리잡고 가시성의 배치를 조직하는 축으로서 기능하는 중심점(= 소실점)에서 번

---

78. Miller, 1987: 15에서 재인용.

뜩이고 있었다. 프랑스어에서 시각(보다; *voir*)과 지식(알다; *savoir*)과 권력 (할 수 있다; *pouvoir*)이 직접 연결되는 것처럼 시각의 문제는 항상 지배의 문제이고 사회 정치적인 문제이다. 그리고 현대성에서 시각의 문제는 그 와 동시에 주체를 형성하고 에고의 시각적 자기 만족을 형성하는 문제이 기도 하다는 점에서 그 시각적 권력은 한층 더 교묘하고 강력한 것이다.

4장 시각 체제의 변동

원근법적인 시각 양식에 토대를 두고 있던 현대성의 시각 체제는 부르주아적 감시 권력이 판옵티콘 체제에 구현되던 바로 그 19세기부터 크게 동요하기 시작한다. 그 이유는 원근법적인 것과는 상이한 시각 경험이 전례 없을 정도의 대규모로 사람들에게 다가오고 일상화되었기 때문이다. 이 동요의 직접적인 원인은 크게 두 가지로 나누어 볼 수 있다(Jay, 1993: 113~114 참조). 하나는 새로운 시각 테크놀로지들에 의해 원근법적인 것과는 상이한 시각 경험이 가능해지는 동시에 인간의 보는 능력이 비상할 정도로 변화되고 확대되었다는 점이다. 후자의 측면은 대단히 역설적이라 할 수 있다. 인간의 시각 능력을 확장하는 테크놀로지가 인간의 눈이 보완되어야 할 필요성을 극명하게 부각시킴으로써 가시적 세계의 중심이라는 인간 주체의 위치를 뒤흔들어 버리는 결과를 낳았기 때문이다. 다른 또 하나는 급속한 산업화와 도시화가 일상의 시각적 경험에 미친 영향이다. 현대화의 물결에 따른 거대 도시들의 형성과 거의 이미지들의 쇄도라고 할, 그 곳에서의 새로운 시각 경험 역시 시각적 주체의 중심성과 특권성을 박탈해 버렸다.

새로운 시각 테크놀로지들의 발명과 확산은 현대성의 시각장 구조를 변화시키고 원근법적인 시각 양식을 동요시킨 직접적인 요인이라 할 수 있다. 이에 비해 도시화와 산업화가 수반한 새로운 시각 경험은 시각장 외부에서 기존의 시각장에 영향을 미치고 그 구조의 변화를 촉진한 상황적 요인이라 할 수 있다. 시각 체제의 동요와 변동을 야기한 이러한 구도는 1장에서 제시되었던 시각 체제의 개념틀에 비추어 이해할 수 있다. 직접적인 요인은 시각장 내부의 문제이고 상황적 요인은 시각장과 시각장 바깥 요소들 간의 관계의 문제이며, 이 두 가지는 물론 서로 연관되어 있는 것이다. 변화의 직접적인 요인이라고 할 시각 테크놀로지는 시각장 안과 밖의 연결 통로이기 때문이다.

이로 인한 시각장의 복합적인 변형이 개별 인간들에게 야기한 정확한 효과는 측정하기 어렵다. 그러나 20세기 들어 시각의 문제를 고찰하는 어떤 담론들도 19세기에서 시작되어 20세기 전반에 걸친 이런 새로운 시각 경험을 무시하지 못하는 점을 볼 때, 그 시각 경험의 새로움과 전복적인 효과가 지금의 우리로서는 상상하기 힘들 정도로 심대한 것이었음은 미루어 짐작할 수 있다. 시각 체제의 이러한 동요는 19세기에서 20세기 초에 걸쳐 현대성의 경험이 전면화되고 그것이 많은 서구인들의 일상 생활에서 자기들 문명의 위기로 받아들여졌던 시대적 상황의 일환으로 볼 수 있다.

그런데 현대성의 시각 체제가 겪은 이 동요는 현대성의 사회적 조건을 구성하고 있는 정치적·경제적 논리에 의해 그 파장의 많은 부분이 봉쇄되고, 새로운 시각 테크놀로지들에는 기존의 시각장의 코드, 즉 원근법적 시각 양식의 코드가 다시 부과됨으로써 원근법과 배치되는 시각 경험들로 인한 시각 체제의 균열이 봉합되는 모습을 볼 수 있다. 기존의 시각 체제를 동요시키는 시각 테크놀로지의 기술적 잠재성은 그대로 실현되는 것이 아니라 테크놀로지 일반이 그러하듯 정치·군사적, 산업적 논리에 의해 매개되어 제도화됨으로써 실현되는 것이다. 또한 도시에서의 새로운 시각 경험 역시 산업화와 도시로의 인구 집중 자체가 자본주의라는 현대성의 주요한 제도적 토대에 의해 추동된 것이기 때문에 시각장의 구조를 근본적으로 전복하는 결과로까지 발전하기에는 일정한 한계가 있다. 더욱이 시각장의 구조를 형성하는 직접적인 요인은 시각 테크놀로지이기 때문에, 새로운 시각 테크놀로지에 대한 원근법적 코드화는 시각장 외부의 충격이 가져오는 파장을 일정하게 봉쇄하거나 완화시킬 수 있다. 이 장에서는 마지막으로 19세기에서 20세기 초에 걸쳐 현대성의 시각 체제가 겪은 동요의 모습을 이 두 가지 요인을 중심으로 그려 보고, 20세기 중반까지 이르는 동안 시각 체제를 동요시킨 요인들이 원근법적 시각 양식에 기초하여 코드화되는 양상을 20세기의 대표적인 시각 테크놀로지인 사진과 영화를 중심으로 고찰하고자 한다.

1. 일상 생활의 변화된 시각 경험

먼저 현대 서구인들이 일상 생활에서 겪은 시각 경험의 변화 양상을 검토하도록 한다. 도시화와 산업화가 가져온 시각 체제 동요의 상황적 요인이라 할 수 있는 이것은 크게 시공간 경험의 변화와 대도시에서의 시각 경험으로 나누어 살펴볼 수 있는데, 19세기부터 전면화된 현대성의 경험의 일환으로 이해될 수 있다.

1) 시공간 경험과 철도 여행의 시각 경험

현대성의 시각 체제가 겪었던 심대한 동요는 19세기 서구 현대성이 추동한 제반 결과가 전면화된 상황이 역설적으로 야기했던 현대성의 위기 경험의 일환이다. 특히, 19세기 말 서구인들은 자신들의 시대를 '세기 말 *Fin de Siècle*'로 인식하였다. 19세기 말은 연대기적으로도 하나의 세기가 종말을 고하는 시점이었을 뿐 아니라 서구인들은 계몽주의 이래 거의 맹목적으로 질주해왔던 이성 중심의 합리주의 문명과 산업화의 기계 문명이 배태한 근본적인 위기 상황이 노정되는 것을 목격했던 것이다. 19세기 말에서 1차 대전이 발발하기 전까지 그 짧았던 시기를 향수 어린 눈길로 '좋았던 시절 *la belle epoque*'이라 회고하는 사람들마저도 당시의 여성 해방 운동과 남자에게서 독립한 사교계의 자유 분방한 여성들의 등장을 가리켜 서구 문명이 기초하던 가부장제가 일거에 종언을 고한 근본적인 혁명이라고 말하며(다소 과장된 소감을 느끼게 된다), 당시 대두하던 다양한 문예사조들에서 비합리주의로의 경도를 읽는다(Haas, 1994: 특히 1, 2장). 여성 해방 운동과 가정에 안주하지 않는 '신여성'의 등장뿐 아니라 19세기 부르주아 권력 체제를 혼란에 빠뜨리며 거리에서 폭동과 반란으로 이어지던 노동자들의 계급 운동, 사교계와 문학 예술계를 중심으로 자신의 모습을 드러내며 사회적 무대 위로 올라오던 동성애 문화, 자신들의 문명 속에 깊숙이 자리잡은 타자로서의 유태인에 대한 새삼스러운 인식과 증오 등 다양한 사회 갈등들이 부르주아 남성들의 자기 정체성을 동요시키며, 당연시되어 오던 안정된 위계적 질서를 뒤흔드는 것으로 받아들여졌다(Ledger & McCracken, eds., 1995; Showalter, 1990).

말하자면, 서구인들은 자신들이 발 딛고 있던 모든 견고한 가치 체계와 위계 질서가 붕괴되는 것을 느꼈던 것인데, 17세기 이래 서구 현대성의 사회 질서가 와해되는 듯한 이러한 경험과 인식을 배태한 것은 역설적이게도 현대화 과정 그 자체의 결과이다. 합리화와 자본주의적 산업화로 특징지을 수 있는 현대화 과정은 낡은 공동체적 질서와 가치를 날려 없애버리는 가차없는 파괴의 과정일 뿐 아니라 자기 자신마저도 끊임없이 혁신시키는 창조적 자기 파괴 과정이기도 하기 때문이다. 마르크스는 자본주의라는 관점에서 이 측면을 웅변적으로 요약한 바 있다.

> 부르주아는 생산 도구를 끊임없이 변혁시키지 않고서는, 그럼으로써 생산 관계와 더 나아가 사회 관계 전체를 변혁하지 않고서는 존재할 수 없다. 낡은 생산 양식을 변하지 않은 형태 그대로 보존하는 것은 반대로 모든 종전의 산업 계급들의 첫 번째 생존 조건이었다. 생산의 부단한 변혁, 모든 사회적 조건들의 끊임없는 교란, 항구적인 불확실성과 동요가 부르주아 시대를 그 이전의 모든 시대와 구별지어 준다. 고정되고 단단히 얼어붙은 모든 관계는 그에 따르는, 오래되고 존중되어 온 편견이나 견해와 함께 쓸려가 버리고, 새로 형성되는 모든 것들은 미처 굳기도 전에 골동품이 되어 버린다. 견고한 모든 것은 대기 속에 녹아 버리고, 신성한 모든 것은 모독되며, 인간은 마침내 자신의 삶의 진정한 조건들과 자기 동류와의 관계에 대해 깨어 있는 냉정한 정신으로 대면하지 않을 수 없게 된다(Marx & Engels, 1977: 224).

<공산당 선언>의 유명한 이 구절을 통해 버만(Berman, 1994: 2장)은 마르크스에게서 이 끊임없는 변화가 부르주아 체제를 한층 강화시키는 힘이라는 비전과 더불어 '견고한 모든 것은 대기 속에 녹아 버린다'는, 모더니스트적 상상력의 절정을 보여 주는 용해적 비전 *melting vision* 의 공존과 긴장을 읽는다. 현대성의 용해적이고 혁신적인 자기 파괴의 진행은

파우스트에게서 그 비극적 발전의 원형을 찾아볼 수 있는데(같은 책: 1장), 이러한 현대성의 자기 파괴는 현대성 자신의 구조마저도 안정적으로 지속될 수 없는 조건을 창출하였다. 그 결과, 현대성의 전면화된 경험은 곧 현대성 자체의 위기 경험이기도 했다.

자본주의 생산력의 비약적인 발전과 기계화된 산업화는 모든 것을 유동적으로 만든다. 무엇보다도 이것은 인간이 세계 속에서 자신의 위치를 확정하는 시공간적 좌표의 감각을 뒤흔든다는 점에서 현대성의 사회적 조건에 근본적인 변화를 야기한다. 자본과 노동의 순환 및 물자의 유통을 신속하게 만들기 위한 교통(철도와 증기선)과 통신(전신) 수단의 혁신으로 가속화되는 '시공간의 압축'(Harvey, 1989b: part Ⅲ)은 오히려 동질적이고 직선적인 시공간 감각을 뒤흔든다. 르네상스 이래 기계적인 시계에 의해 강화되어 온 시간과 공간의 분리는 시간의 장소 귀속성을 해체하며(Giddens, 1990), 시간은 동질적이고 직선적이며 비가역적인 것이 되었고, 공간 역시 원근법적 시각 공간에서 확인한 바 있는 것처럼 동질적이고 무한한 연장으로서의 그것, 르페브르가 '추상적 공간'(Lefebvre, 1991: 4장)이라고 정의하는 합리화되고 양화 가능한 공간이 되었다. 그러나 철도의 예가 보여 주는 이 시간의 표준화 및 공간의 동질화는 의미론적으로 구성되는 장소 place 에 결박되어 있던 시간과 공간을 해방함으로써 일상 생활 속에서 인간이 자신의 위치를 정의하는 기준이 되어 왔던 기존 좌표 체계를 뒤흔들어 버렸고, 안정적이던 전통적인 시공간 좌표 체계의 와해는 공식적 체계 수준에서의 표준화 및 동질화와는 반대로 일상 생활에서는 거꾸로 시간의 이질성, 유동성, 가역성, 그리고 공간의 이질성과 다중성 및 구성적 기능에 대한 감수성을 육성하게 된다(Kern, 1983). 말하자면 19～20세기에는 인간이 일상적으로 실제 경험하는 시간과 공간이 체계가 표준화하고 추상화하는 시간 및 공간과 다른 어떤 것으로 느껴지는 괴리가 확대되었던 것이다.[1]

---

1. 시간에 관해서 체계의 시간과 생활 세계의 시간을 구별하는 시도로서 박영도, 1996을 참조하라. 공간 역시 다층적이다. 르페브르(Lefebvre, 1991)는 공간의 사회적 생산을 분석하기 위해 공간적 실천, 공간의

고정적이고 안정적이던 모든 것이 와해됨에 따라, 이 시기에 전면화된 현대성의 경험은 유동성과 순간성, 일시성, 우연성, 파편성 등으로 특징지어진다. 현대성의 시각 체제가 겪은 동요는 바로 이렇게 현대성의 자기 파괴적 혁신성 자체가 야기한, 확장되고 전면화된 현대성의 경험이자 현대성 자체의 위기 경험이기도 한 19세기 이후 서구 사회의 이 복합적인 조건의 일환을 형성한다. 현대성의 이러한 경험은 도시에서 집약적으로 이루어졌기 때문에 시각 체제의 동요 역시 도시에서의 시각 경험을 중심으로 살펴볼 수 있다. 하지만 그 전에 철도와 기차가 가져온 새로운 시각 경험을 먼저 살펴볼 필요가 있는데, 시공간 경험의 변화를 대표하는 철도와 기차는 도시에서의 새로운 경험들을 야기한 현대성의 혁신적인 자기 파괴성을 상징하는 것이었을 뿐만 아니라 전통적인 시공간 좌표 체계의 와해 자체가 시각 체제의 동요를 가져온 한 원인임을 보여 주기 때문이다.

철도는 도시와 도시를 이어 주는 새로운 교통로였으며, "19세기에 그 어떤 것도 철도만큼 생생하고 극적인 현대성의 징표처럼 보인 것도 없었다"(Schivelbusch, 1986: xⅲ). 철도는 도시의 성장을 전례 없는 속도로 가속화시켰으며, 그것은 시간과 공간의 분리 및 시공간 압축의 상징이었다. 이에 따라 철도는 인구의 변동뿐 아니라 사람들 간의 관계에서 새로운 행태를 낳았다. 예를 들어, 다음과 같은 말을 들어 보자. "유럽은 철도가 수반한 행태상의 변화에 즉각 민감해졌습니다. 예컨대, 보르도와 낭트 간에 결혼이 가능하게 되었을 때 어떤 일이 일어났겠습니까? 독일에 있는 사람과 프랑스에 있는 사람이 서로 알 수 있게 되었을 때 어떤 일이 일어났겠습니까?"(Foucault, 1984: 243)[2] 무엇보다도 철도가 인간들의

재현, 재현적 공간을 구분한다.

2. 철도가 낳은 행태 및 심리의 변화에 대한 감수성과 예측이 언제나 정확했던 것은 아니다. 푸코의 말을 계속 들어 보자. "일단 철도가 있다면 전쟁이 가능할까요? 프랑스에서는 철도가 사람들 간의 친숙함을 증대시키고 이렇게 가능하게 된 새로운 형태의 인간적 보편성이 전쟁을 불가능하게 할 것이라는 이론이 발전하였습니다. 그러나 사람들이 예견하지 못했던 것 — 비록 독일의 군대는 자신들의 프랑스 적보다 훨씬 더 명석하였으므로 그것을 충분히 알고 있었지만 — 은 반대로 철도가 전쟁을 수행하기 훨씬 더 쉽게 하

행태와 심리에 큰 영향을 미친 것은 그것이 속도 *speed*를 새로운 공적 생활의 원리로 확립하였다는 것이다. 이것은 철도가 수반한 '시간에 의한 공간의 절멸' 과정의 결과인데, 이 '절멸' 작용과 과정은 물론 자본이 추동한 것이다. 여행의 도정이 철도로 바뀌면서 사람들은 상품 생산 체계에 포섭되며 사적인 개인에서 대중의 한 사람으로, 특히 단순한 소비자로 전환되었던 것이다(Schivelbusch, 1986: ⅹⅳ).

줄 베르느 Jules Verne가 묘사한 80일간의 세계 일주는 1872년경에는 이미 가능한 것이 되었는데, 여기에는 해상 운송의 발전과 더불어 철도망의 건설이 큰 역할을 하였다. 1870∼80년대에 이르면 장거리 철도망이 유럽의 거의 모든 도처에 생기고 미국과 그 밖의 세계 몇몇 지역에까지 생기게 된다(Hobsbawm, 1983: 79∼91). 강철과 석탄, 그리고 무엇보다도 증기 엔진에 의해 새로운 운송 수단이 성취한 빠른 속도는 공간과 시간의 절멸을 야기했다. 철도는 멀리 떨어져 있는 거리를 훨씬 빠른 시간에 주파할 수 있게 함으로써 시간의 축소를 가져왔는데, 이 시간의 축소는 곧 공간의 축소를 의미했다. 시간적 축소의 이미지가 공간적 축소의 이미지로 보여졌던 것이다. 이 공간의 축소는 역으로 공간의 확장이기도 했다. 새로운 지역들을 교통망에 병합시킴으로써 운송 공간은 엄청나게 확장되었기 때문이다. 이것은 대도시 *metropolis*의 확장이기도 하다. 주위의 시골에 둘러싸여 있는 요새 같던 예전 시대의 도시와는 달리, 철도에 의해 연결됨으로써 대도시들은 전 국토를 병합하게 되었기 때문이며, 이렇게 보자면 "근교 *suburbs*의 시대는…… 철도와 함께 시작되었다"(Schivelbusch, 1986: 35)고도 말할 수 있다.[3]

이 시간의 축소와 공간의 축소 / 확장은 전통적인 시공간 연속체의 절멸을 가져온다. 철도는 장소에 귀속되어 있던 시간과 공간을 분리 해방시킴으로써 무한하고 양화 가능하며 측정할 수 있는 현대성의 시공간

였다는 것입니다"(Foucault, 1984: 243).

3. 기차와 철도에 의해 시작된 대도시와 근교의 발달은 그 이후 자동차와 고속 도로에 의해 한층 더 급속하게 이루어진다.

개념을 현실화하는 것이다. '지속 durée'으로 정의될 수 있는 의미론적으로 충만한 시간 및 장소에 귀속되어 있던 사회 문화적 시간은 철도에 의해 순수하게 양적인 시간으로 대체된다. 철도가 요구하는 시간의 표준화는 서로간에 이질적인 지역적 시간들을 제거하고, 표준화되고 물리 역학적이며 동질적인 추상적 시간으로 대체하였던 것이다.[4] 이에 따라 각 지역은 자신의 시간적 정체성을 상실하였고, 이는 장소에 결속되어 있던 전통적인 시공간의 좌표에 익숙해 있던 사람들에게는 탈정향 disorientation 의 효과를 야기하기도 하였다(같은 책: 36~44). 또한, 철도는 지방의 시간적 정체성뿐 아니라 공간적 정체성까지 상실시켰다. 자연 공간의 구속에서 여행이 해방됨에 따라 철도는 예전에 쉽게 접근될 수 없던 새로운 공간을 열었지만, 동시에 그것은 공간을 파괴하였던 것이다. 기차역의 소재지로 표시되는 점과 점 사이의 공간은 여행자에게 아무런 의미가 없게 되었기 때문이다. 이 '사이 공간'들은 지방적 정체성을 상실하였으며, 철도는 오직 출발지와 종착지만을 알 뿐이다. 목적지에 도착할 때까지 체험할 수 있는 여행 그 자체의 의미는 없어지며, 이 '사이 공간'은 "쓸모 없는 스펙터클만을 제공할 뿐이다"(같은 책: 38).

이렇게 철도가 전통적인 시간과 공간을 절멸시킴으로써 기차 여행은 차창 밖에 있는 현실의 공간을 연이은 스펙터클들로 환원한다. 따라서 "철도 여행은 극장이나 도서관을 방문하는 것과 아무런 다를 바가 없는 것으로 나타났다. 기차표를 구입하는 것은 극장표를 구입하는 것과 똑같은 것이었다"(같은 책: 39). 이 공간의 스펙터클화는 자연의 소실 또는 살아 있는 신체와 연결된 공간 지각의 상실을 의미하는데, 이것은 기차

---

4. 철도 산업에 의해 요구되었던 표준화된 시간은 일국적인 수준에서나 전유럽적인 수준에서나 19세기 말~20세기 초에 가서야 성취되었다. 여기서 결정적인 것은 그리니치 표준시의 확립(1884)인데, 이 과정에서 지역 간, 국가 간의 갈등이 기나긴 협상 과정을 통해 해결되어야 했다. 각국의 시간 표준화는 19세기 말까지 계속되었다. 국제 시간의 표준화는 프랑스에서 먼저 그 요구가 일어났고 1912년 파리에서 국제 시간 회의가 개최되었다. 무선 전신이 세계 표준시를 결정하고 전달하는 것을 가능케 했는데, 파리는 1913년 7월 1일 오전 10시 에펠탑에서 시간 신호를 전 세계에 송신함으로써 세계의 시계, 시간 센터가 되었다. 여기에 대해서는 Kern, 1983: 12~5를 참조하라.

라는 새로운 운송 수단이 기초한 빠른 속도, 그리고 그것을 가능케 한 증기 엔진에 기인한다.

유럽, 특히 영국에서는 1820~30년대에 걸쳐 이미 철도를 전 국토에 걸친 일반적인 교통 양식으로 만들려는 기획들이 수립되었는데, 이것은 강철과 석탄에 의해 가능할 수 있었다. 애초에 광산에서 필요해 발명되었던 증기 엔진에 의해 발생한 기계적 동력은 규칙성, 제일성, 무한한 지속과 가속화라는 특징을 가진다. 이 증기 엔진은 운송의 운동을 자연적, 유기적인 족쇄에서 해방시킴으로써 여행과 교통의 경험을 근본적으로 변화시켰다. 산업화 이전의 교통은 자연 현상에 모방적으로 결박되어 있었다. 마차를 이용한 육상 교통이나 도보 여행은 지형의 자연적인 비규칙성을 따라야 했고, 또한 마차는 말이 견인하는 물리적 힘에 의지해야 했다. 증기 엔진은 이 모방적 관계를 해소시켰다. 기차는 동물의 힘에 속박될 필요가 없을 뿐만 아니라 땅의 지형을 자신이 요구하는 규칙성에 따라 평면화하였다. 가급적 직선에 가까운 철로를 깔기 위해서 계곡 사이에 교량을 건설하고 산과 언덕에 터널을 뚫으면서 기차는 자연의 풍경을 변형시켰고 여행은 자연과의 밀접한 관계에서 벗어났던 것이다.5 이 교통과 여행의 탈자연화는 인간과 자연과의 소통적 관계 역시 상실시킨다. 풍경과의 유기적인 관계는 말할 것도 없고, 마차를 끄는 말의 거친 숨소리를 느끼고 말이 지치면 쉬어가곤 했던 여행자와 수송 수단 간의 유기적인 관계 역시 사라지는 것이다(같은 책: 9~15).

이와 같이 기계에 의해 자연과의 밀접한 관계가 분리되고 자연적 지형이 평면화되는 여행의 탈자연화에 기초하고 있는 것이기 때문에, 공간과 현실을 기차가 제공하는 스펙터클들로서 지각하는 시각 경험은 시각의 기계화를 의미하는 것이다.

---

5. 이것은 수상 교통에서도 마찬가지였다. 전산업 시대 배의 항로는 물결과 바람의 흐름에 맞추어야 했으나, 증기 엔진을 이용함으로써 배는 더 이상 맞바람을 비스듬히 받으며 지그재그 항법으로 나아갈 필요가 없이 직선으로 곧장 항해할 수 있게 되었다(Schivelbusch, 1986: 9~10).

달리는 열차의 차창으로 밖의 경치를 감상하고 있을 때, 인간의 눈은 이동하는 열차라는 장치 너머로 대상을 보는 것이고 인간이 육안으로 보는 것이 아니다. 그 장치와 인간의 시각이 함께 만들어 내는 움직임이 눈에 작용하여 새로운 시각을 만들어내는 것이다. 이 열차 속에서의 인간의 눈은 지각된 풍경과 이미 다른 공간에 속하게 되며 유리와 강철로 차단되어 있다. 그리고 이 눈은 이 장치에 의하여 자신이 그 일부이어야 할 현실까지도 연극처럼 관망하는 듯한 감각을 가지며, 세계에서 격리된 것으로서의 세계를 보는 역설적인 지각이 생겨난다. 철도 여행 이전의 여행의 본질을 이루고 있었던 신체로 직접 움직이는 감각은 없어지고, 향기나 소리 또는 공감대도 물론 상실되었으며, 일찍이 보는 사람과 풍경을 연결 짓고 있었던 전경 *foreground* 이 열차 안에서는 사라져 버렸다. 예전에 보는 사람이 일체화된다고 느꼈던 전경이 사라지고 마치 액자 속의 그림을 보는 것처럼 차창 밖을 바라보게 된 것이다. 유리 칸막이가 보는 사람과 풍경 사이에 가로놓여 그 칸막이 너머로 사람들은 풍경이나 자연을 지각하게 되었다(伊藤俊治, 1990: 278~9).

인용문의 후반부에 묘사된 것처럼 철도는 앞에서 말했듯이 여행이 동반하던 체험의 강렬한 강도에 종지부를 찍었고, 여행자와 여행되는 공간 사이의 밀접한 관계를 파괴하였다. 따라서 풍경의 공간은 '지리학적' 공간이 되었다. 이 풍경의 상실은 인용문의 전반부가 묘사하는 것처럼 철도에 의해 시각과 지각이 기계화된 결과이다. 기차의 빠른 속도는 공간적 연속성을 파괴할 뿐 아니라 감각에 대해 인간이 행사하던 통제를 상실시킨다. 철도 여행에서 자연의 얼굴, 언덕의 아름다운 전망은 상실되고 왜곡된다. 높고 낮은 지형의 교호와 산들바람과 '길'에 연관되던 모든 즐거운 것들은 단절과 터널과 기적소리로 대체된다. 여행자는 단지 운송되는 짐짝이 되며, 뉴턴의 역학을 실현함으로써 기차는 여행자의 지각을 기계화하는 것이다. 이 시각의 기계화는 기차의 속도에 의한 시지각의 축소를 야기한다. 기차 여행자는 자신의 머리를 돌려가며 풍경을 둘러볼 기회가 제한되며, 그들이 보는 것이라곤 스쳐지나가고 곧 사라져 버리는 스펙터클로서의 풍경뿐이기 때문이다(Schivelbusch, 1986: 54~5). 이렇게 시지각의 범위 축소를 야기하는 증가된 속도는 다른 한편으로는 역설적으로 여행객들의 눈에 들어오는 시각 인상의 폭증을 야기하였다.

빠르게 스쳐 지나가는 풍경에 의해 시지각이 처리해야 하는 시각 인상의 양이 엄청나게 늘어나기 때문이다. 이 시지각의 증식은 조금 있다가 살펴볼 현대의 도시적 지각의 상황과 유사하다(같은 책: 56~7). 1914년의 언급이라 시간적 격차가 많기는 하지만 페르낭 레제의 다음과 같은 말은 이러한 새로운 시지각 상황을 압축하고 있다. "자동차나 급행 열차를 타고 풍경을 가로지를 때, 풍경은 기술적記述的 가치를 상실하고 종합적 가치를 얻는다…… 현대인은 18세기 화가들보다 몇 백 배나 더 많은 감각적 인상을 등록한다."[6]

이 자극의 증가는 초기에 대단한 스트레스로 받아들여졌다. 동시에 신체에 의한 지각과 자연 풍경과의 공간적 연속으로부터 단절된 철도 여행은 다른 한편으로 권태와 지루함으로 경험되기도 하였다. 이 자극의 증가에 따른 피로와 여행의 권태로움에서 승객이 도피하는 길은 잠자는 것이었다(같은 책: 58~9). 그러나 이런 과정에서 철도 여행의 새로운 환경에 적응하고 철도가 창조한 새로운 풍경을 향유하는 지각이 발전하였는데, 1830년대 기행문들에서 이러한 측면을 엿볼 수 있으며 1850년대 이후부터는 그러한 지각 능력이 상당히 일반화되었음을 알 수 있다. 1861년에 기차에 대한 글을 신문에 싣던 벤자민 가스티노의 글에 따르면, 이제 풍경을 통과하는 기차의 움직임은 풍경 자체의 움직임으로 나타나고, 철도는 풍경을 안무하며, 객차 창으로 바깥을 내다보는 승객은 구별되는 것들을 구별되지 않게 지각할 수 있는 능력, '눈길의 종합 철학'을 성취한다. 또, 동시대 파리의 저널리스트 줄 클라레티 역시 차창 밖의 광경을 두고, 그 빠른 움직임이 전체를 파악하고 전체 조망을 얻을 수 있게 하는 사라지는 풍경으로 특징지으면서, 이것을 '무한한 파노라마 *panorama*'로 규정하였다(같은 책: 60~1).

이 파노라마적 시각은 전통적인 원근법적 시각과는 다른 것이다. 파노라마적 시각이 전체의 조망을 가능케 하는 종합적 능력으로 생각된다

---

6. Chambers, 1988: 18에서 재인용.

하더라도, 그것은 스쳐지나가고 사라지는 풍경들의 연속으로서 고정되지 못한다. 따라서 고정된 시점에서 전체를 포착하는 원근법적 주체의 시각은 불가능하다. 오히려 시각은 인간의 신체를 떠나서 기계에 종속된다. 여행객의 눈앞에 펼쳐지는 풍경들의 연속은, 기차창에 의해 틀지어지며 기차의 속도와 운동에 의해 움직이는 장면들의 연속으로서 주체의 시각적 통제 능력과는 별개로 제공되는 시각 인상들이다. 또 한 사람의 당대 문필가 돌프 스턴버거는 이 파노라마 개념으로써 19세기 유럽적인 지각 양식을 묘사한다. 그의 묘사에 따르면 유럽의 창으로 본 광경은 "깊이의 차원을 완전히 상실하였고 사방으로 뻗어 있는 동일한 파노라마적 세계의 입자들에 불과한 것이 되었으며, [그 광경 속에 있는] 각각의 모든 지점에 있어서 [그것은] 단지 그려진 표면에 불과하다."7 그리고 기차는 이 '세계의 파노라마화'에 기여한 주요한 원인이다. "철도는 땅과 바다의 세계를 경험될 수 있는 하나의 파노라마로 변형하였다. 그것은 예전에는 떨어져 있던 지역성들을 모든 저항, 차이, 그리고 여행에서 오는 모험을 제거함으로써 연결시켰을 뿐만 아니라, 이제 여행이 그토록 편안하고 통상적인 것이 되었다는 점에서 그것은 여행객들의 눈을 바깥으로 돌리고 그들에게 오직 여행 동안에만 경험될 수 있는, 항상 변화하는 이미지들의 풍부한 자양분을 제공한다."8

이렇게 기차가 제공하는 파노라마적 시각은 풍경을 스쳐 지나가는 스펙터클, 이미지들로 대체함으로써 대상 세계와 현실의 객관성을 모호하게 만든다. 파노라마적 시각에서 제공되는 장면은 깊이의 차원을 상실하였고, 속도는 모든 전경에 있는 대상들을 흐릿하게 함으로써 여행객을 풍경에 신체적으로 관계시켜 주던 전경의 소멸을 가져온다(같은 책: 63). 이제 고정된 시점에 의해 가시적인 객관적 세계와 대립해 있으면서 그것을 자신이 시각적으로 통어하고 있는 듯이 느낄 수 있던 전통적인 원

---

7. Dolf Sternberger, *Panorama, oder Ansichten vom 19. Jahrhundert*, (3rd ed.), Hamburg, 1955, p.57; 여기서는 Schivelbusch, 1986: 61에서 재인용([ ] 안의 것은 인용자가 보충).

8. Sternberger, 같은 책: 50; Schivelbusch, 1986: 62에서 재인용.

근법적 시각은 소멸하며, 앞에서 말했듯이 인간의 시지각은 기차에 의해 기계화된 시각에 종속된다.9

> 파노라마적 지각은 전통적인 지각과는 반대로 더 이상 지각되는 대상과 동일한 공간에 속하지 않았다. 여행객은 대상들, 풍경들 등등을, 자신으로 하여금 세계를 통과하며 움직이게 만드는 장치를 통해서 보았다. 기계와 그것이 창조하는 움직임은 그의 시각적 지각 속으로 통합되어 들어갔다. 이렇게 그는 움직이는 사물들을 볼 수 있을 뿐이었다······ 전통적으로 정향된 감각체에 대해서는 현실을 용해시키는 역할을 하는 시각의 가동성 *mobility*은 파노라마적 시각의 '정상성'을 위한 전제 조건이 되었다. 이 시각은 더 이상 사라지는 것으로 경험되지 않았다. 사라지는 현실이 새로운 현실이 된다(Schivelbusch, 1986: 64).

이상과 같이 기차 여행이 야기한 새로운 파노라마적 시각은 현실과 공간의 스펙터클화 및 대상 세계가 가진 객관성의 모호화, 움직이는 유동적인 시각, 기차의 기계적인 틀에 종속되는 시각의 기계화와 그로 인한 주체의 시각적 통어력 상실 등으로 특징지을 수 있다. 이것은 대상 세계의 객관성을 보장받고 그것과 분리된 가운데 통제력을 행사하며 하나의 눈에 의한 고정된 시점에 의해 정의되는 가운데 시각 세계의 중심에서 전체를 파악하는 원근법적인 시각 주체의 조건과는 상이한 것이다.

---

9. 여행하는 동안 객차 내에서 독서를 하는 것은 풍경으로부터 총체적 해방을 달성함으로써 기차가 제공하는 파노라마적 시각에 의해 야기되는 바깥 세계의 해체, 현실의 해체에 대한 보상을 얻는 방편이었다. 이것은 부르주아들에게 전형적인 반응이었는데, 이 점에서 하층 계급과는 상황이 달랐다. 유럽에서 부르주아층이 애용한 객실은 객차가 서로 떨어져 있어 독립적인 공간을 제공하고 플랫폼에서 바로 자기 객실로 들어갈 수 있도록 분리된 객차였다. 반면에 하층 계급이 이용한 운임이 싼 객실은 우리가 흔히 보듯이 크고 좌석이 밀집된 객차였기 때문에 이들은 소란스럽게 떠들면서 서로 대화를 나누며 여행을 할 수 있었다. 서로에 대한 관계를 단절시키고 고립을 강화하는 부르주아의 여행과 서로간에 의사 소통을 촉진시키는 하층 계급의 여행 상황의 차이는 객실의 물리 공간적 차이에 의해 강화되었다. 또한 이러한 객실의 차이는 유럽과 미국의 기차 간의 차이이기도 했다. 미국에서는 객실이 분리되고 플랫폼에서 바로 승차하며 객실들을 연결하는 통로가 끊기고 없는 분리된 객차는 없었던 것이다. 분리된 객차는 계급적 위세는 과시할 수 있었어도 고립감을 강화하며, 위급한 상황에서 다른 객차에 도움을 청할 수 없다는 점에서 문제가 야기되기도 했다. 예컨대, 분리된 객차 내에서 살인이 일어나도 기차가 종착역에 도착할 때까지 아무도 그것을 몰랐으며 범인이 오리무중이 되는 사건들이 발생하자 객실을 미국식으로 통일하는 문제를 둘러싸고 논쟁이 벌어졌다. 그러나 미국식 객차 시스템은 유럽에서는 쉽게 받아들여지지 않았다(Schivelbusch, 1986: 66~112).

2) 대도시와 감각의 과부하

도시는 현대성의 모든 동요하는 경험들이 집약되던 곳이었다. 지속적인 이농과 도시 이주, 산업화, 기계화, 그에 따른 폭발적인 도시 성장, 대규모의 건조 환경 *built environment* 의 건축과 재개발, 그리고 1848년의 2월 혁명과 1871년 파리 코뮌 같은 정치적인 도시 운동의 발발 등, 도시는 현대성의 자기 파괴적인 혁신의 경험이 집중된 장소였을 뿐만 아니라 (Harvey, 1989b: 25), 일상적인 경험에 있어서도 범죄와 가난, 자살의 증가, 알콜중독, 매독과 같은 질병 등 현대성의 병리적 현상이 뚜렷하게 가시화되는 곳이기도 했기 때문이다(김종엽, 1996: 10～3). 이 도시적 공간과 그속에서 성장하던 소비 문화의 경험으로 인해 새로운 현대 생활은 시간의 불연속, 전통과의 단절, 현재가 가진 순간적이고 덧없으며 우연적인 본성에 대한 감수성을 촉발시켰다(Featherstone, 1988: 199). 이러한 감수성에 도시적 경험으로 대표되는 현대성은 파편성으로서 다가왔다(Frisby, 1985). 현대 생활은 이제 그 전체를 파악할 수 없고, 따라서 경험과 지각의 중심이 되는 주체의 중심성은 불가능하다. 동시대 예술과 관련하여 샤를 보들레르 Charles Baudelaire 가 현대성에 대해 내리는 정의는 이러한 새로운 경험에 대한 반응을 압축한다.

> 현대성은 덧없는 것, 사라지는 것, 우연적인 것이다. 이것이 예술의 절반이며, 다른 반쪽은 영원한 것, 불변하는 것이다.[10]

보들레르가 '현대성 *modernité*'이라고 정의하는 것은 바로 19세기 이후 전면화된, 일상 생활에서의 현대성의 경험이며, 이것은 전통에 대한 결별과 새것에 대한 감수성뿐만 아니라 스쳐 지나가는 순간들에 대한 현기증과 같은 시간 불연속성에 대한 의식을 특징으로 한다(Foucault, 1994:

---

10. 보들레르가 1863년의 글 <현대 생활에서의 화가>에서 콩스탄틴 기 Constantin Guys 에 대해 논하면서 현대성을 정의하는 구절이다. 여기서는 Calinescu, 1987: 48에서 재인용.

351). 물론 보들레르는 이 스쳐 지나가는 현재에서 그 안에 내재한 영원한 어떤 것을 재포착하려는 영웅적인 태도를 견지하고 있지만(같은 글: 351), 이제 현대성은 자신의 자아 의식을 더 이상 과거와의 대립으로부터는 얻지 못한다. 보들레르의 이해에 따르면 현대는 미래에 올 현재의 진정한 과거로서, 즉 언젠가는 '고전적'이 될 것으로서 그 타당성을 인정받는다. 그러나 이 때의 '고전적'이란 새로운 세계의 출현을 의미하지만, 이 새로운 세계는 어떤 지속성도 가지지 못할 뿐 아니라 처음 등장할 때 이미 붕괴의 낙인이 찍혀 있고, 이러한 시대 이해는 현대 *modern* 과 유행 *mode* 의 친화적인 관계를 정당화하는 것이다(Habermas, 1994: 28).

부르주아적 가치들과 계몽주의적 합리성에 반발하는 모더니즘(Calinescu, 1987: 41~2)은 바로 이러한 현대성의 조건에 대한 미학적 반응이다. 그것은 이성과 진보에 대한 믿음, 주체의 자명성, 현실의 객관성과 재현의 투명성 등 기존 현대성이 전제하던 제반 가치들을 의문시하는 동시에 이 모든 것들과 자기 자신에 대한 근본적 성찰이라는 현대적 태도를 극대화하며, 그런 가운데 불연속성과 파편성으로 다가오는 현실에 대한 감수성을 재현 자체에 대한 반성 속에 담는다. 미학적 자의식, 자기 반영성, 동시성과 병치, 몽타주, 패러독스, 모호성, 불확실성, 비종결성, 통합된 개성의 거부 등으로 모더니즘을 특징지을 수 있는 것(Lunn, 1986: 46 이하)은 바로 이러한 이유 때문이다. 따라서 모더니즘은 본질적으로 도시적인 것이다. 그것은 위에서 언급된 도시의 경험들과 불안정하면서도 미묘한 관계를 맺고 있다. "대규모 도시화에 따른 심리학적·사회학적·기술적·조직적·정치적 문제들에 대응해야 할 필요가 날로 늘어남에 따라 모더니즘 운동이 번성할 수 있는 온상이 마련되었다. 모더니즘은 '도시의 예술'이었으며 분명하게 '자기 본연의 정주처를 도시에서' 발견하게 되었다"(Harvey, 1989b: 25).[11] 그것은 자신의 미학적 이상이 대도시의 무수한 관계들 속에서 부대끼는 가운데 탄생했다고 언명하는

---

11. 여기서 인용한 하비의 문장에서 작은 따옴표로 표시된 강조는 인용자가 덧붙인 것이다. 모더니즘과 유럽 및 미국의 대도시들과의 연관성에 대해서는 Berman, 1994: 3, 4, 5장과 Bradbury & McFarlane, 1976: 3장을 참조하라.

보들레르에게서 그 누구보다도 명확하다.[12]

이러한 면에서, 현대성의 시각 체제의 동요 역시 대도시의 새로운 경험에서 그 한 원인을 찾아볼 수 있다. 19세기 이래 도시에서의 시각적 상황은 기차가 제공하는 파노라마적 시각 상황과 대단히 유사한 것이었다. 도시에서의 시각 경험 역시 기차의 그것과 마찬가지로 이미지들의 폭주와 전통적인 현실 감각의 모호화, 유동적인 시각, 그리고 보는 주체의 시각적 통어력의 저하 등으로 요약될 수 있다.

현대성의 경험이 집약되던 대도시는 '감각의 과부하 sensory overload'로 요약될 수 있었다. 이것은 대로의 건설과 도로 포장을 주축으로 도시의 밀집된 미로 같은 구조를 상당 부분 개조한 도시 계획과 환경 개선, 가스등과 전등의 보급으로 밤도 대낮처럼 환해진 도시의 조명, 낮이나 밤이나 대로를 메우는 군중의 경험, 석판화와 사진 복제에 의한 시각 이미지의 폭증 등에 의해 야기된 상황이다. 짐멜은 산업화와 화폐가 인간 관계를 개조하는 대도시의 상황이 그 거주자들의 심리적 조건에 미친 영향을 검토하면서 바로 이런 상황을 지적하였다.

> 대도시적 유형의 개인성의 심리적 기초는 외부와 내부의 자극들의 신속하고 끊기지 않는 변화에서 야기되는 신경 자극의 강화에 있다…… 지속적인 인상들, 서로 약간씩만 다를 뿐인 인상들, 규칙적이고 상습적인 경로를 취하며 규칙적이고 상습적인 대조들을 보여 주는 인상들…… 변화하는 이미지들의 급속한 운집, 하나의 눈길에 포착되는 날카로운 불연속, 그리고 쇄도하는 인상들의 예기치 못함. 이런 것들이 대도시가 창조하는 심리적 조건들이다. 거리를 건널 때마다, 경제적·직업적·사회적 생활의 속도와 다중성에서, 심적 삶의 감각적 기초에 준거해 볼 때 도시는 작은 마을 및 전원의 삶과는 깊은 대조를 이룬다(Simmel, 1950: 409~10).

---

12. "우리들 가운데 누가 한창 아심만만한 시절, 이 같은 꿈을 꾸어 보지 않은 자가 있겠습니까? 리듬과 각운이 없으면서도 충분히 음악적이며, 영혼의 서정적 움직임과 상념의 물결침과 의식의 경련에 걸맞을 만큼 충분히 유연하면서 동시에 거칠은 어떤 시적 산문의 기적의 꿈을 말이오. 이같이 집요한 이상이 태어난 것은 특히 대도시들을 자주 드나들며 이들 도시의 무수한 관계에 부딪치면서부터입니다"(Baudelaire, 1979: 19).

기차 여행이 가져오는 극대화된 감각적 자극을 대도시의 삶은 일상 생활에서 펼쳐 놓는다고 할 수 있다. 이러한 상황을 초래한 물질적이고 공간적인 기초는 새로운 도시 계획에 의해 건설된, 도시를 관통하며 넓은 시야를 제공하는 대로의 건설에서부터 추적할 수 있다. 대도시의 새로운 시각 경험들은 전 유럽에 걸친 것이지만, 여기서는 특히 프랑스 파리를 중심으로 논의할 것이다. 그 이유는 당시 파리는 '19세기의 수도'(Benjamin, 1983b: 155)로 불릴 만큼 유럽의 문화적 중심지였을 뿐만 아니라 이 시기 새로운 시각 경험의 특징들이 가장 뚜렷하게 부각되었던 곳이기도 하기 때문이다. 즉, 파리는 19세기 후반~20세기 초 대도시 시각 경험의 새로운 성격들을 가장 단적으로, 가장 전형적으로 파악할 수 있는 곳이다.

(1) 도시 계획과 대로의 건설

도시는 일상 생활 속에 기계적으로 측정되는 시간을 주입하는 공간으로서, 노동 시간과 여가 시간으로 분리된 시간 감각을 촉발하여 대중 문화가 형성되는 기초를 구축한다. 그러나 다른 한편으로 이것은 노동자 계급의 밀집을 뜻하는 것이기도 하다. 노동자들이 운집함에 따라 지배 계급에게 도시는 물리적이고 문화적인 혼란과 위험의 공간으로 인식되었다. 계획되지 않고 형성된 전통적인 도시 구조는 가난한 노동자들의 남루하고 비좁은 주택들이 밀집한 더럽고 비위생적인 골목들로 인해 미로 같은 구조가 강화되며, 도심은 부르주아에게는 낯선 지역, 계급적으로나 인종적으로나 그들과 다른 집단이 점령한 '불투명한 복잡성'의 공간이 되었다. 이 도심의 야생성을 길들이기 위한 조치가 주택과 위생 시설의 개선이었고 경찰력과 교육을 통해 개인주의적이고 '자조적인 self-help' 시민 관념을 피지배층에게 함양하는 일이었다(Chambers, 1988: 22~5). 그리고 도시를 정비하고 넓고 탁 트인 시야를 확보하는 것이 신속한 물류 수송에 대한 자본의 요구라는 측면에서나 위험한 공간에 대한 감시를 용이하게 하려는 경찰과 권력의 요구라는 측면에서나 시급히 이루어야 할 과제였다. 이러한 면을 잘 보여 주는 것이 무엇보다도 19세기 파리의 역사이다.

베르사이유의 궁정과 달리 구체제의 파리는 쉽게 파악될 수 없는 시각적 경험을 제공하고 있었다. 1783년에 이미 셀 수 없을 정도로 많은 굴뚝에서 피어오르는 항구적인 연기에 대한 불평을 들을 수 있다. 19세기에 들면서까지도 파리는 합리화된 도로의 격자망과 그에 대응되는 탁 트인 시야를 결여한, 여러 면에서 여전히 중세적인 도시였다. 1853~68년에 걸쳐 제2 제정하의 파리는 근본적인 변화를 겪는다. 파리와 그 근교 시장이었던 조르주 으젠느 오스망 Georges-Eugène Haussmann 남작은 나폴레옹 3세의 제국주의적 명령을 등에 업고 중세 도시의 심장부에서부터 거대한 도로망을 폭파하면서 그의 대규모 파리 재건을 시작하였다(Giedion, 1959: 641~79). 나폴레옹 3세와 오스망 남작은 도시 순환 체계에서 동맥으로 기능하는 새로운 도로망을 염두에 두었다. 도시를 직선으로 관통하는 새로운 대로 Boulevard 는 교통량이 도심을 통과해서 지나가는 것을 가능케 할 것이며, 이 목적을 위해 그들은 빈민가를 정리하고 숨막힐 듯한 밀집 지역 한가운데 열린 공간을 마련하였다. 이들은 때로는 파리시의 노동력의 1 / 4에 해당하는 수십만의 대중을 장기간의 공공 사업장에 고용함으로써 그들의 불만을 무마하기도 하였다.

이 파리 재건의 목적은 다층적이었다. 오스망의 계획 뒤에 있었던 것은 무엇보다도 도시에서 일어나는 봉기 또는 그 가능성에 대한 두려움이었다. 오스망이 시장에 임명되기 직전에도 그 같은 봉기가 있었다(1852년). 시의회에 제출한 오스망의 보고에 의하면, 도시 계획의 첫 번째 목표는 탁 트인 시야를 확보하기 위해 거대한 건물이나 담벼락 등을 해체하는 것이었고, 두 번째 목표는 오염된 뒷골목과 전염병의 중심지를 체계적으로 파괴함으로써 도시의 위생 상태를 개선하는 것이었다. 그리고 제2 제정의 거리 정비의 목적을 무엇보다 잘 보여 주는 세 번째 요점은 "공기와 빛의 순환뿐만 아니라 군대의 순환 역시 용이하게 해 줄 거대한 대로를 건설함으로써 공공의 평화를 확보하는 것"이었으며, 네 번째 원칙은 여행객들을 사고나 지체 없이 곧바로 상업과 유흥의 중심지로 인도할 도로를 관통시킴으로써 기차역과 연계되는 순환망을 촉진하는 것으로서, 교통 문제가 고려되고 있다(Giedion, 1959: 648~9). 이 네 가지 목표에서 알 수 있듯이, 오스망의 파리 재건과 대로의 건설은 무엇보다 군대와 대포가 미래에 건설될지도 모르는 장벽과 군중의 반란에 대항하여 효과적으로 지나갈 수 있는 길고 넓은 구역을 만드는 것이었다(Berman, 1994: 183). 벤야민이 말했듯이 "오스망이 작업하는 진정한 목표는 내전에 대항하여 도시의 안전을 확보하는 것이었다. 그는 파리에서 바리케이드가 세워지는 것을 영원히 불가능하게 만들고자 했다…… 폭이 넓은 거리는 바리케이드를 세우는 것을 불가능하게 만들 수 있었고, 새로운 거리들은 병영과 노동자 계급 구역 사이를 잇는 최단 지름길을 제공할 수 있었다"(Benjamin, 1983b: 174~5).[13]

이러한 목적이 암시하듯이, 부르주아지의 사업상의 이해를 향상시키기 위한 것이기도 했던[14] 이 도시 계획의 형태와 방법은 대단히 권위적이고 군사적인 것이었다. 도시를 직선으로 관통하는 대로를 건설함에 있어서 오스망은 철도를 자신의 기술적 모델로 삼았다. 그 결과는 멈추지 않고 수학적인 평행성과 직선성을 이루며 도시 경관을 가로질러 뻗어 나가는 대로이다(Schivelbusch, 1986: 181~3). 이러한 오스망의 파리 재건의 목표 가운데 하나이자 그 결과 가운데 하나인 것은 시각적 차원에서 파리를 덜 불투명하게 하는 것이었다. 오스망이 언급하는 첫 번째 목표는 경축 행사에 쉽게 접근하고 봉기를 간편하게 방어할 수 있도록 큰 건물과 담벼락들을 "그것들을 눈에 보다 더 즐겁게 만드는 방식으로" 해체하는 것이었고(Giedion, 1959: 648), 이 도시 계획의 첫 번째 효과는 "끝이 없는 거리, 눈의 범위를 넘어서 뻗어 나가는 거리"(같은 책: 674)였다. 즉, 탁 트인 넓은 시야가 확보된 것이다. 이러한 시각적 조건을 야기한 대로는

---

13. '대로 *Boulevard*'라는 단어 자체가 글자 그대로는 요새화된 도시 *town* 의 벽을 따라 난 보도를 뜻하며, 성채의 능보 稜堡, 보루를 뜻하는 독일어 'Bollwerk'로 거슬러 올라간다. 파리에서 첫 번째 '*Boulevard*'는 1670년 루이 14세가 개통한 것으로 생 드니 요새에서 바스티유로 연결되는 것이었다. 이것은 정원의 산책로 같이 고안된 것으로서 걸어다니는 보도였다. 19세기 오스망의 '*Boulevard*'는 이와 달리 마차와 같은 교통 수단을 위한 것이었다(Giedion, 1959: 660).

14. "오스망의 효율성은 루이 나폴레옹의 이상주의와도 잘 들어맞았다. 후자는 금융 자본을 고무시켰다. 파리는 거대한 투기붐을 경험하였다"(Benjamin, 1983b: 174).

절대 군주제하의 바로크의 도로[15]에서 발전되어 나온 것으로서 균일한 주택들이 늘어선 끝이 없는 거리라는 형태로 재출현한 것이며(같은 책: 673), 이것은 한편으로는 원근법적인 것이기도 하다. 벤야민이 지적하듯이, "오스망의 도시주의적 이상은 길다란 거리 조망을 따라 내려가는 원근법적인 시각이었다"(Benjamin, 1983b: 173). 이 대로는 또한 19세기 내내 지배 계급인 부르주아지들이 자신들의 제도와 규칙들을 심미화하고 신격화하려 했던 반복된 시도들에도 상응하는 것이었다. 그 대로들은 타르 방수포로 덮혀 있다가 개통될 때는 마치 기념비의 휘장처럼 벗겨졌던 것이다(같은 책: 173~4).[16] 이 '자본의 전략적 심미화'는 권력이 노동자들을 영구적인 시각적 관찰하에 두는 조건과도 상응한다. 말하자면 현대성의 시각 체제가 자신의 완벽한 도시적 형태를 발견한 것이 오스망의 대로들이다(Jay, 1993: 117~8).

그러나 오스망의 파리 재건은 그 계획의 합리성과 명료성에도 불구하고 정작 파리 시민 자신들에게는 애매한 결과를 가져 왔다. 첫 번째로, 파리 시민들에게 오스망의 대로들은 철도와 마찬가지로 탈정향의 효과를 야기하였다. 옛날의 파리에 친숙한 거주자들은 최초의 철도 여행자들과 비슷한 경험을 하게 된 것이다. 그들은 이 새로운 교통 지향적인 파리를 물리적으로도 파괴적인 것이며 공간적, 역사적 연속성도 파괴한 것으로 느꼈다. 그것은 파리의 서정주의의 종말을 알리는 것이었고, 하나의 파리

---

15. 바로크 로마에서부터 이미 중심 광장이나 건물에서 출발해 도시 전체를 관통하는 탁 트이고 쭉 뻗은 대로를 건설하려는 기획들이 마련되었다. 그러나 16세기 이탈리아에서 이러한 기획들은 입안에 그친 경우가 많았다. 실제로 도시 전체를 관통할 뿐만 아니라 도시 경계를 넘어 무한히 뻗어나가는 대로가 기획되고 건설된 것은 17세기 이후 알프스 이북 절대주의 체제의 바로크 문화에서였는데, 이러한 바로크의 도로는 대표적으로 베르사이유 궁전(특히, 루이 14세의 침실 창문의 위치)에서부터 파리로 이어지도록 건설되었던 도로를 생각할 수 있다. 이상과 관련해서는 Giedion, 1959: 75~160을 참조하라.

16. 공간은 원래부터가 권력이 행사되고 권력 관계에 의해 조직되는 것이기도 하지만, 19세기 지배 계급으로서의 부르주아지들은 끊임없이 도시의 공간과 건물들을 자신들의 지배와 이상을 신격화하는 상징적 요소들로 삼고 기념비화하였다. 예컨대, 몽마르트 언덕 꼭대기의 성심 대성당 the Basilica of Sacré-Coeur이 헌당되기까지 독일과의 전쟁 및 파리 코뮌에 대한 유혈 진압과 결부된 이 대성당의 정치적 의미에 대해서 Harvey, 1989b: 7장을 참조하라. 또 파리 코뮌 당시 사회적 공간을 둘러싼 정치적, 문학적 투쟁에 대해서 Ross, 1988을 참조하라.

가 파괴와 재건 과정에 있는 또 다른 파리와 교차하고 충돌하는 것을 직접 목도하는 것은 파리 시민들의 탈정향 감각을 강화하였다(Schivelbusch, 1986: 184~5). "파리의 지도에서 씻어 내듯이 도시의 옛 구역들을 파괴하면서, 오스망은 뒤엉킨 슬럼과 도둑들의 소굴 이상의 것을 파괴하였다…… 그는 그 구역에 의해 환기되고 촉발되는 바로 그 이미지, 파리인들의 기억 속에서 그것에 부착되어 있던 이미지를 파괴한 것이다. 이 이미지들은 이 집합적인 기억에서 또 다른 종류의 기억으로, 골동품 애호풍의 그림 같은 전통으로, 가장 확실한 형태의 망각의 하나로 이행하였다."17 그러므로 파리인들에게 오스망의 파리 재건은 자신들의 도시를 그들에게서 소외시킨 것이기도 하였다. 파리인들은 더 이상 파리에서 고향에 있는 듯이 편안한 느낌을 가질 수 없었고, 그들은 거대 도시의 비인간적 성격을 의식하기 시작하였다(Benjamin, 1983b: 174). 이러한 면에서 오스망의 파리 재건은 탈정향과 불안과 위기 감각을 배태하는 창조적 자기 파괴 과정을 상징하는 단적인 예였다고 할 수 있다(Berman, 1994: 183 이하; Harvey, 1989b: 16~9).

둘째, 오스망의 대로는 직접적으로 감각의 과부하를 야기하여 사람들의 지각장을 혼란에 빠뜨리는 동시에 신체의 위험까지 야기하였다. 대로에 의해 가능해진 교통의 폭주와 그 대로에 모이는 군중의 현존이 그 이유였다. 대로를 오가는 군중의 가시화는 시각적 자극을 증가시키는 것이었다. "어떤 움직이고 있는 군중을 날마다 바라본다는 것은 우선 눈이 먼저 거기에 적응하지 않으면 안 되는 그런 광경"(Benjamin, 1983a: 141)이었기 때문이다. 또 하나의 시각적 체험은 대도시의 교통이다. 위험한 대도시의 교통 속에서 움직인다는 것은 개개인으로 하여금 일련의 충격과 충돌을 체험하도록 하는 것이었고, 도시인들은 질주하는 마차와 부딪치지 않기 위해서, 교통 신호를 보고 자신이 가야 할 위치를 정하기 위해서 사방으로 시선을 던져야 했다(같은 책: 143). 특히 대로에서의 교통 수

---

17. Louis Chevalier, *Laboring Classes and Dangerous Classes: In Paris During the First Half of the Nineteenth Century*, Princeton, 1973, p.100; 여기서는 Jay, 1993: 118에서 재인용.

단의 폭주는 '직접 신체를 위협하기까지 하는' 시각적 감각의 과부하였다. 확 뚫린 직선의 대로와 그것의 부분적인 쇄석 포장은 마차로 하여금 예전과는 비교가 안 될 속도로 달릴 수 있게 하였는데, 오늘날의 관점에서 볼 때는 그 속도와 교통량이 별 것 아닌 것이라 할지라도 당시 파리 시민들에게는 전례 없는 '위험의 일상화'였다. 이러한 면을 부분적으로 드러내고 있는 것이 보들레르의 시 <후광의 분실>이다. 1865년에 씌어졌지만 출판이 거절되어 보들레르가 세상을 뜬 이후에야 출판된 이 시는 거리에서 질주하는 마차를 피해 가면서 목숨을 걸고 길을 건너곤 했던 당시 사람들의 모습을 엿볼 수 있게 해 준다.18 보도를 급히 가로질러가면서 "사방으로부터 죽음이 급히 달려오는" 혼돈 사이로 흙탕물을 뛰어넘다가 보도의 흙탕 속에 떨어뜨린 후광을 감히 주울 엄두도 내지 못하는 시인의 모습에서 버만은 현대 사회에서 예술이 새롭게 처하는 위상에 대한 은유와 더불어, 현대적 교통량이라는 추상적이면서도 구체적이고 위험한 사회적 힘과 만나야 하는 고립된 개인으로서의 현대인의 원형을 지적하고 있다.

> [현대인은] 현대 도시 교통의 쇄석 포장 속으로 내던져진 행인, 복잡하고 빠르며 치명적인 군중과 에너지의 집단에 대해서 혼자서 대항하는 사람이다. 점점 더 증가하는 거리와 번화가의 교통량은 공간적이거나 시간적인 경계를 알지 못한 채, 모든 도시 공간으로 확장되고 모든 사람들의 시간 속에 그 속도를 부과하며, 모든 현대화 과정을 '움직이는 대혼란'으로 바꾸어 버린다(Berman, 1994: 194).

도시의 대로와 새로운 번화가는 교통량의 폭주와 군중에 의해서 감각의 과부하를 야기하였고, 사람들은 사방에서 쏟아지는 통제 불가능한 자극들에 대항하면서 거리를 가로질러야 했다. 그들에게 있어 도시의 공

---

18. 이 시를 부분적으로 인용하자면 다음과 같다. "그대는 말들과 차들에 대해 가지는 나의 공포를 알고 있지 않소. 방금 내가 보도를 급히 가로질러가며 동시에 사방으로부터 죽음이 급히 달려오는 이 살아 있는 혼돈 사이로 흙탕물을 뛰어넘는데, 나의 이 갑작스런 움직임 가운데 나의 후광이 머리로부터 보도의 흙탕 속으로 미끄러져 떨어졌다오. 나는 그것을 주울 용기가 없었다오. 나는 나의 뼈를 부서뜨리게 하는 것보다 나의 표적을 잃는 편이 덜 불쾌하다고 판단을 내린 거요"(Baudelaire, 1979: 217).

간은 언제 어디서 들이닥칠지 모르는 우연적인 위험의 공간이 항상 도사리고 있는 장소였다. 보들레르 시의 시인이 달아나야 했던 말과 마차 다음에는 도심을 가로지르는 트롤리 전차가 그 뒤를 이었고, 대로의 이러한 초자극과 위험은 파리에 국한된 것이 아니었다. 1890년대와 1900년대 잡지의 삽화들은 질주하는 전차가 무력한 행인들을 덮치는 디스토피아적 모티프를 심심찮게 표현하고 있다. 이 삽화들이 묘사하는 뉴욕과 런던의 거리는 혼란과 일상화된 위험이며, 세기 전환기 거대 도시의 교통을 조명하는 이러한 모티프에서 주된 표적은 트롤리 전차였다. 비자연적인 죽음은 전통 시대에도 항상 공포의 원천이었지만, 거대 도시에서의 사고사의 폭력성과 갑작스러움 그리고 우연성은 이러한 공포를 강화하였다. 사람들이 트롤리 전차에 익숙해질 때쯤이면, 자동차가 그 뒤를 이어 공포의 대상이 된다(Singer, 1995: 75~88).[19]

셋째, 오스망의 대로가 거리의 원근법적인 조망을 형성하였지만 그것이 시각장의 확실성과 명료성을 가져온 것은 아니었고, 오히려 그 결과는 종종 시각적 불확실성과 혼돈을 강화하는 것이었다. 어떤 면에서 보면 대규모 재건에 의해 창출된 일상 생활의 끝없는 파열은 "도시가 읽을 수 없게 되었다"(Clark, T. J., 1984: 47)는 것을 의미하였다. 도시의 번화가와 대로는 현실을 대체하는 광고 이미지들과 새로운 볼거리들, 그리고 상품들의 진열로 메워졌기 때문이다. 클라크에 의하면, 인상주의 화가들이 전통적인 원근법적인 3차원적 공간을 파괴한 데는 이러한 현실적 조건이 반영되어 있었다. 1860년대 파리의 이미지는 "퍼레이드, 판타스마고리아, 꿈, 무언극, 환영, 가장 무도회였다. 대도시를 희생시키는 전통적인 아이러니들은 특정하게 시각적인 비진실의 새로운 은유들과 혼합되었다"(같은 책: 66). 이렇게 오스망의 대로는 파리를 그 자체로서 거대한 스

---

19. 이러한 삽화들은 사회 비판의 목적을 가지기도 하지만, 도시에 잠재한 우연한 사고를 흥미의 소재로 삼음으로써 언론의 선정주의 sensationalism 로 이어지기도 하였다. 싱어는 보드빌이나 영화를 이러한 선정주의와 연결시킨다. 초기부터 영화는 형식이나 주제의 면에서 '놀람의 미학'으로 향하고 있었다는 것이다 (Singer, 1995: 88~91).

펙터클로 만들었고, 바로 이 점에서도 파리는 원형적인 현대성의 도시였다고 할 수 있을 것이다.

> 나폴레옹 – 오스망 대로는 굉장한 숫자의 사람들을 한데 모으는 데 있어서 새로운 바탕 — 경제적, 사회적, 미학적 바탕 — 을 마련하였다. 거리의 기준으로 볼 때, 이들 번화가에는 작은 사업체와 온갖 종류의 가게가 즐비하였고 각각의 모퉁이에는 음식점과 테라스가 있는 인도변의 카페가 자리잡았다. 보들레르의 연인들과 누더기 옷을 걸친 가족이 들여다보았던 것과 똑같은 이들 카페는 파리 생활의 상징으로서 전세계에서 볼 수 있게 되었다. 때로는 그 자체와 마찬가지로 오스망의 인도는 줄지어 자리한 벤치와 나무들이 가득찰 수 있을 만큼 예외적으로 넓었다. 길을 횡단하는 것을 좀더 용이하게 하기 위해서, 인도와 차도를 분리하기 위해서, 보행을 위해 선택할 수 있는 길을 열어 놓기 위해서 보행자용 대기섬 *pedestrian island* 을 만들어 놓았다. 대로가 끝나는 곳에는 기념물과 더불어 거대한 포괄적인 전망대를 만들었으며, 그 결과 산보할 때마다 극적인 절정을 맞이하게 되었다. 이 모든 특징은 새로운 파리가 유일하게 유혹적인 장관, 시각적이고 육감적인 축제의 파리가 되게 하였다(Berman, 1994: 184~5).

이와 같이, '19세기의 수도'(Benjamin, 1983b: 155)라고 불리웠던 파리는 현실을 압도할 정도로 이미지와 스펙터클로 가득 채워진 도시였던 것이다.

(2) 대로와 소비 공간의 시각 경험

이제부터 볼거리로 채워진 번화가 대로의 시각 경험을 살펴보도록 하자. 파리의 대로를 새로운 시각 경험의 장으로 만든 데에는 이렇게 오스망의 대로가 그 바탕을 이루었는데, 도시의 이 새로운 일상적 체험은 밤에도 계속되는 것이었다. 여기에는 조명의 발달과 소비 문화의 성장이 큰 역할을 하였다. 이미 1800년경부터 산업 현장에서 이용되기 시작한 가스등은 곧이어 거리 조명 수단으로서 도시의 밤을 환하게 밝혔다. 1880년대부터는 가로등에 아크등이 이용되기 시작하였고 1879년에는 에디슨이 백열등 실험에 성공함으로써 전기의 시대가 열렸다. 파리의 대로는 이러한 조명 기술의 발달과 양대로변을 가득 메운 상점들에서 흘러나오는 불빛에 의해 말 그대로 '빛의 도시'를 형성하였다.

　여기에 한 몫 단단히 한 것은 상점의 쇼윈도에 이용될 수 있는 커다란 판유리를 제작할 수 있게 된 것과 디스플레이에 거울을 이용한 것이었다. 도로 위로 튀어나온 전통적인 간판이 교통의 흐름에 방해가 되었기 때문에 17～8세기 동안 이러한 간판들은 제거되기 시작했다. 그러나 색색가지로 이루어진 간판의 미학적 디스플레이는 상점 내부에서 재출현하였고, 사치품을 취급하는 상점들의 내부는 상류 사회 고객들의 취향에 맞춰 값비싼 목재나 대리석, 그리고 궁정에서 사용되었던 고급 소재인 유리와 거울들로 장식되었다. 유리와 거울 및 조명은 갈수록 상점을 휘황찬란하게 만들었다. 여기에다 갈수록 증대하는 중산층 대중 중심의 익명인 고객이 예전의 고객들을 대체함에 따라 상점들의 디스플레이 윈도의 중요성은 더욱 커져 갔는데, 이 쇼윈도는 상점의 광고를 위한 일종의 '유리 끼워진 무대'가 되었다(Schivelbusch, 1988: 143～6). 1850년경에는 커다란 판유리를 제작하는 것이 기술적으로 가능해짐에 따라 천정에서 바닥까지 끊기지 않고 이어지는 투명한 유리 표면이 그림 액자에 끼워진 유리 같은 역할을 하게 되어, 일종의 무대로서의 쇼윈도 표면은 더욱 넓어졌고 그만큼 사람들의 눈길을 더 많이 끌 수 있게 되었다. 여기에 인공 조명 기술의 발달은 전시되는 물품을 더욱 매력적으로 보이게 할 수 있었을 뿐 아니라 영업 시간을 밤늦게까지 연장할 수 있도록 하였다. 커다란 판유리를 끼우고 밝은 빛이 쏟아지는 쇼윈도는 넓은 무대와 같고, 거리는 극장과 같으며, 거리를 지나가는 행인들은 관객과 같은 존재가 되었다. 이것이 '대도시의 밤의 생활'의 장면이었다(같은 책: 148).[20]

　이렇게 하여 19세기 밤의 대로는 문 바깥의 또 다른 실내와도 같아 보이게 되었다. 벤야민은 보들레르 시의 도시적 배경과 산보자(*flâneur*, 만보객)를 토대로 삼아 현대성의 경험, 특히 파리의 아케이드를 연구하였는

---

20. 쇼윈도의 조명 자체도 무대 조명과 비슷한 발전의 길을 걸었고, 빛이 약할 때는 반사경의 도움을 얻었다. 가스등과 전등의 조명 범위가 넓어지면서부터는 광원 자체는 시야에서 사라져 안 보이도록 설치될 수 있었기 때문에 쇼윈도가 연출하는 극적 효과는 더 커지게 되었다(Schivelbusch, 1988: 146～8).

데(Buck-Morss, 1991), 아케이드의 이런 실내 같은 대로를 산보자의 공간으로 규정한다. 그것은 오스망이 건설한 대로와 그 양변에 있는 상점들의 쇼윈도 불빛으로 이루어진다.

> 오스망적인 넓은 포장 도로가 희귀했을 때는, 좁은 길들에는 마차들로부터 몸을 보호할 공간이 거의 없었다. 아케이드가 없었다면 산보는 중요성을 거의 가지지 못했을 것이다. 아케이드는…… 건물들의 복합체 전체를 관통하는, 유리로 덮여 있고 대리석을 댄 통행로이다. 위에서부터 빛이 조명되는 이 통행로들의 양변은 가장 우아한 상점들로 정열되어 있어, 그러한 아케이드는 축소된 도시, 심지어 축소된 세계이기조차 하다. 이러한 세계에서 산보자는 집에 있는 듯이 편안함을 느낀다…… 아케이드는 거리와 실내 간의 교차이다. 생리학의 예술적 장치에 대해서 말할 수 있다면, 그것은 문예란의 입증된 장치, 즉 대로를 실내로 전환시키는 것이다. 거리는 산보자를 위한 거처가 된다. 자신의 네 벽으로 둘러싸인 시민처럼 그는 건물들의 파사드들 사이에서 마치 집에 있는 듯한 느낌을 갖는다. 빛나고 에나멜 칠한 영업 간판들은, 자신의 살롱에 있는 부르주아지에게 유화가 그런 것처럼 그에게는 훌륭한 벽장식이다. 벽들은 그가 자신의 공책을 갖다댈 책상이다(Benjamin, 1983b: 36~7).

말하자면 빛이 조명되는 지역은 그 구역의 가장자리를 따라 마치 벽에 의해 구획되듯이 주위의 어둠과 구별되기 때문에 실내로 경험된다. 대로를 방이라 한다면 벽은 상점의 쇼윈도와 레스토랑과 카페 테라스 등 건물 정면들에 의해 규정되며, 천정은 조명이 미치는 한계가 될 것이다(Schivelbusch, 1988: 149~51). 이렇게 실내 같은 대로의 아케이드에서 산보자의 시각은 열차 승객의 그것처럼 파노라마적 시각이 된다(Schivelbusch, 1986: 189~90). 거리를 천천히 걸어가면서 대로의 통행인들은 차창 밖의 풍경을 스쳐지나가듯이 커다란 판유리를 통해 상점 내부와 진열된 상품들을 본다.

그리고 이러한 상황은 버만의 말에서도 알 수 있듯이 '밤의 생활'에 국한된 것이 아니라 대도시와 그 대로변의 일상적 체험을 정의하는 것이었다. 밤이나 낮이나, 도시의 거주자들은 이제 일상적으로 넓은 대로를 걸어가면서 소비 공간의 갖가지 이미지들과 상품들을 파노라마처럼 지나쳐

간다. 기차 여행의 경우와 마찬가지로 이것은 원근법적인 주체의 시각과는 다른 것이다. 아케이드를 거니는 산보자의 시각은 '유동화된 응시 *mobilized gaze*'이다(Friedberg, 1995: 60~1). 끊임없이 움직이며 거리의 스펙터클 속을 방황하는 이 응시는 원근법의 고정된 단안적인 응시와는 구별된다. 이 유동화된 응시가 산보자의 시각이며, 세계의 중심에 위치하는 것이 아니라 주의가 흩어지는 현기증 나는 상황 속에 도시의 공간을 어슬렁거리는 산보자는 현대성의 경험이 전면화된 새로운 상황에 처한 주체를 정의하는 패러다임으로 간주될 수 있다(Friedberg, 1995: 60~1; Crary, 1992: 20~1). 말하자면, 산보자는 관찰하지만 상호 작용하지는 않으면서 도시의 공적인 공간을 이리저리 돌아다니는 자유의 특권을 상징하고 현대성의 응시를 체현하는 존재이다(Pollock, 1988: 67).

그러나 '보들레르의' 산보자는 단순한 군중과 같은 통행인들과는 구별된다. 그는 군중 속에 섞여서 현재의 불연속과 일시성 속에서 현재의 영원성을 포착하고 현대 생활의 정수를 파악하려는 영웅적인 현대인 상을 체현하는 존재이다(Berman, 1994: 3장). 그렇다 하더라도 현대의 산보자는 원근법적 시각 양식이 규정하는 시각적 주체와는 다르다. 우선, 고전적 현대성의 전형적인 시각 주체는 가시적 세계의 중심에 위치하여 대상 세계와 거리를 둔 채 그것을 전체적으로 조망하면서 자신의 시각적 통어력을 행사하는 데 비해, 산보자는 중심적인 특권적 자리를 차지하려고 하지도 않으며 대상 세계와의 거리는 소멸되고 그것에 대한 어떤 통제력도 행사하지 않거나 할 수 없다.[21] 종종 산보자는 군중의 익명인 시선들의 교차 속에서 아무것도 알 수 없는 무시무시하기까지 한 경험에 직면하여 당황하는 존재이기도 하다.[22] 또한, 산보자는 도시의 시각적 경험 속에서 자칫하면

---

21. 하비는 드 세르토(De Certeau, 1984)의 예를 인용하여 낯선 도시에 도착했을 때 높은 건물의 꼭대기에 올라가 도시를 조망하는 신과 같은 시각을 갖는 것과 인간 활동이 이루어지는 분주한 거리 속에서 도시를 경험하는 것, 두 가지 방식을 거론하고 있다(Harvey, 1989a: 1). 원근법의 시각 주체의 시점이 전자에 해당한다면, 산보자는 후자에 가까울 것이다.

22. 여기에 대해서는 벤야민의 <보들레르의 몇 가지 모티프에 관해서>를 보라(Benjamin, 1983a: 119~164). 벤야민에 따르면, 에드가 앨런 포에게서도 보이듯이 이 과밀한 도시 파리에서의 군중의 경험은

얼빠진 구경꾼으로 바뀔 수도 있다. 벤야민에 따르면, 산보자는 관찰에 집중할 수 있으며 이러한 점에서 아마추어 탐정에 비견될 수 있다. 하지만 산보자가 이렇게 하지 못할 때 그는 '멍하니 바라보는 자gaper'에 불과하게 되며 단순히 '구경거리를 즐기는 자badaud'로 전환된다(Benjamin, 1983b: 69). '산보자'가 항상 자신의 개인성을 완전히 소지하고 있는 반면, '구경거리를 즐기는 자'의 개인성은 사라지며 그는 스스로를 망각할 정도로 자신을 중독시키는 바깥 세계에 의해 흡수된다. 구경거리를 즐기기만 하는 자는 비인격적인 피조물이 되며, 더 이상 인간적 존재가 아니라 군중의 일부분에 불과하게 된다.[23]

현대 대중의 일원으로서의 주체를 산보자에 비유하여 정의한다면, 이 산보자적인 주체는 단지 구경거리를 즐기기만 하는 자로 쉽게 전환될 수 있다.[24] 그의 시각은 유동화된 응시, 즉 파노라마적인 시각이다. 이러한 시각 유형은 쇼윈도의 스펙터클, 그 속에 조명을 받으며 진열되어 있는 상품들에 의해 더 한층 강화된다. 상품들의 진열이 파노라마적 시각을 배태하는 것을 확연히 보여 주는 것이 백화점이다. 19세기 대도시의 중심가는 백화점들이 점령하였다. 1852년 파리 최초의 백화점인 봉 마르셰 Bon Marché 가 문을 열었고, 뉴욕에서는 1857년 메이시 Macy 백화점이 개장되었으며 곳곳의 대도시 백화점들이 그 뒤를 이었다. 봉 마르셰를 비롯한 백화점들이 개장되던 시기는 오스망의 파리 재건 계획이 시작되던 때이기도 하다. 이 동시성은 우연이 아닌데, 백화점은 새로운 형태의 소매점으로서 잘 발달된 도시 내부의 교통망을 필요로 하기 때

보들레르에게 있어서도 충격의 이미지, 파국의 이미지와 연결된다.

23. Victor Fournel, *Ce qu'on voit dans les rues de Paris*, Paris, 1858, p.263; Benjamin, 1983b: 69에서 재인용.

24. 그러나 보들레르적 의미에 충실하다면, '산보자'는 구경거리를 즐기기만 하는 자와 구별되며 냉소적인 잠재력이 반성적으로 들어가 있어 현대 일상 생활에 만연된 상품 형태에 대한 저항을 가능케 하는 대안적인 시각으로 받아들여질 수도 있다. 이렇게 본다면 산보자는 현대성에 의해 양육되었지만 탈현대의 파편화 경향과 거기에 대응하는 데 적합한 시각으로 볼 수도 있다. 여기에 대해서는 Jenks, 1995b를 참조하라. 스펙터클과 공간을 통한 권력의 지배에 저항하는 도시의 일상적 실천이라는 관점에서 '걷는 것'을 논하고 있는 것으로는 De Certeau, 1984: 7장을 참조하라.

그림 31. 1883년 파리 소재 백화점의 전기 조명과 쇼윈도

출처: *La Lumière électrique*, 1883; Schivelbusch, 1988: 153

문이다. 백화점은 낮은 이윤율로 상품 회전율을 높이는 데 의존하며, 소비자는 반드시 상품을 사야 한다는 의무없이 자유롭게 상점에 들어서도록 유인된다. 이 백화점에서의 구매 상황은 철도 여행의 상황과 비견될 수 있다. 백화점은 전통적인 상점에서 거래를 매개하던 대화를 말 없는 가격표로 대체하며, 산더미처럼 진열된 상품들 사이를 지나다니는 고객의 지각은 철도 여행이나 대로의 통행인들의 그것과 유사하게 파노라마적인 것이 되기 때문이다(Schivelbusch, 1986: 189).

파노라마적 시각의 핵심적인 특징이 움직임에 있다고 한다면, 백화점의 고객은 바로 그런 상황에 처한다. 철도 여행의 스피드는 풍경이 강도를 상실하게 하고 스쳐 지나가는 인상주의적인 것으로 바뀌게 만들었고, 오스망적인 대로에서는 환한 밝음과 연속적인 교통이 이러한 조건을 형성하였다. 백화점은 상품 회전의 가속화에 의해 낡은 유형의 상점들과 구별되는데, 이러한 가속화는 고객과 상품 간의 관계를 철도 여행자와 풍경의 관계처럼 덜 집약적이며 더 유동적인 것으로 만든다. 또 상품의 가격표 체계는 상품의 내재적 질이나 사용 가치를 모호하게 만든다. 상품들은 일차적으로 가격, 즉 교환 가치에 의해 인식되며, 사용 가치의 측면보다는 상품의 외관과 디자인과 같은 상품 미학적 측면이 더 지배적인 것이 된다.[25] 따라서 백화점에서 각 제품이 눈길을 끄는 것은 그것의 개별성에 기초한 것이 아니다. 그것은 판매대에 모여 있는 모든 상품들의 총체성에서 비롯된다.[26] 상품의 교환 가치와 상품 미학적 측면이 강조되는 것은 기차 여행에서 공간과 현실이 스펙터클로 환원되는 것과 상동적이며, 상품이 개별적 가치를 상실하는 것은 풍경의 공간이 지리학적 공간으로 대체되는 것과 상동적이다. 이러한 상황에서 시각은 철도 여행이나 대로의 통행인들의 그것처럼 '움직이는 시각'이 된다. 고객은 움직임에 사로잡혀 있다. 상품의 회전 자체가 움직임일 뿐 아니라 상품들은 자신들의 총체성 속에서 점묘법적(點描法的, *pointillistic*) 조망 속으로 융합되어 들어가는 대상과 가격표의 총화로서, 고객에게 인상으로서 다가온다. 그 속에서 고객은 철도 승객처럼 백화점 안을 돌아다니며 여행해야 하는 것이다(같은 책: 189~92).

유동적인 시각과 관련하여, 백화점은 이렇게 움직이는 시각의 담지자인 산보자의 계층적 폭을 한층 더 넓힌다는 점 역시 지적되어야 한다. 천천히 걸어다니면서 주의가 분산된 채 관찰하는 산보자는 소비자의 원형이 되었는데, 백화점은 여기에다 여성 산보자*flâneuse*를 출현시켰다. 원래 대도시의 거리에서는 여성 산보자가 불가능하였다. 거리에서 남성 산보자에 대응되는 여성은 창녀이다. 여성이 거리를 어슬렁거린다면, 그녀는 아케이드의 쇼윈도에 진열된 품목들과 나란히 판매될 상품이 될 것이다. 그녀는 소비의 대상이며, 남성 산보자의 응시의 대상이 된다(Friedberg,

---

25. 상품 미학에 대해서는 Haug, 1986을 보라. 하우크에 따르면 상품 미학의 강화는 상품이 시장에서 판매될 가능성, 즉 상품이 자신의 가치를 실현할 수 있는 가능성을 확보하기 위한 상품의 '목숨을 건 도약'의 결과이다. 다니엘 벨 역시 자본주의의 소비 문화는 외관 중심의 문화임을 강조한다(Bell, 1990).

26. 탈현대주의적 소비 이론에서도 이러한 인식을 발견할 수 있다. Baudrillard, 1991의 도입부를 보라.

1995: 62). 벤야민은 아케이드가 제공하는 상품의 물신적 이미지를 창녀에게서 발견한다. 창녀는 판매자와 상품이 하나로 통합되어 있는 존재이다 (Benjamin, 1983b: 171). 이렇게 거리와 아케이드에서 여성 산보자가 불가능한 것은 공적인 공간을 남성에게 할당하고 여성은 사적인 공간에 유폐시켜 온, 가부장제와 결합된 현대성의 성적 위계 질서 때문이다. 따라서 여성 산보자는 여성이 자신의 힘만으로 거리를 거니는 것이 가능하게 되기 전까지는 불가능하였다.[27] 하지만 19세기 후반에 오면 쇼핑이 부르주아 여성에게 허용된 여가 활동이 됨으로써 여성이 보호를 받지 않고도 한정된 범위의 공적인 공간을 거닐 수 있게 되었는데, 백화점은 바로 이 여성 산보자가 출현할 수 있는 일종의 사사화된 공적 공간 *privatized public space* 이었다. 백화점의 주요 고객은 부르주아 여성이었으며, 백화점측은 여성 판매원을 고용함으로써 여성이 판매자이자 구매자가 되는 것을 촉진하였다. 말하자면, 백화점은 당시의 일반적인 아케이드와도 또 다르게 여성 산보자의 응시를 위한 보호된 장소, 안전한 정박처를 제공하였던 것이다(Friedberg, 1995: 62~3).

이렇게 아케이드 및 백화점과 같은 도시의 소비 문화 공간은 산보자의 '유동화된 응시'를 일상적인 것으로 만들고 성적으로도 보편적인 것으로 만들었다.[28] 소비 문화의 공간이 배태한 이 시각은 움직임이란

---

27. '산보자' 개념의 성적 편기성에 대한 왈코위츠 Walkowitz 의 지적과 '산보자' 개념을 남성 편향적인 것으로만 보는 데 대한 비판적 입장으로는 Jenks, 1995b: 150~2 참조하라. 월프 또한 현대성은 남성에 귀속된 공적인 공간과만 동일시되어 왔다고 비판한다(Janet Wolff, "The Invisible Flâneuse: Women and the Literature of Modernity," *Theory, Culture and Society* 2: 7, 1985; 여기서는 Friedberg, 1995: 78~9, n.18을 참조하였다). 19세기 도시의 공적 공간에 출현하는 여성의 재현 문제에 대해서는 마네의 <올랭피아>를 중심으로 논의를 전개하는 Clark, T. J., 1984: 2장, 프랑스 인상주의와 영국 라파엘 전파 화가들 및 당시 여성 화가들(Berthe Morisot, Mary Cassatt)의 그림에서 성에 따른 공간적 분할과 배치의 구도를 검토하는 Pollock, 1988: 3, 4장 등을 참조하라(폴록 역시 산보자 개념이 남성적 유형임을 지적한다. p.67). 영화와 관련하여 여성 산보자 문제에 대해 논하고 있는 김소영, 1996: 47~53도 참조하라.

28. 이 시기에 산보자와 그의 시각 유형이 보편화되는 과정과 상황에는 다른 사회 영역에서와 마찬가지로 성적인 편차뿐만 아니라 계급적 편차 역시 관철되었음에 유의할 필요가 있다. 휘황찬란한 빛이 쏟아져 나오는 대로변 카페 안을 길거리에서 쳐다보는 가난한 가족의 시선을 묘사한 보들레르의 시 <가난뱅이들의 눈>(Baudelaire, 1979: 136~8)은 오스망의 재건 이래 유혹적인 스펙터클이 된 파리 번화가에서의 이러한 계급적 편차를 보여 준다. 빈자들이 시각의 장, 사회적 장면 속에 함께 있다 하더라도 부유하고 여유

조건에 기초하여 철도 여행이 제공하는 파노라마적 시각과 같은 것으로 이해할 수 있다. 19세기의 이러한 시각 경험은 원근법에 기초하던 전형적인 현대성의 시각 양식과는 전혀 다른 시각적 조건을 마련하였다. 철도의 시공간 압축과 도시에서의 감각의 과부하로 인해 야기되는 파노라마적 시각은 보는 자로 하여금 중심적인 특권적 위치를 상실하게 한다. 그의 시점은 대상 세계를 고정할 수도 없고 통어할 수도 없다. 이제 보는 자의 시각은 대상 세계의 속도와 유동성에 함몰되어 움직이는 시각이 되며, 이러한 시각 상황에서 그의 시점은 고정되고 안정적이며 전체를 조망할 수 있는 것이 되지 못한다. 게다가 자신이 통어하는 것이 아니라 자신에게 주어지는 기계적인 틀이나 스펙터클화된 표면을 통해 바라보는 유동적인 대상 세계는 전통적인 객관적 현실 감각마저 해체시키는 결과를 가져 올 수 있다. 이러한 여러 가지 측면들에서 19세기에 부상한 파노라마적 시각은 현대성의 시각 체제를 동요시키는 결과를 낳았다고 말할 수 있는 것이다.

로운 상층 계급 산보자의 상황과는 달라 보인다. 보들레르의 이 시를 파리 번화가의 경험이란 맥락 속에 위치시킨 Berman, 1994: 181~9를 참조하라. 그렇지만, 그럼에도 불구하고 산보자와 그 파노라마적인 유동적 시각의 생산처였던 이 시기 대도시 거리는 전통적으로 비가시적 영역으로 억압되어 왔던 계급적 타자, 즉 피지배 계급이 가시적 영역 안으로 나오는 통로이기도 했다는 점 역시 지적되어야 한다. 위의 보들레르의 시에서도 빈자들이 이미 가시성의 영역 속에 들어와 있다. 시선의 구도와 힘에 있어 계급적 편차가 관철됨에도 불구하고 말이다. 즉, 대도시 거리는 — 프랑스 대혁명 이래, 특히 더 — 피지배 계급이 군중의 일부로 등장함으로써 계급 갈등 혹은 계급적 긴장이 가시화되는 공간이기도 했던 것이다. 더구나 이런 계급 갈등과 긴장은 이제 혁명이나 봉기 같은 특수한 경우를 통해서만 가시화되는 것이 아니라 도시의 일상 생활 속에서 언제나, 늘 가시화되었다. 이렇게 본다면 새로운 거리와 번화가는 노동 계급과 하층민이 사회적 장면 속에 들어와 가시화되고 계급 간 대결이 일상화되는 공간이었던 셈인데, 경우에 따라서는 거리에서의 하층 계급의 시선과 태도가 <가난뱅이들의 눈>의 그 빈민 가족의 그것보다 훨씬 도전적이고 공격적이 되기도 했다. 이러한 점에 대해서도 역시 Berman, 1994를 참조하라. 특히, 후발 저개발의 모더니즘 도시로서의 페테스부르크의 거리와 도스토예프스키의 소설을 다루고 있는 4장을 보라.

2. 새로운 시각 테크놀로지들의 출현

시각장의 구조 변동에 직접 기여함으로써 현대성의 시각 체제를 심각한 동요에 빠뜨린 요인은 새로운 시각 테크놀로지들, 특히 카메라이다. 카메라의 원리는 일반적으로 카메라 옵스큐라의 원리에 기초한 것으로 이해된다. 그럼에도 불구하고 카메라는 시각적 주체로 하여금 가시적 대상 세계에 대하여 거리를 두게 만들고 이 주체를 특권화하는 카메라 옵스큐라와 반드시 동일한 결과만을 낳는 것은 아니었다. 오히려 카메라는 가시적 세계에서 보는 주체의 중심적인 위치를 인정하지 않는 효과를 야기할 수도 있었다. 이러한 점에서 그것은 자신의 선조와의 연속성과 더불어 불연속성 또한 강하게 노정하는 매체이기도 하다. 하지만 19세기 도시에는 카메라 외에도 다양한 볼거리 장치들과 부르주아 가정 내에서의 여흥거리로 활용된 많은 광학 기구들이 고안되었는데, 이런 것들 역시 원근법적인 시각 양식을 동요시키는 데 기여하였다. 또한 이런 볼거리들과 광학 기구들은 사진술과 더불어 영화가 탄생할 수 있는 기술적인 배경이 되기도 하였다. 이러한 새로운 시각 테크놀로지들의 파급 효과 역시, 먼저 파리를 비롯한 대도시들의 경험을 중심으로 살펴볼 수 있다. 특히, 파리는 다양한 볼거리들이 넘쳐나는 곳이었고 무엇보다도 사진과 영화가 탄생한 곳이기도 하였다.

1) 볼거리 장치들과 광학 기구들

19세기 대도시에서는 처음부터 의도하지는 않았지만 도시인들의 일상생활에서의 시각 경험을 변화시키는 결과를 가져온 대로와 소비 공간뿐만 아니라 여흥거리로서 직접 스펙터클을 제공하는 다양한 규모의 장치들이 설치되거나 보급되었다. 대로와 아케이드에는 파노라마관과 디오라마관 같은, 즐길 수 있는 스펙터클을 제공하는 대형 건물들이 세워졌고, 부르주아의 가정에는 입체경이나 페나키스티스코프, 조트로프와 같이 움직이는 이미지를 오락거리로 즐길 수 있는 광학 기구들이 보급되었다. 파노라마와 디오라마 *Diorama* 는 현실을 스펙터클로써 대리 체험하는 유동화된 시각을 실현한다는 점에서, 또 오락용의 다양한 광학 기구들은 이미지의 움직임을 실현할 뿐만 아니라 시각적 주체의 에고 경계로 기능하는 눈의 특권을 의문시하게 한다는 점에서 중요하다. 그 밖에도 파리에서는 시체 공시소나 밀랍 박물관이 대중에게 또 다른 볼거리를 제공하였는데, 이것들은 기계적 원리를 이용한 시각 테크놀로지 자체는 아니라 하더라도 당시 중요한 스펙터클의 하나였다는 점과 파노라마적 시각과 같은 유동화된 시각을 관람객에게 제공하였다는 점에서 먼저 살펴볼 필요가 있다.

(1) 거리의 볼거리 장치들

19세기의 대도시들, 특히 파리는 이와 같은 수많은 볼거리들로 넘쳐나는 곳이었다. 1884년 런던에서 발간된 한 파리 안내책자의 표현에 따르면 파리에는 "아침이나 오후나 밤이나, 여름이나 겨울이나, 그 곳에는 항상 뭔가 볼 것들이 있고, 인구의 많은 부분들이 쾌락을 추구하는 데 빠져 있는 듯하다"(Schwartz, 1995: 87). 이 뭔가 볼 것들 가운데 하나로서 모르그 Morgue 라고 불리는 시체 공시소가 있었다. 시체 공시소가 18세기 샤틀레 지하 감옥 *basse-geôle* 으로서 출발했을 때, 이 곳에서 방문객들은 공공 장소에서 발견된 시체의 신원 확인을 위해 차례대로 구멍에 얼굴을 갖다대고 시체를 보아야 했다. 그러나 1864년 파리 중심가 노트르담 뒤쪽에 세워진 모르그는 이와 대조적으로 '전시관 *salle d'exposition*'을 설치하였다. 여기에서는 각각 대리석판에 놓여진 시체들이 녹색 커튼으로 서로 칸막이 쳐진 채 2열로 나란히 배치되었고, 방문객들은 줄을 서서 한 쪽 문을 통해 들어가 커다란 유리 너머로 이 시체들을 보고 다른 쪽 문을 통해 나와야 했다. 샤틀레의 지하 감옥에서의 상황과는 달리 모르그의 전시관에서 대중은 함께 모여서 마치 극장 구경을 하듯 이 시체들을 볼 수 있었으며, 실제로 모르그는 사실상 공공 극장으로 간주되기도 하였다. 그래서 1907년 모르그가 일반 대중의 관람을 중지하였을 때 한 기자는 모르그가 최초의 무료 극장이었다고 말했다(같은 글: 88~9).

모르그는 대중의 인기를 끌었고 많은 사람들이 1주일 내내 문을 여는 이 곳을 찾았다. 시립 기관으로서 모르그의 목적은 이름 모르는 시체를 보관하는 것이었고 행정관은 시체들의 신원 확인에 도움이 될 것으로 생각했기 때문에 공공 전시를 결정했던 것인데, 실제로는 시체들의 신원 확인은 일종의 쇼로 바뀌어 버렸던 것이다. 모르그는 19세기 파리 문화의 많은 부분에 삼투되어 있던, 보고자 하는 욕망을 충족시키는 것으로서 일종의 '공공적 관음주의 *public voyeurism*'를 실현하였고, 줄을 서서 유리창 너머 시체들을 관람하며 지나가는 그 곳의 방문객들은 국가 서비스를 받는 '산보자'였다.

또한 모르그는 현실의 스펙터클화를 상징하는 것이자 그것을 강화하는 것이었다. 사람들이 모르그에 많이 몰렸던 이유는 그것이 당시 센세이셔널한 범죄나 사고로 채워지던 파리 신문의 시각적 보족물로 기능했기 때문이다.[29] 즉, 모르그를 방문하는 것이 그렇게 인기를 끌었던 이유는 당시 언론의 선정주의에 의해 구성된 이른바 '현실'을 시각적으로 확인하려는 공공의 관심에서 기인하는 것이었고, 다시 역으로 모르그는 이러한 현실이 스펙터클되는 것을 한층 더 강화하였다.[30] 말하자면 모

---

29. 앞에서도 지적된 바 있듯이, 선정주의와 시각의 연관 관계는 감각의 과부하라는 대도시 삶의 일상적 조건 자체와도 연관되어 있다(Singer, 1995).

30. 다음 에피소드는 선정주의와 결합된 모르그 관람의 인기를 잘 전해 준다. 7월 29일 뒤 베르브와 47번가의 한 계단에서 발견되었던 한 네 살 난 소녀의 사체가 모르그에 전시되었을 때, 오른쪽 손목의 가벼운 타박상 외에는 별달리 손상된 부위가 없는 이 아이의 시체를 보기 위해 수많은 사람들이 모르그에 운집했다. <르 마텡>지에 따르면 질서를 잡기 위해 경찰이 배치되었음에도 불구하고 교통이 막혔고 코코넛과 빵, 장난감 등을 파는 상인들이 몰려들어 장터를 방불케 했다. 8월 5일에는 심각한 무질서가 보도되었다. 군중은 야만스럽게 고함을 지르며 문으로 몰려들었고, 모자가 떨어져 짓밟히고 양산과 우산이 부러졌으며, 여자들은 질식해서 혼절했다. <르 프티 주르날>지는 8월 3일까지 5만 명의 군중이 몰렸던 것으로 추산했으며, <르 마텡>지는 8월 5일까지 15만 명이 이 소녀의 시체 앞을 줄서서 지나간 것으로까지 추산하기도 했다. 8월 6일 모르그의 의사들은 이 소녀의 시체를 부검하기로 결정하였고, <르 프티 주르날>지는 이날 모르그를 찾았던 군중들이 소녀의 시체를 볼 수 없어 크게 실망하는 모습을 전했다. 부검 결과

르그가 범죄의 극장으로 간주될 수 있었다면, 신문은 그 프로그램이었던 셈이다. 사실 모르그를 찾는 사람들의 목적은 시체의 신원 확인에 있는 것이 아니었고, 모르그는 에펠탑이나 카타콤, 또는 당시 유명했던 가수 이베트 길베르와 같은 볼거리의 일환이었다. 다시 말해, 모르그는 스펙터클화된 파리의 삶을 표상하는 곳이었던 것이다(같은 글: 90~3).[31]

한편, 1882년 파리의 심장부인 몽마르트가에 뮤제 그레뱅 Musée Grévin 이라는 밀랍 박물관이 문을 열었다. 신문 만화들은 즉각 이 밀랍 박물관을 모르그와 연결시켰다(같은 글: 94). 저명한 언론인 아르튀르 메이에르 Arthur Meyer 와 신문 만화가 알프레드 그레뱅 Alfred Grévin 이 건립한 이 박물관은 현실의 사건들에 대한 공공의 관심을 보다 리얼리즘적인 방식으로 만족시키는 '살아 있는 신문'을 표방하였다.[32] 이 박물관의 리얼리즘은 실제 인물처럼 만들어진 밀랍 인형 외에도 다양한 측면에서 이루어졌다. 박물관은 인형의 부속물들을 진품으로 채웠다. 예를 들어, 빅토르 위고 인형은 실제 위고가 사용했던 펜을 들고 있으며, 마라의 인형은 박물관이 5000프랑을 지불하고 사들인, 실제로 마라가 살해된 욕조 속에 전시되었다. 또 인형들이 전시된 배경 공간은 정확한 복제에 의존하였다. 예컨대, 대통령의 서재는 엘리제 궁의 그것을 정확하게 재현하였다. 또한 전시 품목은 관람객들이 알아볼 수 있는 친숙한 모습들이 전형적이고 분류적인 방식으로 설치되어 파리인들의 생활을 엿보는 작은 이야기 공간을 구축하였다. 이러한 전시물들은 서로 연관 없는 기사들이 한면에 배치되는 신문의 형태를 모방한 것이었다(같은 글: 95~6).

뮤제 그레뱅의 리얼리즘적인 전시물들은 이러한 방식으로 현실과 스

의사들은 소녀가 땅벌레 때문에 질식해서 자연사한 것으로 결론을 내렸으나 그 아이의 신원은 끝내 밝혀지지 않았다(Schwartz, 1995: 91~3).

31. 모르그가 공공 전시를 중지한 1907년은 프랑스에서 전문적으로 영화를 상영하는 극장들이 크게 늘어난 시기이기도 하다. 관객들은 모르그의 전시관에서 영화관으로 이동하였다(Schwartz, 1995: 93).

32. 뮤제 그레뱅은 런던에서 인기 있었던 마담 투소 Madame Tussaud 의 박물관을 모델로 하였고, 이 마담 투소의 박물관은 다시 혁명기 파리에서 인기 있었던 필립 쿠르티우스 Philippe Curtius 의 밀랍 박물관의 후계자였다(Schwartz, 1995: 94).

펙터클 간의 구별을 모호하게 하는 것이었다.[33] 또한 전시물들의 3차원성은 관객에게 다중적인 시점과 조망을 부여하였다. 이 다중적인 시점과 걸어다니면서 본다는 조건에 의해 뮤제 그레뱅은 파노라마적인 시각을 제공하였다(같은 글: 97). 뮤제 그레뱅의 몇 가지 전시물들은 이러한 조건을 더욱 강화하는 방식으로 구성되기도 하였다. 예를 들어, 1889년 박물관은 한창 건설중이던 에펠탑의 모습을 재현하였는데, 이 전시물은 건설 현장에 에펠 자신과 파리시의 고위 인사들이 방문한 모습을 축조하였다. 이 전시물은 이 고위 인사들의 시점과 일을 잠시 멈추고 이들을 바라보는 공사 인부들의 시점, 그리고 전시물을 보는 관람객 자신의 시점을 동시에 실현하였다. 더구나 공사중인 에펠탑 2층의 공간을 재현한 전시물의 배경은 실제 파리시의 파노라마적 경관을 제공하였다. 또, 1887년에 설치된 코미디 프랑세즈 극장의 리허설 장면은 직접 관람객의 유동화된 시각을 유도하기도 했다. 이 전시물은 두 배우가 연극의 한 장면을 리허설하는 광경을 박스 같은 방에 앉은 연출가와 각본가 등이 창문을 통해 지켜보는 모습으로 구성되었다. 한 쪽에서 걸어오는 관람객은 처음에 연출가 및 각본가 인형의 모습만을 보게 되며, 이 밀랍 인형들을 바라보며 이동하는 가운데 이 인형들의 시점과 동일한 위치에 와서야 그 인형들이 보고 있는 장면을 관람객들 역시 볼 수 있게 된다. 이렇게 이 전시물은 관람객의 운동에 의한 유동화된 시각을 자신의 구성 자체 속에 구현하고 있었다(같은 글: 97~9).

이렇게 모르그나 뮤제 그레뱅과 같은 볼거리들은 현실과 스펙터클 간의 경계를 흐릿하게 만들었을 뿐 아니라 기차 여행이나 대로와 아케이드의 상황과 마찬가지로 유동화된 파노라마적 시각이 당시 대도시에서 일반적으로 경험할 수 있었던 것임을 보여 준다. 그런데 이 유동화된 파노라마적 시각을 직접 기술적으로 활용한 볼거리 장치들이 있었는데, 다름아닌 파노라마관과 디오라마관이 대표적인 것이었다. 이제부터 이것

---

33. 이러한 면에서 오늘날 모사 *simulation* 으로 특징지어지는 포스트모더니즘 문화를 보여 주는 것으로서 밀랍 박물관이 거론되기도 한다. Baudrillard, 1992, 1994; Eco, 1993a 등을 참조하라.

을 살펴보도록 하자.

화가였던 로버트 바커 Robert Barker 는 1787년 회화와 건축이 결합된 형태인 파노라마 *panorama* 의 특허권을 획득하고 1792년 런던의 레스터 광장에 최초로 파노라마관을 설치하여 흥행에 성공하였다. 바커의 이 파노라마관은 지름 약 45피트 정도 되는 원통형의 건물 중앙에 앉은 관객 주위로 천천히 회전해 돌아가는 16피트 높이의 거대한 화폭에 그려진 광경을 보여 주는 것이었다. 관객은 밀폐되어 어두운 건물 한가운데에서 어슴푸레한 가운데 위쪽에서 내려오는 빛을 받으며 연속적으로 움직이는 그림을 바라본다. 1800년경에는 파리의 몽마르트 대로에도 파노라마관이 등장하였다.[34] 곧이어 파리 전역에 유사한 건물들이 세워졌고, 파노라마관은 곧 유럽과 미국의 주요 도시들로 퍼져나갔다. 세밀하게 그려진 파노라마 그림의 주제는 전투 장면이나 대경관, 역사적인 사건들, 이국적인 도시들을 보여 주었다. 파노라마관에는 원통형 건물 내부에 설치된 그림이 돌아가지 않고 건물 중앙의 플랫폼에서 관객이 이리저리 돌아다니면서 눈앞에 펼쳐진 그림을 상당한 거리를 두고 감상하기만 하는 소박한 형태의 것도 있었고, 관객이 프로그램으로 팔고 있는 파노라마관의 약도에 따라 관내를 돌며 프로그램에 기재된 각 장면의 설명을 읽으면서 장면을 따라가는 형태도 있었다(Ceram, 1965: 57; Belton, 1997: 93; Virilio, 1994: 39~40).

'파노라마'라는 이름은 '*pan*'과 '*rama*'라는 두 개의 그리스어 단어를 결합해 '완전한 조망 *complete view*'를 의미하는 것으로서,[35] 그림이 걸려 있는 건물과 그림 자체, 양자 모두를 지시하는 말이었다(Virilio, 1994: 40). 파

---

34. 파리에 최초로 파노라마관을 건립한 인물에 대해서는 엇갈린 진술들이 발견된다. 세람(Ceram, 1965: 57)은 파노라마관이 제임스 세이어 James Thayer 부부에게 팔려 몽마르트 대로에 세워졌다고 말하는데, 비릴리오(Virilio, 1994: 40)는 최초의 잠수함 건조와 증기선의 산업화에 기여한 미국인 로버트 풀턴 Robert Fulton 이 바커에게서 이 파노라마 특허권을 프랑스에서 상업적으로 이용할 수 있는 권리를 사들여 몽마르트 대로에 최초로 이 원통형 건물을 세웠다고 말한다. 다만 파리 최초의 파노라마관이 세워진 장소가 몽마르트가였다는 데에 대해서는 양자 모두 일치하고 있다.

35. '라마 *rama*'는 문자 그대로는 '시각, 봄 *a sight*,' 또는 '볼거리 *spectacle*'를 의미하는 것으로서, '나는 본다 *I see*'를 뜻하는 동사 '*horao*'와 연결되어 있는 그리스어 '*horama*'에서 유래하였다(Belton, 1997: 260, n.35).

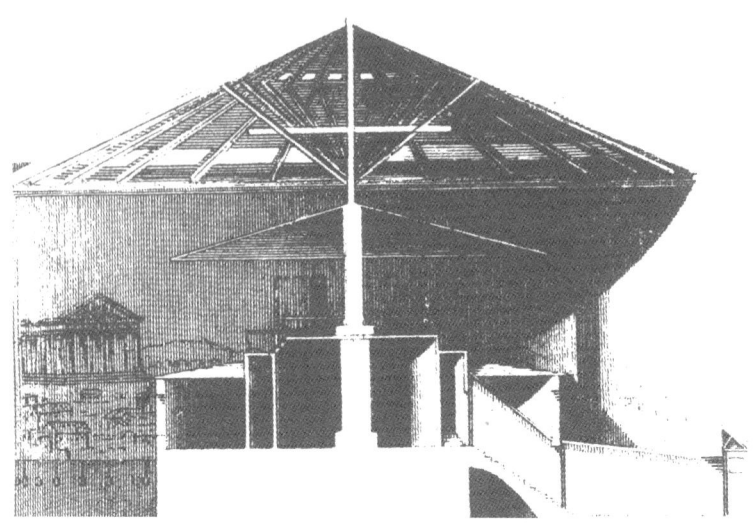

그림 32. 한 파노라마관 단면도 (1816)

출처: Schivelbusch, 1988: 214

노라마 건물 안에서 관객은 자신의 눈앞에 펼쳐져 있거나 지나가는 그림들을 보면서 현장에서 실제 장면을 보는 듯한 느낌에 빠져들었는데, 파노라마관이 제시하는 이 환영은 그림의 크기와 리얼리즘적인 기법, 그리고 위쪽에서 내려오는 빛이 비추는 그림의 장면으로 둘러싸인 어두운 방의 중앙에 관객을 위치시키는 특정한 보는 방식이 결합되어 창출하는 것이었다(Friedberg, 1995: 66). 특히, 파노라마관의 구조는 원근법과 카메라 옵스큐라와는 대조적으로 대상으로부터 관객이 거리를 두는 것이 불가능하게 만들어져 있었다. 전형적인 파노라마관에서 관객이 그림을 보는 중앙부 장소는 흡사 기차역의 플랫폼처럼 되어 있었다. 그 곳에는 따로 지붕이 설치되어 있었는데, 이 지붕은 건물 위쪽에서 내려오는 빛이 정확히 어디서 비추고 있는 것인지 알 수 없게 가리는 동시에 원통형 건물 벽에 걸려 있거나 이동하는 그림의 위쪽 테두리를 볼 수 없게 하였다. 그림의 아래쪽 테두리 역시 플랫폼과 화폭 사이에 뻗어 있는 천이 가리고 있었다. 이에 따라 어슴프레한 공간 속의 관객에게는 화폭 위에 내려오는 빛이 자연적인

408

것으로 지각되었고, 그림은 아래위의 경계도 시작도 끝도 없는 연속적인 것으로 나타나게 되었다(Schivelbusch, 1988: 214~5; Virilio, 1994: 40). 이러한 상황에서 비교의 기준이 될 수 있는 실제 대상이 아무것도 없는 관객은 거리와 공간에 대한 판단력을 상실했다. 즉, 관객은 눈앞의 대상 세계에서 거리를 둘 수 없고, 그럼으로써 현실과 구별되지 않는 완벽한 환영이 주어지게 된다(Friedberg, 1995: 66). 경우에 따라서 그림과의 거리 상실은 현기증과 구역질을 야기할 정도이기도 하였다고 한다(Schivelbusch, 1988: 215).

이상과 같이 파노라마관의 구조는 원근법적인 시각 양식과는 다른 시각, 말 그대로 파노라마적인 시각을 제공하였다. 더구나 이 파노라마관은 유동화된 움직이는 시각을 제공하는 것이기도 했는데, 원통형 내부에서 그림이 회전하거나 아니면 그것이 고정되어 있는 경우에도 관객은 플랫폼을 따라 걸어다니면서 눈앞의 장면을 감상하였기 때문이다. 그러므로 파노라마의 "경험은 상품 디스플레이 윈도의 거리를 따라 걷는 것의 경험에 상응하였다"(Buck-Morss, 1991: 82).

파노라마관의 시각 경험이 소비 공간과 도시 대로를 걸어 다니는 시각 경험과 상응하는 이런 면은 대로와 아케이드의 산보자적 경험이 절정에 달하고 모르그 및 뮤제 그레뱅이 인기를 끌던 19세기 후반에 이 파노라마관이 다시 유행하게 된 데서도 엿볼 수 있다(Schwartz, 1995: 105~10). 1880년대와 1890년대에 파노라마관은 다시 크게 부흥하게 되었는데, 한편으로 이것은 현실과 스펙터클의 경계를 더욱 허물어 버리는 것이었다. 이제 파노라마관은 실제 경험에 대한 모사 *simulation* 가 되기까지 하였다. 예를 들면, 1889년 5월 화가 필포트 Pilpot 는 파리의 만국 박람회장 내에 최초의 움직이는 파노라마관을 설치하였다. 관객은 배의 갑판처럼 구성된 플랫폼에서 항구에 정박한 다른 배들과 해안의 모습을 구경하는데, 이 그림들은 흔들리는 배에서 바라보는 것과 같은 방식으로 움직임으로써 관객은 자신이 실제로 배에 타고 있는 듯한 느낌을 받았다. 필포트는 더 나아가 1892년에 만든 파노라마관에서는 배의 갑판 모양의 플랫폼 자체가 앞뒤로 움직이도록 장치하여 이러한 느낌을 더욱 강화하였다. 다른 한편

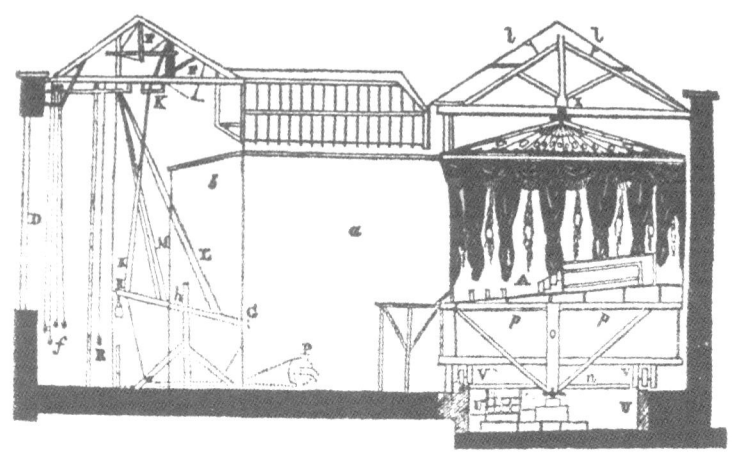

그림 33. 런던의 한 디오라마관 단면도 (1823)

출처: Crary, 1992: 114

으로 이 파노라마관의 부흥은 갈수록 유동화되는 일상의 현실 자체에 부응하는 것이었다. 샤를 카스텔라니 Charles Castellani 의 파노라마관 <파리의 모든 것>은 이국적인 풍경이나 역사적 사건이 아니라 동시대 파리의 모습을 보여 준다. 오페라 극장 주위에 명사들이 삼삼오오 모여 있는 모습을 보여 주는 이 파노라마관의 리얼리즘과 그 성공은 뮤제 그레뱅처럼 동시대 파리의 친숙한 광경에 대한 문화적 매혹에 기인하는 것이었다. 말하자면, 1880년대와 1890년대 파노라마관의 부흥은 당시 이미 친숙한 현실, 즉 움직임을 통해서 삶이 포착되는 현실을 재현하려 하였기 때문에 가능한 것이었다(같은 글: 105).

디오라마 *diorama* 는 사진의 발명가이기도 한 루이 자크 망드 다게르 Louis Jacques Mandé Daguerre 에 의해 발명되었다. 당시에 무대 장치가로서 오페라와 연극을 위한 무대 배경을 그리는 일을 전문으로 하고 있던 다게르는 샤를 마리 부통 Charles Marie Bouton 과 함께 1822년 디오라마를 고안하였는데, 디오라마관 안에서 관객은 원통형 객석에 앉아서 가로 세로 71×45피트 크기에 달하는 그림을 보게 되어 있었다. 관객은 기계 장치에 의해 객석이 돌아감에 따라 다음 그림으로 이동하게 되는데, 반투명

그림 34. 디오라마 (1848)

출처: Schivelbusch, 1988: 217

의 이 그림은 뒤쪽에서 비추는 조명에 의해 다양한 시각 효과를 창출하였다(Ceram, 1965: 58; Belton, 1997: 93). 디오라마관에 따라서는, 관객의 객석은 고정되어 있고 그림이 다음 그림으로 이동하거나 바뀌는 구조로 되어 있기도 하였다(Virilio, 1994: 40; Friedberg, 1995: 66).[36] 어쨌든 디오라마관의 구조는 파노라마관과는 달리 관객 자신은 고정되어 있는 것이었다. 다게르와 부통의 디오라마관은 파리의 상송가에 처음 세워졌는데, 곧 캐나다와 영국을 비롯하여 다양한 지역으로 퍼져 나가 대성공을 거두었고 얼마 안 있어 파노라마의 인기를 추월하였다(Ceram, 1965: 58~63).

　디오라마 역시 파노라마와 마찬가지로 대상 세계와의 거리를 불가능하게 하고 움직이는 시각을 창출하였지만, 양자의 원리는 상이하다. 디오라마는 기본적으로 광학쇼였다. 그것의 환영 효과는 무엇보다도 조명에 의존한 것이었기 때문이다. 즉, 디오라마관이 제시하는 장면이 실재 같이 느껴지는 환영은 조명의 변화에 의한 스펙터클의 변화에 기초한 것이다. 여기에 더해 디오라마관의 구조는 파노라마의 그것처럼 대상과의 거리를

---

36. 이렇게 디오라마관의 구조에 대해서 서로 상이한 설명들이 제시되고 있다. 그러나 객석이 움직이든 그림이 변화하든 관객의 신체 자체는 고정되어 있다는 점에서는 이 설명들이 일치하고 있다.

폐기하였는데, 이것은 일종의 시각적 터널 *visual tunnel* 을 구성함으로써 달성되었다. 관객은 극장처럼 어두운 공간에 앉아 있었는데, 객석의 맨 앞줄은 그림에서 약 13m 정도 떨어져 있고 그 사이 공간은 검은 천으로 덮여 있었다. 실제의 터널이자 광학적 장치이기도 한 이 시각적 터널이 무한성의 환영을 창출하며 거리감을 폐기함으로써 관객은 자신이 그림 내부에 있는 듯이 느끼게 되는 것이었다(Schivelbusch, 1988: 216~7).

또한 디오라마는 파노라마처럼 유동화된 움직이는 시각을 제공하였다. 관객이 앉아 있는 객석이 이동하든 눈앞에 제시되는 그림이 변화하든, 시각은 이제 움직임 속에 처하기 때문이다. 그러나 여기서도 그 원리는 파노라마와는 상이하다. 파노라마는 원근법 회화나 카메라 옵스큐라의 고정된 시점과 명백히 단절하였는데, 이것은 관객에게 돌아다닐 수 있는 편재성을 허용함으로써 이루어진 것이었다. 관객은 전체 장면을 보기 위해서는 적어도 자신의 머리와 눈을 돌리기라도 해야 한다. 반면에 디오라마관에서 시각에 움직임이 부여되는 것은 관객의 운동의 자율성이 아니라 기계에 의해서이다. 관객은 천천히 돌아가는 객석에 고정되며, 디오라마는 움직이는 바퀴 기계라고 할 수 있다(Crary, 1992: 113).[37] 어쨌든 원리는 다르다 하더라도 파노라마나 디오라마는 원근법의 고정된 시각과는 다른 형태의 움직이는 시각을 부여한다는 것은 틀림없다. 따라서 파노라마와 디오라마는 대로와 아케이드를 거니는 산보자의 유동화된 시각을 구현하는 장치라고 할 수 있다(Friedberg, 1995: 67).

그런데 이 점과 관련하여 디오라마는 시각 주체가 원근법의 주체와는 달리 자신의 자율성을 상실하고 기계의 시각에 종속되는 측면을 더 명확하게 보여 준다. 관람자가 걸어 다니는 파노라마관의 구조와는 달리 관람자가 객석에 고정되어 있는 디오라마관에서 관람자의 신체는 이동할 수 없고 움직임의 자유가 극히 제한되기 때문이다. 여기서 기차 여행의 시각 경험을 상기할 수 있다. 현대성의 시각 체제가 동요하는 측면의

---

37. 파노라마와 디오라마에 대한 유용한 연구서들에 대해서는 Crary, 1992: 113, n.26에서 소개되고 있는 바를 참조하라.

하나는 시각 주체가 자신의 시각 세계에 대한 통어력을 상실하고 그 중심에 설 수 없다는 것이다. 이러한 점은 디오라마에서 명확하다. "디오라마는 관찰자의 자율성을 제거하였다"(Crary, 1992: 113). 그는 움직이는 바퀴 기계의 한 구성 요소가 된 것이다. 따라서 관객의 시각의 가동성이 증가하더라도 그의 자율성이 증가하는 것은 아니라는 역설적인 상황이 발생한다. 그의 응시가 더욱 더 움직이는 것이 될수록 관객은 더욱 더 움직이지 못하고 수동적인 존재가 되며, 자신의 움직이지 않는 신체 앞에 위치한 가상적인 현실의 구성을 받아들일 준비를 갖추게 되는 것이다(Friedberg, 1995: 67).

기차 여행이 제공하는 시각이 기차의 속도와 차창의 틀에 의해 조건지어지는 것이고, 대로 및 아케이드 또는 백화점의 스펙터클이 보는 사람의 의지와는 상관없는 정치적 경제적 논리에 의해 제공되는 것이라는 점을 고려한다면, 디오라마관의 관객이 처한 이러한 상황은 현대성의 시각 체제가 동요하던 시기에 시각 주체가 처한 일반적인 상황을 상징하는 것으로도 볼 수 있다. 고정된 중심적인 시점을 상실한다는 점에서나 시각장을 구조화하는 힘이 자신의 의지와는 상관없는 것이라는 사실이 더욱 확연해진다는 점에서나, 유동화된 시각을 담지한 새로운 시각 주체는 자신의 시각적 통어력과 자율성을 잃어버리며 따라서 원근법적 주체와 같은 지위를 점유할 수 없는 것이다.

(2) 실내의 광학 기구들

다음으로 19세기 부르주아 가정의 실내 공간에서 여흥거리를 제공했던 광학 기구들을 살펴볼 필요가 있다. 이 시기에는 움직이는 이미지를 보며 즐기는 다양한 오락용 광학 기구들이 발명되고 성행하였으며, 3차원적인 이미지를 즐기는 입체경이 널리 보급되었다. 이러한 광학 기구들을 살펴보는 것은 두 가지 이유에서이다. 먼저, 움직이는 이미지를 보여 주는 오락용 광학 기구들은 영화의 탄생을 가능케 한 기술적 발명들 가운데 하나로 언급되곤 하는데(Ceram, 1965: 1장; Ellis, 1988: 22~6), 이런 데서도 알 수 있듯이 이 기구들은 이미지의 운동을 창조함으로써 유동화된 시각을 실내 공간으로까지 끌어들였기 때문이다. 다음으로는, 이 광학 기구들과 입체경은 인간 시각의 불완전함을 이용한 것으로서, 시각적 주체가 갖춘 에고 의식의 경계가 되는 눈에 대한 문제 제기에 기초하고 있으며 원근법적 시각 양식에서의 대표적인 시각 테크놀로지였던 카메라 옵스큐라와 단절하는 측면이 있기 때문이다.

움직이는 이미지를 보여 주는 오락용 광학 기구들은 다양한 형태의 것들이 만들어졌는데, 여기서는 대표적인 것 몇 가지만 언급하도록 한다.[38] 1825년 존 파리스 John Paris 박사는 런던에서 소마트로프 *thaumatrope* 라는 초보적인 기구를 시연하였다. 이것은 양면에 각각 다른 그림이 그려져 있는 원판의 양쪽에 달려 있는 실을 잡아당기면 원판이 회전하면서 두 그림이 겹쳐져 보이는 것이었다. 예컨대, 앵무새와 텅 빈 새장이 그려진 원판을 잡아당기면 원판의 회전 속에서 새장 속에 들어가 있는 앵무새를 볼 수 있다. 하지만 소마트로프는 이미지의 움직임을 실현한 것이라고는 말하기 어렵다. 같은 해 영국의 수학자 피터 마크 로제트 Peter Mark Roget 는 울타리의 좁은 틈 사이로 볼 때 기차 바퀴살이 움직이지 않는 것처럼 보이거나 뒤로 도는 것처럼 보인다는 사실을 지적했으며, 물리학자 마이클 패러데이 Michael Faraday 는 이 사실을 이용하여 1831년에, 뒤에 가서 패러데이 바퀴 *the Faraday wheel* 로 알려지게 되는 기구를 만들었다. 이것은 같은 축에 얹혀진 두 개의 구멍 뚫린(또는 살이 달린) 바퀴를 회전시키면서 두 바퀴의 구멍 또는 살들 간의 관계를 변화시킴으로써 눈에 보이는 바퀴의 움직임을 조절하는 기구였다.

소마트로프와 바퀴살의 움직임 원리를 결합하여 브뤼셀의 과학자 조세프 플라토 Joseph Plateau 는 최초로 움직이는 이미지를 명확하게 제시하는 기구를 발명하였는데, 1832년에 세상에 나온 페나키스티스코프 *phenakistiscope* 가 그것이었다. 이것은 톱니처럼 가장자리에 돌아가며 틈새

---

38. 여기에 대해서는 Ceram, 1965: 1장; Crary, 1992: 4장을 참조하라. 그 외에도 영화의 역사에 관한 대부분의 책들 앞부분에서 이런 광학 기구들에 관한 설명을 들을 수 있다.

 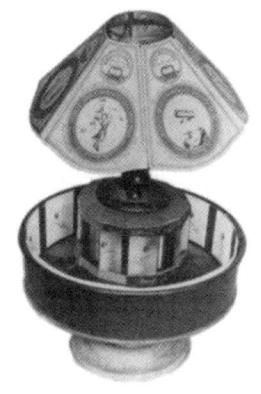

그림 35.　페나키스티스코프　　　　　　　프락시노스코프

출처: La Cinematheque Française, British Film Institute

들을 낸 종이 원판에 일련의 그림이나 연속 동작들을 그려 넣고 원판의
중심에 막대를 고정시킨 다음, 거울 앞에 서서 원판을 회전시키면서 구
멍을 통해 보면 거울에 비친 이미지는 일련의 명확한 움직임을 보여 주
는 것이었다. 이런 기본 원리에 기초해서 페나키스티스코프는 그 뒤에
다양한 형태의 것들이 만들어졌다. 1834년에는 페나키스티스코프와 유사
한 기구 두 가지가 발명되었다. 독일의 수학자 스탬퍼 Stampfer 는 자신의
발명품을 스트로보스코프 stroboscope 라고 불렀고, 브리스톨의 윌리엄 G. 호
너 William G. Horner 는 조트로프 zootrope(zoetrope) 를 내놓았다. 특히, 조트로
프는 1867년경 상품화되었는데, 이것은 상반부에 돌아가며 일련의 틈새
들이 뚫려 있는 원통형의 드럼과 무거운 좌대에 연결된 축으로 이루어
져 있었다. 드럼의 안쪽에는 틈새들 밑으로 연속 동작을 그린 그림을 둘
러 붙였으며 바닥에도 일련의 그림을 연속적으로 그린 원판이 설치되어
있었다. 드럼을 회전시키면서 틈새를 들여다보면 그림이 곧 움직이기 시
작한다. 조트로프는 계속해서 다양하게 응용되고 개량되었다. 1877년 에
밀 레이노 Emile Reynaud 교수는 틈새 대신 조트로프의 회전 축 위치에 거
울을 부착한 드럼을 설치하여, 회전하는 바깥 드럼의 이미지들이 만들어

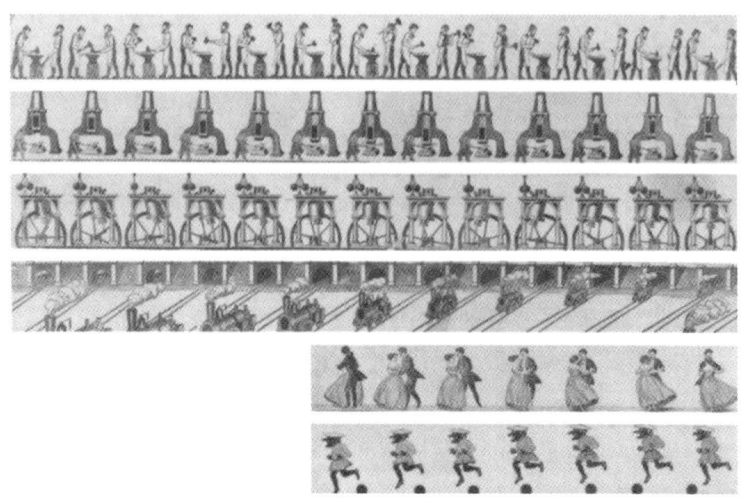

그림 36. 조트로프의 드럼 안쪽에 붙였던 그림띠

출처: Deutsches Filmmuseum

내는 움직임을 안쪽 드럼의 거울에 반사되는 모습을 보도록 만든 형태의 프락시노스코프 *praxinoscope* 로 파리에서 특허를 받았는데, 이미지의 움직임이 조트로프보다 매끄럽고 어른거림도 적었다. 1879년에는 안쪽 드럼의 거울에 반사되는 이미지를 창을 통해 들여다보는 기구가 고안되어 프락시노스코프 극장이라고 명명되기도 했다.

　움직이는 이미지를 보여 주는 이러한 광학 기구들은 무엇보다도 잔상 *the retinal afterimage* 현상을 이용한 것이었다. 망막에 맺힌 이미지가 눈을 감거나 눈길을 돌려도 어느 정도 지속되는 이 잔상 현상은 이미 괴테의 ≪색채론≫(1810)에서 언급되고 있다. 잔상과 같은 주관적인 시각 현상은 고대 이래 기록되어 왔지만 특별한 범주로서 광학의 범위 안에 포함되지 않거나 외양에 불과한 것으로 치부되었다. 그러나 괴테 이후 19세기에는 그러한 현상은 기만이 아니라 광학적 '진실'이라는 지위를 차지하게 되었다. 정상적인 광학 현상으로 받아들여진 잔상은 자극이 부재한 가운데 현존하는 감각 작용이므로, 감각적 지각은 외부의 준거체가

그림 37. 프락시노스코프를 극장 상영식으로 발전시킨 에밀 레이노의 광학 극장

출처: Deutsches Filmmuseum

없어도 가능하다는 생각과 시각의 자율성 및 주관적인 성격을 개념화하도록 했다. 또한 잔상은 관찰과 지각의 불가분한 구성 요소로서 시간성을 도입하도록 했다. 이 두 가지 측면에서 잔상은 19세기 광학이 그 이전의 광학과 달라지는 데 큰 기여를 한 현상이었다(Crary, 1992: 98).

　이 시간성은 지각과 인지는 시간 속에 이루어지는 과정이란 것을 일깨웠고, 인지 작용이 시간적인 지속과 그 강도에 의해 측정 가능한 것으로 파악되게 하였다. 일단 측정 가능하고 양화될 수 있는 것이라면, 인지 작용은 예측 가능하고 통제 가능한 것이기도 하였다. 이에 따라 지각과 인지의 심리적 과정을 교육과 훈육의 목적에 이용하려는 이론과 연구들이 시도되었다. 요컨대 눈의 물리적 표면은 통계적인 정보의 장이 된 것이었다(같은 책: 98~104). 1820년대까지는 잔상에 대한 양적인 연구가 다양한 분야와 지역에서 이루어졌다. 이 시기부터 잔상에 대한 실험 연구들은 과학적 관찰을 목적으로 한 다양한 광학 기구들을 만들어 냈는데, 이것들은 곧 대중의 오락거리로 전환되었으며 위에서 언급된 오락용 광학 기구들은 이러한 과정을 통해 발명되었던 것들이다. 잔상 연구는 감각들이 빠르게 연속되며 지각될 때 어떤 형태의 융합이 일어나며, 보는 행위에 포함된 지속은 이 융합 현상을 변형하고 통제할 수 있게 해준다는 사실을 가르쳐 주었는데, 오락용 광학 기구들은 이 원리를 이용한 것이었다(같은 책: 104~5). 실제로 페나키스티스코프를 발명한 플라토는 그 자신이 시각의 지속 *persistence of vision* 이론을 공식화한 사람이었다(같은 책: 107~9).

이 광학 기구들이 잔상 현상에 기초한 것이라는 사실은 중요한 의미를 가지는데, 잔상 현상을 시각의 정상적인 조건으로 끌어올린 19세기 생리학적 광학은 객관적인 외부 세계와 내면적인 눈의 시각에 기초한 서구 인식론의 전통과 단절하는 것이었기 때문이다(Crary, 1988: 34~8). 19세기 잔상 이론은 시각을 생리적인 과정과 외적 자극이 혼합된 과정으로 파악함으로써 현대성의 인식론적 전통에서 격하되었던 신체의 역할을 부각시켰다. 예컨대, 잔상이 얼마나 지속되는가 하는 지속 시간에 대한 실험은 신경 전달의 속도를 측정하려 하였는데, 지각 과정에 일정한 시간이 요구된다는 사실은 지각과 대상 간의 일시적인 괴리 감각을 강화하는 것이었다. 시각은 대상의 즉각적인 지각에 의한 것이 아니라 신체 내부에서 신경에 의해 감각이 전달되는 과정이고, 따라서 시간성과 신체의 능력이 개입되는 과정이다. 따라서 19세기 생리학적 광학은 앞에서 언급한 것처럼 시각의 주관적인 성격을 강조하고 지각과 대상 간의 직접적인 대응을 해체함으로써 자율적인 시각의 모델을 정립했을 뿐만 아니라 신체의 시각 능력을 발견하였다.

시각 과정에서 신경 전달이 부각된다면 객관적인 외부 세계를 투명하게 지각한다는 눈의 특권적인 개념은 폐기된다. 19세기 생리학과 잔상 이론은 눈의 물리적 표면을 통계적인 정보의 장으로 개념화함으로써 인간의 눈 자체를 연구의 대상으로 삼았으며, 객관적인 바깥 세계 속에서의 빛의 전달에 기초하여 기계적인 광학 체계의 투명성을 연구한 고전적인 광학과는 달리 여기에서 눈의 시지각과 광학 체계는 불투명성의 영역이 된다. 물론 현대성의 전통에서도 신체 기관으로서의 눈은 오류의 원천이었고 특권화된 것은 마음의 내면적인 눈이었지만, 이제 외부 세계와 지각 간의 투명한 대응 개념은 폐기되기 때문에 감각 기관으로서의 눈 자체가 질문의 대상이 된다고 해서 마음의 눈에 특권이 부여되는 것은 아니다. 이렇게 해서 19세기 생리학적 광학에서는 원근법적 시각 양식의 주요 테크놀로지이자 현대성의 인식론적 모델이었던 카메라 옵스큐라가 전제하던 안과 밖, 대상 세계와 관찰 주체 간의 엄격한 분리와 구별 및 주체의 투명한 관찰이라는 생각은 붕괴되게 된다.

크레리(Crary, 1988, 1992)에 따르면, 카메라 옵스큐라와 원근법적인 주체 개념이 불가능해지는 것을 더 분명하게 보여 주는 광학 기구는 입체경 *stereoscope* 이었다.39 입체경은 두 개의 구멍을 통해 들여다봄으로써 그림이나 사진으로 된 두 장의 이미지 카드가 만들어 내는 3차원적인 입체적 장면을 보는 기구이다. 입체경의 발명은 1820~30년대 주관적 시각에 대한 연구와 얽혀 있었다. 여기서 문제는 양안적 시각의 문제, 즉 두 개의 눈은 각각 약간씩 상이한 이미지들을 보는데 관찰자는 어떻게 해서 그것들을 단일하고 일원적인 것으로 지각하는가 하는 문제였다. 찰스 휘트스톤 Charles Wheatstone 은 두 눈의 시차를 성공적으로 측정해 냄으로써 두 개의 망막 이미지 간의 부등성에 대한 해부학적 증거를 찾으려던 생리학자들의 문제를 해결하는 데 기여하고, 인간 유기체는 대부분의 조건에서 망막상의 차이를 단일한 일원적인 이미지로 종합하는 능력을 가지고 있다고 결론 내렸다. 입체경은 이러한 발견에 연결되어 있는 것인데, 입체경과 페나키스티스코프 같은 광학 기구들의 리얼리즘은 모두 지각이란 본질적으로 차이의 포착과 이해라는 것을 전제하는 것이었다. 즉, 대상과 관찰자는 서로 동일한 관계에 있는 것이 아니라 분리 또는

---

39. 지금까지 논의된 것처럼 19세기 생리학적 광학이 그 이전의 고전적인 광학과 단절하는 면을 누구보다도 강조하는 사람은 크레리이다. 이에 따라 그는 카메라를 카메라 옵스큐라의 후손으로 보는 전통적인 견해를 정면으로 뒤집으면서 카메라 옵스큐라와 카메라의 시각 양식을 단절과 대립으로 설정하고 있다. 그런데 여기서 그가 제시하는 카메라 모델은 일반적인 사진 촬영기로서의 카메라보다는 입체경에 근거한 것이다. Crary, 1988, 1992를 보라.

그림 38. 19세기 부르주아 가정의 실내 공간(거실)과 입체경

미국 Fortsmouth, New Hampshire 소재

분기되는 이미지들의 경험에 기초한 것이다. 이에 따라 휘트스톤과 또 한 사람의 생리학자 데이비드 브루스터 David Brewster 는 모두 입체경 속에서 보여지는 그림들의 융합은 시간이 걸리는 과정에 의해 일어나는 것이며 그림들의 수렴은 실제로 확고하거나 안정적이지 않다는 점을 지적하였다(Crary, 1992: 118~22).

휘트스톤과 브루스터 모두 입체경을 고안하였는데, 입체경은 유럽에서 널리 보급되었다. 예를 들어, 런던 입체경 회사는 창립된 지 2년만인 1856년까지 50만 명에게 입체경을 판매하였다(같은 책: 118, n.32). 사실, 이 입체경은 유럽에서든 미대륙에서든 부르주아 가정이 있는 곳이면 그 어디에서든 부르주아 주택의 거실과 실내 공간에 흔히 놓여 있던 전형적인 소품의 하나였다.

입체경을 고안하면서 휘트스톤은 그림을 제시하는 또 다른 방식을 발견하는 것이 아니라 물리적 대상이나 장면이 실제로 나타나는 방식을 모사하는 것을 목표로 삼았다. 입체경적 효과는 전경이나 중간 지대에 대상이 현존하는 것에 달려 있었다. 즉, 시각축이 수렴하는 각도에 있어서 유의미한 변화를 요구하는 지점들이 이미지 내에 충분히 존재해야 거리와 부피를 지각할 수 있는 광학적 실마리가 제시될 수 있는 것이다. 그런데 입체경의 이미지에서는 광학적 실마리가 기능하는 관습적인 방식이 교란되는 측면이 있었다. 정상적으로는 부피감을 지시하는 빛과 그림자의 지표로 구성된 표면들 가운데 어떤 것들은 평평하게 지각되었고, 전경에 있는 울타리 같이 보통 2차원적으로 지각되는 평면들이 불쑥 튀어나온 듯이 공간을 점령하기도 했던 것이다. 따라서 입체경적 깊이감에는 어떤 통일적인 논리나 질서도 없었다. 이것은 동질적이고 측정 가능한 공간을 함축하는 원근법과는 다른 것으로서, 입체경은 분리된 요소들이 집합된, 통일되지 않은 장을 제시하였다. 사실 이것은 실제로 인간의 눈이 지각을 수행하는 생리적 방식에 더 가까운 것인데, 우리의 눈은 시각장의 3차원성을 단번에 완전히 포착하면서 이미지를 횡단하는 것이 아니라 분리된 영역들에 대한 국지적인 경험들에 의해 이미지를 지각하기 때문이다. 말하자면 입체경적 이미지의 독해는 광학적 수렴 정도에 있어서 차이들이 축적되는 것이고, 눈이 그러는 것과 마찬가지로 서로 분리되어 있는 3차원적인 국지적 지대들을 수집하는 것이었다(같은 책: 124~6).

이렇게 입체경의 공간은 일종의 터널적인 시각으로 조직되어 심도 깊은 후퇴 deep recession 의 경험을 창출하며, 입체경의 이미지는 가까운 공간에서 깊은 공간으로 뻗어 들어가는 상이한 차원들로 구성된, 다층화된 것으로서 나타난다. 그러므로 이 공간을 보는 시각의 작용은 앞에서 말한 것처럼 국지적인 지각들의 수집이며, 말하자면 좌측 아래쪽 구석에서 우측 위쪽 구석으로 움직이는 식으로 이미지의 장을 훑어 나가는 scanning 방식으로 이루어진다. 사실 이것은 회화를 보는 것과 그리 다르지 않은 과정이지만, 실제 경험은 완전히 다른 것이다. 입체경을 보는 사람은 이미지 속 공간의 한 차원에서 다른 차원으로 움직이면서 계속해서 자신의 눈을 재적응시키고 초점을 다시 맞추어야 한다는 것을 첨예하게 느끼게 되는 것이다. 눈의 이러한 과정은 필연적으로 시간의 차원을 도입하며, 입체경 이미지를 검토하는 데 소모되는 이 시간의 길이는 또한 입체경 공간과 회화의 공간을 더욱 다른 것으로 만든다(Krauss, 1989: 290~1).

따라서 입체경에서 원근법적인 주체의 구성은 거의 불가능할 정도로 어렵다고 할 수 있다. 우선, 입체경의 시각장은 통일적이지 않으며 중심적인 시점을 불가능하게 하기 때문이다. 입체경의 관람자는 이미지의 동일성도, 창문틀에 의해 보장되는 정합성도 보지 못한다. 거기서 나타나는 것은 서로 동일하지 않은 두 개의 모델(그림 카드)로 파편화된, 이미 복제된 세계가 기술적으로 재구성되는 것이다. 이 통일성을 결여한 시각장은 관찰자를 탈중심화시키며, 이런 관찰자와 입체경의 다중화된 이미지 기호들은 관찰자와 대상에게 의미들이 할당되는 중심이 되는 외적인 준거점과 시점을 제거한다. 그러므로 원근법은 더 이상 불가능한 것이다. 이미지에 대한 관찰자의 관계는 이제 공간 속의 위치와 관련하여 측정되고 양화되는 대상에 대한 관계인 것이 아니라 관찰자 신체의 해부학적 구조를 모사하는 두 개의 상이한 이미지들에 대한 관계이다(Crary, 1992: 128). 다음으로, 원근법적 주체가 불가능한 또 다른 이유는 입체경의 시각 경험은 관람자에 의해 통어되는 것이 아니라 장치의 기계적 논리에 종속되기 때문이다. 관찰자가 하는 것이라곤 힘들이지 않고 평평한 그림 카드들을 바꾸는 것뿐이다. 이미지들의 내용보다는 하나의 카드에서 다음 카드로 이동하면서 동일한 효과를 반복적이고 기계적으로 생산하는 틀에 박힌 동작과 리듬이 중요한 것이다. 이렇게 시각 경험이 기계적 논리에 종속된다는 점에서는 입체경과 여타의 오락용 광학 기구들의 성격은 동일하다. 그것들은 모두 시각이 경험하는 현실은 기계적인 생산에 불과하다는 것을 드러내 보여 주며, 외적인 객관적 대상보다는 신체와 기계의 상호 작용에 자신들의 효과를 의지하고 있다(같은 책: 132).

2) 카메라의 충격: 사진과 영화

앞에서도 언급되었듯이 전통적으로 카메라는 카메라 옵스큐라 원리에 기초한 것으로, 따라서 사진과 영화 역시 카메라 옵스큐라 및 원근법의 시각을 실현하는 것으로 이해된다. 특히, 원근법의 기하학적 투사는 카메라에 의해서 인간의 눈보다 훨씬 더 엄격하게 실현되며, 개별 사진은 완벽한 원근법 화면을 만들어 낸다. 그러나 카메라 및 그것에 기초한 사진과 영화는 시각적 주체의 구성이란 측면에서는 원근법과 상이한 효과를 창출하는 측면도 있었다. 따라서 카메라와 원근법의 관계는 복합적이고 양면적이며, 이것을 어느 한 방향으로만 이해하는 것은 위험해 보인다. 다만, 여기서는 현대성의 시각 체제가 동요하는 모습을 개관하려는 목적에 따라 주체 구성의 차원에서 카메라가 원근법적 시각 양식과 상충되는 효과를 창출한 측면에 초점을 맞출 것이다.

(1) 중심적인 시점의 해체와 시간성의 유입

사진술, 즉 빛에 의해 이미지를 고착시키려는 노력은 여러 사람들에 의해 시도되었다.[40] 그리고 많은 사람들이 엇비슷한 시기에 비슷한 성과를 거두었다. 하지만 사진 발명의 공식적 지위를 누리게 된 영광은 프랑스의 다게르에게 돌아갔다. 앞에서 언급한 것처럼 디오라마를 발명한 사람이기도 한 다게르는 '빛의 자연 발생적 작용'에 의해 카메라의 이미지를 정착시켜 보려 연구하던 중에 일광 사진술 *héliographie* 을 발명했던 조세프 니세포르 니엡스 Joseph Nicéphore Niépce 를 만난다. 1829년 두 사람은 10년에 걸친 동업 계약에 서명했으나 니엡스는 4년 뒤 사망하였고 다게르는 혼자서 작업을 계속 수행하였다. 그리하여 다게르는 1835년 표면을 은으로 처리한 동판 위에 옥소 증기를 쐬어 빛에 민감한 감광판을 만드는 법을 개발했고, 1837년에는 이렇게 형성된 옥화은이 빛의 노출 속에 형

---

40. '사진술 *photography* '이라는 이름은 '빛'을 의미하는 '*photo*'와 '쓰다,' '기록하다,' 혹은 '서법,' '기록법'을 의미하는 '*graph / graphy*'의 결합으로 이루어져 있다.

성한 이미지를 소금액을 이용하여 은판 위에 정착시키는 법을 개발하게 되었다. 다게레오타입 *daguerreotype* 이라 이름 붙여진 이 은판 사진술은 저명한 과학자로서 프랑스 아카데미 종신 회원이자 하원 의원이었던 프랑수아 아라고 François Arago 의 지원에 힘입어 1839년 프랑스 아카데미에서 공표되고, 의회의 의결을 거쳐 프랑스 정부가 구입하여 국유 재산으로 선포함으로써 최초의 사진술로 공인되었다.[41]

다게레오타입은 은판에서 음화 *negative* 가 아니라 곧바로 양화 *positive* 를 얻는 방식으로서 복제가 불가능했기 때문에 사진에 의한 본격적인 이미지의 대중화와는 아직 거리가 있는 것이었다. 그렇지만 사진술의 원리가 과학 아카데미에서 발표되던 날 화가 폴 들라로슈가 "오늘을 마지막으로 회화는 죽었다"(伊藤俊治, 1994a: 109)고 외치게 할 만큼 사진은 현실에 대한 정확한 복제로 보였다. 더구나 사진은 인간의 손을 빌리지 않고 순전히 기계적인 작용에 의해서 짧은 시간 안에 현실을 정확히 재현할 수 있는 것으로 받아들여졌다. 따라서 리얼리즘적 재현을 지향하던 당시의 많은 화가들은 자신들의 일거리가 없어질 것을 염려해야 했고 (Scharf, 1986: 26~29), 실제로 초상 사진이 유행하면서 많은 초상화가들은 사진사로 전업해야 했다.

바르트가 '코드 없는 메시지'로 정의할 만큼 뛰어난 리얼리즘적 재현의 능력 때문에 일반적으로 사진은 사람의 손에 의지한 회화보다도 더 정확하게 원근법을 실현하는 것으로 생각된다. 그러나 좁은 의미의 재현 양식이나 개별적인 재현에만 얽매이지 않고 볼 때 사진은 원근법적 시각 양식과 다른 구조를 보여 주는 측면도 있는데, 그것은 특히 가시적 세계에서의 시각 주체의 중심성과 연관된 문제이다. 말하자면 카메라는 언제 어디서든 렌즈를 들이대고 셔터를 누르면 상대적으로 극히

---

41. 다게레오타입이 공개될 당시에는 영국인 윌리엄 헨리 폭스 탈보트 William Henry Fox Talbot 의 칼로타입 *calotype* 을 비롯해서 각각 상이한 방식으로 다게레오타입에 비견될 수 있을 만큼 정착된 이미지를 얻는 다양한 사진술 기법이 발명되었다. 초기의 다양한 사진술들에 대해서는 Newhall, 1987: 2~4장; Rouillé, 1992: 1장; Lemagny & Rouillé, 1993: 1~2장; Scharf, 1986: 1장 등을 참조하라.

짧은 순간에 대상의 정확한 이미지를 생산하기 때문에 전체를 포착하는 중심적인 시점 같은 것을 무의미하게 만드는 것이다.

카메라는 순간적인 외양을 고립해 내고 그렇게 함으로써 이미지들이 무시간 적이라는 생각을 파괴하였다. 또는 그것을 다른 방식으로 말한다면, 카메라 는 지나가는 시간이라는 관념이 회화의 경우를 제외한다면 시각적인 것의 경험과 분리될 수 없다는 것을 보여 주었다. 당신이 보는 것은 당신이 언제 어디에 있었느냐에 달려 있다. 당신이 보는 것은 시간과 공간 속에서의 당신 의 위치와 상관되어 있다. 무한성의 소실점에서처럼 모든 것이 인간의 눈에 수렴되는 것은 더 이상 상상하는 것이 불가능하다(Berger, J., 1972: 18).

이렇게 시공간적 맥락에 구속되지 않는 중심적인 시점의 가능성을 부정하고 시점의 상대성을 확언함으로써 카메라는 원근법적인 시각 양 식과 연속적인 측면 못지 않게 그것과 단절하는 측면 역시 가지게 된다. 이것은 사진이나 영화 모두에 해당하는 점인데, 특히 영화의 경우 카메 라 시각의 이러한 면은 더욱 명확하다. 원근법, 특히 르네상스 이탈리아 에서 창안된 원근법은 마치 자신의 시각이 이상적인 것인 듯이 시각장 을 조직하였고, 원근법을 이용한 모든 회화는 관람자에게 그가 세계의 독특한 중심이라고 제안하는 것이었다. 반면에 카메라는 특히 무비 카메 라가 단적으로 보여 주듯이 중심이란 없다는 것을 증명하였다. 이와 같 이하여 카메라의 발명은 사람들이 보는 방식을 변화시키는 것이었다(같 은 책: 18). 이러한 측면에서, 르네상스 원근법과 17세기 네덜란드 회화를 대조시키는 앨퍼스는 사진을 이 네덜란드 회화와 연결시키는데, 이것 역 시 카메라 시점의 상대성과 제한성에 근거한 것이다.

사진의 많은 특성들 — 사진을 그토록 사실적으로 만드는 특징들 — 은 또 한 북구의 묘사적 양식과 공통된 것이다. 파편성, 자의적 프레임, 인간의 도 움을 받지 않고 직접적으로 자연을 재생산할 수 있는 힘을 부여한다고 주장 되는 직접성 등이 그러하다. 만일 우리가 사진 이미지의 역사적 선행자를 원 한다면, 그것은 17세기 이미지들에서 자신을 표명했던, 보는 것과 아는 것과 그림 그리는 것의 그 풍부한 혼합이다(Alpers, 1983: 43~4).[42]

이러한 시점의 상대성과 자의성 때문에, 이토우 도시하루에 따르면 사진은 원근법에 연결된다 하더라도 르네상스의 원근법보다는 '선택적 묘사를 위한 원근법'에 적합한 것이다. 전자가 회화라는 형식을 작은 우주로 간주하여 화면을 구성한다면, 후자는 전체 세계에서 일부분만을 잘라내어 세계를 표현하는 방향을 지향하고 있다고 할 수 있다. 그리고 전자가 대상의 완전한 상징성이나 질서를 표현하기 위하여 화면을 구성했다고 한다면, 후자는 일정한 시간에 자의적인 시점에 따라 보여지는 대로 묘사하는 것이고 시간의 흐름 안에 있는 일상 생활의 우발적인 체험에 몸을 내맡기는 화면이라고 할 수 있다(伊藤俊治, 1994a: 17~18). 이 선택적 묘사의 원근법은 쿠르베의 자연주의나 드가와 마네의 인상주의 회화의 목표와 연결될 수 있다.[43] 특히, 카메라 시점의 상대성과 자의성 및 프레임의 선택적 파편성이 회화에서 뚜렷하게 드러나는 것은 드가의 그림에서이다. 자연주의라 불릴 정도로 리얼리즘적 묘사에 충실했던 쿠르베가 사진을 이용했던 것(Scharf, 1986: 5장)과 마찬가지로 드가 역시 그림을 그릴 때 사진을 많이 활용하였다. 드가의 사진 이용은 당시에 이르면 노출 시간이 초기에 비해 엄청나게 짧아진 덕분에 가능해진 순간적인 사진의 이미지들을 도시 사회를 묘사하는 현대적인 방법으로 바꾸어 놓으려 한 것이라 할 수 있는데, 그의 그림에는 전통적인 원근법 회화와는 달리 이상한 각도로 잘려진 화면의 공간 배치나 동물이나 인물의 일부분이 그림의 프레임에 의해 잘려진 경우가 빈번히 나타나고 있다. 이렇

42. 한편, 크레리는 앨퍼스가 카메라와 카메라 옵스큐라 간에 직접적인 연속성을 설정하는 데 대해서 비판적이다(Crary, 1992). 앞에서도 언급했듯이 앨퍼스는 카메라 옵스큐라를 북유럽 네덜란드의 시각 전통에 연결시키기 때문에 현대의 카메라를 카메라 옵스큐라와 연속적인 것으로 본다. 크레리는 앞에서도 이야기했다시피 이 둘을 단절적인 관계에 있는 것으로 본다.

43. 이러한 관점에서 본다면 실제 회화 작업에서 사진에 많이 의존했으면서도 사진을 예술로 인정하거나 사진의 도움을 인정하기를 거부했던 당시의 아카데미 예술계와 대조적으로 이들이 회화 작업에 사진을 이용하는 것을 전혀 오점으로 생각하지 않은 것은 시사적이다. 또한 아카데미 예술계가 쿠르베의 자연주의적 누드화를 비난하고 나폴레옹 3세가 그의 누드화를 금지시켰던 것은 쿠르베의 누드가 이상화된 형태를 지향하는 것이 아니라 사진적인 사실주의에 입각하였기 때문인데, 원근법적 이상화에 익숙해 있던 당대인들에게 사진의 기계적인 재현은 너무나도 적나라해서 오히려 시각적인 진실과 달라 보였기 때문이다. 사진과 당시의 회화와의 관계에 대해서는 Scharf, 1986; 伊藤俊治, 1994a 등을 참조하라.

게 드가의 그림에는 카메라를 통해 보는 방식이 구현되어 있는데, 그의 그림에 등장하는 기형적인 모습들이나 세련되지 못한 자세와 동작들, 평범하고 때로는 추하게도 보이는 표현 기법, 비정상적인 구도 같은 것들 역시 순간적인 동작을 찍어 낸 카메라가 만들어 내는 이미지들과 같은 선상에 있는 것이었다(같은 책: 8장). 한 마디로 말해서 드가의 그림에서는 구성이 프레임화에 가까워지고 있으며, 드가가 보여 주는 이러한 카메라적 시각은 세계의 파편화와 궤를 같이 하는 현대성의 주체의 탈중심화를 구현하는 것이다(Virilio, 1994: 15, 30).

이렇게 카메라는 시점을 상대화하고 제한적으로 만듦으로써 전체를 포착하는 이상적이고 중심적인 원근법적 시점을 부정하였다. 드가의 그림에 반영되듯이 원근법적인 리얼리즘적 재현을 완벽하게 성취하는 듯 보이는 사진마저도 이러한 측면을 담고 있었는데, 사진에 대한 논의에서 등장하는 바르트의 푼크툼 *punctum* 개념은 이상적이고 중심적인 시점을 부정하는 사진의 이러한 면을 반향하고 있는 것으로도 이해될 수 있다. 바르트에 따르면 사진은 중심적인 시점이 아니라 하찮은 것인 듯 보이면서도 폐부를 찌르는 세부에 의해 보는 사람의 눈길을 잡아끈다. 푼크툼은 이것을 일컫는다. 바르트가 말하는 푼크툼은 수부의 소매끝 단추일 수도 있고 빅토리아 여왕이 타고 있는 말의 고삐를 잡고 있는 마부일 수도 있으며 무심하게 내뻗은 손일 수도 있고 사진 속 어머니의 눈일 수도 있다. 그것은 나의 눈길을 붙잡는 무엇이다.[44]

그런데, 앞에서도 언급되었듯이 시점의 상대성은 시점이 시간과 공간의 맥락에 구속되어 있다는 것을 의미한다. 사진이 원근법과 상이해지는 또 다른 측면이 사진이 담고 있는 시간성이었다. 사진은 인쇄나 회화

---

44. 푼크툼은 라틴어로 '점'이라는 말이다. 바르트는 사진에서 스투디움 *studium* 과 푼크툼을 구별하고 있다. 스투디움은 면적이고 친근하고 양식화, 약호화(코드화)될 수 있는 영역이고 정보를 담은 기호들이다. 그것은 길들이기에 가까운 평균적인 감정과 관련된 것이고 특정한 격렬함은 포함되어 있지 않다. 반면에 푼크툼은 나를 찌르는 우연으로서 스투디움을 깨뜨리기 위해 또는 그것과 박자를 맞추러 온다. 푼크툼은 나를 끌어당기는 하찮은 세부이며 섬광처럼 나의 시선을 흥분시키고 격렬하게 변화시킨다. 그것은 약호화되지 않으며, 내가 사진에 덧붙이지만 이미 거기에 존재하고 있던 추가이다(Barthes, 1986: 31~63).

가 성취할 수 없는 세부와 정확성을 제공하였다. 따라서 사진에 의해 사람들은 또 다른 장소, 또 다른 시간에 일어났던 것의 흔적을 볼 수 있었고, 이 때문에 사진적 정보는 사람들로 하여금 더욱 더 시간에 대해 자각하게 만들었다. 또한, 아무리 재빠른 셔터를 이용한다 하더라도 사진은 결코 운동을 포착할 수는 없었지만, 약간씩 상이한 정적인 흔적들을 연속시킴으로써 사진은 영화의 시대 이전에 이미지의 움직임을 추론할 수 있게 만들기도 하였다(Lowe, 1982: 38~9).

원근법은 화가와 관람자의 신체를 구두점으로 환원함으로써 회화가 구성되는 지속의 시간성을 추방하고 대상 세계를 화면 속에 응고시켰다. 하지만 사진, 특히 초기 사진에서는 시간적 흔적이 이미지 자체 속에 새겨져 있었다. 고정된 중심적인 시점의 부정과 연관된 바르트의 푼크툼 개념 역시 '기억'과 연관된 것이며, 기억은 의미론적 시간으로서의 '지속 *durée*'에 결부된 것이다. 다게레오타입은 이미 '기억의 거울'로 통하고 있었다(Newhall, 1987: 3장). 사진과 지속 및 기억의 연계는 사진 이미지들이 담고 있는 내용의 측면, 사진 이미지가 순간을 포착하여 영원히 기록한다는 측면에만 기인하는 것이 아니었다. 그것은 사진의 매체적 특성에 기인하는 것이기도 했다. 비릴리오에 따르면, 사진이 시간적 흔적을 자신 속에 새겨 두고 있는 것은 무엇보다도 사진이 빛의 작용에 의거한 것이기 때문이다. 다게르의 동업자였던 니엡스가 고안한 일광 사진술은 대상들을 모으는 것이라기보다는 오히려 일종의 발광성, 빛의 강도의 표면이다. 이것은 대상들의 배열을 드러낸다기보다는 그것들로 하여금 스스로를 인상 지우게 하고 빛과 그늘의 교차에 의해 전달되는 신호를 포착하는 것이다. 영화와 마찬가지로 사진이 수용하는 질료는 빛의 속도이다. 그러므로 비릴리오는 사진과 더불어 세계를 보는 방식은 공간적 거리의 문제일 뿐만 아니라 '시간 – 거리'를 제거하는 문제, 즉 속도 *speed* 의 문제라고 보는 것이다. 초기에 사진은 객관적으로 정확하게 재빨리 운동을 고정시키고 보여 준다는 믿음이 널리 퍼졌으나, 사진이 더 많이 이용될수록 그것은 더욱 더 직접적인 시각을 넘어서고 실재의 증거를 다중화하였다. 이것은 사진이 빛의 속도와 결부되어 있다는 것과 관련되어 있다. 현실 효과를 대상과의 관계보다는 빛의 부하로 환원하는 일광 사진술은 대상의 객관성보다는 시점을 강조하는 방향으로 전환하게 되기 때문이다(Virilio, 1994: 19~22).[45]

카메라 셔터의 속도가 빨라지고 노출 시간이 짧아지게 됨에 따라 사진이 내포하는 시간성의 흔적은 점점 더 눈에 보이지 않게 되었다. 그러나 초창기 사진은 시간성의 흔적을 훨씬 뚜렷하게 담고 있었던 것 같다. 벤야민은 <사진의 작은 역사>(Benjamin, 1983a: 232~52)에서 다게레오타입으로 만들어진 초상 사진에서 지속의 흔적을 읽어낸다. 이것은 다게레오타입이 많은 노출 시간을 요구했던 것과 상관이 있다. 사진 발명의 해인 1839년에는 은판을 눈부신 햇빛에 15~20분 정도 노출시켜야만 했다. 노출 시간이 길었기 때문에 초기에 사진 촬영의 모델이 된다는 것은 엄청난 고역이었다. 사진을 주제로 많은 석판화와 소묘를 제작했던 도미에는 1840년 '고통은 바보들의 미덕'이라는 제목의 풍자화에서 오랜 노출 시간이 필요한 사진술을 비꼬았고(Scharf, 1986: 42), 초상 사진사들은 머리를 고정시키기 위한 '머리받이'라는 도구까지 발명하였다(Freund, 1989: 67~8). 모델들은 따가운 햇볕을 받으며 땀에 흠뻑 젖은 채로 수 분, 수십 분 동안 꼼짝 않고 움직이지 말아야 하는 고통을 감수해야 했는데, 빛을 충분히 확보하기 위해 최초 초상 사진관들에서는 햇볕을 거울로 반사시키기까지 하였고 이 강렬한 빛에 의해 눈이 먼 희생자까지 나오기도 했다(Newhall, 1987: 48). 그러나 사진 재료와 기술상의 여러 가지 개선에 의해 노출 시간은 꾸준히 줄어들었다. 1840년에는 그늘에서 13분이면 충분했고, 1841년에는 그 시간이 2, 3분으로 줄어들었으며 1842년에는 20~40초 이내로 되었다(Freund, 1989: 33). 그렇지만 현대의 카메라에 비하면 이것도 많은 시간에 속한다.

말하자면, 초기의 사진판은 감광 작용이 약했던 탓으로 옥외에서 오랫동안 햇빛에 노출시키지 않으면 안 되었고, 노출 시간이 길기 때문에

---

45. 비릴리오는 빛의 속도와 결부되어 있는 사진의 이러한 성격은 아인슈타인의 시점 이론에서 그 과학적인 설명을 발견하게 된다고 말한다.

광선을 조용히 모으는 데 방해가 되지 않는 장소에 사진의 모델을 부동 상태로 오래 있게 하는 것이 바람직하였던 것인데, 벤야민(Benjamin, 1993a: 238~40)에 따르면 이러한 촬영 방법은 사진으로 하여금 표현의 종합을 획득하고 모델들을 순간에서 벗어나는 것이 아니라 순간 속으로 들어가도록 하였다. 촬영 시간이 오래 지속되는 사이에 모델은 점차 사진과 친숙하게 됨으로써 이후의 스냅식 촬영에 의해 포착되는 모습과는 전혀 대조적인 모습을 보여 줄 수 있게 되었다. 그래서 벤야민에 의하면 초기 사진은 지속성을 갖게끔 되어 있었다. 이런 초기 사진을 두고 벤야민은 사진이 예술에서 박탈했던 분위기, 즉 아우라 *aura* 를 읽기까지 하는데, 그 이유는 비릴리오가 이야기하는 것처럼 빛의 작용에 따른 것이다. "초기의 사진에는 그 주위에 미묘한 분위기, 다시 말해 그러한 사진을 보는 사람의 시선에 충만감과 안정감을 부여하는 어떤 매질이 있었다. 기술적인 면에서 보아도 초기 사진의 기술은 이러한 분위기 내지 매개물에 상응하고 있음을 확실히 알 수 있다. 즉, 거기에는 가장 밝은 광선으로부터 가장 어두운 그늘에까지 이어지는 광선의 명암 연속선이 존재하고 있는 것이다"(같은 책: 242).[46]

사진이 담고 있는 시간의 흔적은 초상 사진에만 한정된 것은 아니었다. 초기에 사진은 노출 시간이 길었기 때문에 거리에서 인간이나 동물과 같이 움직이는 대상을 순간적으로 포착하기가 어려웠다. 이 때문에 도시 풍경이나 길거리를 촬영한 사진들은 움직이지 않는 사물들만이 감광판에 기록되는 결과를 낳았다. 그 결과는 낯선 거리였다. 도시 풍경의 사진들은 어딘지 모르게 교교하고 자연스럽지 못하며, 어떤 때는 초현실적인 분위기마저 풍기고 있었다. 보행자나 마차들은 감광판에 정착되지 않았기 때문에 움직이지 않는 사물들만이 촬영되었고, 따라서 일사량이 풍부한 대낮에 찍었음에도 불구하고 그 사진들 안에는 사람이 살 것 같지 않은 이상한 느낌이 담겼던 것이다. 움직이는 대상들은 사진 안 여기

---

46. 사진의 시간성과 관련하여 바르트가 사진에서 읽는 것은 기억이라는 것을 상기할 필요가 있다 (Barthes, 1986). 기억은 지속과 연결된다.

저기에서 무엇인지 알 수 없는 희미한 흔적과 유령 같은 자국들만을 남겨 놓았고, 그것들은 오랜 노출 시간 동안 무엇인가 움직이고 있었던 것이나 지나간 것 등을 희끄무레하게 나타내 줄 뿐이었다(Scharf, 1986: 202).

노출 시간은 점차 줄어들었지만, 완전한 스냅 사진이 가능해지기 전까지는 사진 촬영에 요구되는 시간은 이렇게 낯설고 이상한 이미지들을 생산하였다. 움직이는 대상들의 흔적들을 포착한 이미지가 점차 분명해져가고 있기는 하였지만, 그 흔적들을 담은 이미지들 속에서는 기이한 사진적 진실들이 발견되곤 했다. 예를 들어, 머리가 둘 달린 말, 상체없이 걸어가는 다리 또는 다리 없는 몸통, 몸이 없는 얼굴 같은 것들이 종종 사진에 담겼으며, 때로는 마치 죽은 사람의 몸에서 빠져 나오는 유령과도 같이 얼어붙은 신체 등이 보여지기도 했던 것이다(같은 책: 202~3). 앞에서 언급되었듯이 노출 시간의 단축으로 순간적인 스냅 촬영이 가능해졌을 때 사진은 드가에 의해 도시인들의 모습을 묘사하는 데 즐겨 이용되었지만, 이상과 같이 다소 긴 노출 시간이 담은 시간의 흔적 역시 인상주의 화가들이 이용한 시각적 자원의 하나였다. 예를 들어, 클로드 모네나 장 밥티스트 카밀 코로가 자연을 지각할 때를 표현하는 '순간적'이란 말은 음영 관계가 고르지 못한 이미지들이나 움직이는 형태가 부분적 또는 전체적으로 지워지는 사진의 노출 시간과 연관되어 있다. "나는 '순간적으로 동시에 일어나는 것'을 찾는다. 특히, 어느 곳에서나 동일하게 퍼져 나가는 그 빛인 '대기'를……"이라는 모네 자신의 말은 바로 이러한 '지속' 및 그 흔적을 연상시킨다(같은 책: 206).[47]

이렇게 이미지 속에 시간성이 유입된다는 것은 시각 과정의 시간적인 성격을 환기시키는 것이므로 시간의 흐름에 따른 시점의 다중성을 함축하는 것이고, 따라서 절대적인 중심적 시점을 상정하는 경향이 있는

---

47. 모네가 '순간적으로 동시에 일어나는 것'이란 말로 표현한 것은 메를로퐁티가 인상주의 화가들을 두고 회화가 포착하려 하는 것이라고 말한, 가시적인 것을 가시적으로 만드는 그 비가시적인 것들이다. 여기에 대해서는 Merleau-Ponty, 1983과 특히 Merleau-Ponty, 1985에 수록된 <세잔의 회의>를 보라. 한편 시간성의 흔적 외에도 인상주의 회화들은 파리의 도시 문화 및 사진 등의 이미지와 여러 가지 볼거리로 가득한 환경과 밀접한 관계가 있다. 여기에 대해서는 Clark, T. J., 1984를 참조하라.

원근법의 시각과 상충하게 될 수 있다. 게다가 더 중요한 것은 이 시간성이 원근법적 시각 양식이 내장한 주체와 대상 세계 간의 관계와 충돌한다는 것이다. 원근법의 주체가 대상 세계와 맺는 관계는 주체가 대상과 분리되는 동시에 그것을 통제하고 조작하는 관계이며, 이것은 시간적으로는 대상들의 운동을 고정시키는 것으로 나타나고 실현된다는 것은 앞에서 살펴본 바이다(2장 2의 2)를 참조). 그러나 사진이 담고 있는 시간성의 흔적은 대상들의 운동이 수반하는 지속의 과정을 복구하며, 이 때문에 원근법의 고정된 시점에 의한 대상들의 장악은 방해된다. 따라서 이미지 속으로 시간성이 유입되는 것은 대상을 통제하고 소유하는 초월적 주체를 부정하거나 그 허구성을 폭로하는 결과를 함축할 수 있는 것이다.

원근법의 시각 구조를 동요시키는 시간성의 문제는 영화에서 더 첨예해진다. 영화는 그 자체가 '움직이는 사진 *motion picture*'(즉, 활동 사진)이기 때문이다. 사진과 마찬가지로 다양한 발명가들에 의해 거의 동시에 시도되고 있었던 영화는 1895년 12월 28일 저녁 파리의 그랑 카페 지하 인디언 살롱에서 1프랑씩 내고 입장한 유료 관객 앞에서 자신들이 발명한 촬영 및 영사기인 시네마토그라프 *cinématographe* 를 이용해 최초로 대중 상영을 실행한 뤼미에르 형제(Louis and Auguste Lumière)에 의해 그 본격적인 역사를 개시하였다.[48] 맥루언은 영화가 선형적 연속성을 상관적 배열로 전환시킨 매체라고 주장한 바 있다(McLuhan, 1990: 302~3). 이것은 전통적인 시공간 연속체를 영화가 붕괴시키는 데 일조했다는 것을 뜻한다. 영화는 카메라 움직임과 편집에 의해서 공간과 시간을 자유롭게 구성하고 연결시킬 수 있다.[49] 초기 영화의 이 자유로움은 시공간 감각의 변화, 특히 직선적이고 비가역적인 시간 개념과 동질적이고 등방적인 공간 개념이 흔들리는 데 크게 기여하였다.

1896년의 어느 날 마술사이자 영화 제작자인 조르주 멜리에스 Georges

---

48. 초창기 영화 탄생의 역사에 대해서는 Ceram, 1965; Toulet, 1996; Robinson, 1996; Ellis, 1988 등을 참조하라.

49. 영화에 있어서의 시간과 공간에 대해서는 Stephenson, 1982: 2~5장을 참조하라.

Méliès 는 오페라 광장에서 거리 장면을 찍고 있었다. 갑자기 그의 카메라가 멈춰 버려서 멜리에스는 카메라를 고친 뒤 다시 촬영을 계속하였다. 스튜디오로 돌아와 전체 시퀀스를 영사했을 때 놀라운 일이 벌어졌다. 거리를 지나가던 승합 마차가 영구차로 바뀌었던 것이다. 이렇게 하여 발견된 영화적 트릭은 카메라의 정지에 의해 실현된 시간상의 도약에 기인한 것이었고 이것은 시간의 역전을 함축하는 것이었다. 에드윈 S. 포터 Edwin S. Porter 는 필름 편집을 통해 시간의 압축과 확장, 역전을 실현하였고, 데이비드 W. 그리피스 David W. Griffith 는 병렬 편집을 통해 동시에 다른 공간에서 벌어지는 행동을 교차해서 보여 줌으로써 시간을 확장하였다. 그는 정지 프레임 기법을 도입하여 시간의 정지를 구성하기도 하였다. 필름을 거꾸로 돌려서 시간 역전을 충격적으로 재현하는 것은 이미 루이 뤼미에르에 의해 실현된 바 있었다. 그의 영화에서는 한 소년이 수영장 바깥으로 튀어 올라 다이빙 보드에 다시 서기도 하고 깨어진 달걀이 솟아올라 다시 원상태로 복구되기도 하였다. 영화에서의 이러한 기법들은 시간의 비가역성과는 다른 시간 감각을 함양하고 다른 예술 장르에서 가역적인 시간을 구성하는 데 많은 시사점을 주었다(Kern, 1983: 29~30).[50]

영화의 이러한 측면은 연속적이고 비가역적이며 동질적인 시공간 연속체 감각의 동요에 기여하는 것이었다. 게다가 영화는 촬영과 영사 속도로 시간을 가속화할 수도 있고 느리게 할 수도 있다. 이러한 것은 결국 원근법과 현대성의 시공간 개념을 뒤흔드는 것인데, 한 걸음 더 나아가 영원성을 통해 동일한 장면을 바라보는 초월적 주체라는 허구 자체를 의문시하게 만들 수 있다(Jay, 1993: 134). 이 초월적 주체의 의문시, 초월적인 시점의 부정은 원근법적 시각 양식과 상충되는 핵심이라 할 수 있다. 이러한 시공간 연속체의 붕괴는 관람자의 편에서 예전과 다른

---

50. 또한 영화에서 클로즈업과 빠른 컷은 시각 예술에서 거리 감각에 독특한 공헌을 하는 것이었다. 포터와 그리피스는 근접 클로즈업과 빠른 컷을 조합함으로써 새로운 거리와 긴장을 창출하였다. 휴고 문스터베르크 Hugo Munsterberg 에 따르면 클로즈업은 친밀성을 창출하는 반면 빠른 컷은 분리 감각과 확대된 거리 감각을 창출한다(Kern, 1983: 218~9). 휴고 문스터베르크의 영화 이론에 대해서는 Andrew, 1988: 1장을 참조하라.

상황을 창출한다. 그는 영화가 스크린에 상영하는 기계적인 시공간의 흐름에 휩쓸리며 그것을 제어할 수 없는 것이다. 벤야민은 바로 이러한 점을 지적하였다.

영화가 펼쳐 놓는 영사막과 그림이 놓여 있는 캔버스를 한번 비교해 보자. 캔버스는 보는 사람을 관조의 세계로 초대한다. 그는 그 앞에서 자신을 연상의 흐름에 내맡길 수가 있다. 그러나 영사막 앞에서는 그렇게 할 수가 없다. 영화의 장면은 눈에 들어오자마자 곧 다른 장면으로 바뀌어 버린다. 그것은 고정될 수가 없는 것이다…… 뒤아멜은 이러한 사정에 대해 다음과 같이 간단히 언급하였다. '이제 나는 더 이상 내가 생각하고자 하는 바를 생각할 수 없게 되었다. 움직이는 영상들이 내 사고의 자리에 대신 들어앉게 된 것이다.' 실제로 이러한 영상을 보는 사람의 연상의 흐름은 끊임없는 영상의 변화로 인하여 곧 중단되어 버린다. 영화의 충격 효과는 바로 이러한 데에 그 근거를 두고 있으며, 또 이러한 충격 효과는 다른 충격 효과가 모두 그러한 것처럼 단단히 정신을 차리고 깨어 있는 상태에서만 어느 정도 완화되어질 수가 있는 것이다(Benjamin, 1983a: 226).[51]

요컨대, 영화는 거리에서의 산보자의 그것처럼 끊임없이 움직이는 유동화된 시각 조건을 만드는 것이다(Schwartz, 1995: 110~1). 사실 대로변 상점들의 쇼윈도 자체가 이미 극장의 무대와 같은 것이고, 거대한 판유리를 고려한다면 그것은 스크린에 비유될 수 있는 것이었다(Friedberg, 1995: 65). 그런데 스크린에 영사되는 이미지들의 연쇄가 관객의 통제를 벗어나 있는 것이라는 점에서 영화가 실현하는 유동화된 시각은 영사기라는 기계에 종속된 시각이기도 하다. 이 점에서 영화관에서 관객은 철

---

51. 벤야민은 영화의 이 충격 효과를 현대 도시의 경험과 연결시킨다. "영화는 현대인이 직면하고 있는 증대하는 삶의 위험에 상응하는 예술 형식이다. 충격 효과에 자신을 드러내고자 하는 욕구는, 충격 효과에 직면해서 생겨나는 위험에 적응하고자 하는 하나의 표현이다. 영화는 지각 체계에서 일어나고 있는 깊은 변화에 상응한다. 이러한 변화는 개인적 차원에서는 대도시 교통의 혼잡 속에서 모든 행인이 다 경험하는 것이고 역사적 차원에서는 오늘날의 시민이 모두 경험하는 것이다"(Benjamin, 1983a: 226, n.20). 말하자면 영화의 충격 효과는 현대 도시에서의 감각의 과부하 상황에 상응하는 것이며, 사람들이 일부러 그것을 찾는 것은 영화관 바깥에서의 과부하된 감각으로부터 또 다른 감각의 과부하를 통해 자신을 보호하는 방편이다. 여기에 현대성의 논리가 있다. 군중과 관련해서 이러한 논의는 보들레르를 논하고 있는 Berman, 1994: 3장을 참조하라.

도 여행의 승객과 같은 상황에 처한다. 스크린에 영사되는 이미지들의 연쇄는 그에게 일종의 파노라마적 시각을 제공하는 것이다. 이미지들의 연속을 그가 통제할 수 없고, 고정된 단일 시점이 주어지지 않으며, 그의 시각은 기계(카메라와 영사기)에 종속된 움직이는 시각이 된다. 철도 여행의 상황과 오스망적 대로변의 상황은 극장 안에서도 실현된 것이다. 이렇게 하여 카메라는 새로운 파노라마적 시각으로써 현대성의 시각 체제가 동요하게 만든 원인의 하나가 되었다.

움직이는 이미지가 아니라 고정된 이미지인 사진 역시 이 문제에서는 마찬가지다. 사진에 의한 기계적 복제는 사회적 공간 전체에 이미지의 폭증을 가져왔다. 물론 초창기 사진, 양화 방식의 다레게오타입은 복제가 불가능하므로 기계적 대량 복제에는 한계가 있었다. 그러나 다게르와 동시대에 사진을 연구했던 영국의 윌리엄 헨리 탈보트는 음화에서 양화를 얻는 방식의 칼로타입 *calotype* 을 고안해 내어 이미 원칙적으로 무한정한 복제를 가능케 하였고, 1851년 프랑스의 구스타프 르 그레 Gustave Le Gray 와 영국의 프레드릭 스코트 아처 Frederick Scott Archer 는 유리판 음화에 사용하는 알부민을 콜로디온으로 대체함으로써 음화의 복제 가능성과 상세한 이미지의 획득 및 촬영 시간의 단축 문제에 있어 획기적인 해결책을 제시한다. 이후부터 사진은 대량 복제와 대량 공급의 사진 산업 시대로 진입한다.[52] 1853년에는 프랑스에서 300만 장의 사진이 한 해 동안 찍혔다. 하지만 다게레오타입 시대에도 사진 이미지는 이미 폭증하고 있었다. 1850년에만도 다게르식 은판 사진사들의 수가 2000명에 달했기 때문이다. 1840년부터 1860년까지 사이에 만들어진 사진의 양은 3000만 장이 넘었다(Freund, 1989: 34). 1860년대 파리의 이미지를 퍼레이드, 판타스마고리아 등으로 정의한 클라크의 언급은 바로 이러한 상황에 기초하는 것이다. 이미지의 폭증 속에서 시각적 주체는 마치 백화점의 고객이 상품들 사이를 여행해야 하는 것처럼 사진들 사이를 여행해야 한다. 그리

---

52. Lemagny & Rouillé (eds.), 1993: 50~2; Rouillé, 1992: 48~52 등을 참조하라.

고 그가 사진 이미지를 보는 것이 아니라 사진 이미지가 그에게 자신을 보여 주기 위해 다가오는 것이다. 마치 주체의 절멸을 표지하는 라캉적 응시처럼, 세계가 보여 주는 것이다.

이렇게 카메라는 사진과 영화를 통해서 원근법적 시각 양식에 기초하던 현대성의 시각 체제를 뒤흔들었다. 그것은 특권적인 시점의 부정, 카메라가 담고 있고 현실화했던 시간성, 이미지의 대량 복제 및 시각적 주체의 수동성 등으로 요약될 수 있다. 그런데 카메라가 현대성의 시각 체제에 심대한 타격을 가한 또 하나의 요인이 있는데, 그것은 카메라의 눈이 인간의 눈을 격하시키고 대체하였다는 것이다.

(2) 가시성의 확장과 눈의 폄하

카메라는 순수히 기계적인 작용으로 편견없이 현실을 있는 그대로 재생산한다고 사람들은 믿어왔다. 그런데 이 카메라의 시각은 원근법의 시각과 마찬가지로 인간의 시각과는 다른 것이다. 사진 이미지와 인간의 정상적인 시지각을 비교해 보자. 사진은 제한된 시야 심도를 통해서 선명성을 유지하며 그 정도는 렌즈와 조리개 초점에 비례한다(광각 렌즈와 조리개의 작은 구멍은 깊은 심도를 만든다). 반면에 인간의 시각은 전체를 통해 초점의 선명도를 유지한다. 사진에서는 시각이 렌즈 각도에 따라 변하지만 인간의 시각은 각도에 상관없이 불변한다. 사진 이미지는 깊이가 없으며 다만 깊이의 외양만을 운반한다. 반면에 인간의 시지각은 깊이가 결여되는 법이 없다. 사진 이미지는 물리적 한계, 즉 프레임에 의해 제약되지만, 인간의 정상적인 양안적 시지각은 기본적으로 제약되지 않는다. 사진에서는 평행선들이 수렴된다. 그러나 인간의 양안적 시지각에서는 평행선들은 수렴되지 않으면서 연장된다. 사진의 시각이 포착하는 것은 화학적 또는 물리적 변이의 표면들과 가장자리, 구성 요소들로 이루어진 이미지이지만, 인간의 시지각이 포착하는 것은 친숙한 대상들과 의미들 및 기호들의 세계이다(Nichols, 1981: 20).[53]

이렇게 카메라의 기계적인 시각과 인간의 시각은 상당한 차이가 있다. 그렇기 때문에 카메라의 산물인 사진 이미지는 그 직접적인 리얼리즘적 인상에도 불구하고 인간의 눈으로 본 장면과 다른 것으로 받아들여지기도 하였고, 이것은 나아가 원근법을 엄격하게 실현하는 듯이 보이는 사진이 지금까지 자연스러운 것으로 받아들여졌던 원근법과 상충되는 것으로 이해되는 결과를 낳았다. 이것은 카메라의 시각에서는 원근법이 기반한 기하학적 투사가 기계적으로 철저하게 실현되기 때문이다. 원근법에 의한 시각의 추상화 과정을 다루면서 살펴본 바 있듯이, 움직이는 두 개의 눈에 의해 구축되는 일상적인 시각 세계에서 시각장 가장자리의 왜곡은 선지식과 관습에 따라 어느 정도 교정된다. 그러나 기하학적 투사가 기계적으로 이루어지는 사진에서 가장자리 왜곡은 교정되지 않는다. 그리고 거리에 따라 대상의 크기가 결정되는 크기 축소의 문제에서도 이러한 상황은 마찬가지이다. 일상적인 시지각에서 대상은 가까이 올수록 커지지만, 무한히 커지는 것은 아니고 어느 정도의 거리 이상으로 다가오는 경우에는 더 이상 커지지 않고 일정한 크기가 유지된다. 그러나 카메라의 기계적 시각에서는 대상의 크기가 거리에 엄격하게 비례한다. 이에 따라 렌즈 앞에 가까이 있는 대상은 크기가 인간의 눈에 비치는 것보다 상대적으로 훨씬 더 크게 확대되는 것이다.

카메라와 인간의 눈 사이의 이러한 차이는 일찍이 인식되었다. 예를 들어, 폴 나다르Paul Nadar 는 1859년 살롱에 전시된 샤를르 마샬의 <추위를 타는 사람>이라는 그림을 풍자화를 통해 비웃고 있다. 마샬의 그림은 사진을 이용해 그린 것이었는데, 나다르는 자신의 풍자화에서 다리를 앞으로 쭉 뻗고 앉아 있는 사람이 정면에서 볼 때 마치 거인의 신발을 신고 있는 것처럼 묘사함으로써 이 사진적 시각을 조롱하고 있다. 이 당시에는 특히 실내의 모습을 묘사한 그림들에서 카메라 렌즈를 통해 본 원근법의 축척scale 이 많이 구사되었다. 예컨대, 벽면의 선들에서 확인할 수 있듯이 이러한 그림들에서는 엄격한 기하학적 투사에 의해 평

---

53. 사진과 인간 시각의 차이에 대해서는 Snyder, 1980: 505도 참조하라.

그림 39. 베르메르의 <군인과 웃고 있는 소녀>

행선들이 소실점으로 수렴되는 각도가 실제 눈으로 보는 것보다 훨씬 크게 묘사되었고, 전경에 위치한 인물이나 사물의 크기가 확대되어 배경에 위치한 그것들의 크기와 극적인 대비를 이루었다. 이런 그림들이 양산된 것과 비례하여, 이러한 축척에 관한 불평들 역시 많이 찾아볼 수 있다. 예를 들어, 토마스 카알라일과 제인 카알라일을 그린 작품인 로버트 테이트의 <18세기적 실내>라는 그림에서도 극단적인 원근법적 축척을 볼 수 있는데, 카알라일은 이 그림을 '잘못된 원근법'이라 부르면서 화면 오른쪽 부분의 전경에 있는 고양이가 양처럼 크게 그려졌다고 불평하였다. 조지 프레드릭 와트 George Frederick Watts 는 사진이 전달하는 이 '추한 원근법의 오류'를 '현대적인 실수'라고 불렀으며, 1922년 프랑스의 장 콕토 Jean Cocteau 는 사진이 실제와 다르며 농담과 원근법을 왜곡한다고 단언하였다(Scharf, 1986: 226~8).

그러나 다른 한편으로는 이 카메라 렌즈의 시각은 그 때까지 회화의 영역에서 자연스러운 것으로 받아들여진 전통적인 원근법 관행에 대해 의문을 제기하는 효과를 낳기도 하였다. 아론 샤프의 표현을 빌리면, 와트가 '현대적인 실수'라고 불렀던 것은 기하학적 투사의 관점에선 사실 '현대적인 진실'이었던 것이다(같은 책: 228). 으젠느 들라크르와 Eugène Delacroix 는 이 점을 알고 있었으며, 실제적으로는 정확하지만 미술 작품상에서는 기묘한 이러한 왜곡된 변형 deformation 을 카메라는 자연스럽게 재현해낸다고 적고 있다. 또 조지프 펜넬 Joseph Pennell 은 예술적인 자율 의지가 필요한 회화의 관점에서는 비합리적이지만, 원근 속에서 거리가 불합리하게 축소되는 사진은 실제로 존재하는 것을 보여 준다고 말하였다. 펜넬은 사진의 원근법을 이용한 다른 회화들을 과거에도 찾아볼 수 있다고 말하는데, 그가 예를 들고 있는 것은 17세기 네덜란드의 얀 베르메르가 그린 <군인과 웃고 있는 소녀>(1658, 그림39)라는 그림이다. 수렴되는 벽면 평행선의 각도와 인물들의 크기에 있어 사진적인 원근법의 축척이 나타나는 이 그림을 두고,[54] 펜넬은 베르메르가 카메라 루시다 camera lucida 를 사용했을 것이라고 생각한다.[55] 다른 한편 아서 파아시 Arthur Parsey 는 사진이 발명되기 이전인 1836년의 저서 ≪시각의 과학≫에서 이미 르네상스 시대 이래의 원근법

---

54. 베르메르의 이 그림에서 오른쪽 창문의 윗쪽 창문틀을 보면, 거리가 멀어짐에 따라 창문 크기가 작아지는 단축 현상을 표현하고 있는 창문틀의 기울기가 상당히 급하게 기우는 것으로 묘사되어 있는 것을 볼 수 있다. 또, 군인과 소녀가 같은 테이블에 무척 가깝게 앉아 있음에도 불구하고 군인에 비해 소녀의 크기가 매우 작게 그려져 있어 마치 멀리 앉아 있는 것처럼 보이는 것을 알 수 있다.

55. 이와 관련하여, 앞에서 언급된 것처럼 사진과 17세기 네덜란드 회화를 연결시키는 앨퍼스의 논의 (Alpers, 1983)를 참조할 수 있다. 한편 카메라 루시다는 카메라 옵스큐라처럼 원근법 화가들이 대상을 정확히 묘사하기 위해 이용한 전사기轉寫機이다. 하지만 카메라 옵스큐라와는 달리 암상자로 이루어지지는 않았고, 프리즘을 이용하여 자연 대상을 연필로 그려 내는 방법이었다. 앨퍼스는 17세기 네덜란드 회화를 카메라 루시다보다는 카메라 옵스큐라에 연결시킨다.

체계가 객관성이 있는가 질문을 던지고 있는데, 그는 화가들이 만일 정확한 원근법대로 그린다면 그들 작품 속에서 잘못된 것으로 받아들여지는 것들이 대중에게 비난받을 것이라고 설명하였다. 그는 사진 발명이 공표된 그 이듬해인 1840년에 출판된 두 번째 저서에서 다게르와 탈보트의 사진과 그 '자연스러운 이미지'가 자신의 관찰이 옳다는 것을 증명해 주고 있다고 반겼다. 1892년 스트라인츠 Streintz 는 세 개의 다른 렌즈를 이용하여 동일한 대상을 촬영함으로써 사진적 변형에 대한 실험을 행하였다. 이 세 장의 사진은 각각 6도짜리 렌즈와 25도짜리 렌즈, 그리고 70도까지 가능한 와이드 앵글 렌즈를 이용하였는데, 결과적으로 나타나는 원근감은 제각기 달랐다. 그리하여 카메라의 렌즈와 시점에 따라서 다양한 축척의 원근감이 나타날 수 있다는 사실이 밝혀졌던 것이다(같은 책: 228~32).

이렇게 카메라의 시각은 그것이 실현하는 원근법의 차원에서도 인간의 시각과는 다른 것으로서, 결과적으로 자연스러운 것으로 통용되던 원근법적 시각 자체까지 의문스럽게 만드는 역설적인 결과를 야기하기도 하였다. 그런데 인간의 시각과 다른 이 카메라의 시각은 인간의 눈이 볼수 없는 것을 보일 수 있게 함으로써 인간의 시각 경험 범위를 비약적으로 확장하는 시각이기도 하였다. 벤야민은 이것을 '시각적 무의식'의 발견으로 정의하였는데, 이것은 사진이나 영화 모두에 해당하는 것이었다.

> 카메라에 비치는 자연은 눈에 비치는 자연과는 다르기 마련이다. 그것은 무엇보다도 카메라에는 인간에 의해 의식적으로 만들어진 공간 대신에 무의식적으로 만들어진 공간이 들어선다는 점에서 그러하다. 예컨대, 사람들의 걸음걸이가 대강 어떻다고 흔히 말을 하지만 '걸어서 나아가는' 순간 순간의 자세가 과연 어떠한 것인가에 대해서는 아무것도 알지 못하고 있는 실정이다. 사진은 고속도 촬영기나 확대기와 같은 보조 수단을 통하여 이러한 것을 밝혀낼 수 있다. 마치 정신 분석학을 통하여 충동적이고 무의식적인 세계를 알 수 있듯이 우리는 사진술을 통하여 이와 같은 시각적이고 무의식적인 세계를 알아 낼 수 있는 것이다. 기술이나 의학이 밝혀 내려고 하는 세포의 구조나 조직과 같은 것들은 모두 아름다운 풍경화나 아니면 영혼이 담겨 있는 초상화보다는 근본적으로 카메라에 더 가까운 것이다(Benjamin, 1983a: 237).

그림 40. 머이브릿지가 경주마의 연속 동작을 포착한 장면

출처: BBC / Kingston Public Library

이 시각적 무의식의 층은 1850년대 인공 조명의 개발과 1870~80년
대 정지 동작 사진과 같은 기술적 진전에 의해 벗겨졌다. 그리고 벤야민
이 언급하고 있는 인간의 운동에 대한 카메라의 포착은 이드웨어드 머이
브릿지 Eadweard Muybridge 가 만들어 낸 연속 동작 촬영 사진이나 엔티엔
줄 마레이 Entienne Jules Marey 가 고안한 크로노포토그라피 *chronophotographie*
를 가리키고 있는 듯하다. '순간들의 중복'을 탐색한 이들에 의해 카메라
와 사진은 연속 동작을 포착하여 재현해냄으로써 운동을 정복하였다. 이
렇게 움직임을 사진으로 담아냄으로써 이들의 이름은 영화의 역사에서
항상 언급되게 되었다.[56]

미국에서 명성을 얻고 있었던 영국계의 전문 사진사 머이브릿지는
1873년 캘리포니아 주지사를 지냈던 철도계의 거물 릴랜드 스탠포드 Leland

---

56. 머이브릿지와 마레이의 작업에 관해서는 Newhall, 1987: 158~69; Lemagny & Rouillé, 1993: 136~7;
Ceram, 1965: 119~31; Ellis, 1988: 28~32; Scharf, 1986: 9장 등을 참조하라.

Stanford에게서 말이 달릴 때 어느 순간 네 개의 발이 동시에 땅 위에 떠 있는가 아닌가에 관한 해묵은 논쟁을 결말지어 달라는 부탁을 받았다. 스탠포드는 말의 네 발이 떠 있다고 내기를 걸었다. 머이브릿지는 스탠포드의 재정 지원을 받고 그가 소유한 말을 촬영하여 이것을 증명하는 일에 착수하였다. 이 작업은 1874년 머이브릿지가 자기 부인의 정부를 쏴죽였다는 이유로 기소됨으로써 중단되는 우여곡절을 겪기도 하였으나, 1877~8년에 걸친 작업에서 머이브릿지는 마침내 이 문제를 해결하였다. 그는 피사체의 움직임을 명확히 포착하기 위해 하얀 천을 배경막으로 설치한 경주 트랙을 따라 처음에는 12개, 뒤에는 24개의 카메라를 설치하였다. 콜로디온 습판과 1/1000~1/2000초로 작동하는 셔터가 이용되었으며, 카메라의 셔터는 트랙을 가로질러 일정한 높이와 간격으로 매달려 있는 실과 연결되었다. 그리하여 말이 달리면서 이 실들을 차례로 끊으면 전기 장치로 작동하는 셔터가 개폐됨으로써 달리는 말의 모습을 찍은 일련의 사진들이 얻어진다. 머이브릿지의 사진들은 말이 달릴 때 일정한 순간 네 개의 발이 땅 위에 떠 있게 된다는 것을 명확히 보여 주었다.

운동의 연속 동작을 포착하는 머이브릿지의 작업은 그 후에도 계속되었다. 1883~4년에는 건판을 이용하였고, 전자 셔터와 달마이어사의 렌즈가 달린 40대의 카메라를 동원하였다. 1884년과 1885년 봄 사이에는 보다 완벽한 장비로 3만 장의 음화를 촬영하였다. 셔터들은 이제 시계 동작에 의해 작동되었고, 노출 시간의 간격도 자유롭게 조절할 수 있었다. 여기에 젤라틴 건판의 사용은 짧은 노출 시간으로도 세부가 섬세하게 살아난 이미지를 얻을 수 있게 하였다.

머이브릿지 작업의 결실들은 1887년 781장의 사진으로 제작되어 11권의 《동물의 움직임 Animal Locomotion》이라는 책으로 발행되기도 하였다. 이제 말 이 외에도 여러 종류의 동물들을 필라델피아 동물원에서 대여하여 촬영했을 뿐만 아니라, 무엇보다도 인체의 갖가지 동작이 촬영되었다. 걷기, 달리기, 벽돌 쌓기, 계단 오르기, 펜싱, 높이뛰기 등 알몸이거나 옷을 걸친 남녀 모델들의 다양한 동작이 촬영되었으며, 이 사진들의 배경에는

그림 41. 주프락시스코프

동작을 분해하기 위해 검은 벽에 흰 눈금들이 그어져 있었다. 그 외에도 머이브릿지는 물통을 뒤집어 씌우는 여자 아이들의 장난하는 모습이나 아기 엄마가 아기 엉덩이를 찰싹 때리는 것을 촬영하기도 했다. 그는 과학자들이나 특히 예술가들이 이 사진들을 이용할 수 있도록 일종의 사진 전도, 즉 일체의 동작과 그 형상에 대한 시각적 백과사전을 제작하려는 뜻을 품고 있었다(Newhall, 1987: 167). 1901년에는 ≪움직이는 인간의 모습 The Human Figure in Motion≫이라는 사진집이 간행되었다. 그뿐만 아니라 머이브릿지는 자신의 동작 사진들을 영화처럼 영사하기도 했다. 1880년 그는 주프락시스코프 zoopraxiscope 라는 기계를 이용하여 동물의 움직임을 분해한 사진을 투영했는데, 이 기계는 투영식 페나키스티스코프의 원리에 기초하고 있었다. 또 1893년 시카고 만국 박람회에서는 특별히 세운 주프락소그라피컬 홀 Zoopraxographical Hall 이라는 건물에서 움직이는 동작을 찍은 자신의 사진들을 영사하였다(Ceram, 1965: 120~123; Ellis, 1988: 31).

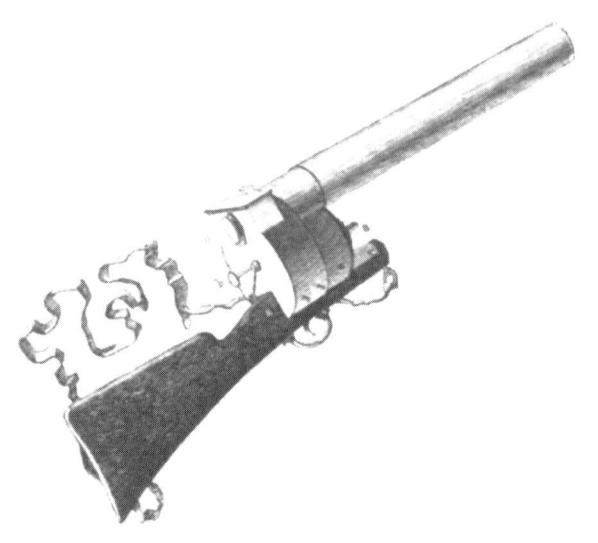

그림 42. 마레이의 사진총

출처: British Film Institute

다른 한편, 프랑스에서는 생리학자 마레이가 1882～3년경 머이브릿지와는 다른 방식으로 운동을 정복하였다. 마레이는 1882년 한 보고서에서 리볼버 방식의 엽총형 사진기를 설명하였다. 이 '사진총 *photographic gun*'은 한 장의 건판으로 12프레임의 촬영이 가능한 것이었으며, 이로써 여러 대의 카메라를 사용해야 하는 머이브릿지 방법의 단점이 대폭 개선되었다(Ceram, 1965: 124). 머이브릿지의 주프락시스코프가 영화 영사기의 전신이라면 마레이의 사진총은 영화 촬영기의 선두 주자가 된 셈이었다(Scharf, 1986: 272). 마레이는 이렇게 운동을 '분석'하는 데만 그친 것이 아니라 한 발짝 더 나아가 하나의 이미지로 움직임을 '종합'하는 크로노포토그라피를 고안하였다(Lemagny & Rouillé, 1993: 137).

크로노포토그라피는 연속 동작의 움직임을 한 장의 사진에 담아 내는 것이었다. 머이브릿지의 방법에서는 동작의 순간 순간들을 담은 사진들은 각각 다른 카메라로 촬영됨으로써 하나의 연속 동작이 여러 장의

그림 43. 마레이의 크로노포토그라피 사진

출처: Deutshes Filmmuseum

사진 이미지에 분해되어 담긴다는 점에서 마레이의 방법과 상이한 원리에 기초한것이었다.[57] 마레이는 남자 모델에게 흰 옷을 입히거나 검은 옷에 팔다리의 선을 따라 흰 줄을 칠한 다음, 검은 배경 앞에서 달리거나 걷고 뛰게 해 놓고 다수의 노출을 통해 그 동작의 이미지를 찍었다. 그 결과 동작들이 한 장의 사진 속에서 하나의 움직이는 선의 그래프처럼 나타났다. 이 이미지는 마치 영화의 슬로우 모션 효과를 연상시킨다(Ceram, 1965: 126~7). 이것은 하나의 사진판 위에 기록되는 상이한 모습들 및 관련된 공간의 위치를 정확하게 나타내면서 동작의 각 장면을 보여 준다는 점에서는 머이브릿지의 사진들을 능가하는 것이었다(Scharf, 1986: 272). 또 서로 인접하면서 이중으로 인화된 듯한 이미지들은 동작 그 자체의 연속적인 패턴을 분명하게 드러내 보여 주는데, 마레이는 대

---

57. 머이브릿지는 1884~5년에는 접안 렌즈 1개와 대물 렌즈 12개가 장착된 카메라 3대로 전후방과 측방에서 피사체를 촬영하기도 하였다(Newhall, 1987: 166).

상의 해부학적 구조에 있어서의 변화보다는 동작의 도식적인 표시에 더 많은 관심이 있었던 것 같다(같은 책: 272). 사진총을 개량한 마레이는 1888년에는 크로노포토그라피 카메라를 발명하였는데, 이것은 유리 건판 대신 40프레임을 촬영할 수 있는 종이 필름을 사용하는 것이었다(Ceram, 1965: 124). 마레이의 이러한 크로노포토그라피와 촬영기는 말 그대로의 고속 촬영의 시작이라 할 수 있다.

동작의 순간들을 정복함으로써 머이브릿지와 마레이는 인간의 눈이 볼 수 있는 가시성의 영역을 크게 확장하였다. 더구나 마레이는 운동의 궤적 자체까지 표현하였다. 운동 자체를 표현한다는 점에서는 마레이의 크로노포토그라피가 머이브릿지의 사진들보다 한 걸음 더 나아간 것이었다. 머이브릿지의 사진들은 실제로는 연속적인 운동을 고립되고 단속적인 조각들로 바꾸어 늘어 놓은 것에 불과한 것일 수 있기 때문이다. 실제로 로댕은 이러한 측면에서 머이브릿지의 사진들에 반대하였다. 한 대화에서 그는 머이브릿지 사진 속의 사람들이 결코 앞으로 나아가는 것처럼 보이지 않으며, 한 쪽 다리로 움직임 없이 휴식을 취하고 있거나 한 쪽 발로 껑충 뛰고 있는 것처럼 보인다는 상대방의 지적에 동의하면서, 시간은 정지하지 않기 때문에 사진은 거짓이고 진실은 미술가에게 있다고 주장했던 것이다(Scharf, 1986: 268~70). 운동을 이미지로 번역할 때 문제는 이미지가 순간들의 나열로 그치는 것이 아니라 운동을 운동으로 다시 제시해야 한다는 것이라면, 머이브릿지의 방법보다는 마레이의 방법이 여기에 훨씬 더 가까운 것이다(이지훈, 1997: 338~339).[58] 하지만 벤야민의 언급에서 나오는 '순간 순간의 자세'의 포착이란 점에서 본다면 머이브릿지 역시 운동과 동작의 보이지 않는 세계를 시각적으로 정복하는 도정에서 크고 획기적인 공헌을 한 것이다. 더구나 마레이의 크로노

---

58. 만일 영화가 단순히 움직이지 않는 단편에 추상적인 운동을 덧붙이는 것이 아니라 순수 운동으로서의 운동-이미지를 준다는 주장(Deleuze, 1986)을 받아들인다면, 이러한 면에서도 영화에 더 가까운 것은 머이브릿지보다는 마레이의 방법이다. 기술적으로도 머이브릿지는 여러 대의 카메라를 이용해야 하지만 마레이의 방법은 한 대의 카메라로 촬영한다는 점에서 영화로의 진일보이다(Ellis, 1988: 31).

포토그라피 발명에는 머이브릿지의 작업이 큰 촉매제가 되었을 것이 틀림없어 보인다.

어쨌든 이렇게 사진은 인간의 시지각 영역을 크게 확장하였다. 예전에 인간의 눈에는 보이지 않던 비가시성의 세계 가운데 많은 부분이 카메라의 눈에 의해 가시적인 세계로 바뀌었던 것이다. 이것은 운동의 영역에만 한정되는 것이 아니었다. 현미경 사진은 이미 1839년에 등장하였고, 1850년대에는 곤충과 광물을 비롯하여 다양한 작은 세계를 확대해 보여 주었다(Lemagny & Rouillé, 1993: 87). 빌헬름 콘라트 뢴트겐 Wilhelm Konard Röntgen 은 1895년 12월 28일 X선으로 촬영한 손의 사진을 발표하였다. 사진판에 새겨지는 불가시 광선이라는 개념은 과학계를 뒤흔들어 놓았다(이지훈, 1997: 332; Lemagny & Rouillé, 1993: 141).[59] 이로써 인간 신체 내부까지도 가시성의 세계로 이끌려 나왔고, 신체 내부로 가시성의 영역을 확장하던 19세기 임상 의학의 응시(Foucault, 1993)는 새로운 도구를 하나 더 얻었다.

다른 한편, 프랑스 살페트리에르 병원의 원장 장 마르탱 샤르코 Jean-Martin Charcot 는 1875년에서 1900년에 걸쳐서 히스테리 환자들을 사진에 담아 내고 있었다. 그의 사진 작업은 폴 레냐르 Paul Régnard 와 뒤에는 알베르 롱드 Albert Londe 라는 사진사가 책임을 맡았다. 히스테리를 스펙터클로 전환시킴으로써 샤르코는 증상의 극적인 성격에 대한 매혹과 신경 생리학적 해명에 대한 탐구 사이를 걸어가는 가운데 물리적으로는 보이지 않은 심적 과정의 내밀한 부분에까지 가시성의 영역을 확장하려 하고 있었다(Lemagny & Rouillé, 1993: 139).[60] 의학계가 정신 질환 연구에 사진을 도입한 것은 비단 샤르코에 한정되는 것이 아니었다. 런던 왕립 사진협회 회장이기도 했던 휴 웰치 다이어먼드 Hugh Welch Diamond 박사는 정신병 치료에 칼로타입 사진을 이용한 최초의 인물이다. 그는 사진을 진단과 처방을 위

---

59. 뢴트겐이 X선 촬영 사진을 발표한 것과 뤼미에르 형제가 최초로 영화를 대중 상영한 것이 같은 날 이루어졌음을 알 수 있다. 나는 이 사실을 이지훈, 1997의 지적에 의해 발견하였다.

60. 샤르코는 잘 알려져 있다시피 청년 프로이트의 스승이었다. 이러한 맥락에서 프로이트가 심적 장치를 광학 기구에 비유한 것의 의미를 조명하면서, 샤르코의 히스테리 극장과 프로이트의 대화 치료의 차이를 '보이지 않는 것을 보이게 하기'란 차원에서 해명하는 것으로는 이지훈, 1997: 340~349를 참조하라.

한 객관적인 도구로 생각하였다. 1867년에는 파리 임상 심리학회가 <정신 질환 연구에 대한 사진의 이용>이란 주제로 모임을 가졌고, 1873년에 베네치아의 산 클레멘테 병원에서는 환자들을 수천 점에 달하는 사진으로 기록해 두었다. 이렇게 정신 질환 연구에 사진이 이용된 것은 육안으로는 즉각 포착되지 않는 형태상의 부위들에 출현하는 일반적인 증상이나 심리적, 신경 생리학적 동태를 정화하게 체계적으로 관찰하려는 희망에서 비롯되는 것이었다(Lemagny & Rouillé, 1993: 138~139; Pultz, 1995: 28).

　머이브릿지와 마레이가 영화사에서 차지하는 중요성에서도 엿볼 수 있듯이, 카메라에 의한 인간 시각의 확장은 영화에서도 마찬가지 전진을 이루고 있었다. 벤야민(Benjamin, 1983a: 222~4)은 이러한 사실을 지적하면서 영화의 출현을 프로이트의 《일상 생활의 정신 병리학》의 출간에 비유하고 있다. 벤야민에 따르면, 프로이트는 지금까지는 눈에 띄지 않은 채 지각의 넓은 흐름 속에 함께 들어 있던 사물들을 분리하여 분석이 가능하도록 만들었는데, 영화 역시 결과적으로 넓은 시각의 세계뿐만 아니라 넓은 청각의 세계에 이르기까지 비슷한 지각의 심화를 가져다 주었다는 것이다. 보여 주는 성과들이 회화나 무대 장면에서 표현되는 성과보다 훨씬 더 정화하고 또 훨씬 더 다양한 관점에서 분석이 가능하게 되었다는 사실, 영화는 훨씬 더 정화하게 상황을 재현하고 훨씬 더 용이하게 분리될 수 있다는 사실 등은 영화가 지각을 심화시키는 측면이다. 영화의 이러한 면은 예술과 학문의 상호 침투를 촉진한다.

　영화에 의한 지각의 심화의 예로 벤야민이 거론하는 것에는 클로즈업이 있다. 그것은 사물을 확대하여 보여 주고, 우리에게 익숙한 사물의 숨겨진 세부적 사항에 초점을 맞추고, 카메라의 뛰어난 사물 파악 능력에 의해 진부한 주위 환경을 천착함으로써 우리가 전혀 상상하지 못했던 엄청난 공간을 확보해 준다. 그리고 확대 촬영은 불분명하게 볼 수밖에 없던 것들을 보다 분명하게 보여 줄 뿐만 아니라 물질의 전혀 새로운 구조를 밖으로 드러내어 보여 준다. 클로즈업된 촬영 속에서 공간이 확대되는 것이다. 다른 하나로는 고속도 촬영이 있는데, 여기서는 움직임이 연장된다. 고속도 촬영 역시 보이지 않던 것을 보이게 해 준다. 그것은 우리가 이미 알고 있는 움직임의 모티프를 드러내어 보여 줄 뿐만 아니라, 우리가 이미 익히 알고 있는 움직임 속에서 전혀 알려져 있지 않은 움직임, 다시 말해 '빠른 움직임을 길게 늘어 놓은 움직임이 아니라 미끄러지는 듯한, 공중에 떠 있는 듯한, 그리고 이 세상 밖에 있는 듯한 움직임'을 보여 주고 있는 것이다.

> 따라서 카메라에 나타나는 것은 육안으로 보는 것과는 다른 성질의 것임이 분명하다. 다르다는 것은 무엇보다도 사람의 의식이 작용하는 공간의 자리에 무의식이 작용하는 공간이 대신 들어선다는 점에서 그러하다…… 카메라는 그것이 지닌 보조 수단, 즉 하락과 상승, 중단과 분리, 사진 진행의 확대와 축소 등으로써 개입한다. 정신 분석학을 통하여 충동의 무의식적 세계를 알게 된 것처럼 우리는 카메라를 통하여 비로소 시각의 무의식적 세계를 알게 된 것이다(Benjamin, 1983a: 224).

이상과 같이 카메라는 가시성의 영역을 확장하였다. 예전에 보이지 않는 세계로 간주되던 것이 사진과 영화에 의해 보이게 되었으며, 이것은 한편으로는 인간의 시각 세계를 확장한 것이었다. 맥루언의 말처럼 매체는 인간 신체의 연장이며, 새로운 시각 테크놀로지는 시각의 힘을 확대하고 강화하였던 것이다. 그러나 다른 한편으로 카메라에 의한 이 시각 영역의 확장은 역설적으로 인간의 눈을 폄하하는 계기가 되었다. 그것은 기계의 시각이 인간의 눈보다 더 우월하다는 것을 확증하는 역할을 했기 때문이다.

우선, 앞에서도 거론되었다시피 카메라의 시각은 인간의 시각과 다르다. 그러므로 사진과 같이 카메라가 기록한 장면은 실제 시각 세계의 경험과 다른 것으로 받아들여졌다. 이것은 비가시성의 영역을 포착한 사진에 대해서도 마찬가지였다. 그것은 처음에 당혹스러운 것으로 다가왔다. 달리는 말의 네 발이 땅에서 떨어진 순간을 포착한 머이브릿지의 사진을 처음 본 사람들은 그것을 증거로 인정하려 들지 않았다. 그것은 사람들의 통념과 다른 모습을 보여 주었기 때문이다. 머이브릿지 사진이 보여 준 것은 말발굽들이 배 밑으로, 즉 어깨와 무릎의 안쪽으로 구부러져 있는 장면이었다. 그러나 그 때까지 일반적인 생각은 말의 네 발이 땅에서 떨어진 모습은 앞다리들이 앞으로 쭉 뻗어 있고 뒷다리들은 뒷편으로 박차는 것이었다. 회화에서 표현되는 관행적인 모습과 장난감 말의 자세는 이러한 통념에 근거하고 있었다(Newhall, 1987: 164; Scharf, 1986: 265~6).[61] 이렇게 카메라가 포착한 비가시적인 세계의 모습은 전통적으로 인간의 눈이 포착한 것에 근거한다고 여겨지던 모습과는 상이한 것이었고, 이것은 사진과 카메라에 대한 반대를 불러 일으키는 원인이 되기도 하였다. 그래서 어떤 사람들은 순간적인 동작을 찍은 사진들이 우리의 순수한 눈만 가지고 볼 수 있는 것과 모순된다는 이유로 그것을 허위라고 생각하기도 했던 것이다(Scharf, 1986: 266).

그러나 카메라가 인간의 눈이 보지 못하는 것을 정확하게 보여 주는 것은 사실이었고, 사진의 리얼리즘과 그 증거로서의 힘이 일반에게 받아들여지게 됨에 따라[62] 카메라의 시각이 가진 우월성은 널리 인정받게 되었다. 이것은 역으로 카메라의 시각에 비해 인간의 시각이 폄하되는 결과를 낳았는데, 이는 눈과 그 감각이 불완전하다는 생각이 일반화되던 19세기의 전반적인 경향과 맥을 같이 하는 것이었다. 푸코가 생리학과 해부학이 임상 의학을 지배하게 된 것으로 분석했던 19세기에는 앞에서 언급한 바와 같이 광학에 있어서도 생리학적 광학이 지배하게 되었다. 헬름홀츠의 광학을 비롯하여 많은 연구들은 인간의 눈이 시각의 왜곡을 가져오는 원천이고 불완전한 기관임을 밝혔으며, 이 시기에 발견된 잔상 효과를 이용한 페나키스토스코프나 조트로프 등과 같은 오락용 광학 기구들은 이후 영화가 탄생하는 길을 닦았다. 이렇게 눈과 그 시각의 불완전성은 과학에 의해 확증되었다.[63] 이렇게 눈의 지위가 격하된다

---

61. 머이브릿지의 달리는 말 사진이 처음에 신빙성을 의심받은 데는 아내의 정부를 살해했다는 구설수와 1877년 첫 작업에서 얻은 사진에 수정을 가했던 것(Newhall, 1987: 164)도 작용하였다.

62. 여기에 대해서는 Tagg, 1988을 참조하라.

는 것은 시각장의 중심이 되는 주체를 구성하는 원근법적 시각 양식을
훼손한다는 것을 의미한다.

물론 앞에서 우리가 살펴보았듯이, 원근법적 시각 양식이 구성하는
주체는 구체적인 인간에 머무는 것이 아니라 텅 빈 형식이고 초월적인
성격을 가진 주체이며, 여기서 중심에 서는 눈은 인간 신체 기관으로서
의 눈이 아니다. 17∼8세기에 특권화된 것은 신체 기관과 그 감각과는
상관이 없는 마음의 눈이었다. 하지만 신체 기관으로서의 눈은 시각적
이고 의식의 경계이기 때문에 시각 주체의 구성에 기초적인 역할을 한
다. 데카르트를 비롯한 현대성의 철학자들이 신체의 눈을 평가 절하하면
서도 눈과 시각의 문제로 강박적으로 되돌아가곤 했던 이유는 여기에도
있을 것이다. 게다가 현대성의 시각 모델인 마음의 눈은 신체 기관은 아
니라 하더라도 어쨌든 에고 의식을 가진 주체에게 귀속되는 눈이다. 따
라서 인간의 눈이 폄하되고 인간 바깥에 존재하는 기계의 눈에 우월성
이 부여되는 19세기 후반의 환경은 원근법적인 시각 주체에게는 부정적
인 것이었다.

19세기 이후 눈의 격하는 더 이상 오성 또는 마음의 눈, 초월적 주
체의 시각과 연계되지 않고 기계의 눈과 연결된다. 이러한 점은 머이브
릿지와 마찬가지로 동작의 보이지 않는 세계를 가시화했던 마레이에게
서도 확인된다. 마레이의 크로노포토그라피 작업의 기초에도 진리를 발

---

63. 이러한 사회적 환경은 비가시성을 대하는 태도에서도 변화를 초래하였다. 생리학적 광학과 물리학을
비롯하여 19세기 자연 과학에서 빛과 소리를 파동으로 이해하는 관점이 대두하면서 19세기 후반에는 보
이지 않는 세계를 보이는 세계를 비롯한 모든 감각적 세계의 원천으로 간주하게 되었고, 열역학과 에테르
이론의 대두는 세계의 비가시적인 영역이 에너지로 충만한 것으로 이해하게 하였다. 여기에다 시각의 확
장에 의해 비가시성이 가시화됨에 따라 가시성의 영역이 아니라 비가시성의 영역이 안정된 실체로 여겨지
게 되었다. 따라서 보이지 않는 것은 단순히 시각 너머의 영역이 아니라, 그로부터 보이는 것이 출현해 나
오는 활력론적 체계로 이해되었다. 그리고 이러한 변화는 인간 감각의 빈약함이란 관념과 결부된 것이었
는데, 이 보이지 않는 것들은 인간의 통제를 벗어나 있으며 인간 존재 그 자체의 조건이기 때문이다(Beer,
1996). 이렇게 하여 이 시기에는 바다가 모든 존재들의 보이지 않는 존재론적 조건에 대한 시각적 메타포
로 등장하기도 하는데, 이것은 인상파 화가 모네가 라자레역으로 들어오는 기차 굴뚝에서 나오는 연기를
묘사한 것이라든지 19세기 풍경화에서의 구름의 묘사, 또는 터너의 태양과 대기의 묘사에도 반영되어 있
다(Beer, 1996: 94∼95; Crary, 1992: 5장).

견하는 데 있어 우리 감각은 결함이 있다는 생각이 깔려 있었다. 감각의 결함이라는 전제에서 마레이는 데카르트와 잇닿아 있다. 그러나 생리학자 마레이는 데카르트처럼 이성의 눈에 호소하는 것이 아니라 지각을 재조직하고 표현하는 방향으로 향했다. 마레이에게 있어서는 감각이 불완전하더라도 결국 돌아올 곳은 감각이었던 것이며, 그는 보이지 않는 것을 보이게 만드는 방법을 찾는 데 몰두하였다. 그 방법은 우리가 보았듯이 카메라, 즉 기계이다. 동작의 선을 그래프와 같이 표현하는 데서도 알 수 있듯이, 그의 크로노포토그라피는 운동이라는 보이지 않는 것들을 기호화하여 번역하고, 분석된 그것을 재종합하여 재현하는 도구였던 것이다(이지훈, 1997: 333~40 참조).

이렇게 19세기 눈의 폄하는 17~8세기 현대성의 시각 모델에서 눈이 평가 절하되던 것과는 그 성격이 다르다. 17~8세기의 그것은 초월적인 의식 주체의 확립과 연계되어 있으나 19세기의 그것은 기계적 시각의 특권화와 연계되어 주체 중심성을 훼손한다는 점에서 두 가지 눈의 격하는 상반된 결과를 낳는다. 이러한 면에서 17~8세기 인식의 모델로 간주되면서 대상 세계에 대한 주체의 관찰 위치를 특권화하던 카메라 옵스큐라가 19세기 들어서면 정반대의 것, 즉 오류와 허위의 모델로 간주되었다는 것은 시사적이다. 19세기 생리학적 광학과 입체경에 의해 카메라 옵스큐라가 가지고 있던, 진리의 장소라는 인식론적 지위는 상실된 것이다(Crary, 1988; 1992: 27~9). 카메라 옵스큐라를 이전 시대와는 반대로 허위적인 인식의 모델로 삼고 있는 것 중에 가장 유명한 것이 아마도 그것을 이데올로기 작용에 비유하는 마르크스의 언급일 것이다. ≪독일 이데올로기≫에 나오는 이 언급은, 이데올로기를 허위 의식으로 정의하는 맥락에서 등장한다는 점에서 카메라 옵스큐라에 대한 폄하 및 눈에 대한 폄하를 동시에 담고 있다.

만일 전체 이데올로기에서 인간과 그들의 관계가 카메라 옵스큐라에서처럼 전도되어 나타난다면, 마치 망막 위의 전도된 영상이 망막의 직접적인 육체적 구조에서 생겨나는 것처럼, 이러한 현상은 인간의 역사적 생활 과정에서 생겨나는 것이다(Marx & Engels, 1989: 65).

이렇게 19세기에는 인간의 눈의 지위가 격하되었고, 이것은 현대성의 시각 체제가 동요하는 모습의 하나이다. 그리고 이러한 상황이 만들어지는 데에는 지금까지 살펴본 대로 카메라도 일정한 역할을 하였다.[64] 그것이 실현하는 정확성과 가동성 및 시각적 영역의 확장에 의하여 카메라는 인간의 눈보다 더 우월한 것으로 여겨졌다. 따라서 원근법의 기하학적 투사 원리를 기계적으로 가장 엄격하게 구현하는 카메라가 원근법적 시각 양식을 훼손하는 역설적인 결과가 발생한다. 카메라가 폄하시키는 인간의 눈은 에고 의식의 경계이기 때문이고, 또 카메라라는 이 기계의 눈은 앞에서 보았듯이 초월적인 주체의 중심적이고 고정된 항구적인 시점을 부정하기 때문이다. 이제 시각은 눈이 아니라 우월한 카메라에 의존한다. 이 기계적 시각에 대한 의존 역시 앞에서 살펴본 것처럼 19세기의 일반적인 상황이다. 기차 여행과 영화관의 상황이 단적으로 보여 주듯이 파노라마적 시각 상황에서 인간의 눈은 기계의 눈에 종속된 것이다. 그리고 19세기 이래 현대의 이 특권적인 기계의 눈은 무엇보다도 카메라의 눈이다. 카메라는 사진과 영화를 통해 지배적인 시각 테크놀로지가 되었기 때문이다.

사진적 시각은 그것이 어쩔 수 없이 인간의 눈이 아니라 기계의 눈임을 노정하였고, 많은 사진가들은 이 기계의 눈과 동화되려 하였다. 이것은 초현실주의나 미래파 등 아방가르드 사진가들에게서 더욱 명확하게 찾아볼 수 있다(伊藤俊治, 1994b). 인간 중심적 사실주의에서 이탈하려는 경향을 보여 주는 이들의 시도는 형태와 공간의 재검증 작업이자 인간 중심의 세계관에서 대상 중심의 세계관으로의 이행과 병행하는 것

---

64. 눈의 지위가 격하되고 원근법적 시각 양식의 한 요소인 카메라 옵스큐라적 시각 모델이 폐기되는 상황이 야기되는 데 카메라가 일정한 역할을 했다는 점에서, 카메라가 카메라 옵스큐라와 맺는 관계는 복합적이다. 이러한 사정에도 불구하고 카메라의 구조와 원리는 카메라 옵스큐라에 기초한 것이기도 하기 때문이다. 카메라가 카메라 옵스큐라와 단절하는 성격을 가진다는 주장을 가장 강력하게 제기하는 사람은 앞에서도 지적했듯이 크레리(Crary, 1988, 1992)이다. 그러나 전통적이고 주류적인 견해는 여전히 이 두 가지를 연속적인 것으로, 카메라는 카메라 옵스큐라를 계승하는 것으로 보는 것이다.

이며, 동시에 인간의 눈의 한계를 대신할 수 있는 새로운 지평을 개척하려는 움직임이기도 했다(伊藤俊治, 1994a: 57~8). 아방가르드 사진가들의 이러한 경향이 르네상스 이후 회화 형식의 붕괴를 전제하는 데서 출발한다는 점에서도 카메라가 원근법에 기초한 현대성의 시각 체제를 심대하게 동요시키는 효과를 가지는 것인 동시에 그런 동요를 반영하고 있음을 알 수 있다. 기계의 눈을 지향하는 이런 태도는 체제의 차이와 상관없는 것이었다. 혁명기 소비에트의 아방가르드 영화 작가 베르토프는 "우리는 그러므로 공간을 채우고 있는 시각적 현상들의 혼돈을 탐험하기 위하여 인간의 눈보다 더 완벽한 영화의 눈 kino-eye 으로서의 카메라를 이용하는 것을 출발점으로 삼아야 한다"(Vertov, 1983: 14~5)고 선언한다.

> 나는 영화의 눈이다. 나는 기계적인 눈이다. 나, 기계는 당신에게 오직 내가 볼 수 있는 대로만 세계를 보여 준다.
> 지금, 그리고 앞으로도 영원히, 나는 인간적 부동성으로부터 나 자신을 해방시킨다. 나는 부단한 움직임 속에 있다. 나는 대상들 가까이에 있고, 그리고는 멀리 떨어져 있다. 나는 그것들 아래로 기어가고 그것들 위로 기어오른다. 나는 질주하는 말의 주둥이와 함께 빠르게 움직인다. 나는 온 힘을 다하여 재빠르게 군중 속으로 뛰어든다. 나는 달리는 병사들을 앞지른다. 나는 내 등 위로 떨어지며, 나는 비행기와 함께 상승하고, 나는 돌진하며 솟구치는 신체들과 함께 돌진하며 솟구친다. 이제 나 카메라는 가장 복합적인 조합들로 구성된 운동들로 출발하여, 운동을 기록하고, 운동의 혼돈 속에 기동하며, 그들의 합성을 따라 나 자신을 내던진다.
> 초당 16~7 프레임의 규칙에서 자유로워진, 시간과 공간의 한계에서 자유로워진 나는 내가 그들을 기록하는 곳이면 어디에서든지 우주 속에 주어진 어떤 점들도 짜맞춘다.
> 나의 도정은 세계의 육체적 지각의 창조로 이른다. 나는 당신에게 알려지지 않은 세계를 새로운 방식으로 해독한다(Vertov, 1983: 17~8).

베르토프는 자기 의식적으로 카메라의 눈이 되기로 하였다. 이것은 라즐로 모홀리 나기 Laszlo Moholy-Nagy 를 비롯한 수많은 아방가르드 사진가들의 족적과 상통하는 것이다. 그리고 그것은 스스로 군중과 현대 생활의 혼돈 속으로 들어가기로 결심하였던 보들레르의 그것처럼 지극히 현대적인 태도이기도 하였다.

[소결] 원근법적 시각 양식의 동요

인상파와 입체파를 비롯한 다양한 예술 사조에서 확인할 수 있듯이, 19세기 이후 전통적인 원근법의 패러다임적 지위는 깨어졌다. 그러나 지금까지의 논의에서 알 수 있듯이 이러한 상황은 특정한 시각 예술의 분야에만 한정된 것이 아니라 19세기 후반부터는 일상화된 상황이기도 하였다.[65] 하나의 시각 체제를 지탱하는 시각 양식으로서 원근법은 이 시대에 크게 동요하게 되었던 것이다. 우리는 이것을 일상 생활에서의 변화된 시각 경험들과 새로운 시각 테크놀로지의 성격을 중심으로 검토하였다. 이 새로운 시각 경험들은 15세기 이래 지배적이었던 원근법적 시각 양식과 상충되고 그것을 벗어나거나 훼손시킨다는 점에서 현대성의 시각 체제 내부에 균열을 야기시키는 요인들이라 할 수 있다. 이 시각 체제는 원근법에 기초한 지배적 시각 양식에 의해 정합적으로 통일되지 않게 된 것이다. 다음 절에서는 시각 체제의 이 균열이 다시 봉합되는 모습을 살펴볼 것인데, 그 전에 여기서 이 균열과 동요의 면모를 다시 한번 간략하게 정리해 보는 것이 필요할 것 같다. 시각적 주체 구성의 차원에서 새로운 시각 경험들이 원근법적 시각 양식을 동요시킨 측면들을 정리해 보도록 하자.

(1) 고정된 중심적인 시점의 해체
원근법이 초월적이면서 시각 세계의 중심이 되는 주체를 구성하는 데는 시각장을 조직하는 중심인 소실점에 대응하는 중심적인 시점에 관람자의

---

65. 크레리는 19세기의 시각 모델을 이원적인 것으로 상정하는 데 반대한다. 이 모델에 따르면 19세기는 새로운 보는 방식과 의미화 방식을 창출한 상대적으로 소수의 예술가 집단과 여전히 15세기 이래 조직화된 리얼리즘적 시각에 잠겨 있는 다수의 대중으로 나뉘어진다. 그러나 크레리가 보기에는, 르네상스 이래 시각 경험을 조직해 온 리얼리즘적이고 원근법적인 시각 구조가 해체되고 새로운 시각 양식이 대두한 것은 일부 예술들에게 국한된 것이 아니라 19세기의 일반적인 시각적 조건이다(Crary, 1992: 4~7).

눈을 일치시키는 것이 핵심이었다. 그리고 이 눈은 시점에 고정되는 하나의 눈이었다. 따라서 원근법의 주체는 고정된 중심이며 절대적인 하나의 시점에 기초한다. 그러므로 이러한 성격의 시점이 해체된다는 것은 원근법과 그 주체를 불가능하게 하는 결정적인 요인인데, 19세기 후반부터 대두된 새로운 시각 경험은 바로 이 원근법의 시점을 붕괴시키는 것이었다.

(a) 유동화된 시각: 기차 여행의 빠른 속도는 끊임없이 움직이는 파노라마적 시각을 제공하였고, 도시를 관통하며 건설된 대로에 형성된 새로운 소비 공간 역시 대로의 원근법적 전망을 교란하면서 이러한 유동적인 시각을 제공하였다. 관람객이 돌아다녀야 하는 파노라마와 관람하는 장면이 계속 바뀌게 되는 디오라마 등 거리의 다양한 볼거리 장치들이 구현하는 시각 역시 이러한 것이며, 실내의 다양한 오락용 광학 기구들 또한 이미지의 움직임을 실현하는 점에서 유동적인 시각과 연결되어 있다. 카메라 역시 사진과 영화를 통해 유동화된 시각을 구현하였다. 초창기 사진은 정지된 이미지임에도 불구하고 긴 노출 시간으로 인해 시간성의 흔적을 담고 있었다. 또, 사람들은 점점 더 대량 생산화되면서 폭증하는 사진 이미지들 사이를 마치 대로변 상점들의 쇼윈도들이나 백화점의 상품들 사이를 지나가듯 헤쳐나가야 했다. 그리고 무엇보다 영화는 직접적으로 '움직이는 이미지'였다. 파노라마적 시각이란 말로 집약되는 이 유동화된 시각은 고정된 중심적인 시점을 불가능하게 하였으며, 따라서 시각장의 중심에서 가시적 세계를 통어하는 주체가 구성될 수 없게 만들었다. 기차 여행객은 스쳐 지나가는 스펙터클이 된 차창 밖의 풍경을 바라볼 뿐이며, 소비 공간이 된 거리에 등장한 새로운 주체 유형은 산보자란 말로 요약된다. 영화관의 관객은 이미지들의 움직임을 통제할 수 없으며, 이 영화 이미지의 움직임은 전통적인 시공간 경험의 동요를 강화함으로써 세계 속에서의 주체의 중심성을 와해시키는 효과를 가지는 것이었다.

(b) 시점의 상대성: 이것은 유동화된 시각과도 연결되어 있는 것이다. 고정된 중심적인 시점을 해체하는 파노라마적인 유동화된 시각은 따

라서 시점의 다중성과 절대적인 시점의 부재 또는 절대적인 시점의 설정이 어려움을 함축하기 때문이다. 그러나 시점의 상대성을 단적으로 구현하거나 절대적인 시점이 불가능하다는 것을 드러내 보여 준 것은 다른 무엇보다도 카메라이다. 카메라는 렌즈를 갖다대면 언제 어디서나 현실을 정확히 복제한 이미지를 만들어 내기 때문에 전체를 포착하는 중심적이고 절대적인 시점을 무의미하게 만들었고, 따라서 카메라는 모든 시점은 시간과 공간의 맥락에 구속되어 있는 상대적인 것이고 또한 자의적인 것이기도 하다는 점을 확언하였다. 그러므로 카메라는 기술적으로 원근법적 주체를 해체할 수 있는 잠재적 가능성을 가지고 있었다. 또한 카메라 시점의 상대성과 자의성은 세계를 파편화하고 프레임으로 제한하는데, 이 점에서도 가시적 세계의 전체를 포착하려는 원근법의 기획에 반反하는 것이었다.

(2) 주체와 대상 세계 간의 관계 변화

원근법의 시각 양식은 주체를 가시적 세계의 중심에 위치시킬 뿐 아니라 이 주체가 대상 세계와 분리된 가운데 보이는 대상들을 통제하고 소유하는 관계를 형성한다. 이러한 관계는 대상 세계의 객관성을 요구하는 것이기도 하다. 그러나 19세기 이래 새로운 시각 경험은 주체와 대상 세계 간의 이러한 관계를 불가능하게 하였다.

(a) 현실의 스펙터클화: 파노라마적 시각은 현실을 스펙터클로 바꿈으로써 원근법적 주체가 분리된 가운데 관계 맺는 대상 세계의 객관성을 붕괴시켰다. 기차 여행은 역과 역 사이 여행 공간의 풍경과 현실을 쓸모없는 스펙터클로 만들었으며, 상점들의 쇼윈도로 채워진 소비 공간에서의 유동적인 대상들 역시 객관적 현실 감각을 와해시킨다. 또한 대도시의 거리를 가득 메운, 사진을 비롯한 다양한 복제 이미지들은 일상생활의 현실마저도 스펙터클로 환원시켰다. 파노라마와 디오라마, 파리의 시체 공시소와 밀랍 박물관의 인기는 이렇게 현실과 스펙터클 간의 경계가 희미해진 시각 경험의 조건을 반영하는 것이었다. 이러한 현실의

객관성의 붕괴는 주체와 분리된 대상 세계가 와해된 것을 의미하며, 따라서 원근법의 주체는 불가능해진다.

(b) 주체와 대상 세계 간의 거리 해체: 대상 세계의 객관성이 붕괴된 이상, 원근법의 주체처럼 대상 세계와 분리된 채 그것과 거리를 유지하는 것은 불가능해진다. 이것을 시각 차원에서 단적으로 구현한 것은 파노라마와 디오라마이다. 파노라마는 어두운 공간을 구축하고 관람객이 바라보는 장면의 경계를 가려 대상의 크기와 위치를 측정할 비교 기준을 없앰으로써, 디오라마는 객석과 장면과의 거리를 가늠할 수 없게 하는 시각적 터널을 구축하고 장면을 조명하는 빛을 조작함으로써 이러한 효과를 달성하였다.

(c) 주체의 통제 불가능성: 새로운 시각 경험들은 가시적 대상 세계를 주체가 통제하는 것을 불가능하게 만들었다. 이러한 점에서 새로운 상황에서 시각적 주체는 원근법적 주체와 상이한 조건에 처한다. 이러한 조건은 중심적인 시점의 해체가 이미 함축하는 것이다. 주체는 더 이상 시각장을 조직하는 중심이 아니므로 그것을 통제하는 것도 불가능하기 때문이다. 유동화된 시각 조건은 이를 단적으로 보여 준다. 기차 여행객은 차창 밖의 지나가는 풍경을 자신이 통제할 수 없으며, 거리의 산보자는 스펙터클에 파묻힌 채 유동적으로 흘러가는 대상들을 통어할 수 없다. 시각장을 통제하는 것은 전자의 경우에선 기계이고 후자의 경우에는 상품의 순환이다. 기차 여행에서 알 수 있듯이 관람자가 가시적 대상 세계를 통제하지 못하게 된 상황은 그의 시각이 기계에 종속된 결과이기도 하다. 디오라마와 다양한 오락용 광학 기구들, 그리고 영화에서 시각장을 통제하는 것 역시 기계이다. 이렇게 새로운 시각 경험들은 시각장의 통제가 보는 사람의 눈을 떠났음을 고지한다. 도시의 볼거리들을 비롯하여 보이는 대상들은 통제되지 않으며 보는 사람에 상관없이 거기 있을 뿐이다. 입체경은 이렇게 시각장이 통일되지 않는다는 것을 보여주는 광학 기구이다.

(3) 현대성의 시각 모델의 붕괴

현대성의 시각 모델은 신체 기관으로서의 눈과 그 감각을 격하하는 대신 마음의 눈을 특권화하였으며, 이것은 원근법이 시각장을 통제하는 초월적인 주체를 생산하는 인식론적 조건이었다. 이러한 점에서도 시각장의 초월적 주체는 의식 철학의 주체와 상동적이다. 그러나 새로운 시각 경험들은 카메라 옵스큐라가 체현하였던 이 시각 모델도 붕괴시킨다.

(a) 눈의 폄하: 새로운 시각 경험들은 중심적인 시점을 부정하고 주체의 시각적 통어력도 상실시키기 때문에 결과적으로 인간 주체의 눈을 격하시키는 효과를 갖는다. 하지만 인간의 눈을 결정적으로 폄하시킨 것은 카메라이다. 카메라는 인간의 눈이 볼 수 없는 것들을 보이게 만듦으로써 가시성의 영역을 확장하는 동시에, 바로 그 이유로 인간의 눈보다 카메라라는 기계의 눈이 우월함을 입증하였기 때문이다. 카메라의 눈은 인간의 눈과 다를 수밖에 없었다. 이렇게 인간의 눈이 폄하된 것은 생리학적 광학이 신체의 눈이 수행하는 지각의 불완전함을 밝혀 내고 이것이 눈에 의한 시각의 정상적인 조건임을 명확히 한 것과 같은 19세기 사회적 환경의 일부분이다. 카메라 옵스큐라의 지위가 강등된 것도 이것과 연관되어 있었다. 갖가지 오락용 광학 기구들은 이 생리학적 광학의 성과와 눈의 불완전성을 이용한 것이었다. 이렇게 눈이 폄하되고 그 결함이 강조되는 것은 원근법적 주체의 구성에 부정적인 조건이었다. 눈은 시각 주체의 자율성이 의지하는 시각적 에고 의식의 경계이기 때문이다.

(b) 기계의 시각: 눈의 폄하는 기계의 시각이 우월함을 인정받게 된 것과 연결되어 있었다. 카메라는 그 정확성과 가시성을 확장하는 능력 덕분에 특권화되었다. 그리고 인간 눈의 시각이 카메라를 비롯한 기계의 시각에 종속되는 경향이 커져 갔는데, 이것은 원근법적 시각 양식에는 부정적이고 이 시각 양식을 동요시키는 것이었다. 신체의 눈이 폄하되었을 뿐 아니라 마음의 눈이 누렸던 특권 역시 사라졌기 때문이고, 기계의 시각에 종속됨으로써 시각 주체의 자율성과 시각장에 대한 통제력이 상실되었기 때문이다. 인간 주체의 시각은 기차의 속도에게, 영화 촬영기

및 영사기에게, 디오라마 기계에게, 광학 기구의 작동에게 종속되었다. 반면에 카메라 눈의 능력이 공공연히 선언되었다.

3. 동요의 극복: 원근법적 코드화

19세기와 20세기 초에 걸쳐 동요를 겪었던 현대성의 시각 체제는 새로운 시각 경험들에 대해 지속적으로 원근법적 시각 양식에 의거한 코드를 다시 부여하여 그것들을 재편함으로써 내부의 균열을 봉합하고 체제의 동요를 극복하였다. 이로써 현대성의 시각 체제는 그 기본적인 질서를 유지하게 된다. 말하자면, 지배적인 시각 양식과 상충하거나 그것에서 벗어나는 시각들은 원근법적으로 코드화됨으로써 기존의 시각 체제에 맞게 재조직되었던 것이다. 이것은 여러 가지 측면에서 검토할 수 있겠으나, 여기서는 사진과 영화, 즉 카메라라는 시각 테크놀로지를 중심으로 이 과정을 살펴보도록 하겠다. 시각 테크놀로지는 시각장 외부의 사회적 요소들과 연계되어 있는 가운데 시각장 내부에서 시각장의 구조를 직접 조직한다는 점에서 시각 체제의 성격을 결정하는 데 핵심적인 역할을 하며, 카메라는 19세기 중반 이후 지금까지 가장 지배적인 시각 테크놀로지이기 때문이다.

카메라와 현대성의 전통적인 시각 테크놀로지인 카메라 옵스큐라의 관계에 대해서, 19세기 이후의 카메라가 카메라 옵스큐라를 계승하는 것으로 이해하는 기존의 견해와 대조적으로 두 시각 테크놀로지의 관계를 단절과 불연속으로 파악하는 크레리는 사진과 영화가 카메라 옵스큐라와 비교되고 관련성이 설정될 수 있다면 그것은 사진과 영화가 전제하는 시각의 조건과 이미 심오한 단절이 있었던 사회 문화적, 기술적 환경 속에서라고 지적한다(Crary, 1988: 30). 이것은 바꾸어 말한다면 사진과 영화 등 카메라는 사회 문화적 환경 속에서 원래 자신이 가지고 있던 시각적 조건과 단절하였다는 것, 다시 말해 기존의 사회 문화적 논리에 의해 다시 코드화되었다는 것을 의미한다. 그렇기 때문에 크레리는 사진과 영화는 자신의 기술적 가능성을 충분히 실현하지 못하고 역설적으로 원근법과 연관성이 있는 리얼리즘적인 시각의 신화를 재창조하게 되었다고 지적한다(같은 책: 43). 사진과 영화가 실현하던 유동화되고 기계화된 시각은 원근법적 주체를 해체하는 방향으로 나아가지 못하고 오히려 원근법적 시각 양식의 원리를 새롭게 가동시켰던 것이다.

크레리에 따른다면, 이런 면에서 사진과 입체경의 궤적은 대조적이다. 입체경이 단안적 공간과 기하학적 원근법을 절멸시킨 데 비해 사진은 이 단안적 공간 및 기하학적 원근법의 코드들과 양가적인 관계를 맺고 있었다. 사진은 카메라 옵스큐라의 자유로운 주체가 여전히 타당하다는 허구를 재창조하고 영속화시켰던 것이다. 그 기술적 논리의 차원에서 본다면 사진은 사실상 이미 카메라를 시각 주체와는 근본적으로 독립되어 있는 장치로 만들었으나, 현실에서 그것은 관찰자와 세계 사이의 투명한 매개체로 위장되었으며, 그럼으로써 카메라 옵스큐라와 원근법적 주체 개념을 육성하고 리얼리즘적인 시각을 강화하였다. 그리고 바로 이러한 이유 때문에 사진은 시각적 소비의 양식으로서 입체경보다 우위에 설 수 있었고, 입체경이 지배적인 시각 테크놀로지로 기능하지 못하고 쇠퇴한 것과는 대조적인 길을 걸을 수 있었던 것이다(Crary, 1992: 127, 133~6).

이 절에서 카메라에 대한 원근법적 코드화는 사진과 영화로 나누어 살펴본다. 사진은 카메라가 생산 관계 및 권력 관계의 논리에 의해 이용되고 제도화되는 측면을 중심으로 다룰 것이다. 개별 사진 이미지는 체제에 의해 코드화되기 이전에도 이미 원근법의 기계적이고 엄격한 실현이기 때문에, 시각 체제의 동요가 극복되는 과정을 다룸에 있어 사진의 코드화에 대해서는 시각장 내부보다는 외부와의 관계에 초점을 맞추는 것이 더 생산적이다. 반면에 영화의 경우에는 시각장 내적인 구조화에 초점을 맞출 것이다. 즉, 영화 이미지가 원근법적으로 코드화되어 르네상스 이래 회화에서 그렇게 해 왔던 것과 마찬가지로 현대적인 시각 주체를 생산하는 메커니즘과 그 논리 자체에 집중하는 것이다. 이것은 영화가 움직이는 이미지로서 원근법적 시각 양식을 동요시키는 유동화된 시각을 실현한다는 점에서, 영화의 원근법적 코드화를 검토하면 변화된 조건 속에서 원근법적 시각 양식이 자신에게 반하는 시각 경험들을 자신에게 적합하게 재조직하는 방식의 한 모습을 상대적으로 명료하게 살펴볼 수 있는 이점이 있기 때문이다.

1) 사진

베르토프의 '카메라의 눈' 선언이 있은 지 50여 년 후 다음과 같은 한 카메라 선전 문구는, 베르토프가 선언했던 것과 비교해 보면, 어떤 전복적인 움직임도 소화해 내는 자본의 포섭력과 민활함이 얼마나 큰 것인가를 보여 준다.

> 어디까지가 당신이고 어디서부터 사진기인지 모릅니다.
> 미놀타 35mm SLR 사진기를 사용하면 아주 손쉽게 당신 주변의 세계를 포착하여 당신의 내부 세계를 표현할 수 있습니다. 양손에 꼭 쥐어지고 손가락은 자연스럽게 있어야 할 곳에 가 있고, 모든 부품의 부드러운 작동으로 사진기는 당신의 일부가 됩니다. 조절을 위하여 파인더에서 눈을 뗄 필요없이 당신은 사진 제작에 전념할 수 있답니다……
> 미놀타
> 당신이 사진기가 되었을 때 사진기는 바로 당신입니다.66

사진의 원근법적 코드화 역시 자본의 포섭력이라는 맥락에서부터 접근할 수 있다. 사진은 산업적 측면에서 부르주아 초상 사진을 중심으로 성장하면서 자본주의 산업 체계 내로 포섭되었고, 이 과정에서 부르주아적 개인주의 이데올로기의 위계 속에 배치되었다(Rouillé, 1992).

수많은 기술적 개량과 혁신에 의해 1851년에 이르면 사진은 대량

---

66. 1976년도의 미놀타 카메라 광고문으로 Sontag, 1986: 201∼2에서 인용했으며, 문구는 부분적으로 약간 수정해 인용하였다.

시장을 정복할 수 있는 신속성, 복제 가능성, 선명성이라는 세 가지 기본적인 조건을 갖추게 되었다. 유리판을 이용한 콜로디온 습판에 의해 노출 시간이 대단히 짧아져 신속하게 양질의 사진을 보다 값싸게 만들 수 있었다. 이제 사진은 움직이고 있는 세계의 이미지를 확실하고 정확하며, 상대적으로 저렴한 가격에 대량으로 보급할 수 있게 되었다. 적은 비용으로 보다 큰 이익을 산출하려는 데 목표를 두었던 다량 인화, 즉 복제는 시장 경제 원리와 일치하는 것이었다. 또한, 이것은 사회적으로 상승하고 있던 집단의 이미지에 대한 사회적 요구에 부응하는 것이기도 했다(Rouillé, 1992: 48~53; Lemagny & Rouillé, 1993: 52~3). 사진은 대량 시장의 정복을 다게레오타입이 개척해 놓았던 초상 사진에서부터 시작하였다.

1854년 파리에 정착한 앙드레 아돌프 으젠느 디스데리 André Adolphe Eugène Disdéri 는 초상 사진의 가격을 보다 더 낮추기 위해 대형판 사진의 크기를 수정하여 6 × 9 cm 규격의 명함판 사진 carte-de-visite 들을 생산하였다. 명함판 사진은 렌즈가 4개 또는 6개가 장착된 사진기로 제작되었다. 고정된 원판집기를 사용하여 한 장의 원판에서 4개 내지 6개의 똑같은 사진을 촬영할 수 있고, 분리식 원판집기를 이용하면 각각 다른 사진을 얻을 수 있다. 이렇게 해서 대형판 한 장을 인화하는 데 필요한 공정을 거치면서 크기는 작지만(6×9 cm) 보다 저렴하고 많은 양(4장 또는 6장)의 명함판 사진을 제작할 수 있으므로 인화 작업 자체의 시간과 경비를 줄일 수 있다는 점에서 경제적이었다. 디스데리는 이러한 명함판 사진을 통해서 일반 대중의 경제적 조건에 완벽하게 부합하는 상품을 제시하고 또 그들을 거기에 적응시키리라 믿었다. 그는 사진이 유복한 소수의 부르주아지를 넘어서 궁색한 프티 부르주아지로부터 프롤레타리아 집단까지를 망라한 대중에게 이르는 고객을 확보할 잠재력이 있으며, 이를 위해서는 무엇보다도 가격을 낮추어야 한다고 생각했던 것이다(Rouillé, 1992: 53~4; Lemagny & Rouillé, 1993: 69~70).

명함판 사진의 열풍은 프랑스와 곧이어 전세계 직업 사진관 대부분을 휩쓸었다. 1855년의 산업 박람회는 명함판 사진의 대중화와 상업적 성공을 촉진하는 계기가 되었다. 명함판 사진을 중심으로 창출된 초상 사진의 대량 시장은 사진을 자본주의적인 산업의 차원으로 끌어올렸다. 명함판 사진의 기초는 미숙련 노동을 활용한 대량 생산 체계였으며, 디스데리의 사진관은 이미 분업화된 공장이었던 것이다(Rouillé, 1992: 104~10; Tagg, 1988: 48~9). 또한 명함판 사진은 이미지의 민주화를 이룩하였다. 1850년대 후반에 다게레 오타입은 한 매에 50~100프랑이었는데,[67] 명함판 사진 12장은 20프랑에 판매되었다(Rouillé, 1992: 55). 1862년 채색되지 않은 보통의 초상 한 점은 크기에 따라서 값이 25프랑에서 150프랑에 이르렀는데, 명함판 사진은 12장에 15프랑, 100장에는 70프랑이었다(Lemagny & Rouillé, 1993: 71). 이렇게 해서 사진 덕분에 일반 대중들은 처음으로 자신의 이미지에 접근할 수 있게 되었고, 이것은 민주주의의 옹호자들에게도 유익한 사회 변동의 구체적 사례로 비쳐졌다.

그러나 초상에의 이러한 접근 가능성과 이미지의 민주화는 사실에 있어서는 사진에 의해 폭발적으로 증식되는 이미지의 영역에 계급적 위계 질서를 부여하는 것이기도 했다. 우선 가격이 많이 저하되었다고는 하지만 프롤레타리아를 비롯한 하층 계급에게는 초상 사진에의 접근 가능성이 경제적으로는 여전히 제한적이었다. 1862년 당시 프랑스에서 건축 공사장 노동자의 하루 노임은 3.58프랑이었고, 북부 탄광 노동자의 노임은 2.5프랑, 농촌의 하루 노임은 1.82프랑이었다(같은 책: 71). 따라서 초상 사진의 민주화는 부르주아지의 다양한 계층에게 더 적실한 말이었다. 실제로 디스데리의 주요 고객층 역시 금융 부르주아지와 제2 제정의 관료들이었다(Tagg, 1988: 48~9). 다시 말해, 순수히 경제적 비용의 차원에서도 사진 이미지의 민주화는 부르주아지의 다양한 계층들에 국한된, 극히 제한적인 것이었던 것이다.

또한, 초상 사진은 경제적·정치적으로 상승하는 계급, 즉 부르주아지가 자신의 상승과 정체성을 각인하고 타인들과 스스로에게 가시화하는

---

67. 다게레오타입은 한 번의 촬영으로 동일한 2장의 양화를 얻으므로 여기서 다게레오타입 한 매라는 것은 아마 한 번의 촬영으로 함께 얻는 동일한 사진 2장을 뜻하는 것 같다.

수단이었다. 초상이란 것이 원래 개인을 묘사하고 사회적 정체성을 각인하는 기호적 수단으로서, 계급이 자신에 대한 의미화를 생산하는 통로이자 소유할 수 있는 사물을 생산하는 것이기도 하다. 이러한 면에서 볼 때 초상 사진의 성행은 중산 계급이 상승하는 단계의 사회적 조건에 기초하고 있는 것이었다(같은 책: 37). 상승하는 부르주아지들은 초상화에 비해 훨씬 저렴할 뿐만 아니라 리얼리즘의 요구를 완벽하게 성취하는 것으로 보이는 초상 사진에서 자신들의 상승하는 경제적·정치적 힘과 개인성을 표현할 수 있는 더없이 적합한 수단을 발견했던 것이다(Rouillé, 1992: 121~40).

부르주아지들의 이러한 열망은 자기 자신들의 초상 사진뿐만 아니라 상류 사회의 인사들이나 사회적 저명 인사들의 초상 사진들을 통해서도 충족되었다. 특히, 황제나 황실 가족들의 초상, 문인들이나 학자의 초상을 담고 있는 명함판 사진들과 유명 인사들의 초상을 끼워 넣은 앨범들은 불티나게 팔려 나갔다. 이런 현상은 프랑스에만 국한된 것이 아니었다. 영국에서도 여왕의 초상은 수십만 점이 팔려나갔고, 알버트 공의 서거 이후 리전트 거리의 마리온 상사는 그의 명함판 초상을 7만 점이나 판매했다고 한다. 이런 수요를 충족시키는 동시에 판매를 배가시키기 위해 사진가들은 유명 인사들을 설득하여 모델료를 지불하면서 초상 사진을 제작해서 고객에게 다양한 선택 기회를 제공하기도 하였다. 예를 들어, 유명한 초상 사진가 피에르송은 1862년 1000명이 넘는 인물들의 콜렉션을 내놓고 있다(Rouillé, 1992: 75; Lemagny & Rouillé, 1993: 71). 유명인들이나 상류 계층 인사들의 초상 사진들이 인기를 끈 이유는 사회적 상층의 이미지에 기대어 자신을 측정하고 자신의 사회적 상승을 표현하려는 중간층과 하층 부르주아지들의 욕구에 부합하였기 때문이다. 즉, 그러한 초상 사진들은 군중과 유명인 사이의 중개 형식이 되며, 상대적으로 낮은 위치에 있는 부르주아지에게는 신분 상승의 열망을 환상적으로 성취하는 상징적 수단이었던 것이다(Tagg, 1988: 49~50; Lemagny & Rouillé, 1993: 71).[68]

---

68. 상층 계급은 명함판 초상 사진의 이러한 면을 정치적으로 이용하기도 하였다. 나폴레옹 3세는 일찌감치 사진을 어떻게 이용할 것인가를 익히고 있었다. 실제로 그는 빈번하게 사진을 찍었고 또 사진에 찍혔

이렇게 계급적인 요구와 정체성을 가시화함으로써 사진 이미지의 영역에 계급적 질서를 부여하는 초상 사진의 논리는 그 재현 방식에서도 반영되었다. 부르주아지의 상승과 계급적 정체성을 표현하는 통로로서 초상 사진은 그 결과 미학적으로는 부르주아지의 개인주의와는 걸맞지 않게 개성 없는 판에 박힌 이미지들을 생산하였다. 이러한 면은 디스데리 자신에게서도 확인할 수 있다. 디스데리는 부르주아적 개인주의의 노선에 입각해서 초상 사진에 모델 각자의 고유한 성격과 특수한 개성을 재현하는 것을 이상적인 목표로 삼고 있었지만, 사업상의 경쟁에 쫓기고 있던 그는 실제로는 각자의 개성을 드러내는 표시들의 고유한 조합을 놓쳐 버리고 단지 고객들이 담고 있는 계급적 소속의 표시들만을 포착할 뿐이었다. 그 결과 재현되는 것은 단지 익명적인 부르주아라는 계급적인 원형적 이미지들뿐이다. 즉, 각 인물들의 개성은 상투화된 이미지들의 이면으로 사라져 버리고 계급의 한 전형이 개별 인간을 감추고 덮어버리는 것이다(Rouillé, 1992: 157~8; Freund, 1989: 66).

사진에 계급적 위계 질서를 부여하는 코드화 과정은 상층 계급과 하층 계급의 초상 사진을 촬영하고 그들의 초상을 재현하는 방식에서도 위계 질서를 부여하고 계급적 차이를 재생산하였다. 상층 계급의 계급적 정체성을 재현하는 방식에는 다양한 소품들과 자세들의 코드들이 동원되었다. 디스데리는 자신의 고객들을 지배 계급의 일원으로서 표현하기 위해 자신이 말하는 통합의 법칙 아래 고전 회화의 이상을 이어받았다. 광선의 방향과 자세와 선들의 배치, 소도구, 단정함과 보기 좋은 인상 등을 동원하여 모델의 인상적인 전체를 파악하기에 용이한 측면을 부여하는 방향으로, 그리고 인물에 위대한 분위기를 부여하는 방향으로 이미지의 모든 요소들을 결합하였다(Rouillé, 1992: 158~62). 이러한 표현 방식

다. 나폴레옹 3세의 대중화한 명함판 초상은 1860년대 부르주아지의 친구나 부모 등속의 앨범 한복판에 나란히 자리잡았으며, 이렇게 해서 국가 장치를 거치지 않고도 황제와 그 신민 사이에 직접적인 접촉이 이루어졌다. 이런 면에서 명함판 초상의 발달과 더불어 사진은 이미 대중 매체로서의 기능까지 수행하게 된 것이었다(Rouillé, 1992: 134~5).

은 하층 계급 인물을 촬영하는 방식과는 판이한 것이었다. 도미에의 1853년 풍자화는 사진관에서의 두 가지 인간 유형을 전해 주고 있다. 이 풍자화에서 엿볼 수 있듯이, 당시 사진관에서는 일반적으로 하층 계급의 초상 사진을 촬영할 때는 정면을 향한 얼굴과 자세를 취하게 해서 사진을 찍었고, 상층 계급의 초상 사진은 비스듬히 고개 돌린 얼굴과 귀족적인 자세를 취하게 했다. 딱딱한 정면성은 하층 계급의 열등성을 표현하는 것이었으며, 반면에 귀족적인 상층 계급의 자세는 18세기 회화를 이어받은 것이었고 부르주아지 전체에게로 확장되었다. 1880년대에 이르면, 하층 계급을 표현하던 이러한 정면성의 자세는 감옥에서 범죄자를 사진으로 기록하는 양식으로 수용되었다(Tagg, 1988: 35~7).[69]

현대성의 시각 체제가 사진을 코드화한 또 다른 방식은 권력 체계와의 연관 속에서 살펴볼 수 있다. 이것은 다시 두 가지 측면으로 나누어 살펴볼 수 있는 바, 하나는 경찰에 의해 사진이 사회에 대한 감시와

---

69. 이렇게 사진의 재현 방식에 있어서 기존의 사회적 위계 질서가 관철되는 것은 사진의 코드화 과정에 담론적 차원이 작용하는 결과이기도 하다. 즉, 다양한 사회 집단들 간에 차이와 위계를 부여하던 기존의 담론적 질서가 개입하는 것이다. 여기서는 내러티브가 가시적이거나 비가시적인 방식으로 기능한다. 19세기 사진들에서 여성이나 유색 인종의 재현은 기존의 성적, 인종적 코드에 부합되는 방식으로, 즉 응시의 대상, 소유와 관찰 및 측정의 대상으로 조직되었다. 이 때 여성의 초상 사진은 에로틱한 분위기나 가정의 실내를 환기시키는 배경과 소품들로 장식되었다. 반면 식민지 개척지의 원주민의 사진은 텅 빈 배경 속에 촬영되어, 피사체 인물은 단순한 관찰과 측정의 대상일 뿐 그의 정체성도, 인물이 속해 있던 역사적·사회적 맥락도 박탈된다(Pultz, 1995: 16~26). 머이브릿지의 연속 동작 사진에서도 이러한 면을 찾아볼 수 있다. 그의 기획은 당대의 과학적 담론을 상징하는 시각적 내러티브 속에서 신체를 재현하려는 것이었기 때문에 궁극적으로 예술적인 것이기도 한데(같은 책: 31), 이 재현을 조직하는 방식은 성적으로 차이가 있는 것이었다. 남자 모델의 사진일 경우 대부분 텅 비어 있고 신체 동작의 해부를 위해 가로로 선들을 그어 놓은 단순한 배경 속에 촬영이 이루어져 있다. 반면에 여성 모델을 촬영한 경우 머이브릿지는 단순한 측정의 공간을 넘어 적극적으로 이야기가 들어가 있는 하나의 작은 극적인 공간을 꾸며 놓은 경우가 많았다. 말하자면 남성의 벌거벗은 신체는 단순히 행동하지만, 여성의 벌거벗은 신체는 설명되고 연구된다. 여성의 신체는 여성성을 조직하는 미니 드라마 속에서 행동하는 것이다. 기존의 여성성을 조직하는 이 드라마는 궁극적으로 보자면 성적인 것이고, 따라서 머이브릿지의 사진에서 여성 신체의 물신화는 내러티브와 결합되어 있다(Williams, L., 1990: 2장). 또한 이미지의 폭증으로 현실의 객관성이 모호해진 상황을 타개하기 위해 저널리즘 사진들에서는 현실의 정확한 기록보다는 이미 알려진 바나 저널리즘에서 돌아다닌 바 있어 친숙해진 삽화에 맞추어 사진을 합성·조작하거나 그런 삽화에서 묘사된 장면이나 알려진 이야기에 맞게 꾸며진 사진 또는 거기에 들어맞는 사진을 선택하는 경우도 많았다. 이것은 이미지의 유통 및 범람으로 인해 모호해진 현실의 객관성을 내러티브를 동원해 복구하고 통제하려는 시도이기도 했다(Przyblyski, 1995).

통제의 수단이 된 것이고 다른 하나는 1차 대전을 기점으로 사진이 전장에서 군대의 눈이 된 것이다. 먼저 전자의 측면에 대해서 알아 보자.

사진은 부르주아 사회의 훈육과 감시의 권력이 사회를 통제하는 응시의 수단이 되었다. 다시 말해 사진은 감시 권력의 눈으로 전화된 것인데, 1871년 파리 코뮌 지지자들을 경찰이 무자비하게 검거할 때 사진이 이용되었던 유명한 사례가 보여 주듯이 사진은 증거로서의 힘을 갖고 있었으며, 그로 인해 대중을 통제하고 감시하는 유용한 도구가 되었다(Sontag, 1986: 16). 이렇게 사진을 통제의 수단으로 이용한다는 발상은 그 전부터 있어 왔지만, 그런 발상이 실천된 것은 바로 이 파리 코뮌의 진압 과정이 결정적이었다. 코뮌의 지지자들이 떳떳하고 대담하게 방돔 기념비 밑에서나 바리케이드 옆에서 찍은 스냅 사진들은 봉기자들을 가려내는 데 이용되고 궐석 재판에서 증거로 채택되었던 것이다(Lemagny & Rouillé, 1993: 95).

신원 확인을 목적으로 할 때 사진의 유용성에 대해서 경찰은 초기 단계에서부터 그 가치를 깨닫고 있었다. 영국에서는 1840년대부터 이미 경찰은 공식 사진사를 고용하기도 하였다. 1850년대와 1860년대 버밍엄의 죄수들을 단순하고 평이한 자세로 촬영한 사진들이 남아 있다. 이 시기까지는 아직 경찰의 일원은 아닌 많은 전문 사진사들이 이러한 범죄자 촬영을 수행했던 듯하다(Tagg, 1988: 74~5). 1870년대에 오면 영국은 범죄자들에 대한 전국적인 사진 촬영 정책을 수립하였다. 경찰의 이러한 정책과 비슷하게, 1871년 토머스 존 바나도 Thomas John Barnardo 는 런던 동쪽 구역 East End [70]에 있던 자신의 빈곤 청소년 보호소에 사진사를 고용하였다. 이렇게 해서 그는 소년들이 입소하고 출소할 때마다 체계적으로 사진 촬영을 하였는데, 이 사진들은 소년들이 입소하기 전에 어떤 범죄에 연루되어 있었는지 확인하는 목적과 도망친 소년들을 다시 붙잡는 목적에 이용되었다. 경찰의 사진들과 바나도의 사진들은 촬영된 당사자들을 관찰과 통제와 분류의 대상으로 삼는 것이었다. 사진이 이러한 목

---

70. '이스트 엔드'라 불리는 이 런던의 동쪽 지역은 전통적으로 하층 근로자들이 많이 사는 상업 지구이다. 반대로 '웨스트 엔드 West End'는 상류층이 많이 사는 지구이다.

적에 효과적으로 이용된 것은 사진이 진실하다는 리얼리즘에의 믿음에 근거한 것이었다. 사진은 의심의 여지없는 신원 확인의 진술로 받아들여졌다(Pultz, 1995: 27~8).

이러한 식으로 사진은 경찰을 비롯한 여러 사회 세력에 의해 감시와 훈육의 응시를 사회적으로 실현하는 수단으로 이용되었다. 결국 정치적 권력의 논리에 의해 사진은 원근법적 시각 양식에 기초한 감시 권력의 응시를 이미지의 영역에 구현하는 방식으로 재코드화된 것이다. 1901년 새로운 런던 경시청 New Scotland Yard 에 에드워드 헨리 경 Sir Edward Henry 의 지문에 의한 신원 확인 체계가 도입된 후 전문적인 경찰 사진사들의 수는 크게 증가하였다. 이것은 범죄 현장에서 발견된 지문을 기록하는 유일한 방법이 당시로서는 사진을 찍는 것밖에 없었기 때문이기도 하였다. 하지만 경찰 사진사들이 지문만 촬영한 것은 아니었다. 지문과 더불어 수천 장의 신원 확인 사진들이 촬영되고 인쇄되었다. 20세기 말 현재 영국에서는 기소된 혐의자가 반대할 경우에는 경찰이 사진을 촬영할 권리를 갖지 못하지만, 1952년의 감옥법 16조에 의해 필요할 경우에는 구치소로 송환함으로써 간수가 사진을 촬영할 수 있다. 1948년의 형법은 감옥의 관리자들에게 범죄를 저지른 모든 사람들을 사진 촬영할 것을 요구하고 있다. 경찰과 감옥의 이러한 권리는 1870년으로 거슬러 올라가는 것이다. 1920년의 법률은 경찰로 하여금 어떤 이방인도 사진 촬영할 수 있는 권리를 부여하고 있기까지 하였다. 1938년의 범죄 수사위원회 보고서의 제안에 의해 경찰과 감옥의 사진은 표준화되었다. 그 이전까지 범죄자에 대한 사진은 전체 얼굴을 완전히 담고 머리는 아무것도 씌우지 않을 것만을 요구했으나 이 보고서는 전체 신장과 얼굴, 그리고 옆 모습을 촬영하도록 하는 표준화를 제안하고 있었다(Tagg, 1988: 75~6).

파리 코뮌 당시 이미 경찰이 사진을 적극 활용하고 있던 프랑스에서는 그 이전에도 에르네스트 라캉 Ernest Lacan 이 1855년에 교도소에서 각 죄수들의 초상 사진을 찍어 두면 탈출과 누범 방지에 이롭게 활용될 수 있다는 점을 지적한 바 있다. 하지만 1870년대까지 사진을 통제 수단으로 이용한다는 것은 주로 발상에 그쳤던 것인데, 파리 코뮌은 이러한 사정을 뒤바꾼 결정적인 전환점이었다. 그 뒤 으젠느 아페르 Eugène Appert 가 베르사이유 감옥에 구류중인 사람들의 개별 사진을 찍은 바 있는데, 이 사진의 규격과 아페르의 작업이 장차 파리 시경의 사진 갤러리와 알 퐁스 베르티용 Alponse Bertillon 이 도입한 신원 확인 제도의 모델이 되기도 하였다(Lemagny & Rouillé, 1993: 95). 프랑스에서도 경찰의 신원 확인 사진 체계는 지문 체계와 결합되어 발전되었다. 베르티용은 지문을 증거로서 이용하는 체계를 도입하였고, 인간은 원하는 것만을 본다고 주장하면서 인간의 눈이 가진 결점을 비난하였다(Virilio, 1994: 42). 그러나 베르티용은 바로 이러한 이유 때문에 또한 프랑스 경찰의 사진 이용을 체계화한 사람이기도 하다. 프랑스 경찰의 통계학자이기도 하였던[71] 베르티용은 사진으로 범죄자의 신원을 확인하는 분야에서 19세기에 가장 철저하고 영향력 있는 체계화를 도입하였고, 그의 체계와 표준화는 이웃 영국 경찰의 그것을 훨씬 앞서는 것이었다. 그는 단순히 사진을 가지고 있는 것만으로는 아무런 소용이 없다고 주장하였다.

베르티용은 사진 촬영 과정 자체를 체계화하였다. 그는 카메라와 사진 찍히는 범죄자 사이의 거리를 표준화하였고, 범죄자의 위치와 자세를 통제할 수 있도록 특별한 의자를 고안하였다. 렌즈의 종류도 미리 규정하여 근접 촬영하는 동일한 프레임을 확립했다. 또한 지금은 친숙한 얼굴 사진 *mug shot* 에서처럼 정면 사진과 측면 사진을 찍는 제도를 확립시켰다. 이러한 절차들은 경찰의 범죄자 사진에 일관성을 부여하였다. 베

---

71. 베르티용은 현대적인 범죄자 사진 촬영 체계를 수립했을 뿐만 아니라 그 사진들을 통계학에 기초하여 분류·보관하는 정리 체계 *filing system* 를 확립했다. 이에 따라 베르티용 시스템은 거대한 문서 보관소 *archive* 를 건설하게 된다. 범죄자 사진 촬영·분류와 통계학의 연계는 영국의 유전학자 프랜시스 갈턴 Francis Galton 의 방법에서도 확인할 수 있다. 그런데 베르티용의 시스템이 기본적으로 수많은 사진 자료들 속에서 범죄자 개인의 신원 확인을 목표로 하는 개별화의 방향을 지향하였다면, 갈턴은 사회 통계학자 아돌프 케틀레 Adolphe Quételet 의 평균인 *average man* 개념에 의지하여 특정 유형 범죄자들의 이념형 또는 평균적 용모를 파악하는 것을 목표로 삼았다. 그리하여 갈턴은 여러 범죄자들의 사진들을 한 장의 사진에 투영하여 평균형을 얻을 수 있는 합성 사진(범죄자 합성 사진 *criminal composite*)을 제작하는 장치를 고안하였다. 여기에 대해서는 Sekula, 1989를 보라.

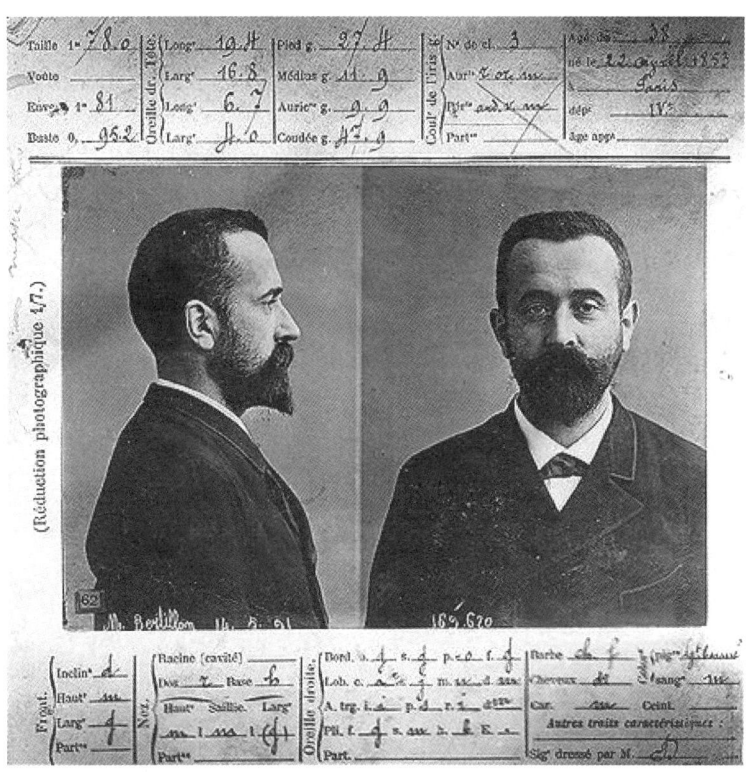

그림 44. 베르티용 체계의 범죄자 촬영 사진 기록표. 여기에 있는 기본형 표는 베르티용 자신을 자기 체계의 원칙에 따라 촬영·기록한 것이다(이 사진에서는 베르티용이 안경을 벗고 있다).

르티용의 이러한 체계화는 더 나아가 사진 촬영 과정 자체를 훈육의 과정으로 만드는 것이었다. 체계가 범죄자의 신체와 이미지에 대해 권력을 행사하기 때문이다. 사진 속의 시선과 자세는 체계가 결정하는 것이고, 범죄자는 단순히 자기 신체의 얼굴을 배달할 뿐이다. 그러나 베르티용 작업의 특징은 사진 촬영의 체계화에만 있는 것이 아니다. 그의 체계화는 동시에 훈육되는 주체의 신체를 다루는 특별한 방식이었다. 베르티용의 도식에서 신체는 각 부위별로 분해되었다. 그는 신체를 일련의 용모적 특징들과 부위들로 분해 절단하고 신체를 측정함으로써 사진의 도상학을 보충하였다. 예를 들면, 베르티용 체계에서는 눈이나 귀 등 범죄자

신체의 특정 부위들을 근접 촬영하여 모아 놓고 분류해 놓은 무수한 사진 파일들이 있다. 이렇게 신체는 근접 관찰과 체계적인 분류의 대상이 됨으로써 규제된다(Gunning, 1995b: 29~34).

이상과 같이 베르티용의 체계화에서 잘 알 수 있는 것처럼, 경찰 사진은 인간학적 지식의 생산과 결합되어 사회 전체를 통해 주체의 신체를 자신이 행사되는 장으로 삼는 판옵티콘적인 감시와 훈육의 권력이 작동하는 한 방식을 보여 준다.[72] 판옵티콘은 이미지의 영역에서도 실현된 것이다. 사진 촬영된 범죄자의 신체는 측정되고 관찰되며 분류되어, 전면화된 편재적 권력의 관료제적 체계의 문서함 속에 쌓이고 보관된다. 이러한 점에서 감시 권력의 응시는 사진을 통해서 현대성의 시각 체제가 동요에 처하던 그 시대에도 마찬가지로 일관성 있게 연속적으로 행사되었으며, 이러한 점에서 사진에 의해 카메라의 시각이 원근법적인 시각 양식으로 코드화되는 과정의 한 단면이 여기에서 확인될 수 있다. 또한 판옵티콘적인 시각 체제가 감옥에만 한정되지 않는 것과 같이 경찰과 감옥에 의한 범죄자 사진 촬영 역시 국지적인 영역에 한정되지 않는다. 이들 사진 속에서 대상이 되고 분할되고 연구되며 색인이 붙여지고 길들여진 신체들의 이미지들은 축적되었을 때 사회 전체의 새로운 재현이 되기 때문이다(Tagg, 1988: 76). 또한, 이 경찰의 신원 확인 사진 촬영술은 오늘날 경찰의 얼굴 사진과 현상 수배 포스터뿐만 아니라 무엇보다도 전국가적인 신분 증명서에까지 이어지고 있기 때문이다(Pultz, 1995: 28).

마지막으로 카메라가 전장에서 군대의 눈이 되어간 과정을 살펴보도록 하자. 이 과정에서 결정적인 전기는 1차 세계 대전의 충격적인 경

---

72. 베르티용의 체계가 범죄자들의 신체를 엄격히 통제하면서 분해·절단하듯이 촬영하고 측정하고 분류·기록하는 것은 훈육적 권력이 작동하는 전형적인 모습이다. 푸코에 따르면 서구 현대의 훈육적 권력은 신체를 파편화하여 미시적 권력의 통제 대상으로 만드는 특정한 '신체의 테크놀로지'를 발전시켜 왔다. 푸코의 다음과 같은 말을 들어 보라. "…… 그것은 신체를 마치 분리될 수 없는 통일체인 것처럼 덩어리로, '전체로' 취급하는 문제가 아니라, 그것에 대하여 개별적으로, '소매 방식으로' 작업하는 문제, 메커니즘 자체의 수준에서 — 운동들, 몸짓들, 자세들, 속도 — 그것에 대한 통제를 획득하는 문제, 능동적 신체에 대한 무한소적 권력을 획득하는 문제였다. 그러자 거기에는 통제의 대상이 존재하였다."(Foucault, 1979: 136~7)

험이었다. 고대 이래로 전투는 항상 하나의 장대한 스펙터클이었다. 그러나 1차 대전은 최초의 가스전이자 참호전이었다. 전장은 안개 같은 가스로 뒤덮여 아무것도 보이지 않았고 참호 속에 엎드려 땅 속에 몸을 숨긴 적군의 병사들은 그 모습이 보이지 않았다. 이런 비가시성의 한복판에서 가늠할 수 없는 방향으로부터 총탄이 날아들었다. 1차 대전의 이러한 외상적인 *traumatic* 충격은 서구의 많은 예술가와 사상가들로 하여금 가시성과 비가시성에 대해 다시 한번 생각하게 하였고 시각의 우위성에 대한 확신을 회의에 빠뜨렸다(Jay, 1993: 4장 참조).

> 서부 전선의 지리한 참호전은 번쩍이는 강렬한 불빛에 의해 한순간 밝혀지고는 종종 가스에 의해 발생한 유령 같은 안개에 의해 다시 숨겨지는 식별 불가능하고 그림자 낀 어두운 형상으로 이루어진 풍경을 창조하였다. 그 효과는 철도, 카메라, 영화와 같은 19세기의 기술적 혁신에 의해 산출된 것보다 훨씬 더 시각적으로 탈정향적인 것이었다…… 리드 Leed 에 따르면, "적의 비가시성과 지하로의 군대의 퇴각은 전쟁이란 서로 싸우는 인간들의 스펙터클이라는 관념을 파괴하였다…… 적의 비가시성은 청각적 신호에 우위성을 부여했고 전쟁의 경험을 특이하게 주관적이고 만져질 수 없는 불가해한 것으로 만드는 듯했다"(Jay, 1993: 212~3).[73]

이러한 사실을 잘 보여 주는 에피소드 가운데 하나가 무성 영화 시대 미국의 전설적인 영화 감독 그리피스에 얽힌 이야기이다. 1차 대전이 막바지에 접어들 무렵 그리피스는 군 당국의 요청을 받고 전쟁을 수행하는 미군의 모습을 담는 선전용 영화를 제작하기 위해 1914년 유럽 전선으로 갔다. 이미 그 해 여름에 그리피스는 이듬해 개봉될 영화 <국가의 탄생 *The Birth of a Nation*>에 등장하는 남북 전쟁의 한 전투 장면을 성공적으로 찍은 바 있었다. 그러나 프랑스의 마르네 전선에 도착한 그리피스는 작업을 수행할 수 없었다. 그가 <국가의 탄생>의 전투 장면

---

73. 베트남 전쟁이 미국과 서방 세계에 커다란 충격이었던 것은 이러한 시각적인 차원에도 그 한 원인이 있다. 미군들은 비가시성과 전투를 해야 했다. 그들은 이군 쪽의 민간인과 적군이 구별되지 않는 상황에서 아무것도 보이지 않는 정글 속에서 보이지 않는 적들과 싸워야 했던 것이다.

을 찍은 것은 드넓은 평원에서 전개되는 장대한 전투를 높은 언덕 꼭대기에서 연극 연출자처럼 현장 지휘하며 이루어진 것이었다. 그러나 1차 대전의 전선은 아무것도 보이지 않았다. 가스가 걷혔을 때도 병사들은 참호 속에 숨어 있었기 때문에 보이는 것은 텅 빈 들판뿐으로서 오히려 아무것도 없는 '무'에 가까운 것이었다. 병사들은 날아오는 탄환의 궤적을 더듬어 전장의 지형을 추정할 뿐이었고 가스와 참호에 의한 낮의 비가시성은 야간의 어두움에 의한 비가시성과 마찬가지였다. 전쟁과 전투에 대한 자신의 생각과는 너무나도 동떨어진 이러한 상황에서 그리피스는 크게 실망하고 돌아갈 수밖에 없었다(Virilio, 1989: 11~5).

이렇게 비가시성으로 특징지어지는 1차 대전의 전황은 전투를 극장에 비견할 수 있는 예전의 전쟁과는 근본적으로 다른 상황이었고, 고지에서 전장을 눈으로 쉽게 파악할 수 없게 된 지휘관들로서는 지휘부의 벙커에서 전장의 그림을 그리는 일이 시급한 임무가 되었다. 이러한 비가시성을 극복하고 전장의 지도를 그릴 수 있게 해 줄 수 있는 수단으로서 주목받게 된 것이 카메라와 사진이었다. 명함판 사진 개발의 주인공 디스데리는 그보다 5~60여년전에 이미 사진의 군사적 이용에 대한 아이디어를 제공한 바 있었다. 그의 말에 따르면 사진은 "사령관이 알고자 하는 전장의 배치 및 수천 가지 세부 사항들에……관한 절대적으로 정확한 정보들을 수집하는 데 유일하고도 막강한 수단인데…… 왜냐하면, 말로써 설명하기 어렵고 지루한 것을 단 한순간에 이해하도록, 단 한 번 보는 것으로 족하게 하기 때문이다"(Rouillé, 1992: 68). 군대는 사진의 이런 유용성을 납득하고 있었다. 디스데리 자신은 1861년 2월 19일 육군성에 의해 15명의 사관으로 구성된 사진단을 맡도록 선임되었다. 군대에 사진을 도입한 것의 이점은 엄격히 군사적인 것뿐만 아니라 기록과 애국심 고취 등 많은 것에 있었다. 크리미아 전쟁에 파견되었거나 자진해서 거기로 갔던 많은 사진사들의 족적이 이를 알 수 있게 해 준다.[74]

74. 사진이 군사적 목적에 이용된 측면은 다양했다. 1850년대에 런던의 존 B. 댄서 John B. Dancer 는 인화의 크기를 축소시켜 반지나 브로치에 사진을 끼워 넣는 법을 개발했다. 단순히 상업적으로 착안되었던

그러나 1차 대전 당시 전장의 비가시성을 극복하는 데 더 중요했던 것은 항공 사진 촬영술이었다. 친구였던 도미에가 <고상한 예술의 차원으로 사진을 끌어올리고 있는 나다르>라는 제목으로 만든 석판화에서 묘사되었듯이(Scahrf, 1986: 181), 나다르는 1858년 밧줄에 묶인 기구를 타고 하늘로 올라가 사상 최초로 공중에서 사진을 찍었다. 항공술에 광적으로 사로잡힌 나다르의 항공 촬영은 계속되었다. 그는 세계에서 가장 큰 비행선을 제작하여 '거인'이란 이름을 붙였고, 비행선을 추진하는 동력 장치 실험을 장려하는 협회를 조직하기도 했다(Newhall, 1987: 94). 1868년에 나다르는 마침내 200m 상공에서 파리의 개선문을 촬영하는 데 성공하였다(Lemagny & Rouillé, 1993: 87~8). 군당국은 일찍부터 이 항공사진의 군사적 유용성에 주목하였다. 1859년 이탈리아와 분쟁이 일어났을 때 프랑스 정부는 군대의 이동을 촬영해 주도록 부탁하면서 나다르에게 5만 프랑을 제안하였다. 나다르는 이를 거절하였지만, 1870년 프러시아가 파리를 포위했을 때는 망설일 수 없었다. 1859년에 지도를 제작하기 위해 사진술을 이용했을 때부터 이미 항공 사진 촬영술은 새로운 시각 테크놀로지의 군사적 잠재력을 잘 보여 주는 것이었다(Jay, 1993: 145~6). 1861년 에메 로스다 Aimé Raussedat 대령은 항공 사진을 토대로 한 최초의 지도를 제작했고, 이듬해 미 연방군은 리치먼드를 공략하면서 적을 정탐하는 데 기구 사진을 이용하였다(Lemagny & Rouillé, 1993: 88).

1차 대전에서 군대는 이 항공 사진 촬영술을 비행기에 적용하였다. 카메라를 소지하고 전투기에 탑승한 비행사가 전장의 모습을 사진에 담는 것이었다. 이렇게 해서 공군은 사실상 정찰 임무에서 성장해 나왔다. 군사령부는 초기에 비행기의 군사적 유용성과 전투 능력에 대해 의심을 가지고 있어서 처음에는 비행기를 정찰 임무에 국한시켰기 때문이다

축소 사진은 1870년의 파리 공략 때 군사적으로 이용되었다. 프뤼당 다그롱 Prudent Dagron 이 파리와 투르 시 사이의 비둘기 통신에 축소 사진 기법을 사용했던 것이다. 전달될 메시지들을 분류 정리하여 촬영한 뒤 6×6 cm의 필름으로 축소하여 비둘기편에 운반했다. 3000~4000종의 메시지를 담은 필름은 목적지에 도착해서 확대되어 해독되었다(Lemagny & Rouillé, 1993: 87~8).

그림 45. 비행기와 카메라의 결합, 그 초기 형태

(Virilio, 1989: 17). 그러나 곧 비행기는 정찰과 전투 임무를 병행하게 된다. 하지만 초기에 항공 사진 촬영의 군사적 이용은 어려움에 부닥쳤는데, 당시 카메라의 기술적 한계 때문에 사진의 크기를 일정하게 유지하고 초점을 선명하게 잡기 위해서는 비행기가 고도를 낮추어 비행해야 했고, 따라서 쉽게 적의 표적이 되어 자주 격추되었기 때문이다.[75] 카메라의 개량으로 이 문제가 해결되고 난 뒤에는 사진 촬영과 전투를 동시에 수행해야 하는 것의 어려움이 제시되었다. 이 문제는 카메라와 기관총을 결합함으로써 해결되었다. 1882년경 마레이는 이미 자신의 연속 사진 촬영술인 크로노포토그라피를 위해 기관총 형태로 된 연속 촬영기인 '사진총,' 즉 말 그대로 카메라 기관총을 발명했다는 것은 앞에서 살펴본 바있다. 이러한 기술적 원리들에 연원을 두고 카메라와 기관총이 결합되었

---

75. 프랑스의 영화 감독 장 르느와르 Jean Renoir 의 1차 대전을 배경으로 한 영화 ＜위대한 환상 *La Grande Illusion*＞에서 독일군에게 격추되어 포로로 잡힌 프랑스 비행사가 자신이 40여 번이나 격추되었고 그 때마다 탈출했다고 말하는 것은 허구만은 아니고 어느 정도 사실에 기초한 것이었다. 이것과 관련해 장 르느와르의 회상에 대해서 Virilio, 1989: 17을 참조하라.

그림 46. 1950~60년대 미공군 정찰기 U2기에 탑재되었던 카메라

National Air and Space Museum(Smithsonian Institution), Washington D. C. 소재

다. 비행사가 기관총 발사 버튼을 누르는 것에 맞추어서 카메라 셔터가
작동하는 것이다. 여기에다 프로펠러의 회전 속도와 기관총의 발사 속도
를 맞출 수 있도록 기관총의 기술적 개량이 이루어짐으로써 비행과 전
투와 사진 촬영이 동시에 수행될 수 있게 되었다. 이제 비행하면서 비행
사가 기관총의 버튼을 누르는 동작은 카메라의 셔터를 누르는 것과 동
시적이고 동일한 동작이 된다(Virilio, 1988: 17~20).

이렇게 하여 항공 사진 촬영술은 군작전에 있어 전장의 비가시성을
극복하게 해 주었을 뿐만 아니라 군대의 시각 능력을 유례없이 확장시
켰다. 이 상황은 한편으로는 카메라를 매개로 하여 기관총이 곧 비행사
의 눈이 되는 것이기 때문에 인간 주체의 시각이 기계의 시각에, 그의
눈이 기계의 눈에 종속되는 과정이기도 하다. 그러나 다른 한편으로는
비행사와 군대로서는 비가시성을 극복하고 전장의 상황을 한눈에 포착
할 수 있는 말 그대로의 '새의 눈 시점 *bird's eye view*'를 얻을 수 있기 때
문에 원근법적인 시각을 회복하는 과정이기도 하다. 이 시점은 도시의

전경이나 시각장의 전체 범위를 한눈에 포착할 수 있는 원근법의 이상적인 중심적 시점에 해당하는 것이기 때문이다. 이러한 점에서 본다면 기관총과 카메라의 결합은 인간 주체의 눈이 기계의 눈에 종속되는 것이라기보다는 이 두 눈의 합일이라고도 할 수 있을 것이다.

이와 같이 카메라의 군사적 이용은 이 새로운 테크놀로지가 시각장 자체에 대해서는 그 바깥에서 작용하는 논리에 의해 다시 원근법적 시각 양식으로 코드화되는 한 측면을 잘 보여 준다. 그리고 19세기 판옵티콘적인 경찰 사진이 당대에 머무르지 않는 것과 같이 군사 영역에서의 이 원근법적 코드화 역시 오늘날까지, 기술적으로는 엄청나게 개선되는 가운데 계속 이어지고 있다. 1차 대전 당시 항공 사진술은 여전히 안개나 가스같이 시야를 가리는 요소 또는 밤의 어두움에 의해 제약되고 있었지만, 이러한 한계는 전자 테크놀로지의 결합에 의해 극복되었다. 2차 대전은 레이더를 현장에 등장시켰고 베트남전에서 미군은 최초의 전자전을 수행하였으며, 이러한 '지각의 병참술 the logistics of perception'은 오늘날의 우주 방위 전략에 이르기까지 계속 전진하였다(같은 책: 7장). 이러한 계보는 카메라의 원근법적 코드화라는 차원에서도 연속선상에서 이해될 수 있는 것이다. 오늘날 전자 감시 장치 및 인공 위성 체계가 현대 군사 전략의 중추 신경계를 형성하고 있다는 사실(김진균·홍성태, 1996)은 따라서 원근법적 시각 양식과 그것에 기초한 시각적 감시가 원근법과 그 시각장이 크게 한번 동요를 겪었고 지금도 상이한 테크놀로지들에 의해 그 지배적 지위가 위협받고 있는 현상황에서도 카메라의 코드화에 의지하여 여전히 그 기능을 계속하고 있음을 증명하는 것이다.

2) 영화

(1) 카메라와의 동일시

영화가 원근법적 시각 양식에 의거하여 코드화되며 그럼으로써 시각장을 통어하는 듯한 환영을 유지할 수 있는 시각적 주체로서의 관객(성)을 생산하는 구조로 편성되어 온 과정은 그것이 자본주의적으로 산업화되고 미학적으로는 부르주아적 리얼리즘이 지배하게 되는 과정이기도 하였다. 또한 이 과정은 세계 영화 시장에서 미국 할리우드 영화가 주도권을 쥐게 되는 과정이기도 하였다.

보는 관점에 따라서는, 애초에 영화를 산업화한 것은 프랑스가 먼저였다고도 할 수 있다. 뤼미에르 형제가 최초로 영화를 대중 앞에서 유료로 상영한 것에서도 그것을 알 수 있다. 최초의 영화 흥행은 그들에 의해 이루어졌던 것이다(Toulet, 1996: 15).[76] 1차 세계 대전까지만 하더라도 세계 시장을 지배한 것은 프랑스의 파테 영화사였다. 그러나 미국의 영화 산업은 자국의 시장에서 파테를 몰아내었고,[77] 1차 대전은 유럽 영화계로서는 시련기였다. 전쟁을 틈 타 미국의 영화 산업은 전세계로 침투하였으며, 전쟁 막바지에는 미국 영화가 세계 영화 생산의 85%를 차지할 수 있었으며 미국 내에서 상영된 영화의 98%가 자국산으로 추정될 정도였다(Turner, G., 1994: 29).

미국 영화의 지배와 함께 영화적 상상력의 부르주아화가 동반되었

---

76. 물론, 이들에 앞서 미국의 에디슨이 발명한 키네토스코프가 이미 상업적인 흥행을 시작하였다. 하지만 잘 알려져 있다시피 키네토스코프는 오늘날과 같은 대중 상영 형태의 영화가 아니라 구멍에 눈을 대고 들여다보는 일종의 요지경 상자 *peep show viewing machine*였다. 이 점에서 오늘날과 같은 형태의 영화 및 그것의 산업화는 프랑스가 한 발짝 앞섰다고 할 수 있는 것이다. 실제로 미국에서도 키네토스코프의 인기는 2~3년 만에 금방 시들해졌고 영화의 대중적 성공을 일구어내면서 우후죽순처럼 번성한 니켈오디온(*nickelodeon*; 5센트짜리 극장)들과 '5센트 광풍 *nickel madness*'은 뤼미에르의 시네마토그라프처럼 스크린에 영사되는 형태를 취하고 있었다(에디슨의 키네토스코프 역시 바이타스코프 *vitascope* 장치에 의해 영사 형태로 전환되었다). 초기 미국 영화사에 대해서는 Robinson, 1996을 보라. Sklar, 1994 역시 보다 넓은 사회문화사적 맥락에서 유용한 설명을 제공해 준다(앞의 내용과 관련해서는 특히 1, 2장을 참조하라).

77. 이 과정에는 영화 산업계뿐만 아니라 다양한 사회 세력들이 제각기 목적을 가지고 갖가지 측면에서 연루되어 있었다. 파테와 미국 영화 산업의 싸움에 대해서는 Abel, 1995를 참조하라.

다. 이것은 미학적으로는 리얼리즘이 압도하게 되었음을 의미했다. 버스 컴은 발성 영화가 등장하던 1920년대 영화의 미학적 기준은 리얼리즘에 대한 사회적 요구에 따르게 되었다고 말한다(Buscombe, 1985). 한편 모랭은 리얼리즘, 심리주의, 낙관주의 등의 추세가 1930년부터 분명하게 영화의 진전을 결정하였다고 보고 있다. 더욱이 이것은 서민 대중까지도 부르주 아적 개성의 심리 수준에 도달하려는 움직임이 촉진된다는 것을 뜻한다 는 것이다(Morin, 1992: 30~2). 이렇게 본다면, 적어도 1920~30년대 이후 로 지배적인 영화 산업은 리얼리즘 미학으로 대표되는 부르주아적 상상 력에 의해 구조화되었다고 볼 수 있다.

영화적 상상력의 부르주아화는 동일시로서의 투사로 특징지을 수 있으며, 이 심적인 과정에 의해 상상과 현실이 결합된다(같은 책: 30). 따 라서 영화의 시각 양식과 그것이 주체를 형성하는 과정에는 이런 심적 인 차원이 핵심적인 것이라 할 수 있다.[78] 메츠가 지적하듯이 영화 제도

---

78. 영화의 이러한 측면을 집중적으로 조명한 것이 1970년대 프랑스의 <카이에 뒤 시네마 *Cahier du cinéma*>와 영국의 <스크린 *Screen*>을 중심으로 이루어진 일군의 이론적 작업이다. 여기서의 논의는 이 1970년대 이후 영화 이론의 성과에 크게 의지하고 있다. 1970년대 서구를 풍미했던 '새로운' 영화 이 론에서 핵심적인 위치에 있었던 동일시 과정에 대한 분석은 무엇보다도 정치적인 문제 의식에 입각하여 다듬어졌던 것임을 명심해야 한다. 그 배경은 할리우드 영화의 문화 제국주의적 침략과 더불어, 무엇보다 도 프랑스에서 일어난 1968년 5월 혁명을 꼽아야 한다. 더구나 이 해 벽두에 문화부 장관 앙드레 말로가 시네마테크 프랑세즈 Cinémathèque française 의 앙리 랑글루아 소장을 퇴진시키려 했고 여기에 반발한 프 랑스 영화인들이 '시네마테크 수호위원회'를 결성한 사건은 문화혁명으로서의 5월 사태의 도화선의 하나 가 되었다. 5월을 전후한 일련의 사건들은 영화 이론가들로 하여금 이데올로기적 국가 장치의 하나로서의 영화의 이데올로기적·정치적 기능에 주목하도록 만들었고, 1968년 파리에서 구성된 '영화 삼부회 Estate General of Cinema'는 영화의 정치적 이해를 촉구하였다. 바로 이러한 배경 속에 메츠와 <카이에 뒤 시 네마>의 편집진들, 필립 솔레르스를 중심으로 한 <텔켈 *Tel Quel*>, 바로 그 해 창간된 <시네티크 *Cinéthique*> 및 영국의 <스크린>의 1970년대 편집진들은 소쉬르와 크리스테바를 경유한 기호학, 라 캉을 경유한 정신 분석학, 그리고 알튀세르를 경유한 마르크스주의를 수렴시켜 영화와 부르주아 이데올로 기의 상관 관계를 논구하였다. 그 과정에서 이들의 주요한 이론적 근거는 점차 알튀세르에서 라캉으로 이 동하는데, 알튀세르가 밝히는 바 이데올로기의 호명에 의해 주체가 구성되는 과정의 보다 더 심층적인 차 원으로 우리를 안내하는 정교한 설명을 라캉의 이론이 제공한다고 여겨졌기 때문이다. 아르키메데스의 점 을 라캉의 정신 분석학으로 이동시키면서 영화 이론가들이 일차로 가장 많이 주목한 것이 '거울 단계' 이 론이다. 프랑스와 영국에서의 이러한 영화 이론적 지형의 형성 및 변화에 대한 전체적인 개관으로는 다음 과 같은 책들을 보라. Lapsley & Westlake, 1995: 특히 1부; Andrew, 1998: 특히 8장; Rodowick, 1994. 특히 프랑스에 대해서는 Jay, 1993: 8장; 특히 영국의 <스크린>의 궤적에 대해서는 Easthope, 1988: 3 장; Jancovich, 1995; 그리고 마르크스주의적 입장에서 알튀세르에 대한 비판의 연장선에서 <스크린>을

the cinematic institution 란 영화 산업일 뿐만 아니라 영화에 친숙해진 관객이 역사적으로 내면화해 왔고 영화의 소비에 자신을 적응시키는 '정신적 기계'이기도 하다(Metz, 1982: 7~9). 스크린의 흡인력은 바로 관객의 정신적 과정을 동원하고 그것에 의존하는 것이다.

영화 관람이 정신적 과정이라는 면에서 영화의 두드러진 특징은 관객으로부터 강한 심적 에너지를 유도해 낸다는 것이다. 영화가 대중성을 누린다는 것은 영화와 관객 수용자 간의 호환적 관계를 암시하는 것인 바, 영화는 관객을 자신의 세계 속으로 흡수하는 한편 관객 역시 관람 상황 자체에서 방출되는 에너지에 의해 영화를 자신의 심적 세계 속으로 흡수한다. 그리고 일반적으로 영화는 시간적 닫힘의 감각을 강력하게 제공하는 방식으로 자신을 접합한다. 영화와 관객과의 호환적 관계 및 시간에 의존하는 영화의 접합이라는 두 가지 요인은 영화 관람 상황 자체가 관객 측에게 강한 정신적·감정적 에너지를 창출하도록 압력을 가하는 결과를 가져온다. 첫째, 주위와 시각적으로 절연된 채 어두운 방에 앉아서 고립 상태에 처한 관객은 눈길을 던질 초점을 찾게 되고, 영사기가 투사하는 장방형의 스크린에서 그것을 발견한다. 그럼으로써 스크린은 시각적으로는 정향점으로서, 심리적으로는 관람 상황에 의해 동원되는 불안정성과 불안감에 대처하는 출구 또는 안전 밸브의 기능을 하는 것이다. 따라서 의도하든 않든, 관객은 스크린상의 이미지들에 감정적 에너지를 투사하지 않을 수 없다. 둘째, 영화 이미지들의 연쇄는 관객이 선택한 속도에 따라 전개되는 것이 아니며 영화 상영의 비가역성은 관객의 부자유를 일깨우는 인위적 리듬을 구성한다. 따라서 관객은 이 부자유와 수동성의 감각이 야기하는 불안감을 감소시켜 주는 시간 – 공간 연속체(하나의 지각적 가설)를 스스로 구성함으로써 이미지들의 질주가 야기하는 탈정향의 가능성을 무화시켜야 한다. 바로 이 차원에서 영화의 스타일, 관념적 내용, 인과성, 내러티브 연쇄, 플롯, 시점, 동일시, 감정적

비판적으로 검토하는 것으로서는 McDonnell & Robins: 1980을 참조하라.

참여 등이 관람 상황에 들어오는 것이다. 이것들은 관객이 심적 에너지를 투자하는 대상들이기도 하지만 이러한 관객의 방어 기제를 영화가 통제하고 조작하는 방식이기도 하다(Elsaesser, 1981: 270~2).

영화라는 정신적 기계는 이렇게 관객의 강렬한 심적 에너지 창출을 압박하는 관람 상황 속에서 의미를 생산하고 관객의 욕망을 상연한다. 인간의 심리적 개인사가 말해 주듯이, 사건들을 하나의 이야기체, 즉 내러티브 속으로 통합함으로써 의미를 부여하고 통어하려는 욕망이 관객으로 하여금 바로 이 의미화 실천으로서의 영화에 강하게 몰입하도록 만든다. 이 몰입은 앞에서 이야기한 관람 상황의 특징 때문에 더욱 강화되는 것이기도 하다. 그리고 이 의미화 실천은 무엇보다도 무의식적 차원에서 그 의미화 실천의 효과로서 구성되는 동시에 현상적·의식적 표면에서는 의미를 생산하는 기원으로서 나타나는 주체를 생산한다. 즉, 영화는 의미 작용을 통해 관객을 주체로 위치시키고 그의 욕망이 끝없는 이미지(여기서는 기표라는 의미에서)들의 사슬을 환유적으로 미끄러지게 만들면서 특정한 영화적 쾌락을 생산하는 것이다.

바로 이 주체의 구성과 생산, 관객을 영화적 담론 속에서 주체로 위치시키는 과정의 핵심적 메커니즘을 영화 이론가들은 '동일시' 개념으로 포착한다. 이 동일시는 라캉의 거울 단계 이론에 의거하여 이해될 수 있는데, 영화에서 이 동일시의 핵심적인 매개체는 카메라이다. 기본적으로 불 꺼진 영화관에서는 세 개의 시선이 존재한다. 영사기를 통해 스크린에 투사되는 카메라의 시선, 그 스크린상의 이미지들 속에 존재하는 등장 인물들의 시선, 그리고 스크린을 주시하는 관객의 시선이 그것이다. 영화관의 어둠을 관통하면서 영사기에서 스크린으로 뻗어나가는 빛의 깜박거림은 바로 이 세 개의 시선을 일치시키며, 그 수렴점은 결국 카메라의 눈으로 귀착된다. 말하자면, 카메라의 눈과 관객의 눈을 일치시킴으로써 영화는 관객을 주체로 구성한다.

바로 여기가 영화의 원근법적 코드화가 발견되기 시작하는 지점이다. 영화에서는 카메라의 시점이 중심적인 시점이며, 관객은 이 중심적인 시점과 자신의 눈을 동일시함으로써 주체로 구성되기 때문이다. 그러나 앞에서 보았듯이, 카메라와 원근법 코드와의 관계는 복합적이다. 카메라의 기술적 원리 자체는 인간의 눈이 포착하지 못하는 것을 보여 줌으로써 시각의 영역을 확장할 뿐 아니라 인간의 눈에 대한 믿음을 손상시킬 수 있고, 중심의 부재와 다중적인 시점의 가능성을 증명하며, 시각의 신체로부터의 분리를 더욱 강화하고 기계 장치의 시각이 더 우월함을 입증함으로써 안정적인 주체의 지위를 흔들어 버리기 때문이다. 요컨대, 카메라는 원근법에 기초한 현대성의 시각 체제를 동요시킨 시각 테크놀로지이기도 하다.

그러나 영화 장치와 그것을 환유적으로 대표하는 카메라는 자본주의라는 사회적 맥락 속에서는 원근법적 코드화라는 지배적인 흐름 속에 휩쓸려 들어갔다. 코몰리(Comolli, 1980; 1985)에 따르면, 카메라 및 사진술의 발전과 영화의 발명은 과학적 요인에 의거하기보다는 이데올로기적·경제적 요구에 의해 촉진되었기 때문이다. 영화 장치의 기술적 구성 요소들을 밑받침하는 과학적 발견 및 발명이 있었지만 그것들이 실제 생산되기까지는 시간적 연기와 지체가 있었던 영화의 역사가 이를 증명한다. 따라서 원근법을 완성하는 동시에 그 토대를 훼손시켰던 카메라도 실제 역사적 전개 과정에서는 영화 장치 속에서 콰트로첸토 원근법에 따라 코드화되어 눈의 헤게모니를 보장하고 관객에게 세계의 충실한 재현을 약속하는 리얼리즘과 연계되었다. 초기 렌즈의 딥포커스는 원근법의 코드에 따라 현실 효과를 창출했으며, 이후의 영화사에서 화면의 깊이가 소멸한 것은 사진적 이미지의 사회적 확산에 따라 리얼리즘의 규준이 변화해 온 것에 기인한다. 결국 과학의 수준에서 제기되었던 눈에 대한 회의는 이데올로기적 수준에서 보상된 것이다.

세르주 다네 Serge Daney 가 영화를 지배하는 시각 중심주의와 '보이는 것의 이데올로기 ideology of the visible'를 지적했던 것은 바로 이러한 역사적 맥락에 기초한 것이었다.

'나는 본다'는 말이 이미 '나는 이해한다'로 사용되는 세계에서…… 카메라에 봉사하고 선행하는 것, 즉 보이는 것에 대한 진실로 맹목적인 신뢰, 다른 감각들에 대해 시각이 점진적으로 획득한 헤게모니, 사회가 자신을 볼거리 속에 갖다놓고자 하는 취향과 욕구 등을 왜 의문시하지 않는가?…… 영화는 이렇게 보는 것과 시각의 서구 형이상학적 전통과 결합되어 있는 바, 영화는 이 전통의 사진술적 소명을 실현한다.[79]

다네의 말에서 알 수 있듯이 영화에서 지배적인 이데올로기는 시각 중심주의이고, 이것은 서구 형이상학의 전통과, 그리고 원근법적인 시각 양식과 결부되어 있다. 자본주의 사회에서 산업적 기계로서 발달한 영화는, 정신적 기계로서는 카메라의 시선을 역사적으로 특정한 코드에 의해 배열해 왔던 것이고, 이 특정한 코드가 바로 원근법의 코드이다. 카메라의 시선이 시각적 주체를 구성할 수 있는 것은 이러한 코드화에 의해서이다. 1970년대 영화의 이데올로기적 성격을 파헤친 이론가들은 바로 이 점에 주목했다. 그들이 보기에 현재의 지배적인 영화 형식, 즉 고전적인 내러티브 영화 the classical narrative cinema 들은 원근법적으로 코드화된 카메라 형식에 의해 현대성의 지배적인 시각 구조의 상징적 논리에 종속된 상상적 동일시를 유도함으로써 관객을 영화 담론의 주체로 구성하는 것이다.

말하자면, 현대의 지배적인 영화들에서 카메라는 사진에서와 마찬가지로 원근법에 의해 코드화됨으로써 서구 현대성의 시각 체제의 상징적 질서에 접합된 상상적 동일시를 구조화한다. 관객은 카메라의 시선과 자신의 눈을 동일시함으로써 주체로 구성되는데, 1970년대 영화 이론가들에 의하면 이 과정은 라캉의 거울 단계에서 일어나는 동일시 과정을 따른다. 더욱이 영사기와 함께 영화관의 어두운 공간과 검은색으로 경계지어진 스크린은 플라톤의 동굴의 미장센을, 라캉의 거울 단계의 조건을 재구축한다. 보드리(Baudry, 1985)에 따르면 이 '영화 생산 과정의 중심에 있는' 카메라는 르네상스의 카메라 옵스큐라 모델에 의해 제조된 것이

79. Serge Daney, "Sur Salador," Cahier du cinéma, no.222, July, 1970, p.39; 여기서는 Comolli, 1980: 126에서 재인용.

며, 르네상스 회화 공간의 '중심 = 눈 = 주체'의 등식은 영화 카메라로 확장 연결된다. 게다가 이동하고 움직일 수 있는 카메라와의 동일시는 마치 원근법 회화에서처럼 초월적인 주체를 생산한다. 말하자면, 보드리가 볼 때 움직이는 카메라와의 동일시는, 지배적 시각 논리에 따라 코드화된 영화에서는 원근법적 주체를 불가능하게 하는 것이 아니라 오히려 그 반대로 작용하는 것이다. 카메라와의 동일시를 통해 구성되는 시각적 주체는 카메라의 운동에 비례하여 더 큰 기능으로 흡수되고 고양되기 때문이다. 움직이는 눈은 육체나 질료와 시간의 법칙에 의해 구속되지 않으며, 거꾸로 세계가 이 눈에 의해, 눈을 위해 구성된다.

메츠(Metz, 1982) 역시 보드리의 주장에 기본적으로 동의하는데, 1장에서 살펴본 바 있듯이 그는 영화에서의 동일시를 더 정신 분석학적으로 정교화해서 탐색하고 있다. 메츠에 따르면, 영화의 동일시는 영화 속 등장 인물과의 동일시(이차적 동일시. 이것은 내러티브 영화에서 타당하다)와 카메라와의 동일시로 구분된다. 여기서 등장 인물과의 동일시에 논리적, 심리적으로 선행하면서 그 전제가 되는 것은 카메라의 시선과의 동일시이다. 따라서 카메라와의 동일시가 '일차적인 영화적 동일시'이고 라캉의 거울 단계적 동일시에 비견될 수 있다. 물론 영화 상영중에는 카메라가 부재한다. 그러나 부재하는 카메라는 관객의 머리 뒤에서 빛을 방사하는 영사기에 의해 대리되며, 이 과정을 통해 관객은 영화 장치 자체의 일부분이 된다. 그는 카메라를 복제하는 영사기를 다시 복제하는 서치라이트가 되는 한편 필름을 복제하는 스크린을 다시 복제하는 감수성 예민한 표면이 되는 것이다. 이것은 원근법의 구조와 흡사하며, 스크린은 알베르티의 창문이고 거울이다. 그리고 영화를 볼 때 나는 카메라가 된다.

그러므로 메츠에 따르면 영화는 거울과 같다. 그러나 동시에 메츠는 다른 한편으로 그 거울 속에는 관객 자신의 육체가 없기 때문에 어린아이가 최초의 정체성을 획득하는 거울과는 다르며, 오히려 화가와 감상자의 육체가 사라지는 원근법 회화와 흡사하다고 지적한다. 스크린에 자신의 이미지가 부재함에도 동일시가 가능한 것은 관객이 이미 (진짜) 거울의 존재를 알고 있고 따라서 그 속에서 먼저 자신을 인지할 필요없이 대상들의 세계를 구성할 수 있다는 사실 때문이다. 즉, 영화의 실천은 최초의 동일시를 이미 거쳤음을 전제하며, 이러한 점에서 영화는 이미 상상계보다는 상징계 쪽에 가깝다.[80]

이 지속적인 동일시 속에서 스크린에 존재하는 것은 항상 타자이기 때문에 그를 보는 나는 모든 것을 지각하는 전지적인 주체가 된다. 나는 전능하며, 스크린에는 부재하지만 영화관에는 현전하면서 영화의 기표를 구성하기 때문이다. 게다가 영화에서 주체의 지식은 이중적인 바, 나는 내가 지각하고 있는 것이 상상적인 것임을 알고 있으며, 또 내가 그것을 지각하고 있다는 사실을 알고 있다. 따라서 관객은 결국 자신과, 지각의 순수 행동과 동일시하는 것이며, 존재하는 모든 것에 앞서 오는 초월적인 주체로서 자신을 동일시하는 것이다.[81] 그러므로 영화 관람 도중에 작동되는 상상적 동일시는 시각의 장에서 데카르트의 코기토를 생산하는 원근법의 상징적 질서와 합치되고 있는 것이다.[82]

(2) 이미지의 움직임과 내러티브

이상과 같이 영화에서 원근법적 코드화가 관철되는 과정의 중심에는 카메라와의 동일시, 즉 카메라의 시점과 관객의 눈의 일치가 있다. 그러나 영화의 원근법적 코드화는 이것만으로 모두 설명되지는 않는다. 영화는 말 그대로 '움직이는 사진 *motion picture*,' 즉 활동 사진이기 때문이다. 물론 카메라와의 동일시 자체도 움직이는 이미지로서의 영화 이미지에 대

---

80. 그러므로 라캉의 거울 단계적 동일시에 비유함에도 불구하고 메츠가 논의하는 영화적 동일시, 특히 카메라와의 동일시는 사실상 상징적 동일시에 해당하며, 따라서 카메라와의 동일시가 선행하는 전제를 이루는 가운데 등장 인물과의 동일시가 일어남으로써 작용하는 영화에서의 동일시는 상징적 동일시의 규제 하에 일어나는 상징적 동일시라고 할 수 있다.

81. 1장의 3절, 1)을 참조하라.

82. 카메라와의 일차적 동일시를 경유한 내러티브 속 등장 인물과의 이차적·상상적 동일시에서 스타는 중요한 역할을 하게 된다. 여기에 대해서는 박명진, 1993을 참조하라. 영화에서 스타(및 스타 시스템)의 기능에 있어서 동일시 기제의 중요성에 대해서는 Morin, 1992: 29~35, 128~9; Dyer, 1995: 46~8을 참조하라.

한 원근법적 코드화 논리의 일부를 해명한다. 그것은 '움직일 수 있는' 카메라와의 동일시이기 때문이다. 그러나 영화 이미지의 운동 문제는 좀 더 고찰되어야 한다. 그것은 이미지의 운동이 카메라 자체가 움직일 수 있다는 데도 기인하지만 그 운동은 무엇보다 컷과 컷의 연속에 의한 것이기 때문이다. 뿐만 아니라 카메라가 고정되어 있는 경우에도 영화의 이미지는 움직인다.[83] 또 카메라와의 동일시, 즉 시선의 일치는 영화의 시작부터 끝까지 일관되게 이어지는 것도 아니다. 무엇보다 컷과 컷의 연쇄는 부단히 그 동일시를 깨뜨리는 작용을 할 수도 있다.

말하자면 영화는 고정된 단 하나의 사진적 이미지로만 존재하는 것이 아니라 무엇보다도 컷들로 이어지는 이미지들의 단속적인 연쇄이며, 필름의 영사가 이미지들에게 운동을 끌어들인다. 이 영화 이미지들의 운동은 주체로서의 관객의 안정성을 위협하며 원근법적인 시각 양식을 동요시키는 결과를 가져올 수 있다. 앞에서 살펴본 바 있는 벤야민의 지적대로 영화의 장면들은 눈에 들어오자마자 다른 것으로 바뀜으로 하여 고정시킬 수 없으며, 따라서 관람자가 회화를 감상할 때처럼 집중을 하고 연상의 흐름에 몸을 맡기는 것을 불가능하게 함으로써 그 기술적 구조상 심대한 충격 효과를 가지기 때문이다. 그리고 컷들의 연쇄, 숏과 숏 사이의 순간적인 어둠, 깜빡임은 관객으로 하여금 영화 담론 내의 항상적인 부재와 결핍을 환기시킴으로써 자신이 보고 있는 스크린상의 세계가 환영적 이미지에 불과한 것임을, 자신이 보고 있는 영화는 항상 허구로서 생산된 것임을 일깨운다. 앞에서 살펴보았듯이 카메라가 원근법적 시각 양식을 훼손시킨 것은 영화에서 단적으로 실현되는 이 이미지의 움직임과 그에 따른 유동화된 시각에 기인하는 것이기도 하였다.

그러나 메츠도 지적하듯이 영화는 관객이 스크린 위의 움직임은 빛

---

83. 특히, 초창기 영화사에서는 1920년대 독일인들이 카메라의 운동을 실현하기 전까지는 카메라 자체는 움직이지 않는 경우가 많았다. 표현주의 독일 영화에서 카메라가 움직이기 시작한다는 것의 중요성을 강조하는 것으로는 Deleuze, 1986에서의 논의를 참조하라. 그리고 독일 영화에서 주관적 카메라의 등장에 대해서는 Ellis, 1988에서의 논의를 참조하라.

과 그림자에 의한 움직임이 아니라 실제 대상이 움직이고 있는 것이라고 믿도록, 즉 관객 스스로가 영화는 환상이라는 불신을 자발적으로 유예하도록 관객을 성공적으로 유혹하는 환상이다. 그럼으로써 영화는 자기 자신이 생산되던 과정의 흔적을 매끈하게 덮어버리고, 계속해서 관객으로부터 카메라를 경유한 등장 인물과의 동일시를 이끌어 낸다. 이것은 영화의 담론 속에서 '발화 행위의 주체'(the speaking subject; the subject of enunciation; 영화를 생산하는 상징적 질서와 영화의 기술적 장치 및 과정)와 '발화된 언표의 주체'(the subject of utterance or speech; 텍스트 속의 주체의 위치, 무엇보다도 내러티브 속의 인물이나 인물군) 및 '피발화 주체'(the spoken subject; 발화가 건네지는 주체, 즉 관객) 간의 일치가 이루어짐을 의미한다.[84] 영화의 관객은 담론 안에서 단속적으로 활성화되는 것으로, 영화라는 담론의 발화된 언표 속의 주체, 즉 허구 속의 등장 인물과의 동일시를 통해 주체로 구성된다. 이 담론은 개인과 문화적 담지자(주로 텍스트적 구성물) 간의 교환 내지 상호 작용으로 구성된다. 이 문화적(따라서 이데올로기와 미늘 달린) 담지자는 구체적 개인에게 말을 걸고 그 과정에서 말을 건 상대방 개인의 정체성을 규정한다(Silverman, 1983: 195～9).

이 메커니즘을 이해하는 데 유용한 것이 '봉합 suture'이라는 라캉적 개념이다. 봉합 개념은 라캉의 제자인 자크 알랭 밀레르(Miller, 1977 / 1978)가 다듬어 낸 개념이다. 그는 라캉이 이 개념을 잘 사용하지는 않았지만 상징적 질서를 구성하는 기표들의 사슬에 의해 주체가 구성되는 과정을 설명할 때 항상 존재했던 것이라고 말한다.[85] 여기서 상징계로의 진입과 더불어 주체가 구성되는 과정에 대한 라캉의 설명을 다시 상기할 필요가 있다. 라캉에 있어 주체는 언어적 질서, 즉 상징계에 진입함으로써 구성된다. 이 주체는 분할이요 결핍의 범주이다. 존재 내 결핍이 언어

---

84. 이 주체의 세 가지 분류는 에밀 방브니스트 Emile Benveniste 의 범주(발화 행위의 주체와 발화 언표의 주체)에 실버만이 피발화 주체를 덧붙인 것이다.

85. ≪정신 분석학의 네 가지 근본 개념≫에는 라캉이 무의식의 나타남 / 사라짐의 논리적 시간으로 동일시적 변증법의 시간성을 설명하면서 봉합을 의사 - 동일시 pseudo-identification 로 정의하는 구절이 있다 (Lacan, Four Concepts: 114～7).

속에서의 주체의 장소와 경험이요 주체의 욕망의 구조인 것이며, 주체는 기표들의 사슬 속에서 끝없이 미끄러지는 것이다. 무의식의 위치는 바로 주체와 큰타자(상징계)의 사이에 있다. 무의식은 그 둘 간의 경계, 가장자리, 둘 간의 분할의 교차점이며 열리는 순간 이미 닫히는 과정이다. 상징계로의 진입이 주체를 야기하는 두 가지 근본적 작동은 소외와 분리이다. 소외는 기표들의 유희 속에 들어감으로써 주체가 자신과 기원적으로 분할되는 것이고, 분리는 기표 속에서 주체가 자신을 조달하는 방식(욕망의 환유 속의 통과)이다.

봉합은 주체로서의 개인이 자신의 담론의 사슬과 맺는 바로 이러한 관계를 지칭하며 기표의 논리를 이르는 것이다. 기표의 논리로서의 봉합은 수 체계에서 0의 논리와 같다. 앞에서도 언급된 바 있듯이(2장 3절 1)의 (2)를 볼 것) 0은 무, 부재의 기호 또는 기표이다. 이런 의미에서 0은 결핍 그 자체이다. 무 또는 결핍으로서의 0은 숫자 0으로서 표상되는 동시에 수의 연속과 연산의 기원으로서 기능한다. 그런데 숫자 0이 수의 연속을 결정하려면 이것이 결핍이 아니라 다른 숫자와 같은 것으로 계산되어야 한다. 즉, 숫자 0은 숫자 1로서 계산되는 것이며, 이러한 의미에서 결핍으로서의 0을 표상하는 숫자 0은 이미 결핍으로서의 0과는 다르다. 말하자면 여타 숫자와는 상이한 숫자가 나타나 여타 숫자와 동일하게 계산됨으로써 수의 연속이 이루어진다. 이 숫자가 0으로서, 수의 연속을 가능하게 하는 것이다.[86] 즉, 결핍이 0으로서 출현하고 이 0이 1로서 출현하는 것이 수의 연속이 출현하도록 만든다. 이것이 논리적 봉

---

86. 밀레르의 논의는 동일성 *identity*을 자신과의 동일성 *identity-with-itself*으로 정의하는 고트롭 프레게 Gottlob Frege의 《연산의 기초》에 논거를 두고 있다. 프레게에 있어 사물이 개념으로서 나타나려면 사물 자체는 사라져야 한다. 따라서 개념은 스스로와 동일한 것으로 정의된다. 즉, 개념은 이중적인 개념이다. 그것은 개념에 대한 동일성에 대한 개념인 것이다. 수의 체계는 이러한 관점에서 파악된다. 밀레르에 따르면, 이렇게 볼 때 수가 단순히 동일자의 반복으로부터 서열화된 연속으로 이행하기 위해서는 실재에 준거하지 않는 0이 나타나야 한다. 따라서 0은 스스로와 동일하지 않은 개념에 할당되는 숫자이다. 이렇게 숫자 0에 의해 할당되는 '스스로와 동일하지 않은 것'의 개념이 논리적 담론을 봉합한다(Miller, 1977 / 1978: 26). 이러한 점에서 0은 '스스로와 동일한 것'들이 이루는 상징적 질서를 가능케 하고 그것을 가동시켜 주는, 숫자들의 질서 속의 실재계적 이물이라 할 수 있다.

합의 메커니즘이다(같은 글: 29~31).

그러므로 숫자 0은 결핍에 대한 봉합적인 대역 *the suturing stand-in for the lack* 이다. 숫자들의 계열이 발생적으로 반복되는 것은 이것에 의해 지탱된다. 즉, 결핍 0이 먼저 수직적인 은유적(계열체적인) 축을 따라 진실의 장을 제한하는 빗장 *bar* 을 가로질러 넘어오고, 그리고는 연속적인 진행의 환유적인(통합체적인) 사슬 속에 붙잡혀 있는 숫자들 각각의 이름 속에서 0은 결핍이라는 의미로서는 취소되는 것이다(같은 글: 31). 즉, 결핍 0은 1로서 계산되는 숫자 0에 의해 대역되는 동시에 배제된다(또는 사라진다). 이러한 의미에서 0의 논리는 기표, 특히 기표들의 사슬을 정박하여 의미의 그물망을 일시적으로 구축하는 주인 기표의 논리와도 같은 것이다. 따라서 그것은 주체의 논리와도 같다. 주체는 기표와의 동일시에 의해 구성되는 동시에 주체의 존재, 무라는 진실은 기표의 사슬 바깥으로 추방된다. 즉, 주체는 담론의 질서 속에 나타나는 동시에 배제되는 것이다(같은 글: 32). 그리고 이 주체의 구성 과정, 즉 주인 기표와의 동일시가 기표의 사슬을 정박하고 의미망을 형성하는 것이다. 그러므로 주체는 기표의 효과이고 기표는 주체의 표상체이며, 이것은 상호적이지는 않은 원환적 관계를 형성한다. 봉합은 이렇게 '가려지는 가운데 깜박거림 *flickering in eclipse*'으로 정의될 수 있는 주체의 구조를 표현하는 말이다(같은 글: 34).

한마디로, 기표들의 사슬로서의 담론 속에서 주체는 대역의 모습으로 자신의 상실, 결핍을 형상화한다. 따라서 봉합은 주체가 기표의 외양 속에 상징계 속으로 자신을 삽입하면서 존재의 희생을 대가로 의미를 얻게 되는 계기로 규정된다.

> 봉합이란 자신의 담론 연쇄에 대한 주체의 관계를 지칭한다…… 그것은 거기에서 대역 *stand-in* 의 형태로서, 결핍되어 있는 요소로서 나타난다. 그 곳에 결핍이 있는 동안에는 그것은 순수하고 단순하게 부재하는 것이 아니기 때문이다(Miller, 1977 / 1978: 25~6).

봉합의 대표적인 예는 바로 발화된 언표의 1인칭 대명사 '나'이다. 그것은 발화 행위의 주체와 결코 합치되지 않는다. 그러나 히스(Heath, 1992)에 의하면 바로 이 봉합은 결핍의 계기뿐만 아니라 메꿈(채움)의 계기도 함축하는 것이다.

> 봉합은 단지 결핍의 구조뿐만 아니라 주체의 가용성, 즉 특정한 폐쇄도 지칭한다…… '나'는 결핍과 가용성을 모두 가리킨다. 그러므로 라캉 자신이 '봉합'이란 용어를 사용할 때 그것에 '의사 – 동일시'라는 의미를 부여하고 그것을 '상상계와 상징계의 접합점(경계)'으로 규정한 것도 놀라운 일이 아니다…… '나'는 분리이지만 모든 동일물을 결합하며, 대역은 구조 내의 결핍이지만 그럼에도 불구하고 동시에 응집의 가능성, 즉 채워 넣음 *the filling-in* 의 가능성이다(Heath, 1992: 85∼6).

결국 주체는 자신이 대역되는 기표의 효과이며, 이데올로기는 이렇게 하여 상징계 속에서 주체가 생산되는 과정, 즉 기표의 사슬 속에 위치가 정박되고 환유가 중지되는 것, 그러나 끝없이 계속되는 과정으로서의 중지에 의존한다(같은 책: 14).[87]

장 피에르 우다르(Oudart, 1977 / 1978)는 밀레르의 봉합 개념을 영화에서의 주체 구성에 적용한다. 우다르에 따르면, 영화 관람 과정의 첫 단계는 이미지와 관객이 즐거운 관계를 맺는 계기이다. 그러나 프레임의 존재를 인지하는 순간 이 관계는 깨어지고 이미지는 그 한계 내에서 보여지며, 관객은 이미지 바깥에 존재하는 부재의 영역(프레임의 한계를 설정하는 '부재하는 자 *the Absent One*'의 존재)을 깨닫게 된다. 이 순간 영화는 담론이 된다. 즉, 부재의 영역을 인지하는 순간 그 숏은 부재의 영역의 기표가 되고 즐거움은 불쾌감으로 전환되는 것이다. 다니엘 다얀이 요약하듯이, "관객은 자신의 공간 소유가 단지 부분적이고 환상적일 뿐이었다는 것을 발견한다. 그는 자신이 보지 못하도록 방해받고 있는 그것을 박탈당했다고 느낀다.[88]

---

87. 이상에서 알 수 있듯이, 봉합의 두 계기인 결핍의 계기와 메꿈(채움)의 계기는 각각 상징계 / 실재계의 접합점과 상상계 / 상징계의 접합점에 대응된다. 이 점에서도 봉합은 상상계 / 상징계 / 실재계의 공시적 접합 구조로 특징지어지는 주체(와 그 에고)의 논리를 표현한다.

그는 단지 유령 같은 혹은 부재하는 다른 관람자의 응시의 축 내에서 일어나는 것만을 보도록 허용될 뿐이라는 것을 발견한다"(Dayan, 1976: 448).

이것은 바로 카메라의 시선, 즉 응시와 관객 자신의 시선 사이의 분리를 인지하는 순간이다. 이 계기에서 생기는 결핍감은 관객 내부에서 (이 결핍을 채우기 위해) 더 많은 '다른 무엇'을 보고 싶은 욕망을 일으키는데, 여기서 작동하게 되는 것이 바로 부재의 제거(채워 넣음), 즉 담론의 봉합이다. 대체로 관객은 영화 속의 허구적 인물과의 동일시를 통해 영화 속에서 부재를 재전유한다. 그 결과, 허구 속의 등장 인물이 관객에 의해 설정된 '부재하는 자'의 자리를 차지하게 되는 것이다.

우다르의 논의를 이어 받고 있는 다얀(같은 글)은 이것이 그림 속에 묘사된 대상이 이미 그것을 바라보고 있는 주체의 현전의 기표가 되는, 즉 그림 자체가 바라보는 주체의 시선에 종속되어 있는 고전적 재현의 체계와 동일하다고 본다. 거기에서 관람자는 그림을 바라보는 부재하는 주체의 자리와 자신을 동일시하는 것이다.[89] 그는 영화의 단일 프레임은 고전 회화와 등가적이며, 적어도 고전적인 내러티브 영화들은 이러한 재현 체계에 기초하고 있다고 본다. 그러나 영화의 이미지들의 연속은 이 재현 체계를 교란함으로써 자신의 기능을 노출시킬 위험을 가져온다. 그것은 "누가 이것을 보고 있는가?," "누가 이 이미지들을 질서 지우는가?" 의 문제를 제기하는 것이다. 영화의 메시지는 관객의 이 의문에 대답함으로써 이데올로기적 생산 체계의 코드를 숨겨야 하는데, 이것이 바로 봉합의 기능이다.

다얀은 특히 '숏 shot / 리버스숏 reverse shot'을 봉합 체계로 보고 있다. 예컨대, 고전적인 극영화에서 첫 번째 숏은 '180도의 규칙' 등 표준적인

---

88. 이 말은 결국 관객은 영화 이미지 속의 공간이 부분적이고 제한적이라는 것을 깨닫는 순간, (무엇보다도 카메라의 시야가 부과하는 제한, 즉 프레임의 한계 때문에) 스크린에서 자신이 볼 수 없는 것을 단순히 볼 수 없는 것으로 받아들이는 것이 아니라 자신이 그것을 박탈당한 것이라고 생각한다는 것이다. 따라서 이런 해석에서 결핍의 계기는 그만큼 더 강하게 부각되며 그 중요성도 더 강조되는 셈이다.

89. 다얀이 의지하는 고전적 재현 체계에 대한 해명은 바로 벨라스케스의 그림 < 시녀들 >에 대한 푸코의 분석이다.

원칙들을 침해하지 않으면서 어떤 공간을 보여 준다. 두 번째 숏은 동일한 원환의 다른 180도 이내에 있는 응시자를 보여 줌으로써, 앞에 나온 첫 번째 숏이 영화적 서사 내부의 어떤 인물의 눈을 통해 보여진 것이라 암시한다. 그 결과 발화의 수준은 허구의 수준으로 흡수되고 발화 언표의 주체가 발화 행위의 주체인 것처럼 된다. 결국 숏 / 리버스숏 구성체는 관객의 시선을 등장 인물의 그것에 연결시킨다. 이것은 관객의 상상계를 해방시키는 동시에 의미를 생산한다는 이중의 기능을 한다. 관객의 상상계를 해방시키는 기능이 이루어지는 것은 두 번째 숏이 등장 인물과의 동일시를 통해 이미지와 관객의 즐거운 상상적 관계를 복구시키기 때문이다. 그리고 의미 생산의 기능이 수행되는 것은 프레임을 의식한 관객에게 시각의 장은 부재하는 자의 현전을 의미함으로써 의미 작용으로 변형되기 때문이다. 즉, 영화적 이미지는 기표가 되며 부재하는 자가 그 기의인 것이다. 따라서 두 번째 숏은 첫 번째 숏의 기의가 되면서 첫 번째 숏을 소급적으로 기표로 만든다.[90]

한편 히스(Heath, 1992)에 따르면, 숏 / 리버스숏에 의한 숏들 간의 접합은 봉합을 이루는 여러 요소들 가운데 단지 하나의 요소에 불과하다. 히스 역시 부정의 과정, 즉 영화가 부재와 상실을 구조화하는 방식을 강조한다. 즉, 고전적 영화 조직은, 허구적 등장 인물을 자신에 대한 대역으로 허용함으로써 혹은 특별한 시점으로 하여금 자신이 보는 것을 규정하게 허용함으로써 스스로 자신에 대해 부재하게 되려 하는 주체의 자발성에 의존한다. 카메라는 모든 것을 한꺼번에 보여 주려 하지 않으며, 더 많은 것이 있다는 것을 알 정도로만 보여 준다. 여기서 컷은 숏

---

90. 그러므로 봉합 체계의 의미 생산의 동학은 소급적인 것이다(Dayan, 1976: 446~51 참조). 소급적인 의미 생산이란 점에서, 봉합이 기표의 논리임을 다시 한번 알 수 있다. 한편, 로스먼은 우다르와 다안의 봉합 체계론을 비판하는데, 비판의 핵심은 이들이 숏 / 리버스숏 시퀀스를 시점 시퀀스와 등치하고 있다는 것이며, 시점 시퀀스는 이들이 주장하는 것과는 다른 방식으로 작동할 뿐만 아니라 상황을 설명해 주는 최초의 설정 숏을 포함하기 때문에 두 개가 아니라 세 개의 숏들로 구성된다는 것이다. 로스먼에 따르면 시점 시퀀스가 부르주아 이데올로기적 효과를 낳느냐 여부는 그 자체로 주어지는 것이 아니라 영화 전체의 문맥과 관객의 태도에 의존한다(Rothman, 1976).

들 간을 분리함으로써 선행하는 숏과 뒤를 잇는 숏이 현재의 숏에 대해 부재를 구조화하는 기능을 하게 한다. 이 부재가 하나의 숏을 선행하는 숏의 기의이자 뒤에 오는 숏의 기표가 되게 함으로써 의미 작용의 총화를 가능케 한다. 따라서 영화적 응집성과 풍부함은 다중적인 컷과 부정을 통해서 일어난다. 이렇게 하여 봉합 체계는 주체에게 담론적 위치를 규정해주고 다른 대안적인 담론을 거부하게 되는 것이다.

그러나 숏과 숏의 이행, 장면과 장면의 전환에 의해 관객은 끊임없이 불연속성, 파편화를 경험하게 되는데, 보는 주체(관객)는 봉합을 절실히 원하기 때문에 내러티브의 편안함과 폐쇄성 혹은 완결성에 대한 그의 욕망은 그럴수록 커진다. 그리하여 영화적 공간을 드라마적 공간으로 변형하고 그럼으로써 관객에게 주체 위치를 제공하는 내러티브는 봉합의 가장 중요한 요소가 된다. "이미지들의 단속 속에 영화는 영속적인 환유로서, 내러티브는 이미지들의 흐름을 통해 주체의 방향으로 돌려지는 일종의 욕망의 전환을 폐쇄의 모델에 기초하여 이 환유 위에 놓는다"(같은 책: 13). 즉, 영화 이미지들의 영속적인 환유의 흐름을 내러티브적 완결성에 의해 조직하고 닫음으로써 이미지들의 불연속과 파편화로 인해 야기되는 주체 / 관객의 결핍은 채워지고 그 / 그녀의 욕망은 충족되는 것이다. 이런 방식으로 내러티브는 영화 내에 존재하는 부재의 자리를 가로지르면서 주체를 구성하며, 이 봉합은 계속적인 것으로서 '주체의 구성 – 재구성'은 항상 갱신된다. "담론으로서의 영화의 실현은 주체에게 말을 거는 것, 불완전성 – 완성의 유희를 특정화하는 것을 구체적인 영화를 통해 매순간마다 생산하는 것이다…… 내러티브화, 내러티브로의 항상적인 전환[은] 내러티브의 이미지 속에서, 그리고 그것[주체]의 내러티브화 *narration*[91]로서의 영화 속에서 관객을 주체로서 붙잡는 것이다"(같은 책: 107. [ ] 안은 인용자가 보충).

따라서 내러티브의 중요한 역할은 무엇보다도 이미지들의 폭력적인

---

91. 여기서 주체의 내러티브화(내레이션)란 주체가 이야기한다는 것과 주체에 대한 이야기(하기)라는, 항상 연결되어 있고 겹치는 두 가지 뜻을 모두 담고 있는 것으로 생각할 수 있다.

연속에 시간적 정합성을 부여하고 일관적인 주체의 시점을 형성함으로써 안정된 허구적 공간을 만드는 데 있다. 형상들의 움직임, 카메라의 운동, 숏들 간의 전환에 의해 야기되는 영화의 가동성 *mobility* 은 카메라를 눈으로서 지탱하는 데 관심을 두는 사진적 시각의 공간(이것이 이상적 공간이다)과 공모적이면서도 그것을 근본적으로 위협하는데, 이데올로기적 결정의 구체적 사회적 맥락 속에서 영화는 연극적 영화로 접합되는 지배적 경향을 형성함으로써 이 위협을 제거한다(같은 책: 31～3). 그러므로 영화의 고전적 경제학은 자신을 유기적 통일체로서 조직화해 내는 것, 즉 내러티브화이며, 이것은 영화 자신의 생산 과정과 그 흔적을 지워버리면서 투명성을 배태한다. 이 과정에서 행동과 공간과 주체의 통일성, 연속성을 창조하는 것은 소설적 내러티브의 모델을 따른다. 180도 규칙이나 시선의 일치 *eyeline-match* 등 고전적 내러티브 영화들이 활용하는 편집과 시공간 접합의 기법들은 모두 이 목적에 기여하는 것이다.

히스에 따르면, 영화의 내러티브의 기능에 있어선 공간의 접합이 결정적이고 근본적인 것이다. 공간의 구성은 주체를 내러티브로서의 영화에 결박하는 것이고, 시선과 시점의 사용은 이 봉합 과정에 근본적 역할을 한다. 히스의 연구는 <스크린>의 기획의 정점에 서 있다.[92] 그것은 고전적 내러티브 영화에서의 공간이 바로 콰트로첸토 원근법적 공간임을 밝혀낸다. 역사적으로 형성된 프레임 자체가 원근법적으로 코드화될 뿐만 아니라 고전적인 내러티브 형식들이 공간의 통일성을 조직하기 때문에 영화에 도입되는 운동은 카메라와의 동일시, 콰트로첸토적 시각과 연관된 사진적 이미지의 시각에 기초한 '이상적 그림'을 생산하는 보충물로 다루어진다. 여기서의 운동은 공간 속을 돌아다니며 움직이는 객관적이고 중심적인 관찰자의 총체적 시각을 제공하기 때문이다(같은 책: 49).[93] 원근법

---

92. 앞의 각주 78을 참조하라.

93. 고전적 내러티브 영화는 이러한 측면에서 놀라운 포섭력을 보여 준다. 원근법적 시각의 매끄러운 안정성을 교란시킬 수 있는 시각들도 즐겨 활용하기 때문이다. 예를 들면, 인물과 떨어져 나온 자율적인 카메라(이를테면 <악의 손길 *Touch of Evil*>의 도입부 시퀀스)나 불가능한 장소의 시점 숏(예컨대, 가로막힌

체계의 이미지는 관람자를 중심적 위치에 봉합한다(그는 이미지의 주체로서 그 이미지를 완성한다). 영화에서 이것은 다음과 같은 사실을 의미한다.

> 영화 속에서 움직이는 것은 최종적으로는 스크린 앞에서 움직이지 않고 있는 관객 자신이다. 영화는 이 운동의 규제이고, 개인을 상상계의 항구적인 재총화 속에, 욕망과 에너지와 모순의 이동과 위치화 속에 봉합하는 것이다. 이것은 내러티브화에 대한 영화의 투자, 결정적으로는 응집적인 공간과 시각을 위한 장소의 통일성을 위한 투자 *investment*[= *cathexis*] 이다"(같은 책: 53. [ ] 안은 인용자가 보충).

주체 생산의 정의가 그러하듯이, 방어적인 의미에서 정의하자면 봉합은 영화에서 이미지의 움직임이 야기할 수 있는 주체성의 교란 효과를 통어하려는 시도라고 할 수 있다. 이렇게 정의한다면, 지금까지의 논의에서 알 수 있듯이 영화에서의 봉합에 있어서 가장 중요한 것은 결국 내러티브이다. 특히 지배적인 할리우드 영화를 특징짓는 고전적인 내러티브의 전략은 공간의 통일성을 생산함으로써 원근법적인 공간을 구축하고, 관객을 이 공간에 결박시켜 중심적인 관찰자의 총체적 시각을 제공함으로써 그/그녀를 이 공간의 중심이자 통일되어 있는 주체로 구성하는 것이다.

그러면 먼저, 할리우드 영화에서 전형적으로 볼 수 있는 이 고전적 내러티브의 특징을 살펴보자. 고전적 내러티브는 무엇보다도 리얼리즘으로 특징지을 수 있다.[94] 고전적 내러티브는 대체로 19세기 부르주아 사

벽의 시점에서 인물을 보여 주는 숏 등)도 내러티브 영화 속으로 포섭된다(Heath, 1992: 49~52 참조).

94. 여기서 다루고 있는 것은 어디까지나 영화에서의 내러티브, 그것도 극영화에서 지배력을 행사하는 할리우드 영화들에서 전형적으로 볼 수 있는 내러티브라는 점을 분명히 해야 한다. 내러티브는 소설이나 설화를 비롯해서 다양한 것들이 있으며, 적어도 소설에서는 부르주아 사회에서 지배적인 내러티브 형태였던 리얼리즘의 선형성은 이미 19세기 후반과 20세기 전반에 걸쳐 모더니즘에 의해 그 영향력을 크게 상실하였다. 영화에서도 마찬가지로 리얼리즘 이외의 내러티브들이 있었으나 할리우드 영화의 영향 아래 선형적인 리얼리즘적 내러티브 형태가 우세를 점하였다. 영화에서 이 리얼리즘 형태의 고전적인 내러티브가 모더니즘에 의해 본격적으로 공격받는 것은 2차 대전 이후라고 할 수 있는데, 이것은 이 책의 범위를 벗어나는 것이다. 오늘날에는 포스트모더니즘이라 할 수 있는 현상으로서 할리우드 영화 내에서도 선형성에 기초한 리얼리즘 내러티브에서 탈피한 형태의 것들을 많이 볼 수 있는데, 그러나 전체적인 상황에 있어서는 리얼리즘적 내러티브의 기조가, 변형은 되더라도 아직은 계속 유지되고 있는 것으로 생각된다.

회의 산물인 리얼리즘 소설의 내러티브 원리를 영화적으로 구현하여 현실감을 극대화하도록 조직된다. 이 현실감을 고양시키는 축의 하나가 히스가 말하는 통일적인 공간의 구축이다. 그러나 내러티브는 사건의 전개이므로 시간성이 어떻게 구축되는가 하는 것도 역시 중요하다. 내러티브가 전개되는 과정에서 구체적인 사건은 다양한 방식으로 제시될 수 있으나 리얼리즘 내러티브에서는 종국에 가서는 사건이 해결되고 이야기가 완결된다. 이러한 리얼리즘 내러티브의 시간은 대체로 직선적인 시간이다. 전체적으로 보자면, 영화의 고전적인 리얼리즘 내러티브에서는 사건의 인과적 통합의 구조, 행위의 연결, 시점의 통일, 카메라 각도 변화의 관습화된 규칙 등을 통해 영화의 흐름에 투명성을 부여하고 '사실임직함(박진성)'의 효과를 달성하여 이야기의 세계를 자연스러운 것으로 나타나도록 만든다(박명진, 1996: 103).

종합해 본다면, 결국 할리우드 영화에 의해 전형적으로 대표되는 영화에서의 고전적인 리얼리즘 내러티브는 근본적으로 15세기 원근법적 공간에 기초를 두고 있는 통일적이고 연속적인 사진적 공간을 구성하고 인과적이고 선형적인 linear 시간성을 구축하는 것을 그 기본적인 형태로 갖는 내러티브이다. 한마디로 그것은 연속적이고 통일된 시공간을 구축하는 장치, 즉 영화 이미지를 바로 근(현)대적인 시간·공간에 따라 질서지우는 장치이고, 영화를 하나의 유기적 통일체로 조직해 내는 방편인 것이다. 이 고전적인 리얼리즘 내러티브는 주체 구성이란 측면에서 원근법적 시각 양식을 보강해 준다. 유기적이고 통일적인 시공간 구성체 내에서의 중심으로 위치지어지는 카메라의 시점을 일단 제외하고(이것은 지금까지 충분히 논의되어 온 문제이다), 내러티브 조직화의 차원에 초점을 맞추어서 이 측면을 살펴보도록 하자.

먼저, 리얼리즘 내러티브, 특히 고전적인 할리우드 내러티브는 극중 인물의 욕망에 의해 내러티브가 추동된다. 내러티브의 개념화는 개별 인물 individual character 이 원인 제공자라는 가정에 의존하고 있으며, 자주 인물의 욕망이 내러티브가 추동되는 동기가 된다. 그렇기 때문에 고전적인 할리우드 영화에서는 심리적 원인에서 나온 행위들이 대부분 내러티브 사건을 동기화하려 한다. 고전 할리우드 영화에서는 이 인물의 욕망이 목표하는 바를 향해 추동되는 가운데 대항 세력 *counterforce*[95]이 나타나 방해를 함으로써 갈등이 유발되고, 위기와 절정을 거쳐 대단원에 이르게 되는 전형적인 리얼리즘 소설적인 구조를 갖추게 되는데, 대부분의 고전적인 내러티브들은 끝날 때 높은 정도의 완결성을 보여 준다. 문제가 해결되지 않고 엉성한 결말을 남기기보다는, 내러티브를 동기화한 원인을 최종적인 결과로 연결시키면서 결말을 내려고 모색하는 것이다(Bordwell & Thompson, 1980: 57~9).

이렇게 개인적인 인물의 욕망에 의해 내러티브가 추동되기 때문에 리얼리즘적인 고전적 내러티브는 이데올로기적인 차원에서 개인주의와 내재적으로 연결되며, 내러티브 구조적으로 강한 주체 구성 효과를 발휘한다. 특히, 개별 주체 역시 일정한 개인사 과정에서 구성되며, 이 개인사 또한 하나의 내러티브라는 점에서 볼 때, 이 효과는 강력하다. 따라서 고전적인 리얼리즘 내러티브가 영화에 적용될 때, 영화는 중심적인 주체 구성이란 점에서 원근법적 시각 양식의 기본 모티프를 실현하고 보강해 줄 수 있는 것이다.

둘째, 시공간의 차원에서 리얼리즘 내러티브는 원근법적 시각 양식과 친화적이다. 여기서 영화의 고전적인 내러티브가 그 기본 장치를 빌려 온 리얼리즘 소설과 원근법을 비교해 보는 것이 도움이 될 수 있다(Ermarth, 1981). 중세에는 시간과 공간이 불연속적이었다. 공간적 불연속성은 원근법 이전 중세 회화에서 잘 확인할 수 있고, 연대기적 시간이나 역사적 시간이 아닌 제식적 시간이 지배하는 중세의 내러티브에서 불연속적인 시간관을 확인할 수 있다. 공간 차원에서는 원근법에서 확인할 수 있었듯이, 현대성의 문명에서 이러한 시공간은 연속적이고 동질적인 시공간으로 이행한다. 원근법에서 동질적이고 무한한 공간을 찾아볼 수

---

95. 여기서도 기본적인 작인 *agent* 은 개별적인 대항적 인물이다. 악당의 캐릭터가 대표적인 것이다.

있었다. 한편, 리얼리즘 소설은 선형적인 과거 시제 내레이션으로 시간을 개념화하고 체계화한다. 이러한 내러티브는 시간을 무한으로 뻗어 나가는 공통적인 차원으로 개념화하고, 과거·현재·미래 사이의 구별이 상호 정보를 주고받기 때문에 의미 있는, 그런 연속적인 매체로 시간을 개념화하는 데서 나온다. 이 세 가지 시제들은 사건들에 대하여 시간이라는 통일된 매체 내에서의 상대적인 측정과 하나의 지점에서의 상대적인 측정을 가능케 한다. 이렇게 볼 때, 일단 원근법은 공간의 동질성과 연속성을 확립하고 리얼리즘 내러티브는 시간의 동질성과 연속성을 확립한다는 점에서 서로 친화적이라고 할 수 있다.

하지만 원근법과 리얼리즘 내러티브는 이렇게 각각 공간과 시간을 상동적인 구조로 조직화해낼 뿐만 아니라, 리얼리즘 내러티브의 시간적 선형성 자체가 원근법과 내재적으로 친화적이기도 하다. 달리 말하면, 원근법 자체가 공간 조직에 그치지 않고 그 내적으로 선형적 시간성을 함축하고 있다. 이것은 원근법과 리얼리즘 내러티브 모두에서 사건이나 사물 또는 인물의 성격은 중세에서와 같이 절대적인 속성으로 규정되는 것이 아니라 동질적인 시공간 좌표상의 위치에 의해 규정되는 상대적인 것이라는 점과 연관되어 있다. 그럼으로써 리얼리즘 내러티브는 발생되는 사건들이 미래에 종합되고 해결될 것이라는 기대와 확신에 의해 선형적으로 추동될 수 있다. 그것들이 불변적이고 절대적인 속성으로 규정된다면 내러티브는 불연속적인 것이 될 것이며 종합은 기대될 수 없기 때문이다. 이 종합에의 확신을 유지하는 것이 리얼리즘 소설에 전형적으로 등장하는 전지적인 과거 시제의 내러티브인 것이다. 다른 한편으로 원근법의 시각 공간에서도 화면상의 고정된 시간과는 달리 시간 차원과 운동이 함축되는데, 이것은 원근법 회화에서 설정되는 시점이 근본적으로는 상대적인 시점일 수밖에 없다는 데 기인한다(같은 글: 512).

원근법 회화에서 설정되는 시점이 근본적으로 상대적인 시점이라는 것은 무엇을 의미하는가? 이것은 응시의 점으로서의 소실점이 자리하고 작동하는 기표의 논리를 참조할 때 어렵지 않게 알 수 있는 문제이다.[96]

하지만 여기서 우리는 이 문제를 다음과 같이 간략하게 생각해 볼 수 있다. 원근법 회화에서 중심점으로 설정되는 시점은 초월적인 주체를 구성하는 중심적인 시점임에도 불구하고 근본적으로는 절대적인 시점이 아니라 상대적인 시점이다. 그림을 구성하고 그리는 화가의 시점 자체가 상대적인 시점일 뿐만 아니라, 그림 속에서 소실점으로 체현되는 그 시점은 그림 속의 다른 형상들 및 위치들과의 관계에 있어서도 그 관계들의 중심임에도 불구하고 상대적이다. 원근법 회화의 시점 역시 절대적인 속성에 의해 규정되는 것이 아니라 동질적인 시공간적 좌표상에 위치한 한 점에 불과하기 때문이다. 단적으로 말해 그 점(시점)은 화가의 자의적인 선택에 의해 우연히 정해진 것이다. 또 그 점(시점)은 텅 비어 있다(물론 이 우연히 정해진 텅 비어 있는 점(시점)이 외부에 준거하지 않고 그림 내적으로 주체가 구성될 자리를 정하고 그 구도를 조직한다. 앞에서도 말했다시피, 여기서 우리는 기의 없는 텅 빈 기표(이자 실재계적 조각)로서의 라캉적인 응시와 남근의 논리를 상기할 수 있다).

그러나 원근법의 시각 공간은 동질적이고 연속적이며 결국 통일된 장이며, 그 공간 속의 사물들은 거리와 위치에 의해 규정되는 상대적인 것이기 때문에 여기서도 통일적이고 종합적인 시점이 달성된다. 시점이 제한된 상대적인 것이라 하더라도, 공간이 동질적·연속적이고 그 속에 분포된 사물들이 상대적인 가치를 가지는 것이기 때문에 이 시점은 측정과 계산에 의해 공간과 사물의 다중적인 측면을 알 수 있게 되기 때문이다. 결국 단일 시점의 원근법 회화에 가상적인 다중 시점이 함축되어 있는 것이다. 측정과 계산에 의해 가능해지는 이 다양한 시점들의 종합이 원근법 회화에 운동과 시간 차원이 함축되는 지점이다. 따라서 리얼리즘 내러티브나 원근법 회화나 모두 통일된 장으로 종합되는 구조를 가지고 있다(Ermarth, 1981: 512~20 참조).

게다가 리얼리즘 내러티브의 선형적인 시간 구조가 주체의 에고 의식의 기초라는 점에서도 리얼리즘 내러티브는 원근법과 친화적이다. 발

---

96. 1장 2절과 2장 3절의 1)을 보라. 그리고 앞에서 언급한 밀레르의 봉합 개념 역시 참조하라.

단-위기-갈등-절정-대단원의 구조가 탄생에서 성장을 거쳐 죽음에 이르는 개인사의 구조와 흡사한 데서도 알 수 있듯이 직선으로 나아가는 선형적인 시간성은 주체의 에고가 유지되는 데 중요하다. 기표들의 연쇄 속에서 주체가 구성되는 과정을 봉합으로 정의할 때에도, 대역으로 재현되는 동시에 사라지는 *vanishing* 주체에게 에고 의식, 따라서 그의 자율성과 독자성의 환영은 바로 기표들의 사슬이 선형성을 갖추도록 봉합되고 완결됨을 통해 구축된다. 따라서 의미망을 정박하는 기표의 소급적 작용은 선형적 시간의 탄생으로 구성되는 것이다(Miller, 1977 / 1978: 33~4 참조).

이렇게 동일한 시공간 구조를 가지고 있고 통일된 장으로 종합된다는 점에서 리얼리즘 내러티브와 원근법은 모두 통일된 주체를 구성하게 된다. 원근법에서 관람자가 그림 속에 체현된 화가의 시점에 의해 주체로 구성된다면, 리얼리즘 소설에서는 독자가 서술자 *narrator* 에 의해 주체로 구성된다.

마지막으로 내러티브에 내재하는 다중적인 담론들을 통제하는 차원에서 리얼리즘은 원근법과 친화적일 수 있다. 현실이란 항상 다양한 실천들과 코드들에 의해 구성되는 것이지 원래부터 객관적으로 있었던 것은 아니며, 이 현실과 관계 맺는 내러티브 역시 다양하고 때로 상충되는 담론들을 내장하고 있다. 고전적인 내러티브 영화들이 의지하는 리얼리즘 형식은 그 안에 내재해 있는 이러한 여러 담론들 간에 위계를 설정하고 하나의 담론을 특권화함으로써 영화 전체에 통일적 시점을 부여한다. 이렇게 확립되는 시점과 특권화된 담론을 관객에게 현실에 대한 진실로서 제시하고, 그럼으로써 리얼리즘은 영화적 실천의 투명성과 더불어 객관적 현실에 대한 감각을 보장한다. 이렇게 영화 전체에 통일된 시점을 부여하기 때문에 리얼리즘 내러티브는 통일된 주체를 생산할 수 있으며, 이러한 점에서도 그것은 원근법과 친화적이다(MacCabe, 1981 참조).[97]

---

97. 이렇게 다중적인 담론들을 위계화하면서 진실로서의 하나의 객관적인 현실을 제시(구성)해 내는 것은 유기적이고 통일적인 시공간 연속체를 구성하는 것이기도 하다. 한편, 리얼리즘 내러티브 자체마저도 다양

이상과 같이 리얼리즘 내러티브는 원근법과 친화적이라 할 수 있는데, 고전 할리우드 영화가 세계 영화계를 지배하게 된 이후 세계적 차원에서도 극영화의 주요 내러티브는 이 리얼리즘적 조직 방식에 따라 구조화되었다. 결국 움직이는 이미지라는 차원에서도 영화는 리얼리즘 내러티브에 의해 원근법적으로 코드화된 것이다.[98] 이것은 근본적으로 비선형적인 독해를 요구하는 이미지의 논리가 선형적인 내러티브에 종속되어 옴으로써, 적어도 컴퓨터 테크놀로지에 의한 하이퍼 텍스트적 영상문화가 전개될 때까지는 그 원래의 논리를 그대로 발휘하지 못해 왔던 것(박명진, 1996)과도 궤를 같이 하는 것으로 볼 수 있다.[99] 어쨌든 이렇게 선형적이고 통일된 시점을 구축하는 리얼리즘 내러티브에 의해 영화는 주체 구성이라는 원근법의 기본 모티프가 계속 작동하는 방향으로 코드화되었다. 그리고 이 코드화 과정은 서두에서도 언급된 것처럼 시각장 바깥에서 보자면 정치·경제적 차원에서의 영화의 자본주의적 산업화, 이데올로기적 차원에서의 개인주의의 확산, 미학적 가치 영역에서의 리얼리즘의 지배 과정이기도 하였다. 따라서 영화의 원근법적 코드화의 토대에는 바로 자본주의가 있는 것이다. 이러한 것이 현대성의 원근법적 시각 양식이 동요를 겪고 변화된 상황을 맞았음에도 불구하고 통일적이

할 뿐만 아니라 서로 상충되기도 하는 담론적 실천들과 코드들이 교직되는 다중적인 텍스트를 형성한다는 것을 바르트는 ≪S / Z≫에서 발자크의 소설 ≪사라진느≫를 분석하면서 보여 준 바 있다(Barthes, 1974). 영화 이론에 있어서도 텍스트의 다중성에 대한 관념은 바르트(그리고 바르트가 영향받은 크리스테바)에게 빚진 바 큰 것이다. 바르트의 이 저작이 영화 연구, 특히 관객성 연구에 기여한 바에 대해서는 Mayne, 1993: 1장을 참조하라.

98. 앞에서 언급하였듯이 히스는 영화의 고전적 경제학은 내러티브화를 통해 자신을 유기적 통일체로 구성해 내는 것이라고 하였다. 들뢰즈 역시 영화의 운동 – 이미지 *movement-image* 는 유기적인 전체를 구성해 낸다고 보는데, 운동 – 이미지와 그 유기적 체제를 무엇보다 리얼리즘으로 특징짓는다. 들뢰즈에 있어 리얼리즘을 구성하는 것은 환경 *milieux* 과 행위 양식들 *modes of behavior* 이다. 따라서 리얼리즘은 허구나 꿈도 배제하지 않는다. 운동–이미지 가운데 특히 행동–이미지 *action-image* 는 바로 이 환경과 행위 양식들의 관계 및 그 관계의 다양한 변이태들이다. 들뢰즈가 보기에 미국 할리우드 영화의 승리를 가능케 한 것이 바로 이 행동–이미지의 모델과 그 리얼리즘이다. Deleuze, 1986: 141 이하를 보라.

99. 이와 관련하여 최근 영화나 다양한 시각 문화에 의해 소설의 전통적인 내러티브가 파괴되고 있는 경향을 다룬 것으로는 도정일, 1994를 참조하라.

고 중심적인 시각 주체를 구성한다는 그 기본 모티프가 계속 유지될 수 있었고 현대성의 시각 체제가 다시 원근법적으로 코드화되어 왔던, 그러한 과정과 메커니즘의 한 단면이라고 할 수 있다.

책을 맺으면서:

다시, 시각의 사회학을 위하여

이 책이 다루지 못한 한계이기도한 몇 가지 연구 과제를 제시함으로써 책을 끝맺고자 한다. 끝을 맺는 자리이니만큼, 논쟁이 제기될 수 있는 상대적으로 세세한 부분들을 다루는 것은 무리일 것 같다. 따라서 비교적 굵직한 향후의 연구 과제들만 몇 가지 언급하도록 하겠다.

첫째는 현대성의 시각 체제 내부의 균열 문제이다. 현대성의 시각 체제가 깊은 동요를 겪었던 과정은 이 책에서 어느 정도 다루었으나, 원근법적 시각 양식이 확고한 지배력을 행사하던 시기에도 이 시각 체제 내부에 상이한 시각 양식들이 존재했을 가능성은 배제할 수 없다. 하나의 전체 사회가 그러하듯이 시각 체제 역시 매끈하게 통일된 일괴암적인 monolithic 것으로 보기는 어렵다. 사회 자체와 마찬가지로 시각 체제도 내적으로 균열을 품고 있고 비정합적이며, 경우에 따라서는 서로 상충되고 갈등하는 시각 양식들이 공존하는 것으로 이해해야 한다(Bal & Bryson, 1995: 43~6). 시각 체제는 이러한 균열과 비정합성을 특정한 하나의 시각 양식을 지배적인 것으로 위치시켜 봉합함으로써 구성되고 유지되는 체제이다. 따라서 르네상스와 계몽주의 이후 현대성의 시대에도 존재했을, 상이한 시각 양식들을 연구하여야 한다.

이러한 측면에서 주목할 수 있는 것으로 우선 바로크가 있다. 절대 군주체제가 경제적 변동이 야기하는 정치적 위기 가능성에 대처하고, 발생할 수도 있을 민중의 저항을 무마하기 위해 구사한 문화 양식으로도 이해될 수 있는 바로크는 다양한 이미지들을 동원한 스펙터클의 문화였다 (Maravall, 1986; Martin, 1977). 절대 군주제 시대의 문화 양식으로 볼 때 바로크의 기조는 원근법을 준거점으로 한 것으로 볼 수 있다. 그래서 기디온은 건축과 도시 계획의 영역에서 르네상스 원근법과 바로크를 연속적인 것으로 다루고 있다(Giedion, 1959: part Ⅱ). 그러나 구체적으로 바로크의 시각 문화는 반드시 원근법적인 것으로 뭉뚱그려질 수 없으며 르네상스의 고전적인 원근법과는 상이한 시각 양식과 재현 양식을 제시한다. 뵐플린 (Wölfflin, 1994)은 르네상스의 재현 양식과 바로크의 재현 양식을 회화를 중심으로 대립적인 것으로 파악하고 있고, 부시 글룩스만(Buci-Glucksmann,

1994)은 벤야민의 철학을 다루면서 바로크가 19세기 말의 시각 경험과 더불어 탈현대주의와도 연관되어 있음을 시사하고 있다. 바로크 시대의 문화와 철학을 원근법적인 선형성이 아니라 '굴곡'으로 규정하고 있는 들뢰즈의 논의(Deleuze, 1993)도 여기서 고려할 만하다.

다음으로는 17세기 네덜란드 회화를 거론할 수 있다. 여기서 엿보이는 시각 양식 역시 원근법이 여전히 준거점이 되고 있는 것으로 보인다. 그러나 정물화 등에서 보이는 반사 표면에의 강박성, 텍스트성과 이미지성의 공존, 때때로 확인되는 중심적인 시점의 부재 등 네덜란드 회화의 특성은 원근법적 시각 양식에서 벗어나는 면모들 역시 보여 주기도 한다. 이러한 점에서 앨퍼스(Alpers, 1983)는 이 시기 네덜란드 회화를 '묘사의 예술 art of describing'로 규정하면서 르네상스 이탈리아의 원근법과 근본적으로 대립되는 것으로 파악하는 다소 급진적인 견해를 제시한 바 있다.[1] 메를로퐁티나 바르트에게서도 네덜란드 회화의 특이성을 인지하고 있는 모습을 여러 곳에서 확인할 수 있다(Merleau-Ponty, 1983; Barthes, 1993). 따라서 17세기 네덜란드 회화와 원근법의 단순치 않은 관계를 연구함으로써 시각 체제의 복합성을 조명하는 것이 필요하다.[2]

또한, 시각에 대한 계몽주의 내부의 양가적인 태도 역시 주목을 요한다. 이름에서도 엿보이듯이 계몽주의 En'light'enment 는 빛과 시각을 우위에 두는 서구의 전통을 잇고 있으나, 본격적인 비판의 시대를 개막하는 계몽주의는 시각을 또한 비판적으로 대하기도 하였다. 디드로는 시각에 대한 양가적 태도를 보임과 동시에 그의 예술론에서도 알 수 있듯이 시각 영역에 대한 깊은 관심 또한 지니고 있었다.[3] 또, 루소의 투명한 사회는 시각이나 미술이 아니라 청각과 음악에 기초한 것이라고 지적되기도

---

1. 여기에 대해서는 특히 3장 2절을 참조하라.

2. 마틴 제이는 부시 글룩스만과 앨퍼스의 논의에 기대어 바로크와 네덜란드 회화의 시각 양식을 현대의 데카르트 원근법적 시각 체제에 대안적인 것으로 제시한다(Jay, 1988; 1993: 1장). 그러나 이러한 시각 양식들과 원근법의 그것이 갖는 복합적인 관계는 보다 더 깊은 연구가 필요한 쟁점이다.

3. 디드로의 시각 예술 이론에 대해서는 Fried, 1980; Bryson, 1981: 6~7장을 참조하라.

그림 47. 홀바인의 〈대사들〉

한다. 계몽주의의 이 복합적인 성격은 현대성의 시각 체제가 가지고 있는 복합성을 단적으로 예시하는 것이다(Jay, 1993: 2장).

마지막으로, 원근법적 시각 양식에 포섭되지는 않으나 그것과 경합할 만한 독자적인 시각 양식을 형성하고 있는 것 같지도 않아 보이는 잔여적인 시각, 주변적인 시각들이 있을 수 있다.[4] 라캉이 얼룩으로서 나타나는 응시의 현존을 이야기하면서 거론해(Lacan, *Four Concepts*) 더욱 유명해진 한

---

4. 여기서 '잔여적'이란 표현은 문화에 대해서 지배적인 것과 잔여적인 것, 부상하는 것을 구별하는 레이몬드 윌리엄스의 다층적인 개념화(Williams, R., 1982: 152~159)를 염두에 두고 있다. 윌리엄스가 '잔여적인 것'으로 부르는 것은 과거에 그 효과적인 형성을 보았으면서도 문화적 과정 속에서 현재를 이루는 유력한 요소로서 여전히 활동하고 있는 것으로서, 전적으로 과거적인 요소로 인정되는 '구시대적인 것'과는 다른 것이다(같은 책: 153~154).

스 홀바인 Hans Holbein 의 그림 <대사들>(1533, 그림 47)에 이용된 왜상은 이런 측면에서 접근할 수 있다. 왜상 *anamorphosis* 기법은 근본적으로는 원근법의 기법을 단지 거꾸로 이용한 것이지만, 그 함의는 단순히 원근법의 거울 반사적인 대립상에 머무는 것이 아님을 라캉의 정신 분석학과 그의 이론을 끌어들이는 영화 이론가들이 보여 준다. 더욱이 홀바인의 그림에서 왜상 기법을 통해 표현된 해골은 내용적으로도 세속적 부와 권력과 명예의 허무함을 상징함으로써 이성 중심적이고 대외 확장적인 현대성의 세계관과 대조되는 의미망을 구성하는 것으로 해석되는데(Berger, J., 1972: 94; Bal & Bryson, 1995: 75~9), 한편으로 이것은 현대성의 시대에 예전의 힘을 상실해가던 과거의 종교적 세계관이 삐죽하게 튀어나온 것으로 해석되기도 한다(Latour, 1988).5 이 왜상 – 해골은 이렇게 원근법으로 묘사된 그림의 주제 부분과 세계관적으로도 상충될 뿐 아니라, 그림의 원근법 구도가 정의하는 시점에서는 제대로 파악될 수 없다는 점에서 보는 방식에 있어서도 원근법과 상이한 것을 구현하고 있다.

두 번째 연구 과제로는 특히 주체 구성과 관련하여 시각 양식에 있어서의 성적·인종적·계급적 차이들의 문제가 있다. 이것은 원근법적 시각 양식이 반드시 모든 개인들에게 통일적인 주체를 구성해 주느냐 하는 문제와도 연관되어 있다. 이 책에서 이미 밝힌 바 있듯이 주체의 기초로서 에고를 형성하는 동일시 과정이 행복한 것만은 아니며, 원근법이 주체를 구성하는 시점은 반드시 구체적인 개인에게 준거하는 것이 아니라 초월적인 주체를 정의하는 텅 비어 있는 것이다. 따라서 원근법은 주체 구성의 틀을 상징(계)적인 차원에서 구조화하는 것일 뿐이며, 마틴 제이가 지적하듯이 경험적인 차원에서는 관람자가 성공적으로 원근법적 주체로 호명되지 못할 가능성도 배제할 수는 없다(Jay, 1988: 11). 이

---

5. <대사들>의 이 해골은 그림 안에서 왜상으로 표현되지 않은 자신의 상보물을 갖는다. 그것은 우리가 그림을 볼 때 왼쪽에 위치해 있는 프랑스 대사의 오른쪽 어깨 뒤편 벽의 위쪽(그림을 볼 때 그림 왼편 끝 부분 최상단)에 커튼으로 거의 가려져 있는 십자가가 그것이다(홀바인의 이<대사들>이 소개될 때 보통 그 도판에 이 부분이 잘려 있는 경우가 많다). 이것이야말로 현대성의 문명에 삐죽이 튀어나온 과거의 종교적 세계관의 형상이다(Latour, 1988).

것은 원근법적 시각 양식의 내적 모순을 이루기도 한다. 이러한 문제는 특히 성차의 문제에서 첨예하다. 근본적으로 응시는 모든 개인들을 '대상화하면서' 주체를 구성한다. 그러나 사회적 논리와 담론적 질서에 의해 가부장제적인 조건에서는 남성이 여성보다, 백인 우월주의적인 사회문화적 조건에서는 백인이 유색인보다 주체의 자율적인 에고를 구성하는 것이 더 가능성이 크고 용이해 보인다. 따라서 예컨대, 여성은 남성에 비해 훨씬 더 응시의 대상이 되는 것으로 파악되고 있다. 하지만 영화 이론에서는 여성 관객이 영화가 구현하는 남성적 응시와 자신을 동일시하게 된다는 주장도 제기되며, 다시 여기에 대한 반론들이 쏟아지기도 한다(Mulvey, 1989: 3~4장; Mayne, 1993). 이러한 복잡한 차이의 문제를 연구해야 할 것이다. 다만 여기서 경험적인 조사 연구에만 의존하는 것은 문제를 해결하는 방식으로선 불충분하다는 점을 지적하고 싶다. 개별 사례에 대한 임상적 관찰에만 의존하는 것은 다시 다른 사례 연구를 통해 반박될 수 있다는 끝없는 반증 가능성 앞에 노출될 결과만을 낳을 뿐이다. 따라서 여기에는 반드시 주체 구성의 구조적인 틀에 대한 이론적인 성찰을 동반해야 할 것이다.

세 번째로는, 탈현대적인 시각 양식의 가능성을 지적할 필요가 있다. 이 책의 서론에서도 거론하였던 것처럼, 오늘날 컴퓨터 테크놀로지와 멀티미디어가 주도하는 새로운 영상 문화는 원근법에 기초한 시각과는 다른 종류의 시각을 펼쳐 놓는다는 견해들이 강력하게 제기되고 있다. 이것은 중심적인 시점의 해체, 선형적인 내러티브의 지배로부터의 이미지의 해방과 비선형성 및 파편성, 이러한 요인들에 따른 주체의 탈중심화 등 여러 가지 측면에서 접근될 수 있다. 현대성의 시각 체제가 겪었던 동요를 되돌아 보면, 이러한 현상에 접근하는 데 일정한 함의를 얻을 수도 있을 것이다. 원근법적 코드화에도 불구하고 동요의 여진은 남아 있었으며, 이것이 새로운 테크놀로지들의 발달에 의해 확대 강화되는 것으로 오늘날의 시각 문화 상황을 진단할 수도 있고, 영화를 뒤이어 강력한 시각 테크놀로지의 지위를 차지했던 텔레비전과 비디오 등의 매체를 이러한 흐름에서 고찰해 보아야 할 필요성도 있다. 다시 말해서, 원근법적 시각 양식과 상충되며 그것을 뒤흔든다는 공통점이 있는 이상, 이 새로운 전자 논리의 시각 테크놀로지들이 야기한 상황과 19~20세기 초의 상황을 연속성과 불연속성을 교차시키는 가운데 조명해야 할 필요가 있는 것이다. 또 여기서 놓쳐서는 안 되는 것은 이 책에서도 주장하듯이 이러한 새로운 시각 테크놀로지들이 과연 탈현대적인 시각을 육성할 수 있는 그 기술적 가능성을 그대로 실현할 수 있는가 하는 점이다. 테크놀로지의 실현은 항상 경제적·정치적 논리에 의해 매개되는 것이기 때문에, 현재의 사회적 조건에서 이러한 매개 과정이 탈현대적인 시각의 실현을 제어할 것인지 혹은 더 촉진할 것인지에 대한 진단 역시 반드시 필요한 사항이다.

네 번째로는, 역시 서론에서 약간 언급되었던 문제, 즉 한국에서의 원근법적 시각 양식의 수용 과정에 대한 연구가 필요할 것이다. 이것은 이미 짚어 본 바 있는 문제이므로 여기서 길게 논의할 필요는 없을 것으로 본다. 다만 모든 문제는 항상 우리 자신의 문제로 회귀하기 마련이며, 이러한 측면에서 원근법의 도입 과정에 대한 연구는 우리 사회의 지난했던 현대화 과정과 그것이 배태한 여러 가지 모순들을 성찰하는 근본적인 반성 작업의 하나라는 것을 지적하고자 한다. 또한, 이것은 서구화와 세계화의 급류 속에 표류하고 있는 우리 사회의 문화적 조건을 상이한 시대들, 상이한 사회들 사이의, 연속성과 불연속성이 교차하는 관계 속에서 성찰하고 그 방향을 진단하는 데 긴요한 문제들 가운데 하나라는 점 역시 지적해야겠다.

마지막으로, 사회학도의 한 사람으로서, 원근법에 기초한 시각 체제의 연구가 사회학 이론에 대해 던질 수 있는 함의를 연구 과제의 하나로 지적하고 싶다. 원근법적 시각 양식과 서구 인식론의 시각적 모델 간의 연관성에 대한 검토에서도 알 수 있듯이 보는 행위로서의 시각視覺은 항상 세계를 파악하고 이해하는 특정한 관점과 전망으로서의 시각視角과 연계되어 있다. 따라서 사회의 구조와 변동을 포착하려는 이론적 시도들은 각각 사회를 보는 특정한 전망들이라는 점에서 신체 기관으로서의 우리의 눈을 통해 보는 행위를 뜻하는 시각의 문제와도 전혀 별개의 것일 수만은 없다.

이러한 점에서 현대성의 시각 체제가 걸어온 변동의 궤적은 현대 사회학 이론이 걸어온 도정과도 다소 상동적인 모습을 보여 주는 것이 아닌가 한다. 구조 기능주의의 체계 이론과 같이 거시적인 이론적 패러다임이 지배력을 행사하다가, 보다 미시적인 과정에 주목하는 다양한 이론들에 의해 문제 제기 당하는 과정이기도 했던 이른바 '사회학의 위기'는 어떤 면에서는 원근법적 시각 양식이 동요를 겪던 상황과도 유사한 바가 있다. 사회학 이론의 문제를 근본적으로 '사회 질서가 어떻게 가능한가'라는 홉스적인 질문으로 이해할 때(Turner, 1989: 19~20), 사회학의 거시 이론들은 이 근본적 질문을 던지면서도 사회 질서의 객관성과 실재성 자체에 대해서는 문제삼지 않았다는 점과 사회 전체를 포착하는 종합적인 전망을 구축하려 했다는 점에서 원근법적 시각 양식에 비견될 수 있다. 반면에 상호 작용론과 현상학적 접근 및 일상 생활 방법론처럼 사회 관계가 형성되고 움직여 나가는 보다 미시적인 과정 자체에 주목하는 이론들은 전체를 포착하는 종합적이고 이상적인 전망의 추구와는 거리가 있다는 점에서, 또 나아가서는 일상 생활 방법론처럼 사회 질서의 객관적 실재성 자체에 대해서 의문을 던지기도 한다는 점에서, 보는 방식에 비유하자면 원근법적인 시각 양식에서 일탈하는 것이다. 이렇게 이해한다면, 현대성의 시각 체제의 구조와 궤적을 추적해 온 이 연구는 사회학 이론이 걸어왔던 궤적을 새로운 각도에서 조명하는 데 일정한 함의를 던져 줄 수 있다. 나아가서, 원근법적 시각 양식이 내포한 의미와 사회적 결과들에 대한 성찰은 사회학 이론이 어떤 방식으로 재구성되어야 하는가의 문제에도 어떤 시사점들을 제공해 줄 수 있을 것이다.

이렇게 하여 현대성의 시각 체제가 내장한 구조와 그것이 배태하는 사회적 효과를 추적해 온 기나긴 도정에 잠정적인 마침표를 찍을 수 있게 된 것 같다. 시각의 사회학을 지향했던 이 여정에서 확인할 수 있었던 것은, 금세기 모든 사회의 틀을 주조해 온 서구 현대성의 합리화와 주체화의 원리가 시각의 장에서도 관철되어 왔다는 것이며, 따라서 오늘날 현대성의 부정적인 결과로 비판받는 것들, 즉 심층적인 비합리성을 야기하는 협소한 도구적 합리성 원리의 일면성과 자율성의 외양 속에 권력에의 종속과 구조적 부자유를 강제하는 주체성 원리의 환영성 역시 가장 자연스럽고 가장 자율적이며 가장 '나에게 속한' 행위의 장으로 인식되는 '본다'는 것의 차원에서도 관철되어 왔다는 것이다.

그러므로 시각의 장에서도 현대성은 여전히 현재적 의제이다. 길게는 르네상스에서부터 모습을 갖추기 시작하여 계몽주의 이후 본격적으로 구동되어 온 그 현대성의 논리가 아직도 시각의 장을 포함하여 우리의 실존적 조건 전반의 전체적인 주형을 뜨고 있기 때문이다. 하지만 현대성이 여전히 현재적 의제라는 것은 단순히 이런 존재론적 진단의 수준에 머무는 이야기만은 아니다. 그것은 현대성의 원리가 내장한 부정적인 측면과 역사적으로 실현되어 온 현대화 과정의 맹목성 및 여러 가지 부정적 결과들에도 불구하고, 그것을 극복하기 위해서는 현대성의 지평 그 자체에서 출발해야 한다는 사실에 대한 인정이며 현대성이 내장한 진보의 잠재력과 비판의 능력을 다시 한번 일깨워야 한다는 요청이기도 하다. 시각의 장에서도 이런 인정과 요청은 유효하며 필요하다. 오늘날 모든 것을 다 보여 주는 이미지와 매체 폭증의 문화 현실은 오히려 개인의 판단력을 마비시키고 구조적 선택지를 제한시키는 보이지 않는 권력으로서 작동하기도 하며, 우리로 하여금 도대체 어디로 가는지 방향도 가늠하지 못하는 가운데 일방적으로 내몰리게만 만드는 어떤 거대한 변동의 흐름의 일각을 형성하고 있기도 하다. 현재의 이러한 시각 문화의 장에서 합리성과 주체성의 진정한 전유를 위해 지금 우리에게 요구되는 것은 자신의 눈에 대해서도 때로 고통스러울 수 있는 비판의 시선을 던져야 한다는, 현대성의 바로 그 반성적 태도인 것이다.

참고 문헌

강명구 (1993). ≪소비 대중 문화와 포스트모더니즘≫. 서울: 민음사.

강준만 (1994). ≪커뮤니케이션 사상가들≫. 서울: 한나래.

김경용 (1997). "마샬 맥루한의 이해: 이론과 은유 사이에서," <현대사상> 봄호. 서울: 민음사.

김성기 (1996). ≪패스트푸드점에 갇힌 문화 비평≫. 서울: 민음사.

김소영 (1996). ≪시네마, 테크노 문화의 푸른 꽃≫. 서울: 열화당.

김일철 (1986). ≪사회 구조와 사회 행위론≫. 서울: 전예원.

김종엽 (1995). "프로이트와 현대성: 국왕 살해와 부친 살해," 지그문트 프로이트. ≪토템과 타부≫. 김종엽 옮김. 서울: 문예마당.

—— (1996). <에밀 뒤르켐의 현대성 비판에 대한 연구>. 서울대학교 대학원 사회학과 박사 학위 논문.

김진균·홍성태 (1996). ≪군신과 현대 사회≫. 서울: 문화과학사.

도정일 (1990). "자크 라캉이라는 좌절 / 유혹의 기표," <세계의 문학> 제56호, 여름호. 서울: 민음사.

—— (1994). ≪시인은 숲으로 가지 못한다≫. 서울: 민음사.

박명진 (1993a). "영화 산업의 욕망 관리 체제: 스타 제도," <문화과학> 제3호, 봄호. 서울: 문화과학사.

—— (1993b). "청소년과 새로운 미디어 문화 – 포스트모던 문화의 관점," ≪문화연구 어떻게 할 것인가≫. 현실문화연구 엮음. 서울: 현실문화연구.

—— (1996). "하이퍼 텍스트 시대 영상 커뮤니케이션 연구의 새로운 과제," <언론정보연구> 33호. 서울대학교 언론정보연구소.

박영도 (1994). <현대 사회 이론에서의 비판 패러다임의 구조 변동>. 서울대학교 대학원 사회학과 박사 학위 논문.

—— (1996). "시간의 사회적 구성과 시간의 정치," <이다> 창간호. 서울: 문학과지성사.

박용숙 (1990). ≪한국 미술의 기원 – 미술사의 근본 문제≫. 서울: 예경.

배은경 (1993). <개인의 주체성 형성에 대한 이론적 일고찰 – G. H. Mead의 사회 심리 이론과 J. Lacan의 정신 분석을 중심으로>. 서울대학교 대학원 사회학과 석사 학위 논문.

서규환 (1993a). "탈현대주의의 저항 양식에 대한 비판을 위하여," ≪현대와 탈현대≫. 문화와사회연구회 엮음. 사회문화연구소.

—— (1993b). ≪현대성의 정치적 상상력≫. 서울: 민음사.

안휘준 (1980). ≪한국 회화사≫. 서울: 일지사.

윤소영 (1995). ≪마르크스주의의 전화와 '인권의 정치' – 알튀세르를 위하여≫. 서울: 문화과학사.

이원곤 (1996). ≪영상 기계와 예술≫. 서울: 현대미학사.

이지훈 (1997). "마레·프로이트·뤼미에르 – 1895년에 일어난 일들," <창작과 비평> 제
　　　96호, 여름호. 서울: 창작과비평사

이진경 (1997). ≪근대적 시·공간의 탄생≫. 서울: 푸른숲.

이태호 (1996). ≪조선 후기 회화의 사실 정신≫. 서울: 학고재.

주은우 (1994a). "90년대 한국의 신세대와 소비 문화," <경제와 사회> 제21호, 봄호. 서울: 한울.

───── (1994b). "근대적 시각과 주체," <사회비평> 제12호. 서울: 나남.

───── (1996). "영상 문화 시대의 주체," <경제와 사회> 제29호, 봄호. 서울: 한울.

최문규 (1993). "역사 철학적 현대성과 그 이념적 맥락," <세계의 문학> 제69호, 가을호.
　　　서울: 민음사.

한상진 (1979). *Discursive Method and Social Theory*. Ph.D. Dissertation, Southern Illinois
　　　University.

───── (1987). ≪민중의 사회 과학적 인식≫. 서울: 문학과지성사.

Abel, Richard (1995). "The Perils of Pathé, or the Americanization of the American Cinema," in
　　　Cinema and the Invention of Modern Life. eds. by Leo Charney & Vanessa R.
　　　Schwartz. Berkeley & Los Angeles: University of California Press.

Ackerman, James (1985). "The Involvement of Artists in Renaissance Science," in *Science and
　　　Arts in the Renaissance*. eds. by John W. Shirley & F. David Hoeniger.
　　　Washington: Folger Books.

Adorno, Theodor W. (1978). *Minima Moralia: Reflections from Damaged Life*. London: Verso.

Alberti, Leon Battista (1956[1435～6]). *On Painting*. trans. with introduction and notes by John
　　　R. Spencer. New Heaven & London: Yale University Press.

Alpers, Svetlana (1983). *The Art of Describing: Dutch Art in the Seventeenth Century*. Chicago:
　　　The University of Chicago Press.

Althusser, Louis (1971a). "Ideology and the Ideological State Apparatuses," in *Lenin and
　　　Philosophy and Other Essays*. trans. by Ben Brewster. New York & London:
　　　Monthly Review Press.

───── (1971b). "Freud and Lacan," in *Lenin and Philosophy and Other Essays*. trans. by Ben
　　　Brewster. New York & London: Monthly Review Press.

───── (1977). *For Marx*. trans. by Ben Brewster. London: NLB.

───── (1991). "마르크스와 프로이트에 대하여," ≪마르크스주의의 역사≫. 윤소영 편역.
　　　서울: 민맥.

───── & Balibar, Etienne (1979). *Reading Capital*. trans. by Ben Brewster. London: Verso.

Andrew, Dudley (1984). *Concepts in Film Theory*. New York: Oxford University Press.

───── (1988). ≪현대 영화 이론≫. 조희문 옮김. 서울: 한길사.

Arnheim, Rudolf (1990[1933]). ≪예술로서의 영화≫. 김방옥 옮김. 서울: 기린원.

───── (1995[1954; 1974]). ≪미술과 시지각≫. 김춘일 옮김. 서울: 미진사.

Austin, John Langshow (1987). *How To Do Things With Words*. ≪화행론≫. 장석진 옮김. 서
　　　울: 서울대학교 출판부.

Bal, Mieke (1993). "His Master's Eye," in *Modernity and the Hegemony of Vision*. ed. by David
　　　Michael Levin. Berkeley: University of California Press.

───── & Bryson, Norman (1995). "기호학과 미술사," ≪기호학과 시각 예술≫. 노만 브라

이슨 외, 김융희 · 양은희 옮김. 서울: 시각과언어.

Baldridge, J. Victor (1982). ≪사회학≫. 이효재 · 장하진 옮김. 서울: 경문사.

Barthes, Roland (1970). *Elements of Semiology*. Boston: Beacon Press.

—— (1973). *Mythologies*. trans. by Annette Lavers. Granada Publishing.

—— (1974). *S / Z*. trans. by Richard Miller. New York: Hill and Wang.

—— (1986). ≪카메라 루시다≫. 조광희 옮김. 서울: 열화당.

—— (1993). ≪이미지와 글쓰기 − 롤랑 바르트 이미지론≫. 김인식 편역. 서울: 세계사.

Baudelaire, Charles Pierre (1979). ≪파리의 우울≫. 윤영애 옮김. 서울: 민음사.

Baudrillard, Jean (1991). ≪소비의 사회≫. 이상률 옮김. 서울: 문예출판사.

—— (1992). ≪시뮬라시옹≫. 하태환 옮김. 서울: 민음사.

—— (1994). ≪아메리카≫. 주은우 옮김. 서울: 문예마당.

Baudry, Jean-Louis (1985[1974~75]). "Ideological Effects of the Basic Cinematographic Apparatus," in *Movies and Methods*. vol. Ⅱ. ed. by Bill Nichols. Berkeley: University of California Press.

Beer, Gillian (1996). "Authentic Tidings of Invisible Things: Vision and the Invisible in the Later Nineteenth Century," in *Vision in Context: Historical and Contemporary Perspectives on Sight*. eds. by Teresa Brennan & Martin Jay. New York & London: Routledge.

Bell, Daniel (1990). ≪자본주의의 문화적 모순≫. 김진욱 옮김. 서울: 문학세계사.

Belton, John (1997). *Widescreen Cinema*. Cambridge: Harvard University Press.

Benjamin, Walter (1983a). ≪발터 벤야민의 문예 이론≫. 반성완 편역. 서울: 민음사.

—— (1983b). *Charles Baudelaire: A Lyric Poet in the Era of High Capitalism*. trans. by Harry Zohn. London: Verso.

—— (1992). ≪베를린의 유년 시절≫. 박설호 편역. 서울: 솔.

Berger, Arthur Asa (1989). *Seeing Is Believing*. Mountain View: Mayfield Publishing Company.

Berger, John (1972). *Ways of Seeing*. London: British Broadcasting Corporation and Penguin Books.

Berger, Peter L. & Luckman, Thomas (1989). *The Social Construction of Reality*. ≪지식 형성의 사회학≫. 박충선 옮김. 서울: 기린원.

Berman, Marshall (1994). ≪현대성의 경험≫. 윤호병 · 이만식 옮김. 서울: 현대미학사.

Berressem, Hanjo (1995). "The "Evil Eye" of Painting: Jacques Lacan and Witold Gombrowicz," in *Reading Seminar XI: Lacan's Four Fundamental Concepts of Psychoanalysis*. eds. by Richard Feldstein, et al. New York: State University of New York Press.

Black, Max (1972). "How Do Pictures Represent?," in *Art, Perception, and Reality*. by E. H. Gombrich & Julian Hochberg & Max Black. Baltimore & London: The Johns Hopkins University Press.

Blumenberg, Hans (1983). *The Legitimacy of the Modern Age*. trans. by Robert M. Wallace. Cambridge: The MIT Press.

—— (1993). "Light as a Metaphor for Truth: At the Preliminary Stage of Philosophical Concept Formation," in *Modernity and the Hegemony of Vision*. ed. by David Michael Levin. Berkerley: University of California Press.

Blunt, Anthony (1990). ≪이탈리아 르네상스 미술론≫. 조향순 옮김. 서울: 미진사.

Bocock, Robert (1992). "The Cultural Formations of Modern Society," in *Formations of Modern Soceity*. eds. by Stuart Hall & Bram Gieben. Cambridge: Polity Press & The Open University.

Bolla, Peter de (1996). "The Visibility of Visuality," in *Vision in Context: Historical and Contemporary Perspectives on Sight*. eds. by Teresa Brennan & Martin Jay. New York & London: Routledge.

Bonnefoy, Yves (1988). "Time and the Timeless in Quattrocento Painting," in *Calligram: Essays in New Art History from France*. ed. by Norman Bryson. Cambridge: Cambridge University Press.

Bordwell, David & Thompson, Kristin (1980). *Film Art: An Introduction*. Addison-Wesley Publishing Company.

Bradbury, Malcolm & McFarlane, James (eds.) (1976). *Modernism 1890 ~ 1930*. Hamondsworth: Penguin Books.

Brennan, Teresa (1993). *History After Lacan*. London & New York: Routledge.

———— (1996). "The Contexts of Vision from a Specific Standpoint," in *Vision in Context: Historical and Contemporary Perspectives on Sight*. eds. by Teresa Brennan & Martin Jay. New York and London: Routledge.

———— & Jay, Martin (eds.) (1996). *Vision in Context: Historical and Contemporary Perspectives on Sight*. New York & London: Routledge.

Braudel, Ferdinand (1995). ≪물질 문명과 자본주의 Ⅰ- 2: 일상 생활의 구조 下≫. 주형철 옮김. 서울: 까치.

———— (1997). ≪물질 문명과 자본주의 Ⅲ- 1: 세계의 시간 上≫. 주형철 옮김. 서울: 까치.

Bryson, Norman (1981). *Word and Image: French Painting of the Ancien Régime*. Cambridge: Cambridge University Press.

———— (1983). *Vision and Painting: The Logic of the Gaze*. New Haven: Yale University Press.

———— (1988). "The Gaze in the Expanded Field," in *Vision and Visuality*. ed. by Hal Foster. Seattle: Bay Press.

Buci-Glucksmann, Christine (1994). *Baroque Reason: The Aesthetics of Modernity*. trans. by Patrick Camiller. London: SAGE Publishers.

Buck-Morss, Susan (1991). *The Dialectics of Seeing: Walter Benjamin and the Arcades Project*. Cambridge: The MIT Press.

Buscombe, Edward (1985). "Sound and Color," in *Movies and Methods*, vol. Ⅱ. ed. by Bill Nichols. Berkeley: University of California Press.

Calinescu, Matei (1987). *Five Faces of Modernity*. Durham: Duke University Press.

Cassirer, Ernst (1979). *Symbol, Myth, and Culture: Essays and Lectures of Ernst Cassirer 1935 ~ 1945*. ed. by Donald Phillip Verene. New Haven & London: Yale University Press.

Cavell, Stanley (1979). *The World Viewed: Reflections on the Ontology of Film*. Cambridge & London: Harvard University Press.

Ceram, C. W. (1965). *Archaeology of the Cinema*. New York: Harcourt, Brace & World, INC.

Certeau, Michel de (1984). *The Practice of Everyday Life*. trans. by Steven F. Rendall. Berkeley: University of California Press.

Chambers, Iain (1988). *Popular Culture – The Metropolitan Experience*. London & New York: Routledge.

Chaplin, Elizabeth (1994). *Sociology and Visual Representation*. London & New York: Routledge.

Charney, Leo & Schwartz, Vanessa R. (1995). "Introduction," in *Cinema and the Invention of Modern Life*. eds. by Leo Charney & Vanessa R. Schwartz. Berkeley & Los Angeles: University of California Press.

Clark, Kenneth (1989). ≪예술과 문명≫. 최석태 옮김. 서울: 문예출판사.

Clark, T. J. (1984). *The Painting of Modern Life: Paris in the Art of Manet and His Followers*. Princeton: Princeton University Press.

Collier, Jr. John & Collier, Malcolm (1986). *Visual Anthropology: Photography as a Research Method*. Albuquerque: University of New Mexico Press.

Comolli, Jean-Louis (1980). "Machines of the Visible," in *The Cinematic Apparatus*. eds. by Teresa de Lauretis & Stephen Heath. The Macmillan Press.

───── (1985). "Technique and Ideology: Camera, Perspective, Depth of Field," in *Movies and Methods*, vol. II. ed. by Bill Nichols. Berkeley: University of California Press.

Conley, Tom (1996). "The Wit of the Letter: Holbein's Lacan," in *Vision in Context: Historical and Contemporary Perspectives on Sight*. eds. by Teresa Brennan & Martin Jay. New York & London: Routledge.

Copjec, Joan (1994). *Read My Desire: Lacan against the Historicists*. An OCTOBER Book. Cambridge: The MIT Press.

Corrigan, Philip (1988). "'Innocent Stupidities': De-picturing (Human) Nature. On Hopeful Resistances and Possible Refusals: Celebrating Difference(s) – Again," in *Picturing Power: Visual Depiction and Social Relations*. eds. by Gordon Fyfe & John Law. London & New York: Routledge.

Coward, Rosalind & Ellis, John (1977). *Language and Materialism*. London: Routledge & Kegan Paul.

Crary, Jonathan (1988). "Modernizing Vision," in *Vision and Visuality*. ed. by Hal Foster. Seattle: Bay Press.

───── (1992). *Techniques of the Observer: On Vision and Modernity in the Nineteenth Century*. Cambridge: MIT Press.

Crombie, Alistair C. (1985). "Science and the Arts in the Renaissance: The Search for Truth and Certainty, Old and New," in *Science and Arts in the Renaissance*. eds. by John W. Shirley & F. David Hoeniger. Washington: Folger Books.

Damisch, Hubert (1994). *The Origin of Perspective*. trans. by John Goodman. Cambridge: The MIT Press.

Dayan, Daniel (1976). "The Tutor Code of Classical Cinema," in *Movies and Methods*, vol. I. ed. by Bill Nichols. Berkeley: University of California Press.

Debray, Régis (1994). ≪이미지의 삶과 죽음≫. 정진국 옮김. 서울: 시각과언어.

Debord, Guy (1996[1967]). ≪스펙타클의 사회≫. 이경숙 옮김. 서울: 현실문화연구.

Deleuze, Gilles (1986). *Cinema 1: The Movement-Image*. trans. by Hugh Tomlinson & Barbara Habberjam. Minneapolis: University of Minnesota Press.

───── (1989). *Cinema 2: The Time-Image*. trans. by Hugh Tomlinson & Robert Galeta.

519

Minneapolis: University of Minnesota Press.

──── (1990[1969]). *The Logic of Sense.* trans. by Mark Lester. New York: Colombia University Press.

──── (1993). *The Fold: Leibniz and the Baroque.* trans. by Tom Conley. Minneapolis: University of Minnesota Press.

──── (1995a[1981]). ≪감각의 논리≫. 하태환 옮김. 서울: 민음사.

──── (1995b[1986]). ≪들뢰즈의 푸코≫. 권영숙・조형근 옮김. 서울: 새길.

──── & Guattari, Félix (1984). *A Thousand Plateaus: Capitalism and Schizophrenia.* trans. by Brian Massumi. Minneapolis: University of Minnesota Press.

Denzin, Norman (1995). *The Cinematic Society.* London: SAGE Publications.

Derrida, Jacques (1978). "Freud and the Scene of Writing," in *Writing and Difference.* trans. by Alan Bass. Chicago: The University of Chicago Press.

Descartes, Réne (1988). "Optics," in *Descartes: Selected Philosophical Writings.* trans. by John Cottingham, et al. Cambridge: Cambridge University Press.

──── (1990[1637]). ≪방법 서설 / 성찰 / 정념론 외≫. 김형효 옮김. 서울: 삼성출판사.

Dyer, Richard (1995). ≪스타 ─ 이미지와 기호≫. 주은우 옮김. 서울: 한나래.

Easthope, Anthony (1988). *British Post-structuralism.* London & New York: Routledge.

Eco, Umberto (1993a). ≪포스트모던인가 새로운 중세인가≫. 조형준 옮김. 서울: 새물결.

──── (1993b). ≪철학의 위안: 기호 / 커뮤니케이션 / 철학≫. 조형준 옮김. 서울: 새물결.

Edgerton, Jr., Samuel Y. (1975). *The Renaissance Rediscovery of Linear Perspective.* New York: Basic Books.

──── (1976). "Linear Perspective and the Western Mind: The Origins of Objective Representation in Art and Science," in *Cultures*, vol.Ⅲ, no.3. The Unesco Press and la Baconnière.

──── (1985). "The Renaissance Development of the Scientific Illustration," in *Science and Arts in the Renaissance.* eds. by John W. Shirley & F. David Hoeniger. Washington: Folger Books.

Elias, Nobert (1983). *The Court Society.* trans. by Edmund Jephcott. Oxford: Basil Blackwell.

──── (1987). *Involvement and Detachment.* ed. by Michael Schröter, trans. by Edmund Jephcott. Oxford: Basil Blackwell.

Ellis, Jack C. (1988). ≪세계 영화사≫. 변재란 옮김. 서울: 이론과실천.

Ellul, Jacques (1985). *The Humiliation of the Word.* trans. by Joyce Main Hanks. Grand Rapids: William B. Eerdmans Publishing Company.

Elsaesser, Thomas (1981). "Narrative Cinema and Audience-Oriented Aesthetics," in *Popular Television and Film.* eds. by Tony Bennett, et al. London: BFI Publishing.

Ermarth, Elizabeth (1981). "Realism, Perspective, and the Novel," in *Critical Inquiry*, vol.7, no.3, Spring.

Fanon, Frantz (1998[1952]). ≪검은 피부, 하얀 가면≫. 이석호 옮김. 서울: 인간사랑.

Featherstone, Mike (1988). "In Pursuit of the Postmodern: An Introduction," in *Theory, Culture & Society*, vol.5, no.2～3, June. London: SAGE Publisher.

──── (1991). *Consumer Culture & Postmodernism.* London: SAGE Publications.

Feldstein, Richard (1995). "The Phallic Gaze of Wonderland," in *Reading Seminar XI: Lacan's*

     Four Fundamental Concepts of Psychoanalysis. ed. by Richard Feldstein, et al. New York: State University of New York Press.

Fiske, John (1990). *Introduction to Communication Studies.* London & New York: Routledge.

Flynn, Thomas R. (1993). "Foucault and the Eclipse of Vision," in *Modernity and the Hegemony of Vision.* ed. by David Michael Levin. Berkeley: University of California Press

Foster, Hal (1988). "Preface," in *Vision and Visuality.* ed. by Hal Foster. Seattle: Bay Press.

───── (ed.) (1988). *Vision and Visuality.* Seattle: Bay Press..

Foucault, Michel (1972a[1969]). *The Archaeology of Knowledge.* trans. by A. M. Sheridan Smith. New York: Harper Torchbooks.

───── (1972b[1971]). "The Discourse on Language," in *The Archaeology of Knowledge.* trans. by A. M. Sheridan Smith. New York: Harper Torchbooks.

───── (1973). *Madness and Civilization: History of Insanity in the Age of Reason.* trans. by Richard Howard. New York: Vintage Books.

───── (1979). *Discipline and Punish: The Birth of the Prison.* trans. by Alan Shreidan. New York: Vintage Books.

───── (1980). *Power / Knowledge: Selected Interviews and Other Writings 1972～1977.* ed. by Colin Gordon. Brighton: The Harvest Press.

───── (1984). "Space, Knowledge, and Power," in *The Foucault Reader.* ed. by Paul Rabinow. New York: Pantheon Books.

───── (1987[1966]). ≪말과 사물≫. 이광래 옮김. 서울: 민음사.

───── (1990[1976]). ≪성의 역사 1: 앎의 의지≫. 이규현 옮김. 서울: 나남.

───── (1993[1963]). ≪임상 의학의 탄생≫. 홍성민 옮김. 서울: 인간사랑.

───── (1994). "계몽이란 무엇인가," ≪모더니티란 무엇인가≫. 김성기 엮음. 서울: 민음사.

───── (1995[1973]). ≪이것은 파이프가 아니다≫. 김현 옮김. 서울: 민음사.

Freud, Sigmund (1953[1900]). *The Interpretation of Dreams.* in *The Standard Edition of the Complete Psychological Works of Sigmund Freud,* vol.Ⅳ-Ⅴ. ed. by James Strachey. London: The Hogarth Press.

───── (1957a[1914]). "On Narcissism: an Introduction," in *The Standard Edition of the Complete Psychological Works of Sigmund Freud,* vol.Ⅹ-Ⅳ. ed. by James Strachey. London: The Hogarth Press.

───── (1957b[1915]). "Instincts and Their Vicissitudes," in *The Standard Edition of the Complete Psychological Works of Sigmund Freud,* vol.Ⅹ-Ⅳ. ed. by James Strachey. London: The Hogarth Press.

───── (1995[1913]). ≪토템과 타부≫. 김종엽 옮김. 서울: 문예마당.

Freund, Gisèle (1989). ≪사진과 사회≫. 성완경 옮김. 서울: 기린원.

Fried, Michael (1980). *Absorption and Theatricality: Painting and Beholder in the Age of Diderot.* Chicago & London: The University of Chicago Press.

Friedberg, Anne (1995). "Cinema and the Postmodern Condition," in *Viewing Positions: Ways of Seeing Film.* ed. by Linda Williams. New Brunswick: Rutgers University Press.

Frisby, David (1985). *Fragments of Modernity.* Cambridge: Polity Press.

Fuld, Werner (1985). ≪발터 벤야민 ─ 그의 생애와 시대≫. 이기식·김영옥 옮김. 서울: 문학과지성사.

Fyfe, Gordon (1988). "Art and It's Objects: William Ivins and the Reproduction of Art," in *Picturing Power: Visual Depiction and Social Relations*. eds. by Gordon Fyfe & John Law. London & New York: Routledge.

——— & Law, John (1988a). "On the Invisibility of the Visual: Editors' Introduction," in *Picturing Power: Visual Depiction and Social Relations*. eds. by Gordon Fyfe & John Law. London & New York: Routledge.

——— & ——— (eds.) (1988b). *Picturing Power: Visual Depiction and Social Relations*. London & New York: Routledge.

Gallop, Jane (1985). *Reading Lacan*. Cornell University Press.

Gibson, James J. (1950). *The Perception of the Visual World*. Cambridge: The Riverside Press.

Giddens, Anthony (1990). *The Consequences of Modernity*. Cambridge: Polity Press.

——— (1996). ≪현대 사회의 성·사랑·에로티시즘: 친밀성의 구조 변동≫. 배은경·황정미 옮김. 서울: 새물결.

Giedion, Sigfried (1959). *Space, Time and Architecture: The Growth of a New Tradition*. Cambridge: Harvard University Press.

Goffman, E. (1979). *Gender Advertisements*. London and Basingstoke: Macmillan.

Goldhill, Simon (1996). "Refracting Classical Vision: Charming Cultures of Viewing," in *Vision in Context: Historical and Contemporary Perspectives on Sight*. eds. by Teresa Brennan & Martin Jay. New York and London: Routledge.

Goldstein, Leonard (1988). *The Social and Cultural Roots of Linear Perspective*. Minneapolis: MEP Publications.

Gombrich, Ernst Hans Josef (1989). ≪예술과 환영 ─ 회화적 표현의 심리학적 연구≫. 차미례 옮김. 서울: 열화당.

——— (1994). ≪서양미술사≫ 上, 下(재판). 최민 옮김. 서울: 열화당.

Goodman, Nelson (1969). *Languages of Art: An Approach to a Theory of Symbols*. London: Oxford University Press.

Goux, Jean-Joseph (1990). *Symbolic Economies: After Marx and Freud*. trans. by Jennifer Curtiss Gage. Ithaca: Cornell University Press.

Gunning, Tom (1995a). "An Aesthetic of Astonishment: Early Film and the (In)Credulous Spectator," in *Viewing Positions: Ways of Seeing Film*. ed. by Linda Williams. New Brunswick: Rutgers University Press.

——— (1995b). "Tracing the Individual Body: Photography, Detectives, and Early Cinema," in *Cinema and the Invention of Modern Life*. eds. by Leo Charney & Vanessa R. Schwartz. Berkeley & Los Angeles: University of California Press.

Haas, Willy (1994[1967]). ≪세기 말과 세기 초: 벨 에포크≫. 김두규 옮김. 서울: 까치.

Habermas, Jürgen (1989). "모더니티 ─ 미완의 기획," ≪포스트모더니즘론≫. 정정호·강내희 엮음. 서울: 터.

——— (1994). ≪현대성의 철학적 담론≫. 이진우 옮김. 서울: 문예출판사.

Hall, Stuart (1992). "The Question of Cultural Identity," in *Modernity and Its Futures*. eds. by Stuart Hall & Davis Held & Tony NcGrew. Cambridge: Polity Press & Open University.

——— (1997). "The Work of Representation," in *Representation: Cultural Representations and*

522

Signifying Practices. ed. by Stuart Hall. London: Sage Publications.

Harvey, David (1989a). *The Urban Experience.* Oxford: Basil Blackwell.

—— (1989b). *The Condition of Postmodernity.* Oxford: Basil Blackwell.

Haug, Wolfgang Fritz (1986). *Critique of Commodity Aesthetics.* trans. by Robert Bock. University of Minnesota Press.

Hauser, Arnold (1974). ≪문학과 예술의 사회사 ─ 현대편≫. 백낙청・염무웅 옮김. 서울: 창작과비평사.

—— (1980). ≪문학과 예술의 사회사 ─ 근세편 상≫. 백낙청・반성완 옮김. 서울: 창작과비평사.

Heath, Stephen (1992). *Questions of Cinema.* Macmillan Press.

Heidegger, Martin (1995[1938]). ≪세계상의 시대≫. 최상욱 옮김. 서울: 서광사.

Hintikka, Jaakko (1991). "Cogito, Ergo Sum: Inference or Performance?," in *R. Descartes: Critical Assessments,* vol.2. London & New York: Routledge.

Hochberg, Julian (1972). "The Representation of Things and People," in *Art, Perception, and Reality.* by E. H. Gombrich & Julian Hochberg & Max Black. Baltimore & London: The Johns Hopkins University Press.

Horkheimer, Max (1974[1967]). *Critique of Instrumental Reason.* trans. by Matthew J. O'Connell. New York: The Seabury Press.

—— (1982[1941]). "The End of Reason," in *The Essential Frankfurt School Reader.* eds. by Andrew Arato & Eike Gebhardt. New York: Continuum Publishing Company.

—— & Adorno, Theodor (1995[1944]). ≪계몽의 변증법≫. 김유동 외 옮김. 서울: 문예출판사.

Hobsbawm, Eric J. (1983). ≪자본의 시대≫. 정도영 옮김. 서울: 한길사.

Hyman, John (1989). *The Imitation of Nature.* Oxford: Basil Blackwell.

Ivins, Jr., William M. (1973). *On the Rationalization of Sight.* New York: Da Capo Press.

Jakobson, Roman (1989). ≪문학 속의 언어학≫. 신문수 편역, 서울: 문학과지성사.

Jameson, Fredric (1988). "Imaginary and Symbolic in Lacan," in *The Ideologies of Theory: Essays 1971~1986, volume 1: Situations of Theory.* Minneapolis: University of Minnesota Press.

—— (1991). *Postmodernism, or, the Cultural Logic of Late Capitalism.* London: Verso.

Jancovich, Mark (1995). "Screen theory," in *Approaches to Popular Film.* eds. by Joanne Hollows & Mark Jancovich. Manchester and New York: Manchester University Press.

Jauß, Hans Robert (1983). ≪도전으로서의 문학사≫. 장영태 옮김. 서울: 문학과지성사.

Jay, Martin (1986). "In the Empire of the Gaze," in *Foucault: A Critical Reader.* ed. by David Couzens Hoy. Oxford: Basil Blackwell.

—— (1988). "Scopic Regimes of Modernity," in *Vision and Visuality.* ed. by Hal Foster. Seattle: Bay Press.

—— (1993). *Downcast Eyes: The Denigration of Vision in Twentieth-Century French Thought.* Berkeley: University of California Press.

—— (1994). "The Disenchantment of the Eye: Surrealism and the Crisis of Ocularcentrism," in *Visualizing Theory: Selected Essays from V.A.R. 1990~1994.* ed. by Lucien

Taylor. New York and London: Routledge.

────── (1996). "Vision in Context: Reflections and Refractions," in *Vision in Context: Historical and Contemporary Perspectives on Sight*. eds. by Teresa Brennan & Martin Jay. New York and London: Routledge.

Jenks, Chris (1995a). "The Centrality of the Eye in Western Culture: An Introduction," in *Visual Culture*. ed. by Chris Jenks. London & New York: Routledge.

────── (ed.) (1995b). *Visual Culture*. London & New York: Routledge.

Jestaz, Bertrand (1997). ≪건축의 르네상스≫. 김택 옮김. 서울: 시공사.

Jonas, Hans (1966). *The Phenomenon of Life*. New York: Harper & Row Publishers.

Judovitz, Dalia (1988). *Subjectivity and Representation in Descartes*. Cambridge: Cambridge University Press.

────── (1993). "Vision, Representation, and Technology in Descartes," in *Modernity and the Hegemony of Vision*. ed. by David Michael Levin. Berkeley: University of California Press.

Kantorowicz, Ernst H. (1957). *The King's Two Bodies: A Study in Mediaeval Political Theology*. Princeton: Princeton University Press.

Kellner, Douglas (1989). *Jean Baudrillard: From Marxism to Postmodernism and Beyond*. Cambridge: Polity Press.

Kern, Stephen (1983). *The Culture of Time and Space 1880~1918*. Cambridge: Harvard University Press.

Kraus, Henry (1994). "이브와 마리아 ─ 중세의 상반된 여성 이미지," ≪미술과 페미니즘: 굴절된 여성의 이미지≫. Norma Broude & Mary D. Garrard 엮음, 호승희 옮김. 서울: 동문선.

Krauss, Rosalind (1988). "The Im / Pulse to See," in *Vision and Visuality*. ed. by Hal Foster. Seattle: Bay Press.

────── (1989). "Photography's Discursive Spaces," in *The Contest of Meaning: Critical Histories of Photography*. ed. by Richard Bolton. Cambridge: The MIT Press.

────── (1994). *The Optical Unconscious*. Cambridge: The MIT Press.

Kubovy, Michael (1986). *The Psychology of Perspective and Renaissance Art*. Cambridge: Cambridge University Press.

Lacan, Jacques (1977). *Écrits: A Selection*. trans. by Alan Sheridan. London & New York: W. W. Norton & Company.

────── (1979). *The Four Fundamental Concepts of Psycho-Analysis*. ed. by Jacques-Alain Miller, trans. by Alan Sheridan. London & New York: Penguin Books.

────── (1991a). *The Seminar of Jacques Lacan, Book I: Freud's Papers on Technique 1953~1954*. ed. by Jacques-Alain Miller, trans. by John Forrester. New York & London: W. W. Norton & Company.

────── (1991b). *The Seminar of Jacques Lacan, Book II: The Ego in Freud's Theory and in the Technique of Psychanalysis 1954~1955*. ed. by Jacques-Alain Miller, trans. by Sylvana Tomaselli. New York & London: W. W. Norton & Company.

────── (1994). "<도난당한 편지>에 관한 세미나," ≪욕망 이론≫. 권택영 엮음, 민승기 외 옮김. 서울: 문예출판사.

──── (1995[1964]). "Position of the Unconscious," in *Reading Seminar XI: Lacan's Four Fundamental Concepts of Psychoanalysis*. ed. by Richard Feldstein, et al. New York: State University of New York Press.

Laclau, Ernesto & Mouffe, Chantal (1985). *Hegemony & Socialist Strategy: Towards a Radical Democratic Politics*. London: Verso.

Laplanche, Jean & Pontalis, Jean-Bertrand (1973). *The Language of Psycho-analysis*. trans. by Donald Nicholson-Smith. New York: W. W. Norton & Company. INC.

Lapsley, Robert & Westlake, Michael (1995). ≪현대 영화 이론의 이해≫. 이영재·김소연 옮김. 서울: 시각과언어.

Larrain, Jorge (1984). ≪현대 사회 이론과 이데올로기≫. 한상진·심영희 옮김. 서울: 한울.

Lasch, Christopher (1989). ≪나르시시즘의 문화≫. 최경도 옮김. 서울: 문학과지성사.

Lash, Scott (1990). *Sociology of Postmodernism*. London & New York: Routledge.

Latour, Bruno (1988). "Opening One Eye While Closing the Other⋯⋯a Note on Some Religious Paintings," in *Picturing Power: Visual Depiction and Social Relations*. ed. by Gordon Fyfe & John Law. London & New York: Routledge.

Lecourt, Dominique (1996). *Marxism and Epistemology*. ≪프랑스 인식론의 계보: 바슐라르, 캉 키엠, 푸코≫. 박기순 옮김. 서울: 새길.

Ledger, Sally & McCracken, Scott (eds.) (1995). *Cultural Politics at the Fin de Siècle*. Cambridge: Cambridge University Press.

Lefebvre, Henri (1990). ≪현대 세계의 일상성≫. 박정자 옮김. 서울: 세계일보사.

──── (1991). *The Production of Space*. Oxford: Basil Blackwell.

Lemagny, Jean-Claude & Rouillé, André (eds.) (1993). ≪세계 사진사≫. 정진국 옮김. 서울: 까치.

Lemaire, Anika (1994). ≪자크 라캉≫. 이미선 옮김. 서울: 문예출판사.

Levin, David Michael (1993). "Decline and Fall: Ocularcentrism in Heidegger's Reading of the History of Metaphysics," in *Modernity and the Hegemony of Vision*. ed. by David Michael Levin. Berkeley: University of California Press.

──── (ed.) (1993). *Modernity and the Hegemony of Vision*. Berkeley: University of California Press.

Lindberg, David C. (1976). *Theories of Vision from Al-Kindi to Kepler*. Chicago & London: The University of Chicago Press.

Locke, John (1959). *An Essay Concerning Human Understanding*. vol. I. New York: Dover.

Lowe, Donald M. (1982). *History of Bourgeois Perception*. Chicago: The University of Chicago Press.

Lukács, Georg (1986[1923]). ≪역사와 계급 의식≫. 박정호·조만영 옮김. 서울: 거름.

Lunn, Eugene (1986). ≪마르크시즘과 모더니즘≫. 김병익 옮김. 서울: 문학과지성사.

Lyotard, Jean-François (1992). ≪포스트모던의 조건≫. 유정완 외 옮김. 서울: 민음사.

MacCabe, Colin (1981). "Realism and the Cinema: Notes on Some Brechtian Theses," in *Popular Television and Film*. eds. by Bennett et al. London: BFI Publishing.

Macdonell, Diane (1986). *Theories of Discourse*. Oxford: Basil Blackwell.

Mahoney, Michael S. (1985). "Diagrams and Dynamics: Mathematical Perspectives on Edgerton's Thesis," in *Science and Arts in the Renaissance*. ed. by John W. Shirley & F.

David Hoeniger. Washington: Folger Books.

Maravall, José Antonio (1986). *Culture of the Baroque: Analysis of a Historical Structure*. trans. by Terry Cochran. Minneapolis: University of Minnesota Press.

Martin, John Rupert (1977). *Baroque*. New York: Harper & Row Publishers.

Marx, Karl (1987[1867]). ≪자본 Ⅰ≫. 김영민 옮김. 서울: 이론과실천.

Marx, Karl & Engels, Friedrich (1977[1848]). "The Communist Manifesto," in *Karl Marx: Selected Writings*. ed. by David McLellan. Oxford: Oxford University Press.

────── (1989[1845~6]). ≪독일 이데올로기 Ⅰ≫. 김대웅 옮김. 서울: 두레.

Mayne, Judith (1993). *Cinema and Spectatorship*. Lpmdon: Routledge.

McDonnell, Kevin & Robins, Kevin (1980). "Marxist Cultural Theory: The Althusserian Smokescreen," in *One Dimensional Marxism: Althusser and the Politics of Culture*. ed. by Simon Clarke et al. London: Allison & Busby.

McLuhan, Marshall (1962). *The Gutenberg Galaxy: The Making of Typographic Man*. London: Routledge & Kegan Paul.

────── (1990[1964]). ≪미디어의 이해≫. 박정규 옮김. 서울: 삼성출판사.

Melville, Stephen (1996). "Division of the Gaze, or, Remarks on the Color and Tenor of Contemporary 'Theory'," in *Vision in Context: Historical and Contemporary Perspectives on Sight*. eds. by Teresa Brennan & Martin Jay. New York and London: Routledge.

Merleau-Ponty, Maurice (1983). ≪현상학과 예술≫. 오병남 편역. 서울: 서광사.

────── (1985[1948]). ≪의미와 무의미≫. 권혁면 옮김. 서울: 서광사.

Metz, Christian (1982). *The Imaginary Signifier: Psychoanalysis and the Cinema*. Indiana University Press.

────── (1991[1971]). *Film Language*. trans. by Michael Taylor. The University of Chicago Press.

Miller, Jacques-Alain (1977 / 78). "Suture(elements of the logic of the signifier)," in *Screen*, vol.18, no.4, Winter.

────── (1987). "Jeremy Bentham's Panoptic Device," in *October* 41, Summer.

Mitchell, W. J. T. (1994). *Picture Theory: Essays on Verbal and Visual Representation*. Chicago & London: The University of Chicago Press.

Morgan, John & Welton, Peter (1986). *See What I Mean*. London: Edward Arnold.

Morin, Edgar (1992). ≪스타≫. 이상률 옮김. 서울: 문예출판사.

Mulvey, Laura (1989). *Visual and Other Pleasures*. Bloomington and Indianapolis: Indiana University Press.

Newhall, Beaumont (1987). ≪사진의 역사: 1839년부터 현재까지≫. 정진국 옮김. 서울: 열화당.

Newton, Sir Isaac (1952[1730]). *Optiks or A Treatise of the Reflections*, Refractions & Colours of Light (4th ed.). New York: Dover Publications, Inc.

Nichols, Bill (1981). *Ideology and the Image*. Bloomington: Indiana University Press.

Nochlin, Linda (1994). "실종과 발견 - 19세기 영국의 타락한 여성상," ≪미술과 페미니즘: 굴절된 여성의 이미지≫. Norma Broude & Mary D. Garrard 엮음, 호승희 옮김. 서울: 동문선.

Ogborn, Miles (1995). "Knowing the Individual: Michel Foucault and Nobert Elias on *Las Meninas* and the modern subject," in *Mapping the Subject: Geographies of*

Cultural Transformation. eds. by Steve Pile & Nigel Thrift. London: Routledge.

Ong, Walter J. (1995). ≪구술 문화와 문자 문화≫. 이기우 · 임명진 옮김. 서울: 문예출판사.

O'Neill, John (1995). "Foucault's Optics: the (In)Vision of Mortality and Modernity" in *Visual Culture*. ed. by Chris Jenks. London & New York: Routledge.

Oudart, Jean-Pierre (1977 / 1978). "Cinema and Suture," in *Screen*, vol.18, no.4, Winter.

Owens, Craig (1985). "The Discourse of Others: Feminists and Postmodernism," in *Postmodern Culture*. ed. by Hal Foster. London: Pluto Press.

Panofsky, Erwin (1955). *Meaning in the Visual Arts*. New York: Doubleday Anchor Books.

───── (1971). *The Life and Art of Albrecht Dürer*. Princeton: Princeton University Press.

───── (1991[1924~25]). *Perspective as Symbolic Form*. trans. by Christopher S. Wood. New York: Zone Books.

Pattison, George (1991). *Art, Modernity and Faith: Towards a Theology of Art*. London: Macmillan.

Pêcheux, Michel (1982). *Language, Semantics and Ideology*. trans. by Harbans Nagpal. New York: St. Martin's Press.

Peirce, Charles Sanders (1966). *Charles S. Peirce: Selected Writings*. ed. by Philip P. Wiener. New York: Dover Publication.

Pirenne, M. H. (1970). *Optics, Painting & Photography*. Cambridge University Press.

Pollock, Griselda (1988). *Vision and Difference: Femininity, Feminism and Histories of Art*. London & New York: Routledge.

Przyblyski, Jeannene M. (1995). "Moving Pictures: Photography, Narrative, and Paris Commune of 1871," in *Cinema and the Invention of Modern Life*. eds. by Leo Charney & Vanessa R. Schwartz. Berkeley & Los Angeles: University of California Press.

Pultz, John (1995). *The Body and the Lens: Photography 1839 to the Present*. New York: Harry N. Abrams, Inc., Publishers.

Quinet, Antonio (1995). "The Gaze as an Object," in *Reading Seminar XI: Lacan's Four Fundamental Concepts of Psychoanalysis*. eds. by Richard Feldstein, et al. New York: State University of New York Press.

Ragland, Ellie (1995). "The Relation between the Voice and the Gaze," in *Reading Seminar XI: Lacan's Four Fundamental Concepts of Psychoanalysis*. eds. by Richard Feldstein, et al. New York: State University of New York Press.

Rajchman, John (1988). "Foucault's Art of Seeing," in *October*, Spring.

Rattansi, P. M. (1985). "Art and Science: The Paracelsian Vision," in *Science and Arts in the Renaissance*, eds. by John W. Shirley & F. David Hoeniger. Washington: Folger Books.

Riesman, David (1978). ≪고독한 군중≫. 류근일 옮김. 서울: 동서문화사.

Ritterbush, Philip C. (1985). "The Organism as Symbol: An Innovation in Art," in *Science and Arts in the Renaissance*. eds. by John W. Shirley & F. David Hoeniger. Washington: Folger Books.

Robinson, David (1996). *From Peep Show to Palace: The Birth of American Film*. New York: Columbia University Press.

Rodowick, David Norman (1994). *The Crisis of Political Modernism: Criticism and Ideology in*

Contemporary Film Theory. Berkeley: University of California Press.

Romanyshyn, Robert D. (1989). *Technology as Symptom and Dream*. London & New York: Routledge.

—————— (1993). "The Despotic Eye and Its Shadow: Media Image in the Age of Literacy," in *Modernity and the Hegemony of Vision*. ed. by David Michael Levin. Berkeley: University of California Press.

Rorty, RicharD (1979). *Philosophy and the Mirror of Nature*. Princeton: Princeton University Press.

Rose, Jacqueline (1986). *Sexuality in the Field of Vision*. London: Verso.

—————— (1988). "Sexuality and Vision: Some Questions," in *Vision and Visuality*. ed. by Hal Foster. Seattle: Bay Press.

Ross, Kristin (1988). *The Emergence of Social Space: Rimbaud and the Paris Commune*. Basingstoke: Macmillan Press.

Rothman, William (1976). "Against 'The System of the Suture'," in *Movies and Methods*, vol. Ⅰ. ed. by Bill Nichols. Berkeley: University of California Press.

Rotman, Brian (1987). *Signifying Nothing: The Semiotics of Zero*. New York: St. Martin's Press.

Rouillé, André (1992). ≪사진의 제국 1839～1870≫. 정진국 옮김. 서울: 열화당.

Rushkoff, Douglas (1997). ≪카오스의 아이들≫. 김성기·김수정 옮김. 서울: 민음사.

Samuels, Robert (1995). "Art and the Position of the Analyst," in *Reading Seminar XI: Lacan's Four Fundamental Concepts of Psychoanalysis*. eds. by Richard Feldstein, et al. New York: State University of New York Press.

Sartre, Jean Paul (1990[1943]). ≪존재와 무≫ Ⅰ, Ⅱ. 손우성 옮김. 서울: 삼성출판사.

Sarup, Madan (1994). *Jacques Lacan*. ≪알기 쉬운 자크 라캉≫. 김해수 옮김. 서울: 백의.

Scharf, Aaron (1986). ≪미술과 사진≫. 문범 옮김. 서울: 미진사.

Schivelbusch, Wolfgang (1986). *The Railway Journey: The Industrialization of Time and Space in the 19th Century*. Berkeley and Los Angeles: The University of California Press.

—————— (1988). *Disenchanted Night: The Industrialization of Light in the Nineteenth Century*. Berkeley & Los Angeles & London: The University of California Press.

Schwartz, Vanessa R. (1995). "Cinematic Spectatorship before the Apparatus: The Public Taste for Reality in Fin-de-Siècle Paris," in *Viewing Positions: Ways of Seeing Film*. ed. by Linda Williams. New Brunswick: Rutgers University Press.

Searle, John R. (1980). "*Las Meninas* and the Paradoxes of Pictorial Representation," in *Critical Inquiry*, vol.6, no.3, Spring.

Sekula, Allan (1989). "The Body and the Archive," in *The Contest of Meaning: Critical Histories of Photography*. ed. by Richard Bolton. Cambridge: The MIT Press.

Showalter, Elaine (1990). *Sexual Anarchy: Gender and Culture at the Fin de Siècle*. New York: Penguin Books.

Silverman, Kaja (1983). *The Subject of Semiotics*. Oxford University Press.

—————— (1996). *The Threshold of the Visible World*. New York & London: Routledge.

Simmel, Georg (1950[1903]). "The Metropolis and Mental Life," in *The Sociology of Georg Simmel*. ed., trans. by Kurt H. Wolff. New York: The Free Press.

Singer, Ben (1995). "Modernity, Hyperstimulus, and the Rise of Popular Sensationalism," in

Cinema and the Invention of Modern Life. eds. by Leo Charney & Vanessa R. Schwartz. Berkeley & Los Angeles: University of California Press.

Sklar, Robert (1994). *Movie-Made America: A Cultural History of American Movies.* revised and updated edition. New York: Vintage Books.

Slater, Don (1995). "Photography and Modern Vision: the Spectacle of 'Natural Magic'," in *Visual Culture.* ed. by Chris Jenks. London & New York: Routledge.

Smith, Ray (1995). ≪원근법≫. 최연주 옮김. 서울: 삼호미디어.

Snyder, Joel (1980). "Picturing Vision," in *Critical Inquiry*, vol.6, no.3, Spring.

Snyder, Joel & Cohen, Ted (1980). "Reflexion on *Las Meninas*: Paradox Lost," in *Critical Inquiry*, vol.7, no.2, Winter.

Sontag, Susan (1986). *On Photography.* ≪사진이야기≫. 유경선 옮김. 서울: 해뜸.

Soskice, Janet Martin (1996). "Sight and Vision in Medieval Christian Thought," in *Vision in Context: Historical and Contemporary Perspectives on Sight.* ed. by Teresa Brennan & Martin Jay. New York and London: Routledge.

Spencer, John (1956). "Introduction," in *On Painting.* by L. B. Alberti. New Heaven & London: Yale University Press.

Staniszewski, Mary Anne (1997). *Believing Is Seeing: Creating the Culture of Art.* ≪이것은 미술이 아니다≫. 박모 옮김. 서울: 현실문화연구.

Stephenson, Ralph & Debrix, Jean R. (1982). ≪예술로서의 영화≫. 송도익 옮김. 서울: 열화당.

Tagg, John (1988). *The Burden of Representation: Essays on Photographies and Histories.* London: Macmillan Education Ltd.

Taylor, Lucien (ed.) (1994). *Visualizing Theory: Selected Essays from V.A.R. 1990∼1994.* New York and London: Routledge.

Timasheff, Nicholas S. & Theodorson, George A. (1985). ≪사회학사≫. 박재묵・이정옥 옮김. 서울: 풀빛.

Tomlinson, John (1991). *Cultural Imperialism.* Pinter Publishers.

Toulet, Emmanuelle (1996). ≪영화의 탄생≫. 김희균 옮김. 서울: 시공사.

Touraine, Alain (1995). ≪현대성 비판≫. 정수복・이기현 옮김. 서울: 문예출판사.

Turkle, Sherry (1995). *Life on the Screen: Identity in the Age of the Internet.* New York: Simon & Schuster.

Turner, Graeme (1994). ≪대중 영화의 이해≫. 임재철 외 옮김. 서울: 한나래.

――― (1995). *British Cultural Studies.* ≪문화 연구 입문≫. 김연종 옮김. 서울: 한나래.

Turner, Jonathan H. (1989). ≪사회학 이론의 구조≫(개정판). 김진균 외 옮김. 서울: 한길사.

Vertov, Dziga (1983). *Kino-Eye: The Writings of Dziga Vertov.* ed. by Annette Michelson, trans. by Kevin O'Brien. Berkeley: University of California Press.

Virilio, Paul (1989). *War and Cinema: The Logistics of Perception.* trans. by Patrick Camiller. London & New York: Verso.

――― (1994). *The Vision Machine.* trans. by Julie Rose. London: BFI Publishing.

Warnke, Martin (1997). ≪정치적 풍경≫. 노성두 옮김. 서울: 일빛.

Walker, John A. (1987). ≪대중 매체 시대의 예술≫. 정진국 옮김. 서울: 열화당.

Weber, Max (1981). ≪지배의 사회학≫. 금종우・전남석 옮김. 서울: 한길사.

――― (1983[1919∼20]). "<종교 사회학 논문집> 서언," ≪사회과학논총≫. 양회수 옮김.

서울: 을유문화사.

────── (1988[1905]). ≪프로테스탄티즘의 윤리와 자본주의 정신≫. 박성수 옮김. 서울: 문예
　　　　출판사.

────── (1994[1917]). ≪직업으로서의 학문≫. 이상률 옮김. 서울: 문예출판사.

Welsch, Wolfgang (1988). *Unsere postmoderne Moderne*. Weinheim: VCH, Acta Humaniora.

White, John (1967). *The Birth and Rebirth of Pictorial Space*. Boston: Boston Book & Art
　　　　Shop.

Williams, Linda (1990). *Hard Core: Power, Pleasure, and the "Frenzy of the Visible."* London:
　　　　Pandora Press.

────── (ed.) (1995). *Viewing Positions: Ways of Seeing Film*. New Brunswick: Rutgers
　　　　University Press.

Williams, Raymond (1975). *Television: Technology and Cultural Form*. New York: Schocken
　　　　Books.

────── (1982). ≪이념과 문학≫. 이일환 옮김. 서울: 문학과지성사.

────── (1983). *Keywords: A Vocabulary of Culture and Society*. London: Flamingo Edition,
　　　　Pontana Paperbacks.

Wolf-Devine, Celia (1993). *Descartes on Seeing: Epistemology and Visual Perception*. Carbondale
　　　　and Edwardsville: Southern Illiois University Press.

Wolff, Janet (1986). ≪예술의 사회적 생산≫. 이성훈·이현석 옮김. 서울: 한마당.

Wölfflin, Heinrich (1994). ≪미술사의 기초 개념≫. 박지형 옮김. 서울: 시공사.

Wollen Peter (1990). ≪영화의 기호와 의미≫. 최양철 옮김. 서울: 영화진흥공사.

Wright, Lawrence (1983). *Perspective in Perspective*. London: Routledge & Kegan Paul.

Žižek, Slavoj (1989). *The Sublime Object of Ideology*. London: Verso.

────── (1991). *For They Know Not What They Do: Enjoyment as a Political Factor*. London &
　　　　New York: Verso.

────── (1993). *Tarrying with the Negative: Kant, Hegel, and the Critique of Ideology*. Durham:
　　　　Duke University Press.

────── (1995). ≪삐딱하게 보기≫. 김소연·유재희 옮김. 서울: 시각과언어.

────── (1996). ""I Hear You with My Eyes"; or, The Invisible Master," in *Gaze and Voice as
　　　　Love Objects*. eds. by Renata Salecl & Slavoj Žižek. Durham & London: Duke
　　　　University Press.

────── (1997). ≪당신의 징후를 즐거라!: 할리우드의 정신 분석≫. 주은우 옮김. 서울: 한나래.

Zupančič, Alenka (1996). "Philosophers' Blind Man's Buff," in *Gaze and Voice as Love Objects*.
　　　　ed. by Renata Salecl & Slavoj Žižek. Durham & London: Duke University
　　　　Press.

伊藤俊治(이토우 도시하루) (1990). "본다는 것의 위상기하학," ≪이미지≫. 존 버거 외, 편
　　　　집부 옮김. 서울: 동문선.

────── (1994a). ≪사진과 회화: 원근법, 리얼리즘, 기억의 변모≫. 김경연 옮김. 서울: 시각
　　　　과언어.

────── (1994b). ≪20세기 사진사≫. 이병용 옮김. 서울: 현대미학사.

鎭兆復 (1995). ≪동양화의 이해≫. 김상철 옮김. 서울: 시각과언어.

530